方法

公共阐释对话集

中国社会科学出版社重大项目出版中心　编

中国社会科学出版社

目　　录

第一编　文学阐释的公共性

走向阐释学的文学理论

——40年来中国文学理论发展的回顾与瞻望 …………… 李春青（3）

文学史研究的公共理性与有效阐释 ………………………… 程光炜（21）

文学视域中个体阐释与公共阐释的关系 …………………… 丁国旗（31）

有效阐释的边界

——以20世纪90年代的“个人化写作”研究为例 …… 洪治纲（42）

文学阐释的公共性及其问题域 ………………… 曾　军　辛明尚（54）

诠释学与作为人文科学的文学理论 ………………………… 李建盛（69）

“修辞性阅读”与文学阐释 ………………………………… 毛宣国（84）

公共阐释对文学精神的推动和塑造 ……………………… 卓　今（107）

教化、知识与实践

——中国当代文学阐释学在“文学理论”

教材中的范式演变 ………………………………… 谷鹏飞（121）

唯物史观视域下文学阐释的可公度性问题 ……………… 董希文（147）

公共阐释：文学史与文学记忆 …………………………… 张同胜（160）

基于公共阐释论的文学走向思考 ………………………… 高　岩（174）

阐释规范、文学传统及认知前见

——关于“公共阐释论”之历史维度的阐释 ………… 王贵禄（184）

文学批评“普遍的历史前提”与批评的公共性………… 郝智毅（198）
文学阐释公共性的现实困境、学理依据及实践出路…… 杨 宁（210）
公共阐释与文学阐释的约束性……………………………… 毕素珍（227）
文本阐释与意义解读的理性阈限
——兼论建立一种文学批评“公共阐释”的
必要性……………………………………………… 李 立（237）
公共阐释与文学“经典化”路径的发生学考察………… 张 伟（249）
谈谈“文学阐释”的定位问题…………………………… 史 钰（265）
文学的公共性：从文学生产到文本接受
——兼论公共阐释的有效性…………………… 周 敏 孙雁冰（278）

第二编 历史学阐释的公共性

阐释学与历史阐释……………………………………… 于 沛（295）
历史真理的认识和判断
——从历史认识的阐释性谈起…………………… 于 沛（303）
从阐释学到历史阐释学：何为历史的“正用” ……… 李红岩（319）
历史学的原生形态及其质文递变……………………… 李红岩（335）
作者、文本与历史性阐释
——基于思想史研究的一种理解………………… 李宏图（357）
从“六经注我”到“我注六经”
——现代经学阐释的限度与公共性展开………… 成祖明（372）
阐释学对历史研究的启示……………………………… 晁天义（393）
公共阐释理论视域下的公共历史文化机制建设………… 孟钟捷（426）
宗教改革史研究中的公共阐释学……………………… 朱孝远（440）
阐释学与历史教科书史的研究………………………… 李 帆（450）
文明演进视野下早期中国公共阐释话语体系的
崩溃与重构………………………………………… 袁宝龙（462）
从公共阐释学到历史阐释学
——基于对唯物史观理论性质的探讨…………… 焦佩锋（480）

从个体阐释到公共阐释
——以“国初三家”的确立为中心………… 葛　馨　杜广学（495）

第三编　公共阐释视野下的社会科学

公共阐释的范例：多数公认的法律正义观研究………… 张文喜（509）
阐释学与政治哲学的公共阐释……………………………… 孙国东（523）
解释学的重建：由前见依赖性形态向非
前见依赖性形态拓展……………………………………… 肖士英（543）
公共阐释下的马克思主义美学中国化实践……………… 何光顺（561）
社群真知与公共阐释
——符号学、阐释学交叉视阈下的“真理”
问题探讨………………………………………………… 颜小芳（575）

第一编

文学阐释的公共性

走向阐释学的文学理论*

——40 年来中国文学理论发展的回顾与瞻望

李春青**

文学理论或文艺学既是一个学科，也是一门学问。作为一门学科的文艺学是很好理解的：中国文学一级学科下属二级学科，可以招收文艺学专业硕士研究生和博士研究生。高校中文系或文学院一般都设有文学理论教研室或者文艺学研究所。作为一门学问的文学理论就不那么好理解了：研究对象、研究范围、研究方法，特别是研究目的都存在诸多争议。事实上，当下文学理论研究者大都受困于一个根本性问题：这门学问的研究方向何在？它能够解决什么问题？特别是在所谓"后理论"时代，文学理论如何安身立命，如何确定自己的身份，确实是一个颇为费解的问题。现在是学术多元化的时代，任何一种企图定于一尊的学说都难免遭到人们的嘲笑与鄙视，因此在我看来，走向阐释学，或者说把文学理论建设成一种文学阐释学也许是当今文学理论的出路之一。

一　40 年来中国文学理论的艰难抉择

从 20 世纪 80 年代以来，中国文学理论走过了丰富多彩的 40 年

---

* 基金项目：国家社会科学基金重大项目"中国文学阐释学的中外话语资源、理论形态研究与文献整理"（项目编号：19ZDA264）。本文原刊于《河北师范大学学报》（哲学社会科学版）2020 年第 2 期。

** 作者单位：华南师范大学文学院。

路程，可谓创获良多，教训良多，也曾风光无限，争议无限，如今却面临艰难抉择。对文学理论的这段历程稍作回顾，庶几可以明了今日困境之缘由。

经过了长达十年的“文革”梦魇之后，思想解放曾经是一个时期的主旋律，当时的文学理论与主旋律彼此相得，若合符节。20 世纪 80 年代，文学理论主要是从两个维度上参与到时代精神的大合唱的：一是“求真”，二是“求美”，但最终都归于“求善”。“求真”旨在让文学理论摆脱“阶级斗争的工具”和“为政治服务”的依附地位，恢复其追求真理或“追问真相”的固有功能。具体言之，“求真”在最根本的意义上就是追问“文学是什么?”“文学的本质是什么?”对于这一追问当时学界主要给出了两种答案：一是“文学是人学”，二是“文学的本质是审美”。“人学”概念蕴涵的价值指向乃是“人性”，是“人道主义”，是对各种形式的“异化”现象的否定，如此一来，“求真”就走向了“求善”；把“文学的本质”规定为“审美”，“求真”也就与“求美”相契合，而由于在当时的文化语境中，“审美”这个概念所蕴涵的价值指向是“自由”，是独立性，是对各种形式的强制和规训的抵制与反抗，于是“求美”也归于“求善”。基于特定的历史语境，“求真”和“求善”“求美”真正实现了殊途而同归，从而表达了某种社会的普遍需求。换言之，科学精神与人文精神了无间隔地合二为一了。在“拨乱反正”和“思想解放”的时代精神鼓舞下，80 年代前期的中国知识分子急于重新确证自身身份，回归本位，从而承担起应有的历史使命。在文学上的“求真”与“求美”都是这种身份认同的专业化表现形式。把“审美”设定为“文学的本质”，而且作为“真理”或“真相”来标举，与知识分子把自身设定为能够独立思考的，不依附于任何政治力量的精神主体和思想主体的身份认同是直接相关的。“求真”表征着一种科学精神，“求美”表征着一种人文精神，二者的基础与前提都是独立的人的主体性，根本上乃是指向“求善”。因此，80 年代初期在文学理论上的“求真”与“求美”很快就归结于 80 年代中期的“文学主体性”追问，而“文学主体性”正是“人的主体性”之表征。这里的逻辑脉络是十分清晰的。

在80年代初期以“求真”为目标的科学精神与“求美”为目标的人文精神其指归都是“求善”，但由于某种原因，到了80年代中期，“求真”的科学精神渐渐蜕变为一种科学主义倾向，与“求美”和“求善”的人文精神渐行渐远了。这主要表现为各种来自自然科学的观点和研究方法在文学研究领域的泛滥。所谓“老三论”“新三论”以及心理学、生理学、脑神经科学学科的研究方法被移植到文学研究之中。这种现象的出现一方面反映出在科学主义倾向影响下，文学理论研究者们试图一劳永逸地彻底解决文学问题的可笑动机，另一方面也反映出当代知识分子专业化的趋势与自我追求。既不做“阶级斗争的工具”，也不做某种理想主义或批判精神的捍卫者，而是做专家，做像工程师和物理学家那样的专业人士，这是文学理论领域科学主义倾向的现实思想基础。如果说在80年代中期这种倾向还不占据主导地位，那么到了90年代就具有相当的普遍性了。文学研究领域“考据热”的兴起正是知识分子这种“专业化”身份认同的表现形式。“系统论”“控制论”“信息论”以及“耗散结构理论”“热力学第二定理”等看上去与考据学、文献整理似乎相去甚远，实际上二者有着共同的思想基础。那么多学人之所以对于资料整理、版本校勘、集注集释之类的研究选题趋之若鹜，是因为这类选题容易得到学界主流话语的青睐，而主流话语之所以重视这类选题，则根源于主体精神的沉沦与思想的贫乏。当你面对负载着前人或别人鲜活思想的文本无话可说的时候，对话便无从开启，思想便无法交流，剩下的就只有资料整理了。文献整理常常是主体精神处于静默状态时的学问。我这里丝毫没有贬低这门学问的意思，只是分析其在特定时期忽然兴起的原因而已。

从总体上看，在90年代，文学理论原来蕴涵的那种浪漫主义情怀悄然退场了。昔日对真善美的那种近乎狂热的追求不复存在，代之而起的则是一种貌似深沉的冷漠，对人文价值的无动于衷，有学者称之为“犬儒主义”。在这种情形之下，恰好有两种来自西方的学问成了一代中国学人如此心态的话语表征：一是“后现代主义文化理论”，一是“文化研究”。后现代主义是一种文化思潮，是知识分子从精英阶层变为社会大众的转捩点，是“大众知识分子”诞生的精神洗礼。

后现代主义的根本任务是颠覆以往作为精英阶层的知识分子所建构起来的一切精神大厦，让人们从形而上学的迷雾中走出来，恢复世界的本来面目。这是一种社会历史现象，是不能用政治的或道德的标准来评价的。在后现代主义语境中产生的形形色色的“文化理论”，如后结构主义、解构主义、后殖民主义、女权主义、新历史主义等，都是从一个角度对以往的某种“中心”、某种“主义”的颠覆，矛头根本上都是指向精英知识阶层的精神创造的。精英知识阶层曾经担负着神圣的历史使命：限制权力，教化大众，为社会制定价值秩序。他们是启蒙者、是立法者，是“人类的良心”，是百姓的代言人。当只有少数人可以受教育，大多数人都是文盲的历史时期，精英知识分子当仁不让地承担起了伟大的历史使命，并且成为全社会所敬仰的社会阶层。这种独特的社会地位与文化知识方面的特权，使得这个阶层在文化创造方面精益求精，除了为社会立法所必需的知识生产之外，还创造出了一种属于这个阶层身份标识的趣味系统，以此来与其他社会阶层相区隔。例如在中国古代，琴棋书画、诗词歌赋就代表着文人士大夫的这种趣味系统。而在西方，对高雅艺术的欣赏能力和对形而上学问题的兴趣也是精英知识阶层的准入证。总之，文学艺术上的雅化追求，哲学上的玄妙之思以及社会理想上的宏大叙事都是与作为精英阶层的知识分子相伴随的。后现代主义代表的是大众知识分子的趣味。那些著名后现代主义者原本都是属于精英阶层的，但他们试图改变自己的立场，摧毁自己原有的阵地，向着一个个坚固的、高雅的、深刻的、中心的、神圣的堡垒发起冲击。所以对于知识阶层来说，后现代主义不啻为一次脱胎换骨的变化——从精英知识分子向大众知识分子的变化。具体言之，是从立法者向阐释者的变化，从布道者向对话者的变化，从全知全能者向专业人士的变化。①

在中国文学理论界，各种属于后现代主义范畴的“文化理论”从20世纪80年代后期经过整个90年代直至21世纪的前10年基本上都处于活跃期。关于后结构主义、解构主义、后殖民主义、女权主

① 关于“大众知识分子”，可以参考拙作《大众知识分子与审美》一文，见《河南社会科学》2018年第10期。

义、新历史主义等理论的译介、研究、运用充塞各种文学及哲学社会科学刊物，在文艺学专业的硕士、博士论文选题中也占据相当大的比重。此类研究就像一台台强有力的推土机，把文学理论领域长期积累的许多看上去冠冕堂皇，实则毫无价值的理论大厦推到了垃圾堆里，其摧枯拉朽之功不容抹杀。然而经过了后现代主义文化理论的荡涤之后，面对这“白茫茫大地真干净”的现实状况，文学理论家们既不能再使用“本质”“原则”“规律”“典型”“审美”等那套旧的话语产生出富于创新性的学术思想，又不能创造出一套新的话语来应对日益变化的文学现象，因此只能陷入“拔剑四顾心茫然”的尴尬境地了。

文化研究是与大众文化的蓬勃发展相伴而生的。由于大众文化与大众知识分子的兴起相关联，又与现代传媒和商品经济融为一体，故而这门学问有着强大的生命力。尽管诸如“英国的大众文化随着伯明翰大学文化研究系的撤销而衰落了”“美国的文化研究已经走向末路了”之类的说法不绝于耳，但是我们完全有理由相信，只要大众文化继续蓬勃发展着，文化研究就永远有其存在的价值与发展的空间。从20 世纪 90 年代初期开始，文化研究作为一门学问在中国发展起来，它对文学理论构成的最主要的冲击是给予“纯审美”“纯文学”以及“精英文化”等传统知识分子根深蒂固的精神乌托邦以毁灭性的打击。

在后现代主义文化理论和文化研究的冲击下，知识分子精英趣味的主导地位被颠覆了，代之而起的是一种不雅不俗、不土不洋，为大众口味是从的新的审美趣味的兴起。在这样的文化语境中，传统的文学理论已经变得陈腐不堪了，完全失去了对文学活动的任何解释功能。为文学理论寻找一种新的思维方式与话语形态已经成为一种迫切需求了。

二　正在走向阐释学的文学理论

文学理论走向文学阐释学并不是一幅凭空构造的蓝图，事实上近20 年来的文学理论研究已经证明了这是一种实际存在的趋势。文学理论所关注的问题以及言说方式已经悄然发生了重要变化，比如说人们开始关注“具体问题”而不再对“基本问题”感兴趣，又比如说面对一个文学文本人们只是给出自己的理解，而不愿意说是对文本唯一的正确解读，再比如说人们比较清楚自己能对文本做出怎样的解释，而且知道为什么，等等。这些变化说明文学理论正在走向一种文学阐释学。对于从传统的文学理论到文学阐释学的这种转变，我们有必要略作展开。

首先我们看从“基本问题”到“具体问题”的转变。是研究“基本问题”还是研究“具体问题”不是简单的研究对象的事情，这是一个根本性的大问题，是传统的“文学理论”和“文学阐释学”之间最主要的差异之一。根据传统文学理论的理解，所谓“基本问题”指的是那些具有根本性和普遍性的问题，是一个学科的核心问题，据说一个学科的学术研究是否能够进步，主要取决于对这些基本问题解决的程度。如果在这些“基本问题”上没有进展，这个学科就没有进步。那么究竟什么才是“基本问题”呢？其实很简单，“根本性”指向“本质”，“普遍性”指向“规律”，因此关系到“本质”和“规律”的问题就是“基本问题”。具体到文学理论来说，诸如“文学的本质”“文学创作的基本原则”以及“文学发展的普遍规律”等等，都属于“基本问题”范围。这些问题曾经是文学理论最为青睐的研究对象，80 年代以这些问题为关键词的论文、著作不胜枚举。当时即使是一位年轻的学者，刚刚开始学着写文章，也都试图靠自己的一篇文章解决一个“基本问题”，从而推动学科的发展，因为他学的就是这一套。当时声称自己解决了什么什么问题的论文、著作随处可见。现在回过头去一看，这些论文和著作可以说一文不值，没有丝毫学术价值。比如说，如果一篇文章揭示了文学的本质不是别的，是“审美”，无论这篇文章论证的如何充分，它有丝毫学术价值吗？其唯一价值也就是在特定历史语境中，参与了一种意识形态建构，起到了摇旗呐喊的助威作用而已。在人文学科领域，那些所谓“基本问题”其实大都是虚假问题，它们反映出来的是人的理性的一种虚妄，一种希望一劳永逸地、或者说一揽子地解决问题的虚妄。对于人类理性的这一虚妄，早在一个多世纪以前尼采就已经无情地嘲讽过了。

“具体问题”就不一样了。如果说“基本问题”不是来自研究对象本身而是来自某种理论预设，那么“具体问题”恰恰相反，它是研究对象本身呈现出来的问题。这是一个根本性差异。作为一种从理论预设得来的“基本问题”，其作用不是对研究对象进行有效阐释，而是印证作为出发点的那种理论的合理性。所以这样的研究实际上是自我指涉、自我确证式的研究，并没有揭示出研究对象本身的任何新的意义。“具体问题”是研究对象自身各种关联性的产物，它存在于研究对象各种构成因素的关系之中，是阐释者通过深入细致地了解研究对象的各种构成因素及其关系之后方能发现的。对“基本问题”的论证往往是从理论到理论，而作为前提的理论一般是自明性的，论证也是下断语式的。对“具体问题”的阐释则是剥茧抽丝式的，通过条分缕析使结论渐渐明朗起来。研究“具体问题”实际上就是“回到事物本身”，或者“回到现象本身”。这一现象学的基本观念可以说是现代阐释学的思想基础。阐释是一个生成或者建构的过程。这里的关键是把事物在与阐释者的关联互动中的生成过程及其结果作为研究的目的而不是试图揭示纯粹的客观性。在哲学阐释学看来，阐释的这一生成性特征意味着：阐释的结果不是外在于阐释者的纯粹的客观存在，而是在阐释过程中生成的、包含着阐释者主观性因素的建构物。如此看来，文学理论研究中的“基本问题”是传统思维方式的产物，是一种“逻各斯中心主义”或者“本质主义”的“宏大叙事”；“具体问题”则是以历史性、建构性为特征的现代阐释学的产物。

我们再看关于理解的有限性与无限性问题上的差异。80 年代的文学理论论著有一个明显特点：人人都觉得真理在手，觉得自己的理解不仅是最正确的，而且是唯一正确的。层出不穷的理论系统、体系，各种“说”、各种“学”无不试图彻底解决文学理论的全部问题，至少是解决某个方面的问题。口气大、信心足，似乎人人都有放眼天下、舍我其谁的气概。当下的情况就不一样了，大家都变得不再有那样自信了，研究者们都变得谦虚了，大家都清醒地认识到，自己的理解至多只是在一个层面或一个点上具有独得之见，所揭示的至多只是一种有限的合理性而已。这看上去是一种“不自信”，其实正是学术上走向成熟的表现。这里涉及理解的有限性与无限性的关系问题。一个研究对象，例如一个文学文本，究竟有没有确切的含义与意义？研究者能否穷尽它们？在传统的文学理论研究中，这是不成其为问题的：一个文本当然有其固定的思想内容，对文本的解读就是要彻底弄清楚并且把它们揭示出来。现在的研究者很少有这样看问题的了。在他们看来，对一个文学文本的理解其实是一个无限展开的过程，有多少个读者，有多少个不同的角度，就会有多少种意义。这便是理解的无限性。但是对文本的解读又不可能是任意的，总要受到来自文本的制约。一个作为阐释对象的文学文本，它由多少文字符号组成，有多少个词组、句子，多少个段落、章节，多少个人物、故事、情节等等，总是固定的，对它们的解读也就必然是受到限制的，这便是理解的有限性。现在的研究者基本上都认识到，对文学意义的解读，既是有限的，又是无限的，这正是理解和阐释的辩证法，是作为阐释学的文学理论的基本观点之一。人们认识到这种理解的有限性与无限性的辩证法，自然就不会盲目地认为自己的理解是唯一正确的了。

我们再来看理论的自我意识问题。以往的文学理论还有一个特别突出的特点，那就是超历史性。作为一种形而上学思维方式的产物，传统的文学理论无视历史的存在。这种文学理论不是要解决局部的、阶段性的、具体的问题，而是要解决整体性、根本性、普遍性的基本问题，是要提炼出可以解释古今中外一切文学现象的理论话语。形而上学之所以是形而上学就在于它的超历史性。哲学史上那些庞大的形而上学理论体系，没有一个认为自己是受制于具体的历史条件的，尽管它们无不是历史的产物。认识到自身的历史性也是当下的文学理论研究与传统文学理论的根本差异之一。对一种文学现象的研究不仅意识到这种文学现象是具有历史性的，而且意识到自己的研究本身同样是在具体的历史语境中进行的，这是传统的文学理论不可能具有的自我意识。

特里·伊格尔顿的“理论之后”的说法主要是针对各种后现代主义的文化理论从兴盛一时走向衰微而言的，在我们的文化语境中，“理论之后”除了对这些文化理论的反思之外，还应该包含对传统文学理论思维方式的反思。对于中国的文学理论研究来说，西方后现代主义思潮最大的功绩在于从根本上冲击了其原本建基于其上的形而上学基础，动摇了本质主义思维方式的根基，让人们意识到那种试图靠一种理论话语解释一切文学现象的企图只是一种形而上学的僭妄而已。因此，在“理论之后”语境下关于文学理论未来命运的各种各样的设想中，似乎并没有回到老路上去的主张。这就意味着，后现代主义文化理论尽管存在着片面性、偏激性乃至“强制阐释”的问题，但它的积极意义已经被中国当下文学理论研究所吸收了。但现在摆在文学理论研究面前的问题是：在经过对传统形而上学思维方式和后现代主义文化理论的双重反思之后，文学理论这门学问还有没有必要存在？如果回答是肯定的，那么它将向何处去？

走向阐释学，建构一种作为阐释学的文学理论，这或许是一条可行之路。这并不意味着文学理论的解体，而是它的浴火重生。

三　作为阐释学的文学理论之特征

阐释学不是从来就有的，这门学问是对各种阐释行为的理论升华。在施莱尔马赫（F. D. E. Schleiermacher）之前只有专门阐释学，如圣经阐释学、法律阐释学、文献阐释学等等，并不存在一种普遍意义上的阐释学。施莱尔马赫的贡献就在于在各种专门阐释学的基础上建立起了“一般阐释学”，即在更抽象和概括的意义上对阐释方法之普遍性的理论思考。那种形而上学意义上的文学理论也不是从来就有的，文学理论原本都是对具体文学现象的阐释。亚里士多德的《诗学》是对古希腊悲剧的阐释，中国汉代兴起的毛、鲁、齐、韩“四家诗”是对《诗经》的阐释。中国历朝历代的诗文评，西方从贺拉斯、朗吉努斯以降不同时代关于诗歌、戏剧和小说的谈论，也都是文学阐释。这就意味着，文学理论话语有一个从具体上升到一般的过程。即如“诗言志”这样看上去极具普遍性的说法，在其最初的意义上，也是具体的。“诗”“志”等词语都有具体所指，并不是在今天所理解的普遍意义上使用的。这也就是说，文学理论在其形成过程的某个环节上曾经就是文学阐释，因此文学理论与阐释学有着基于内在性的紧密关联。既然阐释学和文学理论都有一个从具体上升为一般的过程，都是作为一种具有普遍性的理论形态存在的，二者之间又存在着某种天然的联系，那么从文学理论走向阐释学究竟意味着什么呢？我们所倡导的走向阐释学的文学理论不是把西方哲学阐释学的现成的观点移植于文学研究领域，也不是重复姚斯（H. R. Jauss）和伊瑟尔（W. Iser）代表的接受美学，而是在广泛吸收中外阐释学研究的基础上，根据具体的文学阐释经验总结出一些具有一般性的观点与方法，从而建构起一种在方法论与本体论相结合的层面上的文学阐释学理论。

方法论与本体论相结合是我们所说的作为阐释学的文学理论或者文学阐释学的最基本的特征。我们知道，在西方阐释学史上有一个从方法论到本体论的演变过程。最早的阐释学是所谓特殊阐释学或专门阐释学，本质上是一种方法论。施莱尔马赫发展起来了一般阐释学或普遍阐释学，这是关于一般的阐释现象的方法论思考，超出了专业范围，获得了更大的涵摄性。这种一般阐释学所要解决的问题是阐释怎样才是合理的、才是有效的问题，或者说，是要解决如何更好地进行理解和阐释的问题，本质上同样属于方法论。后来的狄尔泰建立起来的阐释学理论依然属于方法论范畴，目的仍然在于更好的理解和阐释。但是由于狄尔泰认识到人文学科领域的阐释难以完全依赖于概念和推理，需要人全身心投入其中，因此他把“体验”或“生命体验”视为最核心的阐释方法。如此一来，阐释就与人的生命存在密切关联起来了。从某种意义上说，在阐释学演变史上，狄尔泰也就成为从施莱尔马赫代表的一般阐释学到伽达默尔代表的哲学阐释学之间的过渡。哲学阐释学是本体论的阐释学，其创立者是海德格尔。从笛卡尔之后，西方近代哲学思考理解、解释和认识问题，都是在“主客体”二元结构的框架下，从主体角度入手来进行的，分歧在于有的重视主体的理性能力，有的更重视经验。康德试图从总体上弄清楚人的各种主体能力究竟是怎样的，它们各自能够做什么，以及它们之间的关系是怎样的等问题，他确实在很大程度上弥补了唯理论与经验论各自的不足，推进了人们对主体能力的认识。但总体上看他依然没有摆脱“主客体二元对立”的认识论模式，只不过“客体”在康德这里已经是若隐若现了。而到了胡塞尔这里，独立于认识主体的纯粹“客体”

已经不存在了。世界上的一切，包括世界本身都被纳入到其与主体的意向性关系中来审视了。胡塞尔的巨大贡献在于真正打破了“主客体二元对立模式”，而其局限则在于一切都被囿于人的“意识”领域来思考。海德格尔超越了他的老师，他认识到意识并不能代表人的整体存在，世界与人之间也不仅仅是由“意向性”连接起来的。人在世界之中，人的一切活动，从物质性到精神性，从感性到理性，从体力到脑力，都是他的世界得以形成的重要因素。其中“理解”和“阐释”具有特别重要的意义。在海德格尔这里，“理解”和“阐释”不是主体向着客体的追问与探寻，而是事物向阐释者显现其自身。“对海德格尔来说，理解是人在他生存于其中的生活世界的语境关联中把握其自身存在可能性的力量。它不是一种进入另一个人的情境来理解那个人的特殊能力或天赋，也不是在更深层次上把握某种‘生命表现’之意义的力量。理解不能被认作是对某种东西的占有，而是在世之在的一种模式或构成因素。它不是世界中的一个实体，而是存在中的结构，它使人们在经验层面上真实地进行理解成为可能。理解是一切诠释的基础；它与人的存在一样都是初始的东西，并出现于每一诠释行为之中。”① “存在”不是理解和阐释的对象，而是它的结果，因此理解和阐释就不再仅仅是人的一种主体行为，而是获得了本体意义。阐释学也就从方法论转变为本体论。作为本体论的阐释学关心的不再是阐释如何进行的问题，而是阐释与存在的关系问题，或者是理解和阐释的存在论意义的问题。

现在看来，作为方法论的阐释学与作为本体论的阐释学之间尽管在学理上存在着不断深化的接续关系，却并不存在覆盖或替代关系。换言之，本体论阐释学的出现并不意味着方法论阐释学的毫无意义。我们所要建构的走向阐释学的文学理论应该是方法论和本体论的结合。这就意味着，一方面，这种文学理论关注文学阐释方法，把理论建构建基于具体的阐释活动之上，是对古今中外各种成功的文学阐释方法的归纳、总结和理论升华；另一方面，这种理论建构不再把对文学的理解和阐释仅仅看作是一种主体行为，而是看成人的生命体验和

---

① ［美］理查德·E. 帕尔默：《诠释学》，潘德荣译，商务印书馆 2012 年版，第 172 页。

世界本身的显现方式，看作是贯穿于天、地、人“三才”的自然之道的显现方式。具体而言，与传统的文学理论相比，这种将方法论与本体论融为一体的文学理论或文学阐释学具有如下基本特征：

其一，在言说方式上从独白走向对话。传统的文学理论在言说方式上最显著的特征是独白，也就是宣称，类似于神父的布道，是言说者面向听众单向度地讲述道理。走向阐释学的文学理论则采取对话的言说方式，对读者保持充分而诚恳的尊重：商谈和询问的谦和口气，随时准备修正自己观点的开放态度，对所谈论的问题本身的复杂性的充分认识。言说者感觉自己所面对的是同于自己甚至高于自己的同行，而不是需要耳提面命的小学生；他的言说只是把自家的一己之见贡献出来供大家参详，而不是让人们无条件接受的结论。言说者清醒认识到，他所谈论的问题不是他的言说所能够彻底解决的，需要大家共同讨论才行。他的言说不是问题的答案，而仅仅是提供在大家面前的一个话题。结论并不是最重要的，更重要的是讨论本身的展开过程。言说者的自信不是来自找到了解决问题的答案，而是来自提出了一个有讨论价值的问题。对于人文学科而言，讨论本身就是意义之所在，因为人的生命体验、人对世界的感受、人与人之间的关联性都是在讨论过程中显现出来的。理解和阐释的真正意义不在于得出终极性的结论，不在于揭示唯一的真相，而在于显现本身。人的意义，世界的意义，在理解和阐释过程中显现出来。

其二，在思维方式上从认知走向体认。在传统的文学理论中，认知是最基本的思维方式。这种思维方式通过归纳和推理两种基本方法进行，最终的结果都是舍弃具体性而指向抽象性。这种思维方式很容易导致两个结果：一是使文学理论的言说成为一种失去具体指涉的概念游戏，二是由于失去了具体文学经验的支撑而易为某种“场外”话语所觊觎。阐释学则始终关注非理性的心理能力在理解和阐释过程中的作用。施莱尔马赫对“移情作用”的高度重视，狄尔泰直接把“体验”

（而不是推理）作为阐释学的主要方法。即使是“理解”这个概念，在他这里也不是在认知的意义上使用的，他说：“我们通过纯粹理智的过程进行说明，但我们却通过联结一切心理力量的领悟活动来理解。"[①] 狄尔泰认为，自然科学旨在揭示物理世界的奥秘，所用的方法是"说明"；人文科学旨在揭示世界的意义，所用的方法是"理解"。在思维方式上，"说明"就是"纯粹理智的过程"，也就是认知；"理解"则是"联结一切心理力量的领悟"，也就是我们所说的"体认"。一个生命主体对非生命的存在物的认识是在"主客体"关系中进行的，是一个归纳推理的认知过程；一个生命主体对另一个或多个生命主体的了解则是在两个主体之间进行的，是心灵碰撞的过程，是身心整体（包括着理智与感觉、认识与情感等复杂因素的整个生命体）的交流。这种交流不是认知，而是体验、领悟或体认。

其三，在言说指向上从指导走向开启。传统的文学理论承担着重要使命：指导作家创作、读者阅读，批评家评论，也指导其他文学研究领域的一切研究活动。文学理论站在至高无上的位置上发号施令，因为它是关于文学的本质、文学创作、接受和批评的基本原则、文学发展规律，特别是文学评价标准的权威言说。走向阐释学的文学理论则大异于是，它并不告诉人们应该如何，而是把读者带进对话的语境之中，引发他产生自己的言说，简言之，使之"自得"。关于"自得"值得稍稍展开几句，因为这是中国古人的智慧。孟子说："君子深造之以道，欲其自得之也。自得之则居之安，居之安则资之深，资之深则取之左右逢其源。"[②] 所谓"自得"就是得之于己，由自家体贴出来。阐释是一种双重"自得"——阐释主体在阐释过程中之"自得"与阐释所指向的接受者之"自得"。这就意味着，阐释者对阐释对象的理解与阐释并不是阐释对象固有意义在阐释者身上的复现，而是基于其已有的知识储备、心理结构、身心状态等"前见"而产生的结果。在这个意义上说，阐释即是生产。同理，阐释者也应该明了自己的阐释并不是要把自己获得的知识、见解传达给读者，而是通过特定的设置使之"自得之"，即从自己身上生成出来。阐释对象、阐释者、阐释的接受者三者，由于他们各自的"前见"是不一

① ［美］理查德·E. 帕尔默：《诠释学》，潘德荣译，商务印书馆 2012 年版，第 149—150 页。

② ［宋］朱熹：《四书集注》，岳麓书社 1987 年版，第 419 页。

样的，所以他们“自得”的结果肯定是不一样的，但由于整体文化传统的相通性以及传达和阐释过程的自觉设置，三者“自得”的结果就必然存在着内在一致性。在这个意义上说，阐释对象的意义经由阐释的中介传达给了阐释的接受者。所以，阐释实际上是在传达与自得之间的。就其从主体生出而非被动接受而言是为“自得”；就其与阐释对象基于共同文化传统而具有的相通性、一致性而言，是为“传达”。二者并存，不可偏废。

其四，在言说边界上处于开放与收敛之间。从理论上说，阐释具有无限性，但具体言之，则文学阐释过程总是在有限与无限、开放与限制、自律与他律的综合作用下进行的。

首先，文学阐释与哲学阐释、历史阐释的同与异。不同领域、不同学科的阐释存在重要差异。哲学文本指向道理，其意义的确定性比较明显，阐释要首先弄清楚文本所讲述的道理，然后表达认同与否；历史文本指向事实，其意义阐释一方面由作者关于事实的叙述所决定，另一方面为阐释者的判断所决定。文学文本指向经验，经验的丰富性往往超出作者的意图，所以文学阐释更多地取决于阐释者对文本呈现的经验的理解。

其次，文学阐释是开放性、多元性与收敛性、约束性的张力平衡。理论上讲对一个文学文本的阐释可以是多元的，甚至是无限的，但具体而言，任何阐释都是有限的，这里发挥关键作用的乃是阐释的历史性：特定历史语境与特定阐释共同体的综合性作用。因此，在某一个历史阶段，在一个阐释的共同体之中，阐释的结果可能是多元的，但总会有一定范围。超出了这个范围的阐释会被视为无效阐释。

再次，文学阐释的自律与他律。作为学术研究的文学阐释不是任意的，总会遵循一定的规则。这个规则来自阐释者自身和他所处的历史语境，所以是自律与他律的结合。个人的爱好、文化修养、知识积累、价值取向等等构成其阐释自律性的主要内容；社会习俗、文化潮流、现实政治以及阐释共同体的各种规范等等构成阐释的他律性的主要内容。

四　作为阐释学的文学理论还能做什么？

走向阐释学的文学理论不再具有发号施令的特权，不能再通过自明性的、独断论的权威言说来指导、规训文学活动。那么这门学问还有什么作用呢？概括地说，文学理论在关于文学的知识、意义和价值三个层面具有说明、论证与阐发的作用。

知识辨析就是对那些具有普遍意义的文学知识进行界说与说明。在文学领域有一些长期积淀而成的基本知识，这是文学阐释的基础。对于作为阐释学的文学理论而言，文学的基本问题是靠不住的，但文学的基本知识却是必须关注的，否则任何文学阐释、文学研究都将无法进行。如果说“什么是文学的本质”是一个言人人殊、难以形成共识的“基本问题”，那么“什么是文学”却是一个可以形成共识的“基本知识”。否则，大家在谈论关于“文学”的问题时，如果人人口中的“文学”的含义都不一样，那这样的谈论肯定是没有意义的。其他许多使关于文学的谈论得以进行的概念都属于“基本知识”范畴，诸如文学史、文学批评、文学类型的各种具体内容以及语言、故事、情节、人物、环境、细节、结构、节奏、韵律、风格、典型、意境、意象、抒情、叙事、描写、隐喻、反讽、象征等等，在一般的情况下都有着为人们基本认同的内涵与外延，借助于这些基本知识，一切关于文学的谈论才能够得以进行，因而它们也是文学阐释活动的基础。因此文学理论的最基本的任务就是梳理、确定这些基本知识形成的历史过程，进一步界定和理清它们在当下语境中的基本含义，从而为一切关于文学的谈论提供可能性与有效性的保障。

文学理论对意义的关注主要是为了解决理解、阐释与意义生成机制问题。知识辨析虽然重要，但绝对不是阐释的目的，甚至也不是真正意义上的阐释。阐释作为人文学科的基本方法，它是指向意义的。自然科学以揭示真相为目的，人文学科以意义建构为目的。创新性是一切学问的共同标准，但自然科学的创新是发现前人没有发现的事物的客观属性、事物之间的客观联系，而人文学科中的创新则是揭示出前人没有发现的意义。这一部分将涉及“意义”“含义”“意义的生成机制”“意义的主观性与客观性”“意义的有限性与无限性”等问题。首先，什么是“意义”。“是什么”与“有何用”是人类两种最早的追问方式。“意义”是人之所以为人的基本依据。意义是关系的产物，人是社会存在物，也就是关系的存在物，所以人也就是“意义的动物”。世上万物，包括人自身，只有对于人来说才有意义。“意义建构”是一切精神活动之根本目的，宗教、道德、哲学、艺术莫不以创造意义、表达意义为指归。离开了意义也就不存在任何人文精神了。其次，在阐释学的语境中，“意义”的含义是：对作为阐释对象的文本之所指进行阐发，尽力发现文本中包含的各种可能的意思，并且尽力使这一意思明确起来。那么阐释何以成为一种“意义建构”？首先，语境转换——剥离具体性、直接性而赋予普遍性。古代文论许多概念都是通过这种转换而获得普遍意义的，例如“诗言志”。其次，话语转换——通过阐释使文本原有的意思发生变化，从而成为一种新的意义建构。例如儒家对西周贵族典籍的解释、后儒对原始儒学的解释等等，都是通过阐释创造新的意义的。最后，意义在阐释过程中生成。可以说，一切阐释都是在转换，都是从一种话语到另一话语，从一种意义到另一种意义的转换。赫施认为伽达默尔取消了作者意图对本文阐释的决定性作用，直接导致了客观评判标准的缺失而陷入相对主义。为维护理解的确定性，赫施首先区分了文本的含义与意义，指出文本的含义是作者通过一系列语言符号意欲表达的东西，即作者意指的含义；而意义则是人与对象的一种关系，是我们对含义的创造性运用。虽然不同的读者会得出迥然不同的意义，但是这些意义却都是以含义为基础的。这里已经涉及意义建构如何可能的问题，也涉及理解意义的客观性与历史性的关系问题。

文学理论对价值的关注旨在解决文学阐释过程中的价值与评价问题。文学活动是一种主观倾向性十分鲜明的精神活动，处处存在着价值评价问题。因此阐释行为并不止步于意义建构，价值评价是其中最重要的一个环节。这主要包括下面几个方面：首先是意义与价值的关系。实际上，“意义”这个概念本身就包含着“价值”的内涵，或者说，“价值”本身就是一种“意义”。价值是关系的产物，没有关系也就无所谓价值。在阐释学的语境中，价值作为一种意义是阐释者与阐释对象之间关系的产物，这种关系是被历史性所规定的，既非纯粹的主观，亦非纯粹的客观。价值评价却是阐释者立场、态度与观念的产物，是纯粹主观的。正是由于存在着价值评价这一环节，阐释行为就绝对不可能仅仅是以追问真相为目的的。面对一首诗歌文本，指出其字义、词义、句义以及用典、修辞之类都属于“知识辨析”层面，进而分析其意象、意境以及所抒之情、所言之理则是“意义建构”，再进而直言其美丑妍媸，则属于“价值评价”。其次，“价值评价”固然是主观的，但绝非任意的。阐释者对阐释对象的价值评判显然会影响到他的整个阐释过程和阐释的结果，因此在整个阐释活动中占据极为重要的位置。阐释者并不是可以任意而为的任性的孩子，他的阐释行为，包括价值评价都要受到某种规则的制约。简单说来，这种规则来自“常识”与“共识”。何为阐释？一切阐释都是关于具体现象或问题的言说，是按照对象自身特点而展开的描述、梳理、剖析行为，其结果不是宰割、曲解、遮蔽阐释对象，而是对阐释对象更加全面与深入的理解。阐释就是对对象深入“肌理”的剖析，是对被表面现象遮蔽的“真相”的解释，也是对因此而产生的价值判断的阐发。阐释的立场当然是一个问题。并不存在没有立场的阐释行为。我们既然已经从先入为主的“理论”脱离出来，那么到哪里去寻求阐释的立场呢？那就是常识与共识。常识为阐释提供基本的真假标准，共识为阐释提供基本的是非标准。对于一个文学阐释者来说，所谓“常识”当然不是日常生活的柴米油盐之类，而是在一定的学术传统中逐渐形成的为学者们公认的那些基本知识；所谓“共识”也不是一般的社会公德，或者一般意义上的价值观、社会伦理之类。在阐释学意义上的“共识”乃是一个阐释的共同体在一定的历史条件下形成的学术规则和评价标准。在常识与共识的基础上，阐释行为就呈现为一个阐释者的认识和体验与阐释对象自身逻辑的互动过程，这里重要的不是为对象命名、下断语，而是揭示其蕴含的复杂性、关联性，从而使人们对它有更加深刻、更加正确的认识与理解。对于一个阐释者而言，“常识”可以理解为长期积累而成的专业知识基础与理论分析能力之综合，而不是一种先入为主的观念。第三，在阐释过程中，价值评价是隐含其中的。真正的阐释必须遵守几条基本原则：其一，对话性。阐释行为不是单向度的。这里不是“主客体二元对立”的关系，而是“主体与主体之间”的关系问题。不是“我与它”的关系，而是“我与你”的关系。也就是说，不是认识与被认识、反映与被反映的关系，而是对话关系。“我与它”和“我与你”是自然科学与人文学科两种知识系统的根本差异之所在。具体言之，在人文学科中固然也存在“我与它”的关系问题，但那已不属于“阐释”范围了。例如版本考证等。第二，阐释不试图揭示文本唯一的“真理”或“意图”，而是要呈现文本复杂的形成原因与关联因素。第三，阐释活动不标榜价值立场，不宣扬某种主张，意义与价值是在阐释过程中自然而然呈现出来的，而不是特别指点出来的。这种意义与价值一方面来自阐释对象，另一方面来自阐释者，但它既非前者，又非后者，而是一种新的建构。例如王国维的“意境”说，既可以视为站在中国立场上对德国古典美学的阐释的结果，也可以看作是站在德国古典美学立场上对中国古代意境说的阐释。结果呢？既不是中国古代文论的，又不是德国古典美学的，而是一种属于中国现代学术传统新的建构。

总体言之，文学理论走向阐释学就是要从发号施令走向对话，从形而上学走向经验世界，从制定规则走向讨论问题，这样的文学理论或许会获得新的生命力。

文学史研究的公共理性与有效阐释*

程光炜**

一

中国当代文学史研究，一般表现在两个方面：一是文学史史实、史料和史识研究。具体而言，比如作家路遥与林虹关系的史料和史实，因目前只存当事人路遥的说辞，无另一当事人林虹的确凿说辞，而成为一桩“悬案”。对其进一步研究，必然期望有新的史料出现，例如林虹的叙述、进一步发现的重要旁证等。二是作品的阐释。一个众所周知没有形成共识的例子，是对贾平凹长篇小说《废都》“作者意图”的分析。《废都》1993 年刚出版时可谓好评如潮，被认为是当代的《金瓶梅》《红楼梦》，是以写世情呈现历史变迁的大作品。但紧接着该作品受到各方批判，阐释的方向马上逆转：它被指责为写欲望的小说，而且结合当时文学与商业合流的语境，被断定为一部有“商业操作行为”的坏作品。近年来，随着这部长篇的再版，指责的调门渐渐走低以至消失，“作者意图”重新回到文学史研究视野，比较客观公允的评价开始出现。甚至有评论指出，这是贾平凹迄今为止最重要的长篇小说。

尽管阐释者即批评家有权解释作品意图，但该意图完全由阐释者一方任意决定，似乎也存在风险。因此，阐释有边界，并非要限制批

* 本文原刊于《探索与争鸣》2020 年第 6 期。

** 作者单位：中国人民大学文学院。

评家解释作品的权利，而是要求批评家在进入作品解读之前，应了解作品发表时的周边环境，例如时代气候、文坛潮流、社会转型矛盾，尤其是作家选择这个题材的原因，塑造人物时的人生处境和思想情绪等，而不是先入为主地加以主观评判。关于前者，我已在《路遥与林虹关系的一则新材料》中有所介入和讨论；关于后者，可参考当前的贾平凹研究，应继续开发作家的传记材料，如《废都》创作前后作家父亲的死、离婚、单位矛盾等。这样不光从作品表面效果，也从“作者意图”的角度，重新回到作品理解当中。由此，我对张江教授在《论阐释的有限与无限——从 π 到正态分布的说明》一文（以下简称“张文”）中指出的“有效阐释的边界，由多个元素决定。作者赋予的意图，文本的确当意义，文本的历史语境，民族的阐释传统，当下的主题倾向，如此等等，决定了阐释是否有效及有效程度的边界”[①] 的看法深以为然。

其实，这种“冤屈”不单发生在贾平凹一人身上，关于张承志、王朔等作家的研究也有相类似的问题，或可将之称为“失踪作品”“失踪作家”的研究。先说张承志。在新时期一代作家当中，张承志是与贾平凹同时期最早成名的作家之一。1978、1979 两年，他连续借《歌手为什么歌唱母亲》《黑骏马》获得全国第一届短篇小说和第二届中篇小说奖。仅过几年，他的《北方的河》再次获得好评。1991 年，他的重要长篇小说《心灵史》问世。按理，张承志应拥有贾平凹、莫言和王安忆相似的文学史地位，前两年我通过十位批评家手机投票，张承志在新时期小说前十名的作家名单内，虽然位置没有贾、莫和王靠前。而在本人眼里，他应与这几位旗鼓相当，甚至思想上要更深刻些，他在中国当代文学史上的重要性非同一般。但为什么张承志从文学史研究视野中“消失”了呢？这是 1993 年前后他与批评家的争论所造成的直接结果。换言之，他在批评家和文学史家眼里变成了一位“有极端情绪”的作家，被打入另册，事所必然。另外一例就是王朔。在北师大教授王一川带着博士生做的研究中，他被看做老舍之后“京味小说”的另一重要代表。这种看法比较符合王朔

---

① 张江：《论阐释的有限与无限——从 π 到正态分布的说明》，《探索与争鸣》2019 年第 10 期。

的小说成就，至少从一个方面看，王朔小说记录了20世纪90年代北京城市变迁的真实面貌，以及新一代青年日趋个人化的社会观念。王朔地位急速下降，甚至在有些文学史叙述中消失，主要是他得罪了很多批评家，因此被冠以“痞子作家”的恶名。从本人的文学史研究经验看，张承志和王朔都是不会“经营”自己的作家，不了解得罪了批评家和文学史家，对自己的文学史定位将意味着什么。

“民族的阐释传统”在这两位作家身上还可以做延展性研究。中国批评家深受温柔敦厚等中庸思想传统的影响，他们天然会反感和排斥思想、行为比较偏激的作家。这种“前理解”一直在批评家身上潜移默化地产生作用，只是我们在观察当时的批评实践时没有注意，及至再对其进行文学史清理时，才隐约感觉到了。20世纪90年代，张承志、王朔都曾被看做“极端”的作家。

“文本的历史语境”，势必牵涉如何研究20世纪90年代社会语境的问题。“张承志现象”“王朔现象”是在90年代语境中生产出来的。90年代文学论争关乎两个重要问题：文学与革命、文学与市场。“张承志现象”偏重前者，“王朔现象”偏重后者，有时互有交叉。在上述历史语境中，他们的“问题”才得以成立；离开上述语境，他们就会被看做没有“问题”的作家。因此，“如何理解20世纪90年代”，是重新理解分析张承志和王朔的一个新途径。

本文并非要对上述两位作家进行“平反研究”，而是说我们需要重新回到材料中去，回到“文本的历史语境”“民族的阐释传统”当中去，首先寻找他们被贬低的原因，其次对其文本和作家传记材料进行比对研究，不带偏见且设身处地地从作家出发，从问题出发，从作品出发，进行谨慎、稳重和严格的讨论与研究。这里能想到的第一步，就是进行“究竟发生了什么”的研究。至于这种研究能走到哪一步，是否会产生比较客观的效果，恢复文学史现场，从而能在一定范围内形成共识，目前看不清楚，但值得去做。

二

张文还分析道：“其一，不是所有阐释都为有效阐释；其二，有效阐释不是无限有效”。“因时代和语境不同，公共理性的当下存在决定了对确定文本的有效阐释，以某种方式约束于有限区间。”[①] 在当代文学批评活动中，尤其是某部作品的初期批评，经常会出现“不是所有阐释都为有效阐释”的现象。其中一个原因是某些批评杂志为推出“作品批评专辑”，急速邀请一些批评家写批评文章，因距发表时间太近，作品缺乏时间沉淀，很多问题不容易看清楚、想清楚，另外作者多是敷衍成文，思考较随意芜杂，虽然体现了一些文坛氛围的鲜活性，但这些“批评专辑”大多质量不高，除极个别文章外，多数文章不能算“有效阐释”。

“不是所有阐释都为有效阐释”还有其他原因，比如批评家的见识低于当时的作家作品。路遥的《人生》发表后，当时杂志上发表的两百多篇相关批评文章很多说的是套活，是那个年代流行的话题。这种现象，正好反衬出路遥是通过切身的人生体验，包括对转折年代的巨大敏感，才创作出这篇几乎成为 20 世纪 80 年代“时代符号”的文学作品。他提炼出的“高加林”形象浓缩了一代人的经历和挫折，很多人都在这一人物身上找到了“自己的影子”，产生强烈的共鸣在意料之中。由此可以认为，路遥在创作小说时，对“高加林现象”的见识是高于一般读者，也是高于批评家们的。

“不是所有阐释都为有效阐释”，一定程度上关乎读书问题。批评家们忙于频繁、激烈、兴奋的批评实践，不少人除阅读新出现的文学作品外，几乎无暇读书，补充知识的仓库。另有些人虽也读一点，但一般是抱定“拿来主义”的功利观念仓促读书的。这种读书有限的现象还被“大家都说一种话”的批评现场和行业风气所干扰，这样思想无法沉淀下来，来不及生成独立的思考。有个说法是“批评现场”就是说“半截子话”，每个发言者被规定说 10 分钟、5 分钟，本来有所准备，终究无法展开，回去还要赶批评文章的任务。在北京批评界，每周三四场作家作品研讨会是常态，可以说月月如此，年年如此。因此，“半截子话”就把读的一点书、稍微想沉淀一下的文气都

---

① 张江：《论阐释的有限与无限——从 π 到正态分布的说明》，《探索与争鸣》2019 年第 10 期。

磨损掉了。看到这种现象，真有点心痛，冷眼去看批评这个“文坛”，便觉得稍微后退一步，呆在书斋里做研究，偶尔客串一下“现场”，可能是一种明智选择。

另外，“有效阐释不是无限有效”的判断，从一般原理上说非常有道理。所谓“有效”，离不开时代话题、时效性、多数人的感受等外因。但它必然会经历时间的磨损或伤害，语境一变，大多数当时有效的观点就可能很快失去效用，例如 20 世纪 80 年代流行过“文学主体性”“向内转”“寻根”“先锋”“新写实”“新历史主义小说”“女性文学”“欲望叙事”“个人叙事”等说法。这些说法对语境有较大的依赖性，一旦语境消失，它们的危机即会显现。自然，也有一些元话语是“无限有效”的，例如黑格尔、马克思、弗洛伊德等人穿越不同时空而仍具思想张力的著述。

“因时代和语境不同，公共理性的当下存在决定了对确定文本的有效阐释，以某种方式约束于有限区间”[①] 了，是对上述判断的延展和深入讨论。作为哲学论文，作者希望对提出的问题有所限定。就当代文学研究而言，可以分开来论述。

第一，关于 20 世纪 80 年代作家作品的批评活动。对文学来说，80 年代的公共理性就是“改革开放”“解放思想”。既然改革开放，就要解除一切束缚人思想的极左思维，打碎思想的锁链，把“个人”从历史的牢笼中解放出来，变成“新人”。80 年代文学塑造的人物形象，有的是一个具体的人，有的是一种观念，各呈异彩，不能用统一的文学标准来要求：可以称为“具体的人”的人物形象，有刘心武《班主任》的谢惠敏，王蒙《夜的眼》的陈杲，《布礼》的钟亦诚，张洁《爱，是不能忘记的》的钟雨，张贤亮《绿化树》《男人的一半是女人》的章永璘，路遥《人生》的高加林，王安忆《本次列车终点》的陈信，贾平凹《黑氏》的黑氏，张一弓《犯人李铜钟》的李铜钟，等等；可以称为“观念”的人物形象的，有莫言《透明的红萝卜》的黑孩，余华《十八岁出门远行》

① 张江：《论阐释的有限与无限——从 π 到正态分布的说明》，《探索与争鸣》2019 年第 10 期。

的我，《现实一种》的山岗、山峰，李杭育《最后一个渔佬儿》的渔佬儿，王安忆《小鲍庄》的捞渣，马原《虚构》的我，等等。前者与作者的人生经历有些牵连，带有自传色彩，可以进行“人物原型”的考证和考察；后者不存在具体的“人物原型”，从现代派小说、先锋小说的观念中派生出来，表面上看是一种虚无缥缈的存在，实际也是实体，即“现代社会的人”。对这些“确定文本”进行有效阐释，依据的正是上面所说的“改革开放”“解放思想”这一时代的公共理性。这是因为，不管上述人物形象是否有生活来处，或出自某种文学观念，它们都由“公共理性的当下存在”所决定。凡曾经生活在那个年代的读者、批评家、文学史家，都不会怀疑其有效性。即使是后代研究者，只要接触了 80 年代的这一公共理性，认同这一理性对那个转折年代思想行为的描述和规定，那么也不会怀疑它们是有效的阐释。然而必须看到，这种人物形象包括对它们的阐释，也会“以某种方式约束于有限区间”。离开了 80 年代这个区间，它们也很难成为研究课题。它们因 80 年代的时势之变而展开，也因 80 年代的有限性而受束缚。

第二，对 80 年代文学的文学史研究。刚才讨论第一个问题时，文学史研究的眼光已置于其中。不过，文学史研究的范围要比作家作品研究广阔而复杂得多。它当然离不开“作家作品”这个中心，然而也不一定为作家作品所局限，比如文学思潮流派相关材料的开发、甄别、辨伪和细化，也都可以离开作家作品来展开。即使对作家传记与作品关系的考证研究，也可以离开审美批评范畴，拉到文学社会学范畴里来进行。文学史研究除了“时代公共理性”这一大视野，还有一个小视野，或叫“专业规则”，即“文学史研究的公共理性”。对从事当代文学的文学史研究者而言，后一种公共理性也许更重要。对当代文学这个还在发展的学科而言，文学史研究一直会受文学批评活动和思维方式的困扰。比如，当有学者希望当代文学某些阶段，比如十七年文学，80 年代文学能沉淀下来，作为“时段史学”的一部分，愿意对其进行历史性研究之时，总有些不弄材料的人加以质疑、商榷或讨论，明说质疑商榷讨论，实际上是个人危机——怕失去聚焦点的恐惧不安的体现。

专业规则范畴的“小公共理性”，是指研究者不能以自己的是非为是非，而要根据发现的新材料，来研究看起来已不成为问题的问题。比如，对路遥与林虹分手原因的叙述，主要依据当事人路遥对朋友曹谷溪的讲述，后经曹谷溪转述，被《路遥传》《路遥年谱》《平凡世界里的路遥》等研究著作所接受，由此成为两人关系的结论。为此，我查找相关材料，发现了林虹插队知青同学邢仪《那个陕北青年——路遥》这篇文章。该文披露了一则新材料，说当年招工到铜川二号工厂的林虹断绝与路遥交往，并非背信弃义，而是屈于家庭的压力，父母不同意她找陕北当地农村青年。在当时，北京女知青家长对陕北农村男青年普遍持拒绝的态度。这种内外压力，促使林虹态度发生异变。这则新材料与“改革开放”的大公共理性无关，却与专业的小公共理性具有关联性。专业的文学史研究并不受制于大的舆论，它服膺的是史料的真实。文学史结论，不是在大的公共理性的决定下做出，相反，应出自史料所给定的历史事实。

文学史研究有可能被约束于“有限区间”，在结论上并不是一成不变的。新材料的发掘考证，会将这一被约束于“有限区间”的结论再次解放出来，推导出一个新结论，或在旧结论的基础上有所推进。比如，也有人说林虹到铜川二号工厂之后，并非断绝了与路遥的交往，有职工就发现路遥曾出现在工厂大门口。这一材料再一次打破了“有限区间”，虽然还待进一步证实真伪。

这就可以使人想到一个在大公共理性与小公共理性之间的路遥的问题。按照“改革开放”“思想解放”这一大公共理性，表现农村青年个人奋斗精神的路遥，必然被赋予很大的历史理解和同情，提升了他个人形象的道德制高点。这种道德高地，容不下路遥传记研究的不同意见。而在小公共理性视野里，路遥是一个作家也是普通人，他有各种优缺点，是一个有七情六欲的活生生的人。因此，以史料为基础和依据的文学史研究，就会经常跳出大公共理性的范畴，自觉去推进既有的路遥传记研究，对已形成的文学史结论有所推进和发展。在文学史研究中，“有限区间”处于变化之中。

三

张文最后指出："所谓阐释的确定性又如何体现和实现？这涉及两个方向的问题：其一，文本有没有所谓自在意义，如果有，它是不是一种可以被考虑的标准之一；其二，如果没有自在意义，谁来制造和判定意义。我们的观点是，文本具有自在意义，这个意义由文本制造者赋予。无论他表达的是否清晰与准确，我们目及任何文本，包括阐释者的阐释文本，皆为有企图和意义的文本。如果非此，文本制造者为什么要制造文本，阐释者为什么前赴后继地阐释自己？"① 张文的观点是，文本存在自在意义，这种自在意义取决于"作者意图"。不这样推定，就不好解释。

20 世纪的西方现代派小说，有意弱化作家的"创作意图"；而接受理论则把对作品的解释权归之于读者反应，至少认为文本是由作者、读者和批评家三方共同制造的。乍看好像有道理，然而细化到具体作家作品，这种看法实际上脱离了作品创作的真实过程。举例来说，莫言的中篇创作确实有过"先锋小说期"，比如《红高粱》《透明的红萝卜》《球形闪电》《民间音乐》等作品的生产过程。近年来，随着莫言传记材料的披露，研究的不断推进，我们发现 20 世纪 80 年代文学批评得出的那些结论，比如"神话模式""家族模式""儿童视角"等，出现了主观性的漏洞。有材料证实，《红高粱》的构思创作并非空穴来风，并非纯属作者主观臆造，而出自好友张世家给莫言讲述的一个当地抗战的真实故事。《透明的红萝卜》的构造中，确实有莫言天马行空的想象成分，但人物原型则与生产队时期莫言偷队里萝卜被罚的实事有关。管谟贤在《大哥说莫言》中也披露，莫言小说的原型很多来自本村的一些人与事。进一步说，没有莫言合作化时期的饥饿和孤独，就不会有他后来的乡村小说，这一"作者意图"实际是贯穿他 80 年代中篇小说创作始终的。

① 张江：《论阐释的有限与无限——从 π 到正态分布的说明》，《探索与争鸣》2019 年第 10 期。

与文艺理论界漠视“作者意图”的有些观点相反，文学批评家则强调它对作品生成的影响。王晓明在《从“淮海路”到“梅家桥”——从王安忆小说创作的转变谈起》一文中，特别提醒读者注意作家的“创作意图”：“正是‘改革’之潮在90年代初的大转弯，将上海托上了弄潮儿的高位。上海凭借历史、地理和政府投资的三重优势，迅速显示出新的神威。”“就我对《富萍》的疑问而言，这新意识形态的大合唱当中，就有一个声音特别值得注意：对于旧上海的咏叹。”他发现：“几乎和浦东开发的打桩声同步，在老城区的物质和文化空间里，一股怀旧的气息冉冉升起。开始还有几分小心，只是借着张爱玲的小说、散文的再版，在大学校园和文学人口中暗暗流传。”“一连串以‘1931’‘30年代’或‘时光倒流’为店招的咖啡馆、酒吧、饭店和服装店相继开张，无数仿制的旧桌椅、发黄的月份牌和放大的黑白照片，充斥各种餐饮和娱乐场所。甚至整条街道、大片的屋宇，都被重新改造，再现昔日的洋场情调”，“在这怀旧之风四处洋溢的过程中，纸上的文字：小说、散文、纪实文学，乃至历史和文字研究著作，始终腾跃在前列。不但十里洋场的几乎所有景物，都蜂拥着重新进入文学，构成许多小说故事的空间背景，那据说是旧上海的极盛时期的20和30年代，也随之成为这些故事发生的基本时间”。①南帆也指出：“如同人们所发现的那样，越来越多的作家将他们的小说托付于一个固定的空间；他们的所有故事都发生在一个相对封闭的独立王国里面，这里的人物互相认识，他们之间有着形形色色的亲缘关系，作家笔下所出现的每一幢房子、每一条街道或者每一间店铺都是这个独立王国的固定资产。”在分析王安忆20世纪90年代小说创作的变化时，他还不忘拿贾平凹、莫言地域性的乡土题材做比较：“有趣的是，这样的独立王国多半存留了乡村社会的遗迹，作家所喜爱的固定空间往往是一个村落，一个乡村边缘的小镇，如此等等。通常，乡村社会拥有更为严密的社会成员管理体系，宗族、伦理、风俗、礼仪、道德共同组成了乡村社会独特的意识形态。对于许多作家

① 王晓明：《从“淮海路”到“梅家桥”——从王安忆小说创作的转变谈起》，《文学评论》2002年第3期。

说来，乡村社会的文化空间轮廓清晰，版图分明，相对的封闭致使他们的叙述集中而且富有效率，这些作家的心爱人物不至于任意地出走，消失在叙述的辖区之外。”而王安忆上海题材小说与他们的作品最明显区别的特征则是，“王安忆更乐于为她的小说选择城市——一个开放而又繁闹的空间”①。文艺理论界出于建构新理论的需要，可能会故意忽视“作家意图”的存在，把关注重心转向读者反应；而文学批评家则要面对作家创作，否则无法开展具体工作。跑到创作之外去面对作者，这从来不是批评家的职责。

综上所述，有效阐释得以成立，设定阐释边界是必然前提；而关于阐释的有限和无限，公共理性则是检验标准之一；在此前提下，“作者意图”显然应进入关注的视野。应该说，这是当代文学研究的应有之义。这是因为，“有效阐释”从来就是文学批评和文学史研究为自己设定的目标。

① 南帆：《城市的肖像——读王安忆的〈长恨歌〉》，《小说评论》1998 年第 1 期。

文学视域中个体阐释与公共阐释的关系*

丁国旗**

2014 年，张江教授对当代西方文艺理论的基本特征和根本缺陷进行探讨，提出了“强制阐释论”，激起了国内学者对于西方文艺理论的反思与批判；2017 年，张江教授又提出“公共阐释”，试图以中外学术资源为基础建构具有中国特色的公共阐释理论，这一理论一经提出便成为学术界广泛讨论的热门话题。个体阐释与公共阐释作为公共阐释论中的一对核心范畴，是建构公共阐释理论不能忽视的问题。本文想就二者之间的关系提出一些自己的思考。

一　公共阐释与个体阐释的普遍性关系

对于个体阐释与公共阐释的关系，张江教授在《公共阐释论纲》（《学术研究》2017 年第 6 期）中进行了明确论述，他指出，个体阐释受到公共阐释的规约，广为公众理解与接受的个体阐释即可上升为公共阐释，反之，则成为私人阐释，并最终被淹没和淘汰。不过作为公共约束的公共阐释就是先大存在、自足自洽的吗？显然不是。站在当下这样一个共时的语境中，个体阐释固然受到公共阐释的约束，但

* 基金项目：北京市习近平新时代中国特色社会主义思想研究中心项目（18KDBL072）。本文原刊于《社会科学战线》2019 年第 12 期。

** 作者单位：中国社会科学院民族文学研究所。

历时来看，一切阐释首先均始于个体阐释，只是后来在公众的理解与接受中才逐渐成为公共阐释，进而对新的个体阐释形成约束。辩证地看，个体阐释与公共阐释应该是互为基础、相互决定的，并在相互促进中螺旋式发展。

（一）个体阐释是公共阐释的前提和基础

从根本上讲，任何阐释活动首先都是个人活动。张江教授在《“阐”“诠”辨——阐释的公共性讨论之一》一文中通过对“阐”字和“诠”字的本义及引申义的辨析，对阐释的核心内涵和精神进行了探讨。“阐”的本义为“开”，即双手开门，而“开”的本义为洞开、吸纳、彰明、通达，这就在开门这一客观动作之上体现出了主体的精神追求。以“阐”字的本义为基础，便可知阐释意味着主体冲破阻碍，寻求与外界、与他人的沟通交流，从而获得公共承认。① 从阐释活动的发生和进行来看，阐释建立在理解的基础之上，首先要对对象本身有一定的理解和把握，才能对其进行阐发，进而与外界沟通交流。这样的理解和把握并不是公共群体的行为，而是极具个性化的活动。理解作为人脑的一种意识行为，涉及个体的理性与感性、生理与心理等各个方面，因为每个人在这些方面都存在差异，所以对同一事物、文本的理解也很难完全一致。就像根据文学作品改编的影视作品，其中的人物形象由演员具象化后，总是难以满足每一位阅读过该文学作品的观众的心理预期，究其根本，就在于每个人对文学作品中人物的理解总是融入了个人化的理解。所以，理解首先总是个人的理解，总是个性化的理解。而阐释建立在理解的基础上，自然也都是个人的阐释，具有个体性和差异性。这一点，张江教授在文中也有论述，他指出“主体及主体间性之存在，乃阐释生成之基点”，“阐释总是由某个确定主体生成和发出的”。② 说到底，没有个体性的主体的存在，阐释便无从谈起。

一切阐释首先都是个体阐释，而公共阐释又以个体阐释为基础。

① 张江：《“阐”“诠”辨——阐释的公共性讨论之一》，《哲学研究》2017 年第 12 期。

② 张江：《“阐”“诠”辨——阐释的公共性讨论之一》，《哲学研究》2017 年第 12 期。

张江教授在与汤普森教授就公共阐释与社会阐释问题进行对话时明确提出了这样的观点。由此可见，没有个体阐释，公共阐释便如空中楼阁，没有了根基。正是众多个体阐释中的共同性，形成了公共阐释的主要内容。其实，个体阐释本身就蕴含着一定的公共性，其公共性内容的存在，基于人们对于自然、社会和人自身的客观认识的一致性。个体阐释虽然具有个体性，不同的主体所做出的阐释难以完全一致，然而由于阐释始终以客观事物为对象，即使阐释的主体不同，但客观事物的本质规律是一定的，只要阐释符合其本质规律，便能在认识上达成一致，成为公共阐释。20 世纪以来，当代西方文论逐渐陷入了一种相对主义和虚无主义的状态，一个很重要的原因便是消解了阐释的客观性和有效性，将阐释活动极端主观化，这样的阐释自然难以获得公共性。正如吴晓明教授所言，即使在最浅近的含义上，我们也完全无法设想，阐释能够仅仅依循“主观的、意谓的、或梦想的东西”而被建立起来。[①] 阐释的公共性以个体阐释为基础，而个体阐释则建立在对象的客观性之上，这种基于客观对象的本质和规律的个体阐释不仅为公共阐释的形成提供可筛选的材料，也从根本上蕴含了实现公共阐释的可能。

个体阐释为公共阐释奠定基础，同样也对公共阐释进行反思，推动公共阐释的更新与发展。公共阐释与科学理性不同，其目的不在于获得无可指摘、不容置疑的真理，而在于符合大数定律，获得公共性，从而成为有效的、具有可行性的阐释。随着独具创见的个体阐释与公共阐释的对话交流，公共阐释在个体阐释的质询中不断反思和修正自身，在反思与修正的过程中，个体阐释实现公共性转化，进而构成新的阐释共同体，著名的“黑天鹅事件”可以说是公共阐释在个体阐释的质询中得以修正的证明。在澳大利亚的黑天鹅被发现之前，“天鹅都是白色的”就是 17 世纪之前欧洲人所广为接受的公共阐释，但随着有人发现第一只黑天鹅的存在，人们对于天鹅的认知便在否定中得以修正。纵观人类知识的进化，正是通过以新的发现来打破陈旧或错误的认知，在肯定、否定及否定之否定的辩证过程中所进行的。

---

① 参见吴晓明《论阐释的客观性》，《哲学研究》2016 年第 5 期。

公共阐释同样也是如此，如果没有新观点、新思想的不断注入，公共阐释则如一潭死水，毫无发展的可能。从这一角度来看，越是独具创见性的个体阐释越是对公共阐释的发展起着至关重要的作用。

（二）个体阐释受到公共阐释的引导和制约

共时层面来看，个体阐释无论是在起始阶段还是在上升为公共阐释的过程中，都会受到公共阐释的约束。个体阐释获得广泛接受成为公共阐释后，其中的个人理性经过共识重叠和规范集合，转变为公共理性，进而为阐释主体展开理解和表达提供基本场域。阐释主体处于公共理性的场域中，公共理性以精神积淀的形式潜移默化地影响人们的理解和认知。人作为社会的人，自出生以来，便处于一定的社会、历史、政治、语言、家庭等各种文化的包围之中，这些历史条件、社会因素、文化背景构成了阐释主体的精神结构，也就是海德格尔所说的“先行结构”以及伽达默尔的“前见”。海德格尔指出：“一切解释都活动在前已指出的‘先’结构中。”[①] 在阐释者展开理解活动时，社会、历史、文化等因素内化于阐释者的思想观念中，以“先入之见”的形式在有意识或无意识的状态下影响着他的阐释活动。正如鲁迅评《红楼梦》时所言，一部《红楼梦》，经学家看见《易》，道学家看见淫，才子看见缠绵，革命家看见排满，流言家看见宫闱秘事。同样当人们面对《蒙娜丽莎》这幅举世闻名的油画作品时，艺术家看到的是高超的艺术水准，而医学家则关注模特的健康问题。当阐释者处于不同的文化背景、不同的公共理性中时，对同一对象所做的阐释也会存在差别，这是阐释活动所不能避免的现象。当然，“前见”也是阐释活动所必备的基础，如果没有对一定的历史文化、语言等公共性理解基础的掌握，阐释者面对对象时，则无法做出任何解释，因为阐释对象同样也是历史文化的产物，是人类精神文化的积淀。

公共阐释不仅为个体阐释的展开奠定基础，同时也对个体阐释向公共阐释的转变进行约束。当公共阐释中重叠和规范化的理性转化为

---

① 海德格尔：《存在与时间》，陈嘉映、王庆节译，生活·读书·新知三联书店2014年版，第178页。

公共理性后，便为个体阐释能否获取公共性提供了评判标准。个体阐释的理解与接受始终受到公共理性的检验，符合公共理性的要求，便可以获得公共性，反之则因无人问津而被淹没在众声喧哗之中。可以说，公共理性本身就是评判标准的核心构成，评判标准则是公共理性的外在表现。司马迁在《史记》中记载了孔子删诗一事："古者《诗》三千余篇，及至孔子，去其重，取可施于礼义，上采契、后稷，中述殷、周之盛，至幽、厉之缺，始于衽席，故曰'《关雎》之乱以为《风》始，《鹿鸣》为《小雅》始，《文王》为《大雅》始，《清庙》为《颂》始'。三百五篇孔子皆弦歌之，以求合《韶》《武》《雅》《颂》之音。礼乐自此可得而述，以备王道，成六艺。"① 其中"取可施于礼义"便是以"礼义"为标准对诗歌进行筛选，从三千多首诗歌中选出了十分之一，整理成集。春秋时期，礼义教化不仅是政治上层建筑的重要内容，也是统摄整个社会的正统思想，在这样的语境下，孔子以礼义为标准对诗歌进行选编，符合当时的政治和社会需求，是以公共理性筛选个体阐释的典型。

总之，个体阐释与公共阐释是一种互为基础、相互决定的关系，而且这种关系具有很大的开放性。就今天而言，每个人在出生以后，便会接受各种类型的教育，公共性的决定性作用十分明显。由此看来，张江教授侧重谈公共阐释对个体阐释的决定作用是有道理的。但凡事还是要辩证地去看，具体地去看。当我们越是更多地受到公共阐释的决定时，富有个人特色的个体阐释也就越显得有价值，尤其是在文学艺术等重视创新性、个性化的领域，个体阐释尤其重要，不可或缺。

二　文学阐释中个体阐释与公共阐释的独特性体现

阐释是文学活动的核心方面，纵观文学活动的整个过程，无论创作、传播还是接受，阐释活动都贯穿其中。文学理论与批评的阐释性自不待言，文学创作作为作家通过艺术加工将其审美体验转化为文学

① 司马迁：《史记》，韩兆琦译注，中华书局 2007 年版，第 166 页。

作品的创造性活动，其中就包含了作者对世界、对生命的阐释。而文学传播的阐释特征常常被忽视，其实文学作品的传播过程涉及对作品意义的理解和阐发，这本身就是一种阐释。尤其在新媒体勃兴的今天，随着人的力量在传播中不断加强，阐释的作用日益凸显出来。整体而言，个体阐释与公共阐释之间的普遍性关系在文学领域内也同样适用，文学活动中的阐释，首先都是个体阐释，这些个体阐释在评价标准的筛选中或得到广泛接受，或被社会所淘汰。但文学作为一个特殊领域，个体阐释与公共阐释在其中也呈现出自己的特点。

（一）文学的独创性使个体阐释的重要性更加凸显

相对于其他领域，文学具有鲜明的个性化特征，缺乏独创性，文学便无法获得持久的生命力。个性化、独创性所强调的便是阐释的个体性。从文学创作来看，文学创作是作家以独特的视角、个性化的语言去书写社会历史与生命体验的创造性活动，独创性是其生命，是艺术家得以立足并引以为傲的重要理由。正如黄庭坚所言，“随人作计终后人，自成一家始逼真”，纵观文学发展的历史长河，在大浪淘沙之下所留下来的文学经典，没有哪一部是依靠因袭、仿制而得以流传千古的。当下网络文学如雨后春笋般蓬勃发展，但是高峰作品鲜有出现，究其根本，正是因为创新能力不足，同质化、套路化问题严峻，从而阻碍了网络文学由高原向高峰的发展。与文学创作相对应，文学理论与文学批评也是如此。文学创作作为文学理论与批评所植根的土壤，处于不断发展中，若理论与批评脱离现实、人云亦云，不能紧随创作实践中新现象、新问题的出现而提出新的观点，这样的文学理论与批评如何为文学创作提供指引？近年来，文艺界所出现的对西方文论的盲目崇拜而造成的文学理论、文学批评与中国文学实践的严重脱节，便是最惨痛的教训。另外，从文学传播来看，独创性同样十分重要。在市场经济条件下，文学作品想要获得更为广泛的市场，传播方式和手段的创新则变得尤为重要。如今，各种广告宣传铺天盖地而来，形形色色的传播方式与手段争奇斗艳，在这样的环境下，千篇一律的营销手段只会令人感到枯燥乏味，而那些在对作品进行深入理解的基础上，通过富有创新性的传播方式引起读者兴趣的做法，便成为提高传播效率、扩大市场的制胜法宝。总之，文学作为一种创造性活动，越具有独创性，就越容易获得公众的接受和认可，而个体阐释作为独创性的来源，则在文学中占有更加突出的地位。

（二）文学的开放性为个体阐释提供了更为广阔的空间

文学作品既是封闭的，同时又是开放的。所谓封闭，是指作品拥有完整的框架和表现形式；所谓开放，则是说作品可以从多方面、多角度去审视，从而可能产生不同的解读。与日常语言和科学语言不同，文学作品的开放性首先源于文学语言的特殊性，文学语言并不追求严谨和科学，而具有明显的含混性、多义性特征，这些无疑拓展了文学作品意义的阐释空间。燕卜荪的“复义七型”、德里达的“解构”“延异”“播撒”等均从语言出发表现出对文学开放性的永恒兴趣。另外，文学作品重在刻画创作主体丰富的生命体验和精神内涵，但这些思想性、精神性的内容无法通过语言准确而完整地传达出来，从而形成了文学作品蕴藉深厚、余味悠长的特点。中国古代文论中的“书不尽言，言不尽意”“诗无达诂”“文外曲致”等都是对这一现象的总结概括。不仅如此，部分作者追求思想上的异质性和艺术上的前卫性，不断突破传统文学范式，进行大胆的艺术探索，这也使得作品的意义模糊，有着高度的开放性。如著名的意识流小说《尤利西斯》一反传统写法，按照人物意识的流程来构思作品，手法怪诞、主旨不明，从而引发读者各种不同的解读。其实，即使是强调真实的现实主义文学作品或传记文学作品，经过艺术加工，同样具有开放性、探索性和延展性的品格，这是所有文学作品所共有的特性。正是这些特性使文学作品的意义和内涵更为丰富，为读者和批评家的阐释提供了更多的可能。当然，笔者并非主张文学作品意义的相对主义和虚无主义，而是认为文学意义的多层次性和开放性为读者和批评家的解读与阐释提供了广阔的空间，正是因为这一特征，才使得作品能够常读常新，不断从中发现新的意涵。相对于历史阐释和政治阐释等，文学阐释为个体阐释所提供的空间之广是显而易见的。

（三）文学的超越性使阐释的公共性更易实现

文学作为一种特殊的意识形态，是对现实生活的反映，它的产生与发展，深深地植根于现实生活这片沃土之中。不过文学对现实生活的反映远非镜像式的被动反映，而是对原生态的情感体验和芜杂的社会现实进行升华的能动反映。所以，文学源于生活又高于生活，是对现实生活的超越。其超越性不仅体现在从现实生活经验性、表象化的感性认识向从本质性、规律性的本质认识的转换，体现在摆脱现实生活中狭隘的个人利欲，进而追求对人类普遍的自由理想的终极关怀，还体现在对现实生活进行审美观照，在对实用功利主义的超越中，所获得的精神愉悦。其实，无论哪方面的超越，都是一个从特殊到一般、从现象到本质、从个体性到普遍化的过程，蕴含着丰富的公共性。正如鲁迅笔下的阿 Q 在典型的形象中影射了辛亥革命前后中国落后农民的落后和愚昧，作品中的“未庄”“鲁镇”也跃出了具体的地域范围，成为 1920 年代中国农村社会面貌的缩影，而渗透于作品中的“立人”思想、批判意识等则超出一国之界限，对世界产生了深远影响。文学的超越性源于其虚实结合的艺术化创作，其追求的本质之真和人性之真为个体阐释上升为公共阐释奠定了坚实的基础，而其艺术虚构在对现实进行升华的同时又将现实和作品拉开距离，为阐释达成更大范围的公共性减少了阻碍。加之文学的审美性特征，使读者在无功利的审美愉悦中更容易打破现实的界限，实现广泛的认同。可以说，文学的超越性使阐释更易达成广泛的公共性。

总之，文学视域中的阐释活动不仅符合个体阐释与公共阐释的普遍性关系，而且文学的独创性、开放性和超越性还赋予了个体阐释和公共阐释新的特点，为其提供了新的可能。尤其是那些举世公认的经典作品，将其独创性、开放性与超越性发挥得淋漓尽致，从而使文学阐释中个体阐释与公共阐释关系的独特性体现得更加鲜明。探讨个体阐释和公共阐释关系在文学阐释中的特殊呈现，不仅有助于对文学阐释的深入认识，而且有助于挖掘其在文化交流中的现实意义。在生活于不同地域、有着不同文化背景的群体之间，通过文学了解彼此、交流互鉴，历来是文学的重要作用之一。如今，全球化程度不断加深，国家间的联系日益密切，跨文化交流日益普遍，在这样的环境下，更应该重视文学阐释的桥梁作用。

三　文学阐释与人类命运共同体的建构

党的十八大以来，习近平总书记站在全人类的高度，多次在重要场合倡议构建人类命运共同体，这一理念承载着全世界人民对美好生活的向往，顺应了历史发展潮流和时代前进方向，为实现全世界的共同发展和持续繁荣提供了中国方案。人类命运共同体理念倡导通过“尊重世界文明多样性，以文明交流超越文明隔阂、文明互鉴超越文明冲突、文明共存超越文明优越”①，“建设持久和平、普遍安全、共同繁荣、开放包容、清洁美丽的世界”②。而公共阐释论旨在通过理解、沟通与交流达成阐释的公共性，其理想与人类命运共同体理念的核心精神完美契合。2019 年 5 月 15 日，习近平总书记在亚洲文明对话大会开幕式上进一步强调要为人类命运共同体的建构夯实人文基础，③ 文学凭借其特殊的阐释品性在这一方面有着无可比拟的优势。

（一）文学阐释促进各国间的了解与沟通

各国、各民族之间在政治经济文化等各方面都存在不同程度的差异，而这些差异在缺乏充分理解和沟通的前提下极易导致误读。如今，虽然随着全球化程度的不断加深，国家之间的联系日益密切，但由误读所造成的冲突依旧屡见不鲜，更有甚者，像“东方主义”这种有意对异质文化妖魔化的问题依然存在，因而增进不同国家和民族间的相互了解，减少文明冲突，仍然是当下国际交流中迫切需要解决

① 习近平：《决胜全面建成小康社会　夺取新时代中国特色社会主义伟大胜利——在中国共产党第十九次全国代表大会上的报告》，人民出版社 2017 年版，第 59 页。

② 习近平：《决胜全面建成小康社会　夺取新时代中国特色社会主义伟大胜利——在中国共产党第十九次全国代表大会上的报告》，人民出版社 2017 年版，第 58—59 页。

③ 参见习近平《深化文明交流互鉴共建亚洲命运共同体——在亚洲文明对话大会开幕式上的主旨演讲》，新华网，http：/ / www. xinhuanet. com/world/2019 - 05/15/c_ 1124497022. htm。

的问题。文学创作以现实生活为其根本，是时代与社会生活的缩影，不仅涉及社会生活的方方面面，而且深刻揭示了社会发展的本质和规律，因而文学作品历来是世界各国人民之间相互了解、增进友谊的重要桥梁。恩格斯在评巴尔扎克的《人间喜剧》时，称赞这部作品“汇编了一部完整的法国社会的历史，我从这里，甚至在经济细节方面（诸如革命以后动产和不动产的重新分配）所学到的东西，也要比从当时所有职业的史学家、经济学家和统计学家那里学到的全部东西还要多”[①]。列宁将列夫·托尔斯泰比作俄国革命的一面镜子，称他的创作勾勒出了一幅“无与伦比的俄国生活的图画”[②]，从深度和广度上反映了俄国十月革命前夕的社会情状。可以看出，通过文学去了解形形色色的文化与文明，其获得的认识或将比从一些专业书籍中所获得的更为全面和深刻，这是文学作品的优势所在。张江教授在《公共阐释论纲》中将“阐释”界定为“在文本和话语不能被理解和交流时而居间说话”，文学恰恰就是在各国、各民族之间扮演这样的角色。在各国人民不能直接有效沟通时，文学作品通过对特定社会历史和现实生活的阐释，增进彼此之间的了解，消除误会与偏见，拉近人们的距离，从而为人类命运共同体的建构做出了奠基性贡献。

（二）文学阐释为凝聚全球共识助力

文学作品不仅展现着时代与社会生活的面貌，作为“人学”，它也阐发出共通的人性本质和精神追求。1827 年 1 月 31 日，歌德在与爱克曼的谈话中，提出了“世界文学”概念，其灵感正是来源于歌德在异国文学中的这一发现。歌德指出他在读一部中国传奇时，发现“中国人在思想、行为和情感方面几乎和我们一样，使我们很快就感到他们是我们的同类人，只是在他们那里一切都比我们这里更明朗、更纯洁，也更合乎道德。在他们那里，一切都是可以理解的，平易近

① 恩格斯：《恩格斯致玛格丽特·哈克奈斯》，载《马克思恩格斯选集》第 4 卷，人民出版社 2012 年版，第 591 页。

② 列宁：《列夫·托尔斯泰是俄国革命的镜子》，载《列宁选集》，人民出版社 2012 年版，第 242 页。

人的，没有强烈的情欲和飞腾动荡的诗兴，因此和我写的《赫尔曼与窦绿合》以及英国理查生写的小说有很多类似的地方”①。这些文学作品中思想、行为和情感之所以相通，正是因为纵使生活环境、地域环境以及文化背景各不相同，但世界各国各族人民都有着向真、向善、向美的人性本质和精神追求以及对和平安定、自由平等的美好生活的无限向往，而这些恰恰是伟大作品所应有的精神构成。再看人类命运共同体理念的核心内涵，其所追求的持久和平、普遍安全、共同繁荣、开放包容、清洁美丽的世界，也是对全人类的精神追求和生活向往的完美诠释。从根本上说，文学作品中所体现出的思想感情与人类命运共同体理念的精神内涵均以全人类的根本需求为基础，是开在同一根树干上的花朵，因而自然是相一致的。此外，文学以其独特的艺术性为不同文化群体之间的深入沟通破除障碍，使其在愉悦的审美体验中敞开心扉，在潜移默化中对人类共通的问题产生心灵的共鸣，这一点同样与建构人类命运共同体的现实需求相契合。所以，文学阐释作为世界各国人民沟通与交流的桥梁，传达人类共同的精神追求，为人类命运共同体的构建凝聚全球共识，并非是时代发展强加给它的任务，而是其与生俱来的特性和功能。

总之，作为一种阐释活动，文学阐释符合个体阐释与公共阐释之间的普遍性关系，同时作为一种特殊的阐释活动，文学阐释又为个体阐释和公共阐释赋予了新的特点、开拓了更为广阔的空间。其实，纵观人类命运共同体的构建，本质上说也是不同国家、不同民族这些“个体阐释”通过沟通交流最终达成公共阐释的过程，这与实现文学公共阐释的路径本质上是一样的，都是个体阐释与公共阐释之间普遍性关系的特殊呈现。正是文学阐释的特殊性及其与人类命运共同体理念内在的相似性，使文学阐释在推动人类命运共体建构上有着得天独厚的优势。从这个角度来看，文学就是推动人类命运共同体构建的最好途径。

① 爱克曼辑:《歌德谈话录》，朱光潜译，中华书局2013年版，第120页。

有效阐释的边界*

——以20世纪90年代的“个人化写作”研究为例

洪治纲**

阐释的有效性与边界

在新时期以来的文学实践中，从现场式的文学批评到当代文学史的构建，人们一直在努力寻求一种高效且可靠的阐释，希望能够迅速抵达研究目标的本质，但事实常有违人愿。当我们作出了一个个看似有效的阐释，甚至形成某些具有共识性的文学史观念之后，各种“再解读”又给人们提供了诸多新的理解空间，譬如有关“红色经典”的再解读，20世纪80年代启蒙文学思潮的再解读，汪曾祺小说的再解读，《平凡的世界》《白鹿原》等具体作品的再解读，等等。尽管我们要承认，有些“再解读”未必提供了更为丰富的审美视野或文化内涵，只是动用某些现代理论重新解析了研究对象而已，但大多数“再解读”确实为我们展示了新的研究视野和思考维度，同时也在不同程度上动摇了某些既定的文学史观念。其中最典型的，或许就是唐小兵主编的《再解读：大众文艺与意识形态》一书。该书中的十多篇文章，运用了大量西方现代文学理论，对20世纪40年代以来的一些文学创作进行重新阐释，摆脱了以往工具论或历史意志论的思维局

* 基金项目：浙江省哲学社会科学重点研究基地“文艺批评研究院”资助项目。本文原刊于《探索与争鸣》2020年第6期。

** 作者单位：杭州师范大学人文学院。

限，确实给我们提供了一些新的思考。

问题当然不在于这种“再解读”是否合理，或者说它的价值究竟在哪里，作为一种审美意义上的文化阐释，它无疑是有意义的。在很多时候，我们都强调文学作品的生命力正取决于它的阐释空间。一个作家或一部作品能够获得人们的“再解读”，既表明其拥有让人反复“重读”的潜质，也说明其能够不断激活人们的阐释欲望，就像《红楼梦》衍生出“红学”一样。正因如此，近些年来，中国当代文学研究领域开始涌现出各种“再解读”，以至有学者将之视为一种“再解读思潮”，并认为这种学术思潮沿着“历史性研究”“文学性研究”“现代性研究”三条路径，开始对 20 世纪 40 年代以来的左翼文学进行了别样的阐释。[①] 但是，面对这种不断涌现的“再解读”现象，有一个问题已无法回避：是否可以通过不同的阐释主体、选择不同的研究方式对文学作品进行无穷无尽的解读？如果文学存在一定的边界，那么这种边界在哪里？

这是一个看似空泛的问题，却又是一个文学批评的原点问题，甚至内在地规定了我们进行“再解读”的某些基本原则。在张江先生看来，阐释并非没有边界，它必须获得公共理性的接受和认同，有效阐释的边界由多个元素决定，如“作者赋予的意图，文本的确当意义，文本的历史语境，民族的阐释传统，当下的主题倾向”[②] 等。阐释的有效性必须建立在公共理性的认同之上，而公共理性既受制于文本与作者意图的约定，又具有动态性的变化特征，因此，阐释的有效性在某种程度上又具有开放性特征。

将阐释的有效性落实于公共理性，似乎没有太大问题。但是细究之后，有两个问题仍然值得推敲：一是很多文学作品借助情感共鸣而产生影响，并不一定具备深刻的理性意义，在阐释上很难聚焦于公共理性，像严羽的《沧浪诗话》、宗白华的《美学散步》所涉及的诸多精妙阐释，都立足于接受主体的感性体悟，无法诉诸明确的理性；二

① 刘诗宇：《论中国当代文学研究中的“再解读”思潮》，《文艺研究》2019 年第 6 期。

② 张江：《论阐释的有限与无限——从 π 到正态分布的说明》，《探索与争鸣》2019 年第 10 期。

是公共理性的基本内涵并不容易约定，因为文学作品具有内在的开放性，必然会导致不同的阐释主体得出不同的理性认知，而且这些认知都具有公众认同的基础。譬如针对《水浒传》和《三国演义》，就一直延续了两种截然不同的阐释和评判。因此，真正意义的文学阐释可能是“层累的”，即不同时代的人们基于不同的阅读感受和个人思考进行“再解读”，无论作家作品还是文学史，均是如此。

当然，这并不是说阐释就没有边界，它的边界应该以具体作品为限。也就是说，阐释必须从作品出发，牢牢立足于作品来进行分析和判断。无论作家创作还是文学史定位，都必须立足于具体作品，从中寻找阐释的路径。作品（不是文本）隐含了作者的审美意图，同时又以开放性姿态延伸到各种非文学领域。当李银河的《虐恋亚文化》以萨德的小说来讨论人类的虐恋问题时，我们很难判断这种非审美的阐释是无效的，因为它立足于作品的人物言行，且从人性层面探讨了人类学问题。事实上，人们之所以觉得有些阐释是无效的，主要是因为这些阐释要么从各种理论出发，将作品仅视为某些理论的注脚；要么从主流观念出发，在二元对立的思维中展示主观性的判断；要么以偏概全，用少数极端作品来取代整体性阐释。这样的阐释无法获得令人信服的理由，丧失了应有的说服力。

关于阐释的有效性与边界问题的深入探讨，我们不妨将 20 世纪 90 年代“个人化写作”的相关研究作为例证，重新梳理一些阐释中存在的问题，并进一步说明科学而有效的阐释应从具体作品出发的基本原则。

可疑的参照目标

20 世纪 90 年代中期涌现出来的“个人化写作”思潮，主要体现在三个写作群体中：一是以“晚生代”为主要阵容的写作群体，代表人物有韩东、朱文、刁斗、张旻等“断裂事件”的主角；二是以陈染、林白、海男、徐小斌、徐坤等为代表的女性小说家群体；三是以“民间写作”为主的诗歌群体，代表诗人有沈浩波、伊沙、尹丽川、朵渔、侯马等。这三个群体彼此交叉，在写作上倡导个体生命体验，强调身体欲望，自觉疏离宏大叙事，突出日常生活中个体生存的意义，因此被学界命名为“个人化写作”思潮。在后来发展过程中，这一思潮确实存在一些极端化的情形，如卫慧、棉棉的小说对本能欲望的展示，沈浩波、尹丽川、伊沙等诗人推行的“下半身写作”，都体现出某种感官化的审美倾向。但从总体上看，绝大多数作品都试图重建日常生活中的个体生存价值，让文学重返世俗意义上的“人学”轨道。游离于社会现实之外的普通个体，他们的生死爱欲、喜怒哀乐以及他们与某些世俗伦理的对抗，一直是这些作家孜孜以求的审美目标。

这种“个人化写作”思潮，刻意剥离了个体的社会群体属性，让人物回到个体可控的生存领域，揭示他们在自我精神空间中理性或非理性的生存状态。一方面，这一思潮拓展了当代文学对于现代人精神处境的深度思考，展现了个体的世俗欲求与社会秩序之间的抵牾，也折射了创作主体对于个体生活多元化的内在诉求；另一方面，它又割裂了人的群体生存属性，将人还原为纯粹的独立个体，导致个体的诸多行为无法形成共识性的情感关联，使一些读者产生排斥心理。但在具体的研究过程中我们发现，针对这一思潮的很多阐释并不是依据具体作品的分析，而是从先在的观念入手，即作者先确立一些自我阐释的参照目标，然后针对这种自我设立的参照目标进行理论言说，而在具体的论述过程中，仅以少数作品作为点缀，由此形成了各种难以令人信服的判断。

首先是集体叙事的参照。“个人化写作”思潮之所以能够成为学界普遍认同的概念，主要是因为人们将它先在地放置于“集体／个人”的语境之中，并由此形成了一种二元对立的思考范式。既然要表明“个人化写作”思潮的独特性，证明这种思潮具有进化论意义上的作用和价值，学界总是不自觉地将以前的文学创作概括为集体性叙事或代言式写作。因此，我们看到，在大量的阐释中，[①] 人们认为，

---

① 相关论述很多，如王冬梅的《从启蒙到世俗的文学转型——兼论“个人化写作”的文化意义》（《山东社会科学》2020 年第 1 期）、罗振亚的《“个人化写作”：通往“此在”的诗学》（《中国文学研究》2004 年第 1 期）、周晓燕的《当代文学的向内转与个人化写作》（《北方论丛》2001 年第 2 期）等，均以集体叙事或公共话语作为论述的参照目标。

这种写作思潮是对以前集体化写作的一种自觉反抗，其核心依据，除了陈染的《私人生活》和林白的《一个人的战争》《致命的飞翔》等少数作品之外，便是几篇创作谈，包括陈染的《陈染自述》和林白的《记忆与个人化写作》等。因为在这些创作谈里，作家们明确提出了个人长期被集体遮蔽的生存处境，所以被学界反复征引。

我对这种阐释的有效性一直持怀疑态度，主要有以下三方面原因。

一是集体叙事并非 20 世纪 90 年代之前的主要叙事，至少在 80 年代中后期，集体叙事已经开始急速衰落。在诗歌方面，最典型的就是“第三代诗歌”的崛起，从“非非”“他们”到“莽汉”，由这些民间诗歌群体所构成的第三代诗人之所以高喊“PASS 北岛”，就是为了反抗诗歌创作中的集体意志，意欲重返真实而普通的个人，像李亚伟的《中文系》、韩东的《有关大雁塔》。在小说方面，从刘索拉的《你别无选择》到徐星的《无主题变奏》，再到后来的先锋小说，都是在重建个人化的自由生活，特别是后来的“新写实小说”，更是彰显了个人在日常生活中的世俗体验。可以说，它们构成了 20 世纪 80 年代启蒙主义的文学主潮，被人们称为“中国文学的第二次启蒙思潮”。二是集体对个人的遮蔽，在本质上是强调集体观念高于个人欲念，推崇个人对集体的服从原则，鄙视或取消个人的世俗生存欲望。这种情形在 20 世纪 80 年代的文学中也并不突出，像叶兆言的“夜泊秦淮系列”、冯骥才的《三寸金莲》《神鞭》、苏童的《妻妾成群》《妇女乐园》等女性系列，以及《红高粱家族》等新历史小说，都在集体性的宏大叙事中充分彰显了普通个体的世俗情怀，集体意志对个体生存的遮蔽显得微乎其微。先锋文学则完全摆脱了集体叙事对个体的钳制，成为作家探讨个体生命非理性存在的一种重要方式，像残雪的《山上的小屋》《黄泥街》、洪峰的《极地之侧》、史铁生的《命若琴弦》、余华的《现实一种》等，都是如此。到了新写实小说，普通个体的世俗生存在创作中获得了进一步弘扬，甚至成为合法性的叙事目标，像刘震云的《塔铺》《新兵连》《一地鸡毛》、池莉的《烦恼人生》《太阳出世》等，已看不到集体对于个体的遮蔽，只有个体在现实生存中左冲右突。

三是作家的创作谈，其实只是作家创作过程中的一种思考，未必拥有多少严谨性，也未必具有科学性，只能是阐释的参照物，不可能也不应成为阐释者在论证过程中的核心依据。但在“个人化写作”研究过程中，人们总是将作家的创作谈作为重要依据，以此确立自己的判断。表面上看似乎没有什么问题，但创作谈与实际创作之间仍然存在很大的距离，而且很多作家的创作谈都缺乏应有的理性思考。可以说，在中国当代作家中，创作谈与其作品相距甚远的作家，不乏其人。因此，所谓“集体叙事”，从某种程度上说只是阐释者自我设定的参照目标，并不符合文学创作的客观现实，由此来确定“个人化写作”思潮的特殊性，显然是不科学的。

其次是消费文化的参照。20 世纪 90 年代是中国社会结构逐步向市场经济转型的重要时期，消费文化自然成为人们热议的目标，尤其是“人文精神大讨论”所引发的媚俗文化问题，就被视为消费文化的一种典型形态。在“个人化写作”思潮的讨论中，不少学者似乎顺理成章地将消费文化作为一个重要的参照目标，推演这一思潮如何体现了消费文化对文学创作的内在驱动。不少论述均将一些作品中个体生命的感官化书写，直接视为个体私密欲望的汇展，或者将一些有违世俗伦理的两性叙事认定为取悦于读者的窥视心理，其中最突出的例证便是世纪末卫慧和棉棉的小说创作。

我对这一参照目标同样持怀疑态度。消费文化对创作的影响是非常复杂的，尤其是在 20 世纪 90 年代的社会转型期，从最初的“文人下海”、文稿拍卖，到《废都》《白鹿原》引发市场喧嚣，绝大多数作家或多或少受到了消费文化的影响。“个人化写作”中的很多作家，更多注重个体生命的内在体验，并不熟悉消费文化的市场特征，他们的作品也没有获得太大的市场（除了卫慧、棉棉的小说），特别是像“晚生代作家群”里的韩东、朱文、刁斗等，以及陈染、林白、海男和徐小斌的小说，根本看不出迎合读者接受心理或寻求市场运作的特征，因此说他们是通过身体体验或个体欲望的兜售，意欲迎合消费文化市场，无疑有些牵强。像江腊生的《个人化写作与市场消费》、徐肖楠的《迷失的市场自由叙事》等论文，都以消费文化作为参照，质询“个人化写作”思潮的审美动机，虽然在某些方面也不无道理，但在总体阐释上难以令人信服。尤其值得注意的是，在这种参照目标的引导下，“个人化写作”很容易变成个体隐私的贩卖，呈现出某些低级趣味的审美格调，而这与“个人化写作”本身所强调的个体生存意义构成了内在的悖论。

再次是欲望本能的参照。在讨论“个人化写作”思潮过程中，还有不少阐释聚焦于一些作品的欲望书写，认为这种欲望书写带有个人体验的极端性，是以自我欲望来张扬生命个性。从这一思潮的具体创作来看，确实有不少作品涉及个体的欲望，包括金钱和肉体的双重之欲，如韩东的《障碍》、朱文的《我爱美元》、林白的《一个人的战争》、海男的《我的情人们》、何顿的《我们像葵花》以及卫慧的《上海宝贝》和棉棉的《糖》等，均集中笔力揭示被压抑的身体欲望。因此，有学者明确论道：“无论是邱华栋、何顿等人笔下的疯狂追逐物质欲望的都市经验个体，林白、陈染等人笔下的袒露自身性心理成长、性压抑、性变态的性欲经验个体，刁斗、韩东等人的男性中心语境下的欲望个体，还是卫慧、棉棉诸人的表演性个体，文学没有进入人物生存处境的分析和阐释，而是停留在张扬个性的高蹈姿态层面。”① 应该说，这种从作品出发的阐释确实是有道理的。但是，我们也必须看到，“个人化写作”思潮所体现出来的这些欲望书写，并不是一种突兀的、“为欲望而欲望”的叙事，而是与个体的日常生存、生命体验有着密切关联，甚至是个体世俗欲求的基本范式。在书写个体的日常生存时，几乎所有作品都会不可避免地触及“欲望”，这是一个不争的事实。如果就欲望展示而言，此前的《小城之恋》《岗上的世纪》《废都》《羊的门》等作品，与“个人化写作”中的作品相比，或许更显突出。当然，当这一思潮发展到“胸口写作”“下半身写作”时，情况确实变得更复杂一些。

无论进行怎样的阐释，就文学研究而言，都离不开必要的参照目标。但参照目标的选择必须是审慎、严格的，有着文学史意义上的科学依据，才能确保阐释沿着准确的轨道前行。如果随意确定某些参照

① 江腊生：《姿态表演：20 世纪末个人化写作的审美冲动》，《中国文学研究》2009 年第 3 期。

目标，或参照目标本身就缺乏学理依据，那么阐释的有效性必然会受影响。“个人化写作”的相关研究在选择参照目标过程中，无论是集体叙事、消费文化还是欲望书写，就其文学史的发展境况而言，都存在这样或那样的问题，这必然影响了其中部分阐释的说服力。

以偏概全的判断

由于参照目标本身缺乏必要的学理性，有关“个人化写作”思潮的一些阐释，总是或多或少地存在某种缺憾，从而影响了阐释的有效性，导致最终的判断难以令人信服。事实上，在很多反思性文章中，人们对于“个人化写作”思潮都持否定或批判的态度，主要原因就在于，论者以先在的观念确立了某些带有价值导向性的参照目标，然后推导出各种以偏概全、有失公允的判断。我们当然也不能完全否定这种阐释和判断的价值，因为在文学阐释的层面上，“片面即深刻”并非完全没有道理。同时，本文的任务也不是为了辨析“个人化写作”思潮研究的内在局限，而是借此考察文学阐释本身的有效性和边界问题，所以我们有必要回到阐释本身的问题。为阐释而阐释是不存在的，阐释的目的是推导出判断。在文学阐释中，无论人们强调审美功能、教育功能还是文化认知功能，都必须从作品的内在肌理出发，辨析其中蕴藏的内涵，最终作出属于自己的价值判断，从而体现阐释者的审美创造和个人思考。

如果进一步细究“个人化写作”思潮的相关研究，很多判断带有否定性或批判性，除了上述参照目标有失学理性之外，在具体的阐释过程中同样存在一些值得商榷的问题，这主要体现在论者对这一创作的整体性把握不够，以偏概全，要么将概念以小换大，将群体阵容缩减成少数作家，然后以少数作家的创作表征整体思潮的特点；要么对作品研读挂一漏万，阐释中只是取己所需，刻意回避不符合自己判断的作品。其具体表现为：一是核心概念互换导致阐释内涵的变迁；二是借助一些极端书写的局限进行总体性评价。这两个主要问题，都是在阐释过程中经常出现的思维错位，也可以说是逻辑问题。

在核心概念的阐释中，有些论者不是立足于“个人化写作”思潮的内在创作诉求，而是从概念出发，将个人化写作、私语化写作、身体写作等重要概念彼此置换。这种情形在讨论陈染、林白、海男、徐小斌等女性写作时尤为明显。如有学者就认为，一些女性作家的创作所体现出来的个人化叙事，在本质上就是“私语化叙事”，即“摆脱了宏大叙事的个体关怀，是私人拥有的远离了政治和社会中心的生存空间，是对个体的生存体验的沉静反观和谛听，是独自站在镜子前，将自我视为他者的审视，是自己的身体和欲望的‘喃喃叙述’，是心灵在无人观赏时的独舞和独白”①。而禹权恒的《“身体写作”的症候式分析》、宓瑞新的《“身体写作”在中国的旅行及反思》、贾雪霞的《“个人化写作”反思》则将个人化写作、私人写作和身体写作完全混杂在一起，使“个人化写作”的讨论直接变成了有关身体写作的阐释。尽管这些阐释看似有一定的道理，但是如果将它们视为“个人化写作”思潮的一条阐释路径，会发现其中隐含了欲望兜售和隐私贩卖的媚俗结论。事实上，只要认真剖析她们的一些小说，像陈染的《私人生活》《站在无人的风口》《凡墙都是门》《嘴唇里的阳光》、林白的《一个人的战争》《守望空心岁月》《致命的飞翔》、海男的《蝴蝶是怎样变成标本的》《坦言》《男人传》《花纹》、徐小斌的《双鱼星座》、徐坤的《春天的二十二个夜晚》《爱你两周半》等，就会明确看到其中个体生命体验与私语化之间的距离。不错，她们的作品排斥了个体在社会性、公共性上的价值取向，明确张扬个体生命的内在感受，在一定程度上将创作引向了私人化的精神空间，以个体生命的欲望体验来展示自身的审美情趣，但是从私语性、身体性方面对这类写作进行阐释，无疑舍弃了这些作品所隐含的反抗性和解构性倾向，非常容易得到隐私展览的结论。

与此同时，我们也必须承认在“个人化写作”思潮的发展过程中，确实存在一些对本能欲望、另类生活的极端性书写，但这并不能代表整个文学思潮的基本特质。无论是卫慧、棉棉的欲望书写，还是诗歌创作中的“下半身写作”，抑或后来出现的“木子美现

① 郭春林：《从“私语”到“私人写作”》，《文学评论》1999 年第 5 期。

象”，只是一种世纪末的文化现象，折射了新一代写作者内心“影响的焦虑”，他们的作品无论数量还是质量都无法代表“个人化写作”思潮的整体面貌，也很难触及“个人化写作”的某些本质特征，尤其是“个人化写作”对个体生活完整性的内在诉求。但在具体的阐释过程中，针对这一文学思潮，人们常常会不自觉地动用这些极端性作品为例证，由此推导出难以令人信服的判断。应该说，这种以偏概全的阐释在我们当代文学研究中经常出现，一方面固然反映了阐释者受制于自身的阅读视野和阐释方式，另一方面也体现了阐释者在整体意识方面的匮乏。真正有效的阐释，必须对研究目标中各类作品形成全局性的把握，在丰沛的作品分析中呈现思考，进而得出可靠的结论。

当然，要完美地解决以偏概全的问题是很困难的，因为任何一种阐释都只是通往本质的途中，不可能获得终极意义上的精确性。阐释主体、阐释对象、接受主体这三者内部以及它们之间，永远存在微妙的博弈。这种不确定性给阐释的确定性带来了巨大的困扰，但这并不意味着我们就可以放弃确定性的追求。反思“个人化写作”思潮的相关研究，我们也要承认，一些阐释尽管存在这样或那样的问题，但它们的目标都是试图探讨这一思潮的确定性本质。事实上，在跟踪研究这一文学思潮的发展过程中，我也同样出现过这样或那样的问题，或者说，参照目标的可疑和以偏概全的阐释策略，也是我在阐释过程中一直试图克服的重要障碍。就我个人而言，“个人化写作”不仅体现了作家内心的平民化价值立场，而且在表达策略上恪守理性与感性的双向演绎，致力于将个人的异质性、独特性放在首要位置，强调从个体经验切入特定的历史与生活内部，将个体生活的完整性作为写作的起点，显示出世俗生存中的多元化审美特征。它既隐含了中国文学的言志传统，也折射了现代人对身与心、人与物相统一的精神诉求。尽管“个人化写作”有时会以极端化的欲望书写，让习惯于日常伦理观念的人们感到不适，但这种书写主要还是一种解构性的表达策略，就像王安忆当年的“三恋”那样，未必体现了创作主体的审美理想。

余 论

文学是语言的艺术，但它不是对日常交流语言的简单套用，而是借助各种修辞手段形成自有体系的符号系统，它的开放性与阐释主体的多样性，构成了文学阐释的不确定性。针对某一部作品，阐释的开放性可能是有限的；然而针对某种文学现象或思潮，针对某一段文学史，这种阐释的开放性会更宽更广，不确定性也将变得更加明显。从上述对“个人化写作”研究的梳理可以看到，阐释的有效性必须建立在作品解析之上。只有从具体作品出发，让阐释的主体与作品之间构成一种平等的对话关系，或者说构成一种主体间性，这种阐释才能获得理性意义上的说服力。与俄国形式主义、新批评等将作品仅视为一种纯粹的文本不同，我们更倾向于认为一部作品就是一个复杂的主体。如果将作品视为单纯、被动性的客体，那么我们只需要技术主义的解剖和阐释，没必要集纳那些附着于作品内外的其他因素，包括作者的主观意图、作品的时代语境及民族的文化伦理，也很难多维度地把握作品所承载的审美内涵。然而，文学终究是为了传达人类对于人的生存及其可能性状态的体察与思考，它不仅是人类文化的组成部分，而且更是人类文化变迁的路标。没有“鲁郭茅巴老曹”等杰出作家的作品，我们对于20世纪中国启蒙主义的思想文化将很难描述。同样，如果将“个人化写作”思潮中某些极端性书写仅视为一种个体隐私或欲望的汇展，忽视它们对现实伦理的尖锐质询，对个体世俗欲念的某些合理吁求，对人的完整生活的重新审视，那么我们的阐释可能更加缺乏效度。从女性主义、新历史主义到后殖民主义，这些文化批评轻松摆脱了技术主义的文本批评并广为文学研究者所认同，道理可能也在这里。

但是我们也要看到，作品的开放性并不意味阐释的无限性。阐释的边界，既包括作品本身，也包括附着于作品内外且影响作品内涵的诸多元素。无论这些元素有多少，我们都可以明确地看到它的限度。任何一部作品都是一个特殊的主体，既不是神秘主义的存在物，也不具备永无边界的阐释空间。“阐释本身是人类理性行为，超越于表层的感性、印象，以及各种各样的非理性范畴，它必须以确定性、真理性追求为己任，为对自然、社会、人类精神现象的确当理解和认识开辟广阔道路”①，这是文学阐释基于科学范畴的本质属性。然而，在具体的阐释实践中，我们如何遵循这种理性的科学准则，确实是一个难题。

① 张江：《不确定关系的确定性——阐释的边界讨论之二》，《学术月刊》2017 年第 6 期。

文学阐释的公共性及其问题域*

曾　军　辛明尚**

张江的“公共阐释论纲”是继其“强制阐释论”之后，对中国阐释学理论的一种建设性努力。如果说“强制阐释论”着力在“破”的话，那么，“公共阐释论”则着力在“立”，即针对当下的中国文论发展中所遭遇的困境，试图提出一种文学阐释的理想范型。所“破”者，在于一方面剖析20世纪西方文论走向“理论中心”的学术局限，另一方面则展开对西方文论强制阐释中国经验的“文论失语”的诊断。不过，“公共阐释论”却并没有直接回应如何超越西方文论“理论中心”阶段和如何抵抗西方文论的强势影响的问题，而是试图回到文学阐释的理论原点，即何谓“阐释”、文学阐释的基本特点及其可能的论域等基本问题。

由此，在从“强制阐释论”到“公共阐释论”的理论转换之间，出现了一个亟待完善和填补的巨大的学术场域。本文也并不想直接来呈现这一巨大的学术场域的边界及其理论难题，而是立足于这一文学阐释的基本问题，来“遥望”其可能展开讨论的理论问题。

* 基金项目：国家社科基金重大项目“20世纪西方文论中的中国问题研究”（项目批准号：16ZDA194）的阶段性成果。本文原刊于《复旦学报》（社会科学版）2018年第6期。

** 作者单位：上海大学文学院；上海大学文学院。

一 文学阐释的“公共性”及其理论视域

“公共阐释”也即“阐释的公共性”，是对文学阐释行为根本属性的一种界定。任何一种阐释行为，都是一种参与生活、理解世界的方式，只有“公共阐释”才能让每一个个体有效并且高效地充分对话。与之相对的，则是“个体阐释”，也即阐释的个体性。它强调每一个个体都是独特的，都有着自己的个性、性别、民族与生活经历，对待同一问题的视角与态度确实存在着诸多差异。但是，如果仅仅将两者确定为二元对立的概念，显然是将问题简单化了。一般来说，“个体阐释”中会带有“公共阐释”的烙印，每一个个体都不是独立存在于这个世界的；而“公共阐释”中也会带有“个体阐释”的痕迹，如果没有个体作为基础，就不会出现阐释的具体性与交互性。面对如此棘手的“阐释循环”，诚如海德格尔所言：“决定性的事情不是从循环中脱身，而是依照正确的方式进入这个循环。”[①] 这一进入就是一种“介入式”的阐释行为。在置身于他者之中时，个体也在不断地拓宽自己的视域。这里的他者既指向个体（文学作品、个体读者），也指向整体（社会历史环境），更是要领会到“整体只是源于单个情形的范式展露”。[②] 而阐释正是处于自我与他者、个体与整体的汇合之处。在超越了二者非此即彼的关系后，我们不难发现，在阐释寻求开放（积极接纳个体阐释）、包容（允许多元的个体阐释）与对话（不同个体阐释间的对话）的前提下，阐释的根本属性只有一种，即“阐释的公共性”。文学阐释激活了世界、读者、作者与文本这四个时常被不同的文学理论切割破碎的要素。作者与读者是在文学阐释的过程中进行对话，作者表达自身的理念与意图，并通过文学阐释或文学化的阐释期待读者回应。读者在个人理解的基础上，通过文学阐释也参与到文学创作的过程中，形成读者与作者主体间性的理

---

① 海德格尔：《存在与时间》，陈嘉映、王庆节译，生活·读书·新知三联书店 2014 年版，第 179 页。

② 阿甘本：《万物的签名：论方法》，尉光吉译，中央编译出版社 2017 年版，第 27 页。

解、对话关系。文学阐释的对象是文学作品，这是文学阐释的起始点，但同时，这一阐释行为又是处于社会历史内部的。文学既是认识世界的重要方式，也塑造着现实世界本身。“阐释的个体性”也是文学阐释的属性之一，但并不构成其根本属性，这是两者性质的根本差异。也正是基于对文学阐释“公共性”和“个体性”地位的不同强调，才导致了文学阐释理论的分野。

文学阐释不同于一般意义上的“阐释”。它首先面向的是文学作品，即对文学作品作出阐释主体的感受、理解与判断。在具体的文学阐释过程中，存在着以“个体阐释”为基础，并从个人走向社群再到整个人类的一种趋势。这一过程的每一次完成则意味着“个体阐释”得到了时空的检验而成为“公共阐释”。

从政治学的角度，我们往往会将“公共性”与“私人性”对立起来谈，但是如果转移到文学领域，“公共性”的问题还有其自身独特的理论维度。这就是“文学之内”和“文学之外”的问题。正如韦勒克和沃伦所说，“事实上，任何文学史都不会没有自己的选择原则，都要做某种分析和评价的工作”。① 从 20 世纪西方文论发展史来看，文论研究的重点出现了一个从“文学之外”转向“文学之内”，再转向“文学之外”的过程，即我们通常所描述的从“作者中心”向“文本中心”再向“读者中心”的两度转向。但这一描述只是揭示了西方文论史部分的发展轨迹，还不足以成为泾渭分明的阶段性划分的依据。仅举一例即可证明，如马克思主义文艺理论经历了从经典马克思主义到西方马克思主义，再到各种“后马克思主义”的发展。但无论何种马克思主义，它们的基本思想和所坚持的方法论都是共同的：即历史的、辩证的、唯物的“总体性”分析，坚持从经济基础和上层建筑等“文学之外”的社会、政治、经济和文化的视角来讨论文学之内的问题；坚持从作品自身所反映的时代背景，并依据时代背景阐释作品内容，在社会与历史的汇合中处理文学作品。因此，他们讨论的“作者”“读者”以及“作者与读者的关系”问题，都是具体

---

① 勒内·韦勒克、奥斯汀·沃伦：《文学理论》，刘象愚等译，浙江人民出版社 2017 年版，第 31 页。

的、历史的、现实的，作为社会关系总和的“作者、读者和作者与读者的关系”，而不是叙事学中讨论的“隐含作者”“理想读者”和“叙述者”关系。前者是“文学之外”的问题，后者是“文学之内”的问题。在马克思主义文艺理论看来，即使是“文学之内”的隐含作者、叙述者和人物及其关系，也是社会历史的再现或投射，这些均是现实生活在文学世界中的一种艺术化表达。无论是主张文学是反映现实生活的一面镜子，亦或是文学源于生活而高于生活，都是以“文学之外”的现实生活世界为基础而进一步在文学作品中生发出来的，因而通过“反映论”和“再现论”将“文学之内”的诸关系再度“折返”回了社会现实。这就是为什么马克思主义文艺理论被称为社会历史批评的根本原因。

因为新批评的“文本阐释”和结构主义叙事学的“叙述分析”强调的是“文本内阐释”，排除了现实条件中作者和读者因素的介入，“这样，艺术品就被看成是一个为某种特别的审美目的服务的完整的符号体系或者符号结构”。[①] 这貌似客观地要求文学批评向作品本身回返，但实则是完全排除了“公共性”。新批评和结构主义虽然希望通过技术性的“文本内阐释”来理解我们所遭遇的文学与世界，但却将丰富的审美体验、多样的文学作品以及生机勃勃的世界划到自己的问题域外，不作探讨，只留下了诸种严格的规则与结构。而韦恩·布斯和接受美学恢复的是“现实的作者和读者”之于文本阐释的有效性。在《小说修辞学》中，布斯提出的“隐含作者”是一种在叙事技巧上作者有意识地后撤，“由于作者保持这种沉默，通过这种方式让他的人物自己设计自己的命运，或讲述他们自己的故事，他才能取得文学效果，假如他让自己或一位可信的代言人直接地、不容置辩地对我们说话，取得上述效果是困难的，甚至是不可能的”。[②] 把对话空间留给“叙述者”与“读者”，读者正

① 勒内·韦勒克、奥斯汀·沃伦：《文学理论》，刘象愚等译，浙江人民出版社 2017 年版，第 131 页。

② W. C. 布斯：《小说修辞学》，华明、胡苏晓、周宪译，北京大学出版社 1987 年版，第 303 页。

好可以借此契机在叙述者背后与作者进行“秘密交流”。在此，作者的绝对权威受到动摇，并向退隐进一步发展，现实的作者和读者可以再度回到文学阐释过程中来。无论是“读者”还是“作者”，都无不在社会之中，这种社会条件恰恰为我们提供了阐释得已发生并能够进行对话的重要基石。因此，在这一逻辑起点上发展出来的文本阐释，就具有了公共性。

因此，强调“公共阐释”或“阐释的公共性”，应该落脚到马克思主义社会历史批评的基本点上，即在处理“文学内外”关系上，坚持“文学之外”的关系为主来统摄“文学之内”的关系，重建“隐含作者”“叙述者”与“真实作者”“理想读者”“真实读者”以及人物间的社会关系的投射等。只有这样，我们的文艺批评才能真正发挥其应有的社会历史功能，这也正是强调“公共阐释”或“阐释的公共性”的要义之所在。

二　“神圣作者”·“经典作品”·“权威读者”：文学阐释发展史的内在依据

中西阐释学发展的起点有惊人的相似处，即都发端于“经典阐释”。西方的阐释学起源于“圣经阐释”；中国的阐释思想也来源于“注经”活动，“这意味着批评的主要作用是去理解经典”。[①] 无论是“圣经”还是“六经”，“经典”的首要意义正是其对于所属文化的共同价值、共通意义和共享文化的守护与传承，而文学作品能否成为一部经典之作，具有经典性，正在于其是否具备“公共性”。

正因为“经典阐释”成为中西方文学阐释的起点，才导致“神圣作者”的“作者原意”具有了阐释价值的优先性，因为作者通过自己的构思创造了文学作品，在创作过程中作者本人也确实能够体会到自己对于作品内容的绝对把握，所以作者在阐释自己的作品时无疑有着先天的优势。无论是“我注六经”还是“六经注我”，抑或“圣

① 特雷·伊格尔顿：《二十世纪西方文学理论》，伍晓明译，北京大学出版社 2007 年版，第 72 页。

经都是神所默示的”，都强调了“经”的客观性和权威性。阐释者对“经典文本”的尊重，就是对“神圣作者”的尊重。因此，虽然历史上曾出现过多个经典阐释的方法或曰流派，但具有价值优先性的，始终都是“字面派”。

对“作者原意”的重视，也是现代阐释学创立之初时的基本信念。施莱尔马赫被称为“阐释学之父”，他的认识论阐释学区分了理解的过程与被理解的东西，区分了作者个人意图和他人对作品意图的理解，并认为我们所要理解的，并不是作品的真理而是作者个人的个体生命。因此，主张重建作者所特有的社会历史和文化情境，回到作者创作的社会历史背景下来考察作品，也就是读者要尽可能地去恢复作者本人在创作时的原初意义。狄尔泰也是顺着这个思路，希望通过调动读者个人的情感体验，通过“同情之理解”的方式来复原作者或某一历史时期的精神状态。因此，狄尔泰所谓的“体验阐释学”，虽然开始重视阐释者的个人情感体验，但其意义阐释的优先权仍然在于恢复作者原意。无论是施莱尔马赫还是狄尔泰，他们的阐释学在很大程度上都是打着历史性的旗号，而否定了历史的发展。因为在他们看来，作品一旦产生后，作品本身的内容指涉及其意义价值都是凝固不变的，所谓文本的原初意义是不会在新的时代背景下产生新的意义，因此，一切阐释都要回归于“神圣作者”的“作者原意”。

真正将阐释学从“神圣作者”的无上权威中“解放”出来的，是海德格尔。他将存在主义的思想注入对“理解”的理解。其实“解释（Auslegung）是实际生活本身的存在的存在者”。[①] 阐释学就是要不停地向此在的存在进行追问，为什么人生在世总是不尽人意？沟通对话却不能达成有效的理解？因为我们早把存在本身的意义忘却了。正如伽（加）达默尔所说的：“我认为海德格尔对人类此在（Dasein）的时间性分析已经令人信服地表明：理解不属于主体的行为方式，而

① 《海德格尔文集·存在论：实际性的解释学》（第 1 版），何卫平译，商务印书馆 2016 年版，第 21 页。

是此在本身的存在方式。”[①] 而这恰恰成为伽达默尔阐释学的起点。“本书中的‘诠释学’概念正是在这个意义上使用的。它标志着此在的根本运动性，这种运动性构成此在的有限性和历史性，因而也包括此在的全部经验世界。既不是随心所欲，也不是片面夸大，而是事情的本性使得理解运动成为无所不包和无所不在。”[②] 因此，伽达默尔的阐释学不是认识论阐释学，而是本体论阐释学。理解不再是抵达真理的一种方式或途径，理解本身就是目的，真理即意义的生成。伽达默尔认为“所谓理解就是对事情取得相互一致，而不是说使自己置身于他人的思想之中并设身处地地领会他人的体验”。[③] 在作者与读者时空相隔、交错互涉的情境下，想超越阐释的历史性谈何容易？因为“正如所有的修复一样，鉴于我们存在的历史性，对原来条件的重建乃是一项无效的工作。被重建的、从疏异化唤回的生命，并不是原来的生命。这种生命在疏异化的延续中只不过赢得了派生的教化存在”。[④] 我们自以为通过还原出作者所处的原初环境，就能够顺理成章地理解“作者原意”，孰不知经由他者所建构出的原初环境，与当时的时代背景早已千差万别。在放弃恢复作者原意的美好愿望以后，阐释学也迎来了更加开阔的视角与视野，这无疑就是伽达默尔对施莱尔马赫和狄尔泰的批判性反思。

在文学阐释中也经历了类似的过程。随着现代意义上的“文学”概念的形成，“文学”自身也不再只是类似于中国古代的书之竹帛皆为文学的作品，而是被认为具有了特定文学理想、价值和意义的“纯文学”。因此，当新批评学派维姆萨特提出“意图谬误”说，将“作者意图”和“文本意义”区分开来之前，他们还做了一件非常重要的事情，就是理恰兹在剑桥大学的教学实验。他通过将诗篇隐去作者

① 汉斯 - 格奥尔格 · 加达默尔：《真理与方法》上卷，洪汉鼎译，上海译文出版社2004年版，第4页。

② 汉斯 - 格奥尔格 · 加达默尔：《真理与方法》上卷，洪汉鼎译，上海译文出版社2004年版，第4页。

③ 汉斯 - 格奥尔格 · 加达默尔：《真理与方法》上卷，洪汉鼎译，上海译文出版社2004年版，第489—490页。

④ 汉斯 - 格奥尔格 · 加达默尔：《真理与方法》上卷，洪汉鼎译，上海译文出版社2004年版，第220页。

让学生讨论的方式，完成了对“神圣作者”的解构，“关于阅读之特异反映与混乱性这一颇有趣的实践性经验，远没有对‘新批评’原则构成威胁；恰恰相反，在理查兹的眼中，它强化了以下观点理论上的必然性，即读者需要解放思想，抵进作品客观仔细地阅读”。[①] 新批评强调文本意义阐释的多种可能性，但将这种可能性归因于文本的内在肌理。因此，所谓的“含混”“复义”“张力”，仍然有一个自我划定的边界，这一边界就是“文本”本身。“文本”的客观性限制了阐释者的自由裁量权。

完成对阐释者意义优先性确认的，是接受美学。以姚斯、伊瑟尔等人为代表的“康士坦茨学派”是接受美学的中坚力量。“一部文学作品，即便它以崭新面目出现，也不可能在信息真空中以绝对新的姿态展示自身。但它却可以通过预告、公开的或隐蔽的信号、熟悉的特点、或隐蔽的暗示，预先为读者提供一种特殊的感受。”[②] 他们强调读者对文本意义理解的优先性；强调不同时代读者的接受状况之于文学史书写的重要性；强调读者的“期待视野”和“前理解”之于文学阐释的重要性。如果套用前面的“神圣作者”“经典文本”的提法，接受美学所关注的，则是读者之于意义解释的优先性，可称其为“权威读者”。

从这一脉络梳理下来，文学阐释的公共性其实早就蕴含在其中了：（1）理解和阐释是一种具有对象性的行为，并没有完全脱离对象的理解和阐释，而且这一对象建立在“作者”与“读者”二分的基础之上。也就是说，“读者”所阐释的“作品/文本”是“非读者本人”的“作者的作品/文本”。因此，阐释活动即在读者和作品之间的张力中展开，同时引入作者和语境等其他因素，这就是一种具有公共性的行为。（2）在阐释行为诸因素中，作者和读者具有主体性，也具有个体性。因此，个体阐释或曰阐释的个体性主要发生在作者和

---

① 安托万·孔帕尼翁：《理论的幽灵——文学与常识》，吴泓缈、汪捷宇译，南京大学出版社 2011 年版，第 134 页。

② H. R. 姚斯、R. C. 霍拉勃：《接受美学与接受理论》，周宁、金元浦译，辽宁人民出版社 1987 年版，第 29 页。

读者这两个主体当中。由于大多数情况下，时间和空间的差异阻隔着读者回返到作者面前，作者是不在场的“失语”状态，作者不会反驳也无条件反驳读者对其作品的种种解读是否具有有效性与合理性，所以阐释过程中的作者往往“超乎”文学阐释活动之外，而是以“作者原意”的形式被“预设”和“还原”出来的。因此，尽管“作者”也拥有文学作品阐释的个体性，但也并非关键性因素。所谓“个体阐释”真正的问题在于读者的个体性以及读者阐释活动的私人性。(3) 由此，“公共阐释”和“个体阐释”，或者说“阐释的公共性”和“阐释的个体性”之别，真正要讨论的问题，应该是如何理解“读者阐释行为和阐释意义的公共性和个体性之间的关系”。当强调“神圣作者”和“经典文本”时，阐释的公共性是不言而喻的，即“神圣作者”是公认的，“经典文本”也是客观的。但当强调“权威读者”时，阐释的公共性却难以建立起来。因为这里的“读者”是个体的，阅读和理解的行为也是“私人的”。

因此，如何克服读者文学阐释的个体性，实现阐释的公共性，是文学阐释需要解决的关键问题。

三　个体阐释：文学阐释需要处理的现实问题

为什么要强调“公共阐释”或曰“阐释的公共性”，为什么要限制以及如何限制“个体阐释”的私人性？这是同一问题的两个方面。这既是一个理论问题，同时也是一个现实问题。读者的个体性以及读者阐释活动的私人性，是个体读者在进行文学阐释活动过程中的重要属性。作为读者来说，首先要进行的是文学理解，这一过程可以是纯粹私人性的过程。这里的理解，既可以是理性的，也可以是非理性的；既可以是逻辑的，也可以是非逻辑的。因为作为个体读者的私人理解，在没有通过身体、语言、文字、图像等媒介方式参与到自身以外的公共领域之前，这种私人化的理解还没有变成阐释，充其量只是一种对自己有意义的个人体悟，却难以溢出自身范围而与他者发生有效对话。这说明了理解可以是私人化的，也可以是拒绝阐释与对话的，但当个体读者开始阐释行为时，这一活动则带有了天然的公共属性。因为个体性的体悟依靠约定俗成的媒介方式表达出来时，就已经带有了“公共性”。这同时也表现出公共阐释是有边界的，是在溢出自身范围以外的社会中发生的，而不是渗透到生活中的所有角落。

从中国当代文学自身的发展来看，改革开放以来，新时期文学在思想解放和艺术革新方面做出了不少的努力。如果说 20 世纪 80 年代是以“美学”“启蒙”和“现代性”作为宏大叙事来摆脱“文革”极左思潮的话，那么进入 90 年代之后，“社会”“世俗”和“后现代”则是那个时代的文学“主潮”，并在这一阶段的后期，出现了“个人”“另类”和“反传统”的新倾向。这恰恰说明了“以文学公共领域为中介，与公众相关的私人性的经验关系也进入了政治公共领域”。[①] 无论是 20 世纪 80 年代对极左思潮的抗拒，还是 20 世纪 90 年代对个人价值与自由的追求，都体现出了“文学之外”与“文学之内”的互动关系。

在宏大叙事的逻辑下，文学写作更多突出的是一种群体性的价值表达与情感抒发，只有多数的声音，个体的具有独特性的、私密的声音就被淹没在了宏大叙事的浪潮中；而“个人化写作”中则蕴含着从“宏大叙事”向“自我确证”的转化。在冲破宏大叙事之后，我们的文学创作不再是包罗万象的大时代、大主张而只是回归到每一个有血有肉的个体，只着眼于个体私密的心理状态与生活经验。正如哈贝马斯所言，“要想对自我理解获得一个清晰的把握或者对自我同一性获得一个现实的确证，就需要有一种汲取性的理解——即对自己的生活历史及对规定了自己的塑造过程的传统和生活关联的汲取”。[②] 其实，“个人化写作”与其说是一种创作方法，倒不如说是作家的一种创作立场。这种立场的背后不仅仅是对之前当代文学的一种逆反，更是指向了对文学阐释问题的一种创造性反思。这种反思的突出贡献之一，恰恰是“个人化写作”为读者的“个体性阐释”提供了一

① 哈贝马斯：《公共领域的结构转型》，曹卫东、王晓珏、刘北城、宋伟杰译，学林出版社 1999 年版，第 55 页。

② 中国社会科学院哲学研究所编：《哈贝马斯在华演讲集》，人民出版社 2002 年版，第 32 页。

种暗示。这种率先由作者主动拒绝对话与拒绝意义、主动交出具有优先性阐释价值的姿态，更是暗合了阐释学所强调的对文本阐释的先行条件。突出读者个体性阐释的创造性，也就是取消传统意义上“神圣作者”的“作者原意”所一直具有的阐释价值的优先性，读者再度被召唤回阐释活动之中。这样也就随之打开了“个体阐释”的大门，因而个体阐释重新回到了阐释过程之中进行平等对话。我们无法用个人有限的经验去直接阐释这个具有社会性的文本，个人是社会性的个人，文本也是社会历史中的文本，个人的经验是无不受到社会制约的，作为存在于社会中的个人来说“是属于一定的社会形式的”。[①] 个人带有了不可抹杀的社会性，我们自然而然地就应该在一种大家彼此认同的、约定俗成的前提下进行对话，也就是说文学阐释的“公共性”构成了作者与读者通过文本来互相对话的底线。

在文学阐释的“公共性”问题上，“个体性理解”是优先于“个体性阐释”的，二者的最大区别就在于“个体性理解”完全可以是私人的、不足为外人道的。只停留在头脑中的运思阶段而不经由其他媒介表达出来的，也不存在对话发生而获得公共性的可能。例如我们在看书时，只是在头脑中有了一些感受，但不依托媒介进行任何表达，这就是典型的“个体性理解”。而“个体阐释”则是一种对话性的理解，它不仅仅是封闭在头脑内的运思，更是要经由媒介表达而参与到公共领域中。还有一种看似“隐秘”的“个体阐释”。例如，当我们写私人日记时，虽然作者的本意不想与人分享日记中的内容，但只要日记本上的字迹还在，那么就有一天可能会被阅读、理解与阐释，就会具备公共性，这就属于“个体阐释”。而联系起它们之间的纽带就是主体的理性。此处的理性是指我们在一定的社会历史中去理解文学作品并进行阐释的过程，这其中既包含拒绝对话与意义的“个人化写作”，也包含着读者们形形色色的“个体性理解”。正是这种理性，使得读者的理解得以在作者与读者之间通过作品发生。“公共性”的端倪还不止于此。从“个体阐释”前进到“公共阐释”而完全具备

---

① 《马克思恩格斯选集》第一卷，人民出版社1995年版，第56页。

“公共性”的过程，得以发生保障就是“效果历史”。这同时具有着历史与文学意义上的真实和对历史与文学理解的真实，处于其间的可能性与现实性是存在于阐释中并互相统一、不断生成的。“个体阐释”是发生在文学事件内，存在于主体间的。理解对于阐释来说，势必是先行的、前置的，但在主体阐释的过程之中，理解又通过人类共有的心理结构、社会环境、经济文化来使我们的理解输出为阐释。

“个人化写作”带给文学阅读的是文学阐释的困境。一方面，对文学“反映”和“再现”社会历史的有意疏离和回避，使“个人化写作”中呈现的生活经验出现了共鸣危机。也就是说，“个人化写作”在刻意强调“私人性”与“公众性”“群体性”严格对立和区别，并且在这一对立中，走向极端——为了强调与公众性和群体性相区分的私人性，“个人化写作”往往强调那些被排斥在社会公共道德和社会基本伦理之外的被压抑和受排斥的经验，甚至是那些为人所不耻的“异常经验”“另类生活”。另一方面，在“个人化经验”的文学书写中，作家也有意识地选择去整体化的碎片式写作和去心灵化的身体写作方式。

当然，“个人化写作”只是20世纪90年代以来当代中国文学思潮中的一脉，还有一些非个人化写作的文学思潮，如20世纪90年代早期的“新市民文学”，中期的“现实主义冲击波”以及被泛称为“民间写作”的作家群等等，也在推动着文学的发展。进入21世纪之后，以刘慈欣为代表的中国科幻文学的崛起，意味着中国的文学想象力在处理人类永恒问题——宇宙的起源与发展——上达到了前所未有的高度。因此，如何清理“个人化写作”在当代中国文学中的得失，也是我们在讨论文学阐释的公共性时所面对的现实问题之一。

四　走向共享和共识的“有效阐释”：文学阐释公共性的路径选择

文学阐释当然要以个体阐释为基础，并且在很大程度上会以个体阐释的方式来进行，但这些并不意味着文学阐释的内涵、意义和价值就只能被局限在“个人”的范围之内。“话语的目的是为了达成一致

(agreement)，更准确地说，是为了达成共识(consensus)。”① 个体阐释如果不能够在社会历史中接受检验，进而成为共识性的文学意义，那么这样的个体阐释是无效的。因此，从个体阐释走向公共阐释，是文学阐释公共性的必经之路。那么，如何才能以个体阐释的方式走向公共阐释呢？

首先，文学阐释的行为需要具有共享性。这是参与阐释活动的前提与基础，即参与其中的人需要遵守一些约定俗成的规则与范式。主体在参与文学阐释的过程中，可以一边参与、一边修正这些规则，但首先要立足于文学阐释历史中所共享的话语与范式。(1) 批评话语的共享。不能随意制造一些只有自己明白、他人无法明白的新概念；或者本来可以用大家都明白的话讲清楚，却偏是标新立异地来显示自己的“独创性”。因此，当代中国文学批评话语体系的建设，至关重要。(2) 批评过程的共享。文学批评与文学鉴赏最大的区别在于，鉴赏起点于读者纯粹个人的经验与感受，鉴赏可以仅止于个人体悟，不与外人道。但批评一定是对象性的，即有问题意识、有批评对象、有对批评产生回馈的期待。换言之，批评一定是“及物”的，这决定了批评过程必须是共享的：与批评对象（作者和文本）、与批评他者（其他的读者或批评者）之间的共享。(3) 批评范式的共享。在文学研究过程中，已经形成了诸种有效的阐释范式，没有脱离对象的、超历史的文学理论与批评，也没有一种理论可以恰好解决所有问题，各种批评范式都有其自身所生发出来的逻辑与适用的范围，在批评的过程中要自觉地廓清批评的界限与适用的方法论原则。

其次，文学阐释的目标是形成对文学意义和价值的共识。诚然，文学意义和价值的共识仍要受到个体主观选择的影响，并且需要一定时间的积淀，但我们不应该放弃等待文学阐释共识到来的义务。这一共识过程是在历史中呈现、展开并逐渐形成的，也就是说，文学阐释是具有历史性的，是在具体的、现实的社会生活中来进行的，而不是存在于历史之外的阐释。这种阐释的公共性是有时间维度的，这一时间之维是文学阐释本身的属性，是一种参与式的共在，而不是瞬间

① 莱斯利·A. 豪：《哈贝马斯》，陈志刚译，中华书局2014年版，第62页。

的、易逝的时间。这也是衡量文学阐释是否具有公共性的重要标准之一。文学阐释意义的创新与文学阐释的意义共识并不矛盾。文学阐释出的新的意义并非是与传统的阐释方式与阐释意义完全割裂开来，而是在前人形成的文学意义共识的基础上做出的拓展和深化。新的文学阐释意义也需要接受时间的洗礼，放在批评空间中接受“文学场域”的检验并逐步被别人所接受，即形成新的共识。而那些不能经受住时间与空间考验的文学阐释，终将成为文学史河流中的一粒沙子，被掩埋在湍急的河水之下。因此，走向共识的文学阐释是一个动态形态的过程：新意——共识——新的新意——新的共识，文学阐释的丰富性便在这一过程中深化。

再次，文学阐释的公共性还有一个重要特点，就是“有效阐释”[①]。以往的文学阐释为何会在有效性上聚讼纷纭？原因就在于对文学意义的起源及发生没有一个清晰的判断。之前的种种理论都会陷入到一种“偏颇”当中。虽然没有人会彻底否定文学意义的阐释不会与作者、读者、世界和文本截然断裂开，但当理论作用于文学阐释过程中时，往往会“一叶障目，不见泰山”，视野中只留下了文学四要素中的一种且进行大肆分析而不顾其他要素的存在。文学活动是一个复杂的过程，文学意义的起源不是只来源于作者、读者、世界和文本中的任意一个，而是多源头的共在变化。[②]（1）世界是我们存在的场域，也是文本存在的场域。我们对文本的阐释与理解是处于最具包容性的时间与空间中的，世界把作者、读者、文本整合在一起。如果抛开世界去阐释文学，不仅在理论上会遭遇存在性的困境，在实践中也是难以达成的。可世界因为太过庞大乃至虚幻，往往被我们遗忘。（2）作为文本创造者的作者同样处于文学阐释的一端，在作者的灵感、构思和书写过程中，作者意图当然可以一定程度上浸入到文本意义中，规划文本的谋篇布局，但在很大程度上当作品写作完成之后，

① 参见曾军《西方文论对中国经验的阐释及其相关问题》，《中国文学批评》2016 年第 3 期。当代中国文论话语体系的建设是一个古今中西处于多维时空的理论建构过程，需要克服“来源谬误”和“主体谬误”，以开放包容的心态，以“有效阐释”为目标，展开对中国经验和世界经验的理解，增强中国文论话语阐释力。

② 参见曾军《文本意义的“多源共生”》，《社会科学战线》2017 年第 10 期。

阅读开始之时，作者也被文本原意放置到了与读者平等的地位上，这就是我们会在阅读经验中发现，读者往往会发现作者在创作之时并没有意识到的阐释可能。可作者往往是“不在场”的，我们又如何直接触及作者所谓的原初意图呢？（3）读者在文学阐释活动中的地位同样极其重要。一般情况下作者只有一个人，读者却很多，而且读者并非是可有可无的，而是从作者创作之初就已经在与读者进行共同书写。可读者们往往是“横看成岭侧成峰，远近高低各不同”的阐释，又如何面对这种众说纷纭的局面呢？（4）文本是另一个世界，是一个拥有着一套文本逻辑的世界，文本的内在结构与世界的存在方式既相互重叠又相互作用。但文本本身也在形成中会对外来意图进行抵制与排斥，这就是在不断生成中的文本原意。在作者、读者、世界和文本的“多源决定”中，文学阐释当然不能只盯住其中“一源”而遮蔽“其他源头”。这也说明“有效阐“多源”立场下的求索，想必文学阐释会向着合乎道理释”未必一定等于“唯一阐释”，但在一种文学意义 与常识的有效阐释更进一步。

诠释学与作为人文科学的文学理论[*]

李建盛[**]

诠释学作为理解和解释的学科与人文科学有着特别密切的联系，而文学与作为文学阐释形态的理论无疑属于人文科学的范畴，“诠释学这一术语，意指对某种美学文本的解释，如今在文学理论中被大量使用。”① 诠释学、人文科学与文学理论之间具有看似复杂甚至有点拐弯抹角的关系，但是它们之间的关系却是颇为内在的，诠释学这个概念被广泛大量运用于文学理论便不足为怪。由此，在诠释学和人文科学的视野中讨论文学理论的问题也就具有充分的理由。本文力图在诠释学的人文科学视野中论述文学作为人文科学对象的独特表现，文学作为人文科学理解对象的独特路径，最后在诠释学视野中阐述作为人文科学的文学理论的诠释学维度。

一　诠释学与作为人文科学对象的文学

并非所有的诠释学都与文学的理解和解释有关，但凡是涉及文学理解和解释的诠释学讨论都基本上涉及文学的人文科学性质。在自然

＊ 基金项目：国家社会科学基金重大项目“中国文学阐释学的中外话语资源、理论形态研究与文献整理”（项目编号：19ZDA264）。本文原刊于《河北师范大学学报》（哲学社会科学版）2020 年第 2 期。

＊＊ 作者单位：北京外国语大学中文学院。

① Chris Lawn, *Gadamer: A Guide for the perplexed*, International Publishing Group, 2006, p. 45.

科学、社会科学和人文科学的三分法结构中，似乎无需进行详细论证人们就能够在直观上确定文学的人文科学性质。无论是现代诠释学奠基人狄尔泰及其影响下的方法论诠释学、海德格尔的事实性诠释学和伽达默尔的哲学诠释学还是哈贝马斯的批判诠释学、德里达的解构诠释学和利科尔的"调和诠释学"，这些与文学和艺术经验关系更为密切的诠释学，都不会也不可能把文学艺术经验及其真理问题归入社会科学和自然科学的范畴，这一点主要基于作为人文科学对象的文学具有明显不同于社会科学和自然科学的特性，并且最突出地把作为人文科学对象的文学与自然科学进行区分。

诠释学特别是哲学诠释学认为，文学是一种自律性的表现，文学作品的语言并不是某种工具性的东西，语言并不是由任何超越于语言的东西实现的，也就是说，不是由我们对事实的证实，或者通过某种进一步的实验可以寻求外在的东西来证实。伽达默尔认为，真正的文学的语言是以一种独一无二的方式得到表现的。他在《论诗歌对真理探索的贡献》中论述了诗歌词语不同于其他文本所具有的自律性特征，认为诗歌文本是一种"陈述"，它并不指向语言自身以外的东西，而就是它自身的表现。他在《文本与解释》中阐述了文学文本的自律性特征："词在文学文本中首先获得其充分的自我在场。"① 也就是说，真正的文学作品的语言并不是对外在于其自身的东西的指称，而毋宁说，文学作品语言是一种具有自身表现性的存在。真正的文学语言是一种自己见证自身的语言，换言之，文学语言是在自身中自我实现的。"诗的陈述是这样一种陈述，即它如此完满地说出了它所是的东西，以至于我们为了在其作为语言的现实性中接受时它不需要在它所说的东西之外增添任何东西。诗人的语言在它是自我完成的这个意义上是'自律'的。诗人的语言是这样一种陈述，因为这种陈述是自身证明的，并且不承认任何可以证明它的东西。"②

如果从科学与文学艺术的表现方式来进行比较，我们就可以更清

① 严平选编：《伽达默尔集》，上海远东出版社1997年版，第72页。

② Hans-Georg Gadamer, *The Relevance of Beautiful and Other Essays*, Cambridge University Press, 1986, p. 110.

楚地看出文学的独特性和自律性。应当说，文学艺术和科学分享着许多共同的概念，诸如美、审美经验、创造性、感性、理性、真理、智慧等等，它们不仅为文学艺术所具有，也为自然科学所具有。它们固然有着某些方面的相似性，但也存在着根本的差异性。正是它们之间的差异性使文学艺术和科学成为了两种不同的人类文化，分别属于人文科学和自然科学。

与文学艺术相比，自然科学的表述方式是理性化和数学化的，它把千变万化的自然现象和科学家对自然的经验加以秩序化和规律化，把各种变化不定的东西纳入井然有序的科学理论之中，转化为数学化的公理、定理和定律。自然科学的理论是一种由少数几个被认为具有普遍性的基本原理构成的理智建构。科学理论的有效性是由经验的事实和观察来确证的。正如波普尔所认为的，那种有用的、真正可以称之为科学的理论，必须是可以通过事实予以证伪的。科学理论的表述方式排除了现象世界的感性丰富性、科学家的情感想象性，并且用能够理解这些理论的人通用的科学语言。爱因斯坦强调了科学语言和科学概念的两个基本性质①：第一个性质是数学性，第二个性质是普遍性。就科学概念的相互关系以及与感性材料的对应关系来说，科学理论追求的是概念的最大敏感性和明晰性，科学概念的这种性质在很大程度上是由数学语言规定的。科学概念和科学理论的表述与感觉材料之间的联系，不是通过别的方式，恰恰是通过非常完善的数学和量度工作建构和表达出来的。科学概念和科学语言是所有科学时代具有“最好的头脑”的科学家建立起来的，并且能够共同使用的语言，科学理论的概念体系是对杂乱无章的事物现象的秩序化，科学理论使我们懂得从特殊的观察中去掌握普遍性的真理。与科学理论的表述方式相比，文学艺术的表现方式迥然不同。文学艺术的表现方式是非常个性化的，即使不同的文学艺术家表现的是同一种对象，也必然是以不同的方式来表现，并在创造性的表现中体现着不同文学艺术家的个性特征、不同的情感和不同的内涵。

我们可以用中国古代艺术家和诗人眼中的“月亮”来论述文学作

① 许良英等编译：《爱因斯坦文集》第一卷，商务印书馆 1976 年版，第 396 页。

为人文科学对象的独特性、差异性和自律性特征。月亮（更准确地说“月球”）这个在科学意义上的客观的物理存在，在中国艺术家和诗人的眼中却变得如此丰富多样、如此富有情感、如此充满想象并蕴涵着深刻的人生哲理。从物理的层面上看，“月亮”始终是一种客观的东西，然而，在不同艺术家和诗人的眼中，所呈现的“月”的意象却有所不同，他们所看到的是不同的月，描写的是不同的月，并且体现了各不相同的情感和思绪。就像李白的诗句：“今人不见古时月，今月曾经照古人。古人今人若流水，共看明月皆如此。”（《把酒问月》）这里所说的“古时月”便不是指那个客观的、物理的客体，而是指历史上的人们从其特定的历史境遇出发所做出的对月的体验和感受，今天的人所看到的月，曾经照过古人，也同样地照着今天的人们。诗人眼中的月、诗中之月都不是一种客观的、中立的东西，而化为了诗人审美经验中的意中之象。由于诗人审美经验的差异，由于诗人的感性丰富性的差异，不同诗人的意中之象具有不同的含义和情感。如《古诗十九首》中的《明月何皎皎》的诗句：“明月何皎皎，照我罗床帏。忧愁不能寐，揽衣起徘徊。”这里的“明月”，是诱人遐想、激发思情的月亮，清冷幽静的月亮，寄托着诗人一种缠绵忧愁的思念。曹植的诗句“明月照高楼，流光正徘徊”，也用了“明月”和“徘徊”，但他所表现的则是另一种心态，月光的徘徊不是对远方情人的思念，而是体现了一种悲痛的矛盾情感。李白吟月的诗句，如：“人生得意须尽欢，莫使金樽空对月。天生我材必有用，千金散尽还复来”（《将进酒》），月儿在这里所蕴涵的是一种明朗、欢快的情感，传达的是一种富有青春气息的审美内涵和人生意趣。可是，人们在杜甫的诗句中却找不到这样的情调，代之而起的是冷峻、阴沉的月之意象和深沉意境：“无家对寒食，有泪如金波。斫却月中桂，清光应更多。仳离放红蕊，想象颦青蛾。牛女漫愁思，秋期犹渡河。”（《一百五日夜对月》）面对同一月亮，唐代张若虚在《春江花月夜》中追问道：“江畔何年初见月？江月何时初照人？”这显然又不同于李白“把酒问月”和北宋时期苏东坡的“明月几时有，把酒问青天”中的追问。而谢庄《月赋》所表达的伫立于茫茫苍穹之下，在万物静谧的秋夜时空中，凝望那一轮孤独的明月，所生发的思念之情，表达的寂寞、孤独、苍凉和落莫，无论如何也不同于李煜《虞美人》中的词句："春花秋月何时了，往事知多少？小楼昨夜又东风，故国不堪回首月明中。" 这里传达的是失国之痛和亡国之恨的绝望。

从物理科学的属性看，月亮的阴晴圆缺，万古如斯，从不为人们的情所动，然而却让历来多情善感的人们动情。这个万古不变的月亮，却让面对着它凝望着它的诗人生发出千种情感、万种愁绪。在中国诗人们的情怀和思绪中，它似乎早已不是一个没有情感、没有思绪、没有内涵和意义的月亮了，而是早就成为我们文化中的一种乡愁的象征，一种思绪的载体，一种生命情感的象征，一种蕴涵着人生生命体验和遭遇的隐喻和象征。每一代诗人，甚至每一个诗人，都以不同的情感经验赋予这一客观事物以不同的内涵。在诗人眼中，所有的客观的、中立的事物，都被情感和体验融化了，都转化成了诗人情感中的东西，用王国维的话说，就是在诗歌中"一切景语皆情语"。正如梁启超在《惟心》一文中所写的："山自山，川自川，春自春，秋自秋，风自风，月自月，花自花，鸟自鸟，万古不变，无地不同。然有百人于此，同受此山、此川、此春、此秋、此风、此月、此花、此鸟之感触，而其心境所见者百焉；千人同受此感触，而其心境所见者千焉；亿万人乃至无量数人同受此感触，而其心境所见者亿万焉，乃至无量数焉。然则欲言物境之果为何状，将谁氏之从乎？仁者见之谓之仁，智者见之谓之智，忧者见之谓之忧，乐者见之谓之乐。吾之所见者，即吾所受之境之真实相也，故曰：惟心所造之境为真实。"① 而科学家眼中的那一轮月亮，透过望远镜看到的那个月亮，是非常不同于诗人们眼中的月亮的。1609 年，伽利略用他制作的那架巨大的望远镜，对月亮进行了几个月的观察，并绘制了月球的阶段变化图。他对月亮的观察，绝不像诗人们那样要抒发什么人生情怀，更不是要表达什么内心情感，而是要看一看真实的月亮到底是什么样子的，他用他观察到的真实的月亮，来说服而不是感动那些迷信的宗教信徒们。他制作的月球阶段变化图，也确实运用了当时艺术家运用的某种手段，伽利略确实也不乏绘画艺术的天才，然而，他绝不是在创造视觉

① 《梁启超文选》（上），中国广播电视出版社 1992 年版，第 225—226 页。

艺术，在表达什么情感，而是要证明其客观物理性存在。而艺术家却绝不是这样的。“伟大的艺术家一直知道存在着一个与我们的感觉所证实的世界不同的世界，即使那可能只是秘密的世界，而且他们知道那个世界构成了他们创造的一部分。对一些清楚地知道色彩的特有力量的艺术家来说尤其如此。鲁本斯、伦勃朗和瓦托不认为他们只是梦境的提供者，夏尔丹也不认为他自己只是酒壶的收集者。尽管没有一个非真实世界的大师将他的作品与其想象性投射混为一谈，但是每个人都允许想象性投射。”①

应该承认，科学研究确实需要感知现象的丰富性，也需要直觉、想象、情感，甚至创造性的直觉，然而，所有这些东西都不会出现在最终的科学理论中。科学家同样可以用诗人的想象瞭望星空，但科学家的天文学理论却不可能是感情充溢的诗作；他可以像画家一样去看星空，他同样可以审美地、艺术地瞭望星空，然而，可以肯定地说，他的科学理论不可能像凡·高那样去表现星夜。因此，在科学的表述方式和艺术的表现方式上，无论它们之间具有怎样的所谓一致性，艺术作品都不可能具有科学那样的普遍有效性，更不可能采用数学化的表现方式。人们常常用“美”“优雅”和“简单性”来形容数学证明和科学理论，然而，它们所指的是科学的抽象形式的特殊性质，而不具有文学艺术作品那样的具体特殊性，更不可能渗透了科学家的情感、想象、幻想。库佩尔说：“确实，科学的风格存在着巨大的差异。然而，科学的一个特征就是，科学描述事物的方式几乎总是没有科学所说的东西重要。而艺术表达一个概念的方式几乎总是比它所表现的东西重要。”② 科学理论的表述中必须避免和消除情感性、个体性、想象性和生动性，而这些恰恰是艺术作品的表现方式不可或缺的根本特征，消除了这些东西，文学艺术便不再是文学艺术。诠释学把作品的语言视为一种自律性的存在，对于文学诠释学来说是极为重要的，

① ［法］安德烈·马尔罗：《无墙的博物馆：艺术史》，李瑞华，袁楠译，广西师范大学出版社 2001 年版，第 167 页。

② Stephen R. Graubard ed. , *Art and Science*, University Press of America Inc, 1986, p. 178.

它提醒文学理论家和文学批评家应该关注文学语言的自身特性和表现的独特性。"诗歌语言是作为揭示所有语言成就的最高实现而突显出来的。正因为这个原因，在我看来，那种把诗的语词简单地解释为附加到日常语言中的情感因素和意指因素的结合的美学理论完全是一种误导。"① 确实，只有充分意识到这一点，我们才能恰当地理解文学作品本身的特殊性存在和文学解释的特殊性。

二　诠释学与作为人文科学的文学解释

根据诠释学是关于理解和解释的学科的一般性界定，对文学的诠释学研究就是对文学的理解和解释，把文学看作是作为诠释学的人文科学的理解对象，那么作为诠释学的文学理论对文学的理解也该是人文科学诠释意义上的理解。从根本意义上说，现代诠释学的产生与诠释学对人文科学对象及其经验和真理的重新认识密切相关。现代诠释学的奠基者狄尔泰力图建立一门与自然科学不同的人文科学，他努力提倡和实践一门人文科学，因而被人们称为人文科学之父。他认为，认识历史世界、文学艺术世界的最重要的前提就是体验，我们把文学艺术理解为生命的表现，人的生命构成了精神科学的基础，人文科学以体验为基础和核心，这决定了人文科学的理解不同于自然科学的知识，也不同于先验哲学。海德格尔的事实性诠释学从历史性和有限性的此在存在方式出发，使诠释学转向了事实性本体论诠释学，而伽达默尔在事实性诠释学基础上把诠释学转变为哲学诠释学，特别突出人文科学的独特表现方式以及意义和真理的理解方式。"19 世纪的人文主义传统以自然科学的模式来塑造自身。这样做的结果限制了人文知识的界限。当狄尔泰阐明一种明确的人文科学方法论时——理解的方法论——他被束缚在这种同样狭窄的人文知识领域中，亦即通过方法论的研究以保证客观性。伽达默尔在《真理与方法》中有意从艺术的经验开始，就是因为对他来说这就是遭遇到了这种具有自身局限的

① Hans-Georg Gadamer, *The Relevance of Beautiful and Other Essays*, Cambridge University Press, 1986, pp. 111 – 112.

寻求客观性的理论定位。在艺术中（基本上也在历史和哲学中），这种原初性的经验是不能简单地按照科学客观性和方法论研究的方式来掌握的。”①

我们同样需要对科学解释与文学艺术解释之间的差异稍做比较，阐明作为人文科学的文学理解的独特性。科学理论作品是科学家对世界的一种解释方式，同样，艺术作品也可以看作是艺术家对世界的一种解释，然而，这两种解释是非常不同的。科学作品的解释是一个关于自然的物理解释，而艺术作品的解释则是对于经验世界的人文解释。前者是理性化和数学化的，后者则是情感化和个性化的。科学理论的作品，对于所有那些能够理解科学表达的概念和语言的人来说，都是可以被普遍接受的，而且是不变的。牛顿的引力定律和爱因斯坦的相对论方程，对于能够理解它们的人来说不会有什么歧义。人们可以把科学理论、科学方程等等比喻为美的艺术作品，事实上也有许多人正在这样做，但是，我们更倾向于认为这是一种类比，一种赞赏性的比喻，而不是一种没有区别的等同。“科学家试图形成一种通过某一学科的独特用语组成的系统的、像法律条文一样清晰的陈述，这种陈述的好坏要看它们是否具有逻辑的严密性、解释的能力和启发能力。为了追求一种更普遍性的理解，理论变得越来越系统，越来越抽象，越来越具有自治性，因而离日常语言和表达实践经验时使用的语言越来越远。不管有什么样的想象力，也无法把这些科学的目的、方法和标准用到艺术家头上。”② 人们从科学著作中要获得是科学理论的知识，而不是其中的所谓的美的情感。要获得审美的情感，我们就要直接与艺术作品打交道，而不应舍近求远地在科学理论中寻求美感。在科学作品的理解中，我们也不可能把我们自己的想象、情感和非理性的东西带入科学理论之中，科学作品和科学理论理解要排除的这些东西恰恰是文学理解和阐释不可缺少的东西。

---

① James Risser, *Hermeneutics and the Voice of the Other*: *Re-reading Gadamer's Philosophical Hermeneutics*, State University of New York Press, 1997, pp. 4 – 5.

② ［美］拉尔夫·史密斯：《艺术感觉与美育》，滕守尧译，四川人民出版社 2000 年版，第 231 页。

对于文学诠释学来说，同样应当根据文学的人文科学性质并从人文科学的角度来看待文学的理解和阐释问题。文学作品的经验、意义和真理不是客观地、中立地存在于作者、文学文本中的东西，毋宁说，它们是理解过程中的一种事件，无论有待理解的文学文本还是理解者都不置身于事件之外，而是置身于理解事件之中，文学作品的意义和真理只有在这种理解事件中才得以发生和呈现。从作为解释对象的文学作品来看，文学作品作为解释者的“对象”，并不是某种客观地存在在那里并等待着我们去认识的对象，当我们阅读和理解一部文学作品时，文本就与我们发生了关系，就进入了我们阅读活动和理解事件之中。哲学诠释学认为，理解一部文学作品，并不只是去认知某种已经明白表达的东西，毋宁说理解是一种对话与交流事件。“一个文学文本并不只是将口头语言变成一个固定的形式。的确，一个文学文本根本不回过头来指向已经说过的话。这一事实具有诠释学的重要性。在这种情况下解释不再仅仅是回到对某事最初的表达方式。相反，文学文本是最专门意义上的文本，是最高程度上的文本，正是它并不指回语言发声的最初的或根源性的行为，而是以自己自身的权利规定言说的所有重复和行为。没有任何言说能满足诗的文本中所给定的规定。诗的文本起一个规范的作用，这一作用既不指向最初的发声也不指向说话者的意图，而是一种似乎是自身中产生的东西。”① 当理解者和文本的交流事件发生时，文本并不消失在我们对它的理解中，而是继续站在我们的面前说出某种新的东西。换言之，诠释学所理解的文本意义是在不断的理解过程中和在语词的自我表现中得以实现的。

从文学解释者的意识来看，诠释学经验在语言上的实现方式被理解为对象与解释者之间存在的对话，这就使诠释学意识具有了一种与形而上学完全不同的基础，其中关键的东西就是在这里有某种东西发生。解释者的意识既不能主宰所要理解的对象，也不能把理解中发生的东西看作是对已然存在的事物的进一步认识。从解释者的观点看，在理解中发生的事情并不作为他所要寻找的对象，换言之，他不是运

① 严平选编：《伽达默尔集》，上海远东出版社 1997 年版，第 71—72 页。

用某种方法论手段去寻找对象的真正含义，以及对象本身原来究竟是怎样的。对于文学作品的意义理解来说，这种工作充其量是真正的诠释学理解事件的外部因素。对文学作品文本的理解和解释，既不是单纯地把我们的意识强加给作品文本，也不能不顾作品文本所说的东西而把自己的意识当作作品文本的所述说的东西，同样不能从某种先在的方法论出发去发现作品的真正含义，去确证作品本身究竟是怎样的。“真正的事件只是因为作为传统传递给我们并为我们所倾听时，才真正与我们相遇，而且似乎它在向我们说话，并与我们发生关系时，真正的事件才能发生。”① 例如说《红楼梦》是一部反映了封建社会衰亡史的文学作品。这一结论不应该由我们已有的社会历史发展阶段论的先在意识给出，认为这就是作品的内涵。我们也不能应用自然科学的实证方法去理解《红楼梦》——像“红学”研究中的索隐派所做的那样。诠释学并不认为这种方法毫无用处，但从诠释学经验的角度看，这并不能理解文学文本的真正意义，充其量是文学诠释学意义事件的外部因素。诠释学的文学意义理解，首先要做的是关注这个文本究竟向我们述说了什么，无论是索隐派、考证派，还是反映论对《红楼梦》的理解，从诠释学的意义理解理论看，它们所关注的都不是文本自身向理解者所说的东西，都不是真正意义上的诠释学对话，而是试图用自然科学和实证主义的方法确证某种似乎客观的东西。因此，解释者的意识既不是一种先于理解和解释的意识，也不是某种外在于理解活动和解释事件中的先在观念和方法。解释者的意识就是内在于诠释学事件中的意识，文学作品文本的意义发生和出现在文本与解释者和解释者与文本的相互提问和应答中的理解事件过程中。

从文学作品作为一个被理解的文本来看，它体现了一种诠释学理解的开放性。诠释学的文本概念所关心的是文本向我们所述说的东西，特别是对哲学诠释学来说，文本的概念是一个解释的概念。“从诠释学的立场——即每一个读者的立场出发，文本只是一种半成品，是理解事件中的一个阶段，并且必须包括一个确定的抽象，也就是说，就是在这个理解事件中包含着分离与具体化。但是，这一抽象与

① Hans-Georg Gadamer, *Truth and Method*, New York: Crossroad 1989, p. 461.

语言学家所进行的抽象走着相反的道路。语言学家并不想进入对文本所说的主题的讨论，他所说明的是语言如何作为语言起作用，而不管文本所说的任何东西。他不把文本传达的东西作为他的题旨，相反，他提出的问题是，以文本的标点和出现的象征去交流任何事物是如何可能的。”① 因此，诠释学处境中的文本概念不是一个纯粹的对象，文本存在于事件之中，是一个交流与对话的伙伴。理解和解释者总是带着自己已有的前理解进入这个“半成品”中，并在阅读、理解和解释中，甚至在诠释学应用中进入文学作品之中，并共同建构文学作品的意义和真理世界。例如，在谈到人们对《红楼梦》的读解时，鲁迅写道：“《红楼梦》是中国许多人所知道，至少，是知道这名目的书。谁是作者与续者姑且勿论，单是命意就因读者的眼光而有种种：经学家看见《易》，道学家看见淫，才子看见缠绵，革命家看见排满，流言家看见宫闱秘事……”② 这里且不论这种种理解是否恰当，但有一点却是真实的，所有从不同的读者眼光里看出的不同意义都与读者所具有的前理解有关，所有的理解者都带着由前理解结构形成的“前见”去理解文学作品的意义，这就决定了不同的理解者对同一部作品的意义理解总会具有或多或少的差异性，而这种差异性不是削弱而是不断丰富文学作品的意义世界和真理性维度。

由此，无论从被理解的文学文本看，还是从理解者的意识看，两者都是内在于人文科学的理解事件中的。一部文学作品的意义要被理解，就必须进入理解事件中，同样，要是想理解一部文学作品，就必须进入与文本相互交流的事件中。“谁进行理解，谁就已经进入了一种事件中，通过这种事件有意义的东西才表现自身。……我们在美的经验和传统意义的理解中所遭遇的确实是具有某种像游戏的真理一样的东西。在理解中，我们进入了一种真理事件，假如我们想知道我们所要确信的东西，这种真理的获得似乎为时已晚。”③ 把意义作为一

① Hans-Georg Gadamer, “Text and Interpretation”, Wachterhauser, Brice R, *Hermeneutics and Modern Philosophy*, State University of New York, 1986, p. 389.

② 鲁迅：《〈绛洞花主〉小引》，《鲁迅全集》第八卷，人民文学出版社 1981 年版，第 145 页。

③ Hans-Georg Gadamer, *Truth and Method*, New York: Crossroad 1989, p. 494.

种事件的诠释学观点，突显了文学的人文科学性质和意义理解问题在当代文学理论中的作用。

三　作为人文科学的文学理论的诠释学维度

从诠释学角度看，文学理论是关于文学理解和解释的理论，在这个意义上，所有文学理论对文学的理解和解释都具有诠释学的性质，文学理论也同样具有诠释学性质。可以说，自从有了文学以来，文学就不断地被人们接受、理解和阐释，而且以各种不同的方式接受、理解和阐释，这些不同的接受、理解和阐释实际上就是今天被人们称为文学理论的东西。正是各种理论家对文学所做的不同理解和阐释，构成了今天各种不同的文学理论观点和形态。如果用诠释学的概念来表达，它们都是从不同角度对文学作品所做的理解和阐释，因此从宽泛意义上讲，文学的诠释活动自从人类有了文学这种东西就已经开始了。"各种文学理论所提出的有效问题往往有很大的不同。尽管在实践中，不同的理论可能会在解释一个文本时使用几个关注的领域，但每个理论都支持不同的批评取向，主要关注解释过程中的一个要素。……无论主要关注的焦点是心理、语言、神话、历史还是其他任何批评取向，每一种文学理论都建立了自己的理论基础，然后提出自己的方法论，读者可以把这一理论应用到实际的文本中。"① 很显然，并非所有的文学理论形态都是诠释学的，或者应用了某种诠释学的理论和方法。

从严格意义上讲，诠释学的文学理论在很大程度上是在诠释学的人文科学视域中来理解的。正如有学者指出的："诠释学被宽泛地理解为解释理论，它可以被理解为包括从亚里士多德的诗学到 20 世纪 50 年代的新批评的所有解释模式（文本的或其他的解释模式），包括任何类型的文学批评，以及法国的结构主义传统，甚至可能包括德里达的后结构思想。然而，只有极少数的后期现代和后现代思想家，从

---

① Charles E. Bressler, *Literary Criticism: An Introduction to Theory and Practice*, Prentice-Hall Inc, 1994, Inc. p. 6

施莱尔马赫开始，贯穿于狄尔泰、海德格尔（也许是最重要的）、伽达默尔、哈贝马斯和利科尔等人的思想中，要么将诠释学主题化，要么把他们自己的思想定性为诠释学的，至少在某些方面是诠释学上的，很少有人对诠释学的主题及其与文学的关系进行过广泛的反思。”[①] 但是，即使这些所谓的少数与文学有关的思想家对文学的理解和解释也有很大的差异，也在诠释学的发展和对话中体现了不同的“文学理论”，构成了某种理论倾向和理论形态不同的文学诠释学。

确实，在诠释学的名称之下有不同的诠释学形态，不同的理论家也有不同的划分和归类。阿佩尔认为现代以来的哲学是从三个主要方向发展的：马克思主义、分析哲学和现象学—存在论—诠释学思想。格龙丹在《哲学诠释学导论》中认为，随着当代哲学的发展，分析哲学以及当代实用主义哲学所关注的问题都与真理的可能性相联系，因而两者都体现了某种哲学分析的融合方式，或者至少与诠释学相汇合。约瑟夫·布莱切尔在《当代诠释学》中把当代诠释学分为三种明显不同的诠释学派别，即诠释学理论、诠释学哲学和批判诠释学。[②] 近年来在关于诠释学的研究中，又有研究者在布莱切尔概括基础上提出了另一种诠释学，即以雅克·德里达的解构理论为典型代表的“激进诠释学”，以区别于方法论诠释学、哲学诠释学和批判诠释学。[③] 也许还应该加上法国哲学家保罗·利科尔的“调和诠释学”。当然以狄尔泰为代表并受其影响的方法论诠释学仍然是当代诠释学整体语境中的重要存在。可以说，方法论诠释学、哲学诠释学、批判诠释学、解构诠释学和调和诠释学，甚至其他的诠释学形态都与文学的理解和解释有关，因而也与作为诠释学人文科学的文学理论有关。

在这些与文学理解和解释有较密切关系的诠释学中，伽达默尔建立的哲学诠释学与文学诠释学有着更紧密的关系。在他之前的诠释学

---

① Rod Coltman, "Hermeneutics Literature and Being", *The Blackwell Companion to Hermeneutics*, Edited by Niall Keane and Chris Lawn John Wiley & Sons Inc, 2016, p. 548.

② See Josef Bleicher, *Contemporary Hermeneutics: hermeneutics as method, philosophy and critique*, Routledge & Kegan Paul, 1980.

③ See John D. Caputo, *Radical Hermeneutics: Repetition, Deconstruction, and the Hermeneutics Project*, Indiana University Press, 1987.

是他的诠释学发展和转变的基础，而在此之后的诠释学几乎是从与他争论和对话发展而来的。哲学诠释学的奠基之作《真理与方法》就是从艺术和审美问题开始的，而这一问题与人文科学的真理理解问题有着直接的内在关联，因为其出发点就是要“在现代科学自身范围内抵制对现代科学方法的普遍要求”，它所关注的问题是“在经验所及的地方和要求自身合法性的地方，探寻超越于科学方法统治的对真理的经验。因此，人文科学就与那些存在于科学之外的经验方式相联系：即与哲学、艺术和历史本身的经验相联系。所有这些经验方式中所传达的真理都不能用像适用于科学的方法论手段来加以证实。”① 哲学诠释学根据人文科学的特殊表现方式和真理问题提出的要求，无疑为文学经验的意义和真理问题的理解展示了某种新的方向，文学作为人类的一种特殊经验形式，同样不能依照自然科学的方法论来理解，它提醒人们应该深刻注意到文学经验的特殊表现形式和真理要求，并根据其特殊的表现形式和真理要求来理解文学经验中的真理和意义。

上面已经提到诠释学有多种发展趋向和多种形态，都与文学理解和解释有某种程度的关系，并且事实上也为作为诠释学人文科学的文学理论提供了或多或少的洞见，例如方法论诠释学探讨作者意图在重构性文学理解和解释中的作用，批判诠释学阐述文学理解中的意识形态维度，激进诠释学倡导更加开放的文本解读和意义阐释方式，调和诠释学为解决解释的冲突以及寻求理解与说明辩证运动做出了值得重视的努力。应当说，这些诠释学形态既有差异性甚至对立的理论旨趣，也有互补甚至一致的维度。但不管怎么说，它们都突出了理解问题在人文社会科学中的重要性。有学者指出：“随着现代哲学中的许多不同运动都认识到语言和交流问题是理解人类生活的中心，诠释学受到了新的关注。在当代文学理论中，如何判断对立的批评方法之间的冲突，以及如何理解语言和意义的争论，也使诠释学成为了一个突出的问题。”② 实际上，这些不同的诠释学形态所探讨的问题和提出

① Hans-Georg Gadamer, *Introduction to Truth and Method*, New York: Crossroad, 1989, p. 22.

② Paul B. Armstromg, “*Hermeneutic*”, *The Encyclopedia of Literary and Cultural Theory*, General Editor: Michael Ryan, Blackwell Publishing Ltd, 2011, p. 236.

的思想洞见，都应该是诠释学整体的不同维度，在开放与对话的诠释学视域中丰富着诠释学。

就本文所论述的诠释学与作为人文科学的文学理论的问题而言，文学理论无疑属于人文科学的范畴，而诠释学的人文科学又与文学以及文学的理解和阐释有着更密切的内在关系，因此，诠释学的文学理论应该首先是人文科学和诠释学意义上的，正是这一点把伽达默尔的哲学诠释学与其他诠释学区分开来，也与以往的文学理论区别开来。正是在这个意义上，约埃尔·维因斯海默才说伽达默尔在哲学诠释学和文学理论上实现了一次转变。① 但是，这并不意味着诠释学的文学理论除了哲学诠释学的维度之外，就不需要吸取和借鉴其他的诠释学理论和方法。正如哲学诠释学所指出的，任何理解和解释都有其自身的诠释学处境，任何理解和解释都是具有历史性和有限性的，任何理解和解释因而也都具有未完成性和开放性，因此，解决对立的批判方法和不同理解的争论的最好办法就是诠释学倡导的对话精神，广泛吸取不同诠释学形态的有益洞见。我们今天的中国诠释学文学理论同样应该在人文科学学科定位中保持诠释学的“对话”精神，必须有一种综合的诠释学理论和实践视域，在多种诠释学视域以及中西文学理论话语资源中建构具有中国特色的诠释学文学理论。

① See Joel Weinsheimer, *Philosophical Hermeneutics and Literary Theory*, Yale University Press, 1991.

“修辞性阅读”与文学阐释[*]

毛宣国[**]

在“强制阐释”论的讨论中，有一件事值得关注，那就是张江与希利斯·米勒的两次通信。[①] 在通信中，张江主要就解构批评的方法与存在的合理性提出了一些问题与质疑，他基于中国学术界对于解构主义和解构批评的认识，将解构主义看成是否定以往所有的批评方式、否定文本的确定主旨、具有碎片化思维特征的批评方法，并认为：文本虽然可以作多元化理解，却还是具有相对确定的含义；文学读解是可能的，而解构批评则否定这种可能；文学创作与批评是有规律存在的，可以找到具有普遍规律的一般方法，解构批评则否定这种批评方法的存在。张江同时还认为解构主义在理论与批评实践中存在着矛盾，比如认为米勒《小说与重复》对哈代《苔丝》的分析，仍试图寻找意义主旨，背离了解构主义原则，在理论与实践之间存在着难以调和的矛盾。对张江的质疑与批评，米勒做出了回应与解答。他指出：解构批评并非简单的否定，而是包含着“肯定”与“建构”；解构根源于文学语言的比喻性，强调以特殊方法解释文学文本的意

* 本文原刊于《学术月刊》2019 年第 6 期。

** 作者单位：中南大学文学与新闻传播学院。

① 张江与米勒的通信，参见张江《确定文本的确定主题——致希利斯·米勒》，希利斯·米勒《“解构性阅读”与“修辞性阅读”——致张江》，《文艺研究》2015 年第 7 期；张江《普遍意义的批评方法——致希利斯·米勒先生》，希利斯·米勒《致张江的第二封信》，《文学评论》2015 年第 4 期。这两次通信均收入《作者能不能死——当代西方文论考辨》一书（中国社会科学出版社 2017 年版），出自这部著作的引文，以下仅标注页码，不再一一作注。

义，并不是否定文本意义的存在；解构批评并不否定从理论建构意义上说可以存在具有普遍意义指导的批评理论方法，但是对于解构主义的批评实践来说，最重要的不是理论范式与方法的指导，而是对于特定作品文本的阅读与体验。基于上述观点，米勒特别强调了“修辞性阅读”的重要性，认为更愿意将自己所做的事情称为“修辞性阅读”而不是“解构性阅读”（第 417 页）。

本文不拟具体论证张江与米勒的理论观点的是与非，应该说两者对于当代文学理论与批评实践来说都是富有启示性的。本文想探讨的是米勒所提出的“修辞性阅读”与文学阐释的关系。这一主张与张江近些年提出的“强制阐释”论和“公共阐释”的理论，即重视文本意义解读的确定性、文学的社会性与公共理性、文学阐释活动中的普遍性规律与方法的主张，形成了鲜明的对照。在笔者看来，无论是“公共阐释”还是“修辞性阅读”，它们只是选择路径的不同。“修辞性阅读”虽然是解构批评提出的概念话语，它对于中国文学理论与批评来说也不陌生，也贯穿在中国文学理论与批评实践中，即使张江本人的文学批评实践也打上了“修辞性阅读”的烙印。所以，它对于理解文学阐释的特征与规律，同样是重要的。

一

在与张江的通信中，米勒对“修辞性阅读”做了如下解释与说明：“我所称的‘修辞性阅读’含义是注重我所阅读、讲授与书写的文本中修辞性语言（包括反讽）的内在含义。”（第 417 页）又说：“所谓‘解构主义者’或‘修辞性阅读者’从来不会说任何文本本身没有任何意义，只会说很多文学作品都具有多个可以确定的含义，但不一定总是要相互不兼容，必须仔细阅读特定文本才能够找出这些含义。”（第 418 页）他还回应了张江对他的《小说与重复——七部英国小说》的批评，这一批评认为他对《德伯家的苔丝》的讨论背离了解构主义的原则——明明在具体的文本分析中指出了小说《苔丝》的主旨是主人公难逃宿命，可在理论上仍强调“文本语言永远是多义的或不确定的”。米勒认为他实际是以“修辞性阅读”方式解读《苔丝》，由于这种“主旨”解读是在隐喻意义上的，所以，“如果把这些段落放回它们原来所在的上下文中，它们会表明阅读中经常夹杂各种不相调和的解释方式”，比如以张江所引用的“苔丝的悲哀”中的“我难以忍受宿命的幽灵”这句话为例，可以有两种互不兼容的阅读方式：“一方面，这意味着苔丝认为她生活中所发生的事情根源在于一个形而上的或超自然的力量，她的命运（Fate）里面有一个大写的字母‘F’，她的一辈子已经由‘命运之书’事先写好。另一方面，该句也可以被看作作者哈代本人而不是苔丝所说的话。毕竟他是小说的创造者，可以让小说按照他自己喜好的方式发展。这就是一种修辞性阅读，将‘writ（文书、命令）’这一词汇可能的双重含义找出来。”（第 419 页）

从以上表述中，我们不难发现，米勒的“修辞性阅读”是以文本为基础的，这种文本的特殊性在于它的隐喻性语言以及反讽等修辞手法的运用。关于这一点，米勒在他与中国学者金惠敏的一篇对话中说得更明确。在这篇对话中，他对“修辞性阅读”做了这样的界定：“最低限度地说，关于语言的修辞性阅读，关注修辞辞格在文学作品的功能，我们有意扩大了比喻的基本外延，使其不只包括了隐喻、转喻，而且还能包括反讽、越位、寓言、讽喻等等。”① 其次，由于文学文本的修辞性（隐喻性）特征，多义性与不确定性成为文学文本的根本特性，对文本进行多种意义的解读成为文学批评的根本。米勒并不否定哲学、科学或其他的客观描述类的文本具有比喻性的表述，但是他认为诗歌（文学）是“研究比喻性语言特别恰当的文本”（第 430 页），在诗歌（文学）一类文本中，“语言的比喻性总会干扰大多数人所希望获得的直白的字面含义”（第 430 页）。所以，他通过大量文学作品的修辞性阅读，来探究文学作品潜在的和丰富多样的内涵与意义。所谓“修辞性阅读”，就是充分注意文本中各种语言结构和意义张力关系的阅读，也是充分重视读者个体性理解与审美发现的阅读。在这一阅读中，文本细节的分析常常成为重点。《小说与重复》一书主要就是从语词、主题、事件、人物的细节分析入手，来把

① 希利斯·米勒、金惠敏：《永远的修辞性阅读》，《外国文学评论》2001 年第 1 期。

握作品的意义与内涵。这一分析呈现出解构批评“自我拆解”的能力，体现了解构批评碎片化的思维特征，也是对作品中心和确当意义的一种消解。比如，上文关于《苔丝》主旨的解读，米勒注重的即是文本所呈现出的互不兼容的阅读方式。但是，“修辞性阅读”不是从根本上否定意义的存在，而是要使文学作品的潜在意义与无穷可能性通过读者的读解呈现出来。这也是为什么米勒在与张江的通信中反复强调解构主义不同于读者反应批评的原因所在，因为后者强烈主张文本没有自身确当意义，文本意义是由读者创造而非文本所有的；解构批评则认为文本有自身的意义，只是这种意义是多重的、无限的，可以作多元的、无限的理解与阐释的。再次，米勒针对张江文学批评有没有系统完整的批评方法，或者说在千变万化的文本叙事中能否找出具有普遍规律的一般方法的观点，明确提出不存在任何的理论范式与方法可以提供这样的指导。他强调实际的文学作品阅读比任何关于文学的理论更加重要，因为“文学的特征和他的奇妙之处在于，每部作品所具有的震撼读者心灵的魅力，这些都意味着文学能连续不断地打破批评家套在它头上的种种程式和理论”。（第 433 页）这也是米勒提倡“修辞性阅读”的意义和价值所在，它重视的是文学阅读与文学批评参与文学实践的能力，而不是对某种理论与方法的固守。

米勒所倡导的“修辞性阅读”，也是耶鲁学派解构批评共同重视的理论与方法。保罗·德曼也是“修辞性阅读”理论的有力提倡者。他接受了尼采关于语言基本上是比喻性的而不是指称性的或表现性的观点，认为语言在本质上是转义（修辞性）的，一切语言都具有比喻、象征的特点，因此提出“修辞的语法化”和“语法的修辞化”的观点，目的是强调“修辞性阅读”的重要性。在德曼看来，同一个语法模式，可以产生两种互相排斥的意义，“字面意义是询问概念（两者的不同），而概念本身的存在又为其引申意义所否定”[①]，这种歧义显然是修辞造成的，这正是文学性应该介入的地方。“文学性，即那种把修辞功能突出于语法和逻辑功能之上的语言运用，是一种决定

① 保罗·德曼：《解构之图》，李自修等译，中国社会科学出版社 1998 年版，第 57 页。

性的，而又动摇不定的因素”①。“修辞”打破了语法规则，将逻辑悬置起来。“修辞”指涉的是那些语法与逻辑无法应对的语言现象，当读者面对语句不得不搁置判断时，语言的修辞性就凸显出来。他认为文学文本较之其他文本修辞性特征更为突出，文学语言即是隐喻、象征，充满歧义的语言，在文学阅读中完全可能存在无法调和的多种意义。因此，德曼非常重视文学的“修辞性阅读”。解构批评的另一个代表人物哈罗德·布鲁姆也重视文学的“修辞性阅读”。布鲁姆提出“影响即误读”的理论从表面上看具有强烈的心理主义的批评色彩，不像德曼和米勒那样重视语言的修辞性，实际上二者存在共同之处。布鲁姆用“转义”，即讽喻、提喻、转喻、夸张、反讽、隐喻六种修辞性语言运用来描述诗人与所接受的前辈文本的关系，将一部文学史描述为不断对文学前辈误读、误解和“修正”的历史，实际上也是将文本的“修辞性阅读”放在重要地位。与米勒和德曼一样，布鲁姆所重视的也是文本理解的多元性与多义性，是个体化阅读与阐释对于文学阐释的意义。在布鲁姆看来，文本阅读中的时空变化和个人体验势必会影响到对原文的正确理解，于是就导致了“创造性误读”。所以，文学批评的目的，并不是为了寻找某种得到社会认同的主题与主旨，而是应该将个体的理解和发现、个体的审美体验放在最重要地位。在《西方正典》这部批评名著中，他分析了二十几位西方文学史上最具代表性的经典作家，得出的结论是：“深入研读经典不会使人变好或变坏，也不会使公民变得更有用或更有害。心灵的自我对话本质上不是一种社会现实，西方经典的全部意义在于使人善用自己的孤独，这一孤独的最终形式是一个人和自己死亡的相遇。”② 这样的结论显然将文学批评与阐释看成是读者和批评家的个人化的行为，它的目的是消减孤独，完善和提高自我，而不是用文学作品去影响社会和改变现实。

---

① 保罗·德曼：《解构之图》，李自修等译，第106页。

② 哈罗德·布鲁姆：《西方正典》，江宁康译，译林出版社2005年版，第21页。

二

在通信中，米勒还针对张江将“解构主义”“批评阐释学”与“读者反应批评”放置在一起的说法发表了意见。他认为这几种批评观念与方法是不能等同的。“批评阐释学”是从希腊开始的，起源于对《圣经》与《塔木德经》的注释，但其现代形态起源于施莱尔马赫等人并一直发展到利科与列维纳斯的理论。阐释学在今天的德国与法国都非常活跃。阐释学阅读与修辞性阅读不一样，用保罗·德曼的说法是，阐释学阅读是一种“主题阅读”，修辞性阅读则是“隐喻性阅读”，阐释学阅读关注的不是文本的歧义和差异，而是对文本明确、单一的主题意义的寻求，“在寻找一个特定文本的单一的、广泛被人们接受的文本意义时，‘阐释学’或多或少就会出现”（第 418 页）。他还引保罗·德曼的话说明在文学批评中阐释学与文学诗学之间的紧张关系：“当你做阐释学研究时，你所关心的是文本的意义；当你做诗学研究时，你关心的是文体或一个文本产生意义的方式描述”；而一个文学批评家“会因为过于关注意义的问题而无法同时做到阐释学与诗学兼顾”（第 420 页）。他认为自己的文学批评就是一个例子，在《小说的重复》中，虽然试图把重点放在诗学方面，关注意义的阐述方式，而实际上却一直不可避免地回到阐释性阅读，专注于找出文本的意义。

从米勒的表述看，他似乎是轻视阐释学，试图撇清解构批评与阐释学之间的关系的。我不清楚米勒等解构主义批评家为什么将阐释学等同于“主题阅读”，认为阐释学的目的就是寻求对文本单一、明确的主题意义的理解。事实上，从现代阐释学之父施莱尔马赫开始，虽然将避免误解和正确理解文本原意作为阐释的目的，亦充分意识到，阐释学作为一门普遍的技艺学，必须学会创造性地重新认识或者重新构造作者的思想，阐释的目的就是要像作者一样好地理解文本，甚至要比作者更好地理解文本。在这里，阐释已经具有了突破文本单一、明确的主题意义的理解的意味。到了伽达默尔那里，“理解”的问题不再是客观的阐释如何进行，而是“理解如何可能”的问题。理解是作者视域与解释者视域的融合，理解的本质不是更好理解而是“不同理解”，阐释学远远超出了独断论的范围，阐释目的更不是对某种单一、明确的主题意蕴的寻求。米勒的观点试图表明，解构批评更靠近的是诗学而不是阐释学，即关注意义的阐述方式而非对文本意义的寻找，而在实际批评中，他又不能不回到阐释学中，因为专注于“找出文本的意义”，对文本意义进行阐释毕竟是他批评的目的。只是这种阐释并不等于他所说的“主题性阅读”，而是一种“修辞性阅读”。这也说明，不管米勒如何试图撇清解构批评与阐释学的关系，他的批评理论，实际上隐含着对阐释的修辞本性或者说对阐释学与修辞学关系的理解。

在西方批评传统中，修辞作为一种言辞的艺术，阐释作为一种理解的艺术，一直都存在着密不可分的关系。现代形态的阐释理论亦非常重视这种关系。早在 1819 年的诠释学讲演录中，现代阐释学之父施莱尔马赫就明确指出阐释学与修辞学是相互隶属的，他说：“解释艺术依赖于讲话艺术和理解艺术的组成并以它们为前提。这两种艺术是这样相互依赖，以致凡是讲话没有艺术的地方，那里对讲话的理解也没有艺术…… 由此可见，修辞学和诠释学具有相互隶属关系，并且与辩证法有共同关系。”① 伽达默尔对阐释学与修辞学的关系更为关注。在《真理与方法》中，伽达默尔论述施莱尔马赫的“普遍诠释学设想”的观点时，谈到了阐释学与修辞学的关系。他认为，正如施莱尔马赫将理解活动看作是某种话语活动的回返一样，诠释学也是修辞学和诗学的一种回返：“因为话语不仅是内在的思想产物，而且也是交往关系，本身具有一种外在形式，所以话语就不只是思想的直接显现，而且还预设了思考过程。当然，这也适合于文字写下的东西，适合于一切文本。一切文字的东西总是通过艺术的表现。哪里话语是艺术，哪里话语也就成了理解。所有话语和所有文本基本上都涉及理解的技艺，即涉及诠释学，这就解释了修辞学（美学的一个分

① 施莱尔马赫：《诠释学讲演》，引文见洪汉鼎主编《理解与解释——诠释学经典文选》，洪汉鼎译，东方出版社 2001 年版，第 48 页。

支）和诠释学的相属关系。”① 在伽达默尔阐释学思想发展的后期，他更加关注阐释学与修辞学的关系。在《作为理论和实践双重任务的诠释学》（1978 年）一文中，他强调“对于诠释学来说，它与修辞学的关系乃是最为重要的”。伽达默尔对修辞学与阐释学关系的理解，来源于一种古老的修辞学智慧，他认为，从古希腊开始，修辞学就是一种揭示真理的方法。“修辞学”在古希腊亚里士多德等哲学家那里，“与其说是一种关于讲话艺术的技艺学，毋宁说是一种由讲话所规定的人类生活的哲学”。②“诠释学完全可以被定义为一门把所说和所写的东西重新再说出来的艺术。这到底是一门怎样的‘艺术’，我们可以从修辞学来加以认识”。③

那么，修辞学阅读作为文学阐释的一种方式，它与以伽达默尔为代表的现代阐释学理论存在着哪些关联呢？笔者认为，可以从以下几方面来认识。第一，它们都以语言问题为中心。伽达默尔说：“在修辞学中，语言性是在一种真正普遍的形式中被证明的，这种形式本质上优先于解释学的形式，并且几乎表现为语言解释的‘否定性’相对立的‘肯定性’的东西。在这种联系中，修辞学和解释学的关系就成了一种具有极大兴趣的问题。”④ 解构主义的“修辞性阅读”也是如此，它认为语言是真正的现实，正是语言的修辞性导致了阅读的不确定和无限可能，所以“修辞性阅读”的重点就在于语言的修辞性分析与文本解构。第二，对语言修辞性的理解，也就是对语言比喻性特征的确定。伽达默尔将“比喻”作为重要的思维法则，它属于修辞学领域，与语言的逻辑一样构成了概念表达的基础。他说：“语言的逻辑成就只有从修辞学的角度才能获得承认并在修辞学中才被理解为比喻的艺术手段。正是对概念进行上下归属的逻辑理想，现在成

---

① 伽达默尔：《真理与方法》，洪汉鼎译，商务印书馆 2007 年版，第 260—261 页。

② 伽达默尔：《作为理论和实践双重任务的诠释学》，引文见洪汉鼎主编《理解与解释——诠释学经典文选》，第 500 页。

③ 伽达默尔：《作为理论和实践双重任务的诠释学》，引文见洪汉鼎主编《理解与解释——诠释学经典文选》，第 500 页。

④ 伽达默尔：《哲学解释学》，夏镇平、宋建平译，上海译文出版社 1994 年版，第 20 页。

了君临于生动的语言比喻之上的东西，而一切自然的概念构成则都是以语言的比喻为基础的。”[①] 又说：“在修辞学语言中，人们把这种概念语词的意义特征称之为‘隐喻’……自赫尔德以来，语言的一般隐喻意义越来越多地从根本上得到承认。”[②] 而解构主义的“修辞性阅读”更是将语言分析指向语言的比喻性。比如米勒就认为，“一切语言都是比喻的，这是基本的、不可改变的”，因此，“一切好的阅读都是要解读比喻，同时也要分析句法和语法形态”[③]。第三，它们都以开放的眼光看待文本的解释，重视的是文本阅读对于文学实践的参与功能而非理论模式的固守，这一点我们前面谈到米勒的“修辞性阅读”理论时已经论及。以伽达默尔为代表的现代阐释学理论也是这样认为的。伽达默尔说：“修辞学并非仅仅是关于言谈和说服形式的理论；相反，它也能从实际运用的天生才能中发展，而根本不需要有关方法和手段的任何理论反思……无论在修辞学还是解释学中，理论都跟在实践之后，因为理论是从实践中抽象出来的。”[④] 在这里，伽达默尔将修辞学与阐释学并提，看成是实践智慧的一种体现，重视的是其对于人们生活实践的引导参与功能而不是某种理论模式的固守。第四，无论是以伽达默尔为代表的现代阐释学理论，还是解构主义的修辞学阅读，它们都存在着一种共同的哲学基础，那就是从传统的修辞学智慧出发，将文本意义的阐释建立在理解的可能性与可信基础上。亚里士多德将“修辞”定义为“一种能在任何一种问题上找出可能的说服方式的功能”，明确肯定修辞学与论辩术（逻辑）一样都可以表现真理，只是论辩术关心的是命题真伪的判断，而修辞学则是以命题的可信性和可能性为前提。正是在亚里士多德思想的启发下，伽达默尔提出了诠释学的真理观，并认为这种真理观来源于一种修辞学智慧，与修辞学真理存在着同一性，因为它们都是对绝对的、可以作形而上思辨和准确阐释的真理观的否定，都是人的实践智慧的体现

① 伽达默尔：《真理与方法》，洪汉鼎译，第 584 页。

② 伽达默尔：《全集》第 2 卷，转引自严平《走向解释学的真理》，东方出版社 1998 年版，第 224 页。

③ 转引自朱立元主编《当代西方文艺理论》，华东师范大学出版社 1997 年版，第 318 页。

④ 伽达默尔：《哲学解释学》，夏镇平、宋建平译，第 21 页。

而非逻辑理性的证明。诠释的目的不应该是解决理解上的歧义与争端，造就一个“意义一律”的局面，而是允许一个文本最大限度地表达它所能够表达的意义。当然，解构主义批评与现代阐释理论也存在明显的差异，那就是现代阐释理论更重视文本理解的作者与读者之间的视域融合、读者与文本之间的平等对话，而解构主义“修辞性阅读”则始终将重心放在文本的理解与解读上，更加重视的是语言符号与文本意义的不一致性，以及批评者对于文本的个性化解读与差异性理解。

三

我们还是回到张江的阐释观念上来。在与米勒的通信中，张江对解构主义批评进行了质疑与批判，认为文学阐释的目的即是寻找文本的确定主旨与意义以得到人们的广泛认同，文学批评应该有完整系统的方法以提供普遍意义的指导。其实这也反映了张江的一贯立场，他的“强制阐释”理论的提出，既是对西方当代文论的批判与反思，也是对批评的理性、公共性、社会性价值取向的重视和对阐释活动普遍规律的寻求。这一立场与观点在他的《公共阐释论纲》一文中有了进一步的发展。《公共阐释论纲》作为《强制阐释论》之后最重要的论文，它明确肯定阐释是一种公共行为，阐释的公共性决定于人类理性的公共性，公共理性的目标是认知的真理性与阐释的确定性，公共理性的范式由人类基本认知规范给定。公共阐释具有理性、澄明性、公度性、建构性、超越性、反思性等特征。同时，这篇论文还明确了公共阐释与个体阐释的关系，即阐释的公共性本身隐含了公共场域中各类阐释的多元共存，但是个体阐释绝非私人的，个体阐释的理解与接受为公共理性所约束。① 相比“强制阐释论”，“公共阐释论”的观点无疑更具有理论建构的意味，它将阐释的有效性建立在阐释的公共性与理性的基础上，也是对 20 世纪以来西方主流阐释学反理性、反基础、反逻各斯中心主义的总基调，以及非理性、非实证、非确定

① 张江：《公共阐释论纲》，《学术研究》2017 年第 6 期。

性的理论话语的有力回击。不可否认，“公共阐释论”提供了一条阐释路径，文学批评史上所发生的许多现象都可以在“公共阐释”的阐释视域下得到解释。比如，李春青以中国古代文学批评为例，认为在中国古代，文学共同体的产生和演变有着漫长的历史，呈现出多种形态，从周代至魏晋之际，先后出现了“贵族文学共同体”“经学共同体”“介于自律与他律之间文学共同体”和“自律的文学共同体”等四种形态，魏晋之后，除了“贵族文学共同体”之外，其他各种文学共同体形态都并行不悖存在并变化着，而且各种还衍生了许多次级形态。[①] 李春青所说的“文学共同体”，显然只能建立在公共阐释而非私人阐释的基础上。

但是，问题并没有因此得到解决。这是因为，“公共阐释论”所说的阐释的公共性、以及公共阐释所具有的理性、澄明性、公度性、建构性、超越性、反思性等特征，基本是在认识论的视域下进行的，它的目的是为了求得广泛的社会认同。而文学阐释的目的与意义显然不止于求得社会与公共性的认同与共识。文学阐释不仅是一种公共性的阐释行为，同时也是一种极有情感和心灵意味的个性化阐释方式，差异化和个体化的精神体验在其中发挥着重要作用。在张江与米勒的通信中，米勒对于张江所提出的“一个确定的文本究竟有没有一个相对确定的主旨”的问题表示困惑，他不理解这个问题对于张江来说为什么如此重要。在他看来，从解构主义立场看，“一部小说文本是丰富多义的，且多种意义都能成立又互不相容，因此，从来就不会存在唯一的、统一的意义中心和本源”（第 409 页）。所以，批评的目标不在于寻求和确证文本的某种主题与主旨，而是尊重个人对文本的独特感受和体验，将个性化、差异性的理解放在重要地位。张江与米勒的观点，反映了对文学阐释不同路径的理解，对此很难予以是非对错的评判。对于个性化和差异化的阐释路径，中国古代诗学较之西方文学理论似乎更容易理解，如张隆溪所说：“在中国传统诗学中，不同的理解方式和解释方式似乎比在西方更容易地就得到承认和接受；相

---

① 李春青：《论中国古代文学共同体的形成机制及其阐释学意义》，《西北大学学报》2018 年第 1 期。

对论似乎并不是所有批评家都对之望而生畏或生厌的东西。尽管有道德论和意图论的阐释倾向，但即使是儒家学者，也仍然认为语言具有武断性，并随时准备承认意义的多元。”① 对此，我们不妨举个例子来说明。

比如，宋代理学家对经典阐释的理解。在理学家看来，对经典的解释必须以经典的原义为宗旨，因为这里面蕴涵着“天理”。“天理”不可移易，唯有古代圣贤才能领悟其精深奥妙，所以““圣人之言，即圣人之心；圣人之心，即天下之理”②，只有了解了“圣人之言”，才能知“圣人之心”以明“天下之理”。阐释的目的与方法可以不同，但是唯有将“天下之理”与“圣人之言”和“圣人之心”统一起来，才算是合理的、应当得到认可的理解。同时，他们也反对以“私意”来曲解“圣人之言”和“天理”，比如，朱熹就认为圣人之言“全是天理，安得有私意”③。显然，宋代理学家对经典阐释的理解是建立在“公共性”基础上的。但是，他们并不排斥个性化和差异化的理解。朱熹在阐释孟子的“以意逆志”命题时，提出“当以己意迎取作者之志，乃可得之”的观点。④ 这一观点一方面肯定了“作者之志”，即蕴涵在经典之中的“理”和“圣人之心”的重要性，这属于公共阐释的方面，但是另一方面也肯定了读者的“己意”，即读者以自己的情感心理去体察“天理”和“圣人之心”的重要性，这属于个性化、差异性阐释的方面。宋明理学家要做的工作，就是将二者有机地统一起来。比如朱熹说：“大抵圣贤之言，多是略发个萌芽，更在后人推究，演而伸，触而长，然须得圣贤本意。不得其意，则从那处推得出来?”⑤ 又说：“大抵文义，先儒尽之。古今人情不相远，文字言语只是如此，但有所得之人，看得这意味不同耳。”⑥ 这

① 张隆溪：《道与逻各斯》，四川人民出版社1998年版，第296页。

② 黎靖德编：《朱子语类》7，中华书局1994年版，第2913页。

③ 黎靖德编：《朱子语类》7，第2893页。

④ 朱熹：《四书章句集注·孟子集注》，《新编诸子集成》（第一辑），中华书局1983年版，第306页。

⑤ 黎靖德编：《朱子语类》4，第1512页。

⑥ 《朱文公文集》卷39《答许顺之》。

里，既坚持了理解“圣贤本意”既公共阐释的重要性，又赋予读者差异性、个体化解读的重要地位。在朱熹看来，“圣贤本意”只是“略发个萌芽”，它只是后人理解“圣人本意”的一个出发点，并不能代替后人即读者对“圣贤本意”的领悟与解读，所以差异性、个性化的理解不可避免。不仅如此，宋明理学对“圣贤本意”的理解建立在道德自觉的立场上，对经典的阐释不仅仅是对经典的顶礼膜拜和原意的简单发掘，也是理学家自身道德自律的产物，所以，从阐释者立场出发，将读者所领悟的意义看成是对圣人之言、圣人之心的一种解释与运用，践行于道德实践之中，也是宋代理学家经典阐释的目的所在。从这一意义上说，朱熹所谓“以己意迎取作者之志”就更不是对“原意”的简单认同，而是虚心以待，去除成见，以个人的体验和体会对“原意”重新解释与发现，差异化和个性化的解释更不可少。其实，宋明理学对经典的态度，也是中国古人对待经典的普遍态度。经典的意义在于阐释，这种阐释不能违背经典的基本精神与原则，但是经典不是僵化的教条，经典的意义在其传承过程中也有一个不断添加和丰富的过程。再加上中国古代经典的文字表达大都具有文约义丰、言简意赅的特点，其语言表达常常是象征性的、启示性的，所以学者可以有不同的阐释与理解。中国古人提出“以意逆志”“《诗》无达诂、《易》无达占，《春秋》无达辞”“盈天下者皆象”（王夫之）诸说，就充分肯定经典阐释多向性与差异化的可能性。

相比经典阐释，文学阐释更是建立在个性化和差异化体验基础上。张江所提倡的“公共阐释”，依我的理解，不仅仅针对文学阐释，也是针对一般阐释学规律而言的，这从张江与哈贝马斯、汤普森等人的对话中可以明显见出。① 比如，张江在与哈贝马斯对话中所举中国共产党与民主党派之间民主协商的例子，张江与约翰·汤普森对话中所举的英国首相特蕾莎·梅为赢得脱欧的主动权而提前举行大选的例子，实际上说的都是社会政治生活中的公共阐释和公共行为问

① 这两篇对话题为：张江、哈贝马斯：《关于公共阐释的对话》；张江、约翰·汤普森：《公共阐释还是社会阐释》，分别刊载于《学术月刊》2018 年第 5 期、《学术研究》2018 年第 11 期。

题，与文学阐释并无直接的关系。社会政治生活中的阐释行为，无疑是以公共性和广泛的社会政治认同为基础的，而对于文学阐释来说则未必如此。文学阐释既可以是一种具有公共理性的阐释行为，也可以是一种带有强烈的个人化、情感性意味的诗性阐释。一个人的眼界、学养、能力、性情，兴趣的不同，都可能造成理解和阐释的深浅不同与差异，但只要是切近文学的诗性本体，人与人之间的情感心灵相通，都是可以成立的。文学阐释还有一个重要特点，那就是必须立足于文本，立足文学语言，对文学文本和语言有着特殊的体验与感受。米勒在他的《永远的修辞性阅读》一文中，曾表现出当下文化研究的忧虑，认为这有可能导致文学研究的消失，因为现在许多从事文化研究的人所做的工作都不是文学性的，而是社会学或人类学的。所以他认为研究文学和教授“修辞性阅读”非常重要。这不只是为了理解过去（那时文学地位非常重要），而且也是为了以一个经济的方式理解语言的复杂性和“弄清一个既定文本的复杂意义”，这也就是他所倡导的“修辞性阅读”，即“一种以揭示语言的别异性为其所务的阅读”。[①] 虽然，米勒所倡导的“修辞性阅读”存在着许多缺陷，比如习惯于抓住文本的细小枝节作文章，夸大文学语言的不确定性，将文本解释变得支离破碎、晦涩难懂，等等。但是，重视文本的细读，强调回归文学本身，以文学语言的特殊性为基础，重视对文本意义多元化与差异性的解读等等，对于理解文学阐释规律，其意义是显见的。

四

中国古代文学批评也非常重视“修辞性阅读”，在阐释特征与批评方法方面，与解构批评所倡导的“修辞性阅读”存在着某种相似与相通。

首先，解构主义的“修辞性阅读”，不管采用什么理论观点，他们对文学的解读很少从宏观的文学理论或者文学史出发，而是主要通

① 希利斯·米勒、金惠敏：《永远的修辞性阅读》，《外国文学评论》2001 年第 1 期。

过大量文学作品的阅读与分析来实现。米勒将“永远回到文本”作为“座右铭”（第415页），认为自己的“根本承诺与使命”是“对文本做出最好的阅读”而不是“做理论”（第421页）。解构批评这一特色的形成与新批评有一定关联，所不同的是新批评更重视的作品的整一性，而解构主义的“修辞性阅读”更重视的是从作品意指结构中找到互相冲突的力量。但从阅读的过程来看却存在一致性，即二者都主张要细读文本，必须对文本的词所具有的意义和内涵有相当的敏感，必须找出词与词之间的结构关系与相互联系，必须要辨认语词发生的语境，即语词与语词之间的上下文关系。中国古代的“修辞性阅读”也具有这样的特色。在中国古代文学批评实践中，我们很少看到那种鸿篇巨制和大而无当的理论论述，它总是心有所感，针对具体的文本对象而言的。中国古代文学批评特别看重篇、章、字、词的批评，特别看重文学的语言、文体、风格的分析。所以，文本的细读，特别是经典文本的细读，成为中国古代文学批评的重要选择。比如，从先秦两汉开始，《诗经》就作为重要的文学经典被人们反复阅读批评，形成了一套文本细读的方法，如句法与心法、训诂与义理、道德与寓意的结合，历史化的解读，比兴阐释等等。这些方法对于丰富中国文学批评的内涵，影响中国文学批评的路径与发展，有着非常积极的意义。

其次，中国古代文学批评的“修辞性阅读”如同解构批评倡导的“修辞性阅读”一样，也是建立在对文学语言特性，特别是文学语言比喻性特征认识基础上的。钱锺书认为，中国古代思想表达的一个重要特点就是善用“比喻”，“道家和禅宗，每逢思辨得到结论，心灵的追求达到目的，就把‘回家’作为比喻，例如‘归根复本’‘自家田地’‘穷子认家门’等等”①。同时他还认为，对于中国古代文学来说，比喻的重要性更是不言而喻。他非常赞赏《礼记·学记》中“不学博依，不能安诗”的主张，并引郑玄的注“广譬喻也，‘依’或为‘衣’”予以说明，认为“诗广譬喻，托物言志”正是中国文学之通则。的确，将“比喻”看成是文学语言的根本，对文学作品进

① 钱锺书：《说“回家”》，《钱锺书散文》，浙江文艺出版社1997年版，第541页。

行解读，构成了中国文学批评的显著特征。早在先秦，孔子提出“诗可以兴”和“不学诗，无以言”的命题，认为《诗》可以提升人的语言能力和精神境界，达到礼义教化的目的，就是建立在对诗的“比类而相通、感发而兴起”① 的比喻象征的语言运用机制上。孔子之后，“比兴”成为中国古代诗歌最重要的阐释方式，也在于“比”与“兴”的相通，诗歌的情感感发与诗歌的“依微以拟议，环譬以记讽”（刘勰语）的比类比义的语言运用与思维机制密不可分。又如“春秋笔法”，它虽为经书的写作方式，但由于与“比兴”思维法则相通，充满“引类譬喻”的诗性智慧，而对后世中国文学批评产生巨大影响，这一影响，在钱锺书看来，甚至超过了《毛诗大序》。中国古代还习惯以“意象比譬”“象喻”等方式阐释诗，这种阐释方式最早可以追溯到钟嵘等人的批评，如钟嵘《诗品》引汤惠休的话解释颜谢的诗——“谢诗如芙蓉出水，颜如错采镂金”，最典型的则如司空图的《二十四诗品》，以“象喻”的方式即选择非常美的意象比喻来阐释二十四种诗歌意境风格。中国古代还出现了像陈骙《文则》这样的系统讨论“比喻”的诗学与修辞学著作，不仅有关于“比喻”的系统分类，而且还明确提出“《诗》之有比，以达其情。文之作也，可无喻乎”②，明确将“比喻”作为文学创作的根本。中国古代是诗的国度，中国文学以诗为代表，诗的语言无疑是充满比喻象征意味的。但是对于中国古代文学来说，比喻性语言并不局限于诗，而是渗透到各体文学创作中。比如，《红楼梦》就充满了隐喻象征的意味，也可以说，《红楼梦》是以比喻、象征、反讽、曲笔、双关等修辞性语言写成的一部文学巨著。从这一意义上说，我们可以认为，中国古代文学批评比西方传统文学理论更加懂得“修辞性阅读”的重要性，因为“修辞性阅读”重视的就是文学语言的比喻、象征的释义功能，是文学语言所传达出来的独特意味与诗性体验。

第三、中国古代文学批评的“修辞性阅读”对文本阐释持开放态

① 钱穆：《论语新解》，生活·读书·新知三联书店 2002 年版，第 451 页。

② 陈骙：《文则·丙一》，陈骙等著：《文则·文章精义》，刘明辉校注，人民文学出版社 1960 年版，第 12 页。

度，重视文本隐含的、深层次的意味的解读。早在春秋时期，中国古代就形成了“赋诗断章”的传统，提倡“以意逆志”（孟子）、“善为《诗》者不说”（荀子）的诗歌解读方式，到了汉代，道德化、寓意化成为汉儒解读《诗经》的重要方式。之后，“诗无达诂”“不求甚解”“意在言外”“知音其难”等等，又成为重要的诗学解释原则。其实，这种种原则背后，潜藏着一种倾向，即中国古人对文本阐释持开放态度，对文本意义的理解，不停留在表层意义上，而是挖掘文本所隐含的深层意义。这也是为什么像“兴”“兴寄”“兴会”“感兴”“心契”“意会”“神会”“涵泳”“妙悟”“寄托”一类批评话语与阐释方式，在中国古代文学解释学传统中受到特别重视的原因所在。这一批评方式与阅读策略，与解构主义的“修辞性阅读”不能简单类同，但二者之间亦存在某种相似。因为解构批评的一个重要原则，就是重视语言的表层意义与实际意义的不符，以比喻、反讽一类修辞性语言的解读来挖掘文本潜在的、深层的含义，以实现其“言此意彼”的文本意义延伸与多义性解读。美国汉学家苏源熙曾运用被保罗·德曼改造过的西方诗学概念“讽寓”来阐释汉儒对《诗经》的道德化、寓意化的解读，当然，这种阐释存在很大的冒险性，因为汉儒对《诗》的道德化、寓意化的阐释与西方的“讽寓”诗学概念存在着很大的差异，但有一点不可忽视，那就是它们都意识到语言意指符号与指涉对象之间存在着矛盾与冲突，试图对文本作“言此意彼”的多元化、深层次的解读。①

虽然，中国古代文学批评的“修辞性阅读”与解构批评的“修辞性阅读”之间存在着某种相似相通，它们的差异也是明显的，不能忽视的。首先，解构主义将修辞性作为文学语言的根本特性，主要是基于一种偏激的哲学观念，即认为语言从根本意义上说是自我解构、无法认识，充满欺骗性的和不可靠的，这样就夸大了文学语言的不确定性，消解了文学意义的理解。而中国古代文学批评的“修辞性阅读”则不一样，它主要来自中国文学批评的实践，与中国文化和中国语言文字特点密不可分。郭绍虞先生谈到汉语语文传统时提出了著名

---

① 参见苏源熙《中国美学问题》第 2、3、4 章，江苏人民出版社 2009 年版。

的“语法结合修辞”的观点，他认为由于汉语语法的简易性、灵活性、复杂性，由于汉语的音乐性和顺序性，汉语语文传统只能是修辞涵摄语法，而绝不可能语法重于修辞。也就是说，中国语文传统突出了修辞的语言本体地位，这种修辞地位并非指向解构主义的艰难晦涩与意义消解，而是充分体现了汉语言的文化传统与思维特色。其次，解构批评的“修辞性阅读”完全以文本语言的修辞性为基础，认为正是文本语言的修辞性导致了文本意义的消解，走向不确定和自我解构。解构主义的“修辞性阅读”也完全以文本分析为基础，而忽视文本与作者、读者关系的探讨。而中国古代的“修辞性阅读”，虽然也意识到文学语言的修辞性（比喻、象征、反讽等）的重要性，但它并不将其无限夸大，与文法和逻辑意义的表达对立起来，导致文本意义的消解，而是重视修辞性语言在特定情境下的运用，充分发挥修辞性语言“言此意彼”“言简意繁”的功用。与解构批评忽视文学作品与读者、作者关系不一样，中国古代的“修辞性阅读”不仅重视作者所创造的文本，而且也重视读者，阅读的目的不是造成语言和阅读的困境，而且求得读者对文本的理解和与作者之间的心灵相通。

我们可以举一个例子来说明这一点。比如，中国古代非常重视文本的音律式的阅读。而“音律式”阅读方式的形成，是与“中国的语言文字是单音缀的而同时又是孤立的”“在文辞中格外能显出音节之美”① 的特色分不开的。音律式阅读的价值可以从声音形式美方面来认识。沈约创“四声八病”说，认为在文学写作中，不同的音节安排要做到“宫羽相变，低昂互节。若前有浮声，则后须切响。一简之内，音韵尽殊；两句之中，轻重悉异”（《宋书·谢灵运传论》），就是强调声音形式本身是美的，是可以感受和体验的。但是音律式阅读的重心却不在此。由于中国古代音辞与义辞密不可分，对音律美的强调，常常也是对意义的强调。朱光潜说：“四声的功用在调质，它能产生和谐的印象，能使音义携手并行。”② 他以韩愈《听颖师弹琴》为例说明这个道理：前两句“昵昵儿女语，恩怨相尔汝”，或双声，

① 郭绍虞：《郭绍虞说文论》，上海古籍出版社 2000 年版，第 233 页。

② 朱光潜：《诗论》，《朱光潜全集》第 3 卷，1987 年，第 170 页。

或叠韵，或双声兼叠韵，读起来非常和谐，各字音都很圆滑轻柔，所以恰能传出儿女私语的情致；后两句“划然变轩昂，猛士赴敌场”，则是情景转变，声韵也就随之转变。韵脚转到开口阳平声，与首二句闭口上声韵形成强烈的反衬，恰能传出“猛士赴敌场”的豪情胜概。中国古人对文学作品的音律式解读，常常还进入到作品所表现的精神气韵方面。清代批评家刘大櫆提出“神、气、音节”说，曰“盖音节者，神气之迹也；字句者，音节之矩也，神气不可见，于音节见之，音节无可准，以字句准之”（《论文偶记》），姚鼐提出“神理气味、格律声色”之说，认为“诗古文各要从声音证入，不知声音，终为门外汉耳”（《惜抱轩尺牍·与陈硕士》），就典型地体现了这一点。在这里，音律被看成是沟通文章的“神”和“形”的中介，音律的感悟和体会与字句密切相关的，它们最终都走向对文章精神气韵的把握。在中国古代，也存在着一种对音律修辞的批评声音，如钟嵘对永明声律论的批评。不过，这种批评主要是针对过度追求音律，将音律引向刻板机械，并以律害辞，伤其真美的倾向，并非批判音律美本身。在中国古代批评家看来，“辞事相称，声与美具”（韩愈语）始终是一种境界，这种境界既为中国语言文字特性所决定，又是中国古代文人辞采兼胜、崇尚完美的修辞理想的体现。有了这样的阅读，汉语言文学的魅力就会充分彰显出来，阅读就不再是某种哲学观念和批评方法的图解，而是成为与读者心灵赏会、审美体验紧密相关、血肉相连的东西。

五

张江也非常重视文本的细读。他批判西方当代文论的“强制阐释”倾向，为克服这种倾向，他提出的一条重要的路径就是从“强制阐释”回归到“本体阐释”，重视文本意义的解读。张江还提出“以文本为依托的个案考察”以建构中国特色文学理论体系的思路。他以诗学理论为例说明了这一点，认为“要想准确地把握中国当代诗歌的意象设置特征、诗性营构技巧、语言运用规律，基本路径是，将大量当代诗歌汇集在一起，选取一定数量有代表性的诗作，逐一进行文本细读”，这样，中国当代诗歌的基本特征就自然呈现，在此基础上就可以形成系统化、理论化的观点（第 51 页）。这一阐释思路在他的一些关于当代诗歌现象的批评文章中有着鲜明的体现。

我们以他在 2013 年发表的《当代诗歌的断裂与成长：从“诵读”到“视读”》一文为例来说明这一点。在这篇文章中，张江认为，从郭小川到王家新，当代诗歌经历了从“诵读”到“视读”的嬗变。这种嬗变，不仅深刻影响和改变了当代诗歌的文本形态和走向，还折射出两代诗人不同的诗学追求和诗学理想。[①] 值得注意的是，文章的这一看法，是建立在文本细读，或者说对文本语言和修辞的深入分析基础上的。

文章选取的两个诗歌文本是郭小川的《西出阳关》和王家新的《纪念》。《西出阳关》是一首歌颂内地青年支援边疆的短章抒情诗，共五节，每一节都富于音乐之美。张江重点分析的是诗的第一段——“声声咽哟，声声紧，风沙好像还在怨恨西行的人；重重山哟，重重云，阳关好像有意不开门”。他首先分析了节奏，认为诗一起笔就以繁音促节敲出风急云动的音响，第二个层次又是两个三言短句，急中有缓的节奏喧响了西行人的紧迫与坚定。短句以下的两个长句：“风沙好像还在怨恨西行的人”，“阳关好像有意不开门”，反衬三言短句的紧凑，极尽参差错落之美。其次分析韵律，这一段诗的韵脚与长短句的节奏相和，用的是隔行交叉协韵，两重音韵相叠，古称“交韵”，按此韵吟诵下去，不做作，不张扬，却又“韵味十足”。再次是音响。平仄出音响。“声声咽，声声紧”，两句都是平平仄，“重重山，重重云”，两句都是平平平。按古律，以仄收脚激越昂扬，以平收脚凄婉哀伤，这一仄一平，贴切在场者一怨一伤的意蕴。“咽”和“紧”都是仄，但前者是四声，透出漠漠荒原的阔大，后者是三声，演绎大漠风沙的凶狂。这几句诗还显示出郭小川诗“精于练字”，善于用词语透露音响中隐含的意味的特点。“声声咽哟，声声紧，风沙好像还在怨恨西行的人”，这是开篇，“重重山哟，重重云，阳关好

① 张江：《当代诗歌的断裂与成长：从“诵读”到“视读”》，《文艺研究》2013 年第 10 期。

像有意不开门”，诗人不屑简单模拟风沙飞舞的原始声音，而是暗喻风沙拟人后所饱含的情感。由“咽”到“切”，由怨恨到殷勤，风沙如人一样对西行的建设者充满敬意。

这就是郭小川的诗，他写的是新诗。新诗对韵律、节奏、音响没有严格要求，但郭小川那个时代的诗人是追求诗歌的音韵美的。写出的诗可以不讲究格律和平仄，但是他们会反复吟诵，吟诵到好听为止。张江认为，不仅是郭小川，像贺敬之、梁上泉、白桦、公刘等等，几乎每一个有成就的诗人，都刻意创造甚至雕琢节奏、音响、尤其是韵律，为的是让人们朗诵和传唱，为的是让诗在大众中产生广泛而深刻的影响。而20世纪90年代产生的一代诗人则不是如此，他们走上了与中国传统诗歌及新中国诗歌完全不同的一条道路，开始了汉语诗歌的真正断裂与成长。张江通过对王家新的《纪念》一诗的解读来说明自己的观点。他重点分析的是《纪念》的第一节——“又是独自上路／带上自己对自己的祝福／为了一次乌云中的出走／英格兰美丽的乡野闪闪而过／哥特式小教堂的尖顶／犹如错过的船桅曾经出现在另一位流亡诗人的诗中／接受天空、墓碑、与树林的注视／视野里仍是一架流动的钢琴／与乐队的徒劳对话／而你自己曾在那里／再一次丘陵起伏”，采用了文本细读与语言修辞的分析的方法：“《纪念》是在写一次旅行。第一节是出发。时间上应是诗人到达火车站以前的一段路程。诗人在汽车里，窗外流淌的景色，让作者跳跃的思绪瞬间诗化，三重不同质的意象交叠而来。一重是实在的：美丽的乡野；教堂的尖顶；天空、墓碑与树林；丘陵。这一组意象是‘视野里’的，随行进的空间依次展开，有质感，有色彩。第二重是虚幻的：错过的船桅；流亡诗人的诗；流动的钢琴。这一组意象是想象的，随物质的意象依附而来，有象征，有附着。第三重是感应的：天空、墓碑和树林的注视；与乐队徒劳的对话；心灵的难以熨平。这一组意象是灵魂的自语，随虚幻的意象延伸而至，有隐喻，有直觉。”这样的分析是细致的，很好地把握了诗将思想情感转化为意象、饱含寓意的特征。它说明张江对诗歌语言的比喻性特征有着充分认识，对语词的意义内涵有相当的敏感，所运用的一些方法与技巧，如句法和语法形态的分析，诗歌语言的分解、组合、意象叠加等，与解构主义

“修辞性阅读”有某种相似。

不过，二者的差异也非常明显。解构主义的“修辞性阅读”是建立在语言的歧义与不确定性基础上，而张江对诗歌文本的语义与修辞分析，则是以文本意义的确定性和可理解性为前提的。这也是他在阐释郭小川和王家新为代表的两代诗人的诗学理想后，为什么要批评六十年的中国诗歌在其断裂与成长过程中，将“诵读”与“视读”、音响和修辞分割开来，使诗歌日渐疏离大众的原因所在。在张江看来，诗生于大众，成于大众。诗歌语言可以用险用奇，却不宜冷僻无着，荒诞无稽。它应该是平时的习常词语，被反常化使用后，才在新的结构中发散出诗性语言的光泽。它的规律是，越是平易熟习，与原本用法和词义的距离越长，重新结构的契合度越完美，诗性指数就越高。所以语言的诗性，不在于“生”而在于“熟”，与民众语言贴得越近越好。张江对文本的细读与修辞性分析，目的是将诗歌引向公共阐释和社会影响与认同方面。在这个文本细读中，实际上存在着一种矛盾：一方面，他认为不管是“诵读”还是“视读”，都有相应的文本形态做基础，反映出不同时代诗人的诗学理想与追求，应该说它们的存在都是合理的；另一方面，他又从一种道德评判立场出发，对“诵读”与“视读”做出了选择，认为“诵读”和贴近大众的诗歌是我们这个时代所需要的，从而否定了“视读”诗歌存在的合理性。其实，这反映出张江以“公共阐释性”评判文学作品的立场，或者说，在张江那里，阐释作为一种公共行为和理性行为的存在，不仅仅是文学、审美的，更是一个伦理问题。无论是“强制阐释”，还是“公共阐释”，在张江那里都打上了强烈的道德伦理的色彩，这与解构主义“修辞性阅读”的审美化和重视文学文本的差异化和个体化解读是不一样的。但不管怎样，二者都坚持从文本修辞性阅读立场出发来解释文学作品与现象，这一阐释思路是值得我们重视的。

希利斯·米勒曾说，文学理论和批评最重要的功用就是“教授阅读”。[①] 今天的时代，可以说是一个普遍忽视文学阅读的时代。李欧

---

① 希利斯·米勒：《重申解构主义》，郭英剑等译，中国社会科学出版社1998年版，第226页。

梵在比较美国学者与中国当代学者对待文学研究的态度与方式的不同时，曾指出这样一个现象："美国学者不论是何门何派或引用了任何理论，很少是从'宏观'或文学史出发的，反而一切都从文本细读开始，所谓'文本细读'这个'新批评'的字眼，早已根深蒂固，只不过现在不把以前那种细读方法'禁锢'在文本的语言结构之中而已。可是中国的文学研究传统——至少在现当代文学中——向是'宏观'挂帅，先从文学史着手，反而独缺精读文本的训练。"① 李欧梵的这一描述也说明"修辞性阅读"对于中国未来文学理论发展的重要性。"修辞性阅读"重视文本、重视个性化和差异化的体验、重视阅读对于理论的优先地位，这不仅是一种阐释路径和理论方法的选择，更重要的是它所关注的是如何使文学回归文学自身，回归人们的心灵世界，使文学理论与批评不再成为空洞的理论说教而游离于文学世界之外。

① 李欧梵、刘象愚主编：《西方现代批评经典译丛·总序（一）》，江苏教育出版社2006年版。

公共阐释对文学精神的推动和塑造*

卓 今**

公共理性与文学阐释的共构关系在某些时候会形成一种对抗。当权力意志、人文精神出现危机，负面价值占主流时，文学情感价值和认知价值失真，社会怪病往往渗透到文学内部。作为有公共理性的“公共阐释”① 通过理性阐释、反思性阐释、建构性阐释，把控局面，纠偏纠错，对这种文学病相进行有效调节。历史上反复出现的人文精神滑坡之后的文化复兴，便是公共理性阐释在起作用。阐释者把一定时期带有局限性的生活观进行提升，通过对文学艺术的审美来让人与社会关系呈现健康积极的状态。具体的文学经典作品承载了这种变化和历史信息。因为文学经典作为个别性的一种公共性持存，其意义需要阐释来呈现。文学经典化的历程同时也是公共阐释对文学精神产生影响的过程。

* 本文原刊于《山东师范大学学报》（人文社会科学版）2019 年第 5 期。

** 作者单位：湖南省社会科学院文学研究所。

① 张江提出“公共阐释”概念：“阐释是一种公共行为。阐释的公共性决定于人类理性的公共性，公共理性的目标是认知的真理性与阐释的确定性，公共理性的运行范式由人类基本认知规范给定，公共理性的同一理解符合随机过程的大数定律。公共阐释的内涵是：阐释者以普遍的历史前提为基点，以文本为意义对象，以公共理性生产有边界约束，且可公度的有效阐释。”张江：《公共阐释论纲》，《学术研究》2017 年第 6 期。

一　公共阐释与文学经典的相互作用

阐释理论对文学的经典构成起着重要的作用，同时，文学经典也反过来影响阐释理论的形成。在这一对关系之中，阐释实践中本身不变的本质——作为理解和沟通是人的本质的一部分，它的不变的本质在运行过程中自我排斥。它把那经过扬弃的理论返还到阐释实践，对文学的思想、形式以及审美进行反思，并在此基础上建构、升华、超越。阐释与艺术本质最初本来是一个东西，它自身分裂成两方面的本质。艺术本质作为不变的本质——审美陶冶也是人的本质的一部分，由于阐释的作用力的减弱，艺术本质隐藏或者放弃了它的形态。它不能通过它自身扬弃掉这种现实性，而是需要借助阐释的力量。经过对立、互相提升，统一之后，两者结合起来变成的那个普遍的东西，才是符合人类文明进程的一般规律。阐释的民族性也是反思的一部分。文化人类学可以证明，审美习俗形成于本民族文化习俗之上，而不同的社会发展模式又决定着文化习俗。西方阐释学也有其意识形态性，它是建立在以个人主义为阐释主体的基础上的。个人主义强调个人的自由和个人权利的重要性，强调对人的价值的普遍尊重。与此对应的是集体主义，集体主义主张个人从属于社会，个人利益服从集团、民族和国家利益，通过集体形式彰显个人价值。两种不同的文明各有其优势。但是，现代性使二者的矛盾和冲突加剧，反映在阐释和艺术实践中就形成一种张力，这一特殊生成语境也决定了当代西方阐释学和中国本土阐释学都带有鲜明的民族文化传统和意识形态倾向，其艺术趣味也各自有着非常明显的价值指向和高度统一的内在一致性。公共理性的阐释，在阐释过程中自动排斥掉异己的东西，形成合目的性的阐释，并深刻地影响着文学主体的发展，从而达到更加趋向于自身理想的艺术样式。

文学经典是文学史上的一个社会化概念，具有权威性、代表性特征。文学作品从面世到成为经典有一个经典化的过程。那些具备经典本质的作品，在公共阐释过程中逐渐显现出它的经典特征。经典化过程是一个被言说的过程，它既是时间性的，也是空间性的。它作为文学的精神化概念，同时也承载着特定时期和一定范围内的人的精神风貌和价值追求，也可以视为被阐释的当下的精神主体。文学史无论是通史还是断代史，常规做法是笼统地以时代分期方式对文学样貌和内在精神进行整体把握，并且尽量做到面面俱到，少有遗漏，兼有史料与史的双重作用，这是每位文学史家必须具备的严谨而科学的态度。事实上，文学史家与历史学家不同，在编纂文学类的史书和类书时，总是夹带了个人的喜好，其中既有政治意识形态的因素，也有审美意识形态的因素。但无论如何，文学整体情况中有一些占主导地位的文学作品不会遗漏，并且这一时期的时代精神也基本上由这些主要文学作品所承载。总有一些超前的、深刻隐晦的文本因为不被人理解有可能被遗漏，有的通过目录给后世留下线索，有的则永远遗失。文学作为人类精神发展的主要载体，从叙事的角度看，它把万物包括人的情感和潜意识都纳入叙说的对象。在这个言说关系中，在人的精神发展史上，它是主体。文学作品一旦成型面世，成为一个具有独立个体性的事物，它就是一个自在之物。表面看起来，作品不能自己发展自己，在针对该文学作品的言说行为中，它似乎注定成为被言说的对象。言说体系也就是阐释学体系，在这个关系中似乎居于主体的地位。事实上，经典自身一直在无声地言说。把二者之间的关系看成互为主体、互为对象更恰当。当然，阐释学也是一个“意识的发展史”，它自己就是具有逻辑性和科学性的一个体系。它不仅产生意义，同时也产生知识。从阐释者自己的角度看，它自己作为主体，被阐释者作为客体，由主体对客体的建构形成知识，同时客体反过来影响主体的意识发展。历史的每一个阶段都有它的意识形态总和。在现实基础之上，阐释主体在建构对象时必然也被对象所建构。阐释有时候分饰两个角色，阐释自身既是主体又是对象。比较明显的是理论文本和批评文本，如《文心雕龙》、历代诗话、词话等文艺理论著作。它们有既定的阐释对象，即特定的文学作品；同时它自身作为经典文本，又成为被阐释的对象。文学创作也有隐形的双重角色，某种意义上说，叙事就是一种阐释——对世间万事万物的理解。

经典阐释最具多样性，这种多样性同时也丰富了阐释本身。我们所能看到的是，越是最具代表性的经典越是对批评和阐释构成挑战。

而阐释，为了打开经典的内部奥秘，不断丰富方法和手段来完善自身。在探索中形成本体论、方法论、认识论的完整体系。那些极富思想性和表现力的经典文本可以接受不同角度、不同层次的审视，任何时候的阐释都能给阅读者带来新意。经典和非经典之间虽然没有明确的界线，但它们之间一定有某些本质性的区别。这些区别需要运用阐释学方法将其揭示出来。有些经典文本一出现就得到认可，其价值历久弥新；有些经典文本开始出现时，常常使批评者陷入阐释的苦恼，其自身也常被误解、批评，或者遭受冷落，直至其固有的价值在某个适当的时候被发掘出来。经典与经典之间，其经典化历程千差万别。这其中也有经典本身的复杂性和不确定性原因。经典文本不可能只表现单一的意思，它是多义的、多层次的、立体的、多维度的，阐释与经典化形成一个平行结构。经典化的过程难免动荡曲折，在这个过程中，复杂的阐释路径和经典的多种可能性一并得到呈现。

二　阐释实践对文学经典化的效应

阐释在实践过程中，不仅仅是对具体作品和现象产生影响，还有一种总体性的效应。阐释的总体策略也不仅顺应时代转换升级，而且同时承担着历史线索清理与现代意识阐释的双重责任。它以中国丰富复杂的生命哲学为基础，既包含了以生命体验为核心的东方智慧的方法论，又融汇了西方科学主义的逻辑结构，充分把握文学流变的总体特征，辨析不同思想流派、体例、风格之间离合互动的复杂形态，厘清某一时期文学主张对先前文学传统之间的继承或扬弃。

（一）公共阐释对文学经典的形式建构

公共阐释并非单一的理论形态的阐释文本，它是从文本解读、公共话语、大众点评、公众期待、典型样本、个人鉴赏等各种途径汇成的一种主流意见，同时还受当时生产力和技术的限制，形成适应该时期最恰当的经典文学体裁。如人类早期的歌谣通过口头流传，公共阐释也通过口碑、身体语言、表情等非文字的方式表达出来。在造纸术、印刷术发明之前，长篇小说文体是无法实现的。公众也不会产生要读长篇小说的期待。公共阐释对经典文学形式的推动必然是同步发展的。如从魏晋山水田园诗到唐诗宋词歌颂山水田园自然风光，走过了一个比较漫长的公共阐释的历程。早期批评家意识到“自古文人相轻”，不轻易作褒贬之词。自汉魏开始才有专门的文学批评，汉魏间的批评风气重在论才情而不重在矜门第。如曹丕《典论·论文》所谓“气之清浊有体”都是就才性方面说的。与西方结构主义理论有某些类似，整体对于部分来说是具有逻辑上的优先性。钟嵘的《诗品》则所谓“辨彰清浊、掎摭病利”，便专在褒贬方面而非衡量才性了，从文学本质构成评价作品既论文体，也评优劣。钟嵘的《诗品·序》是文学阐释的一次大的改革，对 120 位诗人的诗文辨明清浊，指出优劣。[①] 他虽然仅就五言诗这个文体进行评论，实际上已经触及到形式与内容的辩证关系。此前评论家仅就文体而谈诗歌，并不能从根本上解决评品的问题，尤其是对那种“逢诗辄取”“逢文即书”的做法表示不屑。大多数读者没有诗歌鉴赏力，但他们需要知晓哪些诗文有价值哪些没有价值，评论家有责任告诉读者真相。钟嵘对陶渊明的诗是欣赏的，虽然只给了一个“中品”。由于魏晋南北朝时期，诗歌的大众期待与陶渊明诗的精神风格是有距离的，陶诗的超前性不被当时读者所理解。公众保留了对陶诗的意见，但推崇陶渊明个人情操。由此可见，公共阐释并不是以文本为纯粹对象，知人论世在中国古代阐释实践中一直是重要的阐释方法。魏晋南北朝沿袭了《诗经》《楚辞》以来的四言诗和五言诗。如曹操多以四言诗为主，陶渊明多为五言诗（也有四言诗）。汉代民谣就开始有七言诗，这种活泼、健康、饱满的形式，到了南北朝时期影响到文人的创作。包括刘勰、钟嵘在内的南北朝文学理论和文学批评已经开始注意到这种文风，对南朝浮艳骈丽之风多有批评，转而崇尚自然清新之文风。自南朝梁至隋代七

① 钟嵘云：“陆机《文赋》，通而无贬；李充《翰林》，疏而不切；王微《鸿宝》，密而无裁；颜延论文，精而难晓；挚虞《文志》，详而博赡，颇曰知言；观斯数家，皆就谈文体，而不显优劣。至于谢客诗集，逢诗辄取；张骘《文士》，逢文即书；诸英志录，并义在文，曾无品第。嵘今所录，止乎五言，虽然网罗今古，词文殆集，轻欲辨彰清浊，掎摭利病，凡百二十人。预此宗流，便称才子。至斯三品升降，差非定制，方申变裁，请寄知者尔。”（钟嵘：《诗品·序》）

言体诗歌逐渐增多，唐以后七言诗成为主要文体。七言诗为诗歌提供了一个新型的、更大容量的艺术形式，极大地拓展了诗歌的艺术表现力。一个时代有一个时代的文学，同样一个时代有一个时代的文学体裁。民国时期大量的文学史对小说和戏曲的肯定，确立了这两种新型体裁的学术地位。王国维的《宋元戏曲考》（1915）以宋、元两朝为重点，总结戏曲从先秦两汉时期一直到宋元时期的源流演变，理清了上古巫者、春秋战国倡优、汉代的角觝戏、唐代歌舞戏、宋代滑稽戏的线索和发展脉络。鲁迅的《中国小说史略》（1923）对小说的发展史进行了勾勒，对小说之名的起源的考证、小说不受重视的“史家成见”的由来等进行梳理，首次对小说类型进行细分，如志怪、传奇、话本、讲史、神魔小说、人情小说、侠义小说、拟话本、公案小说、谴责小说等，通过挖掘小说的意义来提升小说地位。胡适的《白话文学史》（1928）首次对“庙堂的文学”与“平民的文学”进行区分，对传统经典观进行解构和建构，采用新方法、新视角评判中国古代文学。该书搜集整理近千年的中国白话文学，使五四白话文学运动续接上中国近千年的白话文传统，为白话文运动提供理论依据。郑振铎的《插图本中国文学史》（1932）所收材料有三分之一以上是同时期其他文学史所未论及的，如变文、诸宫调、戏文、散曲、民歌、宝卷、鼓词、弹词等。该书以图文互文法的方式附有插图，图画多数取自宋以来书籍里的木版画和写本。它使经典的形式由传统的诗歌、散文转向小说，民间文学也得到相应的重视。经典文学体裁的形成与文学经典的精神性塑造也在参差磨合中进行。

（二）公共阐释对文学的审美建构

某种意义上说，大众审美与阐释的公共理性是同步的。文艺理论界长期忽视文艺自身特点，尤其是自身的审美特征。文艺美学学科的建立对“唯意识形态性”“唯认识性”提出挑战。文艺理论界过去只单纯地以“本质主义”“普遍主义”为思维模式，从而忽视文艺的本质属性即自主性和自律性。文艺美学使文艺回到文艺本身，文艺美学自身也需要经历历史的变化、具体的事件，它也是建构性的。正如蒋孔阳所说：“美向着低处走，愈走愈低微卑贱，以至人的本质力量受到窒息和排斥。”① 这种与人的本质力量相对抗的外在力量闯进人的审美活动后，成为美的对立面，诗意转化为暴力，童话变成杀人利器。人长期处于知觉的伤害，审美感知能力下降，直到没有能力感受美。审美能力缺失导致趣味低下、美德丧失。从社会整体风气来说也不利于“善”“德”的教化。因此，《毛诗·大序》对《诗经·关雎》的“美刺”“后妃之德”的阐释，不仅符合当时政治意识形态对社会整体风尚的要求，也符合士大夫个人修身的审美意识形态要求。《诗经》作为精英阶层钟情的经典文本，其娱乐以及情感抒发的功能被遮蔽起来。汉代劝孝诗文的盛行也是在阐释的公共性与公共理性的推动下形成的。

1. 审美现实与阐释理论的关系

文学阐释实践实现审美重构的过程是渐进的，由美学家、评论家共同探索，从而达成某种共识，它暗藏着公共阐释法则。② 文学评论家面对阐释对象时，为保证其认知的真理性和阐释的确定性，是有一个美的自在的前提的。文学艺术作为阐释对象不同于其他对象。在艺术的本质和美的本质基本上一致的情况下，艺术作品才能产生情感力量。

2. 阐释学与美学的相互作用

阐释者从文本本身挖掘美和生活的意义，必须首先确定美是艺术的本质属性。在此基础上，阐释者必须认识到文学的特征是情感性的。文学所反映的都是具有审美价值的生活，文学艺术一旦被教条化，其审美价值将大打折扣。文学一定是发现生活中的事物与美有某种关联，才具有审美价值。阐释的有效性与美学理论的建构是在确认审美特征的前提下，将这些观点学理化，形成知识体系，提出严谨的关于审美特征的学说。阐释学运用马克思主义唯物史观和社会结构学说，认识到文学艺术的双重性，文学艺术的情感性以及想象虚构是建

---

① 蒋孔阳:《说丑》,《文学评论》1990 年第 6 期。

② 张江在《公共阐释论纲》中确立公共阐释六大原则，即理性阐释、公度性阐释、建构性阐释、澄明性阐释、超越性阐释、反思性阐释。张江:《公共阐释论纲》,《学术研究》2017 年第 6 期。

立在真实的基础之上，它无疑具有社会性，“同时具有广泛的全人类的审美意识的形态”。

“文学审美反映论”和“文学审美意识形态论”二者相互补充，互为支撑，具有统一性和复合结构的特征。

3. 阐释实践与审美效应

阐释的观点和方法直接落到实处的部分成为文学批评。按照马克思主义的历史唯物主义观点，艺术本质上是一种历史的成果，是人类生产劳动的产物。那么，在此基础上形成的文学阐释学就具有本体论性质，使阐释本身具有了现实基础、理论保障和思想深度，从而避免陷入相对主义或虚无主义。

文艺作品符合人的审美要求，能够激发人对生活的感知力和创造力。实践美学认为，美就是自由的形式，这个形式应当是达到伦理原则和艺术原则的高度统一。文学很大程度上弥补了教育的缺失，培养读者掌握运用美的形式法则，陶冶性情并塑造人的心理结构，使感性与理性平衡发展，也符合儒家所奉行的“温柔敦厚”的传统。好的艺术能够帮助人信守德行原则和善的理念。遵循公共理性法则的公共阐释能够开发人性中的积极要素，激活美感，提升生活质量，并对文学精神性发展起到构建作用。康德认为审美活动的过程，同时也是把握一种自然规律、并在内心对道德情感的感受的过程。通过感情愉悦达到对知识和道德的领域的沟通。自然（必然性）也成为自然合目的性（自由）。认知中的愉快（或不愉快）所形成的欲望，通过知性到达判断力再到达理性，审美活动便成为沟通知识与道德之间的桥梁。美国批评家 M. A. R 哈比布在《文学批评史：从柏拉图到当代》一书中，认为康德“所有的努力都是为了确保美学领域成为一个独立的领域”①。康德关于艺术和天才的观点也为许多浪漫主义思想奠定了基础。

---

① M. A. R Habib, *A History of Literary Criticism*: *From Plato to the Present*, Hong Kong: Blackwell Publishing, 2006, p. 378.

三 公共阐释对文学精神的意义建构

艺术自身所特有的感性表达方式常常为政治所看重。寓教于乐是官方和民间共同愿意接受的形式，但政治是排斥纯粹形式艺术的。形式艺术的非功利性可以达到解放人性的效果，它与人的本质力量有一致性，可以唤醒人的自我意识，提供一种不受压迫的自然放达的生命体验。某些时期文学艺术对形式的追求出现一种井喷现象；某些时期注重道德教化，轻视形式和艺术追求。艺术对世俗有“救赎”功能，同时还有拒绝平庸、对歧义的宽容的功能。个体被当作符号，无视个体的价值，个人生存的品质难以得到保障。公共阐释有超越性、反思性特征，审美也有超越性和反思性特征，从某种意义上说，它们追求的目标是一致的。

（一）阐释与文本的依存关系及其多样性

公共阐释的多元性与经典化的开放性是一致的。文学作品在接受读者的检验时，尽可能多地获得不同方向、不同层次、不同历史时期的信息。经典的压力检测不排斥单一信息，但单一信息无法检测出压力值。霍拉勃的接受理论强调：“作品的本质在于作品效应史永无完成中的展示，作品的意义就是文本与读者相互作用构成的。”[①] 实际上，这就对阐释者提出要求，即阐释者或者读者不能缺席，一旦缺席，作品展示本身就失去了意义。姚斯的接受美学也有类似的说法，他特别强调读者阅读文本是绝不能与其接受史分割开来的。他们试图打破过去艺术作品和文学文本处于支配的、至高无上的地位的状况。20 世纪 50 年代，德国学界把注意力引向文本细读和阐释，这一方法后来在整个西方形成潮流。80 年代后中国文论与批评也受此影响。而霍拉勃的接受理论则强调作品的意义是文本与读者相互作用构成的，因而给阐释实践带来极大的挑战。

---

① ［德］H. R. 姚斯、［美］R. C. 霍拉勃：《接受美学与接受理论》，周宁、金元浦译，辽宁人民出版社 1987 年版，第 438 页。

文学发展史的概念本身就是建立在生产、交流、接受的动态功能上。阐释参与了对过去的文学与现在的文学连续不断的调节过程，阐释与经典化二者是相互依存的，而不是对立的。作者在发出写作行为时必然预设了有人理解他的想法，他尽可能用巧妙而高超的手法，以此曲折地邀请同代或者异代读者与他心灵相通。难度和趣味可以视作区分读者的屏障。读者以其犀利的目光、敏锐的嗅觉找到阅读对象，形成一对关系。读者可能怀着完全不同的意图去阅读文本，也许不能使互相理解得以成功，某些阅读因各种原因，如趣味、目标、某种干扰，使阅读过程产生断裂、中止，但并不意味着二者的关系结束。只不过互相之间完成了其中一段程序。阐释可能才刚刚开始。读者对此次阅读经历的厌恶和喜爱的表达，将持续一生，只要因某种机缘激发起这段记忆（研究、写作、演讲、谈话等），都将阐释付诸行为之中。海德格尔的“艺术冲力论”认为：“冲力，这种作品存在的这个‘此一’，也就单纯地扑进敞开之中，阴森惊人的东西就愈加本质性地被冲开。”① 海德格尔把它实体化了，这种比喻不无道理。自阿里斯特尔以来，批评家、修辞学家和哲学家都考察了文学的心理维度，从作者的动机和意图到文本和表演对观众的影响。例如在马拉姆的诗中，某些词可能获得了事物的体积和密度，它坚实，甚至有一定的不透明。维姆萨特解释为：“因为文字不是符号，不是明显的修改思想。所以它们获得了体积和质量。”②

我们可以设想二者互相放弃会有什么样的后果，经典隐退，阐释失去言说的对象。阐释失语，经典有失去合法地位的危险：经典始终处在被认可的状态中，世界上不存在默默无闻的经典。这种连续性和持续性不能中断，否则只要一方中断，另一方也将不复存在。文本对阐释既是包容的，也是苛刻的。作为具有经典品质的作品欢迎所有阐释者的阐释，赞扬、批评、反复研究、放大、扭曲，唯一不能容忍的

---

① ［德］海德格尔：《林中路》，孙周兴译，上海译文出版社 1997 年版，第 50 页。

② William K. Wimsatt，Jr. Cleanth Brooks，*Literary Criticism*，*A short History Modern Criticism*，First published in 1957，Reprinted in 1983，Printed in Great Britain by The Thetford Press Limited，Thetford，Norfolk，p. 593.

就是放弃阐释。文本一旦付诸文字并公开发行，便是一种自在的“生命体”，承受成长历程中所要承受的所有挫折和荣誉。但文学有使生命欢跃的目的，拒绝刻板的公式化阐释。事实上。文学阐释或文学研究作为精神科学，应该摒弃简单的抽象演算，一切公式化的东西都会把内部的趣味以及微妙复杂的感情因素排除掉。人们费心尽力想要发明一套科学固定的阐释方法，不仅给自身套上了枷锁，同时也毁掉了文学文本。阐释行为看似主动，实际上受制于文本，至少在方法上是这样。阐释与可阐释对象的对立和依存关系同文本与阐释的依存关系一样，文本包容所有的阐释，而阐释也可以对对象进行阐释，所不同的是，在一对一的阐释中，经典文本可以持续地被阐释，永无止境，使阐释欲罢不能。在这种关系中，文本与阐释是一和多的关系。阐释主体面对所有的阐释对象也是一和多的关系，但细分下来，一和一的关系能不能持久，是检验文本品质的一种标准。也就是说，一个文本是否经得起长期的、反复的、多层次、多角度的阐释，是否有“可阐释性”。俄国形式主义所说的“文学性”是检验作品的标准，这一说法是经得起历史检验的。当阐释者认准某个阐释对象，这个对象很快被阐释挖干、耗尽，这一行为过程被其他阐释者看到，并有阐释者重新试验一篇，以同样的结局收场，那么阐释者则可以判断是否应该放弃对它的阐释。在这对关系（阐释与文本的一对一关系）中，某种持久性起决定作用。

（二）历史维度（谱系）的意义建构

虽然在阐释这一历史过程中，并非所有的阐释都具有公共理性，但公共理性有着强大活力和牵引力。个人化阐释在社会公共理性规约下，如万千支流汇入公共理性阐释。公共性与公共理性两个概念有区别。公共性指未经反思的社会整体的公众行为，其共同体联盟有追求利益最大化倾向。公共理性，各行为人在人类理性共同制约的前提下，在可获得预期效果并对其过程和结果有有效执行力和控制力的一种行为。公共理性有真理性追求倾向。公共性大于公共理性的时期，非理性阐释如脱缰的野马，主导着潮流，某些历史时期就会出现僵死的文学。当公共性对文学的干预走向极端的时期，文学沦为权力的仆从。由于公共理性基本符合人的认知规范，因此，在阐释活动中，在公共理性潜在的约束之中所进行的公共阐释对文学发展起着调节的作用。

文学阐释从意识本身的角度审视阐释现象，阐释学谱系研究一方面确立文学阐释学的道德向度、价值向度和审美向度，避免陷入阐释的虚无主义，另一方面，在材料方面，中国文学阐释的发展需要整理一个清晰的脉络。历史维度的建立、谱系的修订，找出文学阐释发展规律与经典化的关联。在文献整理方面，搜集、提炼散见于各种典籍和资料中的有关批评观点、文本解读、解释的论述，以及蕴藏于批评和解读文本的阐释学理论内涵，对其进行梳理、辨析，根据思想内涵、风格、方法、倾向性进行整理。重视碎片和偶然性因素，并确定谱系的流变，观念转变的节点，按类别对其起源、亲缘关系、发展脉络等进行整体性、系统性的描述和评价。论从史出，确立它的价值，构建现代形态的具有本土学术传统的阐释学。阐释形态无不附着在文本之上，不存在完全脱离文本的阐释，哪怕纯粹思辨的、形而上的阐释学本体论，也是在掌握大量材料基础上进行的一种概括。那么，文献整理、目录汇编、内容提要、关键词、材料名称、作者（纂修者与纂修方式）、版本、载体形态、出版（刊印）形式、时间、单位等各种信息，其实也是内容本身，它承载着阐释学和经典化双重的信息，其阐释观点，资料之间的时间序列、亲缘性、类似性、种属性等，也不排除孤例和偶然性。阐释学史即是阐释学本身，同样文学经典化史也是经典化本身。

（三）作为精神故乡还是历史对象

读者深入到文学文本内部，是把它作为心灵与精神的故乡还是历史对象？经典应该是兼具这两种功能。人们的社会行为大多是为了道德伦理和社会秩序，而不是遵从自己内在的冲动。长久脱离自己的愿望而造成的焦虑感，就有一种“还乡”的愿望，找到自己的精神栖息地，尽管这个精神栖息地也并非与自我内心欲望完全一致，至少相对来说，对焦虑有所缓解。与文学中某种虚幻的情景对应，从而达到“精神还乡”的目的。维姆萨特似乎看清了这一事实，他说：“对于深受弗洛伊德影响的现代读者来说，尼采将梦与阿波罗式的宁静联系起来，可能会让人感到困惑，甚至有悖常理。”[①] 因为现代读者会倾向于认为尼采的梦境艺术是有意识的高尚的艺术，而酒神艺术是弗洛伊德的无意识的艺术，在这种情况下，梦在心灵的最深处，似乎是醉境的而不是梦境的。“历史对象”这个词很容易让人产生误解，人们通常把它理解为被抽象了的无法还原到生活的概念，或高度抽象、高度理性的产物。尼采对哲学家的批判似乎可以说明“历史对象”的问题。他认为哲学家缺乏历史感，因为凡是经哲学家处理的东西都变成了“概念木乃伊”。理性所做的事情就是要把流动的历史僵化、固定下来，用永恒的概念框定活生生的现实。在这个充满偶然性、动荡不定的世界里，“变动不居”本身就是历史对象。文学大量“真实”“可行”的感官证据，把那种“颠倒了真正的世界和假象的世界”重新恢复。现实中的理性常常与人的本能为敌，人们需要一种心灵与精神的故乡，从那里寻找到自由和幸福，某种意义上它也是自己的历史对象。心灵和精神的故乡并没有现成的，可能永远在寻找的途中。在这个寻找过程中，所有的事物难道不是历史对象、自我的镜子?

意象派试图把这两个问题都说清楚。作为意象派发起人之一，哲学家、批评家、诗人 T. E. 休姆（1883—1917）的诗传播并不广泛，他是庞德（意象派的另外一位发起人）的好友。1912 年庞德推出“意象主义”时，收入他的五首短诗。庞德半开玩笑地把它称为“T. E. 休姆的全部诗作”。休姆的批判理论和古尔蒙特的理论之间有许多相似之处，古尔蒙特自己也评论了意象派，特别提到了他们对法国象征主义者的亏欠:“英国的意象派显然是从法国的象征主义发展而来的。我们首先看到的是他们对陈词滥调的恐惧，对修辞和浮夸的恐惧，对维克多·雨果的模仿者们—— 一贯使我们厌恶的每一种雄辩和轻松的方式的恐惧；语言的精确，视觉的赤裸，以及他们专注于

---

① William K. Wimsatt, Jr. Cleanth Brooks, *Literary Criticism*, *A Short History Modern Criticism*, First published in 1957, Reprinted in 1983, Printed in Great Britain by The Thetford Press Limited, Thetford, Norfolk, p. 593.

融合某一个主体形象。"① 休姆其中一首名为《片断》的诗的头两句：树谦和地弯腰轻叹/我能否为你介绍我的朋友太阳。意象派本身与中国古诗有很深的渊源。庞德志在为人类所有的焦虑开药方，他从汉语古典诗歌和日本俳句中寻找到灵感，并创立"诗歌意象"理论。陈子昂的"前不见古人，后不见来者。念天地之悠悠，独怆然而涕下！"（《登幽州台歌》）这种焦虑感，在李白的"举杯邀明月，对影成三人"（《月下独酌四首·其一》）以及杜甫的"白日放歌须纵酒，青春作伴好还乡"（《闻官军收河南河北》）中，似乎得到了化解。

结　语

阐释的核心问题涉及作者与文本的主客体关系，主体如果没有把客体当作本质性的对象，就会出现"强制阐释"现象。只有回到文学本身，才能达到主客体的统一，纠正偏颇病态的文艺观。黑格尔在谈到自我意识的独立与依赖时强调，主体和客体双方互相颠倒，走向自己的反面，主体想要的独立意识却成了非本质的独立意识，客体的意识却成了主体的意识，他要迫使自己返回自身转化到真实的独立性，自己身上就有了自为存在的真理。文艺家塑造出来的"主体形象"是主客体互相转换、达到统一后的新主体，这样一来，无论是创作者还是由创作者塑造出来的人物，都具有了主体性的属性。自然界的独立性是非本质的，满足的过程就是消失的过程，人需要通过个体的能动性（实践）找回自为存在。基于人的心理结构复杂性，某一时期混浊不透明的感性遮蔽了理性，或者重新找回被弱化了的主体性。唯物史观认为，人的主体性有实践主体性与精神主体性的两重性。实践的人是历史运动的核心，理性的公共阐释需通过上述两种主体性建立合法性，以此推动和塑造符合时代精神的文学和艺术。

---

① William K. Wimsatt, Jr. Cleanth Brooks, *Literary Criticism*, *A short History Modern Criticism*, First published in 1957, Reprinted in 1983, Printed in Great Britain by The Thetford Press Limited, Thetford, Norfolk, p. 659.

教化、知识与实践

——中国当代文学阐释学在“文学理论”教材中的范式演变*

谷鹏飞**

从知识社会学的角度看，“文学理论”为文学之基本观念与方法，“文学阐释学”为文学之具体观念与方法，二者是“源”与“流”的关系。但当代“文学理论”教材作为制度性与规范性文本，其特殊的身份属性要求文学阐释学首先成为文学理论更为基本的观念和更加深广的方法，以便实现学习者理解与教化的目的。“文学理论”与“文学阐释学”的关系遂反转如下：“文学理论”需籍借“文学阐释学”加以表达。“文学理论”由此进入文学阐释学题域，成为文学阐释学的典范形态。

当代“文学理论”的阐释学形态表现为两个方面：其一，作为文学的“原理”乃讨论文学本质、特征、方法与规律的学科，它旨在以“教材”身份指导学生获得对文学的知性理解，在实践中表现为文学与文学世界的教育学，属于技术阐释学题域，一般不上升为哲学阐释学。其二，作为“文学理论”的理解，它通过对“文学是什么”“文学如何理解”“理解文学的什么”“文学的理解意味着什么”等问题的回答而表达哲学阐释学的基本立场，在实践中表现为文学与文学世界的现象学，属于一般阐释学题域，本身就是哲学阐释学。

---

* 基金项目：西北大学哲学社会科学繁荣发展计划重大培育项目“20 世纪中国审美阐释学史”阶段性成果。本文原刊于《西北大学学报》（哲学社会科学版）2020 年第 4 期。

** 作者单位：西北大学文学院。

1949 年以来的中国“文学理论”教材，在技术阐释学层面上，经历了由本质论阐释到存在论阐释，再到生成论阐释的观念发展；在哲学阐释学层面上，经历了由教化型阐释到知识型阐释，再到实践型阐释的范式转变。梳理并分析这两种阐释学的谱系关系，揭示“文学理论”阐释范式演变的逻辑，构成了本文研究的基本目的。

一　教化型阐释：1990 年代前“文学理论”的阐释范式

教化型阐释以返经汲典为阐释原则，以唯物主义反映论为阐释方法，通过勾连文学世界、现实世界、理念世界的对应关系，实现教以足志、文以足教的阐释目的。

中国当代“文学理论”的教化型阐释首先表现在对文本意义权威性与唯一性的尊崇。1949 年之后的“文学理论”教材编写，基本依据是对毛泽东 1942 年《在延安文艺座谈会上的讲话》（以下简称《讲话》）的阐释与注解。作为一部影响中国当代文学理论至为深刻的“经典”，对《讲话》的阐释注解，成为新中国成立后甫编“文学理论”教材最为直接的理论来源。与之相应，其时的中国当代文学阐释学则以“文学理论”教材的“强形式”与文学理论知识的“弱形式”，展开对带有信仰资格的《讲话》的注解与释读；不同在于，后者不仅发生在理论的阐释理解领域，更流布于文艺创作与文学批评领域，它构成了“文学理论”教材书写观念的来源，并从两个方面规约着“文学理论”教材的阐释方向：语文学意义上的对作品本义的忠实理解，与解经学意义上的对作品隐义的衍生理解。

在这个过程中，理论家自愿信奉《讲话》的真理性，以便使知识获得合法性；作家需要将理性的文艺制度转化为感性的艺术形象，以便使民众获得具体的理解；而批评家则需要将政策性的规范话语转化为知识性的文学话语，以便使真理性融入“文学理论”的学科体系。

蔡仪主编的《文学概论》，作为 1949 年之后国内第一部系统组编的文学理论教材（该教材 1961 年启动编写，1963 年成稿后以讲义稿的形式在编写组成员单位使用，1979 年正式出版后成为全国通用教材），正是尊奉《讲话》的教化型阐释典范。教材将文学的本质界定为："文学是一种社会现象，是一种社会意识形态。"[①]"作为意识形态的文学作品，都是一定社会生活在作家头脑中的反映的产物。"[②]文学具有服务于政治的功能，并且，"文学作品只有充分地发挥它的艺术特点的作用，才能很好地为政治服务。文学史上一切优秀的作品，都是政治性和艺术性在某种程度上的统一"[③]。

这种用唯物主义反映论来规定文学本质，并举证为文学理论根本问题的文艺社会学观念，实际上是援引《讲话》语言来划定文学阐释学的基线：文学阐释的出发点与落脚点均需回到其所反映的客观社会生活与社会意识形态，后者为文学阐释学提供阐释有效性的基本依据。"社会生活是文学的唯一源泉"

"文学是社会生活的形象的反映"[④]等带有鲜明《讲话》口吻的全称判断在全书中的反复引用，也宣示了对任何文学的阐释必须最终诉诸其发生学依据，尔后才能获得合法性。而教材对文学批评具有政治性和艺术性两个标准的判言——政治标准第一，艺术标准第二，二者不能割裂[⑤]——则更是对《讲话》所提出的文艺批评的"政治标准"与"艺术标准"关系的尊奉贯彻，它意在表明：对文学作品的一切阐释，必须符合《讲话》的至高"理念"，否则就是有害的文学误读。阐释的伦理性，由此成为教材的基本阐释向度。

同样，较早使用的林焕平的《文学概论（初稿）》（1957）教材，也径直判言：文学的本质在于反映现实生活，文学作品体现了作家的立场、观点和思想，[⑥]它具有六大特性：阶级性、党性、人民性、民族性、思想性、艺术性。这种看法也是《讲话》指导下唯物主义反映论文学观的体现，它决定了对文学的阐释只能是一种遵照现实生活与文学特性的阐释。

---

① 蔡仪：《文学概论》，人民文学出版社 1979 年版，第 1 页。
② 蔡仪：《文学概论》，人民文学出版社 1979 年版，第 41—42 页。
③ 蔡仪：《文学概论》，人民文学出版社 1979 年版，第 55 页。
④ 蔡仪：《文学概论》，人民文学出版社 1979 年版，第 3、17 页。
⑤ 蔡仪：《文学概论》，人民文学出版社 1979 年版，第 306 页。
⑥ 林焕平：《文学概论（初稿）》，广西人民出版社 1957 年版，第 1 页。

《讲话》指导下反映论的文学阐释观也体现在霍松林主编的《文艺学概论》（1957）中。该教材认为，“艺术作品的价值，是被它所反映的生活所决定的。”“艺术的第一目的是再现现实。”[①]“文学作品，是以活的整体的人的具体描写为中心，综合地、完整地反映社会生活的。”[②]因此，对于艺术作品的阐释，自然也就是揭示作品所再现的现实。而文学通过“综合地、完整地”来反映社会生活，实际上也就是从内容与形式统一角度对社会生活作自我理解与自我阐释。二者所共同反映的阐释学关系在于：人要对生活如何实现它的历史作文学阐释学的说明，文学则通过内容与形式相统一的方式对生活作感性说明，它们共同指向阐释的基本立场与目的：“文学的任务，不能由个人随意规定。文学史证明：在阶级社会里，文学是有阶级性的，统治阶级根据自己的阶级利益，规定文学的任务。”[③]文学的基本任务，是“对人民进行智育、德育、美育及语言教育”[④]。

同霍氏的教材一样，以群主编的《文学的基本原理》[⑤]，虽然也强调，“文学是一种社会意识形态”[⑥]，文学作为社会意识形态，“是在一定的社会经济基础上形成和发展起来的，它的产生和发展归根到底是受着经济基础的决定和制约的”[⑦]。“作为社会意识形态之一的文学，它的发展和演变，归根到底也要从‘生产力和生产关系之间的矛盾’，从‘剥削阶级和被剥削阶级之间的矛盾’，从‘经济基础和政治及思想等上层建筑之间的矛盾’去求得解释。”[⑧]但它同时指出，社会生活本身的形式与内容特性决定了我们不仅要从其内容方面，更要从其形式方面来理解文学，因为“文学艺术的基本特点，在于它用

① 霍松林：《文艺学概论》，陕西人民出版社 1957 年版，第 2 页。

② 霍松林：《文艺学概论》，陕西人民出版社 1957 年版，第 4 页。

③ 霍松林：《文艺学概论》，陕西人民出版社 1957 年版，第 81 页。

④ 霍松林：《文艺学概论》，陕西人民出版社 1957 年版，第 83 页。

⑤ 教材根据 1961 年全国文科教材会议决议而撰写，1964 年进行初次修订，1978 年又在初次修订基础上，结合教育部全国综合大学文科教学工作会精神进行了二次修订，1979 年推出修订本。

⑥ 以群：《文学的基本原理（修订本）》，上海文艺出版社 1964 年版，第 20 页。

⑦ 以群：《文学的基本原理（修订本）》，上海文艺出版社 1964 年版，第 24 页。

⑧ 以群：《文学的基本原理（修订本）》，上海文艺出版社 1964 年版，第 28 页。

形象反映社会生活”[1]。这样，它就为文学的本质赋予了更加丰富的意义。

总之，在文学意义的来源问题上，教化型的“文学理论”教材尊奉《讲话》律则而将文学意义归源于文本背后的生产生活，认为特定的生产生活滋养特定的阶级，特定的阶级催生特定的文学观念，特定的文学观念决定特定的文学创作，特定的文学创作要求特定的文学理解。这样，文学意义链条在源头上的生活性就决定了文学意义链条末端的价值性，这种价值性表明，文学只有首先成为特定阶级的共同生产生活经验，尔后才能成为文本理解的共同体验，因而理解者所要做的就是逆向的语境重建与移情体验：通过理解作品来理解作者，通过理解作者来理解生活，通过理解生活来理解作品，由此完成教化型文学阐释学的“反映论还原论”循环。文学阐释的“反映论还原论”循环要求文学理解始终保持与过往世界的精神联系——这个世界曾长久地占据着人们的心灵，并作为精神共同体使人们歆享其中——以此维系文本意义的权威性与唯一性，实现其教化意义。正因为如此，教化型阐释才常以深度还原论的形式，将文本的阐释关联于更为久远的权威文本。

比如，由十四所边疆与民族高校集体编写的《文学理论基础》(1981)，作为高等学校文科统编教材，其宗旨便是：“完整准确地阐述马列主义文艺理论、毛泽东文艺思想，批判极左思潮的流毒，吸取文学创作的新鲜经验和文学理论研究的最新成果，加强基本理论、基础知识和基本技能的系统训练。”[2] 教材坚持用马克思主义文学阐释观扭转唯物主义反映论的阐释观，提出：“只有马克思主义文学理论能够运用辩证唯物主义和历史唯物主义的观点、方法，从文学创作的实际出发，实事求是地进行分析研究，并批判地继承了前人的文学理论遗产，这样才从根本上对文学的各种基本问题作出科学的说明，形成了系统的科学的文学的理论，并能更好地促进文学创作实践的

① 以群：《文学的基本原理（修订本）》，上海文艺出版社 1964 年版，第 34 页。

② 十四院校编写组：《文学理论基础》，上海文艺出版社 1981 年版，第 426 页。

发展。”①

这种秉奉社会主义国家最高思想的权威性阐释，其教化性就在于：它的所有文学判断，都以“实然”的强知识形式与“应然”的强伦理形式，遵行“因信称义”阐释逻辑，在社会主义国家体制内一体奉行，除此之外不设第三条道路。这样，对于文学作品的阐释，就不单是语言的理解与作品的鉴赏问题，而是通过语言理解与作品鉴赏而焕发的社会启示与人生教益，后者作为阐释的后果，攸关社会精神与民众信仰的根本：而前者作为应许之地，理应实现与社会及个人生活的调解，使文学的意义成为人们日常生活坚守的信念与社会建设遵从的规范。

由此来谈教化型文学阐释在“文学理论”教材中的第二个表现：重视文学的社会教化功能。

文学的社会功能如何，本不构成文学阐释学的优先问题，但其时的“文学理论”教材却从相反表明，文学的社会功能攸关“文学为谁”的问题，因而理应成为文学阐释学的焦点。立足于社会功能阐释文学，决定了这一时期的“文学理论”总是与社会意识形态及其价值结构保持着密切联系，并在文学的功能定位上遵循如下的阐释逻辑：将文学阐释具体化为一种生活方式与行为范导，关注阐释行为本身的阐释效果，以阐释效果作为评判阐释合法性的基点，使阐释活动本身超越私人性的鉴赏判断而成攸关人的生产生活的重大社会问题。

根据蔡仪，阐释经验必须同时成为价值批判，因为：“文学作品在描写社会生活的同时体现着作者的思想感情和审美理想，特别是作品的主人公，往往集中地体现着作者的是非评价和爱憎态度，因此文学作品在帮助读者认识生活的同时也必然影响读者对生活的看法和态度。读者从作品中反映的生活、特别是从作品中的主人公身上认识到什么是好的、值得效法的，什么是不好的、应该警惕或批判的，因而引起自觉的反省或潜移默化，以至整个世界观受了很大的影响。”②

---

① 十四院校编写组：《文学理论基础》，上海文艺出版社1981年版，前言第2页。

② 蔡仪：《文学概论》，人民文学出版社1979年版，第73页。

从阐释学角度看，这段话意味着：文学阐释不单是理解文学作品的必要方式，更是理解者通过理解活动而进行的自我理解与自我创造；阐释行为也不单是为了获得对文本的“正确”理解，更是为了获得“好的”理解。因为唯有在“好的”理解中，文学的价值功能才能实现，文学的世界才能成为属人的世界。由此催生出的两种本体世界——一种是外在于理解者自身的文学本体世界，它通过文学作品的“正确”理解而关联于整个现实世界；另一种是内在于理解者自身的文学本体世界，它通过理解活动的“好的”理解而关联于整个内心世界——为文学阐释赋予个体生命以价值提供了终极依据：自然生命个体经由文学阐释而成人类伦理自我，文学阐释终为自然生命通向社会生命提供想象通道。

文学阐释的伦理性要求文学创作中作家的“生活经验”与“先进的世界观”，同时成为文学阐释的标准。如以群所指出：“作家要正确地反映社会生活，塑造典型形象，就得有丰富的生活经验的积累和先进的世界观的指导。”①“对于作家来说，世界观不仅决定着他对于现实生活的观点和态度，也影响着他对于艺术的观点和态度，指导着他的创作活动。”“世界观指导着作家的整个创作过程，从题材的选择、主题的开掘，情节的提炼到结构的安排、人物形象的塑造，都直接、间接地受到世界观的指导和制约（当然，世界观在这里不是唯一的决定因素）。”②

同样，十四院校教材也认为，“文艺欣赏的再创造活动，表现为欣赏者以文艺作品的客观内容为基础，结合自己的直接或间接的生活经验，从一定的政治与艺术观点出发，去感受、认识、补充、丰富艺术形象和艺术典型”③。吴中杰的《文艺学导论》（1988 年初版，1998 年修订）在坚持文学具有相对独立性的同时，也指出，“文艺作品必须通过鉴赏来实现自己的价值，没有鉴赏就毋需创作”④。“在艺

① 以群：《文学的基本原理（修订本）》，上海文艺出版社 1964 年版，第 237 页。
② 以群：《文学的基本原理（修订本）》，上海文艺出版社 1964 年版，第 238—239 页。
③ 十四院校编写组：《文学理论基础》，上海文艺出版社 1981 年版，第 381 页。
④ 吴中杰：《文艺学导论》，复旦大学出版社 1998 年版，第 265 页。

术鉴赏的过程中，读者和观众并非消极的接受者，而是积极地参与艺术形象的再创造，是艺术创作的合作者。”①

也就是说，文学的阐释虽然依赖于文本自身的意蕴结构，但是理解者的主观理解才是文本价值的关键。一方面，文本的客观意义需经理解者的主观理解才能成为现实（主观的客观现实）；另一方面，理解者又在理解活动中认识自身、反思自身，使自身成为一个客观意义的现实（客观的主观现实）。教化型文学阐释学的价值维度，就是要突显这种主观的客观现实与客观的主观现实，是如何通过作者与读者的意义挽接而成为社会所期许的公共性与个人所体认的私人性之意义统一，进而成为社会的有益公器。

教化型文学阐释意义的双向性决定了任何“文学理论”的阐释必须同时超越内容大于形式、思想性高于艺术性的唯物主义反映论陈规，使内容与形式、思想性与艺术性的统一，成为文学阐释的律则。当这一律则结合文学的形式分析来突破意识形态迷障时，就会引导文学发展出新的“典型形式”。所谓新的“典型形式”，是指在文学作品中，叙事内容，叙事结构与叙事话语既有普遍性与历史性的心理情感和审美意象，又有个体性与现实性的生活内容与审美形式。这种“典型形式”要求对它的阐释超越简单择一的极化判断而发展为形式与内容、思想性与艺术性相统一的阐释，后者通过语言形式呼应伦理教化的批评范式，阐明文学语言如何通过意象、隐喻、反讽、含混等文学修辞，表达文学独特的文化、政治与价值内涵。

巴人撰写的《文学论稿》（1959）正表达了这样一种阐释观念。作为一本新中国较早编写的教材，它一方面认为，“文学艺术作品也就是社会现象、社会生活的事实在作家头脑中的反映，并经过作家的思想感情与想象的提炼而给创造出来的”②。另一方面又指出，“应该将文学艺术放在美学的范畴中来加以考察”。巴人所谓的“美学的范畴”，不仅是指艺术的色彩、韵律、线条、词藻等形式美的东西，更主要是指“真理”“善”“创造”等现实内容。巴人的结论是：文学

---

① 吴中杰：《文艺学导论》，复旦大学出版社 1998 年版，第 265 页。

② 巴人：《文学论稿》，上海文艺出版社 1959 年版，第 9 页。

作为“现实性”（社会现象、社会生活）、“思想性”（阶级性、人民性、党性）与“艺术性”（语言性、形象性、典型性）的统一，决定了文学作品的阐释，必须坚持“社会主义现实主义”的立场①，从“美学的范畴”与“现实内容”两个方面，或者说“现实性”“思想性”“艺术性”三个向度进行。

而十四院校教材也认为，文学批评与阐释的原则应是思想性与艺术性的统一。“所谓作品的思想性，主要是指作品的题材和主题、作家的主观意图和形象的客观意义在作品中综合地表现出来，对读者所产生的那种思想力量。”②“艺术性主要是指文学作品对读者所产生的一种艺术感染力，是一部作品的艺术形式、艺术技巧、作家艺术修养和审美趣味等诸因素的综合表现。它包括形象的描绘、典型的塑造、情节的提炼、结构的安排、语言的运用，以及风格流派特点等等。”③因此，文学的阐释，“就要求批评家把作品和反映它的客观实际联系起来，把作品和它所产生的时代环境、历史条件（主要是当时的社会矛盾、阶级状况）联系起来，把作品和作家的世界观、生活经历、风格特点联系起来，对作品的思想和艺术作全面的深入细致的分析，实事求是地得出科学的结论”④。

上述观点中，当其通过对作家的世界观与自我风格的严格要求以保证作品的艺术崇高性时，表明其所追求的已非一种单纯认识论或反映论的文学观——认识论或反映论的文学观旨在通过作品所反映的内容来映照现实，获得对现实的辅助性认识——而是一种兼具知识性的教化型的文学观，后者认为，作家的世界观与伦理认识会以审美论的等价形式反映在作品的世界观与价值观之中，并最终形成与读者的良性影响关系。

总体来看，1990 年代前的“文学理论”阐释观念，关注的重点并不是“文学意义的来源”问题，而是“如何理解文本”“文本意义

① 巴人：《文学论稿》，上海文艺出版社 1959 年版，第 705 页。
② 十四院校编写组：《文学理论基础》，上海文艺出版社 1981 年版，第 411 页。
③ 十四院校编写组：《文学理论基础》，上海文艺出版社 1981 年版 416 页。
④ 十四院校编写组：《文学理论基础》，上海文艺出版社 1981 年版，第 423 页。

向何处去”的问题。换句话说，它关注的并非文学阐释学的基础问题，而是文学阐释学“应用”问题，亦即：“如果有一种理想的文学，它应是什么样子”？这样，在这种阐释观念里就必然包含一种鲜明的价值取向——文学及其对文学的阐释，应当有益于革命斗争、社会建设、民众教化乃至理想社会的建构。但随着时代的发展，这种教化型的“文学理论”在1990年代逐渐遭到淘汰，一种新的符合“文学理论”自身范式的写作，渐成教材编写主流；与之相应，文学阐释学也从教化型论证，转为知识学重建。

二　知识型阐释：1990至2000年代“文学理论”的阐释范式

“文学理论”由“教化型”向“知识型”阐释范式的转型，既是“文学理论”自身发展的需要，也是时代社会变革的产物。概由于阐释者总是携带着自己的前见、前结构而沉潜于文本理解，文本的教化才并不像宗教文本或圣谕书那样易于实现，后者一直以发现文本真义为鹄的，而前者则在文化现代性的逻辑演进中逐渐衍转为一种永难完成的历史难题。从更广阔的时代背景来看，其时中国社会与文化现代性虽然发展缓慢，但它已经透露出：在一个业已完成“文学革命”与“革命文学”的时代，文学的社会效用应谨慎评估。这样，教化型文学阐释学从唯物主义反映论的起点出发，虽然经由了文学体验与意义还原，最终却在1980年代末走向它的反面，成为一种乌托邦理念。“文学理论”在第二阶段所做的工作，就是对这种教化型阐释观念做扩容与发展，使自身的“知识性”“普遍性”而非“价值性”“阶级性”成为文学阐释的宗旨。

知识型文学阐释以文本内外因素与理解主客观因素为文本意义来源，以文本意义的确定性与非确定性为阐释原则，通过融通马克思主义文学阐释学、西方现代文学阐释学、中国古代文学阐释学，来建立符合文学发展实际、并对现实文学具有阐释效力的阐释学知识。

首先，知识型文学阐释坚持文本意义来源于理解者（作者、读者）、理解文本与文本社会背景的复杂关联，认为文本意义一方面表现为特定理解关系与理解背景中的客观意义，另一方面又表现为历史与现实发展中文本变化了的主观意义，文本意义由此成为主观性与客观性相统一的知识类型。

王向峰主编的《文艺学新编》（1990）以马克思主义文艺观为理论构架，用文艺的社会性统合文艺的文化性、本体性、主体性与审美性，建构了一种能够融合中外文艺理论实际的马克思主义文艺阐释范式。根据教材，“文艺是一种特殊的社会意识形态，它是人对世界加以审美掌握的一种最高形式”①。“文艺作品是作家通过具体的个别事物反映一定时代的社会生活本质，其中强烈地体现着作家的美学理想和情感色彩。”② 但同时，“文艺生产产生文艺欣赏”与“文艺欣赏反过来又产生文艺生产”的事实，又提醒我们必须注意接受主体对于作品意义的再创造性。

原国家教委社科司于 1993 年编写的《文学概论教学大纲》，更是以文艺制度与文艺政策的形式规定了“文学理论”所必须遵从的阐释范式。作为一份对之后很长一段时间内文学理论教材编写起到指导性作用的大纲，它明确规定了马克思主义在文艺领域的指导地位，明确指出了“文学是一种社会意识形态”“文学是一种艺术的掌握世界的方式”与“文学是一种语言的艺术”的事实，③ 强调要从文学的社会性与审美性双向角度来理解文学意义，从作家所处的时代、民族、阶级与社会关系，同时结合作家个体性的审美情感与审美心理，来理解作品意义的来源。根据大纲，一方面，作品的意义是读者与作品“对话”的结果④；另一方面，作品的意义不是封闭的、固定的，而是开放的和历史地生成的⑤；除此之外，文学的意义还受制于文学的语言外壳，应该重视特定语言的语音、词汇、语法等物质外壳对于文学意义的媒介与本体双重功能。⑥

---

① 王向峰：《文艺学新编》，辽宁大学出版社 1990 年版，第 127 页。

② 王向峰：《文艺学新编》，辽宁大学出版社 1990 年版，第 439 页。

③ 国家教委社科司：《文学概论教学大纲》，高等教育出版社 1993 年版，第 8 页。

④ 国家教委社科司：《文学概论教学大纲》，高等教育出版社 1993 年版，第 65—66 页。

⑤ 国家教委社科司：《文学概论教学大纲》，高等教育出版社 1993 年版，第 66—67 页。

⑥ 国家教委社科司：《文学概论教学大纲》，高等教育出版社 1993 年版，第 11 页。

作为规范性的“文学理论”知识论述，“大纲”对文学意义来源的阐释具有很高的权威性，它表明：在知识型文学阐释中，对社会生活的基本结构进行阐释只是阐释的基础层次，对文本形式内容的阐释才能构成阐释的中间层次，而对理解者的理解结构进行阐释则是阐释的最高层次。正是这种依次递升的阐释结构，决定了“文学理论”对文学意义的归因式理解：文学的意义来源于社会生活，社会生活的意义伴随着文学的意义而展开，文学的意义则伴随着体验理解的意义而展开；社会生活—文学文本—体验理解的三位一体阐释学结构，由此成了知识型阐释学的基本范式，它直接影响了此后多本“文学理论”教材的编写。

童庆炳主编的《文学理论教程》（1992 年初版，后多次再版）作为一本“换代”教材，“它摆脱了 20 世纪 50 年代苏联旧教材的范式，同时又坚持了马克思主义的世界观、方法论的指导，坚持了经过文学实践检验的马克思文艺理论的基本原则；对西方 20 世纪以来的各种文学理论观点，进行实事求是的鉴别和筛选，吸收了其中有价值的成分；对中国古代文学理论的精华加以融合，纳入到新的理论体系中来；对新时期以来文学理论研究所取得的成果，凡正确的深刻的，都酌情加以吸纳；对当代现实文学活动中提出的问题也尽可能给予了具有科学理性的回答，使整个教材面貌在稳妥中又有了较大的改变”①。

为了体现马克思主义指导下中西贯通、古今融合的知识型阐释观念，教材在宏观上将“文学”视为一种人类的活动，认为“文学是显现在话语蕴藉中的审美意识形态”②，具有“审美”与“意识形态”双重属性，从文学中不仅可以获得关于经济、政治、文化、社会等攸关意识形态的知识，而且可以让人们体验到自身关于意识形态反映的美学理解，或者说，文学中反映意识形态问题就其实在性而言并非意义所在，它只有作为审美反映和体验才能被赋予意义，这构成知识型阐释的必要前提。在微观上，教材将文学阐释诉诸世界、作者、作

① 童庆炳：《文学理论教程（修订版）》，高等教育出版社 1998 年版，修订版后记。
② 童庆炳：《文学理论教程（修订版）》，高等教育出版社 1998 年版，第 73 页。

品、读者等文学活动的基本要素，认为文学意义来源于这些要素之间相互的创造与阐释循环关系[①]。

上述基本阐释观念，在童庆炳其后主编的《文学理论新编》(2010)、《新编文学理论》(2011) 里均得到了继承发展。《文学理论新编》将文学接受视为一种从“文本”到“作品”的过程，认为文学阅读即是从文本的“召唤结构”到作品意义的建构过程[②]。《新编文学理论》通过中西文论理论关键词互文并置的方式，还原每一文学问题形成的历史语境，分析其发展差异，阐释中西文论在阐释学问题上交汇与分歧，力图探索一种具有普遍性的文学理论阐释观念。

综观童庆炳主编的系列教材，均为“审美意识形态论”统摄下马克思主义文学阐释学、中国古典文学阐释学、西方文学阐释学的融合尝试。但是，要在现代阐释学的基础上实现三者的真正融通，却并非易事。仅就马克思主义文学阐释学与西方文学阐释学而言，二者在出发点上的唯物与唯心二分，决定了前者走向一种现代性的唯物主义阐释观，后者则通向一种去历史化的观念论阐释；前者将阐释活动与进步主义的价值观紧紧相连，后者则拒绝任何阐释观念的价值优先性；前者珍视文本诞生的物质基础及其后世阐释观念的知识承继，后者重视文本内在的语言结构及其阐释所形成的经验意义；前者通过对文本的阐释以发现文本背后的历史，后者通过对文本的阐释以发现文本内在的观念；前者通过文本的阐释而最终走向对意识形态的反思批判，后者通过文本阐释而诉诸文本意义的体验重建。一言以蔽之，西方现代阐释学所赖以为根基的东西，多是马克思主义阐释学所质疑的东西。正是这种理论根基的抵牾，决定了在将马克思主义阐释学与西方阐释学融合时存有内在困难。解决这种困难，成为此后知识型文学阐释的重要任务。

与童庆炳的观点类似，刘甫田、徐景熙主编的《文学概论》(2000) 也从文学的“社会属性”与“审美属性”两大方面，将文学

① 童庆炳：《文学理论教程（修订版）》，高等教育出版社 1998 年版，第 33 页。

② 童庆炳：《文学理论新编（第 3 版）》，北京师范大学出版社 2010 年版，第 281 页。

的本质规定为“文学是一种审美的社会意识形态”[①]，认为文学的意义来源于作家与作者的共同创造[②]。这种定义，显然也是一种唯物主义与审美主义相融合的阐释学结果。

葛红兵《文学概论通用教程》（2002）认为，文学是一种“超越功利目的”和“追求形式价值”的“话语”[③]。文学的内容与形式虽来源于作家，但文学的“意蕴”，却是读者阅读与阐释的产物[④]。文学的阐释可以多样，但前提是培养“能理解的人”，亦即“能解释文学作品，对文学作品有鉴赏力的人”[⑤]。文学作品与文学阐释的前提是不能脱离其语言艺术本体。这样，教材将文学归于语言艺术的专属特性，决定了文学的阐释仍应是“语言的阐释”；文学理论认定自身为知识学的形态，决定了文学理论的阐释仍应是“知识的阐释”。从“语言的阐释”到“知识的阐释”，既是感性升华为理性的过程，又是意义积淀为真理的过程。当且仅当“文学”的“语言”内化消融于理解者的“知识”理解，“文学理论”的“语言”凝结升华为理解者的“知识”理解，文学的阐释才能完成由语言论到知识论的转变。在其中，“文学理论”的意义并不限于让理解者知道“文学是什么”，而是通过“文学是什么”的问题的理解，像文学那样语言性地理解；而“文学”的意义，也并不限于让理解者知道“文学有何意义”，而是通过对“文学有何意义”的理解，像文学理论那样知识性地理解。可以说，阐释学意义上的“文学理论”，始于语言论，终于知识论；而阐释学意义上的“文学”，则始于知识论，终于语言论。

董学文、张永刚的《文学原理》（2001）将文学定义为“创作主体运用形象思维创造出来的体现着人类审美意识形态特点并实现了象、意体系建构的话语方式”[⑥]，将文学的本质理解为一种具有“人学”属性的活动：“文学活动是一个由作家到作品，再由作品到读者，

---

① 刘甫田、徐景熙：《文学概论》，高等教育出版社 2000 年版，第 00 页。
② 刘甫田、徐景熙：《文学概论》，高等教育出版社 2000 年版，第 217 页。
③ 葛红兵：《文学概论通用教程》，上海大学出版社 2002 年版，第 25—27 页。
④ 葛红兵：《文学概论通用教程》，上海大学出版社 2002 年版，第 68 页。
⑤ 葛红兵：《文学概论通用教程》，上海大学出版社 2002 年版，第 1 页。
⑥ 董学文、张永刚：《文学原理》，北京大学出版社 2001 年版，第 57 页。

然后通过生活的纽带使读者与作家联系在一起的循环往复的过程。接受过程有着与创作过程大体一致的创造色彩。文学，是作家与读者的共同产物。”① 在稍后出版的另一部《文学理论学导论》中，著者保持了近似的观点，将文学阐释视为一种主体间的对话、文本意义的开放与文学主体形成的过程，② 认为文学阐释就是一种非本质主义的历史化阐释。

无独有偶，陶东风主编的《文学理论基本问题》（2004）也是通过反本质主义的文学观，主张“历史地理解文学艺术的自主性”。在教材看来，文学艺术的自主性在某些时期是其审美性自律的标志，在另外一些时期则是其政治性诉求的症候，因此应放弃文学意义的本质主义致思方式，转向“历史化”与“地方化”的自由、多元、民主的文学观。③ 教材还进一步从四个方面阐明，文本的意义并不孤立地存在于某处，它就在语言的历史性阐释理解之中。正是通过语言的历史性阐释理解，理解者才与文本世界结为一体，使自身超越单纯的自在存在而与文本一道成为意义丰盈的自为世界。而这个世界，正是文学阐释的知识本体。

同样，阎嘉主编的《文学理论基础》（2005）也是从非本质主义的文学观出发，将文学的意义关联于世界、作者与读者等多重视角，认为“视角”不同，文学的本质亦不同；文学阐释“既有对审美经验的分析，又有理性的认识和提升”④，因而，文学理论阐释，需要拓展已有的阐释边界，以此获得对文学意义的丰富理解。

王先霈、孙文宪主编的《文学理论导引》（2005）也是通过拓展文学理论的阐释边界来表达文学意义的非本质主义观念。教材以“文学整体”为对象，认为文学文本“不是一个简单的语言事实或言语行为，而是一个有着复杂结构的系统整体”⑤，亦即：“文学文本是一个由语言层、现象层和意蕴层所构成的、有深度的统一体，上一层次

① 董学文、张永刚：《文学原理》，北京大学出版社2001年版，第111页。
② 董学文：《文学理论学导论》，北京大学出版社2004年版，第328页。
③ 陶东风：《文学理论基本问题》，北京大学出版社2004年版，第13、21页。
④ 阎嘉：《文学理论基础》，四川大学出版社2005年版，第231页。
⑤ 王先霈、孙文宪：《文学理论导引》，高等教育出版社2005年版，第51页。

是下一层次的形式化显现，而下一层次则给上一层次提供了存在的内容和依据。”[①] 这种“整体性”的文学观决定了文本的意义，一方面来源于“作家在创作中的主体作用”[②]，另一方面，又来源于文学接受与文学阐释，而“文学阐释”，目的在于“客观地传达作品”原义[③]，表达文本意义的公共性诉求。

与王先霈、孙文宪主编教材类似，欧阳友权主编的《文学理论》（2006）教材以“文学文本”为文学问题核心，从文学文本的三个结构层次——“话语层”“现象层”“意蕴层”入手，将“文学文本”定义为“脱离作者创作实践而客观存在的独立的物态化文学对象”[④]。基于“文学文本”的多层结构观，教材将文学的本质规定为“文学是一种审美的社会意识形态”，“文学是主体审美意识的语符化显现”[⑤]。显然，这是一种将唯物主义反映论、近代主体性哲学与现代语言学结合起来的知识型阐释学观念。

同样，杨春时的《文学理论新编》（2007）从生存论的角度出发，将文学规定为一种“独立的”“指向自由的”“超越的”生存方式与生存体验，认为文学具有语言性与审美性的本质特征[⑥]，其意义来源于文本的“表层结构”（现实层面—现实经验）、“深层结构”（原型层面—原始意象）、“超验结构”（审美层面—审美意象）知识关联[⑦]。文本的复合结构决定了文本意义必然具有限定性与开放性特征：“文本的新的意义既与原初意义相关，又具有当代性；既与读者的前理解相关，又具有历史性，总之，既不是原初的意义，又不是读者已有的观念，而是新的意义和理解。”[⑧] 一句话，文本意义是文学全部要素介入的结果。

鲁枢元、刘锋杰等的《文学理论》（2006，2009）也从类似角度

---

① 王先霈、孙文宪：《文学理论导引》，高等教育出版社 2005 年版，第 59 页。
② 王先霈、孙文宪：《文学理论导引》，高等教育出版社 2005 年版，第 141 页。
③ 王先霈、孙文宪：《文学理论导引》，高等教育出版社 2005 年版，第 217 页。
④ 欧阳友权：《文学理论》，北京大学出版社 2006 年版，第 8 页。
⑤ 欧阳友权：《文学理论》，北京大学出版社 2006 年版，第 195、198 页。
⑥ 杨春时：《文学理论新编》，北京大学出版社 2007 年版，第 9—22 页。
⑦ 杨春时：《文学理论新编》，北京大学出版社 2007 年版，第 34—44 页。
⑧ 杨春时：《文学理论新编》，北京大学出版社 2007 年版，第 275 页。

对文学意义作出规范性描述："文学是一种人文现象""文学是一种审美活动""文学是一种语言艺术"[①]。文学作品的意义，来源于文学活动四要素的共同作用[②]。而赵炎秋、毛宣国主编的《文学理论教程》（2010）也承袭了这种观点，认为"文学是一种审美的意识形态"[③]，作为阐释对象的"文学作品"，它既是作家创作的结果，又是欣赏者文学欣赏的出发点，它在整个文学活动中处于中心环节，文学创作则构成了文学活动的重要环节。[④] 文学阐释须以作品为中心，在作品中心论的基础上，进行"鉴赏性接受""诠释性接受"或"批判性接受"[⑤]。

但上述关于文学意义来源于文本诸要素共同作用的阐释观念要成为一种具有非凡阐释效力的知识型阐释，就必须植根于特定的阐释语境，并与特定的语境相适应。南帆、刘小新等主编的《文学理论》（2008）教材正是以文学理论基本问题与关键词的形式，对文学意义作出时代性阐释。在教材看来，文学的意义既不在文本，也不在作者，而在特定时代、特定历史语境所认同的文本解码方式："一个时代的历史文化空间不仅诞生了种种解码方式，同时也制约了解码的最大范围。"[⑥] 概由于理论本身所植根的时代情境、阶级关系、文化心理已然变化，所以不应拘泥于已有的阐释律则，即使是对于一直居于多数教材核心地位的马克思主义文学阐释学，作为不容置疑的"正典"，也应根据新的时代语境重新作出阐释（"中国化"）。而阐释的目的，在于消除"正典"与文学现实之间的冲突，扩展"正典"自身的阐释效力，使其依然成为文本意义的理解依据。

2009 年出版的"马克思主义理论研究和建设工程重点教材"《文学理论》，正是在这样一种理论背景中产生的。根据教材，"当代中国的文学理论研究，应当在马克思主义指导下，吸收世界上一切具有

① 鲁枢元、刘锋杰等：《文学理论》，华东师范大学出版社 2009 年版，第 11、17、22 页。
② 鲁枢元、刘锋杰等：《文学理论》，华东师范大学出版社 2009 年版，第 186 页。
③ 赵炎秋、毛宣国：《文学理论教程》，岳麓书社 2000 年版，第 30 页。
④ 赵炎秋、毛宣国：《文学理论教程》，岳麓书社 2000 年版，第 108、250 页。
⑤ 赵炎秋、毛宣国：《文学理论教程》，岳麓书社 2000 年版，第 472 页。
⑥ 南帆、刘小新等：《文学理论》，北京大学出版社 2008 年版，第 296 页。

学理性的资源，积极探索、思考和总结文学活动实践中出现的新现象、新问题，给出具有创造性的深刻回答，努力形成具有中国特色、中国风格、中国气派的文学理论”①。在具体的文学阐释中，作家处于“主体”地位，文学阐释虽关联于文学活动的复杂要素，但作家始终处于中心地位，作品的意义源于作家与作品自身，而“读者的阅读与理解是第二位的”，是对作品能动的“二度创造”，其目的在于通过“对作家作品的意义进行再发现，对艺术形象进行再创造”，实现“重构文学形象”、“开掘、升华出深层的审美意蕴世界”②。

不难看出，“马克思主义理论研究和建设工程”教材对于当代“文学理论”关于文学意义来源的三种理解表现出明显的态度区别：它基本上接受了由文学四要素主导的客观性与主观性相统一的意义理论，反对单纯由读者主导的主观性的理论，同时与意义来源于作品的客观性阐释保持了一种暧昧关系。正是这种理论边界的模糊与理论立场的清晰，使其陷入一种理论的自我消解困境。要解决这一困境，需要突显文学的语言存在属性，在文学语言的“应用”中突显文本的实践生成特性。

王一川的《文学理论》（2003 年初版、2011 年修订），就以全球“现代性世界文化”为阐释背景，以中国现代“兴辞诗学”为阐释基础，运用“现中传神”的阐释原则，对文学理论的基本问题展开中西阐释研究，力图建立具有鲜明现代精神与民族特色的“新传统现代文论”。在教材看来，建立现代中国文论，必须坚持“现中传神”的阐释原则：“现中传神，是指以现代性知识体制和中国现代文论传统为基础而重新光大中国文论传统精神。”其中的“现”字，含义有二：“一是指当今世界各国普遍适用的现代性知识体制总体，二是指中国现代性传统。”“神”字，“是指中国传统精神，它由中国古典性传统和现代性传统融会构成，属于流淌于古代中国和现代中国的传统

① 《文学理论》编写组：《文学理论》，高等教育出版社人民出版社 2009 年版，第 7 页。

② 《文学理论》编写组：《文学理论》，高等教育出版社人民出版社 2009 年版，第 206—207 页。

血脉”[①]。而基于“现中传神”阐释原则之上的“新传统现代文论”，必须包含三大要素：“现代知识总体”“中国现代传统”“中国传统精神”[②]。在具体阐释方法上，“新传统现代文论”需融通中国古代与现代文论已经形成的“感兴”传统与“修辞”传统，确立新的“感性修辞”，亦即将“兴辞”视为中国文学的根本特性，将“兴辞”看作中国文学阐释的基本方法。[③] 运用“兴辞”的阐释方法，文学文本便由“兴辞构造”“表意完整”“意义开放”“读者期待”四要素组成，[④] 其结构则表现为“媒型层”“兴辞层”“兴象层”“意兴层”“余衍层”五个层面。[⑤] 正是由于文本自身复杂的“兴辞”结构，文本的阐释才是逐层的解码，[⑥] 解码的过程，既是文本向上升华为意义的过程，也是文本向下沉潜为实践的过程：通过“感性修辞”知识阐释为基础的“新传统现代文论”的建立，目标在于养成兴辞臻美的心灵与兴辞化的公共人格及文学的艺术公赏力，助力公民社会内部个体与个体、个体与群体以及不同群体之间和谐关系的建立。“文学理论的目标，应该是帮助国民或公民，在丰富而复杂的文学与艺术观赏中实现自身的文化认同、建构他们在其中平等共生的和谐社会环境。”[⑦]

要实现这一目标，要求中国当代“文学理论”的阐释学讨论不能限于单纯的知识学梳理，不能满足于对当代文学理论经典“本义”与“现场”的还原。更为重要的是，它要基于当代文学现实与中西阐释理论资源而对文学理论知识重新阐释，扯去覆盖在“文学理论”之上的知识套具，在文学文本与社会文本的实践关系中，重构当代文学理论的实践向度，推进当代文学阐释学的发展。

---

① 王一川：《文学理论（修订版）》，北京大学出版社2011年版，导论第4页。
② 王一川：《文学理论（修订版）》，北京大学出版社2011年版，第4—5页。
③ 王一川：《文学理论（修订版）》，北京大学出版社2011年版，第78页。
④ 王一川：《文学理论（修订版）》，北京大学出版社2011年版，第138页。
⑤ 王一川：《文学理论（修订版）》，北京大学出版社2011年版，第173页。
⑥ 王一川：《文学理论（修订版）》，北京大学出版社2011年版，第299—300页。
⑦ 王一川：《文学理论（修订版）》，北京大学出版社2011年版，第14页。

三　实践型阐释：2010 年代“文学理论”的阐释范式

“实践型文学阐释”是指文学作为一种人类活动，不仅携带人的行为与精神活动的属性，而且具有语言性与身体性的属性，因此，应从文学实践的这诸多特性来对文学作出阐释。在实践型文学阐释学看来，文学的阐释本体是文学实践，它作为一种文学活动既表现为文本创作的实践本性，又表现为文本本身的实践特性，还表现为文本接受的实践属性与文本及其背后的物质经济生活和社会意识形态之实践关系。亦即：文学创作中感性经验的交感与升华，作品阐释中耳目心意的感统与理解，文本批评中理性观念的阐释与反思，以及文本传承中感性主体的反馈与回应。

首先，实践型文学阐释认为文学创作与文学接受是一种实践活动，它在外在实践对象与内在实践主体的双向生产关系中来完成自身。一方面，内在实践主体借助外在的实践对象而生产出文学作品及其懂得从事文学生产的内在实践主体；另一方面，外在的实践对象也借由内在的实践主体而生产出能够生产文学对象的作者与接受文学作品的读者。正由于文学创作与接受具有内在实践主体与外在实践对象的交感与升华关系，文学文本所具有的那种精神科学所特有的非确定性与意义丰赡性，才与人类的无限生存实践活动最为深刻地关联起来，表现出一种超越物质生产与生活的自由开放向度。

余三定主编的《文学概论》（2013）就坚持文学的实践阐释观，认为文学具有“形象”“意识形态”“审美”“文化”特征；文学创作是作家作为“第一主体”的文学活动，文学接受是读者作为“第二主体”的文学活动，前者是“一度创作”，后者是“二度创作”，前者是基础，后者则是对前者的阐释、理解、接受，是在前者的基础上的填补、修改、创造，它既包含“对作品思想内容的理解、衍生、拓展、丰富”，又包含“对作品形象的复现、补充、改造、扩大”，还包括“对作品隐含意义的寻求、发掘、索解、阐释”，“文本的意义的发现、生成、阐释，就出现在这一个双向的主体与主体的对话交融过程之中”，从而使“二度创作”产生出超出作者原意的新意蕴①。

文学创作与接受中的这种双重实践取向决定了对文本意义的阐释，既要回到“彼时彼地”，求诸文本原义；又要直面“此时此地”，揭橥文本的现实感应力；还要求诸“他时他地”，在现时代感性生命活动的参与建构中，获得超出文本原义与思维逻辑的无限生命力。与之相应，文本意义的阐释实践，逻辑地展开为三个层次：文本语义的还原，文本语义的当下应用、文本语义应用后的自我创新发展。

杨守森、周波主编的《文学理论实用教程》（2013）就从两个层次对文本意义作出阐释。在教材看来，“文学文本并非一个完美的自足体”，其意义的生成，虽基于作家的虚构，但须经读者的阅读理解②。读者阅读理解有两种基本方式，一是“复原式理解”，二是“再创造式理解”。理想的文本阐释，不仅应将这两种理解统一起来，而且应考虑文本创作与接受背后多样感性实践活动对文本意义的参与建构。

畅广元、李西建主编的《文学理论研读》（2013）则坚持从文本意义的三层实践关系来对文学作出阐释，认为文学作为“一种特殊的、作为语言艺术的意识形态生产”③，对它的阐释不宜偏重文学要素的任何一方，而应将其放在与作品、作家、文学世界、读者以及文学之外的社会、文化系统等复杂关联中考察。④

周宪的《文学理论导引》（2014）作为教育部中文学科教学指导委员会组编教材，也是以文本为中心，关注文本的理解与解释的多样要素，认为“文本”是以文学语言为基本材料，以词语框架为功能结构，以文学文类为形式外观的“建筑”；“文学是以用精致语言书写的具有艺术价值的以文本为中心的文化系统”，而文学理论则是“基于文学文本及其阅读经验的理论思考”⑤。作为一种理论思考，文学理论首先从语言入手，再进入结构考量，再上升到文类探究，最后结

① 余三定：《文学概论》，南京大学出版社 2015 年版，第 230—235 页。

② 杨守森、周波：《文学理论实用教程》，中国人民大学出版社 2013 年版，第 97 页。

③ 畅广元、李西建：《文学理论研读》，陕西师范大学出版社 2013 年版，第 31 页。

④ 畅广元、李西建：《文学理论研读》，陕西师范大学出版社 2013 年版，第 300 页。

⑤ 周宪：《文学理论导引》，高等教育出版社 2014 年版，第 36—37、12、3 页。

合文本的生产和接受、文本的历史、社会和文化语境，进行意义阐释与价值凝聚。

姚文放的《文学理论》（2015）亦从文学实践的三层次与四要素关系来理解文学意义，认为文学意义的理解要兼顾作品与世界、作品与作家、作品与读者及作品本身所包含的关系之“综合联系、系统反馈、总体活动和完整流程，以达到对于文学的整体把握之目的”[①]。特别是由于文本在当下的阐释“应用”中具有“认知性阅读”“实用性阅读”“审美性阅读”“消遣性阅读”等不同阅读态度与不同阅读情境，文本的意义才表现为客观性与主观性、一致性与差异性、确定性与不确定性的差异与统一。[②]

文本意义的这种复杂性与当下应用特性表明，文本意义的阐释既是对文本结构的客观理解（类似于一种意义的“发现”），同时也是理解者携带过往的“前见”与当下的“实践”而“赋予”文本以新的意义，并在文本意义的赋予过程中创新理解者自我、反思理解活动的过程。文本在理解与阐释活动中所表现出的复杂细微心理、多样感官通感与极致体验描摹，乃至视阐释活动为本体性的生命存在，正是文本阐释中“前见”与“实践”综合作用的结果，它既使文本的意义表现为确定性与不确定性的辩证运动，也使理解者的意义表现为创造性与反思性的循环过程。这样，理解的“前见”与阐释的“实践”就不像教化型阐释学那样是需要克服的对象，也不像知识型阐释学那样是需要警惕的对象，而是像人类的任何实践活动那样需要保留并阐扬的东西，因而正是后者才赋予文本与理解者以无限可能的意义。

刘阳的《文学理论今解》（2016）就力图从文本应用与理解者自我创新的角度阐释文学意义。根据教材，“文学是一种活的思想方式”，是“语言的创造性活动”，文学具有明显的“动词性实质”[③]。文学阐释可区分为两种类型：常规性的文学解读与高层次的文学解读。前者认为文学阐释是一种积极与合理“先见”主导下的“适度”

① 姚文放：《文学理论（第4版）》，高等教育出版社2015年版，第6页。

② 姚文放：《文学理论（第4版）》，高等教育出版社2015年版，第236—242页。

③ 刘阳：《文学理论今解》，华东师范大学出版社2016年版，第6、21页。

阐释，即能够使阐释者“意识到自己”，并使阐释对象得到“充分尊重”的阐释①；后者认为文学解读是一种“再创造性的写作”，通过解读，文本就打破了其原有结构而表现为一种新的文本和新的意义。②

而李西建主编的《文学理论教程》（2017）进一步将文学“阐释”置于生存实践的本体论地位，突出了文学阐释的实践性本质，强调文学意义的多维创造与该种创造活动中主体的生成：“我们所理解的文学的活动、作家的创造、作品的生成和接受以及文学的意义与真理等，均不是一个已经定型的客观系统，它正在通过有阐释力的读者，通过培养新的文化接受主体，内在地推动文学意义的生成与实现，也包含文化主体的不断建构。”③ 根据教材，文学阐释不仅是理解文本与作品的行为，同时也是创造文本与作品及其理解者自身的行为；整个文学活动，就是以“阐释”为中心而展开的特殊的交往对话行为，是“人类通过阐释实现对不同文化历史与社会生活的理解、接受与创造”④。

由此也意味着，实践型文学阐释一方面使文本成为实践的文本，另一方面又使阐释主体成为实践的主体。文学文本意义的这种强烈实践指向决定了我们必须否弃教化型阐释学与知识型阐释学对于文本意义的还原论与建构论判定，因为在这里，文本是已进入阐释实践关系中的文本（文本性），而非客观静态的文本；阐释主体也非单纯携带意识形态“前见”的理解者，而是被阐释文本所感发激扬、进入积极理解并建构文本意义、反思理解者自我并创新理解者自我的实践主体（主体性）。文本的意义与理解者的意义就诞生于对文本性与主体性阐释关系之实践性理解与领会之中。

王元骧的《文学原理》也是如此。教材从 1989 年初版到 2018 年的四次修订，实际上反映了新时期以来“文学理论”对文学本质的认识突破传统教化论与知识论而向实践论的转化。根据教材，文学

---

① 刘阳：《文学理论今解》，华东师范大学出版社 2016 年版，第 193—194 页。
② 刘阳：《文学理论今解》，华东师范大学出版社 2016 年版，第 199 页。
③ 李西建：《文学理论教程》，陕西师范大学出版总社 2017 年版，前言第 3 页。
④ 李西建：《文学理论教程》，陕西师范大学出版总社 2017 年版，第 124 页。

作为一种“审美意识形态”，是作家对社会现实审美反映的产物，[①]它始于“现实生活向文学作品的转化”，经由与读者思想情感的交流，“最终达到影响社会、改造社会、推动社会发展进步的目的”[②]；而对文学活动的阐释，亦即对“创作—作品—阅读”整体活动的阐释，就是对“一定社会历史条件下和关系中的人的文学活动”的阐释，[③] 人的文学活动的实践性决定了对其所作的阐释必然具有阐释学的“应用”特征。这种“应用”特征，恰可用来支援当代“文学理论”基于审美创造的意识形态属性与多重价值功能。

也就是说，实践型文学阐释学并非是要单纯探究文学文本的本体语义，它更是要探究文学文本的社会功能与实践逻辑。在这一过程中，文学阐释不仅作为私人经验深化着人们对文学文本的理解，而且还作为社会权力与意识形态的中介，通过对文本阐释活动的理解与阐释共同体的交往而改造着主体。因此，对于文学阐释实践性的探究，不能限于阐释学的单一要素甚或多要素关系的讨论，而是要扩展到对人的生活世界、社会制度、认知能力、情感心理及其行为方式等更为广阔的领域，正是这一领域，一方面使实践型文学阐释学在价值论意义上成为一门重塑社会生活与情感行为的学问，另一方面又使其在知识论意义上成为一门走向未来的精神科学与自然科学的联合体。

正是基于这种认识，南帆《文学理论十讲》（2018）才从文学意义的众多要素与实践关系理解文学。根据教材，作家、符号体系、解读规则、读者、文化氛围、意识形态与社会历史等，均构成了影响文学意义的共同因素：“作为一个协同产生作用的系统，这些因素无不共同参与作品的意义生产，缺一不可。”[④] 因此，对于文本意义的理解而言，最重要的是确立阐释的“度”，亦即根据不同历史语境而确定不同的阐释观念，坚持实践型的文学阐释观。

这样，文本的意义就成了读者与文本、时代、社会的实践关系中

① 王元骧：《文学原理》，浙江大学出版社 2018 年版，第 50 页。

② 王元骧：《文学原理》，浙江大学出版社 2018 年版，第 7 页。

③ 王元骧：《文学原理》，浙江大学出版社 2018 年版，第 12 页。

④ 南帆：《文学理论十讲》，福建教育出版社 2018 年版，第 172 页。

对话、交往的产物，文本阐释的目的不在于对文本意义的发现和揭示，而在于对文本意义与理解者理解活动意义的赋予和建构。这不是说实践型阐释学就是伽达默尔的哲学阐释学与哈贝马斯的交往阐释学的叠加，而是说实践型阐释学分享了哲学阐释学与交往阐释对理解本体与交往本体的理解。因为不同于伽达默尔强调在对话中人的共通感作为理解的基础，实践型阐释认为实践关系才是理解基础；毕竟，从发生学角度看，实践比语言更源始，语言是后天习得而非天赋拥有，因而语言不能取代实践而成本体，阐释活动中释义的丰富性只能源于实践的丰富性。同样，实践型阐释学也不同于哈贝马斯的交往阐释学，因为哈贝马斯视人类学意义上的“交往”为阐释学的最终根据，而实践型阐释学则认为，虽然文本的阐释离不开日常生活的交往实践，但文本的阐释最终目的是通过语言的阐释实践规范、引导行为实践，使文本阐释最终产生实践效果，促进人的完善与社会的改变。这样，实践型文学阐释学最终经由语言实践而成生存实践，并随生存实践而发展。

结　语

社会主义文艺体制规约下的中国当代“文学理论”教材编写，其目的在于建立一整套理解文学作品的规范，凭此规范，文学作品的意义，就能得到恰切的理解。然而，社会主义文艺体制对文学功用的本能性期许，又决定了对文学意义的理解，不能单纯停留在教化或知识层面，它必须由认识论上升至本体论，使文学的理解同时成为自我的理解，文学的意义同时成为自我的意义。惟如此，文学的功用才能得到恰当的发挥。这就要求我们把施莱尔马赫和狄尔泰等人所开创的认知性阐释学，与海德格尔和伽达默尔等人建立的本体性阐释学综合起来，发展出一套能够与现有文艺体制规约相适应的文学阐释学，这种阐释学只能是实践型文学阐释学。

实践型文学阐释学要求中国当代文学阐释学的发展，必须植根于中国当代文学的实践，必须依赖读者现有的阅读经验，必须参照已然成形的阐释视野，在世界文学阐释学的坐标系中创新自我，实现文学阐释的认识论、价值论与本体论的统一。在这个过程中，“文学理论”教材所要做的，就是一方面通过对文学经典的阐释而确定理想文学的典范，指引同代或后起的文学实践，进而凝炼出一套理想的社会生活秩序与情感伦理规范；另一方面，须将知识谱系、经典义理与操存践履统一起来，使“文学理论”本身成为文学理论与文学实践的核心“问题”。毕竟，“文学理论”阐释的起点虽为对文本的“正确”理解，但其最终目的却是“好的”理解：通过理解文本来理解社会与自我，达到创新社会与自我的实践效果。

唯物史观视域下文学阐释的可公度性问题*

董希文**

改革开放以来，西方近百年间产生的文学理论大量涌入中国。一方面，带来了新时期文艺学美学方法论热和文艺批评活动持续繁荣；另一方面，也造成了西方理论对中国文学经验的“强制阐释”，使中国文学实践沦为西方理论的“试验田”。其带来的后果突出表现为人人都是批评家，面对任何文本都可以在解构基础上，做出私人性阐释。特别是后现代文本理论和读者理论的兴起，更加推进了这一趋势。如何搭建交往公共平台进行理性阐释，使文学阐释具有交流、对话功能，成为当前文学理论研究的重要问题。“公共阐释”的理论构建，对于摆脱“强制阐释”、建立公正的对话、交往理论具有重要启发价值。

文学活动不同于人类其他活动，是人类与外物诗意情感关系的表征，是人类情感、想象能力的确证。文学文本也不同于其他各类文本，具有鲜明而突出的审美品质。因此，文学阐释必然不同于人类其他阐释活动。张江教授在剖析“公共阐释”特质时也指出：“公共阐释将公众难以理解和接受的晦暗文本，尤其是区别于文学的历史文本，加以观照、阐释、说明，使文本向公众敞开，渐次释放文本的自

* 基金项目：国家社会科学基金重大招标项目“马克思主义经典文艺思想中国化当代化研究”（17ZDA269）。本文原刊于《学习与探索》2019 年第 5 期。

** 作者单位：鲁东大学文学院。

在性，即作者行诸文本、使文本得以存在的基本意图及其可能的意义。”① 这一界定隐含两层意思：其一，文学文本不同于一般文本，特别是历史文本；其二，公共阐释的主要论域在于历史领域，对文学阐释能否成为公共阐释存疑。因此，文学阐释是否具有“公共阐释”的基因？文学阐释能否成为“公共阐释”？文学阐释如何成为“公共阐释”？上述问题悬而未决，值得深入探究。

一　文学阐释的可公度性“基因”

张江教授明确指出公共阐释具有推理性、澄明性、超越性、反思性、建构性和公度性六个特征，而“阐释的公度性是指，阐释与对象、对象与接受、接受与接受之间，是可共通的”②，即阐释主体能够在遵循理性规范基础上澄明某一领域规律与道理，使阐释内容具有广泛可接受性。以此来看，在这六个特征中，推理性、澄明性、超越性、反思性、建构性等五个特征是导致阐释具有可公度性的重要原因，并且它们都围绕可公度性标准得以展开。就此而言，公度性是公共阐释的根本特征。一种阐释与批评是否具有公共阐释性质，评判的关键因素在于看其是否具有公度性。在自然科学领域，研究对象的客观性和研究活动本身的实证性决定研究结论必须具有公度性，科学实验的可重复性、可验证性是其可公度性特征最基本的表现形式。经济学、金融学、传播学、管理学等社会科学为了探究某一领域社会事实与发展规律，也必须坚持可公度性准则展开研究。文学、宗教学、哲学、历史学等人文科学虽也追求可通约性，强调研究结论的可理解性和可普遍接受效果，但阐释方法、视角和规程的不同决定了这一阐释个性化特征十分突出。巴赫金就曾指出，自然科学研究是解释，而文学解读与批评是理解。“在解释的时候，只存在一个意识、一个主体；在理解的时候，则有两个意识、两个主体。对客体不可能有对话关系，所以解释不含有对话因素（形式上的雄辩因素除外）。而理解在

① 张江：《公共阐释论纲》，《学术研究》2016 年第 6 期。

② 张江：《公共阐释论纲》，《学术研究》2016 年第 6 期。

某种程度上总是对话性的。"① 文学阐释的主观性、对话性一定程度上拓宽了其言说渠道与释义的多种可能性，增强了阐释内容的不确定性和模糊性色彩，同时相应地弱化了其可公度性，但这并不意味文学阐释必然缺失公度性。当然，文学阐释的公度性既不同于自然科学解释的唯一性正确性和可验证性，也不同于社会科学解释的客观性和可操作性。它与同属人文科学门类的哲学、宗教、历史、法律等领域阐释也有根本不同，后者以群体实践和群体经验（甚至是人类经验）为探究对象，以追求与维护学理层面的可通约与理解为指归。文学阐释不但必须依据个人肉身感性体验，而且更需要理性思考和理论指导，它需要摆脱单纯个人感性体验的局限性和唯一理论剖析的强制性，在综合感性、理性所长又超越其片面性基础上对于文学实践做出有据有理的解释。文学阐释的公度性在于它是基于个人理解并寻求最大可接受与交流效应，它立足个人理解推向现实生活世界乃至人类的"类"本质存在。在千百年来的文学阐释活动中，文学阐释已很好地搭建了交流平台，或激发人们如曹操、毛泽东等变革现实，或促使人们如庄子、苏轼般思考人生。文学阐释不仅是"经国之大业，不朽之盛事"，而且还发挥其特有的启蒙与宣教功能，它已成为公共领域中一道亮丽的风景。实践已证明，文学阐释具有可公度性，包含公共阐释"基因"。原因有以下几点。

第一，就其性质而言，文学阐释是一种理性活动，具有澄明性特征。众所周知，任何一种阐释都是为了使接受者明确并认可自己的理解，基于此，阐释主体需要理据充分地剖析与阐发，文学阐释也不例外。但文学阐释的对象是文学活动，这是一个包含了太多感性和不确定性因素的特殊客体。文学阐释需要主体体验，但又超越个人感性感觉。文学阐释不同于文学创作，它是主体在感悟文本基础上，对其做出的理性剖析与评判。文学创作需要充分调动想象和情感，运用形象思维进行艺术构思，具有典型艺术特质。文学阐释则需要阐释主体在一定方法指导下，运用抽象思维对文本进行辨别、剖析，将演绎与归

① 巴赫金：《文本问题》，《文本对话与人文》，白春仁等译，河北教育出版社 1998 年版，第 314 页。

纳、分析与综合、历史与逻辑等理性思维方法统一起来讨论文本艺术风貌与特色，对文本做出成败、高下的判断，并使接受者信服这一评判的正确性。离开理性分析和逻辑严密的论证，无法达到这一效果。第二，就其过程而言，文学阐释具有现实客观性。这首先表现为文学阐释立足文本客观存在加以展开，有“本”可依，不是目中无“本”的任意阐发。文学阐释得以顺利进行，要依次探究文本话语、文学形象和文学意蕴的不同特质及其与意义传达的复杂关联。其次，文学阐释的客观性还在于其要阐发作者赋予文本的固有意义，换句话说，就是发掘作者的创作意图是如何在作品中呈现的，以及在传达过程中有无增减及增减程度，借此评判作品的成败得失。

第三，就其功用而言，文学阐释能够搭建交流平台，具有认识价值和现实介入功能。任何一种文学阐释都不是自娱其乐的随意书写，其阐释目的在于向读者阐发文本中的微言大义，并借此显示自己对文本的独特理解。就此而言，文学阐释是集知识性、学术性和思想性相融合的符合认知。首先，文学阐释具有知识性。阐释主体结合作者创作背景发掘与阐发文本中已有内容，使其清晰地呈示在接受者面前，使接受者更清楚地认识文本，向其提供知识。其次，文学阐释具有学术性。阐释主体结合创作技巧剖析文本成败得失，并将其纳入同类创作文化序列中进行考量，认定其文学地位、评判其学术贡献。最后，文学阐释具有思想性。阐释主体还要结合自我体会对文本蕴含的丰富内容进行深入探究和论述，指出其特有的文化价值。而上述价值就其现实意义而言，一方面，能向接受者展现文本固有价值，提供知识；另一方面，也能指导接受者更深入理解文本，启发其介入现实变革，具有鲜明的实践功能。

要之，文学阐释的理性品格、客观基质及鲜明功效要求其必须成为一种公共知识，具有广泛可接受性和认可度，即具有明显的公度性。

二　文学阐释“公度性”缺失探因

文学阐释具有“公度性”基因，应该成为人类进行公共交往的重要方式和平台，发挥其特有的功效。但就当下文学阐释而言，总体而言并未达到预期效果，其“可公度性”价值预期较低。究其原因，一方面，固然与前述文学活动、文学文本特质有关；另一方面，也是最致命的一点，与阐释方法失范密不可分。

第一，态度失衡。公共阐释的最高追求在于基于人类命运共同体视野和普遍历史前提，对文本做出超越对与错、真与假的被当下生活世界所接受的确当阐释，成为有限界内、有约束和边界的“共识”。因此，正确的阐释态度和献身真理的价值诉求至关重要。长期以来，掣肘于政治权利和经济利益的外部因素对文学阐释多有影响，有失公允的“捧杀”与“棒杀”大行其道。这种做法把文学阐释视为批评的武器，以主观好恶党同伐异，使阐释及结论毫无公正可言，其公度性可想而知。

第二，方法失当。文学阐释突出特征在于密切融合感性体验和理性剖析，将来自文本的个人体验升华为理性识见。但在具体阐释实践中，感性体验与理性识见并不总是融合无间，走向两个极端的阐释并不少见：随意性阐发与堆积性诠证。印象式批评并不遵从逻辑规范，仅从主观感知出发体验作品，类似于随笔创作，虽充满激情，时有灵感来临的畅快，但失于笼统模糊。这种将文学阐释混同于文艺创作的文本解读得于空灵，失于粗疏，较难产生公度性效应。还有一种所谓“学院批评”，也需引起警惕。这一文学阐释尽管十分关注文本客观存在，在跟着解说文本所述内容的同时，注意考辨其中各种因素的来龙去脉，能使接受者获得满满的知识，甚至使人觉得该阐释充满学术味道。但这类阐释知识性、学术性多于思想性，并未达到公共阐释的反思性、构建性和超越性品质，特别是其忽视了文学文本特有的人文属性。该类阐释也不是上乘的公共阐释。

第三，立场失范。最值得注意的是“强制阐释”立场。强制阐释以先行主观认识作为文本批评的前提，刻意以文本事实印证自我认识的正确性，使文学阐释沦为前置立场的“影物”。从根本上讲，强制阐释虽坚持理性优先，但这是一种知性认识，具有独断论倾向；虽然“强制阐释”强调“识见”优先、思想优先原则，但这是一种无根无源的思想，并非从文本阐释中自然而然得出。强制阐释最突出问题在于，既不考辨作者创作意图和动机，更是有意对文本中某些内容视而不见，刻意放大或挖掘与一己前见相符的因素，得出符合主观目的的结论。在文学强制阐释中，既不能澄明文本中含而不见的潜在蕴意，更达不到反思文本不足、超越一己浅见、创建文学共识的阐释目的。“强制阐释”也形成了一种知识，但这是囿于个人前见的知识，其不良后果在于不仅强制阐释了文本，还要强制接受者接受。更需注意的是，“强制阐释”大多运用西方舶来的方法和观点强行肢解国产文本，将本土经验豁域为西方方法的“试验田”，得出似是而非的结论。强制阐释的内容注定不会具有可公度性，甚至可以说其最大程度上破坏了阐释内容的公度性。

三　文学阐释公度性话语生产机制

文学阐释具有公度性基因，但阐释与批评的失范使其弱化了可公度性效果，降低了有效性成分与范围。如何才能强化文学阐释的有效性，使其成为人文社会科学公共阐释重要领域？唯有坚持马克思主义文艺批评方法与标准。早在 1846 年恩格斯在《诗歌和散文中的德国社会主义》一文中就指出：“我们决不是从道德的、党派的观点来责备康德，而只是从美学的和历史的观点来责备他。”① 1859 年恩格斯写给拉萨尔的信中再次提到，“您看，我是从美学观点和史学观点，以非常高的、即最高的标准来衡量您的作品，而且我必须这样做才能提出一些反对意见”②。因此，马克思主义文艺批评总的方法就是史学观点与美学观点相统一的方法。这一方法不仅是文学阐释的基本准则，更是一切文艺研究总的指导思想。当然，坚持这一准则，并不意味照搬经典理论家的研究结论，而是贯彻这一思想和观念，使其成为文学阐释活动的指南。为此，恩格斯还多次撰文强调理论方法与实践结合的重要性，“马克思的整个世界观不是教义，而是方法。它提供

---

① 张江：《公共阐释论纲》，《学术研究》2016 年第 6 期。

② 恩格斯：《致斐迪南·拉萨尔》，《马克思恩格斯选集》（第 4 卷），人民出版社 1995 年版，第 561 页。

的不是现成的教条，而是进一步研究的出发点和供这种研究使用的方法”①。“如果不把唯物主义方法当作研究历史的指南，而把它当作现成的公式，按照它来剪裁各种历史事实，那么它就会转变为自己的对立物。”②

（一）坚持社会实践论立场

人类社会实践论域是文学阐释可交流与沟通的前提。马克思曾指出：“动物的生产是片面的，而人的生产是全面的……动物只是按照它所属的那个种的尺度和需要来构造，而人懂得按照任何一个种的尺度来进行生产，并且懂得处处都把内在尺度运用于对象。”③ 人与动物的根本区别就在于人具有自我意识，人与动物活动的最大不同就在于人的活动具有目的性和对象化特点，因此，人类活动能将两个“尺度”有机结合，遵从合规律与合目的性相统一原则完成各种创造性生产。文学阐释的客体无论是文艺现象还是文学文本，都是人类创造产品，是人类审美活动的产物。文学阐释既不是艺术创造，也不是跟着客体描述，而是深入挖掘其中的“规律”和“目的”。文本中的“规律”既包括文艺反映生活的艺术规律，也包括其中揭示的生活规律；而“目的”则主要指人类通过文本所表现的生活识见和主观意蕴。文学阐释之所以能够被普遍接受，也正在于其中孕育着人类共同追求的价值。但这里的“人”不是抽象的人性，而是历史存在中的具体的“人”。

马克思在不同场合多次指出，“人”是一个具体的存在，是处于各种具体社会关系中的现实的人。与费尔巴哈过于抽象地剖析“人的本质”和“人类之爱”不同，马克思认为“人的本质不是单个人固有的抽象物，在其现实性上，它是一切社会关系的总和”④。在揭示资

① 恩格斯：《致威·桑巴特》，《马克思恩格斯选集》（第4卷），人民出版社1995年版，第742—743页。

② 恩格斯：《致保尔·恩斯特》，《马克思恩格斯选集》（第4卷），人民出版社1995年版，第688页。

③ 《马克思恩格斯全集》第3卷，人民出版社2002年版，第273—274页。

④ 《马克思恩格斯文集》第1卷，人民出版社2009年版，第501页。

本秘密与工人赤贫时，马克思也从复杂的阶级关系中剖析人之异化根本原因，是资本转化和剩余价值生产带来了新型剥削关系并导致了人的异化，进而概括指出个人无论如何努力，都不能摆脱社会历史影响的识见。“不管个人在主观上怎样超脱各种社会关系，他在社会意义上总是这些关系的产物。”① 文学阐释就是研究人的文学活动规律和文学文本中的人类活动，换句话说，就是研究现实活动中的人和文本中的历史事件。这要求必须将其放在一定历史视域从容分析，从实践出发、坚持实事求是剖析文学活动中的人类生活是其阐释基点。

康德哲学最大的贡献就在于深入阐释了人的“类本质”，剖析了人具有不同于动物的“先验意识”，但顺着其唯心主义思维路径，人们只能探究人类抽象本质。马克思主义人学实践论哲学的超越性在于在思考人类本质时将其放入发展着的实践领域，鲜明地指出了人是具体的、历史的人。以马克思主义方法研究人的本质，人的“类本质”不是凝固的，而是随着实践活动的展开而处于变化之中，人的能力与水平处于不断提升进程之中，“五官感觉的形成，是以往全部世界历史发展的产物”。如此而来，人类活动就是一个命运共同体。虽然这一共同体可以因时代、地域、民族、阶级关系的不同取以不同名号，但也正因为上述不同关系存在而相应地维护着局部统一和局部共识的形成。人类命运共同体的存在正是人文科学对话与交流的基础，人的“类本质”的同一性和历史生成性，决定着人文科学阐释与理解中的公共成分和构建性成分，换句话说，公共空间与视域是人文交流的基础。尽管作者“视界”与阐释者“视野”并不总是“融合”，但这并不影响阐释在某一时空范围内的可普遍理解性和可接受效果。

（二）坚持文本第一性原则

“文本”，顾名思义，就是以“文”为本。虽然在西方出现了形色各异的文本理论，甚至在现代和后现代视域中形成了截然对立的认识；但即使如此，它们也都不否认文艺客观存在物（文本）即是阐释与批评的先在条件。换句话说，这意味着文学阐释必须有本可依，尽

① 《马克思恩格斯文集》第5卷，人民出版社2010年版，第10页。

管后来的“文本”内涵无限扩大，泛指一切载体形式，甚至是一段讲话或影视片段。“说文本分析的时候，应该把文本理解成一个社会中可以找到的任何的一种表达方式。它可以是某些书写的、人们通常称作文本的东西，也可以是广告或某一位宗教人士或政界人物所做的口头讲话，这些都是文本。它可以是诉诸视觉的比如广告画。也就是说，实际上是一个社会使用的旨在介绍自己或使每个人在面对公众的形式下借以认识自己的表达方式。”①

文学文本蕴含丰富，是一个复杂存在。但无论如何复杂，必须确认它客观存在着，尽管并非是一种简单的实体存在。文学文本客观性体现在三个方面：首先，它是一个“物质”实体，是一个语言客观存在物。文学阐释首要任务在于剖析其语言运用、结构层次、技巧手法及体式特征，突显其不同于他物的“物质”存在特质。其次，文本是一种“观念”实体。文学文本以其形象的间接性，传达了远比其他艺术形式更为丰富的价值观念，并因其“微言大义”不易被人理解与接受，文学阐释必须揭示源自于文本的思想，并将其昭示于人。当然这种阐释不能任意而为，须有本可以。最后，文本是一“关系”实体，是一“间性”客观存在。现象学哲学、接受美学以及言语行为理论深刻探讨了文本这一特征。现象学哲学指出文本中具有“空白点”和不确定性，甚至存在“否定”基质，它具有独特的“召唤结构”，只有阐释者的“填空”与“对话”才能使其充盈，并最终实现与完成其潜在价值。接受美学理论从微观阅读学和宏观接受史两个层面剖析了文本与读者的互动关系，虽然时有夸大读者的弊端。言语行为理论则在认可文本语言客观存在基础上，将文本视为“施为”客体，解释了文本“以言行事”功能；其后，话语文本理论进一步探究了文本中蕴含的权利关系及实践功能，将“以言行事”发展为“表意实践”，更加突出了文本介入、干预现实的功能。

作为一种特殊的文化载体，文本是探究人文科学的“第一性实体”。“文本（书面的和口头的）作为所有这些学科以及整个人文思维和语文学思维（其中甚至包括初始的神学和哲学思维）的第一性

① 让-克罗德·高概：《范式·文本·述体》，《国外文学》1997 年第 2 期。

实体。文本是这些学科和这一思维作为唯一出发点的直接现实（思想的和情感的现实）。没有文本，也就没有了研究和思维的对象。”[①] 文学阐释无论得出何种理解，都必须立足文本，即使来自“关系”实体的个人体验与感悟，也不能无凭无据。这是保证文学阐释具有公共基质的首要条件。

（三）坚持美学观点与史学观点相统一方法的指导

一般而言，美学观点和史学观点只有统一在实践论唯物史观下才能相辅相成，也唯有如此，才能将文学阐释中的审美感性体验与历史理性剖析结合起来，避免一味感性阐发与理性诠证，发挥其理解问题深刻而全面的功效。文学是人学，是人类特有的审美创造活动，但人是社会存在物，社会发展和历史演变决定阐释人之文学需要坚持唯物史观。坚持这一阐释观念，要求在剖析文艺现象和文艺作品时，一方面，需要彻底弄清其作为人类审美活动的特殊性；另一方面，更要挖掘与阐发其发生或产生的社会依据及其与社会生活的互动关系。

第一，审美体验的共通性是阐释公度性的人学基石。审美共同感是文学阐释具有共识性的重要原因。众所周知，文艺是一种审美意识形态形式，审美性是其特质，与社会美、自然美相较，艺术美更能突显人的创造因素。审美活动是人与对象审美关系的表达，是人以诗意情感对待外物的结果。文学文本就是以语言为载体对这种诗意情感关系的精确表现。因此，文学阐释是在个人审美感知基础上对文本及其所含历史生活的理性剖析。

一般而言，文学阐释中的感性认知以体验美为主，是美的发现、情的发现与人的发现的统一。首先，文学阐释是美的发现，阐释主体不仅要感知文本中的形象，还需从根本上弄清文学形象的塑造技巧与方法；不仅要感知文学形象的精美，还要领悟文本结构、语体特色与文体独创性。其次，文学阐释是情的发现。阐释主体不仅要细微体会文本中人物情感，还要体会与感受作者情感起伏变化；不仅要发现人

---

① 巴赫金：《文本问题》，《文本对话与人文》，白春仁等译，河北教育出版社 1998 年版，第 200 页。

物情感逻辑，更要掌握作者传情达意的手法。最后，文学阐释是人的发现。一方面，阐释主体要感悟与领会文本中人性因素及人道思想；另一方面，还要把握其在文本中的复杂表现及其普遍意义。

康德在其《判断力批判》中指出人类能够欣赏美的关键原因在于美具有超功利性，是人类所具有的审美共同感制约着“共同美”的产生。人类相同的心理结构与美感心理产生的共同机制导致不同时代、不同民族、不同地域的人们对同一审美对象具有大致相同的感受。如此来看，但就文学阐释中的感性认知来说，以美的发现为基础渐次深入的情的发现、人的发现具有产生通约性的可能。当然，反过来分析，以人的发现为指导的情的发现、美的发现也必然具有丰富的社会性因素，体现出复杂的社会文化属性。可以说，人类共同的美感心理结构和后天积累的集体经验（文化记忆与经验）必然导致文学阐释中的感性认知具有广泛可接受性和公度性，并且使得该感性经验具有可理解性。

文学阐释虽以个人体验为基础展开，但其指向在于发现人类共同的审美经验，即获得超越文本个人经验的人类审美体验。文本中的审美经验可能与阐释者经验并不完全一致，甚至是阐释者没有经历的人生经验，但人类共同心理可以使阐释者设身处地体验文本，以己度人，领会文本所具有的超越性的人类经验。“各美其美，美人之美，美美与共，天下大同”，这是文学阐释主体应有的胸怀。

第二，文本所由产生的历史实践是阐释公度性的可靠依据。立足文本固然重要，但更不能忽视文本所由产生的历史前提。文本是人类文化的载体和创造物，其从无到有来自于艺术家对社会的能动反映，现实生活和创作意图构成文本内容主体。文学阐释的首要任务在于剖析历史生活以何种形式进入文本，成为文本有机内容的变形后的社会生活又表现了艺术家何种目的与意图。这就要求文学阐释必须坚持以历史事实为依据，“知人论世”地进行研究。一方面，阐释文本所由产生的历史事件与进程。这包括创作背景以及文本中的社会生活，即文本产生的社会基础。马克思指出：“我们的出发点是从事实际活动的人，而且从他们的现实生活过程中我们还可以揭示出这一生活过程在意识形态上的反射和回声的发展。”[①] 因此，探究任何一门人文科学和精神现象都需要廓清其出现的历史缘由，文学阐释中的知识梳理和学术剖解多与此相关。另一方面，发掘与揭示作家创作意图。一般而言，作家生活经历丰富，积累了多样素材，何种原因导致某些素材进入文本，其目的何在？作家通过文本寄托对生活的某些理解，这些见解如何与素材有机融合？素材是否足以展示其理想世界？上述因素是任何文本固有内容，文学阐释的任务之一就是澄明这些内容，使其昭示于众，以便普通接受者易于理解，借题发挥不是严格意义上的文学批评。

第三，客观评价是阐释公度性的价值保证。“批评”是文学阐释固有之意，批评家需要对文本做出高下得失评判，以突显此在文本特色与地位，而这也正是文学阐释思想性所在。只述不评容易带来人云亦云、无所作为，而只评不述则可能沦为自言自语，这都不是上好的阐释与批评。所谓“客观评价”不是无价值立场的自然科学研究，而是基于历史境域的“社会客观”评判。剖析文本价值可以从三个方面入手：其一，文本内容是否有高度真实性，是否真实而细致地反映了某一特殊历史时期生活。马克思曾指出：“历史的每一阶段都遇到一定的物质结果，一定的生产力总和，人对自然以及个人间历史地形成的关系，都遇到前一代传给后一代的大量生产力、资金和环境，尽管一方面这些生产力、资金和环境为新的一代所改变，但另一方面它们也预先规定新的一代本身的生活条件，使它得到一定发展和具有特殊的性质。”[②] 文学文本不仅揭示历史发展总体特征，还要细微映现“继承”与“发展”中的“特殊”变化。其二，文本是否具有进步倾向性，是否表现了作家对历史生活的“善”意评价，是否能够自觉指导人们扬善惩恶、弃恶从善，从而实现其应有的教化功能。但这种“善”不能脱离其特有的历史条件，“善”本身就附带着时代的、地域的、民族的、阶级诸多社会属性。其三，文本是否具有和谐的“美”的形式。丰富的历史内容和深刻的思想认识固然重要，但文艺

① 《马克思恩格斯选集》第 1 卷，人民出版社 1995 年版，第 73 页。

② 《马克思恩格斯选集》第 1 卷，人民出版社 1995 年版，第 172 页。

不是理论说教，它需要准确艺术呈现，需要塑造形象、调动情感、伴以精美艺术形式潜移默化感染读者，以起到“润物无声”的效果。习近平总书记提出文艺精品“三精”要求：思想精深、艺术精湛、制作精良，其中后两者都与形式有关。但文学阐释中的“形式分析”不宜采用形式主义者方法，为了形式而形式，而是突显其传达内容的必要性和精确性功效及其艺术史地位。

对文学文本进行阐释须坚持唯物史观，即把文本与文本中的生活放在一定历史进程中加以探讨，客观评述其历史效果。无论评判其真实性、倾向性，还是分析艺术风貌与特色，都必须以客观历史生活为基点，既要发现其历史进步意义，又要指出其必然带有的历史局限性。因为任何文本的创作，都在特定历史实践中完成，都在继承与创新的纠缠中出现，既有因循守成的保守成分，也有突破激进的创新因素，“历史不外是各个世代的依次交替。每一代都利用以前各代遗留下来的材料、资金和生产力；由于这个缘故，每一代一方面在完全改变了的环境下继续从事所继承的活动，另一方面又通过完全改变了的活动来变更旧的环境。”① 在新环境中承续旧有活动，并适时改变活动本身以达到创造新世界、新历史，是人类实践活动的基本特征，文学活动也是如此。而文学文本阐释则需要发现与挖掘其中点滴变化，指出其创新价值、历史意义和时代局限。以唯物史观为指导的辩证分析及其结论，自然具有客观性、可理解性和公度性，易于成为公共交流知识。

文学阐释是在个人感性体验基础上对文本做出的理性剖析，相同的主体审美心理结构、共同的人类审美经验、一致的阐释规程以及趋同的历史视野决定了文学阐释能够从文本中发掘基于个人理解但又超越个人局限具有反思性和构建性的人类识见。只有杜绝“强制阐释”立场，坚持唯物史观，立足文本以挖掘与阐释文本意蕴为指归，文学阐释才能具有广泛接受性和可公度性，成为具有公共价值的交流对话平台。

---

① 《马克思恩格斯选集》第 1 卷，人民出版社 1995 年版，第 168 页。

公共阐释：文学史与文学记忆[*]

张同胜[**]

探讨公共阐释与文学记忆、文学史之间的关系，其中的一个问题就是从长时段来看，文学记忆是如何符象化阐释公共性的？对问题作纯抽象形而上地思辨，往往掩盖和抹杀真相褶皱中的细节，仅仅印证了自己的前见。因此，本文以具体文学作品如文学记忆中的隋炀帝叙事为把手，或许能较好地揭开尘封的情感史，澄清事实的真相。文学史是文学艺术的公共阐释，是知识领域里的文化素质教育。本文的另一个目的，是考察文学史阐释的公共性，凸显权力话语的脉络结构，以此剖析文学史与文学记忆的间性关系。本文以文学事件中的隋炀帝书写为个案、以文学史阐释的公共性为典范，分析文学记忆、文学史与公共阐释之间的内在逻辑关系。

一　作为公共阐释的文学记忆

（一）文学记忆是主流意识形态之规训

历史人物的文学记忆，它所表征的究竟是谁的意志？具体到文学世界里的隋炀帝书写，唐太宗的心思具有当时权力话语的功效。历史学界对隋炀帝的评价，有云泥两极的价值判断：一则认为隋炀帝有丰功伟绩，是秦皇汉武之俦，如平定陈国完成统一、开创科举制度、开

* 基金项目：国家社会科学基金西部项目“中国古代文学阐释机制研究”（20XZW003）。本文原刊于《济宁学院学报》2021 年第 4 期。

** 作者单位：兰州大学文学院。

挖大运河、拓土西域等；一则与文学世界里的隋炀帝形象刻画有着情感认同，断定他好色荒淫、好大喜功、不恤民力，是典型的暴君。唐太宗李世民是如何看待他这位表亲的呢？唐代文史世界里的隋炀帝书写，唐太宗起到了什么作用呢？

唐太宗曾经感叹说："朕观《隋炀帝集》文辞奥博，亦知是尧舜而非桀纣，然行事何其反也？"① 唐太宗经过反思，认为"君道大纲，非知之难，惟行之不易。行之可勉，惟终实难。是以暴乱之君，非独明于恶路；圣哲之主，非独见于善途。良由大道远而难遵，邪径近而易践"②。历史学家经过考证，发现唐太宗、隋炀帝其实非常类似，然而这里的文献却表明了明君、昏君的泾渭之别。其实，唐太宗不只是对隋炀帝，对唐高祖、他的兄弟等都刻意地进行了比照、丑化、贬低。

李世民信奉儒家"三不朽"的教诲，是一位极其重视历史道德评价的君主。他曾经命令史官进呈皇帝实录，并对玄武门之变的历史书写作过具体的指示。他当然也关注史官与民意对隋炀帝的评价。朝代更替，新王朝为其合法性作辩护，多有对前代的诋毁、污蔑和非法化。唐太宗自然也不例外。"贞观九年，太宗谓侍臣曰：'往昔初平京师，宫中美女珍玩，无院不满。炀帝意犹不足，征求无已，兼东西征讨，穷兵黩武，百姓不堪，遂致亡灭。此皆朕所目见，故夙夜孜孜，惟欲清净，使天下无事。遂得徭役不兴，年谷丰稔，百姓安乐。夫治国犹如栽树，本根不摇，则枝叶茂盛。君能清净，百姓何得不安乐乎？'"③ 于是，唐太宗对隋炀帝的评价，即"好色荒淫""穷兵黩武"，就成了史官撰述的指导思想和编纂标准。

史官如何书写前代史？古代中国是"史之国"，皇皇巨著《二十五史》便是明证。然而，这些史书，与其说是历史事实的记载，不如说是道德规训的范本。孔子作《春秋》，而贼子奸臣惊惧，原因就在

① 司马光：《资治通鉴》，中华书局1956年版，第6053页。
② 吴兢：《贞观政要》，上海古籍出版社1978年版，第295页。
③ 谢保成：《贞观政要集校》，中华书局2005年版，第41页。

于其春秋笔法，即以一字隐寓道德褒贬。《新唐书》对《旧唐书》的道德化增强和重述也是由于这个缘故。那么，其间的道德标准又是谁的呢？史书一般是胜利者撰写的，因而历史书写字里行间的道德评价便是胜利者、统治者的道德体系规范。《新唐书》《旧唐书》里隋炀帝“好色荒淫”，是皇帝李世民的意志在编撰中的体现。

魏徵等主编的《隋书》以史为鉴，他在给唐太宗上书时说过，“殷鉴不远，在夏后之世。臣愿当今之动静，以隋为鉴，则存亡治乱可得而知”[①]。从而《隋书》对隋王朝君臣上下骄奢淫逸的腐朽生活，如对隋炀帝大兴土木、三游江都，进行了淋漓尽致地渲染。史书编纂者批评隋炀帝云：“负其富强之资，思逞无厌之欲”“恃才矜己，傲狠明德，内怀险躁，外示凝简”“淫荒无度，法令滋章，教绝四维，刑参五虐。”[②]《资治通鉴》亦记载：“（隋炀帝）遣黄门侍郎王弘等往江南造龙舟及杂船数万艘。东京官吏督役严急，役丁死者什四五，所司以车载死丁，东至城皋，北至河阳，相望于道。”[③] 这里的史书笔法就不乏文学修辞夸张手法。况且，“唐初对炀帝一朝的资料，既然需要靠（唐人）采访来补全，对于《隋书》、两《唐书》《资治通鉴》《册府元龟》等史籍所载，不能尽信，同时也要留意唐人对隋炀帝的偏见”[④]。

《隋书》对隋炀帝的记载：“上美姿仪，少敏慧，高祖及后于诸子中特所钟爱。”[⑤] 魏徵云：“亡国之主，多有才艺，考之梁、陈及隋，信非虚论。”[⑥] 谚云“不以成败论英雄”，然而史书对历史人物的评价，实质上完全是以成败论英雄，因为史书是胜利者书写的史书。即以东征高句丽来看，在隋炀帝之前，隋文帝于 598 年远征高句丽。在隋炀帝之后，唐太宗于 644 年至 645 年亲征高句丽，647 年派大军东

---

① 刘昫等：《旧唐书》，中华书局 1975 年版，第 2554 页。

② 魏徵等：《隋书》，中华书局 2016 年版，第 95 页。

③ 司马光：《资治通鉴》，中华书局 1956 年版，第 5619 页。

④ 高明士：《从军礼论隋唐皇帝亲征》，刘晓、雷闻主编：《隋唐辽宋金元史论丛：第 8 辑》，上海古籍出版社 2018 年版，第 9—43 页。

⑤ 魏徵等：《隋书》，中华书局 2016 年版，第 59 页。

⑥ 姚思廉：《陈书》，中华书局 1972 年版，第 119 页。

征高句丽。唐高宗时多次东征高句丽，终于在 668 年灭高句丽。可是，隋文帝史称“贤主”，唐太宗史称“明君英主”，历史却给了杨广一个“炀”的谥号。何谓“炀”？炀即“去礼远众”。

隋代大业八年（612）、大业九年（613）、大业十年（614），隋炀帝连续三次亲征高句丽。这被《旧唐书》等史书看作是隋王朝亡国的导火线。可事实是，“唐初君臣将隋炀帝人为树立为治理国家的反面参照物，对隋炀帝的所谓‘污点’及其亲征高句丽所带来的危害有无限夸大的倾向，特别是对大业八年亲征的全盘否定，从而导致此后史家的连锁反应，影响学界对一些问题的客观评价”。依据出土的墓志铭可知，大业八年，“隋炀帝御营在整个征伐战中的损失并不大”①。从现存的文献资料来看，唐太宗有意识地与隋炀帝进行比照，从而处处抹黑他这位表兄。

历史叙事定论是如何形成的？古人云：“上有所好，下必甚焉。”隋代之后历代小说、诗歌、笔记、戏曲对隋炀帝“淫乱”“暴戾”形象的建构和重复，既具有权力话语的意志，又具有在地化时空结构中意识形态的利用、生产和再生产，而文学记忆是权力话语的生产机制之一。

（二）文学记忆是话语权者情绪之符象化

何谓符象化（ekphrasis）？它是希腊语，意指 speaking out or telling in full or describing in detail。文学史实质上是情绪、情感之政治史。文学作为一门艺术，其实是具体历史时代性权力话语的情感化创作。文学记忆是意识形态的变相，是权力话语的情感史，是社会或集体时代性的影像，是主观的、情感的、政治的符号艺术。正如华伯格所认为的，“文学的记忆就建立在符号的重建和文本中有意义的各种元素的重建基础之上”②。

---

① 拜根兴：《墓志所见隋炀帝亲征高句丽：兼论唐初君臣对隋亡事件的诠释》，《陕西师范大学学报》2019 年第 1 期。

② 阿斯特利特·埃尔、安斯加尔·纽宁：《文学研究的记忆纲领：概述》，冯亚琳、阿斯特利特·埃尔主编：《文化记忆理论读本》，北京大学出版社 2012 年版，第 213 页。

在文学记忆中，对隋炀帝连篇累牍的污名化，进而使隋炀帝完全成为暴戾亡国之君的典型。作为情绪史的文学记忆中的典型“荒淫暴君”符号隋炀帝，是唐代及其之后的历朝历代的诗歌、笔记、戏曲和小说生成并一再皴染的艺术结果。唐太宗对隋炀帝的评价和定调，不时见之于文学世界之中。

中国的诗歌传统，以抒情诗为主流。从某种意义上来说，古代中国诗歌史就是一部古代中国文人的情绪史、情感史。其间的文学记忆，本质上是某一历史时代情感的记忆史。“穷兵黩武”之于隋炀帝的评价，一而再、再而三地被印证，如周昙《隋门·炀帝》诗云：“拒谏劳兵作祸基，穷奢极武向戎夷。兆人疲弊不堪命，天下嗷嗷新主资。”好色荒淫之夸张式渲染。《隋唐两朝志传》（又名《隋唐志传通俗演义》）成书于明代中晚期，现存最早的版本为万历己未年（1619）姑苏龚绍山刊本，书前题署“东原贯中罗本编辑，西蜀升庵杨慎批评”。小说第一、二回渲染了隋炀帝杨广铺张放荡的私生活。隋炀帝好大喜功、穷奢极欲，宫中除了皇后以外，号称有“十六院夫人”和三千名宫女。

文学记忆中关于隋炀帝“好色昏庸”的事件，其中著名的有下江都雇用殿脚女拉纤、游湖观赏宫女采莲、笙歌达旦地宴饮、在离宫西苑看宫女跑马等。这些描写或叙事，多出自于虚构和编撰，并非事实真相。

经过皇帝的定性、文人的渲染、艺术的加工，文学记忆中的隋炀帝、符象化的隋炀帝成了一个典型的文学类型符号。这个文学符号的所指，即色欲、暴戾、奢侈。因此，文学艺术中的隋炀帝，不再是一个历史人物，而是一个具有独特意义能指的另一个人物符号。在相关或相似的语境中，这个符号言说着约定成俗的一个类型能指。

掌握话语权的统治者、文人对类型符号的再生产。《大业杂记》《隋遗录》《海山记》《开河记》《迷楼记》《隋炀帝艳史》等，写尽了隋炀帝的各种奢靡生活，更加夯实了隋炀帝作为“好色荒淫、穷奢极欲”的这一个亡国君的类型符号。隋炀帝在后世的文学世界中，成为了一个符号，它所表征的意义为“荒淫”。

在清初的瓷器图案上，有一副“隋炀帝夜游”的图像，其中的隋炀帝即昏君荒淫误国的表征。“炀帝夜游”至今依然是日本茶室悬挂画轴中的一个画题。[①] 如今探索这个画题，在文献上可以追溯到讲史小说《隋唐两朝志传》。这部小说写道：“每于月夜，放宫女数千骑，游于西苑，作《清夜游》曲，令宫女善歌舞者，于马上奏之。自是之后，或游于渠，或玩于苑，具以女乐相随，荒淫宴乐，无时休息。”[②]

人类情感史上的借尸还魂和指桑骂槐在文学记忆中是一个普遍的形象。对历史现象的追忆，一方面固然是道德的规训和驯化，另一方面则是针对当下社会问题的回应和言说。而文学现象更多的是情感政治的书写、描述和阐释，它一般展现某一历史时期的情感、情绪被政治势力所利用。因此，从这个角度透视隋炀帝的文学记忆，就会发现追忆的时间点一般就是朝廷政治的危机时刻。也就是说，人们往往以历史现象、乌托邦、反乌托邦、恶托邦来批评当下的社会问题。

例如，崇祯辛未年（1631），齐东野人自序其《隋炀帝艳史》云：“构《艳史》一编，盖即隋代炀帝事而详谱之云。”从成书的时间可知，此乃朱明末世，故小说作者不无指涉时事，含沙射影之叙事意图。其《凡例》又云：“今《艳史》一书，虽云小说，然引用故实，悉遵正史，并不巧借一事，妄增一语，以滋世人之惑。”[③] 我们知道，《隋炀帝艳史》据作者自云是“据《大业杂记》《隋遗录》《海山记》《开河记》《迷楼记》诸书”，由此可见所谓“悉遵正史”实乃夸诈。《迷楼记》等书为小说家言，道听途说，驰骋想象，本不可信；即使是“正史”，也是“叙事”，是作者的主观性叙述而非事实之再现。小说文本正文与题目，充斥于眼帘的是隋炀帝荒淫奢侈、骄奢纵欲、生活腐化即所谓“穷极荒淫奢侈”之胡编乱造。这一方面由于古代文人对政治的理解框架之一便是色性，即沉湎女色；另一方面晚明社会传统道德管控松弛、情色放纵也是一个事实。“隋炀帝

---

① 小田荣一、影山纯夫编：《茶室挂画画题事典》，日本京都：河原书店2008年版，第444页。

② 罗贯中：《隋唐两朝志传》，明万历己未年姑苏龚绍山刊本，第2页。

③ 齐东野人：《隋炀帝艳史》，中华书局2002年版，第1页。

开河、南游等史事经过《开河记》等唐末传奇的鼓浪，复经明清艳情小说扬波，纷传于世，以至于‘至今世俗心目中之隋炀，殊犹是昼游西苑，夜止迷楼’”①。

文学记忆中对隋炀帝的诋毁，刻意塑造一个“独夫民贼”的现象，还有一个典型事件，那就是开挖大运河。大业元年（605）三月至八月、大业四年（608）、大业六年（610），隋炀帝主持修凿了通济渠、邗沟、永济渠与江南河四段。文人书生的篇什，或指斥隋炀帝大兴土木、好大喜功；或浩叹朝代的兴亡，感伤隋王朝二代而亡；或指责劳民伤财，贫困民力。其实，大隋王朝，在中国历史上是极为富有的朝代，即使是开挖大运河，正如唐人杜宝所谓“于时天下丰乐，虽此差科，未足为苦”②。

然而，文学记忆中的运河书写，充满了文人墨客情绪化的痕迹。中国古代文学的世界里，特别是涉及对外征战和民生大工程，其文字的书写里里外外都充斥着哭哭啼啼、哀哀怨怨、凄凄惨惨戚戚，这是不是民族的时代性情绪之记忆和反映？但是，并不是所有的文人都短视无知，如皮日休《汴河怀古》诗云：“尽道隋亡为此河，至今千里赖通波。若无水殿龙舟事，共禹论功不教多。”所谓“水殿龙舟事”，指的是用殿脚女做纤夫事。然而，关于“水殿龙舟事”，在历史上实无其事。它是后世文人的无聊想象和对隋炀帝的污名化处理。

《隋书》云：“募诸水工，谓之殿脚。”③ 殿脚本为男子，然而《大业杂记》虽是唐代贞观年间所撰，却将男子改为女子，它写道：“以青丝大绦绳六条，两岸引进。其引船人普名殿脚，一千八十人，并着杂锦彩装袄子、行缠、鞋袜等。每绳一条，百八十人，分为三番，每一番引舟有三百六十人。其人并取江淮以南少壮者为之。”④《大业拾遗记》写道，隋炀帝下江南的龙舟，“每舟择妍丽长白女子

① 李菁：《唐传奇文炀帝开河记研究》，《厦门大学学报》2012 年第 2 期。

② 杜宝：《大业杂记》，陶宗仪主编：《说郛三种：第二册》，上海古籍出版社 2012 年版，第 874 页。

③ 魏徵等：《隋书》，中华书局 2016 年版，第 686 页。

④ 杜宝：《大业杂记》，陶宗仪主编：《说郛三种：第二册》，上海古籍出版社 2012 年版，第 873 页。

千人，执雕板镂金楫，号为殿脚女”[①]。而《炀帝开河记》因袭了这一文学杜撰，写道“于是吴越间取民间女年十五六岁者五百人，谓之殿脚女。至于龙舟御楫，即每船用采缆十条，每条用殿脚女十人，嫩羊十口，令殿脚女与羊相间而行，牵之”。从中可见，文学记忆是一种对历史事实的涂改和情绪化表述，它将“少壮男子”改写为“妍丽长白女子”“民间女年十五六岁者”。古代中国人抹杀人品的手段之一就是将其首先定性为淫乱，因为道德规约的标准就是性别政治。

李吉甫《元和郡县图志·河南道一》记载：“隋炀帝大业元年更令开导，名通济渠，自洛阳西苑引谷、洛水达于河，自板渚引河入汴口，又从大梁之东引汴水入于泗，达于淮，自江都宫入于海。亦谓之御河，河畔筑御道，树之以柳，炀帝巡幸，乘龙舟而往江都。自扬、益、湘南至交、广、闽中等州，公家运漕，私行商旅，舳舻相继。隋氏作之虽劳，后代实受其利焉。”[②] 然而，有的文人虽然也看到开凿运河的便利，但是指出了大运河主要是为朝廷官僚运输粮货。例如，李敬方《汴河直进船》云：“汴水通淮利最多，生人为害亦相和。东南四十三州地，取尽脂膏是此河。”

小说家言，识见卑陋，趣味低下，赏鉴粗俗，如认为隋炀帝是“借权臣杨素的势力登基”；或将杨广视作名叫阿嬷大老鼠的化身；或假想隋炀帝梦中与陈后主论富贵；或津津乐道于隋炀帝烝其父宠妃宣华陈夫人……其实，杨隋皇室身上流淌着鲜卑族的血液，而鲜卑族是游牧民族，传统上实行收继婚，因此在隋文帝崩后，隋炀帝即使是真地收继陈夫人，在其本民族婚姻习俗来看也无可厚非。李世民不是屠戮了他的兄弟们后将其弟妹杨氏纳为自己的妃子吗？然而，在关于隋炀帝的文学记忆中，这也成为了隋炀帝的一大罪证。

二　作为公共阐释的文学史

文学史是统治阶级意识形态公共阐释的重镇，是文学阐释公共性

① 颜师古：《大业拾遗记》，陶宗仪主编：《说郛三种：第八册》，上海古籍出版社2012年版，第5077页。

② 李吉甫：《元和郡县图志》，金陵书局1880—1882年版，第161页。

的典型代表，是探讨阐释公共性的绝好样板。自文学史产生伊始，它是资本主义知识生产机制之一，具有鲜明的意识形态性，是知识——权力结构的共同体意识建构者。文学史对文学历史中文学作品的阐释，是权力话语的选择、渗透、表征。

哪一些文学作品能够被选入文学史？这是由统治阶级依据本阶层利益所决定的。这一有意识地选择、排序，本身就是文学阐释政治公共性的表现，因为它体现着统治阶级集体利益的公共性。统治阶级不会同意为被统治阶级利益服务的艺术作品进入其意识形态的阵地。话语权的争夺，在知识界亦存在着，有时候甚至很激烈，因而哪一些作家能够入选、哪一些作品能够成为典型、作家排行榜的次序和变动等都是权力话语的晴雨表、社群权力斗争的变色龙皮肤。

无论是中国文学史还是外国文学史，其指导思想是文学史的灵魂，它具有鲜明的阶级意识。刘大杰编写的《中国文学发展史》，建国后为何曾经三次修改？这是因为这部文学史的指导思想发生了变化，具体地说，就是从社会进化文学史观转变到了马克思主义的唯物史观。刘大杰在 1957 年版“新序”中说：“解放后，由于自己对马克思列宁主义的初步学习和看到了一些从前没有看到过的史料，关于中国文学史的某些问题已经有了不同的看法。”[①] 1962 年，第二次修改稿出版。“1962 年版基本贯彻了建国后的文艺思想，如文学反映论，文学的人民性、阶级性、政治性，文学内容决定文学形式等观念，在对唯物史观的把握上较 1957 年版更专注、突出，在此基础上构建的知识体系，其严密性和系统性也超过了 1957 年版，直到 1983 年教育部还把 1962 年修订版列为高等学校文科教材”[②]。20 世纪 70 年代，刘大杰作了第三次修改：“作家阶级出身决定论、作品的机械反映论以及用‘儒法斗争’作为贯穿文学史的线索。”[③] 贾毅君认为这是时

---

① 刘大杰：《中国文学发展史：上卷》（第一次修订版），古典文学出版社 1957 年版，第 1 页。

② 贾毅君：《文学史的写作类型与文本性质：论刘大杰中国文学发展史的三次修改》，《天津大学学报》2001 年第 3 期。

③ 贾毅君：《文学史的写作类型与文本性质：论刘大杰中国文学发展史的三次修改》，《天津大学学报》2001 年第 3 期。

代性政治斗争使然，这是完全正确的。时代性的权力话语如果与文学史本来的指导思想存在着差异，文学史著述的修改就是不可避免的了。

外国文学史编纂，它的指导思想旗帜鲜明地表明为“马克思主义”，具体地说就是“马克思主义的辩证唯物主义和历史唯物主义”①。中国文学史亦然。中国社会科学院在20世纪五六十年代编写的《中国文学史》，具有鲜明的时代性特征，即以阶级斗争为纲，以马列主义、毛泽东思想为指导思想，以“人民性”“民主性”等为关键词。新时期以来，章培恒、骆玉明主编的《中国文学史》，以“人性”为其指导思想。20世纪末，袁行霈主编的《中国文学史》，它开篇明义，“以文学为本位”；然而，由于文学作品是“文学史的核心内容”②，而文学作品的甄选、阐释、评价、描述无不带有鲜明的意识形态性，从而文学史的撰写、讲授和学习就必然是权力话语在公共空间里的公共性展演。

“编写文学史的目的就是对众多的作家进行研究、分析和甄别，对不同类型、不同层次和不同价值的作家作出评价……”③ 也就是说，文学史知识系统的建构，是在指导思想的规约下，生产“我国精神文明建设中不可或缺的精神食粮”。为什么重写文学史？除却文学史观、价值立场的差异之外，要言之，那就是意识形态发生了变化，话语的领导权发生了移位，阐释的公共性发生了偏移。

文学史所肩负的任务，不仅仅在于它是“一门知识课程”，而且“更是一门科学文化素质教育课程”④。素质教育其中一个目的，就是培养能够明辨是非、政治立场坚定、社会主义的接班人。从而文学史对文学记忆中的知识进行“去伪存真、去粗取精”，这个过程本身就是权力话语的表征化。

鲁迅撰《中国小说史略》为研究古代中国小说较早的学术著作，

---

① 外国文学史编写组：《外国文学史：上》，高等教育出版社2017年版，第4—9页。
② 袁行霈主编：《中国文学史：第一卷》，高等教育出版社2005年版，第2页。
③ 外国文学史编写组：《外国文学史：上》，高等教育出版社2017年版，第8页。
④ 外国文学史编写组：《外国文学史：上》，高等教育出版社2017年版，第5页。

它对隋炀帝文学记忆文本之一《隋唐演义》作了如下陈述："《隋唐演义》计一百回，以隋主伐陈开篇，次为周禅于隋，隋亡于唐，武后称尊，明皇幸蜀，杨妃缢于马嵬，既复两京，明皇退居西内，令道士求杨妃魂，得见张果，因知明皇杨妃为隋炀帝朱贵儿后身，而全书随毕。凡隋唐间英雄，如秦琼、窦建德、单雄信、王伯当、花木兰等事迹，皆于前七十回中穿插出之。其明皇杨妃再世姻缘故事，序言得之袁于令所藏《逸史》，喜其新异，因以入书。此他事状，则多本正史纪传，且益以唐宋杂说，如隋事则《大业拾遗记》《海山记》《迷楼记》《开河记》，唐事则《隋唐嘉话》《明皇杂录》《常侍言旨》《开天传信记》《次柳氏旧闻》《长恨歌传》《开元天宝遗事》及《梅妃传》《太真外传》等，叙述多有来历，殆不亚于《三国志演义》。惟其文笔，乃纯如明季时风，浮艳在肤，沉著不足，罗氏轨范，殆已荡然，且好嘲戏，而精神反萧索矣。"① 由此可知，一则简介其主要内容，隋炀帝、朱贵儿与唐玄宗、杨贵妃两世姻缘叙事；一则点出其艺术特色，为浮艳浅肤。

由于《隋唐演义》远非四大奇书或四大名著那么经典，故中国文学史著作虽有两三千种之多，但对它的研究和叙述却相对来说较少。文学作品中的隋炀帝形象，如前所述，是一个荒淫暴君的符号记忆，是一个凝固了的纵欲奢侈的典型符号。从所谓汉语言"神话"神祇来看，他们都是两极的符号化表征，要么是道德的化身，要么是恶魔的化身，且不如希腊神话里的人物那样有着丰富的七情六欲。完美无瑕的榜样思维，至今依然有社会市场。从这个维度来透视文学记忆里的隋炀帝符号，也就释然了。

文学作品是文学记忆的媒介和空间，文学史是对文学作品的知识生产、价值观筛选、审美归类和文化认同教育。文学史与文学作品形成了一种文本间性的关系，在这种关系中，链接键和枢纽都化身为文学记忆的权力话语。从外在现象上来看，它们或者是艺术，或者是知识，或者是文化；而实质上，它们是统治阶级为维护其根本利益而言说的种种话语。

---

① 鲁迅：《中国小说史略》，上海古籍出版社 2001 年版，第 90—91 页。

作为公共阐释之一的文学史，由以上可知，实质上是权力话语在文学世界中的具体表现形式。它的公共性，展现了权力话语结构框架之中的理解和解释，与文学记忆一起都是权力话语的范畴，为维护统治阶级的根本利益服务。因此，文学史的公共性也就是权力话语的公共性。

三　权力话语阐释的公共性：文学史与文学记忆

由以上对隋炀帝文学记忆的个案分析可知，文学记忆所叙述和阐释的是对历史事件的情感化政治，是权力话语在艺术领域里的形象化和情感化表现，本质上是权力话语之一种。文学史是作为知识体系的权力话语，它的编纂、讲授和修改都是统治阶级意志的公共阐释。公共阐释实质上是情感结构，是某一时代的文化共享，也是权力话语的公共性、社会性和政治性体现。从而，文学史与文学记忆便具有共通性，它们都是权力的公共话语在不同时空里的展现。

文学记忆的真实性，不是历史真实，而是情感史真实，是掌握话语权的社会阶层的情绪化政治的效果史真实。它具有时代性、社会性、政治性。文学是语言的艺术，而语言又是现实社会生活的表现形式。也就是说，语言具有社会性，文学艺术包括文学记忆也具有社会性。语言在时间距离中发生内涵和外延的变异，而每一个历史时代都具有其精神的独特性，具体时空的结构性问题重构了文学艺术的当下表现形式，从而文学记忆又具有时代性。语言是意识形态的形式之一，意识形态总是政治的意识形态，从而作为语言艺术的文学作品也就必然地体现政治性。

“一切文学，不管多么虚弱，都必定渗透着我们称之为一种政治无意识的东西，一切文学都可以解做对群体命运的象征性思考。”① 从这个角度来说，文学记忆是权力话语的符象化生产；文学记忆是国家机器意识形态的生产机制。它的艺术性生产主要是对权力话语进行

---

① 弗雷德里克·詹姆逊：《政治无意识》，王逢振，陈永国等译，中国社会科学出版社1999年版，第60页。

符象化、情绪化、定型化。文学作品的所有后生命，主要是存在于公共阐释之中。

作为权力话语之一种的文学史，其公共性的体现是如何的呢？20世纪50年代至70年代，中国文学史的指导思想、关键词、时代性话语、编纂模式、所选文本等都体现了阐释的公共性。“自身的”文化传统、思维方式，其自身性之于某一个具体的族群或群体就是阐释的公共性。

阿诺德·汤因比说：“历史的本质正在于不断地增添自身。”在这一过程中，历史所增添的，不是别的，而是时代性精神。文学记忆的消除与重建，都是时代性精神对往事文本的建构。文学史的重写，正是时代性精神对之前时代性精神的改写。因为，时代性精神即权力话语，它所体现的是统治阶级的根本利益。

阐释是对意义的理解，对意义的理解当然是个体的事情。然而，由于主体具有社会性、时代性和政治性，因而个体的理解一定也是具体时空结构里的理解，从而同时又具有公共性。公共阐释是阐释的公共性之一维。意义是具体语境中语词所指链的共同体，它总是与语境绑定在一起，构成内在的肌理关系。语境即同在文本决定了阐释的公共性。权力、政治、文化、艺术等共同建构了具体历史时代的同在文本。艺术作品的生产与消费，都是同在文本之内的精神活动，它与权力话语本是一家，形成意义的同谋，从而其一体性、一致性就展现了共同体的思想意识。

理解，固然总是个人在一定的条件之中的具体意义的理解，由于每个人的前有结构不同而见仁见智；然而，人既然是“一切社会关系的总和”[①]，因而个人的理解不可避免地又是一种社会性的理解，因为个体的理解总是在一定“情感结构”中的理解，这个情感结构即威廉斯所谓的时代性文化，它具有公共性；同时，由于无论是个体的理解，还是社会性的理解，它总是具体族群文化生态里的理解，因而理解就是族群文化的理解。文化的理解与社会的理解，都是理解的公

① 《马克思恩格斯文集》第1卷，中共中央马克思恩格斯列宁斯大林著作编译局译，人民出版社2009年版，第501页。

共性表现。文学记忆是文化理解中的一部分，无论是从时间上看它的历史性，还是从空间上看它的地域性，它既是公共阐释的结果，又建构着阐释的公共性。

意义的问题即理解、阐释及其运用的问题。意识形态“植根于有关意义和方向的一半的哲学问题之中”①。何谓意识形态？意识形态就是将人为的、文化的、建构的说成是本来的、自然的和天然的话语，它维护统治阶级的根本利益，它不竭余力地维持现状。从这个原因而言，意识形态即权力话语。因而，在一定的历史条件中，阐释总是权力话语的意义理解；文学记忆也是权力话语的艺术性建构，文学史自然是以知识的身份现身的权力话语。

文学作为集体记忆的媒介，② 其中书写着文化的族群性及其阐释模式。文学记忆是文化记忆之一种，它建构着身份认同和文化认同。因为文化认同是建构的，它需要文学记忆和文学史等媒介的鼎力相助。它们彼此之间是互文性的关系，相互维系着意义的生成、生产和知识化。“理解……是一种对共同意义的分有”③。人是理性交往行为的主体。阐释是一种公共理性交往行为。阐释是事件，事件即生成，对文本的理解，归根到底是本体论意义上的意义之生成。阐释是一种被权力话语所操纵与控制的活动。话语生产机制是知识、权力运作而形成的体系。

由以上可知，文学史与文学记忆之间的内在逻辑关系，在于它们都是权力话语的范畴、场域、表征，它们实质上都是统治阶级意识形态以知识形态的公共阐释。它们之间的差异，仅仅在于具体表现形式之不同。它们的共通性指向了权力话语的一致性。阐释的公共性昭显了权力话语在文学空间里的在场和展演。

---

① 大卫·麦克利兰：《意识形态》，孔兆政等译，吉林人民出版社2005年版，第5页。

② 阿斯特莉特·埃尔：《文学作为集体记忆的媒介》，冯亚琳、阿斯特利特·埃尔主编：《文化记忆理论读本》，北京大学出版社2012年版，第227—246页。

③ 伽达默尔：《真理与方法》上卷，洪汉鼎译，上海译文出版社2004年版，第374页。

基于公共阐释论的文学走向思考*

高　岩**

“阐释”是一种公共行为，是由人们的公共理性所决定的，是人们进行理解和交流的需要，体现出对人们的个体尊重、对生命尊重和对文化尊重。20 世纪西方阐释学的构建是以反理性为基础的，并以非理性、非确定性为目标，使文学阐释及其研究形成了极端相对主义和虚无主义的特征。张江教授提出的“公共阐释论”是对西方阐释学的消极影响进行了否定，同时，对传统的马克思主义文论和当代西方文论进行整合，确立理性在“阐释”中的基础性，试图在多元文化下重构“阐释”的公共性，建立人类真理与意义共享基础之上的阐释范式。新时期以来，由于我国的文学批评界忙于引进西方文学理论，利用西方文学理论对中国文学进行研究，并通过对西方文学理论的“阐释”来构建中国自身的话语权，这样会导致文学批评界属于自己的原创成果不多见。而“公共阐释论”的提出则体现了中国理论的原创性，它的拓展和延伸将对中国文学理论的重构产生重要影响。那就是“中国文化的发展不论取着何种具体形式，都要依靠中国人的个性创造”①。

* 本文原刊于《渤海大学学报》（哲学社会科学版）2020 年第 3 期。

** 作者单位：湖州师范学院外国语学院。

① 王富仁：《中国现代文化指掌图》，人民文学出版社 2004 年版，第 99 页。

一 “公共阐释”的内涵及其对文学理论和批评的影响

阐释的公共性以人类理性的公共性为基础，公共理性是以人类认知的真理性与阐释的确定性为目的。“公共理性”是公共管理主体与其所处的社会主体之间实现高度沟通并获得社会一致认同的观念和价值。公共理性的运行范式由人类的基本认知规范所决定。“公共阐释”就是阐释者以客观历史前提为基础，以文本为意义对象，以公共理性生产有边界的约束，且可公度的有效阐释。“可公度”是指阐释结果可能生产具有广泛共识的公共理解；“有效阐释”是指具有相对确定意义，且为理解共同体所认可和接受，为深度反思和构建开拓广阔空间的确当阐释。①

“公共阐释”的公共性是对文学阐释属性的一种界定。所有“阐释”行为都是对生活的理解和对世界的认知方式。“公共阐释”是为了使个体之间进行有效和充分地对话。文学阐释首先是“个体阐释”，然后才是“公共阐释”。尽管“个体阐释”是一种个人行为，但是这种个人经验、知识基础、思维方式、认知能力等均受到人类共享世界的影响。只有在“公共理性”下，文学文本的意义才能被正确理解，“阐释”的合理性才能被确认。如果超越了这个界限，“阐释”将成为“个体阐释”行为，而不具有“公共理性”。由于文学文本的公共意义是多种阐释观点相互作用的结果，因此，在文学文本进入公共领域前，它的公共性意义隐匿在文本之中，我们应用“公共理性”合理进行阐释。只有这样进行“文学阐释”，“公共理性”才具有意义，“公共阐释”以自身的公共性发现文本的共性，进而对文本公共性进行理解和达成共识。

“公共阐释论”对当代西方文论的理论反思和批判研究更加理性和客观，“公共阐释论”的观点具有更明显的理论建构意义。它把研究的重点由西方文论的“强制阐释”的批判转移到重建中国文学批

① 张江：《公共阐释论纲》，《学术研究》2017 年第 6 期。

评理论，用“公共阐释”理论重新建构中国当代的文学理论，重建具有中国特色的当代“阐释学”。文学批评是对文学现象的一种“阐释”行为。“阐释“行为是一种循环的认知过程，对认知对象的阐释没有终点。文学阐释学是一种重要的思想理论形态与文学研究方法。[①] 广义上的文学批评属于文学理论研究的一个方面，在西方国家几乎等同于文学研究。狭义上的文学批评是以文学理论为基础，对文学文本及文学现象进行评价和研究的“阐释”活动。在文学批评中，“阐释”不仅是对文本阅读和理解，也是文学批评的一种形式，而且还涉及到更广义的认知活动。“阐释学”认为，文本理解的前提是由对“阐释“的自我理解所决定的。因此，对文本理解方式的反思是文学批评的关键。”阐释”的主观性与客观性、趋同性与创造性以及意义的多元性与确定性的冲突，都反映了意义阐释的合理性和有效性问题。这个问题在文学批评史上存在已久，并非“阐释学”所独有。文学阐释首先是“个体阐释”，然后才是“公共阐释”。同时，“个体阐释”为公共理性所约束，因而“个体阐释”具有公共性。“个体阐释”要经过公共话语和历史语境的过滤，才能确定其是否会被历史淘汰，还是会上升为“公共阐释”的一部分，超越历史，成为真理性“阐释”。当“个人阐释”上升为“公共阐释”，就可以成为一种确定性的阐释，能够经受“随机过程的大数定律及以公共理性为基础的公共阐释所确证和检验”[②]。因此，经过确证和检验的“阐释”，才能成为以公共理性为基础的“公共阐释”。文学阐释“公共性”和“个体性”，导致了文学阐释理论的分化。“阐释”的公共性赖以存在的文化场域或社会共同体的历史性决定了“阐释”必须在历史语境下进行，因此，文学阐释的公共性也应具有多元化的特点，这对文学活动具有重要影响。我们对中国传统文论进行阐释的方法也应是多样的，它并不是一个封闭的系统。我们的文论体系必须对“世界性价值与个人意识”兼收并蓄，有了世界性价值，中国的文论才具有公共性并被世界认同。阐释的公共性彰显了人类的共同理性和共同命运，对实现

---

① 肖明华：《走向反思型文学阐释学》，《文艺理论研究》2009 年第 4 期。

② 张江：《公共阐释论纲》，《学术研究》2017 年第 6 期。

人类文明进步和文化发展具有重要意义。“公共阐释论”的提出体现了中国理论的原创性，它的拓展和延伸使中国文论的重构得以实现。

文学创作与文学批评要通过“公共阐释”使读者了解文学理论，熟悉文学作品，并且使文学作品在读者的理解中转变为公共意识，进而产生公共理性。“公共阐释论”的提出，为中国特色社会主义文学阐释学的构建提供了客观依据和理论平台，为中国文学创作与文学批评提供了探索空间。从文学领域对“公共阐释”与文学创作和文学批评论的实践进行阐述，是构建新时期文学多元化实践的重要方向，对中国特色社会主义文学阐释学的建设具有重要的作用。因此，文学创作与文学理论界应借助“公共阐释论”这个契机，建构属于自己的文学批评场域，为新时期中国文学创作与文学批评做出贡献。

二　基于公共阐释论的文学走向

（一）公共阐释对文学本土经验的反思

公共阐释对文学走向的影响可以从对文学本土经验的分析来看。文学的“本土经验”已成为当代文学领域的热门话题，“本土经验”是指中国本土的思想方式、心理结构、道德观念、时代语境、语言行为等。[①] 中国当代文学历经了近百年的发展，在本土经验基础上呈现出发展中成就与不足之处。异质因素对本土文学的渗透对本土文学的多元性影响很大。同时，本土文学内在的多元性与外部世界也互相作用。我们不能只坚守“本土经验”，更应具有超越精神，用批评和审视的目光来看待本土经验，这样才能使“本土经验”走向世界。乡土写作与边缘叙事在“本土经验”的探索中具有十分重要的实践意义。从文学创作的角度来说，乡土文学充分体现了“本土经验”。比较有代表性的是“寻根文学”，一些作家开始对传统精神和民族意识进行整理和挖掘，“寻根文学”可以说是自觉的“本土经验”的成功尝试，“寻根文学”在回归本民族文化传统的策略有其成功之处，它以鲜明的民族特科 色在世界文学舞台上产生了震动。

① 高玉：《本土经验与外国文学接受》，《外国文学研究》2008 年第 4 期。

我国有些作家还自觉地显示出超出主流视野的“边缘性”文学创作的倾向。他们用个体经验打通中国经验，以宗教和民俗为本位来讨论民族兴衰。当然“边缘叙事”本身也具有一定的缺陷，缺乏对整体的关照，只是一种辅助和共生的伙伴关系，操作上有一定的难度。“本土经验”的形成是一个被表述和赋形的过程。强调本土经验等于固守中国的价值观，我们对西方的理论应持有开放性的态度。外来经验在本土经验的建构中具有重要作用，它可以帮助我们突破对本土经验的固有模式的思维定式，反思文学现象背后的本土观念存在的问题，这种开放的和批判的态度对本土经验走向世界具有重要作用。但是，文学理论的阐释并不是以一种阐释模式推翻另一种阐释模式而存在的，而是一种阐释理论在改进原有阐释模式的情况下而获得活力的活动。文学作品的成功，不是赢得形式上的“世界性”赞誉以及并未得到充分理解的“国际性”奖赏，而应是像“四大名著”一样，用对本土经验的理解介入那个时代的“公共生活”，以“本土”情怀和民族忧思来进行写作，凸显中国文学的“公共性”，以达到中国文学与世界经验相融合的“普遍性”。在新时期文艺学 20 年学术讨论会中，党圣元认为，当代中国文学体系的建立有待于文论建设领域古与今、中与西、体与用等文化冲突的逐步乃至最终消解。[①] 只有这样，中国文学理论批评才能从本土作家的视野走向世界。中国当代文学不必纠结于“如何走出去的问题”，也不应为是否会受到世界的接受和欢迎而感到忧虑。对中国当代文学来说，从“公共阐释”的观点来考察新时期的文学是极为合适的。新时期的文学要求新的“阐释”观点，而从“公共阐释”观点来看待新时期的文学呈现出的面貌，能够使我们对文学史的流变有新的观照。虽然我们可以认定“公共阐释”的意义，但对它存在的问题仍有探究的必要。基于“公共阐释”的新时期文学批评，似乎有遮蔽文学的个别性之忧，这一点是值得我们反思的。莫言的“寻根文学”是拒绝单一阐释的复杂文本。它可以解读为关于民族国家建设的寓言，也可以正相反地解读为后民族国家的症候。重要的是我们应保持对文本、对文学个别性的细致入微的

① 高建平：《新时期文艺学 20 年学术讨论会综述》，《文艺研究》1997 年第 5 期。

尊重。我们在充分肯定“公共阐释”的意义的同时，也要注意不能损伤文学的个别性。这既是为了文学，同时也是为了对文学作品的“公共阐释”。如果“公共阐释”不能使自己变得细致化，就不能真正地体现文学的本土经验。对中国文学的“阐释”应吸收与借鉴异域的文学与理论，并为本民族文学理论提供适用性与特殊性并重的文学阐释观念与方法。

（二）基于公共阐释论的本土文学理论的建构

构建具有新时期中国特色的文学批评理论，应该立足本土经验之上，以自信的态度与西方开展平等对话。新时期文学的思想内容和艺术表达具有新的主体性模式，在引用与借鉴西方文学的基础上提供新的范式，形成具有民族化和世界性的双重性。但是由于当下我们的文学批评还没有形成成熟的理论体系，也没有构成稳定的文学批评理论派别，新时期的文学主体性有时还表现出不自信的状态，国内学界在对构建具有新时期中国特色的文学批评理论体系研究方面依然薄弱。这个问题值得关注。

中国新时期的文学研究应当聚焦于阐释“本土经验”的有效性。关注文学研究如何介入当代中国场域的本土经验，既要考察理论在相关语境中产生的变化，也要强调理论的本土化结合实践与阐释效果。所以，聚焦文学理论研究如何阐释“本土经验”，关系到其能否成为思考新时期中国文学理论的本土性建构的有效方式。

“公共阐释论”是一次中西文论对话的理论尝试，有效应对了20世纪以来的阐释学危机，对构建中国文学的理论话语体系具有一定的促进作用。中西文化既有共性，也有差异性，中西文化所具有的共性，构成了文学在哲学意义上的可行性。立足于中国的文化语境是中国新时期“文学阐释”的立足点。中国文学应以中国的民族文化为基础的，体现中国人的价值观。20世纪之前的文学批评理论基本上是从“立法”而不是“阐释”角度上对待文学问题的。构建具有新时期中国特色的文学批评理论就要进一步进行自我调整和自我反思，摒弃“立法”式的文学批评思想，进行文学“阐释”。以西方的文学理论解决中国文学问题是行不通的，“中国问题”的解决需要中国人的思维方式去思考。新时期文学批评的现状充斥着很多空洞无味、缺乏内容的批评文章和话语。这严重地影响了我国文学理论批评的发展和进步。出现这种状态的原因是新时期文学批评界机械地引进西方文学理论，对西方文学理论照搬照套，用这些泊来的外国理论对中国文学进行研究和分析，并通过这些理论阐释形成了西方的话语霸权，这使中国新时期的文学批评没有自己的理论成果。由于哲学和意识形态立场的存在，西方理论对本土文学的阐释未必合适，有可能出现水土不服的现象，但这不等于西方理论对我们的文学理论阐释是毫无用处的。本土与西方的理论体系可以互补，然而，移植西方理论，也是对非原创语境中文学批评的接受力和创新力的一种考验。不同文学领域的差异性，并不意味着异域理论对于本土文学缺乏可借鉴的阐释效力，而是更要强调本土研究者的借鉴水平与创新力。

“公共阐释论”提出了对文学理论进行有效阐释的标准，为中国的文学阐释提供了可行的理论框架。传统文学理论的现代性重构问题是中国传统文学理论的现代研究与“阐释”问题。“五四”运动后的文学创作和文学批评理论受西方的影响远大于对中国传统文学与文化的传承。由于中西方文化差异，中国传统文学理论研究很难直接应用于现代的文学现实。因此，近年来就有人提出“现代转换”和“现代阐释”的问题。伴随现代的思维方式和言说方式的变革，现代性文学理论范式面临着巨大的挑战与危机。中国现代文学的“阐释”是在复杂的社会历史条件下进行的。中西两种异质性文化发生激烈的碰撞，既相互矛盾，但也有融合之处。一些文学批评家不能充分理解这种复杂的矛盾性，也没有利用二元对立的思维方式来“阐释”现代文学批评的矛盾性所在。文学的现代性在对文学历史的推动和对文学传统的冲突中获得了双重性格。这一特征给不同时期尤其是转型时期的文学带来历史的和现实的阵痛，并成为现代性文学产生以来各种文学现象的深层因素。

长期以来，一些学者一直借用西方理论来“阐释”中国文学问题，这种“阐释”缺少反思能力，文学视野有限。但是，在对文学现代性的研究中，也有些学者忽视了中西方现代性在产生环境、社会制度和文化根基等方面的不同，缺少对文学现代性的本土性思考。如果以西方现代文学的特点来分析中国现代文学的特征，以西方文学的发展轨迹来确认中国现代文学的演进轨迹，这在很大程度上就会造成与中国现代文学实践的距离。中国的现代文学身处颓败与新生的转折点，这更加强化了“阐释”的可能性和必要性。中国现代文学既是文学公共性形成的过程，也是文学公共性消失的过程。中国现代文学公共领域的重建尤为重要。文学现代性常常对传统文学进行否定和反叛，在一定条件下会导致破坏性后果，这是文学现代性自身不可避免的结局。文学现代性从开始就不是一种可以解决人类所面临的一切问题的力量。文学的现代性研究需要有宽泛的现代性视野，但在彰显文学现代性的同时不能忽视文学的民族性，在重视民族传统的同时也不能否定文学的现代性，因此，我们需要改变研究范式，在现代文学阐释中充分体现我们的民族性，在公共阐释论的视角下，进一步重新审视和思考文学现代性重构的问题。

（三）以历史语境为前提的中国当代文学批评的走向

公共阐释论在文学批评上是对文学文本的一种有效的“阐释”，这种“有效”阐释是通过对“历史条件”“公共理性”和“可公度”等方面的把握而体现出来的。它显示了“有效阐释”的可行方式。德国哲学家海德格尔认为，人们对任何事物的理解都是以对其进行的“前理解”为基础，这种“前理解”开始表现为先入之见，而阐释过中的理解是以这种“先有”“先见“ “先把握”为前提条件的。海德格尔的阐释说明对事物的理解具有一定的历史性，他指出“无论多热衷于文字上的就事论事的阐释，它仍然领会不了那些唯一能使我们积极地回溯过去即创造性地占有过去的根本条件”①。伽达默尔则将海德格尔的“先有”“先见”“先把握”等理念用“前见”概括，并指出“前见”可能是正确的判断，也可能是不正确判断，这种判断是建立在“理解的前提”。所以，文学中的阐释中应当有尊重历史语境，只有以历史语境为基础才能把握作品的真正意义。伽达默尔在历史语境形成的问题上认为在阐释过程中，阐释者要有历史概念，如果

① 海德格尔：《存在与时间》，生活·读书·新知三联书店 1987 年版，第 26 页。

仅用“自己的历史情境想象”是行不通的，应把自己假定为历 史情境中的某一个人，在文学阐释中走向“视角融合”。“在传统文化的支配下，这种融合过程经常呈现出来，因为旧的东西和新的东西在这里总是不断地结合成某种更富有生气的有效的东西”①。可见文学阐释是一种基于历史语境的活动，任何文学阐释都是理解并接受过程中的某个环节，会发生视角融合，从而使文学作品科 被读者所接受。这种观念要求阐释者要重视文学作品，也要关注阐释者在阐释过程中的创造性。

张江将“普遍的历史前提”作为“公共阐释论”的核心。在“公共阐释”的语境中，并不是对传统阐释学中的阐释规范的综合引用，是基于当代视角对传统进行的反思和归纳。通过“公共阐释论”的提出，我们深深地认识到中国传统文论和文学是中国历史文化的精髓，这也是公共阐释论的核心。

文学发展的历史是一个国家和一个民族的集体记忆，文学发展的历史为人们提供了一种价值观念。建构文学经典作品是一个长期的历史过程，是形成民族集体记忆的轨迹，是符合民族价值取向的历史书写。从20世纪50年代开始至80年代，文学评论经历了大致相同的过程。在“现实主义”视角下，文学批评重视的是“暴露社会现实”的作品。到了80年代在摆脱了意识形态的争论以后，论述的对象逐步放弃了原来单一的视角，80年代小说凸示出了潮流的特征，先后出现了伤痕文学、反思文学、改革文学、现代派文学、寻根文学、先锋文学及写实文学等的方向一路走来，在20世纪80年代末终结，反映了这一演变的特征。90年代以后，由于诸多原因，文学观念的多样化，当代文学转型的“狂欢化”历史进程的根本性变化及文学与社会的复杂关系，使得文学评论难以对文学创作做出统一的概括和揭示，文学批评的自由性及多样性也随着增强。因此，重建中国当代文学阐释的规范，应以历史语境为前提。从历时性角度来分析，历史语境规范着文学批评标准。这种“历史语境”是社会发展的历史，也是文学发展和接受的历史。

① 伽达默尔：《真理与方法》（上），上海译文出版社1999年版，第391—393页。

历史语境是公共阐释论的前提，它的形成具有决定性的意义，“历史前提”也成为公共阐释论的核心内容。公共阐释论的提出使我们更加重视中国传统文论以及新文学发生以来的文论，它们是经过历史检验而留存下来，是被普遍接受并融入到了民族传统之中的、体现了民族精神和境界的中国文论，是建构公共阐释论的核心和主体。这种历史语境并不意味着对传统阐释学的完全移植，而是从当代视角下对它们进行反思，从而对中国当代文学的今后走向和重建具有指向意义。

结　语

中国现当代文学有其独特和丰富的价值体系。文学作品中反映社会变革和文学自身的发展进程，具有自身的复杂性与主观体验。如何在本土经验的基础上整合西方经验，建构起“中国形象”的基本立场，是当前非常重要的理论与现实问题。所以“文学阐释”的公共性也呈现出多元化现象，并且对文学活动产生重要影响。“公共阐释论”是建立在实践和历史语境基础之上的理论，具有实践性，对于重建中国特色文学理论有指导意义。面对当代复杂多元的文学现象，中国现代文学重构必须具有开放包容的心态，以“公共阐释论”为基础，强化中国现代文学话语阐释的有效性，获得中国文学的话语权，这才是中国现代文学体系建构的最终目标，才能符合现代文学自身的发展特点。

阐释规范、文学传统及认知前见[*]

——关于“公共阐释论”之历史维度的阐释

王贵禄[**]

张江在《公共阐释论纲》一文中提出了一个文艺学的新概念：“公共阐释”。这是其继“强制阐释”之后，提出的又一重要概念。强制阐释论和公共阐释论都是针对强势的西方文论话语而提出的，目的在于，使人们能够正确对待西方文论资源，进而重建中国文论体系。如其所言，“我们从未否定外来理论资源对中国文论建设产生的积极影响，但需要强调的是，面对任何外来理论，必须捍卫自我的主体意识，保持清醒头脑，进行必要的辨析。既不能迷失自我、盲目追随，更不能以引进和移植代替自我建设”①。正是出于“辨析”的目的，其在《强制阐释论》一文指出，“强制阐释是当代西方文论的基本特征和根本缺陷之一。各种生发于文学场外的理论或科学原理纷纷被调入文学阐释话语中，或以前置的立场裁定文本意义和价值，或以非逻辑论证和反序认识的方式强行阐释经典文本，或以词语贴附和硬性镶嵌的方式重构文本，它们从根本上抹煞了文学理论及批评的本体特征，导引文论偏离了文学”②。在《公共阐释论纲》一文中，其指出西方文论还有别的致命缺陷，如极端的相对主义和虚无主义，“20

---

* 基金项目：国家社科基金重大项目“延安文艺与二十世纪中国文学研究”（项目编号：11&ZD113）。本文原刊于《求索》2018 年第 3 期。

** 作者单位：天水师范学院文学与文化传播学院。

① 张江：《当代西方文论若干问题辨识——兼及中国文论重建》，《中国社会科学》2014 年第 5 期。

② 张江：《强制阐释论》，《文学评论》2014 年第 6 期。

世纪西方主流阐释学，构建起以反理性、反基础、反逻各斯中心主义为总基调，以非理性、非实证、非确定性为总目标的理论话语，使作为精神和人文科学基本呈现方式的阐释及其研究，走上一条极端相对主义和虚无主义的道路”。如果说强制阐释论的提出，是基于对西方文论义无反顾的“破”，那么，公共阐释论的提出则是有“破”有“立”：其在否定西方文论的消极影响（如相对主义和虚无主义）的同时，整合了传统马克思主义文论与当代西方文论的相关资源，提出了“公共阐释”这个新概念。公共阐释作为一个文艺学的新概念，蕴含着较大的学术潜力和众多的学术增长点，关于这个问题我们以后可做延伸性讨论。本文的写作意图，是探讨通向“公共阐释”的路径。张江在《公共阐释论纲》一文中是这样表述“公共阐释”的内涵的，“公共阐释的内涵是，阐释者以普遍的历史前提为基点，以文本为意义对象，以公共理性生产有边界约束，且可公度的有效阐释。”可见，公共阐释是对文本（主要指文学文本）的一种有效阐释，而“有效”是通过阐释者把握“历史前提”、“公共理性”和“可公度”等维度而体现出来的，这其实揭示了通向“有效阐释”的基本路径。本文将围绕“历史前提”这个维度展开相应的论述。

关于公共阐释的“历史前提”，张江在该文中进一步指出，“这里的‘普遍的历史前提’是指，阐释的规范先于阐释而养成，阐释的起点由传统和认知的前见所决定”。这个说明，贯穿了三个关键词：规范、传统、前见。规范是阐释的规范，传统是文学的传统，而前见是认知的前见，这三个关键词都彰显着历史性，因为它们都是由“历史”形成的。

一　阐释规范的殊途：建构性阐释学与解构性阐释学

阐释的规范有两个类别，就是由建构性阐释学与解构性阐释学所形成的规范。建构性阐释学可分为以作者为中心的阐释学、以作品为中心的阐释学和以读者为中心的阐释学。以作者为中心的阐释者坚信，文学作品的意义是客观的，先于阐释而存在，所谓阐释就是再现作品的原义系统，而要实现这个目标，阐释者就必须消除个人的偏见和成见，致力于阐释方法的选择，因为他们认为只有这样，才可重返作品的历史情境和洞悉作者的创作心理，从而把握作者创作的本来意图和恢复作品的原初意义。（中国古代的经学阐释和西方古代的神学阐释，就体现了这样的阐释取向。中国古代的经学阐释，采用考据、训诂、注释等方法，以消除由于语言演变所造成的歧义，而西方古代神学阐释，也以注解疑难语句为主线，力图重现文本的原初意义。）以作者为中心的阐释学，是典型的建构性阐释学，社会历史批评范式可视为其代表。持社会历史批评范式的阐释者认为，文学作品是作者对时代体验、观察和思考的产物，是作者对特定历史时期的物质生活与精神生活的映像，阐释者只要借助于作品与历史的互证式阅读，便可把握作者对时代的感受与认识，如此就能达到阐释的目的。以作品为中心的阐释者，注重探讨文学作品的文学性、形式运作和结构特征，俄国形式主义、英美新批评和法国结构主义等批评范式可视为其代表。俄国形式主义阐释者认为，文学语言是对日常语言的陌生化，文学作品的价值在于对文学传统的颠覆与更新。英美新批评的阐释者，将文学作品看作是一个与外部世界无关的封闭的体系，主张通过“细读”的方式，以品味作品的“含混”、“反讽”、“悖论”、“张力”等效果，从而把握作品的运作机制。法国结构主义阐释者，重视对“元文本”运作的探讨，从文本间性的角度揭示作品的结构特征。以读者为中心的阐释者，从胡塞尔的现象学受到启发，注重读者阅读过程中的能动反应，认为作品是由作者和读者共同完成的，一部作品的接受史，就是它的阐释史和再创造的历史。可见，建构性阐释学为阐释文本提供了一系列被历史证明是可行的规范，遵循这些规范，可以有效阐释文本，正是在这样的意义上，公共阐释论才指出“阐释的规范先于阐释而养成”。

上述三种阐释学，形成了各自的规范，且其对“历史”的倚重也各有不同，如作者中心论看重的是社会的历史，作品中心论颠覆的是文学的历史，而读者中心论强调的是接受的历史，“历史”无疑是其共同的参照维度，总体来说，其对文本的阐释都具有建构性意义。但这三种阐释学在发展过程中，又都表现出相应的瓶颈。就作者中心论而言，作者对社会现实的反映在多大程度上接近社会现实始终是一个问题，如果想当然地认为作者一定是忠实于社会现实的，就可能导致阐释的无效化，因为文学具有想象性与虚构性的特质，文学叙事毕竟不同于历史叙事，阐释者倘若仅仅借助于历史文献或思想史料等进行考据式阐释，则难免走向误读。作品中心论似乎要与作者中心论反其道而行之，对社会现实力图保持一种不理睬的清高姿态，尤其对文学的意识形态史保持着戒备心理，但这只能是一厢情愿的想法，因为文学作品都是在一定的历史语境中产生的，历史语境不仅制约着文学内容，而且规范着表达形式，如马克思在研究希腊神话时就指出，希腊神话只能在生产力水平极为低下的历史时期产生，随着自然力的实际上被支配，它也就消失了，作品中心论者无视社会历史对文学深层制约的做法，导致其阐释成为美丽的碎片。读者中心论发展到后来，特别是到了美国文学批评界，将读者的主观能动性极端化，赋予读者以无限的阐释权力，他们甚至认为读者才是作品意义的源泉，决定作品有无意义的是读者，这种趋向最终导致了其阐释的无效化。

上述三种阐释学所表现出来的瓶颈和短板，正好给解构性阐释学留下了足够的介入空间。解构性阐释学是在解构主义思潮中产生的阐释学，阐释者的目的不是为了使作品的意义得到清晰呈现，不是为了建构，而是为了拆解作品，其解构策略的实施是从文学语言开始的。他们一方面认为语言不是一个能指与所指相统一的结构，存在许多因素的交叉，而作为语言艺术的文学，不可能充分表现作者的意图，文学作品并不表示确定的意义；另一方面，他们认为读者进入作品的方式是通过语言，而读者可根据其理解为作品添加相应的意义，从而导致阐释的因人而异，如希利斯·米勒根据德里达的延异理论，指出作品的意义可以无限延伸，从任何角度进行阐释都是可能的。在解构性阐释论者看来甚至没有阐释规范可言，其将作品中心论与读者中心论的消极面加以放大，而有意弱化其积极面，他们既不承认社会历史的合理性，也不尊重文学传统的合法性，最终使其沦为彻底的相对主义者和虚无主义者。不难发现，公共阐释论所提出的“公共理性”、“可公度”等纬度具有明确的现实针对性。

解构性阐释学自 1960 年代后期诞生以来，给文学研究带来的冲击是有目共睹的，它打开了作品阐释的“潘多拉魔盒”，使其深陷无效化的危机之中。危机的出现不啻是在提醒人们，应该重建某种更合理、更有效的文学阐释学。实际上，在每一种阐释学的运作中，都不乏理论者的反思，即使是在某种阐释学方兴未艾之际，也能听到警示的声音，这些声音为重建文学阐释学提供了重要的思路。作者中心论最有可能出现的误读，就是将文学作品与历史文本不加区别，进行考据式阐释，而马克思、恩格斯的文学批评活动早就对这种趋向进行了否定，在他们的批评中，首先强调的是文学作为艺术的特性，尽管他们极为看重作品所表现的历史内容。作品中心论的最大短板，就是因“历史”的缺场而导致的阐释碎片化，这不能不引起理论者的警觉，如新批评理论家雷·韦勒克，就曾警告新批评的阐释者，要建构文学阐释的历史维度，“新批评家的这种论证并不意味着也不能被理解为意味着否认历史知识对解释诗歌这件事是紧密相关的。字词有其历史，文学类型和手法来自传统，诗歌经常涉及当代现实”①。罗曼·英伽登是读者中心论的开创性人物之一，其较早运用现象学理论以阐释文学作品，但在讨论读者再创造的合法性时，预感到读者的权力可能会失控，因此他强调阐释者不可远离作品，且必须克服自己的意图偏见，必须忠实于作品现实，尊重其价值的客观性，这样才能抵达作品阐释的“复调和谐”。这些警示，在公共阐释论中得到了积极回应。

二 文学传统的差异：中国文学传统与西方文学传统

据上不难看出，重建文学阐释的规范，历史维度是前提。前文已叙，这里的“历史”不仅是指社会的历史，而且还指文学的历史和接受的历史。文学的历史在阐释活动中经常是以文学传统的方式表现出来的，“传统”是一种强大的在场，诚如马克思所论，“人们自己创造自己的历史，但是他们并不是随心所欲地创造，并不是在他们自

① ［美］韦勒克：《批评的概念》，中国美术学院出版社 1999 年版，第 6 页。

己选定的条件下创造，而是在直接碰到的、既定的、从过去承继下来的条件下创造。一切已死的先辈们的传统，像梦魇一样纠缠着活人的头脑”[①]。文学传统虽然具有强大的在场性，但衡量文学作品的价值却不是以继承了多少传统的东西作为标准的，而是看其在继承中是否有突破与创新，这就形成了文学阐释的一个问题域，刘勰对此做了判断，指出“古来辞人，异代接武，莫不参伍以相变，因革以为功，物色尽而情有余者，晓会通也”[②]。在文学阐释活动中，“传统”是绕不开的话题，问题在于该如何阐释传统，艾略特对它的阐发是有启发性的，“传统是具有广泛得多的意义的东西”，“它含有历史的意识”，“历史的意识又含有一种领悟，不但要理解过去的过去性，而且还要理解过去的现存性，历史的意识不但使人写作时有他自己那一代的背景，而且还要感到从荷马以来欧洲整个的文学及其本国整个的文学有一个同时的存在，组成一个同时的局面”[③]。艾略特的表述，指涉文学传统阐释中的四个命题：其一，“过去的过去性”，即阐释文学作品是在怎样的历史语境中产生的，其对社会历史与文学传统的回应情况；其二，“过去的现存性”，即阐释文学传统从“当年”到“当代”，在历史语境发生改变后，还有哪些东西仍然是有生命力的；其三，“有他自己那一代的背景”，即阐释作者是如何回应社会现实、时代审美需求和文学传统的；其四，“同时的存在”与“同时的局面”，即阐释作品在民族文学与世界文学的文学史格局中所具有的地位。艾略特的意思是，传统是一种强大的潜在的力量，它无时不在而隐于无形，深度制约着作家的创作活动和研究者的阐释活动。尽管文学传统是一种强大的文化力量，但它不可能一成不变，应该确立文学传统的辩证观念，诚如研究者所论，“文学传统作为人类在历史长河中创造性想象的沉淀，自然也是民族语言想象‘共同体’之一，不过比起其他传统，文学传统的流变可能更加复杂，每一代都可能为延

① 《马克思恩格斯选集》第 1 卷，人民出版社 2012 年版，第 669 页。

② 刘勰：《文心雕龙·物色》，载周振甫《文心雕龙选译》，中华书局 1980 年版，第 183 页。

③ ［英］T. S. 艾略特：《艾略特诗学文集》，国际文化出版公司 1989 年版，第 2 页。

传下来的传统做某些增删改造，传统就不断发生改写与更新的‘变体’，它的所谓‘变体链’往往是曲折迂回的”[①]。辩证观念的确立，可使阐释者把握文学传统的“变”与“不变”。

阐释者面对文本，应该有明确的文学传统意识，只有这样，阐释文本的路径才有可能是相对正确的。这是因为，中西方的文学传统有很大差异，是不能不正视的问题。以中国古代文学传统而论，有研究者做了这样的概括：“中国古代文学的传统，应该从几个层面上来认识：从核心层来看，它包括了‘兴、观、群、怨’的传统，‘诗言志’的传统，‘诗缘情’的传统，等等；从表现手法的层面上看，它包含了比兴寄托的传统、用典的传统，等等；而介于这两个层面之间的，是题材与主题方面的一些传统，比如爱国主题、怀古主题、山水田园的题材，还有一些特定的意象，等等。”[②] 这是从中国文学史的发展线索层面进行的概括，如果从内容上加以区分，文学传统的层次与侧面也有差别，如抒情文学与史传文学、雅文学与俗文学、作家文学与民间文学等，都形成了不同的传统，这是需要我们注意的。普遍认为，西方文学的两大源头，是出自欧洲本土的古希腊—罗马文学与来自于中东的希伯来—基督教文学，形成了西方文学的两大传统。古希腊—罗马文学中充满神话和传说，它们创造了一个多神共在的世界，而这些神有着七情六欲和喜怒哀乐，可说是与人“同形同性”的，其实是人化了的神，神性与人性在这里是想通的。古希腊—罗马文学强调个体的自由意志，相信通过个体的努力，能抵达伦理道德的制高点，从而完成自我救赎。希伯来—基督教文学的经典是《圣经》，上帝耶和华是这个世界的创造者，故这类文学的主题是上帝的创世与对世人的救赎，与之相伴而生的是原罪、堕落、邪恶、忏悔、救赎、来世等观念，深刻影响了西方世界的思维模式和看待人与世界关系的方式，同时也规范了欧洲文学的演进。除上述两大传统外，还有其他的文学传统，如文艺复兴时期的人文主义传统影响也至为深远。可以看

① 温儒敏：《现代文学传统及其当代阐释》，《中国现代文学研究丛刊》2008 年第 2 期。

② 刘锋焘：《宋代散文与文学传统》，《忻州师范学院学报》2004 年第 1 期。

出，中西方文学传统的差异是巨大的，作为阐释者在阐释作品前对这些差异不能不熟知。故此，公共阐释论认为，文学传统深度制约着阐释活动，是阐释活动的内在逻辑起点。

我们以中国古代文学中的“秋意象”为例，来看文学传统的在场性。中国文学史上书写秋天的作品层出不穷，如从宋玉的《九辩》到汉武帝的《秋风辞》，到曹操的《观沧海》，到欧阳修的《秋声赋》，再到马致远的《天净沙·秋思》，咏秋之作世代接续。当秋风再起，草木凋零，由自然之物的衰落而联想到人的衰老，并产生一种悲秋情绪，是作为人（无论中西方）常有的心理现象。如果我们寻找咏秋之作的共性特征，不难发现，这些作品并不仅仅是对生命意识的自然感应，而是蕴含着一种深沉的文学传统，即它们大多与“相思”或“怀归”等母题联系在一起，也就是说，秋意象被赋予了丰富而特殊的文化意义，这与西方文学中的秋意象有着很大的不同，它们是基于“古老的民族生产方式、生活风俗与心理习惯”而产生的，在流传过程中又发生了形态上的变化，但无不是“民族审美心理”的表现[①]。如果不了解甚至无视中国古代文学中秋意象所蕴含的文学传统与文化意义，而主观地进行所谓的阐释，无异于缘木求鱼。我们再来看中国现代文学对于文学传统的继承情况，苏雪林在评价鲁迅作品时指出，其对文学传统有着深度的沿承，“鲁迅好用中国旧小说笔法”，“他不惟在事项进行紧张时，完全利用旧小说笔法，寻常叙事时，旧小说笔法也占十分之七八，但他在安排组织方面，运用一点神通，便能给读者以‘新’的感觉了”[②]。中国当代文学也是如此，新时期以来出现了不少历史小说，如姚雪垠的《李自成》、凌力的《星星草》、陈忠实的《白鹿原》、唐浩明的《曾国藩》、熊召政的《张之洞》等，这些作品明显继承了中国历史著述“通鉴”的传统，即总结历史的经验教训，试图通过以史为鉴，来引导和服务于现实。

---

① 赵敏俐：《文学传统与中国文化》，东北师范大学出版社 1993 年版，第 31 页。

② 苏雪林：《〈阿 Q 正传〉及鲁迅创作的艺术》，原载 1934 年 11 月 5 日《国闻周报》第 11 卷第 44 期。收入陈漱渝主编《说不尽的阿 Q》，中国文联出版公司 1997 年版，第 567 页。

三　认知前见的转向：现在视域与历史视域的融合

文学传统之外，深层制约阐释活动的还有“前见”。在海德格尔看来，人们理解任何事物，都不是用空白的头脑，而是基于其“前理解”，这种前理解最初表现为先入之见（“先入之见”在这里指人们的观点、趣味和思想等由历史存在所决定的主观认知），而阐释活动是以人们先有、先见、先把握的东西为基础的。海德格尔诠释学的意义在于，阐明了理解和阐释都具有历史性，这就从理论上论证了摆脱作者中心论桎梏的必要性，如作者中心论所秉持的基本理念是，阐释者要超越当下的历史语境而对文本达到不带主观性的透明的理解，只不过是一种不切实际的空想，他提醒人们，“无论多热衷于文字上的就事论事的阐释，它仍然领会不了那些唯一能使我们积极地回溯过去即创造性地占有过去的根本条件”①。

伽达默尔在继承海德格尔阐释论的基础上，将其发展成为哲学诠释学。按照伽达默尔的说法，诠释学并不是一种方法论，而是研究和分析一切理解活动得以成立的基本条件，属于人的世界经验的必要组成部分。伽达默尔将海德格尔的先有、先见、先把握等概念，用“前见”加以概括，指出前见是一个人在成长和发展过程中所形成的判断，它们可能是正确的判断，也可能是错误的判断，无论如何它们都是“理解的前提”。伽达默尔认为，“一种诠释学处境是由我们自己带来的各种前见所规定的。就此而言，这些前见构成了某个现在的视域，因为它们表现了那种我们不能超出其去观看的东西。”伽达默尔的意思是，阐释者的视域是由前见构成的，规定了阐释者在作品阅读中所能看到的大致范围。“视域”的意义在于，它“表达了进行理解的人必须要有的卓越的宽广视界。获得一个视域，这总是意味着，我们学会了超出近在咫尺的东西去观看，但这不是为了避而不见这种东西，而是为了在一个更大的整体中按照一个更正确的尺度去更好地观看这种东西。”文学作品所涉

① ［德］海德格尔：《存在与时间》，生活·读书·新知三联书店1987年版，第26页。

及的所有事情相对于“当下”而言，都属于“过去”，即都具有历史的性质，据此，文学作品的阐释中必须要有一种历史视域，只有这样才能真正理解作品，关于如何形成历史视域，伽达默尔认为要“自我置入”，如其所论，“理解一种传统无疑需要一种历史视域，但这并不是说，我们是靠着把自身置入一种历史处境中而获得这种视域的”，而是“我们必须也把自身一起带到这个其他的处境中。只有这样，才实现了自我置入的意义。”伽达默尔是说，阐释者要形成一种历史视域，仅仅设想“自己在某种历史情境中”是不够的，还应该设想自己就是历史情境中的某个行动者，这样才能理解“他人的质性、亦即他人的不可消解的个性才被意识到。”由前见所构成的现在视域，与由自我置入形成的历史视域，在作品阐释中就可能走向“视域融合”，这种视域融合可使研究者进入作品的深层结构并揭示其潜在意义，“在传统的支配下，这样一种融合过程是经常出现的，因为旧的东西和新的东西在这里总是不断地结合成某种更富有生气的有效的东西”①。前见、现在视域、自我置入、历史视域、视域融合等，这些概念是伽达默尔哲学阐释学的重要支撑，而其所坚持的阐释学思想是，阐释活动是一种历史活动，任何阐释都是作品接受史中的一个环节，必然被将来的视域所融合，从而使作品向未来无限敞开；阐释者并不是被动的接受者，而是作品的对话者，是作品再创造的参与者。伽达默尔的哲学阐释学，包含深刻的历史意识和辩证法思想，其既强调阐释者要忠实于作品，又重视阐释者理解和阐释活动中的创造性，作品的阐释史其实就是阅读视域融合的历史，随着历史语境的变迁，读者将带来新的视域，从而不断“发现”和赋予作品以新的意义。

公共阐释论是对前见理论的宏观把握，认为“前见”构成了文学阐释活动的别一个逻辑起点。我们以《红楼梦》的阐释为例，来看“前见”是如何作为阐释活动的逻辑起点的。1904 年王国维在《教育世界》发表了《红楼梦评论》，其时王国维正在研读叔本华的哲学著作，这使王国维形成了一种认知的前见，故当其面对《红楼梦》，便自然而然地运用叔本华哲学思想阐释作品。《红楼梦评论》分为四个

① ［德］伽达默尔：《真理与方法》（上），上海译文出版社 1999 年版，第 391—393 页。

部分，充分贯彻了叔本华的悲剧思想，认为《红楼梦》是一部典范的中国式悲剧作品，表现了人生欲望不可实现的痛苦，以及如何寻求解脱痛苦之道。我们再看吴宓的《红楼梦》研究。1920 年吴宓在《民心周报》的第 1 卷第 17 /18 期上连载了《红楼梦新谈》，其观点与王国维有很大的不同。吴宓其时在哈佛大学留学，广泛研读西方文学，并且选修文艺理论课程，这使他形成了不同的认知前见，即文艺理论的视野和比较文学的视野。《红楼梦新谈》从六个方面阐释了文本，而吴宓所遵循的理论出自哈佛大学的 G. H. Magnadier 博士，其认为优秀的小说作品都具备六个特点，即宗旨正大、范围宽广、结构谨严、事实繁多、情景逼真、人物生动。在论述中，吴宓将《红楼梦》与《汤姆·琼斯》《神曲》《巴黎圣母院》等西方经典名著，将曹雪芹与巴尔扎克、托尔斯泰、左拉、德莱塞等作家进行了比较。以阔深的文艺理论为依据，以广博的文学史知识为线索，使《红楼梦新谈》体现出严谨的学术性，而关于作品的主旨，吴宓指出，《红楼梦》虽以写情为主，但也反映了作者对人类文明发展的思考。再看胡适的《红楼梦考证》。胡适师从美国实用主义哲学家杜威，杜威对他的影响深远，尤其表现在社会科学研究方法的择取上，而另一方面，胡适自小就受乾嘉学派的影响，这两者便共同形成了胡适的认知前见，即注重考证式研究。从这样的认知前见出发，胡适显然不同于前两者，他更注意《红楼梦》的不同版本、作者究竟是谁、作者的事迹家世如何、成书的年代等问题。基于此，胡适遍览清人的笔记和专著、志书，如《随园诗话》《扬州画舫录》《小浮梅闲话》《有怀堂文集》《丙辰札记》《雪桥诗话》《江南通志》《八旗人诗钞》等，对曹雪芹和《红楼梦》的零散资料做了发掘、整理和甄别，去讹存真，得出了相应的结论，廓清了萦绕着《红楼梦》及其作者的众多迷雾。

王国维、吴宓和胡适各自的认知前见构成了各自“现在的视域”，这使其能够“在一个更大的整体中按照一个更正确的尺度去更好地观看”《红楼梦》，从而形成初步的观点。伽达默尔指出，要更好地更通透地理解作品，只有“现在的视域”是不够的，还必须有某种历史的视域，而获取历史视域的方法，就是阐释者要设法“自我置入”作品。以三人而论，胡适的阐释仅仅停留在“现在的视域”，只是在作品的外围做了些基础的考证性研究；王国维相对来说有某种打开历史视域的冲动，而由于太执着于从文本中寻求与叔本华哲学思想对应的东西，未能“自我置入”；吴宓的阐释较王国维又有所深化，其试图从人物的历史境遇出发分析他们的行为逻辑，譬如对刘姥姥的分析就是如此，但因其受论题的限制（即论证《红楼梦》作为优秀小说的“六长”），而使其历史视域时隐时现。可见，王国维等人的研究都还是过渡性的，但无论如何，它们构成了《红楼梦》阐释史上不可或缺的视域，其后的研究只有将这种视域进行有效的融合，才能得到相应的认可。李长之 1933 年所著《红楼梦批判》就是一部走向视域融合的著作，在着手著述之前，李长之对此前的《红楼梦》研究进行了系统的梳理，并以特有的学术眼光聚焦于以上三人的研究，表现出明确的视域融合的倾向。如其所言，“1928 年（民国十七年），胡适作考证《 红楼梦》的新材料，把他六年前的《红楼梦考证》更加确定了。他把红学打得一扫而空，他把作者的生活，背景，给人做出了一个确然的轮廓”，“从咬文嚼字的考据，到事实上的考据，然而现在却应该做内容上的欣赏了。王国维的评论，固然很可珍贵，究竟因为是作于未确定为作者自传以前，而且不能算什么详尽。可是，即开了端绪，我们就更该认真做一下了。”① 李长之能够以“自我置入”的方式进入作品的深层，分析曹雪芹的文学人生，总结作品在艺术上的成功，都使人信服。其后大凡取得成绩的研究者，都进行了有效的视域融合，如俞平伯、周汝昌、何其芳、李希凡、王蒙、冯其庸等，其在历史语境的变迁中，以新的视域进入作品，不断赋予作品以新的意义。

结　　语

现在我们回过头来看，历史维度的确是建构公共阐释论的前提性维度，这个维度的形成与否具有决定性的意义，正是在这样的意义上，张江将“普遍的历史前提”视为建构其公共阐释论的核心构成。

---

① 李长之:《红楼梦批判》,《清华周刊》第 39 卷第 1 期，1933 年 3 月 15 日。

“普遍的历史前提”包含阐释规范、文学传统和认知前见等三个方面的内容，虽然它们关涉文学阐释的不同层面，但它们之间相互回应、相互支持，在历史维度中得到了统一。阐释规范是阐释活动的基点，倘若没有可遵循的规范，阐释活动将变成无意义的任意发挥。阐释规范在这里主要指建构性阐释规范，包括作者中心论、作品中心论和读者中心论的基本规范，在公共阐释论的语境中，却不意味着对传统阐释学的阐释规范的简单综合与横向移植，而是从当代视野上对它们进行了反思性总结与辨析性归纳，从而具有了重建的意义指向。从作者中心论，其汲取了探讨创作与历史深层关联的经验，并从文学作为艺术的意义上进行辨析；从作品中心论，其吸纳了对作品进行形式分析的方法，并将这种分析融入到历史语境的阐释中；从读者中心论，其敞开了读者创造性理解的路径，并形成有限度的阅读范畴。阐释规范还受到“公共理性”与“可公度”维度的制约，它们使重构的阐释规范的实施更加有章可循，因为这些规范最终将被“共识”与“实证”所检验。

文学阐释活动的历史性维度，还体现在阐释者对文学历史的尊重，而文学历史在这里不仅指民族文学的历史，而且也指世界文学的历史。文学历史在具体的阐释活动中，是以文学传统的方式出现的，它决定了阐释者对文学作品的历史定位。民族文学传统的在场，使阐释者对所要阐释的文学作品找到了纵向比较的线索，而世界文学传统的在场，又使阐释者找到了横向比较的线索，纵横线的交汇处，就是所要阐释的文学作品的历史位置。文学传统对阐释者的决定意义，同样体现在关于“什么是文学作品”与“什么是好的文学作品”等元问题的认知上，阐释者对这些元问题的认知，决定着他面对一部文学作品时可能产生的情绪反应与行动方案，例如，他是否有兴趣阐释这部作品，他将以怎样的态度阐释这部作品等。阐释者关于文学传统的认知自然是构成其“前见”的重要部分，除此之外，构成前见的其他因素还有诸如阐释者的政治立场、思想倾向、成长经历、知识结构、阅读经验等，前见使阐释者成为“有准备的头脑”，它是理解文学作品的基础。所有的阐释活动都是在一定的视域中进行的，视域包括现在视域与历史视域，现在视域是由前见形成的，历史视域是由阐释者“自我置入”历史语境与文学作品而形成的，现在视域与历史视域可走向融合，视域融合使阐释者与文学作品形成对话机制，使其可能进入作品的深层结构并揭示潜在的意义。张江提出公共阐释论的意义在于，在当前阐释活动的众说纷纭和众声喧哗中，如何寻求一种能够被研究者和读者普遍认可的阐释，从而推动中国当代文学与中国文论建设的有序发展。事实上，新时期以来随着西方文论的海量涌入，研究者在各种研究方法的选择中颇感迷惘，由于很多人对这些方法不能深入理解和有效运用，致使其研究活动与阐释行为都表现出一定程度的无效性。还应该看到，西方文论的产生有其哲学基础，西方学者的世界观与我们的世界观有相当的差异，如果盲目接受其思想，可能导致邯郸学步的后果。西方文论是一种强大的存在，无视它的存在肯定是行不通的，但需要有鉴别地吸收。公共阐释论的出场还提醒我们，要重视中国传统文论和新文学发生以来的文论成果，它们是经历过无数次的历史检验而留下来的精华，是被人们普遍接受而且融入到了民族文化血液中的东西，它们才是建构公共阐释论的核体。目前来看，公共阐释论具有纲要性质，但本文以为，它的指向在于阐明建构中国当代文论大厦的方向，至于具体方案如何，还有待于在实践中不断完善。

文学批评“普遍的历史前提”与批评的公共性*

郄智毅**

张江教授《公共阐释论纲》一文讨论的问题之一，是“阐释本身是公共行为还是私人行为”，他提出“公共阐释”概念对这一问题进行回答。张江教授认为，公共阐释的一个重要内涵是“阐释者以普遍的历史前提为基点”，“普遍的历史前提”指的是“阐释的规范先于阐释而养成，阐释的起点由传统和认知的前见所决定”。① 本文讨论了作为文学批评“普遍的历史前提”之一的文学批评标准的公共性，从文学批评的角度呼应公共阐释理论，以期在文学理论领域对公共阐释理论进行深入和扩展。

文学批评作为一种阐释行为，具有一般阐释行为的特点，又有着自身的特殊性。文学批评标准的存在即是这种特殊性的表现之一，文学批评总是应用一定的批评标准对作品进行分析评判，批评的阐释行为在一定的批评标准中完成。从公共阐释的理论来看，文学批评标准可视为批评阐释的特殊规范，批评标准就成为批评阐释行为的“普遍的历史前提”之一。批评标准的生成是一个复杂的过程，诸多因素参与其中，它们形成的合力建构了批评标准。本文主要论述批评标准生成的历史性与现实性因素，从历时和共时两个角度论述文学批评标准这一“普遍的历史前提”是“由传统和认知的前见所决定”，从而论

* 本文原刊于《求是学刊》2018 年第 3 期。

** 作者单位：河北大学文学院。

① 张江：《公共阐释论纲》，《学术研究》2017 年第 6 期。

证了文学批评的公共性。

一　批评标准生成的文学史制约机制

韦勒克认为文学理论、文学批评和文学史这三个文学研究的分支应进行必要的区分，这种区分工作非常有价值，但他同时认为三者之间的联系非常紧密，它们互相包容、互相渗透、互相作用。[①] 笔者这里要考察的是文学史对文学批评的意义和作用。一般来说，文学史梳理考察历史上出现的作家作品和各种文学现象，总结某一时期文学发展的经验，概括某一时期文学发展的规律。文学批评则是对当下某一具体文学现象的分析、研究和评价。文学批评需要文学理论提供必要的原则、理念和概念，同时，它也要不断寻求文学史的帮助。

“从来没有任何诗人，或从事任何一门艺术的艺术家，他本人就已具备完整的意义。他的重要性，人们对他的评价，也就是对他和已故诗人和艺术家之间关系的评价。你不可能只就他本身来对他作出估价；你必须把他放在已故的人们当中来进行对照和比较。我打算把这个作为美学评论、而不仅限于历史评论的一条原则。”[②] 艾略特的这段话能很好地帮助我们理解批评标准的历史性问题。文学史和文学批评互为因果，相互依存。每一时期的鲜活的文学批评为后世文学史的书写提供极具现场感的材料与思想来源，文学史为文学批评的分析评判提供了必要的“秩序”依据。文学批评标准的建立，就需要文学史提供必要的参照和坐标。如果没有文学史提供的这种参照和坐标，文学批评“随其嗜欲，商榷不同”，必然会陷入“淄渑并泛，朱紫相夺，喧议竞起，准的无依”的混乱局面。[③] 从这个角度理解，文学史就不是僵死的、和现在的文学状况毫无关系的过去，它作为一种传统，深刻制约了批判标准的建立，也就深刻参与当下的文学实践之

① 雷内·韦勒克：《批评的概念》，张今言译，中国美术学院出版社 1999 年版，第 1—19 页。

② 托斯·艾略特：《艾略特文学论文集》，百花洲文艺出版社 1994 年版，第 3 页。

③ 钟嵘：《诗品译注》，周振甫译注，中华书局 1998 年版，第 22 页。

中。这样，文学史就从过去一直延绵至当下，它鲜活地存在于当下的文学场域之中。文学批评的阐释行为直接面对的是当下的具体文学现象，似乎与前代的文学发展历史没有多大关系，但文学史在其中起着一种隐性又深刻的规约作用。每一个具体的批评阐释行为都可被看作以往全部文学史的回响和折射。这便是费什所说的“解释策略的根源并不在我们本身，而是存在于一个适合于公众的理解系统中”。[①] 文学批评家的一个基本素养就是文学史的知识积累和文学史自觉，这种积累和自觉指的是在批评实践中批评家把当下文学现象个案纳入文学发展历程中加以辨析考察，在文学发展长河中分析其特色，确定其价值，判断其得失。尽管在具体的批评行为中可能并不直接出现文学史的描述和梳理，但在这种文学史自觉内化于批评标准的建构过程中，文学史自觉贯穿于整个批评过程。贡布里希在谈到为什么要有艺术史的话题时，说了一句意味深长的话：“仅仅局限于时下的生活，难免会丧失生命的整个维度，即时间的维度。”[②] 失去了文学史支撑的文学批评，即“仅仅局限于时下的生活”的文学批评，脱离了来自文学传统的支持和观照，自然会远离阐释的公共性。批评的当下性并不意味着它可以脱离时间和历史，相反，批评的文学史自觉保证了批评能免于偏狭、随意与偏激。文学史存在的理由之一即是为当下批评提供一个历史的坐标与参照。这个历史坐标与参照很大程度上保证了批评的公共性。当下的批评也就不仅仅是当下的，它还与一个更悠长久远的文学传统有了内在的精神关联，这是历史对文学批评公共性的支持和保障。

我们这里所说的文学批评标准的建构需要文学史的支持以及文学批评家的文学史自觉，与社会历史批评中的“历史原则”不尽相同。后者指的是进行文学批评时，把作家作品放在其所生活、所反映的一定的社会和时代条件下，去分析作家作品的社会意义和作用，它注重把文学现象与特定的时代、社会联系起来进行分析评判；而前者指的

① 费什：《这堂课有没有文本?》，《读者反应批评：理论与实践》，文楚安译，中国社会科学出版社 1998 年版，第 57 页。

② 贡布里希：《艺术发展史》，范景中译，天津人民美术出版社 1998 年版，前言第 9 页。

是文学批评标准的建构需要文学史的支持，文学史为当下的文学批评提供了评判的准则和尺度，它勾连的是当下批评和文学历史、文学传统的关系。前者是所谓的“外部研究”，把文学和它之外的历史、时代联系起来；后者考察的是文学批评内在标准的建构建基于文学史的公共知识谱系之上。前者的原则和方法是社会历史批评的基本特质之一，这种原则和方法在20世纪被俄国形式主义、新批评、结构主义等流派否定和颠覆；后者则可以成为所有批评派别与模式建构批评标准的一个基本原则，它成为一个基本的批评理论而对所有批评派别都有效。

需要加以考辩的是：历史能否提供一种公共的知识？文学史书写能否提供、建构一种关于文学的公共知识谱系？诚然，文学史书写是文学史研究者自身审美能力、审美趣味的体现，但文学史研究更多的是一种关于历史的科学研究活动，作为这种科学研究活动的产物，文学史书写在相当程度上确认和提供了文学公共知识。我们认为，历史作为一种事实存在，以及对这种事实存在的理解与认知，并非是人人都可打扮的小姑娘。“历史是事实，不是想象；历史是关于国家、民族以至人类社会发展大势及一般规律的事实与确证，而非碎片化的个人经历和记忆。”[①] 历史叙事必然包括的“史实”是一种客观的事实存在，文学史书写因建立在客观文学事实的基础上而在相当程度上确立了自己的学术价值和存在意义。文学史书写依凭清晰、实证和客观的事实考证与记述而使自己的叙事成为有效的、可被信赖的。近几十年来，国内各种文学史教材和专著出版数量极大，从一个侧面证明了人们对文学史书写作为一种坚实的知识记载的信赖。经过一个复杂的权力演化过程，文学史书写已经从文学史家的个人学术记录向被公众接受、认可、传播和承袭的知识谱系转化，这一过程是文学史书写的公共性极大增长的过程。历史叙事也必然包括的“史识”是对历史事实的理解与认知，它虽然不像史实一样是一种事实存在，但史识致力于挖掘考察的历史大势与历史规律也是客观的，这是历史唯物主义

① 张江：《评“人人都是他自己的历史学家”——兼论相对主义的历史阐释》，《历史研究》2017年第1期。

对历史的基本理解。文学史家在对文学事实充分考证、辨识基础上形成的对文学发展规律的理解与看法，经过时间的沉淀，也已经成为我们可信赖的文学知识。“从文学观念的转变、文类位置的偏移，到教育体制的改革与课程设置的更新，‘文学史’逐渐成为中国人耳熟能详的知识体系。”[①] 文学史书写成为一种知识体系的过程，也是它进入公共知识空间的一个过程，现代社会公民的文学知识很大程度上来源于文学史书写建构了的文学的公共知识谱系。尽管每到社会历史发展的转折点，总会出现“重写文学史”的呼声，但这种呼声的一个重要目的是改写被文学史书写建构的公共文学知识谱系，它并非否认文学史书写的公共性。随着一些新资料的考证和发现，随着文学观念的更新变化，“重写文学史”成为一种必然的要求，而这种重写之后的文学史，也再一次建构了公共文学知识谱系。“同造型艺术一样，同马尔罗的沉默的声音一样，文学最后也是一种声音的合唱——贯通各个时代的声音，这种合唱说出人类对时间和命运的蔑视，说出人类对克服暂时性、相对性和历史的胜利。”[②] 韦勒克的“合唱”说法表明文学史书写成为一个民族的公共记忆和集体确证，文学史的书写在历时性上具有跨越古今的公共属性。文学史书写的这种公共性又内在规约了文学批评标准的公共性，从而使文学批评成为一种公共阐释。

二　作为批评标准前见的经典的建构意义

经典一词中的“经”，在中国古代的本义是织物的纵线，和作为横线的“纬”相对。经纬勘定了坐标位置，成为地理位置的标尺，因而“经”不可避免地具有了标准、尺度的意味，“经”的权威性也就不言而喻。刘勰在《文心雕龙》中说：“经也者，恒久之至道，不刊之鸿教也。”[③]《说文解字》认为“典”是“五帝之书”“尊阁之

① 陈平原：《大书小引》，《文艺争鸣》2000 年第 3 期。

② 雷内·韦勒克：《批评的概念》，张今言译，第 18 页。

③ 刘勰：《文心雕龙注释》，周振甫注，人民文学出版社 1981 年版，第 18 页。

也”,[①] 强调了其历史的古老和地位的尊贵。在中国古代典籍中，经典是圣贤之作，它总是和权威、重要、准则等联系在一起。刘象愚考察了英语中的“经典”一词，他认为英语中与汉语“经典”对应的classic 和 canon 有过一个漫长的演变历史。“Classic 源自拉丁文中的classicus，是古罗马税务官用来区别税收等级的一个术语。”后来才用它说明作家，“引申为‘出色的’、‘杰出的’、‘标准的’等义，成为‘model’（典范）、‘standard’（标准）的同义词”。“Canon 从古希腊语中的 kanon（意为‘棍子’或‘芦苇’）逐渐变成度量的工具，引申出‘规则’、‘律条’等义，然后指圣经或与圣经相关的各种正统的、记录了神圣真理的文本，大约到 18 世纪之后才超越了圣经的经典（Biblical canon）的范围，扩大到文化各领域中，于是才有了文学的经典（literary canon）。”[②] 从中西方文化传统来看，经典不论作为圣贤之书还是解释圣经的文本，都具有至高无上、无可怀疑的权威性和真理性，因而它也就成为后世师法的典范和准则。这样，词源学的考证让我们清楚了文学经典的一个题中应有之义即是它一旦形成和确立，就成为写作和批评的标准与典范。经典形成之后，成为创作的典范，也成为文学批评的最高标准。经典的存在，使批评标准的确立成为可能。一代代文学经典为文学批评树立了标杆和样本，形成了衡量评判文学作品思想性和艺术性的极高标准和尺度。批评史的发展证明了文学经典对文学批评的影响：一个经典遭到质疑、解构、颠覆甚至戏说和毁弃的时代，文学批评因失去了评判尺度而“失语”“失态”“失重”，批评也就彻底丧失了自己的公正和尊严。如世纪之交的“酷评”，彻底解构了“鲁郭茅巴老曹”的现代文学经典地位，这批经典作家作品构建起的 20 世纪中国文学批评标准也被抛弃否定，文学批评自然毫无公信力可言，批评甚至成为哗众取宠的小丑。

任何批评都不是批评者白纸一张、白板一块地面对作家作品和文学现象，阐释学中的“前见”概念对于我们理解批评标准的历史性

① 许慎：《说文解字》，中华书局 1985 年版，第 147 页。

② 刘象愚：《西方现代批评经典译丛总序（二）》，哈罗德·布鲁姆：《影响的焦虑》，徐文博译，江苏教育出版社 2005 年版，第 4—5 页。

形成以及在此过程中经典的作用有着深刻的启示。现代阐释学的代表海德格尔认识到前见的存在："把某某东西作为某某东西加以解释，这在本质上是通过先行具有、先行视见与先行掌握来起作用的。解释从来不是对先行给定的东西所作的无前提的把握。"[①] 现代阐释学的另一位代表伽达默尔更是对前见在理解中的地位和意义给予了高度重视："如果我们想正确对待人类的有限的历史的存在方式，那么我们就必须为前见概念根本恢复名誉，并承认有合理的前见存在。"[②]经过现代阐释学的努力，前见已经成为人文社会科学领域一个有巨大理论空间的基本概念，它被视为一切理解和阐释的前提和基础。前见是先于阐释而存在的，这个概念彰显了现代阐释学对阐释理解的鲜明浓郁的历史态度和色彩。文学批评作为对文学文本的理解和阐释，自然也在前见的基础上展开。伽达默尔十分重视审美理解的历史性，他的这一思想给我们的启示是：批评标准是在历史中形成的，而在这一历史进程中，经典对批评标准的建构起到了重要作用。如前所论，经典以其权威性成为后世批评的标准：无数经典文本建构了"好作家""好作品"的基本理念，此理念经过一系列话语权力的运作就转化为批评标准，这时，文学经典的建构意义充分显示出来。

前见的概念让我们认识到：具有巨大权威性的文学经典在历史上建构了文学批评标准，任何具体的文学批评都是在作为前见的批评标准的基础上展开的。标准与批评同在，文学经典也就与批评同在，这样，文学经典就从历史延续到了当下，它通过文学批评参与了当下公共精神空间的开拓与形塑。文学经典之于公共精神空间的建构意义，主要表现在以下两方面。第一，经典建构了社会公共知识形态。与文学史一样，经典经过复杂的权力运作与演化，日益成为社会公共知识体系的有机组成部分，参与了社会公共知识形态的建构。《论语》中就有《诗经》建构公共知识形态的例子。《论语·季氏》中有"不学诗，无以言"的表述，为什么在孔子看来，不学《诗经》就不会说

① 海德格尔：《存在与时间》，陈嘉映、王庆节译，生活·读书·新知三联书店1987年版，第176页。

② 伽达默尔：《真理与方法》，洪汉鼎译，商务印书馆2010年版，第392页。

话呢？孔子时代，《诗经》已经被经典化了，被奉为古代经典之一，这个古代典籍中的言辞表达已经成为孔子时代的公共知识来源之一，参与建构了公共知识话语体系与形态。如果一个人不学习《诗经》这样的权威典籍，他的知识体系就不完备，在公共社会中就难以与他人进行交流沟通，自然也就“无以言”了。春秋时期外交酬酢和谈判的一种常见情形是以背诵《诗经》的篇章来代替语言，《诗经》成为当时外交谈判人才的必读书和必引书，《左传》中就有一些这样的事例。同样，我们今天进入公共领域中与他人进行交往对话，一些文学经典中的话语经常被使用，如我们经常提到的唐诗中的名句。这种情形更形象地说明经典极其深刻地参与了公共话语空间、公共知识形态的建构。我们现在难以想象，失去了经典的公共知识建构的作用，我们今天如何进行话语言说，如何用语言进行有效的表达和交流。第二，经典建构了社会公共精神空间。一个社会、一个时代、一个民族甚至是全体人类的思想观念、价值取向、审美风范、艺术趣味的形成，自然是多方面合力共同作用的结果，文学经典在对此公共精神空间的形塑过程中发挥了巨大的、难以取代的作用。“经典之不同于一般的精神产品，甚至不同于一些比较优秀的精神产品，其原因之一就在于它思想内涵之深刻，它之于社会人生的认识精辟入微，入木三分，深入事物的核心，直达本质。所以经典常常成为人类思想的策源地，人的灵魂的栖息地。有些经典甚至在人类的精神成长史上占有十分重要的地位。”① 当今时代，我们为什么还要读经典？一个基本的答案就是经典建构了集体、公共的精神家园，给人类社会的发展提供了无穷的精神推动力。

经典是一个历史性的概念，经典是经过漫长的时间淘洗而形成的。经典的建构和解构自然也和时代的思想资源、历史境遇、文化秩序等因素相关。但不可否认的是，经典的建构是长期的过程，它染有民族集体记忆的痕迹，它不是由某个个人确立的，而是民族的集体确证和共同书写。古希腊悲剧、《圣经》、歌德、莎士比亚是西方人的共同精神家园，《诗经》《楚辞》、李白、杜甫是中国人的集体民族记

① 詹福瑞：《论经典》，人民文学出版社 2016 年版，第 149 页。

忆，这些文学经典属于某一民族甚至全体民族共同所有，构成了某一民族甚至全体民族的公共知识形态、公共精神空间和审美王国。经典成为文学批评标准生成的前见，而经典在知识形态和精神空间的公共性形塑方面的意义和价值使得文学批评的公共性大大增强。

三　批评标准生成于文化历史语境中

如果说文学史和文学经典从历时性的时间坐标轴建构了批评标准的公共性，那么文化历史语境则是从共时性的空间坐标建构了批评标准的公共性。文学批评标准总是生成于特定的文化历史语境之中。没有任何人能脱离自己所处的现实世界而生活于真空状态中，批评家也不例外，任何批评家也都是在自己时代所提供和呈现的文学状况、思想资源、现实境遇和意识形态背景、权力网络中从事自己的批评阐释活动。批评标准生成于这个大的文化历史语境之中，而此语境建构了一个公共空间和领域，批评标准也因此超越了个体阐释的私人性，带有能够普遍理解、能够交流沟通的公共属性。具体来看，文化历史语境对批评标准的建构主要体现在以下三个方面。

第一，批评标准生成于现实的文学场域中。一个时代有一个时代之文学，一个时代的文学批评标准必然带有这一时代文学状况的特征，不同的文学场域也就必然会形成不同的文学批评标准。中国古代社会长期处于农耕文明阶段，抒情诗是文学的主流，中国成为诗的国度，独具中华民族特色的意境理论就是在这样的文学状况中生成的，“意境”或“境界”成为中国古代文学批评的最重要的标准。可以说，意境概念及其理论来源于中国古代抒情文学创作实践，根基于诗词长期占据中国文学中心地位的文学事实。中国古代的各个历史时期，不同的理论批评家相当多的都对意境理论有不同程度的阐发和推进。意境理论的集大成者王国维深刻、充分、系统地阐发了意境理论，他在《人间词话》中把有无境界作为评论作品特别是诗词的根本标准：“词以境界为最上。有境界则自成高格，自有名句。”[①] 显

① 王国维：《人间词话》，黄霖等导读，上海古籍出版社 1998 年版，第 1 页。

然，王国维的批评标准只能诞生于中国的诗词文学传统中，在中国古典诗词的王国中才可能诞生意境这样的民族美学、文艺学的范畴与标准。中国古代以抒情诗为主流，而西方是以叙事文学为主流，文学发展状况的不同导致批评标准的极大差异。从亚里士多德对艺术真实与虚构的理论表述、对悲剧的理论阐发开始，西方文学批评标准走上了一条重视艺术真实、重视人物、重视情节的道路。西方文学批评标准的土壤和基石显然是西方文学自古希腊时期就开始的叙事文学高度发达的文学现实。中西方文学批评标准都是建立在各自的文学场域之中的。文学场域是一个参与了时代精神貌状建构的公共空间，批评标准不是在私人话语的小圈子中，而是在整个社会共同创建、共同分享、共同推进的文学场域中生成的。

第二，从一个更大的空间存在来看，文学批评标准也和历史语境息息相关。一个时代的政治、经济、科技、外交、军事、哲学、宗教等社会存在因素共同构成了文学批评标准建构的背景因素，文学批评标准正是在特定的历史语境中生成的。中国在改革开放之后，时代发展进入了一个开放、多元的历史格局之中，各种西方思想学说潮水般涌入中国，大一统的时代已经分崩离析。随着时代的变化，文学批评标准也从单一的“政治标准第一，艺术标准第二”变化到多元与多样。当前文坛，各种各样的文学评奖让读者眼花缭乱，每个文学奖项都有自己的评选标准，各个标准不尽相同，如诺贝尔文学奖和茅盾文学奖的评选标准就有很大的不同。这么多的文学评奖同时存在，丰富着我们对文学的感知和理解，也鲜明地表明了当代文坛批评标准多元存在的格局。只有一种文学、一个文学批评标准的时代已经不存在了。值得注意的是，随着科技的发展，社会进入了信息时代，一个新的虚拟公共空间建构起来。“一枚信息炸弹正在我们中间爆炸，这是一枚形象的榴霰弹，像倾盆大雨向我们袭来，急剧地改变着我们每个人内心世界据以感觉和行动的方式。”① “信息炸弹”的“爆炸”，使文学和文学批评发生了悄然又深刻的变化。传统文学批评标准在思想、语言、结构、情感等方面的尺度和规范，在电子媒介时代的文学

---

① 阿尔文·托夫勒：《第三次浪潮》，朱志焱等译，新华出版社1996年版，第170页。

中显然已不再适用，甚至“文学批评标准”这个概念和提法本身都变得面目可疑，存在的合法性受到了质疑。

第三，意识形态和权力结构对文学批评标准有着潜在规约。20世纪的文学理论批评一再宣布，脱离了意识形态性和政治性的“纯”文学理论批评“只是一种学术神话”。[①] 伊格尔顿《二十世纪西方文学理论》一书最后一个章节的标题是“结论：政治批评”，他宣称，“文学理论实在不过是种种社会意识形态的一个分支，根本就没有任何统一性或同一性而使它可以充分地区别于哲学、语言学、心理学或文化和社会思想”。[②] 文学批评标准深刻烙印着意识形态的痕迹，甚至有时权力意志直接对批评进行干预。毛泽东在抗战的时代背景中指出：“文艺批评有两个标准，一个是政治标准，一个是艺术标准。”[③] 这是政治权威对文学批评标准的明确论述，这一思想对中国现当代文学批评产生了持久的支配性影响。新中国成立之后的历代领导人也都充分重视文艺的社会作用，对文艺批评标准做过很多论述。

一个时代的文学状况与历史语境是历史发展的必然结果，也是客观的现实存在状态，它不以任何人的主观意愿做转移。这种文学状况与历史语境为包括创作、阅读和批评在内的一切文学活动提供了现实的公共空间和背景，也由此带来了文学批评的公共性。

结论　“公共领域”视域中的文学批评公共性问题

以上论述的文学批评标准建构的多重因素——历时性角度的文学史和文学经典，共时性角度的文学场域、历史语境、意识形态和权力结构等，共同建构了一个公共领域，任何批评标准都是建构于这样的公共领域之中的。批评标准在历时方面受文学史、文学经典的规约，

① 特雷·伊格尔顿：《二十世纪西方文学理论》，伍晓明译，北京大学出版社2007年版，第197页。

② 特雷·伊格尔顿：《二十世纪西方文学理论》，伍晓明译，第196、206页。

③ 毛泽东：《在延安文艺座谈会上的讲话》，《毛泽东选集》第3卷，人民出版社1991年版，第825页。

在共时方面受文化历史语境的控导和规训，这就使批评标准建立于“民族共同体基于历史传统和存在诉求的基本共识”之上，这就意味着批评标准生成于一个“可共享的精神场域”,① 它是公共领域的产物。批评标准的这一特性，决定了以批评标准为阐释起点的文学批评的公共性。

毫无疑问，批评当然要讲究个性，批评无疑是一个具体的、个体的行为。文学批评要有对作品独特的感受和体验，从对作品的细读中形成凝聚着批评家智慧的阐释和评价，最后通过个性化的语言表达自己对作品的理解。批评的每一个环节——从一开始对作品的选择和体悟到最后批评成果的表达——都渗透着批评家的情感、智慧、才情和个性。但却不能因此就断言“我所批评的就是我”，批评完全成为批评家自我个性的确证。批评家的批评阐释行为是个人的，但却不能是私人的，批评带有强烈的社会属性。“非自觉的、无意识的前见，即阐释者识知框架中的文化、历史与多重社会规范的集合，并非私人构造，以此为起点的阐释期待，集中展出个体阐释的公共基础。”② 只有把批评的个性融入普遍性、社会性和公共性之中，阐释行为才是有公信力的、有效的、确当的。

---

① 张江：《公共阐释论纲》，《学术研究》2017 年第 6 期。

② 张江：《公共阐释论纲》，《学术研究》2017 年第 6 期。

文学阐释公共性的现实困境、学理依据及实践出路*

杨　宁**

2014 年张江教授在《文学评论》上发表《强制阐释论》① 一文，将 20 世纪西方文论的诸多问题概括为“强制阐释”，并对其展开多方面批判，② 引发中外学术界的广泛讨论，③ 可谓“一石激起千层浪”。之后，张江教授又提出“公共阐释”④ 这一概念，从宏观上为文学阐释的公共性问题提供了基本纲领。如果说强制阐释论是“破”，那么公共阐释论则是“立”，在这一“破”一“立”之间，文学阐释的有

* 本文原刊于《中州学刊》2021 年第 10 期。

** 作者单位：中央民族大学文学院。

① 严格地说，“强制阐释论”首次提出是在《当代文论重建路径——由“强制阐释”到“本体阐释”——访中国社会科学院副院长张江教授》（《中国社会科学报》2014 年 6 月 16 日）一文，2014 年 8 月在开封召开的中国中外文艺理论学会第十一届年会上，“强制阐释论”被众多与会者讨论。

② 张江在《强制阐释论》（《文学评论》2014 年第 6 期）一文中指出，所谓“强制阐释”，其内涵是：“背离文本话语，消解文学指征，以前在立场和模式，对文本和文学作符合论者主观意图和结论的阐释。”其特征是：“场外征用”“主观预设”“非逻辑证明”“混乱的认识路径”。

③ 俄罗斯著名大型文学刊物《十月》全文发表了张江《强制阐释论》一文，并在莫斯科组织国际专题研讨会。2015 年 7 月 24 日至 26 日，由《文艺争鸣》杂志社主办的“反思与重构：‘强制阐释论’理论研讨会”在长春召开。此后《文艺研究》《探索与争鸣》《清华大学学报》《学术研究》《文学评论》《学术月刊》《北京师范大学学报》等众多国内重要刊物均设置“强制阐释专题讨论”的专栏，对强制阐释问题进行多方位、多角度的探讨。

④ 张江认为，“公共阐释的内涵是，阐释者以普遍的历史前提为基点，以文本为意义对象，以公共理性生产有边界约束，且可公度的有效阐释”。参见张江《公共阐释论纲》，《学术研究》2017 年第 6 期。

效性及其限度问题再度成为学界关注的焦点。时隔七年之后，2021年张江教授又发表《再论强制阐释》一文，从心理学和认识论的角度分析阐释动机的确定性和整体性，对强制阐释现象再次予以批判。①

强制阐释论和公共阐释论批判的是从理论出发而脱离实践的文艺批评路径。这种脱离文本、脱离实践的阐释方式降低了阐释的有效性，伤害了文本的原初意蕴和审美价值，使文本和理论各说各话，无法形成真正的对话和阐释关系。这一批判直指当下文艺评论存在的诸多问题，有较强的纠偏意义。文学阐释强调的是阐释的科学性和有效性，但在实践过程中，如何找到文学阐释个性化和公共性之间的平衡点，是需要进一步探索的问题。在这一过程中，需要明确如下几个问题：实现文学阐释公共性的障碍在哪里？导致强制阐释的原因有哪些？文学阐释的公共性是否可能？其实践出路又在哪里？本文将就这些问题展开探讨。

一 作者与文本：文学阐释公共性的现实困境

公共阐释论的提出，针对的是阐释学的核心问题：文学阐释是否有公共性，文学阐释的公共性何以可能。在西方阐释学的发展史上，主要有两种阐释观：一种强调文本及作者的原初意义，另一种强调读者的接受之义。前者将文本作为阐释的对象，是从认识论角度提出的阐释路径；后者则着重探究阐释主体的可能性，是从本体论角度探讨阐释的可能性。西方阐释学在总体上经历了一个从认识论阐释学向本体论阐释学转向的过程。公共阐释论的提出，再度肯定了认识论阐释学的必要性，在新时代背景下有其重要意义。但与西方认识论阐释学一样，公共阐释论依然面临一个核心问题：文本意义的确定性如何可能？

公共阐释论预设了一个逻辑前提：文本的意义是相对确定的，文学理论或批评理论的根本任务，就是帮助阐释者更为准确、有效地揭示这一意义。那么，文本意义确定性的依据何在？按照习惯性的看法，在“文学四要素”中，“读者”和“世界”具有某种不确定性，读者的

① 张江：《再论强制阐释》，《中国社会科学》2021年第2期。

“前见”决定了其面对文本时的主观态度，而作品所反映出的思想内容及价值理念也具有极强的主观性。相较而言，“作者”和“文本”具有相对确定性，创作过程是作者将其意图注入文本的过程，而创作意图往往较为明确，确保了意义的确定性。文本是由约定俗成的语言符号构成的，这也在一定程度上保障了文本意义的自足性。于是，寻找文本意义确定性的重任，往往落在“作者”和“文本”上。这也是张江教授反复强调“作者不能死”“文学是有意义的”① 的原因。文学阐释只有从文本出发，复原作者的创作意图，才能进入作品的原始语境中，回归作品的本来面目。然而，当我们进入具体阐释实践中就会发现，无论是追溯作者创作意图还是挖掘文本内在意义，都会遇到一系列的困境，意图和文本并不具有绝对的确定性。

首先看创作意图。文学创作之所以会发生，就在于作家在创作前有其较为明确的意图和动机，尽管意图在创作中会发生变化甚至难以被作者本人意识到，但意图始终是存在的。所以，创作意图一直以来都是文学阐释的核心对象。无论是西方的解经学还是中国的“以意逆志”说，最终目的都是力图透过文本揭示创作意图。然而，这种追溯创作意图的阐释模式，从理论上依旧有环节没有打通。比如“真实作者”和“隐含作者”之间关系的问题：既然要还原作者的创作意图，那么还原的是哪一个“作者”？是“真实作者”还是“隐含作者”？如果强调文本意义的确定性，那么应该还原的是“隐含作者”②（属于

① 在发表《强制阐释论》一文之后，张江教授发表多篇文章从不同角度进一步论证自己的观点，其中对作者意图的重申和强调是一个重要方面，相关的论文有：《作者能不能死》（《哲学研究》2016 年第 5 期）、《“意图”在不在场》（《社会科学战线》2016 年第 9 期）、《意图岂能成为谬误——张江与本尼特、罗伊尔、莫德、博斯托克英国对话录》（《学术研究》2017 年第 4 期）等。2017 年，张江出版学术著作《作者能不能死——当代西方文论考辨》（中国社会科学出版社 2017 年版），再次重申了作者意图在文学阐释中的重要性。

② “隐含作者”这一概念最初由美国学者韦恩·布斯在其 1961 年出版的小说理论著作《小说修辞学》中提出。所谓“隐含读者”既不是现实生活中的真实作者，也不是文本中故事的叙述者，而是介于两者之间，是现实作者在其文本中的影像，是文本的人格化形象。按照布斯的说法，作者“在写作时，他不是创造一个理想的、非个性的‘一般人’，而是一个‘他自己’的隐含的替身……对于某些小说家来说，的确，他们写作时似乎是发现或创造他们自己”。参见［美］韦恩·布斯《小说修辞学》，华明、胡晓苏、周宪译，北京联合出版公司 2017 年版，第 66 页。

当时当地的那个创作状态的作者），而非“真实作者”。即便就某一特定状态的作者而言，其创作心理也有“意识/无意识”的区别，这就导致作者有时对自己作品的解读（比如创作谈等），也无法作为确定作品意义的绝对标准，作家对自己创作意图的回顾不能等同于真实的原初意图。从这个层面看，创作意图的确定性就值得怀疑。

再看文本意蕴。按照索绪尔语言学的观点，能指与所指具有一一对应性和约定俗成性[①]，这虽然保证了文本意义的相对确定性，但必须注意的是，构成文学的语言符号只是文学的载体而非本体。文学语言既是对日常语言的一种“征用”，更是一种“超越”，正是这种“超越性”构成文学之所以成为文学的本质属性。维特根斯坦的“语言游戏”观特别注意到了语言的多义性、模糊性和歧义性等特点，从语言本身的角度看，语言的意义是不确定的，只有将其置于特定的使用环境中，才具有某种相对确定性。文学语言与日常语言、科学语言的区别就在于，日常语言和科学语言追求的是意义的确定性；文学语言则恰恰相反，追求的是意义的不确定性、多义性。中国自古以来就有“言不尽意”“意在言外”的传统，历代作家和文论家们都深刻地意识到作者之“意”与文本之“言”之间存在着巨大的鸿沟。为了跨越这一鸿沟，作者们努力的方向不是让“言”与“意”一一对应，而是让“言”从封闭的牢笼中走出来，走向多义的、复杂的文学世界。从语言层面看，本文的意义既确定又有迹可循；但从文学层面看，文本的意义蕴含多重指向。从文本出发，去探寻文学文本背后确定的意义，其结果要么是浅层面的意义复述，机械地从一个能指转向另一个能指；要么就是缺乏丰富的审美内涵，未能进入文本的文学层面。文学语言的多义性必然导致阐释的多重性，因而从文本出发去寻找文本相对确定的意义也遭遇到了某种阻碍。

文学阐释的公共性之所以难以达成，根本原因在于创作行为和阐释行为都是从个体出发的，个体阐释难以形成较为确定的、具有公共

① 在索绪尔看来，“语言是一种约定俗成的东西，人们同意使用什么符号，这符号的性质是无关轻重的”。参见［奥］索绪尔《普通语言学教程》，高明凯译，商务印书馆2011年版，第105页。

性的意义指向。强制阐释现象之所以出现，一方面在于作者不是本质化的作者，作者的创作心理、创作意图有着“表/里”之别；另一方面在于文本也不是封闭的文本，文本的文学意蕴、审美内涵使得文本的意义深广而复杂，这也是文学的本质特征。文学阐释如果追溯作者意图，首先遇到的问题是：应该追溯哪个层面的作者意图？还原创作意图能否可能？对这些问题的回答会陷入不可知论的泥淖中。同样地，文学阐释如果只纠缠于文本不放，那么也会遇到诸多问题，如文学语言的特性是什么，如何处理文本的多义性问题，文本意义确定性的依据在哪里等。所以，当代西方文论（如精神分析、女性主义、后殖民主义、结构主义、意识形态批评等）背后有一个共同的前提，那就是预设了作者和文本的“二重性”：从作者角度看，作者分为表层作者和深层作者，表层作者是作者的主观创作意图，深层作者则是潜在的、受制于特定意识形态的、不受作者自主意识支配的。文学批评的目的不仅要揭示作者表层的创作意图，更要揭示掩盖在表层作者背后的深层意图，但这种深层意图往往连作者自己也无法知晓。从文本角度看，文本分为浅层文本和深层文本，浅层文本就是单纯的能指、所指对应关系，深层文本则是指语言符号背后丰富复杂的文化意蕴，而这恰恰制约了文本意义表达的可能性。文学批评的目的就是要透过浅层的文本挖掘文本深层的社会意识形态。所以，当文学批评的学理性诉求与作者、文本的“表/里”结构相遇时，批评的重心必然会放在作者和文本的深层结构上，强制阐释也由此产生。从这个意义上看，追寻文本解读有效性和确定性在学理上存在着一定的困境。因为无论从哪个角度出发，意义都无法落实到一个相对确定的维度上，这在一定程度上成为文学阐释公共性的现实困境。

二　理论与批评：强制阐释论的学理原因

事实上，强制阐释论与公共阐释论之所以会引起如此热烈的讨论，在于其背后蕴含着“应然/实然”之间的紧张关系，即阐释理应具有公共性的理想状态与阐释难以做到公共性的现实困境之间的矛盾。导致这一矛盾的原因，主要有四个方面。

第一，文学理论的合法性危机。张江教授提出，“强制阐释”的首要特征是“场外征用”，“从上世纪初开始，除了形式主义及新批评理论以外，其他重要流派和学说，基本上都是借助于其他学科的理论和方法构建自己体系的”[①]。但事实上，对文学理论而言，很难说哪种理论是绝对的“场内”理论。即便是从文本出发的俄国形式主义和英美新批评，也“征用”了本不属于文学的语言学理论（语言学与文学在学科上的分野已经成为共识）。如果连语言学都仅仅只是文学研究的“场外”理论，那么到底什么才真正算是文学研究的“场内”理论呢？新时期以来，中国文学理论界掀起多次论争，如“文学是否终结”的论争、“文艺学边界问题与日常生活审美化”的论争、“本质主义与反本质主义”的论争等，其本质都是文学理论与文化研究之间的权力争夺，简言之，就是文学理论的边界应该“坚守”还是“扩容”的问题。我们不能简单地将这一问题视为本土文论话语焦虑的结果[②]，因为“场外/场内”之争不是单纯的“中/西”之争（虽然这背后确实涉及学术话语权的争夺问题），而是文学本质及其边界之争。西方 20 世纪文论从“内转”到“外突”的发展过程，从根本上看是由文学本质的复杂性决定的。文学本质难以确定，就会导致文学理论出现合法性危机，“场外/场内”的界限难以确定，对文学的阐释也就很难遵循一定之规。尤其是随着网络文学、人工智能等的兴起，当下文学形态呈现出复杂性，传统的文学理论很难驾驭、解释当下复杂多变的文学现象，文学理论或多或少会向文化研究偏移，于是出现征用“场外”理论的现象。

第二，文学批评的科学化诉求。阐释者在阐释之前就已经预先设定了阐释的结果，文学批评的目的仅仅是为了印证理论，而不是为了阐释文本，这是强制阐释的一大特征。导致这一现象的原因，需要从

① 张江：《关于场外征用的概念解释——致王宁、周宪、朱立元先生》，《清华大学学报》（哲学社会科学版）2015 年第 2 期。

② 例如有学者提出：“西方理论和批评话语影响下的中国当代文学批评在丰富和拓展文化阐释空间的同时，也确实体现了当代中国文学批评的话语焦虑，这种焦虑体现了自身批评话语的缺失。”参见李建盛《影响的焦虑：西方话语资源与当代中国文学批评》，《中国文学研究》2000 年第 4 期。

文学理论、文学批评、文学鉴赏、批评理论这几个概念说起。一般而言，文学理论是对文学现象形上层面的思考，文学批评是对文学作品的具体解读，文学鉴赏是对文学作品的个人化体会和感悟。文学批评与文学鉴赏虽然都关注文本接受问题，但区别在于：文学批评秉持的是一种更加科学、理性、客观的解读态度；文学鉴赏则是从个人视角出发对作品进行的主观化解读。这就导致文学批评不仅不应从读者的主观情感出发，而且还要努力消除主观情感对阐释带来的影响。那么，要保持批评的客观性，就只能从理论出发。阐释的理论化程度越高，阐释的主观性就越低，阐释的结果就越具有客观性和科学性。正是对文学批评客观化的要求，催生了“批评理论”这一概念。“批评理论”介于“文学理论”与“文学批评”之间，其目的是为文学批评的客观性和科学性提供理论支撑。20 世纪西方文论众多流派的共通点之一就在于，它们并不是对文学元问题所进行的进一步深化，而是从文本阐释的层面将文学批评学科化，为文学批评提供理论性指导。正因为如此，每一套理论流派内部的话语系统都有着相对确定性的理论体系和方法论体系。而作为理论所要处理的对象，文本是语言符号编织出的复杂多样的表意系统。文本的复杂多样性对应理论的有限性，导致本应多样化的文学阐释很容易走上模式化道路，呈现出“千人一面”的现象。文学批评与文学鉴赏的分野，使文学批评先天地带有科学化的“原罪”。在不断建构标准化、客观化、模式化的批评理论的过程中，文学批评走上了强制阐释的“不归路”。正如有学者所说，“各种文论派别都在试图把文学外学科的规范和方法论引入文学理论，‘科学化’看来是 20 世纪文论的一般趋势，而文学理论越来越变成各种‘跨学科研究’”①。

第三，西方文论发展的“语言转向”与“影响的焦虑”。从文艺复兴“人的发现”到 20 世纪“作者之死”，与作者理论变迁相伴随的，是整个 20 世纪西方文论的“语言论转向”。作者理论背后的核心问题是作者与作品的关系问题，进而言之是二者谁能够占据主导地

---

① 赵毅衡：《新批评——一种独特的形式主义文论》，中国社会科学出版社 1988 年版，第 116 页。

位的问题。20 世纪“语言论转向”之前，作者无论是作为制作者还是作为创造者和生产者[①]，相较于文本都具有绝对的主导权和权威性。从 20 世纪开始，西方文论则开始进一步追问：文本的言说者到底是“谁”？以索绪尔为代表的语言学理论建构了“言语/语言”这一“个体/公共”的二元对立关系，导致言语不再是个体表达自我的工具，而是受制于其背后的整个语言符号系统。以维特根斯坦的语言哲学论为代表的“语言论转向”的重要贡献，就是解构了传统语言学中对话语确定性的结论。这也就意味着，作者不再是自由意志和自我情感的代言，而是成为权力话语的产物。于是，文本解读首先不应聚焦于作者，而应聚焦于作者背后的语言系统。从 1961 年布思的“隐含作者”到 1967 年罗兰·巴特的“作者已死”，再到 1969 年福柯的《什么是作者》，文学阐释渐渐成为文本的游戏，作者的权威让位于话语的权力结构。在这一转向的背后，是整个西方文论发展过程中“影响的焦虑”的结果。自 19 世纪浪漫主义思潮之后，那种揭示作者创作意图的阐释路径已经略显缺乏学理深度，文学批评只有在作者的深层语言结构和社会意识形态上下功夫才能挖掘出新的理论增长点。这就为强制阐释提供了空间。

第四，中西方文论的话语权争夺。所谓的“场外征用”，不仅仅涉及文学与非文学的“内/外”问题，更涉及中国与西方之间的“内/外”问题。面对中国当下复杂的文化语境，简单地套用西方文论阐释文本的路径已基本失效，如何从学理上建立一整套立足于本土的阐释路径，是亟待解决的问题。在强制阐释和公共阐释的背后，是两个层面的学术话题：一是阐释的有效性问题，二是中国文论话语体系的重建问题。这两个层面构成了“表/里”关系，前一层面是阐释学问题，是论题的“主战场”；后一层面是中西学术话语权问题，是论题背后的深层动因。自 20 世纪 90 年代以来，学术界反复争论的关

① 张永清教授曾列举出作者问题在西方文论史上的四种主导范式，分别为：作者作为制作者（maker），作者作为创造者（creator），作者作为生产者（producer），作者作为书写者（scripter）。参见张永清《历史进程中的作者（下）——西方作者理论的四种主导范式》，《学术月刊》2015 年第 12 期。

于“中国文论失语”“古代文论的现代转换”等话题，与强制阐释的提出有着一脉相承的学术渊源。所不同的是，以前所讨论的问题更多强调的是一种面对西方强势话语的无奈和焦虑，强制阐释论的出现则更多呈现出一种基于本土立场的坚定和自信。所以，公共阐释论的提出，不仅是为了肯定文本意义的相对确定性，更要批判西方文论（尤其是 20 世纪西方文论）的强势话语，解构其霸权地位，进而为建构中国本土学术话语奠定理论基础。在这一过程中需要做的工作还有很多，比如公共阐释的“公共”二字如何达成，文学阐释公共性的实践出路到底在何方等。

三 共时与历时：文学阐释公共性的理论可能

虽然“作者已死”的口号已经喊了整整半个世纪，但在日常经验中，作者的权威性依旧无法被彻底颠覆。面对同一部文学作品，虽然“一千个读者有一千个哈姆雷特”，但这种差异往往是被限定在一定范围内，大部分读者对同一部作品的理解有着基本的确定指向。如果文学的意义仅仅落实在个体层面，那么文学的意义和价值也就不需要讨论，甚至无从谈起。因而，有学者说：“问题的关键不在于废除阐释，而在于把握好阐释的限度，保证阐释的客观性和公正性。”[①]“文学文本的价值/意义阐释的确定性问题最终应该在公共领域中解决。”[②] 这种经验与学理的矛盾，会引出一系列问题，如所谓的“公共阐释”是在何种层面得以成立，其“公共性”如何可能；文学批评有效性的合理限度在哪里，其学理依据又是什么。

关于公共阐释的公共性问题，张江指出：“以人之心理、情欲、直觉及以此为基础的共通感，使阐释成为可能。人类对此在的生存感受基本一致，对未来生存的自然渴望基本一致，是阐释生成与展开的

① 李遇春：《如何“强制”，怎样“阐释”？——重建我们时代的批评伦理》，《文艺争鸣》2015 年第 2 期。

② 肖明华：《走向反思型文学阐释学》，《文艺理论研究》2009 年第 4 期。

物质与心理基础。”① 张江将阐释的公共性定位在人之为人的共性上，以此作为公共阐释得以可能的前提。这种论述逻辑类似于孟子在探讨人性之本时所提出的“四端之心”：既然人是有共性的，那么对于同一现象的解读和阐释也应该具有某种共性。这虽然点出了问题的根源，但还需要进一步对公共性这一问题进行多方面的分析。具体而言，需要从共时和历时两个层面进行进一步分析。

先看共时层面。这一层面的逻辑基础建立在理论、实践两个方面。从理论上看，首先，公共阐释论体现了一种具体问题具体分析的阐释逻辑。公共阐释的定义是：“阐释者以普遍的历史前提为基点，以文本为意义对象，以公共理性生产有边界约束，且可公度的有效阐释。”② 可见，所谓阐释的公共性是受特定历史语境与现实条件制约的。文本意义的自足性，受作者意图、语言结构、读者接受等方方面面的制约。语境的特殊性决定了意义的确定性，也为文学批评合理性确立了依据。结合特定的语境，是文学文本意义阐释有效性的前提。

其次，公共阐释论所标榜的公共性建立在语言的公共性上。张江曾以乔伊斯的小说为例，强调了语言表达背后的共性规则问题：“虽然乔伊斯在《尤利西斯》中关于那个荒诞梦境的描写是一种直觉的无序的表达，但乔伊斯的表达是一种理性行为。这里所说的理性，不是与感性相对的理性，而是按照逻辑规则、语言规则来表达的理性。这正是我说阐释是一种理性行为时理性意涵的指向所在。”③ 也就是说，创作意图与文本意蕴的确定性，根本上源于语言的公共性。作为表达的媒介，语言的约定俗成性决定了语言先天地具有公共性。语言的表达过程是一个将所指“能指化”的过程，也是一个将非理性的意图“理性化”的过程，更是一个将私人意图“公共化”的过程。即便是极为私人化的荒诞梦境，只要一经语言这一媒介转述，就意味着它从一个私人空间走向了一个公共的场所，必须接受公共理性的规约

① 张江：《“阐”“诠”辨——阐释的公共性讨论之一》，《哲学研究》2018 年第 12 期。

② 张江：《公共阐释论纲》，《学术研究》2017 年第 6 期。

③ 张江：《关于公共阐释若干问题的再讨论（之一）》，《求是学刊》2019 年第 1 期。

乃至改写。所以，语言媒介的公共性，使得创作意图和文本意蕴实际上也只能是相对确定的。从实践上看，“公共阐释论”所强调的“具有相对确定意义，且为理解共同体所认可和接受，为深度反思和构建开拓广阔空间的确当阐释”①，十分符合个体的创作经验和阅读经验。创作过程即表达的过程，只有在作者头脑里先形成要表达的思想和情感，才能将其诉诸创作实践。同样，阅读过程是读者沿着语言符号能指把握文本所指的过程，即便对同一文本的解读千差万别，也只可能是在一定范围内的有限差异。如果对于一部作品的解读千差万别，各说各话，那么对文学文本的解读也就失去了意义。

再看历时层面。首先，从历史上看，公共阐释论得到中西方文艺理论的有力支撑。无论是中国古代文论中“诗言志”的传统，还是西方古希腊时期的“模仿说”，背后都体现出一种强烈的贵“真”思想，强调真情实感与文本内容的对应性。这种贵“真”的思想首先体现在“文”与“人”的一致上，如孔子的“诗可以观”、孟子的“以意逆志”说、扬雄的“心声心画”论等，都很自然地将作者与文本的一致性作为一个自然的事实加以讨论。尽管“言不尽意”“文不如其人”的理论也有其传统，但“文如其人”“文言一致”的求“真”思想始终占据着文艺思想的主流。需要指出的是，公共阐释论背后所强调的“真”，与强制阐释论背后的求“真”诉求，是完全不同的。有学者曾将产生强制阐释的原因，归结于“追问真相的恒久冲动”②。但事实上，强制阐释对真相的追求，是建立在“本质/表象”的二元结构之上的，强调的是阐释过程的科学之“真”；而公共阐释对“真”的追求，是建立在作者与文本的一致性关系上的，强调的是阐释结果的意义之“真”。强制阐释那种试图透过表象看本质的阐释路径，必然会导致对文本复杂性的消解，使得纷繁复杂的文本世界往往被阐释和划归为某个已经预先设定的结论。公共阐释对“文人一致”的追求，则建立在对“人”的多样性的尊重之上，是建立在人性共

---

① 张江：《公共阐释论纲》，《学术研究》2017 年第 6 期。

② 李春青：《新传统之创构——中国当代文学理论的学术轨迹与文化逻辑》，北京师范大学出版社 2019 年版，第 236 页。

通性的基础上从应然角度对阐释的理想状态提出的要求。尽管面临如前所述的种种困境，但这是建立在文学创作经验基础之上的基本规律。

其次，公共阐释的公共性是建立在历史发展变化的角度之上的。张江曾经做过形象的比喻："尼采的哲学，开始不被人们理解，后来慢慢被理解，现在已经是'潮流'了。可以说，尼采的思想不正是由个体阐释逐渐获得公众承认，最终上升为公共阐释了吗？如果按照罗蒂的说法，所有的阐释是自己说自己的，不一定非要说给别人听，或者永远不会有一个大家都认可的东西，那么文本的创作和传播本身的意义又何在？所以'阐释'从它的生成、传播和目的说，就是两个字——'公共'。"① 也就是说，从历时的角度上看，阐释也必然是从私人走向公共的过程。这其中伴随着争论碰撞与讨论，但最终的结果是经过去伪存真，经过实践的检验，走向更高层面的共识，这也是一个必须承认的事实。历史发展过程注定是一个去粗取精的过程，而一种阐释之所以能够具有公共性，其原因就在于阐释的结果势必要经过多方面的检验，尤其是历史的检验。因而，有学者很早就提出："在商业主义甚嚣尘上、所谓读图时代业已来临的当今，在新的文学理论的版图上，在文学理论与文学实践渐行渐远的轨道上，从《作者之死》的思路上拉回来，重建作家研究，重视作家研究，不但必要，而且刻不容缓。"②

所以，"公共阐释论"的提出，是从"共时/历时"两个层面确保其可能性的，其理论基础既涉及作者意图的相对确定性和文本意义的相对自足性，也涉及文本与作者之间、本文与世界之间的有机联系。尽管在具体阐释过程中，意义的多元性问题依旧会存在，但"公共阐释论"划定了较为明确的范围，为阐释的合理性和有效性提供了依据。

---

① 张江、［美］陈勋武、［美］丁子江、金惠敏等：《阐释的世界视野："公共阐释论"的对谈》，《社会科学战线》2018 年第 6 期。

② 刁克利：《"作者之死"与作家重建》，《中国人民大学学报》2010 年第 4 期。

四　问题与方法：文学阐释公共性的实践出路

其实早在“强制阐释论”提出之前，已有学者对这一现象进行了反思，并提出了解决方案。例如，早在 2002 年，吴子林就针对文学理论与阐释实践相分离的“没有魂的文学理论”现象进行反思[①]。2004 年，金惠敏将这种现象概括为“没有文学的文学理论”[②]，并从文学与现实关系的角度提出了较为肯定的看法。2012 年，孙绍振教授也针对西方文论对文学文本解读的低效或无效问题展开了深入的思考，认为“文学文本解读的任务，是借助多层次的具体分析，把文学理论中牺牲的特殊、唯一的精致密码还原出来，达到最大限度的有效性”[③]。这些见解可谓给文学批评开出了一剂“药方”，认为只有立足于文学文本的特殊性，将文本看成是由浅入深的立体结构，才能告别西方文论那种“单因单果的二元对立的线性哲学式思维模式”[④]。从理论上看，孙绍振等人的观点确实能够起到一定的纠偏作用，但许多问题依旧没有得到有效解答：仅仅将文学文本看成一个立体式结构就能提高阐释的有效性吗？西方文论强制阐释的背后，仅仅是“单因单果的二元对立的线性思维模式”吗？

解决强制阐释的关键，在于解决文学阐释主观性与客观性的矛盾。文学阐释如果过于主观，将有悖于其学理化的要求；如果过于客观，则容易因强化理论的预设性而导致强制阐释。要解决这一矛盾，必须首先厘清一个基本问题：阐释的客观性不等于阐释的科学性。阐释的客观性强调阐释结果的客观性，阐释的科学性则强调阐释过程的客观性。阐释结果的客观性源于文本的相对确定性，即文本是独立于作者和读者之外的现实，文本本身就构成了一个相对封闭的世界，具有某种确定性；阐释过程的客观性源于阐释步骤的逻辑性和自足性。

---

① 吴子林：《没有魂儿的中国现代文学理论》，《文艺评论》2002 年第 1 期。

② 金惠敏：《没有文学的文学理论——一种元文学或者文论“帝国化”的前景》，《文艺理论与批评》2004 年第 3 期。

③ 孙绍振：《文论危机与文学文本的有效解读》，《中国社会科学》2012 年第 5 期。

④ 孙绍振：《文论危机与文学文本的有效解读》，《中国社会科学》2012 年第 5 期。

西方文论之所以走向“场外征用”的歧途，是由于文学批评被组织到现代学科体系内时，很容易将理论体系的精密程度与阐释文本的科学程度混同起来，用阐释过程的科学性取代阐释结果的有效性。尽管“场外”理论已经形成较为完整的理论体系和阐释方法，却忽略了其本应落脚的文本层面，导致文学阐释背离了阐释的初衷和目的，反而为强制阐释滋生了土壤。所以，要实现文学的公共阐释，必须在阐释结果的客观性上做文章。具体而言，走向文学阐释公共性的实践出路，应把握以下五个方面。

第一，明确文学阐释的根本目的和逻辑起点。阐释活动之所以必要，就在于文本本身未能提供较为清晰和直观的意义指向。而阐释活动的目的，就是在复杂、含混的文学文本中梳理出一条较为明确的意义脉络。这也就意味着，文学阐释并不是要把文本的意义搞得更复杂，而是要从复杂的符号网络中找到其内在的逻辑。文学文本的独特性就在于其内部充满了矛盾、裂隙、空白和张力，文学阅读过程不是单纯获取信息的过程，而是充满回味、联想、反思的过程。所以，文学阐释的目的就是通过处理文本内部的诸多矛盾、裂隙、张力，抓住文本背后所要真正传递的感觉经验和情感体验。这就意味着文学阐释要从文本出发，从文学语言的特点出发，呈现、挖掘文本背后的复杂性意蕴和意义的多重可能性。

第二，确立文学阐释的主导原则。文学阐释公共性能够达成的关键，在于找到文学活动中具有公共性的关键环节。如前所述，在文学研究的诸多要素和维度中，语言是最具有公共性的存在。所以从文学文本出发，从研究文学语言特性入手，能够确保文学阐释的相对普遍性和确定性。然而，这种做法的背后存在这样的问题，文本、语言本身虽然具有公共性，但并不意味着语言所传递出来的意义具有公共性。尤其是文学语言的本质特征之一就在于其具有多义性。那么如何处理阐释过程中出现的共性与个性、确定性与多义性之间的矛盾，如何对待文学作品的多重解读，是文学阐释需要处理的关键性问题。这就需要确立文学阐释的主导原则。所谓主导原则，就是在阐释过程中所要遵循的基本规范，这一规范的确立必须要为文学阐释的公共性奠定基础。文学阐释的过程实际上是一个从有限文本中挖掘更多可能性的过程，推导和引申是必不可少的环节，关键在于阐释过程中的推导和引申需要遵循怎样的原则。文学阐释的公共性要求阐释过程严格遵循文本的内在逻辑，不能依靠文本之外的条件进行推导，也不能遗漏掉文本之内的信息。只有如此，才能确保阐释的有效性和公共性。

第三，将创作意图视为潜在的参照文本。尽管西方文论史上的很多理论家都提出了创作意图的“表/里”之别，试图通过诸如“潜意识”“集体无意识”“隐含作者”之类的概念解构作者意图的确定性。但作为作者独立自主的思维活动，文学创作肯定存在着一个较为明确的意图，意图与文本之间存在着一定的因果联系。文学阐释如果要走向公共性，在对待作者意图时采取的态度应该是：尊重作者意图，但仅仅将其视为阐释活动中一个潜在的参照文本。创作意图从另外一个角度为阐释者提供了一个关于文本意义的可能线索，但这条线索能否成立，还有待于文本本身的逻辑印证。简言之，面对一部作品，我们不能只看作者“说了什么”（对自己创作意图的阐释），更要看作者“写了什么”。文学阐释的关键不是用作者意图去替代文本意义，而是要反思作者意图与文学文本之间的关系。

第四，不排斥文本多重解读的可能性。文学作品的多重解读是文学阐释的题中应有之义，公共性的关键在于阐释逻辑的自洽和认同。文学阐释的公共性并不等于阐释结果的唯一性。那种对某一阐释结果（尤其是作者意图）的肯定以及对其他阐释结果的排斥，不仅封闭了阐释的可能性，更是走向了一种独断论式的强制阐释。在“强制阐释”论中，张江教授与希利斯·米勒的两次通信是非常值得关注的事件。[①] 在两次回信中，解构主义的代表性理论家希利斯·米勒对解构主义理论及其批评实践进行了简单而清晰的解释，并指出了长期以来中国学者对解构主义的某些误解。他指出：“解构不是要拆解文本的结构，而是要表明文本已经进行了自我拆解。它看似坚实的根基并非

① 参见张江《确定文本的确定主题——致希利斯·米勒》，希利斯·米勒《“解构性阅读”与“修辞性阅读”——致张江》，均发表于《文艺研究》2015 年第 7 期；张江《普遍意义的批评方法——致希利斯·米勒》，希利斯·米勒《致张江的第二封信》，均发表于《文学评论》2015 年第 4 期。这两次通信均收录在张江所著的《作者不能死——当代西方文论考辨》（中国社会科学出版社 2017 年版）一书中。

岩石，而是虚无缥缈。”① 他进而提出并区分了两种阅读方法：“修辞性阅读”和“阐释性阅读”。所谓“修辞性阅读”指的是：“注重我所阅读、讲授与书写的文本中修辞性语言（包括反讽）的内在含义。”② 而所谓“阐释性阅读”，希利斯·米勒则借用保罗·德曼在《结论：本雅明的“译者的任务”》一文中的论述：“当你做阐释学研究时，你所关心的是文本的意义；当你这样做诗学研究时，你所关心的是文体或一个文本产生意义的方式描述。”③ 也就是说，修辞性阅读并非纯粹是对意义的否定和拆解，而是基于文学语言的多义性特征，将文学意义的无限潜能呈现出来。“阐释性阅读”更多强调的是对文本意义确定性的把握。有学者指出，“修辞性阅读”与公共阐释殊途同归，二者“路径虽不相同，却存在着相似与相通，那就是它们都以语言问题为中心，重视文本细读，重视文学阐释参与文学实践的能力。其差异主要体现在对待文章与作者、读者关系的理解上”④。这种观点显然是将“公共阐释”等同于米勒所说的“阐释性阅读”。而事实上，“公共阐释”这一概念既包含“修辞性阅读”也包含“阐释性阅读”。“公共阐释”固然追求阐释结果的确定性，但也不排斥阐释结果的差异性。希利斯·米勒将“修辞性阅读”放置在“阐释性阅读”之外，无形当中是将阐释结果的“同”与“异”相对立。而正如米勒本人所说，“修辞性阅读”的目的，是呈现和解决文本内部的矛盾问题，文学阐释也要回归到文本的内部问题之中。既然都是从文本出发，“修辞性阅读”就不应该与“阐释性阅读”相对立，相反，文学阐释也应该包括“修辞性阅读”。

第五，明确理论征用的适用性原则。如前所述，文学阐释需要处理的一个关键问题是文学阐释主观性与客观性的矛盾。阐释需要借助

① 张江：《作者不能死——当代西方文论考辨》，中国社会科学出版社 2017 年版，第 429 页。

② 张江：《作者不能死——当代西方文论考辨》，中国社会科学出版社 2017 年版，第 417 页。

③ 张江：《作者不能死——当代西方文论考辨》，中国社会科学出版社 2017 年版，第 420 页。

④ 参见毛宣国《“修辞性阅读”与文学阐释》，《学术月刊》2019 年第 6 期。

理论，但阐释过程不是对理论的证明过程，而是运用理论解决文本内部的诸多问题的过程。文学阐释走向公共性的关键前提是要发掘文本内部的问题，发现问题、解决问题，将理论视为解决文本问题的工具。只有明确了理论征用的适用性原则，才能实现真正的公共阐释。所以，“多研究些问题，少谈些主义”是重建文学阐释公共性的重要实践路径。

公共阐释与文学阐释的约束性*

毕素珍**

阐释学经由施莱尔马赫、狄尔泰、海德格尔、伽达默尔等人的发展，在 20 世纪成为现代哲学的一门显学。近半个世纪以来，文学阐释呈现出明显的跨学科特点，其他学科的兴盛给文本阐释注入了空前活力，赋予文本阐释更多的解码方式，极大地充实了文学阐释的发展与研究。文本意义空前增值，文学阐释无限繁荣，文本世界也似乎变得难以捉摸。在这样的背景下，如何防止意义生产的失控成为文学阐释在理论和实践层面都必须面对的问题。“公共阐释”是在反思西方文论、批判强制阐释的过程中提炼出来的一个约束性建构性的理论概念：“阐释者以普遍的历史前提为基点，以文本的意义为对象，以公共理性生产有边界约束，且可公度的有效阐释。”① 公共阐释论提出阐释是一种公共行为，旨在对文学阐释形成有效约束，设立可能的限度，进而确立一个有效阐释的基本框架，对文学阐释的发展具有积极的建构意义。

一　文学阐释：约束下的创造与开放

“公共阐释”体现了对文学阐释的要求——约束下的创造。文学

---

* 本文原刊于《学习与探索》2019 年第 5 期。

** 作者单位：中华女子学院外语系。

① 张江：《公共阐释论纲》，《学术研究》2017 年第 6 期。

文本具有开放性的特征，文本的开放性决定了意义的多元性和阐释的多种可能性：一方面，由于作品中“空白”（英伽登）和“不定点”（伊瑟尔）的存在，使得人们在面对文本时，有可能以自己的经验和体验方式通过发挥想象力，在创造中填补文本内容中的这些“空白”和“不定点”，实现对文本的阐释；另一方面，文学语言常常指向隐含在字面意义之中的“言外之意”，文本意义也并非总是以明白无误、确定无疑的方式呈现出来，而是以意象或形象等方式表达，具有模糊性和不确定性。庄子所谓的“言不尽意”、刘勰《文心雕龙·隐秀》中对文本“隐”的要求，以及王夫之诗论中的“诗无达志”莫不体现了文学作品的含蓄朦胧与委婉多义。此外，文本的意义从根本上说是源于生活世界的，更具体地说，人们生活的各具特色、兼收并蓄的文化世界才是文本意义的真正来源。文本的信息是由依存于不同文化代码的众多信息组合而成的，这些信息分别在不同的意指层次上发挥作用，因此文本意义不是固定不变的，而是不断敞开的，为阐释提供了创造的可能。艾柯在《开放的作品》中指出，文本是开放的，“是可能以千百种不同的方式来看待和阐释的”①。由此可见，文学阐释可以是建构的、是独特的、是关乎外部世界的……不可否认，正是这种开放性、创造性的欣赏与阐释赋予了文学作品蓬勃生机，散发出超越时空的恒久魅力。

文学的开放性体现了文本的包容性，但并不意味着丧失文本的自我规定性。作品虽然是开放的，但对它的阐释却必然要受到约束，文学阐释实际上是阐释者处于约束下的创造活动。这种约束性体现在阐释活动的方方面面：首先，在阐释意图上，文学阐释的世界是关乎文本的世界。在文学阐释中，文本和世界彼此交织、相互作用。阐释者由于站在不同的立场、处于不同的生活状况、拥有各自独特的经验等原因而在文本中看到不同的世界。正如伽达默尔所言，人们的这种“原初经验”“对领悟其意义规定来说，在根本上是不会枯竭的”②。文本中的“空白”和“不定点”固然需要阐释者以自身的现实经验

① 安伯托·艾柯：《开放的作品》，刘儒庭译，新星出版社 2005 年版，第 19 页。

② 伽达默尔：《真理与方法》，王才勇译，辽宁人民出版社 1987 年版，第 95—96 页。

为依托进行创造，但恰恰是具体文本的确定性为它们提供了存在空间，因此要把它们置于整个文本的完整结构之中进行考察。意在指涉外部世界的阐释绝对不能是任意的和无据可依的，需要用文本的确定性来予以约束，以避免阐释成为阐释者主观意图的注脚，陷入生拉硬扯、牵强附会的强制阐释的泥沼。其次，在阐释依据上，文学阐释的建构是基于发现的建构。阐释与文本之间不是简单的对照关系。阐释不同于文本，更不能取代文本，它提供的是文本解读的可能途径，与文本之间始终存在一种张力。文学阐释既可以是对文本已有意义的发现和揭示，也可以是阐释者对研究对象的深入挖掘与积极建构。这种建构如同阿拉伯故事中“第 18 只骆驼”的引入。故事中哲学家借出的这只骆驼在遗产分配意义上虽然是不真实的存在，却能够帮助分配活动顺利进行，在实际上和真实存在的 17 只骆驼相比可以说毫不逊色。同样地，文学语言的模糊性和含蓄性为阐释者提供了广阔的建构空间，对文学作品的研究在批评家结合了某种批评思路之后，就是引入了“第 18 只骆驼”. 批评家根据自己的理解，通过建构实现文本意义的增殖，使文本呈现富有新意和吸引力的解释。例如，对唐代李商隐《锦瑟》一诗历来存在多种解读：是悼亡诗？还是作者自伤身世？抑或是诗人诗集自序？对此始终没有形成一个确定的解释，可谓“一篇锦瑟解人难”（王士祯语）。该诗语言的朦胧性带来的多义性为解释提供了诸多可能，但无论怎样，这首诗哀怨的基调是无法改变的，任何建构性的解释都不能脱离对该诗的基本认知。文学阐释的发现与建构两者之间不是排他的关系，对文本的解读既可以源于阐释者在文本中的发现，也可以依靠积极的建构，但其中必须明确的一点是发现对建构具有约束作用，即在终极意义上，文学阐释需要批评者在现象中发掘材料，基于在文本中的发现进行合理建构。再次，在阐释方式上，文学阐释的个性是处于系统之中的个性。在面对某一文本进行具体的文学阐释时，不同的阐释者可能根据自身感受选择不同的入手角度和批评范式，在文本中发现不同的意义。作为个体的阐释者往往希望通过发挥创造性使自己的阐释更具新颖，更有创意，见别人未见之处，发别人未发之声。但文学阐释作为一门学科是有一些基本规则的，它要求阐释者遵循一般的批评法则、理解传统、意义继承、阐释惯例等来展开批评。个体的文学阐释可以千差万别，但只有那些能够被纳入整个学科系统之中、构成整体文学批评有机环节的阐释才是有效的。倡导批评创新的个性离不开对学科系统化的坚守，文本把握的变化性、文学阐释的独特性、表达上的个性化需要受到文学批评规范化、系统化以及学科相对稳定要求的约束。

阐释的创造与约束共存于文学批评之中，构成了文学批评的两面。两者的关系是“一”与“多”问题的变形，从根本上说是辩证统一的，胡塞尔和利科曾经通过阐释理论意义和个别意义、意象意义和指向意义之间的辩证关系阐述了存在于两者之间的统一性。就文学批评而言，在发挥阐释创造性的同时，切不可忽视阐释的约束性，否则阐释者的主观能动性会被曲解，其权力逐步得以膨胀，阐释因失去文本的依傍而变得愈加自由。20 世纪 80 年代以来，文学阐释受到后结构主义、解构主义、新实用主义等新的理论刺激，批评家任意排列组合文本词语，肆意放大边缘细节，割裂打碎文本整体意义，怪异阐释蜂拥而至，不受约束的文学阐释最终沦为恣意的文字嬉戏，早已丧失了文学性。罗蒂阐释理论中“想怎么阐释都行”的观点就是这类阐释的典型代表。没有约束，就没有创造。无限膨胀的创造只可能使阐释失控，使文本的意义陷于虚无，故文学阐释的创造必定是在规定方向上有约束的创造。“公共阐释”六个特征——理性、澄明性、公度性、建构性、超越性与反思性的阐发无疑是对文学阐释创造性与约束性之间统一关系的清晰表述。

二 阐释限度：意义生成的多重约束

既然文学阐释是一定约束引导下的创造行为，那么它就是有约束性、有界限的。阐释活动需要遵循一定的规则，不能超越一定的限度。对阐释界限的探讨历来存在各种各样的见解。海德格尔把这种界限称为“存在”，提出作品的意义和真理就是在其中展现的“存在”。艾柯也同样用“文本意图”为阐释设立了界限，他把对作品的阐释比喻为“悠游丛林”，读者可以在文本的丛林里尽情畅游，对文本做出形形色色甚至诡异荒诞的阐释。虽然我们无法确定哪一种阐释是最佳的，但却能够根据文本的连贯性及其原初意义生成系统辨识出某一些阐释比另外一些阐释更具合理性。[①] “文本意图” 的框定作用限制了文本阐释的可能性范围。不同于海德格尔、艾柯等人的观点，“公共阐释” 对阐释限度的构成进行了多维考量，更具全面性和系统性。这是因为，文学阐释的可能性范围不是由哪个单一的要素决定的，而是读者与文本之间通过对话协商而创生的意义空间，是诸要素共同作用的结果。文学阐释问题从根本上说是一个意义生成问题。文本意义的生成受到作者意图、文本意图、读者意图以及三者所处文化语境的制约，各要素之间的相互制约对阐释活动形成多重约束，构成了阐释的限定性。阐释活动四要素的综合作用对文学阐释形成了约束作用。

作者是文本的直接创造者，作者的意图造就了文本生成的样态，是文本意义的来源之一，是阐释活动应该重视的要素。浪漫主义文学十分注重作者与作品之间的一致性关系，华兹华斯就认为“诗是强烈情感的自然流露”。浪漫主义美学观念把追求作者原意视为阐释活动的最高目标。施莱尔马赫和狄尔泰的浪漫主义阐释学同样也是在强调作者个性与文本内容对应关系的意义上展开的。中国古代批评对作者意图的考察也有悠久的传统。孟子的 “以意逆志” 和 “知人论世” 都体现了对作者与作品之间存在着意义的给定与被给定关系的理论假设。可以说，作者意图间接制约了阐释的意义走向，毕竟文本内容是作者构思创作活动的外化，有表达个人思想、传达个人意图的可能，作者意图理应成为阐释可能性中重要的一种。“作者意图显然是我们阐释文本的重要依据，但并不是唯一依据。”[②] 由于作者意图本身是一个变量，又往往是隐蔽的，且作者与文本之间的关联性也总是缺乏确切可靠的证据，要完全还原作者的原意是不现实也是不可能的，因此不能把作者意图作为判断作品意义的决定性标准和唯一归宿。例如，茅盾对《子夜》的创作意图就曾经历数次变化，《诗经》的作者及其创作意图无从确知，却也并不妨碍它被解释了两千多年。总而言

---

① 安贝托·艾柯：《悠游小说林》，俞冰夏译，生活·读书·新知三联书店 2005 年版，第 9 页。

② 周宪：《文学阐释的协商性》，《中国文学批评》2015 年第 2 期。

之，在文学阐释中，既不应该忽视作者的意图，也不应该把作者的意图奉为终极意义的追求目标和唯一解释。

文学阐释离不开特定的社会文化历史语境，它们对文学阐释产生了潜在的约束作用。无论是作者、文本还是阐释者都是一定文化传统的产物，文化世界对于阐释具有本源性的作用。作者的创作不可避免地受到自身所处社会生活话语系统及历史文化环境的滋养；文本也不可能完全孤立于它依赖于存在的文化传统和历史语境，而是多多少少受到文化根基和具体历史境遇的制约，浸染着文化历史的色彩；阐释者的创造也总是在某种文化语境中进行的，文化成规、阐释惯例、理解传统、语言逻辑莫不对阐释产生潜在影响。不同的语境会带来不同的阐释，如《小二黑结婚》中的三仙姑在中国文化语境中被视作为老不尊者，而在美国语境中则被阐释为个性解放的代表。阐释是一种积极的创造活动，但负责任的阐释必须以文化历史语境作为参照。比如，艾柯曾经指出，要阐释华兹华斯的诗歌就必须尊重诗人所处时代语言系统的基本状况。对于诗句 a poet could not but be gay 中 gay 一词的理解就不能脱离诗人所处的时代语境而肆意发挥。文化语境对阐释的范围起到了限定作用。

艾布拉姆斯将文本置于文学活动诸要素和关系的中心位置。文本是整个阐释活动的核心，阐释应该从文本出发，受到文本的制约。文本明确性与含混性并存的特征决定了文本既有确定性的一面，又有不确定性的一面，赋予阐释者发挥创造的空间。在阐释活动中，文本有不依赖于解释者的自我规定性以及区别于读者和作者经验的独特世界，在不同的历史时代与文学语境中展现自身，制约着阐释的可能性。“文学乃是一种自足的语言”①，文本作为一种意义整体，在不同的阐释中始终保持独立。所以，在解读《哈姆雷特》时，无论选取哪种视角，都不能否认哈姆雷特对替父报仇一事犹豫延宕的事实。无论一千个读者心中的一千个哈姆雷特存在多大差异，他们中的任何一个都绝不能变成李尔王，这一点是不容置疑的。对文学文本的的解读

① 茨维坦·托多洛夫：《批评的批评——教育小说》，王东亮、王晨阳译，生活·读书·新知三联书店 2002 年版，第 4 页。

必须以文本的可能性为限度，阐释者不能把自己的主观意图强加给文本，任何忽视文本自身逻辑和语言特征的阐释都有可能造成强制阐释。

读者是阐释活动的主体，读者受到的制约势必直接影响阐释的限度。首先，解释总是此在的解释，每个读者作为个体都是具体的、历史的存在，从这个意义上说，他们的阐释活动和阐释结果必然受到自身有限性与具体历史性的制约，因而是有限的。众所周知，对作品理解的广度和深度不可避免地受到此在自身经验的限定，而此在经验的有限性决定了解释总是囿于一定的限度，不会超越解释者所能理解的范围。“领会是此在本身本己能在的生存论意义上的存在”①，解释活动也只能是有限度的自由阐释。其次，读者总是处于特定的历史文化境遇之中，并从中获得了阐释所必需的能力，如阅读能力、阅读经验以及对社会历史文化的理解力等等，使得他们一方面能够运用已有的思想、情感、见识对文本进行理解和解释，另一方面也受到这些社会历史文化方方面面因素的制约。再次，读者总是处在文学阅读与阐释的效果史中，在面对某一文本时，通过对前辈读者提供的解释予以认同和不断修正，逐渐加深对文本的理解，形成自己的言说。由此可见，读者的有限性和历史性决定了人们对文本的理解只能是此在的有限的理解。

文本意义的生成是无限的，但阐释是有限度的。理解文本意义的来源必须综合考量四种要素，不能偏于一端。在文学阐释中，作者和语境只是潜在地发挥作用，而读者和文本则是具体的，读者在与文本的对话协商中达到阐释的目的。在这一过程中，读者主体作用的发挥必须以客观的文本为约束。“公共阐释”对有限阐释几个关键点——普遍的历史前提、文本意义对象、公共理性、有边界约束且可公度的阐释——的凝练既强调了文本意义来源共同体的统一性，又突出了文本的核心地位，为文学阐释提供了一个意义生产的基本框架，体现了界限下的创造与约束。

① 海德格尔：《存在与时间》，陈嘉映、王庆节译，生活·读书·新知三联书店1987年版，第176—177页。

三 公共阐释：文学阐释约束与限度的核心表达

文本阐释的约束问题是一个既古老又年轻的话题。虽然它早已蕴含在各大哲学家的阐释思想中，却由于传统的主客观二元对立以及后现代主义的盛行而未能得到凸显，直到艾柯与罗蒂的诠释与过度诠释之争才被再次挖掘出来，引发了学界的关注，但国内外相关研究却一直缺乏系统性，这一问题始终没有得到充分的揭示。迄今为止，还未出现一个具有说服力与影响力的有关文本阐释的约束理论。“公共阐释”的提出，兼具约束与建构的双重作用，具有开创性、实践性意义。

第一，体现了创造与约束的辩证统一。文学阐释究竟是一种自由自在的活动，还是带着“镣铐”跳舞？是“六经注我”，还是“我注六经”？是“以意逆志”“知人论世”，还是“断章取义”“诗无达诂”？文学阐释从根本上说是创造的还是约束的？公共阐释阐明了文学阐释是一定约束引导下的创造行为。作者指出，“阐释的公共性本身，隐含了公共场域中各类阐释的多元共存。在公共阐释被承认及流行以前，有创造性意义的个体阐释是公共阐释的原生动力”，同时，“个体阐释的理解与接受为公共理性所约束，且以此约束为刚性约束”[①]。在此基础上，作者进一步从阐释的公共基础、集体经验、语言的公共性以及生成语境几个方面分别阐明原因，指出具有公共责任的阐释者要以其阐释的公共效果进入历史。此外，作者对公共阐释六个特征——理性、澄明性、公度性、建构性、超越性、反思性的概括也体现了文学阐释创造与约束共存的特点。作者既肯定了阐释的独特性，又倡导阐释的公共性，创造与约束在公共阐释中得到了辩证统一。

第二，建构了有效阐释的多维考量。阐释学对于阐释界限的回答分别体现为五种意图论：作者意图论、文本意图论、文化政治意图论、读者意图论以及功能意图论。其中，前三种意图论认为文本阐释

---

① 张江：《公共阐释论纲》，《学术研究》2017 年第 6 期。

是有界限的，而后两种则提出文本阐释不存在界限。否定文学阐释界限的理论自不必说，即使是承认阐释界限的阐释观对阐释限度的设定也因执于某一因素而趋于片面化。不同于这些阐释理论，公共阐释通过对阐释四个主要因素的全面考量，在认知、语义及语用三个维度上对文学阐释进行了约束。从公共阐释的概念上看，“普遍的历史前提”以及“公共理性”都要求“阐释的起点由传统和认知的前见所决定”[①]，阐释者需要遵循“人类共同的理性规范及基本逻辑程序”，这些都是对阐释在认知维度上的限制，保证了阐释者在一些关键信息上存在认识趋同。“以文本意义为对象”“有边界约束”规定了阐释的确定标的及意义有限多元的限度，是对阐释在语义层面的约束。“可公度的”“有效阐释”是对阐释语用层面的约束，要求阐释结果具有产生广泛共识的可能，接受理解交往共同体的检验，并为理解共同体所理解和接受。公共阐释为文本意义生产在多重维度上进行限定，提出了有效阐释的标准，体现了对文学阐释普遍有效性的追求。

第三，创新了文本阐释的约束理论。文学阐释的约束性在不少阐释学家的文本阐释观中都有所体现。其中最为著名的当属艾柯与罗蒂在“丹纳讲座”上展开的关于阐释是否应该受到约束的论辩。艾柯试图对文本的阐释范围进行限定，从而判断哪些阐释是合理阐释，哪些又是过度阐释。他虽然提出了文本意图来为文本阐释设定边界，却没有在理论层面上对文本意图的约束机制进行论述，因而缺乏系统性和可操作性，难以运用于阐释实践。公共阐释是对文学阐释约束与限度的核心表达，是对以往文学约束理论的超越和创新。作者首先明确指出，阐释本身是一种公共行为，人类理性的公共性决定了阐释的公共性，并从公共理性与人类理性的关系、公共理性的目标、运行范式、同一理解等方面对阐释学意义上公共理性的基本蕴涵进行了阐释。接下来作者对公共阐释的内涵和特征进行了界定：“阐释者以普遍的历史前提为基点，以文本的意义为对象，以公共理性生产有边界约束，且可公度的有效阐释”[②]，这样的阐释具有理性、澄明性、公

① 张江：《公共阐释论纲》，《学术研究》2017 年第 6 期。

② 张江：《公共阐释论纲》，《学术研究》2017 年第 6 期。

度性、建构性、超越性、反思性的特征。不仅如此，作者还就定义所涉及的关键词及各个特征展开细致严谨的阐释。作者指出，公共阐释是一个自备广阔理论空间的基础性概念，并对其历史谱系与理论依据进行了总结和梳理。作者最后论述了个体阐释的公共约束问题，提出“备有公共性责任的阐释者必须作为于公共阐释，并以其公共效果进入历史”①。通过对这一理论概念的梳理不难发现，公共阐释作为一个约束性建构性理论的文学阐释理论，是系统而全面的，是理论与实践的统一，是对以往阐释约束理论的超越与创新。

公共阐释的提出，无论是在理论还是在实践上都具有鲜明的创新性。对于文学阐释来说，它既是关乎约束的，又是关乎建构的。这一核心范畴与基本框架的确立，对建构当代中国阐释学理论必将发挥坚实的奠基作用，产生强大的推动力量。

① 张江:《公共阐释论纲》,《学术研究》2017 年第 6 期。

文本阐释与意义解读的理性阈限*

——兼论建立一种文学批评“公共阐释”的必要性

李　立**

在阐释学的理论视野中，文本意义问题之所以备受关注并占据着十分重要的理论位置，不仅因为阐释是一种释义行为，意义是阐释学研究的终极标的物，更因为意义在任何时候都远非现成可取的在手状态，这种永远有待揭示的属性构成了阐释活动的复杂性，同时也使其成为后世阐释学发展的内生动力以及阐释学诸多问题的汇聚之点。值得注意的是，作为一种独特的语言理解行为，文学阐释中的“意义”追索具有比一般文本阐释更为复杂的阐释学内涵与文本阐释机制，揭示此阐释学内涵与文本阐释机制是开展文学批评活动的必要认知前提，其对当前国内文学批评中文本阐释问题的解决亦深具启示意义。

一　文本阐释与意义解读

美国新实用主义学者罗蒂曾经断言：文本并无内在意义，所谓文本阐释及其成果，无非源于人们依自身目的对文本的实际运用。然而，当艾柯向他提出“你的文章究竟讲了些什么”① 的诘问时，这位哲学大家显然被置入到一种新的困境之中：说自己的文章意有所指，虽尊重事实却背离了自己的理论；说自己的文章空无一物，虽贯彻了

* 本文原刊于《求是学刊》2018 年第 5 期。

** 作者单位：西北大学文学院。

① 艾柯等：《诠释与过度诠释》，王宇根译，生活·读书·新知三联书店 1997 年版，第 170 页。

自己的理论，却难以否认自己文章已明确表达某种观点且该观点已引起争论的客观事实。

罗蒂所面临的困境在当代具有一定的代表性，事实上，随着西方后结构主义、解构主义、新实用主义等哲学思潮的崛起，将文本阐释极端化为主体的意义再造而非追索文本原意的看法就已屡见不鲜。这种看法与现代阐释学对阐释历史性的表述类似，但却实现了对后者理论意旨的更为激进的偏离，因为即使在以强调“阐释学循环”而备受主观主义和相对主义诟病的现代阐释学那里，我们仍能感受到对文本意义客观性的尊重乃至敬畏，加达默尔就曾告诫人们：“谁想理解一个本文，谁就准备让本文告诉他什么。”[①] 此外，加氏还将其阐释学中的“前理解”概念分为“积极的”和“消极的”，又将“偏见”概念分为“合法的”和“非法的”，这些区分表明，无论现代阐释学看上去与传统阐释学有多么不同，但在突出阐释的历史性及其主体性的同时，为了避免文本阐释的主观主义和相对主义后果，这一阐释学理论多少还保留了最低限度的文本阐释的“客观”立场。换言之，尽管与传统阐释学在“文本意义是否确定”这类问题上观点相左，但现代阐释学仍承认一个基本事实——文本是一个由未定域与确定域组成的有待填充的结构图式，除了开放性与待完成性，其势必还具有一定的内在规约与既成性，这就意味着文本意义也是有边界的，此边界虽不可明晰定义但终究可以理性预期。正如美国学者赫施指出的，意义是“某人用特定语言符号序列意欲表达以及该语言符号所能分有的东西”，[②] 在这里，作者意图的具体性和文本符号的指涉性不仅决定了多种倾向的阐释在关键、核心信息上的认知汇聚，同时更为文本阐释设定了一个可预期的基本界限和方向，从而像一张隐形的网，在文本阐释的多元极限挑战的最后阶段发挥着其不可忽视的规约作用与限制力。可以说，正是这种文本意义边界的可预期性，决定了并不存

---

① 汉斯－格奥尔格·加达默尔：《真理与方法》上卷，洪汉鼎译，上海译文出社 1992 年版，第 345 页。

② E. D. 赫施：《解释的有效性》，王才勇译，生活·读书·新知三联书店 1991 年版，第 41 页。

在无限放大的阐释，决定了阐释所应具有的理性限度，正如艾柯所指出的："一定存在着某种对诠释进行限定的标准。"①

由上亦可见出，为众多主观主义阐释学所津津乐道的所谓阐释的创造性，势必是具有一定方向的创造性，且其总会被导入既定的渠道，显现出"万变不离其宗"的阐释凝聚力。而文本意义边界的存在与文本阐释的创造性也并不矛盾，恰恰相反，这种阐释活动中永久持存的紧张关系，既是阐释活动的永恒魅力所在，同时也构成了阐释学理论的问题域，进而成为后者赖以存在、发展的知识缘起与依据，正如马克思所说："如果事物的表现形式和事物的本质会直接合而为一，一切科学都成为多余的了。"②

二　文学批评的意义阐释限度

与一般文本阐释相比较，对文学批评中文学作品的意义阐释限度的理解有一定困难，这不仅是因为相比一般文本的显白直接，文学作品的语义表达更为含蓄蕴藉，其意义往往深藏于文本符号结构深处隐而不彰，更重要的是，文学批评与文学接受的目的从来就不是单纯寻求文本意义，而更多的是探索文学语言形式和内容所承载的美学、伦理学、社会学、心理学、符号学等多种文化价值。正如有学者所指出的："解释就是与对某人生活的理解相应的，即他的生活如何，经历如何，而批评则是与把他的生活放入到某个更广泛的有关系中去看相关的。"③ 也正是因此，在文学批评中，文学阐释更多地展现为一种"文化阐释"，这种"文化阐释"强调的是对文学的多元价值体验，它反对将作品仅仅划定为一个有待认知的文本对象，以作品意义客观性的名义对作品进行知识垄断与裁定，而是将作品视为一个在社会文化错综复杂的关系网络中不可或缺的精神产品，由此在视点挪移和视域更新的过程中不断拓展该产品的多种文化功能与价值。事实上，也

① 艾柯等：《诠释与过度诠释》，王宇根译，第 48 页。

② 马克思：《资本论》第 3 卷，人民出版社 1975 年版，第 923 页。

③ E. D. 赫施：《解释的有效性》，王才勇译，第 163 页。

正是在此意义上，文学批评在作品阐释上所展示的丰富多样性本身具有合理的一面。

然而，问题在于，文学文本的文化阐释是否是一种与文本意义阐释无关的另一种阐释行为？换言之，离开文本意义的根基与前提，这种对作品文化价值的阐释是否可能？甚至，对文学作品文化价值的无限度的阐释是否还能称其为“阐释”？

从语用角度审视，“意义”概念本身的意义是一种异质的构成。学者赫施就曾指出：尽管我们常不加区分地一体待之，但“意义”一词在使用中却实际存在着两种不同的指涉对象，一是指向“含义”，二是指向“价值”或“效用”。[①] 前者指的是作品表达的作者思想，它不依赖于读者，是文本自身固有的，因此不会变化。而后者是依赖于读者的，不是文本自身固有的，其实质是作品与读者的一种效用关系，因此其必然随着读者处境的不同而不断变化。赫施对意义概念的辨析是基本符合该概念的实际使用状况的，这里关键在于，赫施在对文本意义概念的内在分歧进行辨析之时，还重点探讨了这种分歧背后的隐秘关系，由此辨明了文本“效用意义”的来源与实质。赫施指出，当今阐释学理论中巨大混乱的根源在于人们忽视了“意义总是包含着一种关系，这种关系的一个固定的、不会发生变化的极点就是本文含义”，[②] 也正是因此，当我们强调文本意义不同指涉对象的明显差异时，也要考虑二者之间隐性存在的交叉与叠合，甚至需要考虑到这种交叉与叠合背后不同意义指涉对象的主从关系，即任何由文本功能考量所产生的文本“意义”，都是以文本“含义”为基础和前提的，在这里，文本所谓“含义”即是文本内部稳定而客观的意义本身，而文本所谓的“效用意义”与其说是另一种类型的文本意义，不如说是对上述文本意义的一种使用，其自身是无法脱离文本意义而独立存在的。

由此观之，文学作品阐释中“效用意义”的申发，其实质也不过是对作品意义的使用，其并非一种独立的意义指涉向度，更没有绕过

---

① E. D. 赫施：《解释的有效性》，王才勇译，第 75 页。

② E. D. 赫施：《解释的有效性》，王才勇译，第 17 页。

文本意义边界自由横行的权利。尽管在文学的“文化阐释”中文本的“效用意义”总是随着阐释者的目的而变化，目的不同，阐释成果各有差异，这种差异性决定了文学阐释对作品“效用意义”的挖掘与揭示似乎永远是开放的，但正如艾柯所说的，“‘开放性’并不意味着交流的‘不确定性’，并不意味着有‘无限的’可能形式”，[①] 文学阐释过程中的基本事实是，作品意义边界的存在对作品的“文化阐释”有着十分明显的约束与调控作用，这种意义边界虽然无法明晰定义，但却作为种种“文化阐释”的共同尺度隐含在这些“文化阐释”的整个过程中，可以说，正是作品可预期的意义边界构成了文学批评中文本阐释的辩证法，使得文本意义总是能在每一次“文化阐释”中显露出来，由此昭示并确证着开放性“文化阐释”背后的理性阈限与文本同一性。

事实上，从阐释学角度审视，文学的“文化阐释”之所以能称为一种阐释行为，正在于其尽管是对同一文本不同文化内涵与功能的说明，但其终究需要具有文本意义向度的阐释共通性。例如对《红楼梦》的阐释，该作品浩繁的内容与复杂的结构使得后世阐释者对该作品产生出诸多看似大不相同的理解，在这些理解中，既有着重作品形式的纯文学阐释，也有运用哲学、史学、心理学、民俗学、建筑学、社会学、女性主义等多种学科或理论视角对该作品内容进行的分析。然而，从《红楼梦》这部作品的意义向度看，上述这些不同视角的作品阐释却是具有共通性的，这种共通性既表现为阐释者对作品基本叙事脉络与情节构成的把握，同时也表现为阐释者对作品主题与人物塑造基本命意的判断，所谓“言有所指”“意必有方”，这些在作品中由特定语词符号所承载的相对确定和共通的东西，正是作品《红楼梦》的可理性预期的意义边界。而在对《红楼梦》进行文化阐释的过程中，一个成功的阐释者势必需要以上述作品意义边界为底线，随时调校自己阐释的方向并探索自己阐释的可能限度，即只有在对《红楼梦》的意义有较为一致的把握后，对作品的多元“文化阐释”才是有效的；与之相反，一旦对《红楼梦》的阐释彼此抵牾，无法构

---

① 艾柯：《开放的作品》，刘儒庭译，新星出版社 2005 年版，第 6 页。

成一个意义彼此贯通的整体时，对《红楼梦》作品意义的有效运用也将无从谈起，其结果自然是对作品错误的“文化阐释”。

总而言之，尽管文学批评并不是单纯的作品意义阐释行为，但阐释首先是对文本意义的阐释，文学阐释首先是对文学作品的释义过程。正如赫施指出的，“进行评价的不合适的批评是与正确的解释相背离的”，[①] 基于此，他把正确的解释视为学者与批评家“最首要的职责”。[②] 与赫施观点类似，国内学者张江指出，“文本阐释意义为确当阈域内的有限多元”，[③] 因此文学批评对作品其他功能效应的探寻仍须以意义阐释的这种“确当阈域”为基准，仍须包含认知的基底与理性限度，相比之下，缺乏“确当阈域”参照的“文化阐释”极易使自身丧失阐释活动所应具有的基本功能与目标，由此使自身落入自说自话、游谈无根的陷阱。

三　文学批评中的“意义”增殖

从理论上讲，文本阐释有其意义边界，此意义边界取决于读者对作者意图与文本符号结构这两者的理性预期。然而，在具体的文学批评实践中，相关阐释活动则极易在多种非理性、去中心的观念与思潮影响下，对作者意图与文本符号结构的意义规约作用进行不同程度的瓦解，这就造成了文本意义边界的渐趋消弭，并最终导致相关阐释中“意义”的泛化与增殖。

例如，在传统阐释学看来，文本意义源于作者，即使文本意义并非作者意图，其作为被作者书写并呈示的意义，仍是作者意图的另一种形式。遗憾的是，20 世纪中后期开始，以反“逻各斯中心主义”而称名于世的后结构主义与解构主义，对这一阐释学传统进行了十分彻底的摧毁，而在文学批评及其相关阐释中作者的地位也因之屡遭贬抑。罗兰·巴特在其《作者之死》中就曾号召人们推翻作者是文本

① E. D. 赫施：《解释的有效性》，王才勇译，第 185 页。
② E. D. 赫施：《解释的有效性》，王才勇译，第 185 页。
③ 张江：《公共阐释论纲》，《学术研究》2017 年第 6 期。

主人这一神话，他指出，作者在其作品被阅读时已不在场，因此作者不再是作品意义的源头，不再决定文本的实际意义，“为使写作有其未来，就必须把写作的神话翻倒过来”。[①] 乔纳森·卡勒在其《论解构》中更指出，意义是说话人打算表达的意思，但“说话人的意向或是开口的那一刻呈现于他意识的无论什么内容……内含了说话人从来没有思及之含义的结构意向性”“与其说它是一种界定的内容，不如说是一个开放系列，充满了各式各样的可能性”。[②] 也正是基于此，卡勒认为，作者对文本的言说只能是众多言说中的一种，其并不比其他的言说更高一等，作者的阐释并没有优先性和限制性意义，而以作者意图为依据的文本阐释，最终只能是任何他可能给予的进一步阐释的意义总和。

值得注意的是，在对作者意图的颠覆大潮中，尽管以结构主义为代表的一批学者对作者意图多有贬抑，但他们普遍认为，文本语音、文字作为一种事实材料可被经验感知，其能代表甚至代替某个其他的概念或事物，因此他们并不否认文本意义的稳定性，只不过他们将这种稳定性的根源归结为文本语言背后的超然结构而已。遗憾的是，由于结构分析不能解释文本言外之意的困境，这种晚近出现的以文本结构为根基的结构主义意义稳定论随后也遭否弃。可以说，正是在结构主义之后，后结构主义和解构主义者开始将作品看作由作者编织的无中心、无深度的巨大网络，在他们看来，此网络通过能指链相互连接，由于能指具有无穷无尽、不断游移滑动的自由度，因此此网络中的文本“意义”便四处播撒、无限延搁，既没有开始也没有终结。

至此，无论求助于作者意向，抑或是依仗代码和语境，文本符号的指意流动过程都无法控制，文本成为“开放的作品”，文本阐释的应有界限渐趋消弭。而正是在此背景下，读者被推举到一个极为突出的位置。

一方面，有规约的文本阐释向无争辩的读者欣赏泛化。正如瓦提莫所指出的，与现代阐释学的怀旧情结不同，后现代的阐释学摒弃了

① 《罗兰·巴特随笔选》，怀宇译，百花文艺出版社 2005 年版，第 301 页。
② 乔纳森·卡勒：《论解构》，陆扬译，中国社会科学出版社 1998 年版，第 111 页。

寻找文本中心的传统形而上学，其热衷的是一种“分延的美学游戏”，而非对文本力图指涉的真理的追求。① 可以说，正是基于这一观念，后结构主义与解构主义批评抛弃了有关作者、文本与意义的关联性探讨，把文本阐释优先纳入读者欣赏的美学框架下。而这样做的直接后果便是造成文本理解的欣赏化，造成对作品的美学层面的结论被误置于阐释学之上，有界限的意义解读被无争辩的“趣味”所取代。由于美学上的效果并不能直接推出阐释学的结论，因此这种文本审美价值的阐释学套用最终混淆了阐释学与美学的本质区别。

另一方面，“阅读即写作”成为文本阐释的新颖模式，私人阅读与阅读的私人化成为文本阐释过程中的一大奇景。罗兰·巴特就曾认为，作品由一些基本的语义单位构成，这些语义单位中的每一个都有无数入口，读者则可任选一个入口来完成自己的阅读。在这里，读者选择一个入口，“并不是为了获得标准的合法结构和出发点，也不是为了获得一个叙述学或诗学法则，而是为了获得一种景观”。② 可以说，正是在这种观念的影响下，对文学的“私人化阐释”开始在文学批评界崭露头角，阅读被看作是一种意义生产行为，该意义生产不受作者意图和文本机制的约束，而是一切以彰显读者个性与想象力为要。于是，妨害读者自由的障碍被彻底扫除，在文本意义不断翻新的过程中，阐释变得越来越繁杂乃至过度，以至其越来越远离人们基于特定文本所形成的共见与常识。事实上，乔纳森·卡勒就十分钟情于此类“过度阐释”，他甚至指出：“诠释只有走向极端才有趣。四平八稳、不温不火的诠释表达的只是一种共识；尽管这种诠释在某些情况下也自有其价值，然而它却像白开水一样淡乎寡味。”③

对文本意义的泛化理解为文学阅读与批评提供了一个开放而多元的未来场景，问题在于，在文学阅读与批评的现实处境中，这种文本意义的泛化理解却并未抵达文本意义阐释的丰饶之地，恰恰相反，它导致文学阐释标准的外移。事实上，正是在作者、作品作为文学阐释

① 智河：《瓦提莫的后现代解释学》，《国外社会科学》1991年第11期。

② 罗兰·巴特：《S/Z》，屠有祥译，上海人民出版社2000年版，第12页。

③ 艾柯等：《诠释与过度诠释》，王宇根译，第135页。

的决定性要素被彻底否定之后，人们才渐渐觉察到在文学阐释中已没有任何一个评判相关阐释合理性的确当原则存在，加之功用主义盛行所导致的多种价值杂糅共生，相关文学阐释势必在各式文艺思潮的风向下左摇右摆，由此不断获得新的含义。从表面上看，这些含义似乎维护了“效用”层面上的意义对读者的依赖性，但在实际上其却往往以文化阐释的堂皇名义不断冲破文学文本意义的可能限度，这样便带来一个颇具悖反意味的结果：作品意义的无限开放，最终导致作品沦为可任意填充的空洞之物，随着作品意义的不断膨胀与增殖，对作品意义的使用反过来决定了作品意义自身，作品的本来面目反而变得模糊不清，其意义反而变得抽象、空洞与不可理解，文学阐释最终以“意义”过剩的方式实现了对意义本身的疏离。

四　建立一种文学批评的“公共阐释”

文学批评中的后结构主义、解构主义、新实用主义观念，既倡导一种无中心、非整体的文本阐释，同时又对文本阐释的公共性特征隐而不语，这就掩盖了一个基本的社会学事实：阐释首先是一种可公度、可交流的理性活动，该活动的可公度性、可交流性决定了任何意义阐释都不是无限的，而是最终都有其理性规约的。这就意味着，在文学批评中，在限制纯粹理性的过度运用，避免对文学作品僵化理解的同时，我们同样要警惕相关阐释中的理性缺失，避免相关阐释陷入“怎么都行”的相对主义泥沼。

事实上，近年来备受学界瞩目的“公共阐释”问题讨论，其重要的理论指向正是文学批评中阐释理性的回归与重建。所谓“公共阐释”，依张江教授的说法，指：“阐释者以普遍的历史前提为基点，以文本为意义对象，以公共理性生产有边界约束，且可公度的有效阐释。”[①] 在这里，“公共阐释”的可公度性与有效性正是以阐释中的“公共理性”为基础与前提的。而在文学批评的文本阐释过程中，这种“公共理性”的获得至少需做出如下努力。

① 张江：《公共阐释论纲》，《学术研究》2017 年第 6 期。

回归文学阐释的认知理性前提。诚然，理解与文本意义的关系问题并不就是思维与存在的关系问题，但理解与阐释活动必然伴随认知理性的参与却是不争的事实。正如《现象学与认知科学》主编、美国学者肖恩·加拉格尔所说，认知科学及其理性诉求并非游离于文本阐释之外，而是贯穿于以建立文本意义历史维度为目标的阐释学及其阐释活动的总过程，因此，"解释学所揭示的和认知科学所揭示的实际上并不对立""认知科学在某些方面也有助于解释学领域"。[①] 加拉格尔对阐释与认知关系的这一宏观论断同样适用于文学阐释领域，因为尽管文学阐释过程具有其特殊性与复杂性，但归根到底，其首先都是一个对作品从无知到有知的意义探究过程，其同样拥有相信、真与确证这三个公认的认知要素，也同样需要动用感知、判断、推理、演绎等认知手段来完成对文本意义的最初获取。诚如张江所指出的，在文学阐释中，虽然认知对象涉及文本符号所承载的作者丰富的心灵世界，其并不排除精神性体验与情感意志等其他因素的作用，但这些作用的发挥是以认知理性所提供的结果为前提，并以认知理性提供的阐释共同体公认机制来保证文学阐释的相对客观性的。[②] 正因为如此，文学阐释虽不一定有求真的直接目的，但其势必有求真、存真的责任。在以多种名义对文学阐释进行相对化、主观化改造的观念氛围下，尤其有必要高扬文本阐释的有效性和客观限度，确保文学阐释中认知理性的自觉。

找寻文本阐释中具有公共价值的意义向度。与文学阐释的认知理性回归相适应，文学阐释的价值维度亦需摆脱原有的个体抽象形式，经由人之价值理性的社会性、公共性意涵的彰显进一步得到重塑。从表面上看，文学作品的"文化阐释"过程充满了读者个体的价值选择，文学阐释也因此具有了诸多个体差异性。然而，即使这种具有个体差异性的阐释，其实质仍具"公共阐释"的基本性质。首先，尽管在文学的"文化阐释"中价值因素的考量因读者个体处境的差异

---

① 肖恩·加拉格尔：《解释学与认知科学》，邓友超译，《华东师范大学学报》2004年第1期。

② 张江：《公共阐释论纲》，《学术研究》2017年第6期。

而多有变化，但人之价值理性仍要求读者在进行“文化阐释”之前充分注意作品所透露的作者价值取向，以期在作者价值取向的导引下，在不断更新变化的阐释之间实现一种具有普遍性质的价值趋同。正如赫施所指出的：“对作为意义规定者的原来作者的消除就是对使解释具有有效性的唯一有说服力的规范性原则的否定。”[①] 可以说，符合作者基本价值取向与写作宗旨是揭示文学文化含蕴的逻辑起点，更是基于同一作品的多种文化阐释的最大公约数，失去这个公约数，文学的文化阐释就会失去其应有的精神交流功能，并最终异变为对作品的主观臆断和自说自话。其次，更需注意的是，对文学作品进行“文化阐释”，不是简单地以实用功利为目的，将个体趣味甚至享乐取向毫无原则地附着在作品之上，而是要促进个体对作品的价值阐释最终融入社会的主导价值系统，由此使得对作品的个体阐释不断跃升为作品在特定时代的历史回响。相比之下，片面追求文本愉悦的作品阐释与接受，则极易使相关阐释丧失其本应具有的历史参照以及社会文化心理依据，由此大大限缩相关阐释的实际效果与生命力。也正是因此，在进行文学的“文化阐释”时，应该充分注意个体阐释行为对社会整体价值取向和主导价值系统的融入，在确立阐释主体相对合理的需求限度的前提下，找寻文本阐释中有公共性价值的意义向度，由此实现文学批评的实践发展目标。

正如加达默尔所指出的，理解如同语言一样“并不属于‘我’的领域而属于‘我们’的领域”，[②] 文学批评中的“公共阐释”概念即揭示了理解活动中的这一基本事实：阐释活动是一种共享行为，其本身就具有易达成共识的重要的社会沟通价值。尤其在文学领域，由于文学批评及其“公共阐释”诉求“提供了文本意义的普遍生成路径”，[③] 这使其可以在充满异趣的读者之间建立起一系列的主体间关系，由此有效推动文学语言从私人领域向公共领域不断跃进，有效推

① E. D. 赫施：《解释的有效性》，王才勇译，第 14 页。

② 汉斯－格奥尔格·加达默尔：《哲学解释学》，夏镇平、宋建平译，上海译文出版社 2004 年版，第 66—67 页。

③ 谷鹏飞：《“公共阐释”论》，《西北大学学报》2018 年第 1 期。

动作品的普遍理解、接受并最终成为社会交往的一种重要中介形式。由此视角审视，我们亦不难发现，过度主观化、相对化、私人化的阐释学立场，貌似促进了文化繁荣，增进了社会成员之间的相互沟通，但其实质却是对文学阐释“公共性”基础的侵蚀，是对文学作品潜在交往属性的压抑，其从根本上削弱了由作品意义所凝结的社会共识乃至共同信仰。而这些都是我们需要警惕的，同时也是我们吁求文学批评合乎理性的交往作用、进而建立一种文学批评的“公共阐释”的初衷所在。

公共阐释与文学“经典化”路径的发生学考察*

张　伟**

长久以来，阐释学场域中的范畴生产一度是西方文论界的专利，无论是苏珊·桑塔格的“反对阐释”、安贝托·艾柯的“过度阐释”，抑或赫施的“阐释的有效性”皆是如此，核心范畴的生成以及由之衍生的理论体系在统揽人类文学实践的同时也以一种先遣式的优越性不断强化着西方文论的理论优势。作为本土化的标识性概念，“强制阐释”与“公共阐释”的提出终结了西方学界在阐释学领域的话语霸权，实现了阐释学的中国建构。如果说“强制阐释”致力于概指影响中国已久的西方文论的核心痼疾，破解了长期以来西方文论的全能神话，那么“公共阐释”的提出则是对“强制”之后如何应对中国当代文论建设的现实思考，“旨在为建构当代中国阐释学基本框架确立一个核心范畴”①。张江先生的公共阐释论作为一种阐释范式，不仅对当代中国文论的话语建构具有重要意义，即便对已然发生的文学实践也有借鉴价值，或者这样说，旨在构建中国当代阐释学元话语的公共阐释其本身就具有当下性与历史性的双重色彩。作为一个民族审美品位与文化精神的承载符号，文学经典的形构过程遵循着文学阐释活动的一般规律，“阐释是经典形成过程中整合性的一部分。文本

* 基金项目：国家社会科学基金项目（18BZW025）。本文原刊于《社会科学战线》2019 年第 12 期。

** 作者单位：安徽农业大学人文社会科学学院。

① 张江：《公共阐释论纲》，《学术研究》2017 年第 6 期。

能否被保存下来取决于一个不变的文本和不断变化着的评论之间的结合”[①]。然而问题是，作为文学作品“经典化”生成的有效策略，并非所有的阐释在文学“经典化”路径中都是积极的、建设性的，何种形态的阐释对促成文学作品的“经典化”最具效力？这一阐释形态与公共阐释又存在怎样的意义互动与逻辑关联？于此，引入公共阐释来考察文学“经典化”路径中的阐释形态，不仅可以强化公共阐释论的实践认知，同时对深化文学作品“经典化”的路径考察也将有所启发。

一　公共阐释论的核心意旨与指涉文学实践的审美自觉

作为对后“强制”时代中国文论发展走向的思考，公共阐释论的提出为当代文论话语乃至文论体系的建构提供了一个明确的框架与方向。平心而论，20 世纪以来中国文化现代性格局的形成离不开西方文化的协力，而立场问题同样也成为有识之士面对中西文化交融碰撞时不可回避的理论命题。早在 80 余年前鲁迅先生就以“拿来主义”标示对待外来文化的立场，在他看来，相对于“送去主义”“送来主义”的妥协与迎合，“拿来主义”无疑更具主体意识，只有在“拿来主义”的能动架构中方能实现本土文化的创新与发展。20 世纪 90 年代对中国文论“失语症”的批判则更为鲜明地揭示了过度追逐西方文论话语所造成的理论弊病：“我们根本没有一套自己的话语，一套自己特有的表达、沟通、解读的学术规则。我们一旦离开了西方文论话语，就几乎没有办法说话，活生生一个学术‘哑巴’。”[②] 如果说“失语症”是从接受层面来探讨西方文论对中国文论话语建构的冲击，那么“强制阐释”则从西方文论本身的“核心痼疾”来揭示这些理论形态对本土文论建设的不利效应。尽管与“拿来主义”“失语

---

① 佛克马、蚁布思：《文学研究与文化参与》，俞国强译，北京大学出版社 1996 年版，第 22 页。

② 曹顺庆：《文论失语症与文化病态》，《文艺争鸣》1996 年第 2 期。

症”的关注点不一样，就对待西方文化的立场问题而言，强制阐释论依然呈现出“照着讲”的色彩。公共阐释范畴的提出恰是填补了“强制”之后理论建构的真空，以一种切实可行的理论构思真正推动了理论层面“破”与“立”的对接，实现了文论建构“接着讲”的可能。

作为阐释学场域的新概念，张江先生的公共阐释论在反思、批判海德格尔、伽达默尔、德里达以及罗蒂等学者所建构的西方主流阐释学理论非理性、非实证、非确定性的基础上确立自身的理论主张。在张江先生看来，作为一种居间说话的方式，阐释首先是一种公共行为，公共性是阐释得以生成的前提。阐释公共性特征的生成规约于人类自身的共在性、集体经验、语言的公共性以及阐释衍生的确定语境。而马克思主义关于社会关系的公共属性、海德格尔关于言说的公共性意义、伽达默尔的“共同体”理论以及费什的“公众的理解系统”都为阐释行为公共性的客观存在提供了充足的理论依据。作为意义的一种生成与传播行为，阐释活动的展开无疑经历了三次超越性的“公共化”过程：其一，阐释的主体何以超越个体意志使得个体阐释能为语言共同体以及更广大公众理解并接纳，以期成为一种公共性存在而不致落入私人阐释的窠臼。其二，文本何以在阐释者与接受者的互动中超越其表层意指而形构成一个更为丰满的意义体系。其三，阐释文本的接受者何以超越自身的理论与审美阈限而实现与文本乃至阐释主体的意义对接。作为文本意义的生成策略，阐释活动的公共性不仅蕴含着个体生成与集体回应的互动机制，同时就阐释文本的接受空间而言还体现出共时与历时、地域性与民族性等多种特征。换句话说，一种阐释话语凭依其自身的理论价值与现实意义可能成为同一时代“语言共同体”或“文化共同体”的共享理论形态，如果这一价值与意义具有可延续性，这一阐释话语同样为后续“共同体”所认可与接受，这种跨时代的接受恰是人类文化传承的主脉。此外，尽管阐释话语的生成与传播源发于某一“语言共同体”内部，体现出一定的民族性与地域性，倘若这一阐释话语对其他民族与地域具有一定的借鉴意义，其为他者民族与地域接纳甚至改造进而衍化为异域性的理论形态同样成为可能。

如果说公共性更多体现为阐释活动的形式诉求，那么理性则从内涵上规约着阐释活动的意义生产与话语走向。在张江先生看来，阐释活动是一种理性行为，任何形态的阐释均要以理性为主导，在理性的规约中推动意义的延展。作为人类主体的本质特征，理性是人类获取知识、占有真理的重要途径。在笛卡尔那里，理性被视为人类主观意识的核心，它提供人类以最牢靠的标准与方法去裁定知识的内容，因而成为人类最普遍的工具。作为一种话语生产活动，阐释行为杂糅着理性和非理性的双重属性，在意义的发掘与传达中，非理性的精神活动无疑参与了阐释的诸多进程，任何一个阐释者首先是文本的阅读接受者，文本阅读的审美体验与精神激荡同样体现在阐释者的身上，然而这种非理性的精神活动其表达却是理性的，换言之，即便非理性的精神活动参与了阐释的诸多过程，但最后的落脚点仍然是借助理性将阐释活动中的理性与非理性活动的效应加以呈现。当然，公共阐释中的理性又是一种公共理性，正如张江先生在《公共阐释论纲》一文中所说，它是“个体理性的共识重叠与规范集合，是阐释及接受群体展开理解和表达的基本场域”。公共理性最早作为一个政治语汇，一度被视为“国家理由”或“统治者与政府行为的纯粹政治根据”①，康德在论及启蒙时赋予公共理性以现代性内涵，在他看来，理性的公共运用是启蒙的基本特征，只有真正释解自身的理性方可获得启蒙的真谛。美国政治学家罗尔斯在《政治自由主义》中也提出：“公共理性是一个民主国家的基本特征。它是公民的理性，是那些共享平等公民身份的人的理性。他们的理性目标是公共善，此乃政治正义观念对社会之基本制度结构的要求所在，也是这些制度所服务的目标和目的所在。”② 在阐释场域中，相对理性而言，感性活动更具个体性与瞬变性，不同个体之间感性活动形成交集的难度较之理性要大得多，理性则不同，立足客观对象及其规律之上的理性更易形成一种共识性话语，这种共识性话语也更易于为某个“共同体”的全体成员所接受。因此，只有基于公共理性，阐释活动的各方才可能形成对文本意义的

① 谭安奎：《公共理性》，浙江大学出版社 2010 年版，第 39 页。

② 约翰·罗尔斯：《政治自由主义》，万俊人译，译林出版社 2000 年版，第 225 页。

共识性理解，进而趋向一种意义的确证，从而使得这一意义最大限度地为多种话语共同体所认同并接纳。

作为一种理论范式，公共阐释对强制阐释做出反思与批判，其立足点在于纠偏西方主流阐释学因反理性、反基础、反逻各斯中心主义而形成的极端相对主义与虚无主义，复归文学实践，实践性无疑是公共阐释得以确立的首要前提。亦如张江先生所言：“当前中国文学理论建设最迫切、最根本的任务，是重新校正长期以来被颠倒的理论和实践的关系，抛弃对一切外来先验理论的过分倚重，让学术兴奋点由对西方理论的追逐回到对实践的梳理，让理论的来路重归文学实践。”① 照此理解，阐释活动的公共化过程融汇着理论话语的提出、接纳、检验、反馈、校正的动态机制，体现出一定的方法论意义，而也正是作为一种方法论，公共阐释对人类社会的文学实践活动才具备积极的指导意义。

二　文学文本“经典化”路径的常态机制及阐释架构

一直以来，文学经典的生成始终存在着本体论与关系论的争议。作为承载一个民族审美精神与文化品格的物化符号，文学经典蕴含着民族特定的思维理念、审美意识与文化心理，体现着民族文化的审美定位与价值取向。“文学经典是指获得批评家、学者和教师的一致认同，并被广泛承认为‘主要’的，其作品被经常赞誉为文学‘杰作’的作者，以及经典性作家创作的文学作品——这些作品在一定时期内被不断地复印出版，被文学批评家和历史学家频繁地讨论，很可能被收入（文学）选集和纳入大学课程教学大纲之中，并被冠以‘世界杰作’‘主要的英国作家’‘伟大的美国作家’这样的称誉和名号。”②

① 张江：《当代西方文论若干问题辨识——兼及中国文论重建》，《中国社会科学》2014 年第 5 期。

② Abrams，M. H.，*A Glossary of Literary Terms*，北京外语教学与研究出版社 2004 年版，第 28 页。

或许正因承载太多的殊荣，对经典本体的审美诉求自然成为本体论拥趸者的理论基点。美国文论家布鲁姆就坚信经典的永恒作用，他基于“影响—焦虑”“冲突—竞争—超越”经典生成谱系的两阶段论模式来倡导作品的“自我经典化”。在他看来，文学作品的“经典化”过程取决于文学作品自身，作品的审美价值是构成经典的主导因素，“只有审美的力量才能渗入经典，而这力量又主要是一种混合力：娴熟的形象思维、原创力、认知能力、知识以及丰富的词汇”[①]。作为文学传承的精神动力，作品内在的艺术价值的确决定着其能否具有成为经典的可能性，中外文学发展史亦已表明，欠缺艺术价值的文学作品很难通达经典的高峰。然而不可否认，作品本身的艺术价值又无法提供其形构为经典的确证力，即便一部作品蕴含着成为经典的气象与潜质，但其被认同、接纳直至臻为经典的过程是一个长期的、动态的也是不确定的“经典化”动态过程，“‘经典化’意味着那些文学形式和作品，被一种文化的主流圈子接受而合法化，并且其引人瞩目的作品，被此共同体保存为历史传统的一部分”[②]。可以说，作品内在审美属性的“自律”只是赋予作品成为经典的可能性，其最终成为经典仍然需要借助多元的外部推动力以及这些推动力所形构的关系图式。“实际上经典化产生在一个累积形成的模式里，包括了文本、它的阅读、读者、文学史、批评、出版手段（例如书籍销量、图书馆使用等）、政治等等。”[③]

可以说，文学作品的“经典化”不是自为的，即便作品本身具有极高的审美内涵与艺术高度，对其的发现与揭示仍然需要外力，同样，作为推动作品“经典化”生成的政治权力关系与意识形态等外部机制也需要借助某种客观的手段对文本施以影响，而阐释正是彰显文本艺术内涵以及推动外化力量渗入经典建构两种目的通约化的有效

① 布鲁姆：《西方正典——伟大作家和不朽作品》，江宁康译，译林出版社 2011 年版，第 23 页。

② 斯蒂文·托托西：《文化研究的合法化》，马瑞琦译，北京大学出版社 1997 年版，第 43 页。

③ 斯蒂文·托托西：《文化研究的合法化》，马瑞琦译，北京大学出版社 1997 年版，第 44 页。

策略。今天看来，文学作品的“经典化”不仅规约于作品本身的艺术价值，同时需要文本具有充足的可阐释性。通常而言，成熟形态的文学文本其层次一般归结为文学言语层面、文学形象层面以及文学意蕴层面，这三个层次在经典文学作品中尤为突出，那种意指单调、意蕴空乏、层级一览无余的作品是很难成为经典的。福柯认为，话语的经典性源自话语之间的区隔与通约机制，这种区隔及通约策略是通过阐释、稀缺性追求、学科原则以及言语仪式或言语惯例实现的，阐释是在文本原义的基础上增加新意，文学史上那些重要的文本或话语始终处于不断的阐释与评论中，以主文本为起点不断进行着新的话语建构，从而使得主文本乃至后续的阐释保留在相应的文化传统以及记忆之中。童庆炳先生曾将文学作品的“经典化”归结为6个因素，即作品本身的艺术价值、文学作品的可阐释空间、作品外在的意识形态与文化权力变动、文学理论及文学批评的价值取向、特定时代读者的期待视野以及作品的“发现人”。就这几个因素的关系而言，艺术价值无疑是作品成为经典的内在驱动力，它直接决定着后续因素的作用机制与审美效应，而作品的可阐释空间为外在的意识形态与文化权力、文学批评、读者视野乃至“发现人”提供了可资活动的场域，这些外部力量的作用机制则是借助对文学作品艺术价值的阐释实现的。或者说，文学作品“经典化”的衍进程序可以描述为：在确保文学作品艺术价值的前提下，作品的“发现人”（通常是作品第一个阐释者）在一定社会意识形态与文化权力的熏陶下，秉持文学批评特定的价值取向，以文本阐释的方式来揭示作品的艺术价值以飨读者，迎合读者的审美欲求。可见，作为文本艺术价值彰显的手段以及政治权力与意识形态施力的场域，阐释成为作品“经典化”地位生成的合法路径与有效策略。

三　文学“经典化”路径的阐释向度及公共性特征

作为对文学文本的一种审美体验、理性认知以及在此基础上的意义揭示与衍化活动，阐释无疑负载着使文学文本被受众认同与接纳的重要使命。然而，并非所有的阐释都能推动作品的“经典化”，文学作品“经典化”的过程对阐释本身也提出了反向要求。只有具备某些共性特征的阐释才具备推动作品实现“经典化”的资质，而这些共性特征与当下的公共阐释又形成了某种内在的逻辑契合，甚至可以说，在推动文学作品“经典化”的阐释形态中始终蕴含着公共阐释的要素。

首先，建构经典的阐释遵循着个体发现与集体回应的通约机制。张江先生认为，一切阐释源自个体，个体阐释是公共阐释的原生态与源动力，是公共阐释生成的基础。就经典的生成路径而言，其审美内涵与艺术价值遵循着个体发现向集体接受的演变机制，而个体发现则是文学“经典化”路径发生的前提。童庆炳先生在谈及文学经典的建构机制时将最早发现文学经典的“发现人”视为经典的建构要素之一。今天看来，文学经典的“发现人”通常是经典作品的最初阐释者，或者是其阐释引发了更为广泛的影响。“发现人”与文学作品可能同时代，但更多时候具有跨代性。陶渊明诗作经典化源于三代之后梁朝萧统在《昭明文选》中对陶诗的评论，并在唐及之后逐渐完成。同样，成书于元初的章回体小说《水浒传》也是借助明末清初李贽、金圣叹“容与堂”与“贯华堂”两个版本的“发现”与评点而逐步走向经典。有的时候经典文本的“发现人”并非只有一个，其“经典化”的过程可能依赖诸多“发现人”的接力，如陶诗的经典化同样离不开宋代苏轼的评论与推介，严格意义上苏轼应是继萧统之后的第二个“发现人”。当然，个体发现只是文学作品“经典化”发生的前提，“发现人”的阐释在多大程度上为公众所认可与接纳，这是阐释走向公共亦即作品“经典化”路径的关键环节。如果“发现人”的阐释不为公众认可，其阐释自然落入私人阐释的窠臼。“发现人”的阐释被公众认可与接纳多数时候遵循着场域延宕机制，即其阐释形态最初的认可与影响多发生于“发现人”最具话语权威的场域，它以“点— 面”传播的方式为这一场域认可与接受后，再以“多点—多面”式的辐射性在更大场域展开传播，在积储影响力的同时确立了冲刺经典的可能。

其次，建构经典的阐释规约于一定的公共权力关系与意识形态。

福柯曾指出：“文学是通过选择、神圣化和制度的合法化的交互作用来发挥功能的。”① 对经典文学作品而言，依托某种权力化的制度关系一度成为文学作品“经典化”的有效途径。不可否认，“发现人”的“发现”与阐释为一定场域的大众认可与接纳，这种“经典化”的发生多是“民间”的，欠缺话语权威与价值标识，而将作品的阐释与评判纳入一定的权力关系体系，以官方规范的话语范式来加以推进无疑确保了经典作品的持久性与生命力。通常而言，凭依“发现人”的阐释与评判，代表公共权力话语的知识精英将充分吸纳作品的阐释形态，并借助文学史的定位将作品的价值固定下来，这种文学史定位既可以体现在选本规制与教材编写方面，亦即以官方的话语范式来推动经典作品的公共传播，也可通过一定的文学制度与文学规范，如文学评奖、官方推介等直接加以引导。前者如孔子的删诗与选诗成就了《诗经》的“经典化”，新中国成立前后历次教材的选用与编撰推动了鲁迅《故乡》的公共接受与经典架构；后者如诺贝尔文学奖直接催化了莫言小说作品的“经典化”。正是这种渗透着主流权力关系与意识形态的文本阐释与价值评判从更为宽泛的程度上加速了作品的“经典化”过程。

再次，建构经典的阐释呈现出多元样态甚至跨文本特征。诚如前言，一部经典的“发现人”可能并非单一的，其审美内涵与艺术价值的“发现”与开掘可能由多个“发现人”历时性接力完成，由于“发现人”审美理念与时代症候的规约，不同“发现人”的阐释在契合特定时代审美诉求的同时自然呈现出多元化的审美样态，而那些能够拓展经典文本的社会影响力，有力推动文本知识话语的大众化转化的阐释是更为有效的“经典化”途径。换句话说，建构经典的文本阐释理应建立在大众化认同与接受的基础上，何种阐释最具“公共化”效应，为更大程度的公共空间所接受，这一阐释模式自然更具效力。于此，建构经典的阐释除了语言阐释的接力外，图像传播、舞台表演、故事塑型等跨文本阐释同样成为推动作品“经典化”的重要方式。明清之际小说文体的“经典化”即是如此，除了诸多形态的

① 福柯：《权力的眼睛——福柯访谈录》，严锋译，上海人民出版社1997年版，第88页。

评点作为语言阐释的典范样式为公众所接受外，由小说母本衍化的插图、年画甚至活跃于街头巷尾的舞台演出同样成为推动作品走向经典的有效阐释方式。相对评点文本而言，小说的插图、相关的年画以及大众化的舞台演出因其直观可感的传播模式更易为大众所理解、接受，它使得建构经典的阐释话语不再拘泥于特定的知识精英场域，不再拘囿需要特定知识技能方可接纳的语言意指，视觉化传播取消了大众对阐释话语接受的准入门槛，以一种更为“公共化”的方式来实现文学作品的经典架构。

复次，建构经典的阐释呈现出叠加与修正的公共议程性。任何一部臻为经典的文学作品其背后的阐释都不是一次性的，在推动作品走向经典化的进程中阐释话语多呈现出叠加与修正化的公共议程特征。换句话说，倘若推动文学作品“经典化”的第一、二、三……“发现人”引发的阐释为 A、B、C……如果元文本的意义为 W，通常情况下，阐释 B 多是在文本原意指 W 的基础上合成了第二“发现人”所认可的阐释 A 的合理部分所通约而成，亦即 B = W + 修正 A，同样阐释 C = W + 修正 A + 修正 B……那种完全忽视前人阐释而另起炉灶的阐释几乎是不可能的，正是阐释的叠加效应才形构了关涉经典文本丰富的意义体系，创造了更为宽泛的可阐释空间，而也正是阐释的修正色彩使得后续的阐释话语在公共场域中不至过于偏离原意轨道，以一种合议的方式规制着阐释话语的意义指向。当然，后续的阐释对之前阐释的修正又遵循着两种路径：一是承继，亦即后续阐释吸收之前阐释形态的合理成分，再以契合时代诉求的审美话语重新阐发，如金圣叹“贯华堂”本小说评点理论的阐述就是在承继李贽“容与堂”本理论话语的基础上衍化出来的；另一种是批判，这种批判是充分认识到前一阐释模式或话语的错误，借助批判而避免落入前人窠臼，如 20 世纪关于“红学”的论争，“考证派”“批评派”对“索隐派”的批判大体遵循着这一阐释理路。

最后，建构经典的阐释体现出地域性与世界性的互动机制。尊重阐释话语的民族特征与地域色彩是公共阐释纠偏强制阐释、承载当代中国阐释学元话语建构的理论出发点。不难想象，任何一部臻为经典的作品都衍生于特定的“文化共同体”，体现出一定的民族意识与地域特征，或者说，任何一部经典首先是民族经典与地域经典，因而基于经典引发的阐释只有尊重这一民族意识与地域特征方才通达对经典最真实的理解。然而，过于拘囿民族与地域特征又反向制约了经典的普泛性价值。作为人类社会共同的精神遗产，建构经典的阐释形态在经典为其他“文化共同体”所接受时，因其阐释话语本身的共识性与真理性同样可能为他者“文化共同体”所认可与接纳，与经典文本一样在异域文化场所传承、接受，而阐释话语本身又会结合异域的文化属性与审美诉求被逐渐改造为其他“文化共同体”更易接受的共享理论形态。当代西方理论的中国传播某种意义上遵循的就是这一理路。值得一提的是，这一阐释话语的跨场域传播并非都是共时性的，因经典建构的历时累积性，其阐释理论同样呈现出历时性特征，然而由于理论话语本身的普适性与真理性，即便经历跨时代、跨场域的多重接纳，这一阐释话语仍然呈现出强盛的生命力，以一种“世界性话语”标示着自身的价值。

作为公共阐释论的另一核心意旨，理性在建构经典的阐释形态中同样有着鲜明的体现。理性作为阐释活动得以顺利推进的逻辑前提在文学作品“经典化”路径生成中体现在两个层面：一方面，建构经典的阐释承载着从感性体验到理性认知的衍化过程。张江先生认为，非理性的精神行为同样介入了阐释过程，特别是情感意志与审美体验成为阐释生成的必要因素。就建构经典的阐释而言，由感性体验升华到理性认知成为阐释话语生成的普泛规律。作为经典作品的“发现人”，其对文本意义的介入遵循着一般文本阅读的常态规范，而“发现人”在阅读过程中的审美体验与情感激荡则成为推动其进一步深入探求文本意义的前提。可以想象，任何一个读者在面对不能激发其审美体验与情感共鸣的作品前还有多少继续深入探讨作品意义的兴致？相反，作品的意指只有真正触及接受者的内心情怀，引发其难以言状的审美冲动，方才具备继续深度考察的可能。试想，倘若没有金圣叹在阅读《水浒传》时那难以名状的情感体验，“为此书者，吾则不知其胸中有何等冤苦而为如此设言。然以贤如孟子，犹未免于‘大醇’‘小疵’之讥，其何责于稗官？后之君子，亦读其书哀其心可也”①。其对小说作品的精到阐释又何以产生？当然，如果经典作品的“发现人”仅停留于一般意义上的阅读体验，那么其至多属于普通的文本接受者，很难真正实现对作品“经典化”的催化效应，而作品“经典化”的真正推动更多取决于这种情感激荡与审美体验之后的理性思考。可以这样说，文本接受的感性行为更多关注的是“经典化”的对象问题，即何种作品能进入“发现人”的视野并引发关注，而理性则更多关注这一作品何以引起关注并能够进入经典。在建构经典的阐释中，“发现人”的理性思维发挥着两种职能，其一是将文本阅读的情感体验与审美感知用理性、逻辑的语言或其他符号加以呈现，使其突破个体化而衍化为一种审美感知的公共存在；其二，在理性的指导下，“发现人”逾越作品的审美体验与表层意指，深度介入文本的意义与意蕴层面，以客观公允的逻辑思考与话语表达揭示作品的深度内涵，实现对作品艺术价值的深度挖掘与确认。

另一方面，建构经典的阐释话语规约着文本接受群的共识性理解及其价值认知。鉴于个体生活阅历、情感体验、审美旨趣的差异，不同的接受个体对同一文学文本的阅读体验迥然有别，“一千个读者就有一千个哈姆雷特”决定着读者接受理论的客观与必然。然而，文学作品的“经典化”是建立在对文本审美内涵与艺术价值共性认知与认同的基础上，如果仅凭不同个体的阅读体验来实现对作品的价值认同，进而促进作品的“经典化”自然不够现实，因而借助建构经典的阐释话语来统一接受群体对文本的理性认知，使得接受个体跳出自身阅读的表层话语意指与审美体验，在阐释话语的理性规约中，透过感性体验通达作品的深度意指，增强接受个体对文本意义乃至意蕴的深层感悟，进而强化接受个体对作品意义与价值的真正认同与接受，这是作品走向经典的重要环节。诚然，相对感性体验而言，基于理性思维之上的审美认知才会持久、有效，而也正是这种持久、有效成为作品“经典化”发生的直接推动力。可以说，建构经典的阐释话语以阐释者的理性思考引导甚至规约着作品接受群体阅读接受的审美走

① 《金圣叹全集（三）》，陆林辑校，凤凰出版社2008年版，第41页。

向，圈定着普通接受者的接受框架，同时推动普通接受者在超越自身感性体验的基础上激发对文本意义的理性认知与思考，形成一种对作品意义与价值以及阐释话语的共识性认同。这种共识性认同更大程度上源自阐释者与接受者理性活动的交集，是“公共理性”介入文本意义认知的表现形态，它在强化文本意义与价值认同确证性的同时，也激发着接受个体对文本意义再度阐释的审美旨趣。

四　文学“经典化”阐释路径的现代走向及反思

作为文学经典化的有效策略，推动文学作品走向经典的阐释呈现出诸多的公共阐释特征，甚至可以说其有效的阐释形式本身就是一种公共阐释。正是在阐释自身公共性与理性的规约中，无论是阐释话语抑或阐释对象亦即经典文本同时具备了澄明性与可公度性，以符合随机过程大数定律的形式不断彰显着经典文本的审美内涵与艺术价值，从而为共时与历时不同语境的接受者所重复检验与接纳，并在此基础上推动着文本本身与阐释话语的反思、超越与再度建构。

与文学作品的“经典化”路径相一致，推动文学“经典化”的阐释同样体现出一种动态衍化性，可以说，任何一部经典的确立都是不变的文本与历时叠加的阐释之间的有机统一，而阐释样态本身又取决于经典传承的时代特征与文化症候，也正是后者借助阐释这一话语表现样式重塑着经典文本的现实面貌与时代价值，使得经典文本的审美内涵与艺术价值呈现出一种当下色彩。凭依电子、数字技术的强势支撑，20 世纪 90 年代以来图像主导的审美范式愈发成为当下社会发展与日常生活的常态逻辑，图像替代语言成为表征世界的普泛景观。在视觉主导的文化语境中，语言作为阐释形态的基本符号同样遭遇到视觉的挑战，经典文本的影视转化与视觉重写成为当下社会经典传播的重要方式。任何一种语言文本的视觉书写都隐含着改编者的感知、理解、想象、联想等思维意识，体现出鲜明的批评性，可以说，语言文本的视觉传播其本身就是一种由视觉符号主导的批评形态，正如有学者所指出的那样，在图像时代，“文学创作的主要方式将逐渐从文字写作转向图像的表达，而伴随着这一转向而来的则是一种新的批评模式的诞生：图像或语像批评”①。与语言主导的传统阐释相比，视觉阐释对文学经典的传承无疑更具影响力，其公共阐释色彩更为明显。

就公共性而言，经典文本的视觉阐释呈现出更为切实的公共色彩。尽管中外文学批评史上不乏文学文本的集体批评模式，但就多数阐释而言，批评者的个体创作仍然代表着文学阐释的主流形态。现代视觉阐释则不然，视觉阐释多数时候遵循着集体创作机制，其公共性更为明显。例如任何一部经典文学的影视改编绝非个体力量所能驾驭，其视觉化过程是导演、编剧、演员、摄像等诸多参与者的合力，其文本的视觉呈现正是诸多参与者在个体理解的基础上协商、调和、通约而成，其阐释话语的建构不仅体现出公共机制，同时更是一种公共理性的调和行为。就文本接受而言，经典文本的视觉阐释凭依图像的直观可感与情感在场而更具拥趸者，那种因知识语言局限而屏蔽在经典文本接受场域之外的公众同样获取了文本的视觉感知权。现代影像的传播机制借助对文本意义的形象塑型，强化了受众对文本的意义感知，特别是现代影像的声音在场成为受众感性认同的重要推动力，“图—声”一体的表征机制从感性层面深化了对文本的意义认知与价值认同。值得一提的是，直观可感的视觉传播也消解了传统语言自身的民族与地域局限，那种因语言隔阂而被区隔在经典文本接受场外的他者民族同样具备了分享经典文本的审美资格，从而以一种感知在场直接进驻文本内在的审美空间，并以符合自身文化特征的审美方式推动着经典文本在他者文化场域的继续传播。

就理性而言，较之视觉阐释的公共性，理性在视觉阐释中无疑更为间接与隐晦。视觉图像的直观可感消解了传统语言常态接受的推理、联想、想象等思维机制，图像的“直入”似乎加剧了视觉阐释的感官体征，使得视觉阐释在理性这一维度与公共阐释发生背离。诚然，相对语言表意而言，图像自身独特的叙事体例的确遵从着感性至上的审美规律，特别是现代视觉影像中的声音加盟更以一种“图—

① 王宁：《当代文化批评语境中的“图像转折”》，《厦门大学学报》（哲学社会科学版）2007 年第 1 期。

声”互文的方式实现了语言叙事难以直达的情感在场。然而，现代图像阐释的感性直观并非是以牺牲理性引导作为代价的，理性同样是现代视觉阐释不可忽视的组成部分。作为主体审美意识的表征手段，将什么或不将什么纳入图像的表征对象规约于主体的认知、理解、判断、推理等理性思维，这在现代视觉阐释中尤为明显。凭依现代影像的摄录技术，摄录者可以有所选择地将文学文本中他所认可的审美对象纳入表征范围，依据自身的判断和推理决定这些对象在影像画面中的呈现方位与频率，甚至借助镜头景别、快慢镜头、蒙太奇等技术手段来有意操控视觉图像的接受效应。有些时候，影像制作者更是依据自身对经典文本的理解与偏好对文本加以改编，以一种重写经典的理性思维推动经典文本的现实传播，1986 版《红楼梦》对原著的改编某种程度上正是这一理性介入经典传承的有力例证。就视觉阐释的文本建构而言，尽管图像较之语言更具直观性，但这绝非表明任何一种视觉图像的意义表征都颇为通透、一览无余，相反，凭依技术条件，现代视觉图像借助线条、色彩、光线、块面等形式元素，协同声音、文字等其他表意符号形构了多元化的图像意指与意义修辞，这种不同于语言场域的另类修辞关注的是“图像如何以修辞的方式作用于观看者”①，正是这一形式层面“修辞”方式的现实存在使得仅凭感官认知通览现代图像实难通达，特别是图像形式层面的含蓄意指更需理性思维的参与方才可能。“就现代视觉批评而言，图像主导的批评形态脱离不了形式元素的修辞指涉与意指建构，无论是否为图像创作者有意植入，图像文本本身形式元素的多元组合无疑强化了形式修辞及其图像歧义的可能，破解图像文本形式组合所构建的意义符码、切入图像文本深度层面的含蓄意指、充分发挥视知觉的理性职能自然是图像解码绕不开的环节。”②

由此可见，公共性与理性作为公共阐释的核心意旨在推动经典发

① Helmers, M. & Hill, C. A. eds., *Defining Visual Rhetoric*, Mahwah, NJ.: Lawrence Erlbaum Associates, Inc., 2004, p. 1.

② 张伟:《“公共阐释”论与现代视觉批评的审美逻辑》,《内蒙古社会科学》2018 年第 6 期。

生的视觉阐释中依然醒目，尽管其呈现的方式与彰显的程度较之传统的语言阐释有所不同，但其存在的客观性足以说明建构经典的阐释与公共阐释特征对应的紧密，这也反向说明，在诸多文学作品走向经典的进程中，只有对经典文本的公共阐释才具有推动文本走向经典的执行力，而也正是这些阐释在协力文学作品“经典化”的同时使得自身的理论话语彰显出经典性的生命活力。

谈谈“文学阐释”的定位问题[*]

史　钰[**]

随着张江先生一系列文章的问世，“阐释”和“文学阐释”渐渐成为学界热门话题。但是在概念的使用上似乎有必要加以更清晰地界定与辨析。例如，“文学阐释”与“文学理论”是什么关系？有何异同？“文学阐释”与“文学批评”有何异同？“文学阐释”与“文学史研究”有何异同？这些都是需要探讨的问题。

一　“文学阐释”与“文学理论”之异同

这里的“文学理论”主要指传统意义上的关于文学本质、规律、创作方法的那种话语形态。文学是人的精神世界的展现，是人在现实世界中对生活、人生、情感的再现或创造。文学理论则试图将这些再现或创造归纳、总结为一些概念或类别，并试着找寻某些规律。既然文学理论与理论本身挂上了钩，那自然就带上了理论的某些特性。韦勒克与沃伦在合著的《文学理论》中将“文学理论”界定为关于文学原理与标准的研究，与具体研究作品的“文学批评”以及研究具体作品的编年或脉络问题的“文学史”有明显差异。经过如此划分，“文学理论”与“文学批评”“文学史”看上去似乎“各管一摊”，

* 基金项目：国家社会科学基金重大项目“中国文学阐释学的中外话语资源、理论形态研究与文献整理”（项目编号：19ZDA264）。本文原刊于《河北师范大学学报》（哲学社会科学版）2020 年第 2 期。

** 作者单位：太原理工大学文法学院。

都有明确的研究领域，是属于同一层级的概念或范畴。然而值得特别指出的是，韦勒克与沃伦将文学批评理论与文学史的理论最终又都归附于“文学理论”之中，这意味着，“文学理论”尽管有自己明确的研究范畴，但文学研究中凡可上升到“理论”层面的研究对象，便尽可划归入“文学理论”中，正如韦勒克自己所说：“文学研究的终极目的，必然是有关文学的系统知识，是文学理论。”①

我们顺着韦勒克这样的划分标准，姑且来分析一下“文学理论”的特性。韦勒克在这里的目的较为明确，即凡与具体文学作品相关的，便与“文学理论”无关，凡是由具体作品中得出的具有统摄性、概念性、抽象性的范畴，则统统划归于“文学理论”。可以说，“文学理论”虽然是对文学现象的研究，但它始终是在“理论”的统筹之下言说的，“文学理论”也就必然具有一般“理论”的特点，而与丰富多彩的现象世界暂时告别了。

雷蒙·威廉斯在《关键词：文化与社会的词汇》中对“理论”一词的源流进行了考察，其最早的英文形式为 theorique（14 世纪），后来变为 theory（16 世纪）。其最接近的词源为拉丁文 theoria、希腊文 theoria，本意为通过沉思后反映在内心的想法。17 世纪时，“理论”（theory）大概可以概括为四种内涵：1. 景象（spectacle）；2. 冥想中所浮现的景象（contemplation sight）；3.（思想的）体系；4. 用以解释的体系（explanatory scheme）。② 从雷蒙·威廉斯对“理论”词意的变迁分析中可以发现，“理论”首先并非对现实世界的描绘，而是一种沉浸于内心或冥想中的体会或景象。其次，“理论”并不仅是停留于内心或冥想中的体会与景象，而且是将之形成为有逻辑、成系统的思想体系。换言之，“理论”是人们将自身对现象世界的认识、体验与理解，化为种种条理化的、放之四海而皆准的体系。“文学理论”作为千万“理论”体系中的一种，自然也应是人们对文学现象

① ［美］韦勒克：《批评的诸种概念》，丁泓、余徵译，四川文艺出版社 1988 年版，第 11 页。

② ［英］雷蒙·威廉斯：《关键词：文化与社会的词汇》，刘建基译，生活·读书·新知三联书店 2005 年版，第 532 页。

经过深入思考与理解后的系统认识。

然而“文学理论”毕竟是文学的理论，有其特殊性。李春青教授就将文学理论看作是一种“继发性”言说，而非“原发性”言说，即文学理论“是依据于另外一种话语系统而进行的言说”，因而“具有中介性，这种中介性赋予文学理论变动不居、多元共存的特点”①。但这并不影响或改变文学理论的理论性特质，并与文学阐释形成了鲜明对比。

如果说狭义的“文学理论”是对文学这样一种实践的思考，那么“文学阐释”则是借助理论的理性与分析力量提出问题、阐明问题，进而解决问题。当然，将理论的理性色彩运用于对文学现象的分析，就会进入两种言说路径：一种是将理论强行运用于对文本的分析之中，对文学文本的评论分析恰是为了证明自身理论的合理性，这样的阐释正是张江教授提出的“强制阐释”，是我们想要极力避免的阐释方式；另一种是以理论的理性思维为阐释的一种方法或视角，是以理性的思维方式探寻隐藏于文本背后的意义，是秉持着对话精神进行的意义建构，而并非将某一种理论预设于文本之上，并试图通过对文本进行任意的肢解、裁剪或“断章取义”般的随意取舍，以达到对预设理论的证明，因为“任何对理论的照搬或移植都难免会陷入‘强制阐释’的误区”②。同时，不能简单地将“文学理论”看作“文学阐释”的方法论，事实上，“文学理论”与“文学阐释”有着不同的研究对象，“文学理论”关注的是渗入文学现象、文学文本中的某种可以提炼出的思想、规律，试图希望通过对蕴含其中的思想、规律的解析，进而对文学进行更深入地理解。而“文学阐释”则是着眼于具体的文学文本，并没有先验地希望从文本中得到某种可作为规律的认知，而是在具体的文本中，对不同的文学现象逐层深入，层层剖析，针对不同的文学文本得出完全不同的阐释结果。因此，语境化、历史化将是“文学阐释”最为独特的研究视野。

如果说“文学理论”具有某种趋同性，即于具体的文学现象中找

---

① 李春青：《文学理论亟待突破的三个问题》，《中国文艺评论》2018 年第 5 期。
② 李春青：《文学理论亟待突破的三个问题》，《中国文艺评论》2018 年第 5 期。

出的文学特质都有某种共同的指向性，试图通过这样的文学特质寻找出某种规律或本质的话，“文学阐释”则是发散的，将文本置于具体的历史语境之中，对每一文本都做具体的、独特的阐发，这样的阐发毫无疑问具有独特性、多元性，故而“文学阐释”不仅不是寻求规律，甚至可以说试图打破规律，对具体的文本做多元的、丰富的阐发。

如果可以将“文学理论”的生成看作这样一个过程，即文学现象——规律——文学理论的话，那么似乎“文学理论”更多是在二维世界中言说，从具体的现象到抽象的逻辑；相较之下，“文学阐释”则可以说是在三维甚至四维的空间中展开的，阐释者从文学文本进入具体的历史语境，在历史语境中走入作者的世界，在不脱离文学性研究的基础上展开阐发。

二　“文学阐释”与“文学批评”之关联

如果说“文学理论”与“文学阐释”分属不同的思维世界，那么“文学批评”与“文学阐释”则有着更为相近的属性，都是由作者、读者、文本的世界所组成。“文学批评”是读者或批评家对文本进行分析评判后，进而对作者的创作特点、风格特色、价值地位进行分类与评论。“文学阐释”则是读者或阐释者对涵淹于文本表层背后的意蕴进行的深层挖掘。因而或可说，“文学批评”与“文学阐释”都是徘徊于作者、读者与文本之间的，是在多维世界展开的。

然而，二者又有明显区别。首先，“文学批评”一般是指对文学文本妍媸美丑的分析与评价，“文学阐释”则意指对文学文本字面含义背后的深层意义的剖析与揭示。以五言诗的兴盛为例，众所周知，五言诗发端于汉末，经过汉末文人不断的揣摩打造，至魏晋之际终于大放异彩，成为魏晋时期最为重要的诗歌体裁。面对如此繁盛的五言创作局面，评论家们也及时地做出了回应。曹丕首先观察到了作家创作个性的问题，他在《典论·论文》中不仅率先提出了“建安七子”的称谓，并进一步认为创作风格是由“气”所决定的，秉承不同“气”的诗人，其作品的风格特征也完全不同，同时指明诗歌的审美特点应为“丽”。此后，钟嵘更于《诗品》中对五言诗的源流进行了梳理，并用分品分级的方法对当世五言诗进行了分类，而他论品第高低的原则进一步表明了他个人的审美好恶：“夫四言，文约意广，取效《风》《骚》，便可多得。每苦文烦而意少，故世罕习焉。五言居文词之要，是众作之有滋味者也，故云会于流俗。岂不以指事造形，穷情写物，最为详切者耶！”[①] 五言诗较四言诗体裁发生变化，每句虽只多了一个字，然而整个诗的内容却变得丰富多彩，诗歌的结构也变得摇曳多姿，如再“干之以风力，润之以丹彩，使味之者无极，闻之者动心”[②]，则可谓“诗之至也”。正是在这样的文学批评观下，钟嵘以为曹植之诗“骨气奇高，词彩华茂，情兼雅怨，体被文质，粲溢今古，卓尔不群”[③]；而鲍照之诗虽“骨节强于谢混，驱迈疾于颜延，然贵尚巧似，不避危仄，颇伤清雅之调”[④]，因而被列入中品。由此可见，文学批评家更多是着眼于文本中形式、内容的高下以及是否符合自己的评论标准，从而得出自己的评价，着眼点更多的是自身的审美喜好。

“文学阐释”则有不同。刘师培在论及建安文学之特征时说：“建安文学，革易前型，迁蜕之由，可得而说：两汉之世，户习七经，虽及子家，必缘经术；魏武治国，颇杂刑名，文体因之，渐趋清峻，一也。建武以还，士民秉礼，迨及建安，渐尚通侻，侻则侈陈哀乐，通则渐藻玄思，二也。献帝之初，诸方棋峙，乘时之士，颇慕纵横，骋词之风，肇端于此，三也。又汉之灵帝，颇好俳词，下习其风，益尚华靡，虽迄魏初，其风未革，四也。”[⑤]

刘师培认为，由两汉到建安，文学共发生了三处变化：文体渐趋清峻、思想渐趋通脱、文风渐趋骋词华靡。这三处变化都是其在具体分析两汉至建安时士人思想、社会风尚、学术思潮的变化后得出的结论，是深入到历史深层的剖析，而非简单地对作品风格变化的归纳与

① 何文焕：《历代诗话》，中华书局2004年版，第3页。
② 何文焕：《历代诗话》，中华书局2004年版，第3页。
③ 何文焕：《历代诗话》，中华书局2004年版，第7页。
④ 何文焕：《历代诗话》，中华书局2004年版，第15页。
⑤ 刘师培：《中国中古文学史讲义》，上海古籍出版社2006年版，第6页。

出自个人喜好的判断。

以文体渐趋清峻为例，汉代自武帝独尊儒术后，经学渐兴并成为士人晋身仕途的主要途径，可谓两汉的学术思潮都是在经学的笼罩下进行的。因而两汉学术，必以经学为主，而为文为章，也必带有经学特色。只是经学发展至后期，古文经学囿于章句，今文经学流于谶纬，此种学风影响到文风上来，就使得汉末文章偏于繁缛琐碎。建安时期，曹操以法家治国，做事但求简单明了且法度严明，文风也一改汉末之琐碎繁冗而如秋风般清力有劲道，既少羁绊又少琐碎，故而建安文学以“慷慨以任气，磊落以使才”闻名，“建安风骨”更成为文人效仿的榜样，这与其清峻通脱的气质有必然的关系。

第二，“文学批评”是按照文本给出的逻辑展开分析与评价的，在文本所展示的事件、情节、人物行为、情感演变等方面的逻辑关系中，或逐层深入或就某一方面展开论述。“文学阐释”则并不按照文本的逻辑剖析，而是按照阐释的逻辑展开讨论。

“文学批评”是评论家在认真细致地阅读文本后，对文本价值的探寻、意义的追问以及审美情感的诉求，然而批评家们大多按照固有的或既定的逻辑、理论来展开分析评价，或是文本中既定的情节发展、人物形象演变的逻辑，或是评论家心中既有的理论模式。中国古代的诗文评大多从文本的既定情节或人物形象出发进行品评，如明代李贽的《忠义水浒传序》开篇就亮明了《水浒传》的创作意图：

> 太史公曰：《说难》《孤愤》，圣贤发愤之所作也。由此观之，古之贤圣，不愤则不作矣。不愤而作，譬如不寒而颤，不病而呻吟也，虽作何观乎？《水浒传》者，发愤之所作也。（李贽《焚书》卷3）

李贽将“发愤著书”之论用于评说《水浒》的创作，正是他依据整部小说中各主人公的 经历——从安心做奴隶到被迫做奴隶，再到连做奴隶都不可得——而做出的评判。同时，李贽抓住“忠义”二字作为评论的关键词，也是通过对宋江这个核心人物的分析得出的：“宋公明者身居水浒之中，心在朝廷之上，一意招安，专图报国，卒至于犯大难，成大功，服毒自缢，同死而不辞，则忠义之烈也！”（李贽《焚书》卷三）对“忠义”的渴求与追寻，虽饱含了李贽对自身所处时代的不满与激愤，然而却是他根据《水浒传》的情节与人物形象得出的结论，是依据文本自身逻辑展开分析后得出的。

如果说中国古代诗文评更多是基于文本逻辑展开的，那么研究《红楼梦》的索隐派则是将文本逻辑与隐含于内心的理论或方法统一起来展开研究，两相呼应，走上了一条从文本到结论，再从结论到文本的路径。正如郭豫适在《红楼研究小史稿》中对“索隐”做出的解释：

> 所谓“索隐”，意思就是探幽索隐，即寻求小说所“隐”去的“本事”或“微义”。其实就是穿凿附会、想入非非地去求索《红楼梦》所影射的某些历史人物或政治事件。①

“穿凿附会”“想入非非”，这类的字眼毫不隐晦地道出了索隐派的研究方法。评论家在认定《红楼梦》与某件既定历史事件、具体历史人物之间的亲密关系的基础之上，对文本进行的一种主观臆断，从王梦阮、沈瓶庵的《红楼梦索隐》到蔡元培的《石头记索隐》，再到邓狂言的《红楼梦释真》，都是在作者的生平传记与具体的历史事件中往来穿梭，希望“探寻《红楼梦》隐去的‘本事’和‘微言大义’，把一些从历史著作、野史杂记、文人诗词或随笔传闻中搜集到的材料，与《红楼梦》里的人物、事件互相比附、印证，并从而去评论《红楼梦》的意义和价值”②。可以说，主观臆断与穿凿附会成为索隐派的基本研究方法，比对作家生平与作品中人物的相似之处则是索隐派批评家们试图证明自己理论的方法。

“文学批评”或是批评家沿着文本内部既定的情感脉络、人物形象发展等内在逻辑形成的主观、感性的品鉴与评论，是在体验、感悟、涵泳的思维方式下进行着；或是沿着文本的逻辑发展与心中既定

---

① 郭豫适：《红楼研究小史稿》，上海文艺出版社 1980 年版，第 137 页。

② 冯其庸、李希凡主编：《红楼梦大辞典》，文化艺术出版社 1990 年版，第 1073 页。

的研究思路乘风破浪，所有的分析、论证、品评皆是为了证明已有的结论，比如前引之索隐派。值得注意的是，此一研究路径似与“强制阐释”有相近之处，但仔细分析，仍有不同。“文学批评”是由理论或方法——文本的研究路径，最终落脚点是在文本，而“强制阐释”则是由理论——文本——理论的研究路径，最终仍回归于理论。由此观之，“文学批评”的研究路径是单一的、主观的、独语的，是点到点的较为清晰路径的证明，这与“文学阐释”形成了鲜明的对比。

相比于“文学批评”，“文学阐释”并非按照蕴含于文本的情节线索、人物形象塑造、终极价值等内在逻辑而展开，而是按照阐释本身的逻辑进行论述。可以说，从英美新批评、精神分析，到结构主义、女权主义批评、后殖民主义批评等文学研究方法，都开启了一种与传统“文学批评”不同的研究路径。

女权主义文学批评在广泛借鉴各种文学理论与研究方法的基础上，从女性视角、女权主义的立场出发，重新审视那些在男性视角下被视为经典、传统的文学作品，在解构以男性为中心的文化偏见的基础上，提出了极富创造性与活力的理论与观点。从女权主义批评的研究方法可以看出，研究路径、情感基调甚至研究结论几乎都是可以预知的。既然要颠覆传统的带有男性偏见的理解方式，那么女权主义批评必然是对带有男性偏见的立场的抨击，以及对那些在历史中被湮没的女性生活、形象、题材的找寻，正如妇女史学家葛达勒那所说：“我们疏漏了女人和女人的活动，因为我们寻求历史回答的问题不适用于女人。我们必须于一段时间内以女子为中心进行探索，研究一下在男女共同的文化总体中存在女子文化的可能性。”①

桑德拉·吉尔伯特（Sandra Gilbert）与苏珊·古芭（Susan Gubar）合作发表的《阁楼上的疯女人》（The Madwoman in the Attic，1979）一书，通过借用布鲁姆“影响的焦虑”理论，对简·奥斯汀、夏洛特·勃朗特、艾米莉·勃朗特等几位女性作家作品中的女性形象进行分析，二人在细读文本后，用“天使”“魔鬼”“女巫”等意象来描述这些作品。“天使”是传统社会中被男性认可的女性形象，她

① 王逢振、盛宁、李自修编：《最新西方文论选》，漓江出版社1991年版，第275页。

们温柔顺从、无私奉献，若女性一旦拒绝这些标签，就有变成“魔鬼”的可能。吉尔伯特与古芭认为，“从男性的观点来看，拒绝在家庭里保持顺从、沉默的妇女都被视为是可怕的东西——蛇发女魔（Gorgons）、海妖、六头妖怪（Scyllas）、蛇身女（Serpent - Lamias）和死亡之母或者黑夜女神。但是从女性的观点来看，魔鬼女人只是一个寻求自我表达的妇女，对男性诗学的激进的误读，使妇女艺术家解脱了束缚，使她可以对她所继承的文学规则进行批评，甚至允许她表达她与一种文化理不清、了不断的关系，这种文化不仅确定了她的性别，而且形成了她的思想”①。女性在这种非黑即白的二元对立的选择中变得焦虑，因而“疯女人”的出现的意义更多的是作家焦虑与愤怒的体现。

吉尔伯特与古芭在女权主义批评的理论视角下，以女性的眼光将女性作品中的形象做了独到的分析与解读，在新的研究路径下得出了从未有过的见解。然而所得结论却并非顺延作家的逻辑思维或者说文本的逻辑思维展开，而是沿着阐释者自身的理论逻辑或阐释逻辑进行的，是从文学理论出发，又回归于文学理论的研究方法，这与此前所论的“文学批评”明显不同。

当然，这里所举的女权主义文学批评，应属“强制阐释”之列，是女权主义批评家对文本割裂与肢解后，对女权主义思想的证明。然而，我们并不能取消它作为“文学阐释”的资格。

三 “文学阐释”与文学史研究

“文学阐释”与文学史研究也有不同。首先，“文学阐释”是关于意义的言说，而文学史研究是关于事实的言说。文学史是对文学发展过程中的文学现象、作家作品、流派思潮等进行的梳理分析，是文学的发展历史，既是文学的，同时也具有史学的学科特征，因而文学史研究应是在文学观念与史学观念的交相辉映下进行的。既然文学史

① ［美］桑德拉·吉尔伯特，苏珊·古芭：《阁楼上的疯女人》，杨莉馨译，上海人民出版社 2015 年版，第 79 页。

本身具有史学的特征，那么如何叙述历史上发生过的、已经存在着的文学现象，便是文学史研究首先要解决的问题。无论是较早时期刘师培的《中国中古文学史讲义》、胡适的《白话文学史》，还是今天流行于世的各个版本的文学史，一个基本的共同点就是首先应当以史家的眼光与笔法去撰写历史上存在着的、已经发生了的文学现象。

而“文学阐释”的着眼点并不在于对文学现象的梳理与描绘，而是希望通过对文学现象的分析与剖析，找出隐藏于现象背后的、深层的、潜藏的意蕴。或许可以简单理解为，文学史研究“是什么”的问题，而“文学阐释”更关注“为什么”的问题。比如两汉时期赋的兴起与变化，在文学史研究中，从文学的视角出发，赋这种文体，从西汉初期的还带有楚辞特色的骚体赋，演变为能够弘扬汉家天下堂皇富丽之美，可以作为西汉时期“究天人之际，通古今之变，成一家之言”的积极进取、开拓奋发精神的汉大赋，再到东汉时期以表达个人情怀为主的抒情小赋，文学史研究更多的关注是赋作为一种文体的变化过程，以及这些变化背后的历史背景。

“文学阐释”则可以在关注到此种现象的基础之上，进行深入地思考与阐释。文体形式的变化意味着审美趣味的改变，而审美趣味的形成与变化从根本上说是士大夫身份的变化。士阶层是春秋时期随着贵族阶层的瓦解而形成的新兴阶层，他们虽没有贵族的地位与权势，却掌握着文化的命脉。士阶层从诞生之初的使命便是治国平天下，因而治国安邦之“道”与修身齐家之“德”始终都是士大夫文化的核心。然而士大夫毕竟是存在于社会之中的拥有活泼泼生命与鲜明个性的个体，在国家之外尚有自身，因而东汉末期的士人在精神活动领域中开辟出可以陶冶情操、感受自我的一片自由空间，“士大夫阶层除了‘道的承担者’（圣贤与君子）、‘社会管理者’（官）、‘社会教化者’（师）这些固有身份诉求之外，又增加了一重新的身份维度——‘文人’”①。由士人身份的变换可以揭示出，汉大赋中对帝王伟业的润色、对宏大事物的描绘都是基于隐藏于士人内心的治国平天下的责

① 李春青：《“文人”身份的历史生成及其对文论观念之影响》，《文学评论》2012年第3期。

任与担当，而抒情小赋则是士人在增加了“文人”身份之后对自我精神领域的又一层开辟。

当然，文学史的研究撰写与研究者所秉承的文学史观有直接的关联。因而或可说，在这一点上，文学史研究与“文学阐释”有些许相通之处。《中国中古文学史讲义》是刘师培1917年于北京大学任教期间，为开设中古文学课程所编写。作为中国第一部以中古文学作为研究对象的专著，此书既流露了刘师培对中古文学的热爱，也浸润着这位前辈学人在研究中古文学时的独特视角与言说方式。在概论中，刘师培即表明了对中古俪文律诗的热爱：“（其）为诸夏所独有；今与外域文学竞长，惟资斯体。”[①] 偶语韵句既为中国语言所独有，那么以骈文为最兴盛的中古文学，应当同样被放置于尊崇的位置。因此，“非偶词俪语，弗足言文”[②]。“齐、梁文词于律为进”，故而非但不能菲薄，且“宋、齐之际，亦中古文学兴盛之时”[③]。

刘师培对骈文尊崇欣赏的文学观念早于1905年即有显露，他在《国粹学报发刊辞》中的“撰文篇第五”中写道：“一为文人，固无足观。立言不朽，舍文曷传。古曰文言，出语有章。昭明《文选》，巨篇煌煌。大雅不作，旁杂侏俪。堕地斯文，孰振厥衰。”（《国粹学报》第一年第一号，1905年2月）他在这里明确表示了该报的文学主张：崇尚文言，以《文选》为典范，宗骈文俪语。此篇发刊辞究竟出自谁手，尚无法确证，但可以肯定的是，作为《国粹学报》学篇、文篇、丛谈的中心作者的刘师培，对此文中的观点一定持赞同意见。因此可以认为，《国粹学报》中的文学观就是当时刘师培的文学观。可以说，刘师培以骈文为宗、以《文选》为典范，无论是自身对于俪词偶语之热爱还是对其乡贤阮元的承继，《中国中古文学史讲义》的撰写都是在这样的文学观念影响下成就的。

既然文学史研究是在学者所秉持的独特的文学观念下进行的，那么在对文学现象的分析与阐发中，就会形成自己独到的见解与论断。

---

① 刘师培：《中国中古文学史讲义》，舒芜点校，人民文学出版社1984年版，第5页。

② 刘师培：《中国中古文学史讲义》，舒芜点校，人民文学出版社1984年版，第5页。

③ 刘师培：《中国中古文学史讲义》，舒芜点校，人民文学出版社1984年版，第78页。

学者是在史学的脉络上研读分析作品，既能将研究对象放置于具体历史语境之中考察，也可通过考察建构出新的意义。这样的文学史研究与“文学阐释”可谓殊途同归。例如，在论及建安文学之文既有缜密周全的逻辑思辨性，又兼有简洁通脱之美时，刘师培首先将文学放置于具体的时代背景之中言说，就此指出“盖一时代有一时代流行之学说，而流行之学说影响于文学者至巨”[①]。其次，他以史家的眼光，将各时代之文学与学术思潮之关系分而述之：

> 战国之时，诸子争鸣，九流歧出，蔚为极盛。周、秦以后，各家互为消长，而文运之升降系焉。约而论之，西汉初年，儒家与道、法、纵横并立，其时文学，儒家而外，如邹阳、朱买臣、严助等之雄辩，则纵横家之流也；贾谊《新书》取法韩非，则法家之流也；《史记》之文，兼取三家，其气厚含蓄之处，固与董仲舒《春秋繁露》为近，而其深入之笔法则得之法家，采《国策》之文，则为纵横家，故与纯粹儒家之文不同。[②]

文学受学术影响至巨，盖因学术本属哲学思想之范畴，而哲学乃一切学科之基础，也是个人思想成熟之关键。春秋战国之际，礼崩乐坏，士的出现开始为各阶层人民代言立说，形成诸子百家。无论是政论性的对策、章表、书记还是史书，士人都将自身的政治观点与人生理想融入其中，诸子之文风，各有特色。因此自春秋战国以来，学术思想包括儒、道、墨、法、纵横等均与政治理想、人生价值有脱不开的关系，因此士人所作文章中政治色彩、人生价值与学术思想混融一体，难以分割。至西汉初期，儒、道、法、纵横四家争奇斗艳，各有所长，因而西汉初期之文，既有儒家之责任担当，也有法家之简洁峻峭与纵横家之酣畅淋漓。而建安时期文风之峻峭渊懿，则又与西汉不同，并非对西汉早期文风的衔接，而是一种新变：

---

① 刘师培：《中国中古文学史讲义》，上海古籍出版社2006年版，第125页。

② 刘师培：《中国中古文学史讲义》，上海古籍出版社2006年版，第125页。

> 建安以后，群雄分立，游说风行。魏祖提倡名法，趋重深刻，故法家、纵横又渐被于文学，与儒家复成鼎足之势。儒家则东汉之遗韵，法家、纵横则当时之新变也。七子之中，曹子建可代表儒家，其作法与班、蔡相同，气厚而有光，惟不免杂以慨叹耳。王仲宣介乎儒、法之间，其文大都渊懿，惟议论之文推析尽致，渐开校练名理之风，已与两汉之儒家异贯。①

汉武帝时期，“罢黜百家，独尊儒术”，儒家思想成为士人安身立命、安邦治国之道。随着东汉末期政局的纷乱不断演进，儒家思想失去了强大且稳定的控制力，学术思潮再度活跃起来，法家、纵横家对文学的影响再次显现出来。然而建安时期法、道、纵横的再次回归，并非历史的重演，刘师培将之名为一种“新变”。刘师培认为，西汉初期之文风，基本上是单一且明显的，比如邹阳之雄辩取法纵横，贾谊之论说文则近乎法家。而建安之时，王粲之文则是兼具儒、法之特色，既有儒家之雄伟韬略，也有法家之推理分析，故而“渐开校练名理之风，已与两汉之儒家异贯”。很显然，刘师培是在叙述文学现象之时，进行了自己独到的阐发，这是文学史研究与文学阐发的相通之处。

纵观以上可知，“文学阐释”是与“文学理论”“文学批评”、文学史研究都不同的文学研究方式。相对于“文学理论”而言，它不以讨论本质、本体之类的终极问题为宗旨，因而具有开放、多元的特点。相对于“文学批评”而论，它不单纯以文本或作家的逻辑思维为羁绊，而可以阐释家的眼光在作者、文本、读者的世界中自由驰骋，且比一般的探讨妍媸美丑的评论更多了一层史学的视角。最后，相较于文学史研究，它不停留于历史进程的表层叙述，而走入历史深层，做深入的历史言说。

① 刘师培：《中国中古文学史讲义》，上海古籍出版社2006年版，第125页。

文学的公共性：从文学生产到文本接受[*]

——兼论公共阐释的有效性

周　敏　孙雁冰[**]

张江教授在《公共阐释论纲》中指出，阐释是一种公共行为，对一切文本的阐释都应当进行公共论证，公共阐释具备六个具体特征：第一，公共阐释是理性阐释；第二，公共阐释是澄明性阐释；第三，公共阐释是公度性阐释；第四，公共阐释是建构性阐释；第五，公共阐释是超越性阐释；第六，公共阐释是反思性阐释。公共阐释论的提出在文艺批评领域引发了广泛回响，相关讨论主要围绕公共阐释的范式价值和理论意义①、话语体系构建②、公共信用体系设置③等方面展开。当然也有一部分人考虑到公共阐释可能会引起一定的质疑，比如李健、李永新和王贵禄等人就“公共阐释”的合

* 基金项目：国家社科基金重点项目“美国历史‘非常’事件的小说再现与意识形态批判研究”（15AWW005）阶段性成果；中央高校基本科研业务费专项资金（20171140059）阶段性成果。本文原刊于《河南大学学报》（社会科学版）2019 年第 2 期。

** 作者单位：上海外国语大学文学研究院；上海外国语大学英语学院。

① 卓今：《公共阐释的公共性基础》，《求索》2017 年第 12 期；谷鹏飞：《“公共阐释”论》，《西北大学学报》2018 年第 1 期；梁红艳：《论阐释的公共理性》，《求是学刊》2018 年第 1 期。

② 韩振江：《公共阐释与人文社科话语体系建构》，《求索》2018 年第 3 期；何光顺：《公共阐释下的马克思主义美学中国化实践》，《南京社会科学》2018 年第 5 期；孙士聪：《公共阐释与公共性的诗性建构》，《山东社会科学》2018 年第 10 期。

③ 贾洁：《何以达成大众批评的公共阐释性：批评言论信用体系建立初探》，《南京社会科学》2018 年第 5 期；郄智毅：《文学批评“普遍的历史前提”与批评的公共性》，《求是学刊》2018 年第 3 期。

法性以及必要性问题进行了探讨。[①] 有些学者则探讨了公共阐释的本质内涵，比如，赵丹和段吉方共同撰文论述了文本的自律与开放同公共阐释的关系，指出“公共阐释论是一种阐释的美学的理论创新”[②]；而丁国旗则宣称，“文学批评实际上是一种寻找‘公共性’的生产活动”[③]。综合上述各个方面的讨论，我们不难得出这样一个结论：公共阐释不仅是当代美学发展的理性诉求，而且还是文学批评学术史的必然要求。正是基于这样的考量，笔者以为，即便是从西方文学批评学术史的角度来看，公共阐释不论是在过去还是现在依然是行之有效的阐释基础。本文拟从文学生产、文本本身及文本的接受的公共性三个角度出发讨论阐释何以是、而且必然是“公共阐释”。

一　文学生产的公共性

文学生产的公共性起初是以文学的匿名生产实践形式存在的，吟游诗人以口口相传接力合作的方式来完成文学史上早期的文学生产与流传，而作为作品的最早版本的生产者并未因为他们的原创贡献而被铭记，他们的身份对于公众而言无关紧要，其创作的艺术在柏拉图眼中不过是“摹本的摹本”“影子的影子”。也只有当亚里士多德肯定艺术世界对现实世界的模仿的真实性之后，“模仿说”才开始成为对文学的一种朴素的公共认知，继而提供了公共阐释的原始样本。其后，这种匿名生产的公共性在“作者”的概念出现之后发生了转移。按照艾森施泰因的观点，作者的地位是社会经济的产物，源于印刷文化的兴起，打上作者的标签是知识产权的需要，这些权利最终又反过

① 李健：《公共阐释：作为一种阐释理论的合法性》，《求是学刊》2018 年第 3 期；李永新：《建构共在的阐释共同体：简论公共阐释的生成与实现》，《当代文坛》2018 年第 2 期；王贵禄：《阐释规范、文学传统及认知前见：关于“公共阐释论”之历史维度的阐释》，《求索》2018 年第 3 期。

② 赵丹、段吉方：《作为一种阐释的美学的公共阐释论》，《学习与探索》2018 年第5 期。

③ 丁国旗：《寻找公共性：文学批评的意图》，《山东社会科学》2018 年第 10 期。

来“提高发明者或作者的声望”[①]。“作者”概念的出现源自作者的地位的提升，此时对文学的关注开始加诸作者本身，与之前的匿名生产不同，人们对文学的阐释由作品的经验认知逐渐发展成为他们对作者的心理感受认知，作者意图——至少在批评工作者看来——开始主导文学生产。

正是由于作者意图的介入，文学生产的公共性更加明显，这在精神分析的领域中表现得尤为突出。弗洛伊德在借助艺术证明其对神经官能症、梦、玩笑等心理现象解释的有效性时发现，作为无意识的艺术打通了幻想与现实之间的联系，艺术家“可以将自己的幻想转化成艺术创造，而不是什么精神症状”[②]。也就是说，艺术家同常人一样承受着对物质欲望的本能需求，但又苦于无法满足，只得借助幻想的方式在艺术的世界里放飞精神、满足欲望。他们借助快乐补偿机制，幻想出一个能够实现他在现实中被剥夺的对荣誉、权力、财富、声名甚至是异性的仰慕等愿望的追求。可以说，弗洛伊德的开拓性工作对文学研究影响巨大，其后的文学批评实践工作者纷纷将作者的欲望表达视作文学生产的心理学机制，由此驱动的文学阐释也就成了心理阐释。

如果说弗氏思想是关于作者与作品的关系的话，那么当它旅行到哈罗德·布鲁姆那儿则变成了不同作者相互之间的竞争关系，文学生产的公共性在形式上再次发生位移。在布鲁姆看来“一部诗的历史就是诗人中的强者为了廓清自己的想象空间而相互‘误读’对方的诗的历史”[③]。相互的误读在文学的世界里编织了普遍的互文网络，一切书写皆是互文，然而每一位诗人都雄心勃勃，期望自己的作品能够占据这个网络的源头，取得文学地位。因此，后来诗人面对强劲的先驱诗人充满焦虑。布鲁姆指出，后来诗人在成长初期都要经历一个

---

① Elizabeth Eisenstein, *The Printing Press as an Agent of Change: Communications and Cultural Transformations in Early-Modern Europe*, 2 vols., Cambridge: Cambridge University Press, 1979, p. 240.

② 迈克尔·格洛登，马丁·克雷斯沃思，伊莫瑞·济曼主编：《霍普金斯文学理论和批评指南》，王逢振等译，外语教学与研究出版社2011年版，第618页。

③ 哈罗德·布鲁姆：《影响的焦虑》，徐文博译，江苏教育出版社2006年版，第5页。

“教导场景”，因为它具有“绝对第一性”，确定了“先在性”①，经过学习先驱诗人的经验之后，通过“六种修正比”的手段“获得一种必然与历史传承和影响的焦虑相结合的原创性”②，向先驱诗人发起挑战。可见，在文学生产过程中，影响的焦虑是一个普遍的共性，不仅如此，声名的渴望、欲望的追逐是精神的普遍性的体现，以至于伊格尔顿在转述叔本华的美学观时说，“欲望已成了人类喜剧的主角，而人类主体则是欲望的绝对顺从的载体或基础”③。当然，欲望书写并不是绝对的文学生产的唯一机制，比如尼采就曾认为，艺术作品的作用在于“对艺术创作状态的激发、对陶醉的激发”④，在创作艺术作品时，艺术家在其作品当中调动种种手段召唤和认识陶醉的状态，虽然尼采的思考看上去有点神秘色彩，但是至少可以说明作者的心理状态在他的时代是文学阐释的一个焦点所在。

总之，在“作者”的概念尚未出现甚至是更早之前，文学的归属并不是一个大家十分关心的问题，不论是匿名还是共同创作，其背后的故事始终都被排除在读者的视线之外，这导致文学作品缺乏鲜明的个性色彩，读者唯有通过聆听和阅读去感受关于现实世界的模仿的那个文学想象，模仿就是大家对文学生产的朴素的公共认知。而当“作者”概念出现之后，作品由于附有作者的标签因而使得读者对文学的关注被导引至对作者本人的关注，文学批评工作者为读者揭开了挡在作者精神世界面前的帷幕，一方面，文学书写符合了作者对外物质世界的欲望要求和声名的渴望；另一方面，文学的阅读则满足了读者对作者的精神世界的窥视。即便是作者作为文学文本的直接生产者及其因此而占据的中心地位虽然很早就受到来自后结构主义以降的学者的挑战，但是人们对作者本人的兴趣始终不减，可以说，精神的普遍性构筑并支撑起了作者在文学生产过程中主体的神话，在真正的意义上

① 哈罗德·布鲁姆：《误读图示》，朱立元、陈克明译，天津人民出版社 2008 年版，第 50 页。

② 哈罗德·布鲁姆：《西方正典》，江宁康译，译林出版社 2011 年版，第 9 页。

③ 特里·伊格尔顿：《美学意识形态》，王杰、付德根、麦永雄译，中央编译出版社 2013 年版，第 141 页。

④ 尼采：《权力意志》（下），孙周兴译，商务印书馆 2007 年版，第 959 页。

更加凸显了文学生产的公共性，与此同时，也为基于作者制造意义的公共阐释提供了合理的依据。

二　文本的公共性

当马克思主义文学批评的社会—历史决定论思想选择弱化作者在文学批评中的作用之时，文本的公共性就开始进入了文学研究的视野。早期的马克思主义文艺批评工作者基本上采取了简约主义的做法，他们将文学生产还原成政治—经济决定的文本生产，文学研究的焦点开始由作者转向社会文本，而具体操作的方法则基本取自关乎社会—历史发展的政治学方案。对于文学，马克思文艺批评的重要代表人物詹姆逊认为，“一切事物都是社会的和历史的，事实上，一切事物‘说到底’都是政治的”[①]。也就是说，受到社会—历史实际状况的影响，作品必然反映政治现实，因此文学的文本必然是它所处时代的社会文本的反映，后者决定前者，据此逻辑，文学批评只需关照社会现实，如此一来，也就排除了文学对现实关照的能动作用，文学文本的研究也就相应地成为社会文本研究，文学社会学便是此类研究的一种产物。对于文学文本即为社会文本的看法俄国形式主义者并不认同，他们将“文学性”作为研究对象，致力于建立文学学科。在雅各布森看来，只有将研究范围限制在文学性上并引入自然科学的方法才能保障它的客观性。埃亨鲍姆进而提出了形式主义的基本准则，“文学科学的宗旨，应当是研究文学作品特有的、区别于其他任何作品的特征”[②]。形式主义者的做法显然受到了自然科学发展的启发，他们致力于从文学性的立场出发探索符合文学发展规律的文学学科，尝试利用研究言语的科学取代诗学。如果我们不那么挑剔的话，形式主义的这种做法在一定程度上就是一种对理性的、可公度的、关于文

① 詹姆逊：《政治无意识》，王逢振、陈永国译，中国人民大学出版社 2016 年版，第 4 页。

② 乔纳森·卡勒：《文学性》，马克·昂热诺，让·贝西埃，杜沃·佛克马，伊娃·库什纳主编：《问题与观点：20 世纪文学理论综述》，史忠义、田庆生译，河南大学出版社 2010 年版，第 23—24 页。

学的阐释的一次尝试。但是也许是考虑到俄国形式主义者的探讨范围过于封闭，英国细读派着眼于发掘存在于语言结构内的“情绪”“情感”等感性因素，比如理查兹的“情感冲突”说、燕卜荪的“多义性现象”和利维斯则的“伦理准则”[①]。然而，文学研究在语言学方法论上的差异并未仅限于此，美国的新批评依托语义学构建了基本的方法论，但是否定它的心理主义成分。他们的工作揭示了作品内部各要素作为一个有机整体的协同活动规律，其主要论点是，“对语言情况的实地调查应该是任何批评工作之基础，反对报刊式批评及纯粹情感式或道德式批评”，并“视诗为非参照性、非表达性的独立的言语行为的定义论证了内在阅读的合理性”[②]。简而言之，即便是基于语言学基础上的形式主义各个流派之间也存在种种分歧，虽然它们在一定程度上修正了马克思主义文学批评的社会—历史决定论简约主义的做法，但是当他们将自己的发现上升为教义意义上的理论并将之运用于新的具体实际时又产生了新的问题，因此，他们各自就对方的纰漏进行磋商、相互（甚至是自我）修正，这也再一次证明努力建构一个客观的、理性的、可公度的文学阐释极为必要，哪怕它是一个多么历史化的实践。

事实上也的确如此，普洛普尝试将同一类型不同作品之间的各种功能转换的活动规律视作一个有机整体，通过对俄罗斯100多个民间故事进行分析和比较，他整理出了31种功能，作为叙事语言的基本单位，这些功能指涉那些构成叙事并生发意义的行为，“这些功能遵循一个逻辑序列，虽然并不是所有的故事都包含所有这些功能，但是在每一个故事中，这些功能总是处在一个序列安排中”[③]。同类型的文本间性研究还体现在大西洋彼岸加拿大学者弗莱的神话原型批评上，作为神话原型批评的主要代表人物，在《批评的解剖》一书中，

---

① 让-玛丽·谢弗：《细读与批评》，让·贝西埃，伊·库什纳，罗·莫尔捷，让·韦斯格尔伯主编：《诗学史》（下），史忠义译，河南大学出版社2010年版，第560页。

② 让-玛丽·谢弗：《细读与批评》，让·贝西埃，伊·库什纳，罗·莫尔捷，让·韦斯格尔伯主编：《诗学史》（下），史忠义译，河南大学出版社2010年版，第561页。

③ Raman Selden, Peter Widdowson, et al. eds: *A Reader's Guide to Contemporary Literary Theory* (5th edition), Edinburgh: Pearson Education Ltd, 2005, p. 67.

弗莱详细论述了虚构的三种模式、象征理论、神话理论以及体裁理论，他认为，文学承载了神话功能，“文学的结构原则同神话和宗教有着密切的关联”[①]。在他看来，作品中反复出现的主题、人物以及意象都是原型，他还将诗学上的喜剧、传奇剧、悲剧及反讽分别同季节时令中的春、夏、秋、冬对应起来，根据弗莱的文学批评观，进行文学批评就是寻找作品中的各个原型，然后在这个基础上把握作品的意义。不论是普罗普还是弗莱，两者的研究都是基于文本之间的关系，经由他们，文学阐释由文本语言内部转向文本之间，并由此为其客观性获得更加广阔的范围。

对于文本间性研究，结构主义的重要代表列维·斯特劳斯的工作至关重要，他在结构主义语言学的影响下将人类学意义上的亲缘关系同语言学联系起来，创立了结构主义文化人类学理论学说。他认为，神话、习俗、姻亲关系等体现了某种共同的深层结构，这种结构不仅无意识中影响了遵守这些习俗或文化的民族，而且反映了人类思维的共同本质。在他看来，只有从外部借来双重客观证实的方法，文学批评才可能成为结构主义的，即“一方面，是在语言学或音位学分析的层面”，以及“从另一方面，在民族志研究的层面”，[②] 也就是说，结构分析立足共时性层面，但也兼顾历史层面。罗兰·巴特曾经为结构主义辩护说：“结构主义并不把历史从世界撤走：它企图把历史不仅与某些内容联系起来（这个已经干过上千次了），而且与某些形式联系起来。”[③] 将结构主义思想用于文学研究，其首要任务是分析文学文本及其内在特征，结构主义者考虑将文学外部具有客观特征的手段和方法引进到文学批评实践中来。可以说，结构主义野心勃勃，文学的阐释的客观性不仅在语言上是确定的，而且还获得了人类学意义上的保障。

---

① 诺思罗普·弗莱：《批评的解剖》，陈慧、袁宪军、吴伟仁译，百花文艺出版社2006年版，第134页。

② 列维－斯特劳斯：《结构主义与文学批评》，高建平、丁国旗主编：《西方文论经典》第5卷，俞宣孟、谢维杨、白信才译，安徽文艺出版社2014年版，第404页。

③ 罗兰·巴特：《结构主义：一种活动》，高建平、丁国旗主编：《西方文论经典》第5卷，袁可嘉译，安徽文艺出版社2014年版，第414页。

总之，在马克思主义文学批评兴起之时，文本的公共性体现在文本与社会、历史和经济之间的关系上，此时的文学阐释焦点体现在社会文本上；在形式主义占据主导地位之时，文本的公共性体现在文本与语言特征的关系上；而当结构主义上位之后，文本的公共性则体现在文本之间的关系上。相关文学批评流派虽各有不同，但是我们不难发现，涉及的各方均在不同程度上对已有认识进行不断反思，并进而超越，旨在探索一个科学的、客观的文学认知。基于他们对经济社会、语言特征及形式方法的依赖可以判定，文本本身具有普遍的结构性特点，这也使得文学阐释可以在坚实的基础上展开，从而再一次印证了公共阐释的可行性。

三　文学的接受的公共性

当“作者”作为文学研究的中心并被认为是为追逐声名和满足精神上的欲望而进行文学生产时，文学批评往往聚焦于作者的生平、作品写作时的历史背景；而当文本间性作为结构主义的文学研究的出发点并被认为是文学文本生产的源头时，文学批评聚焦文学传统、语言的共性和结构的普遍性，此时，文学批评并不以追求单一作品的最终意义为研究目标，如果作品仍被视为向读者们传递意义的话，这个意义的主要特点是单义性的，只有当文学批评视角转向读者的能动作用时，作品的意义开始成为文学批评的目标，单一的意义才不再得到保障，这也同时为文学的阐释带来了巨大挑战。

大约在 20 世纪 60 年代，接受美学在同处于文学批评垄断地位的新批评派发起的论战中逐渐兴起，它的出现是文学阐释的客观性探索的深入表现，它从文学交流模式出发，认为作者发送信息、读者接收信息、信息的传播和接收取决于作者和读者之间的交流密码，那么，对作品的解读就意味着需要进行解码。为了保障对作品的正确解读，韦恩·布斯提出了“隐含作者”这一概念，在他看来，隐含作者是真实作者通过“文本重构的……第二自我、面具或者假面，站在场景的背后，对文本构思及文本所遵循的价值观和文化规范负责的隐含作者形象"[①]。与"隐含作者"相对应的是"隐含读者"，作为作品的理想读者，它与实际读者也是有区别的，它是由作品和功能创造出来的。对于"隐含作者"和"隐含读者"，布斯说，"作者创造读者就像他创造他的第二个自我，而且最成功的解读就是里面所创造出来的自己、作者以及读者能够达成完全一致"[②]。一方面考虑读者的存在，一方面又强调作者的作用，这个在与不在着实让人费解。为了确保文学解释的有效性，赫什（也译赫施）提出文学的解读需要考虑"语言成品的社会原则和作者意志的个体原则"[③]。他主张需要对"意义"和"衍义"进行区分，前者由作者掌握，后者则由批评家或读者占有。在他看来，"有效的批评有赖于有效的解释"[④]。赫什显然意识到要将作品有效解释就必须把它历史化，将其重新置入文本生成的原初历史语境当中，并同时还原作者彼时的创作意图，也就是说在二者的合力作用下定位"意义"。考虑到其实际可操作性，伽达默尔指出，理解不是被动的文本复制，而是一种积极的再创造。他建议与文本进行对话，借助"视界融合"使文本与阐释之间的距离得以消失，并且"意义总是由解释者的历史处境所规定的，因而也是由整个客观的历史进程所规定的"[⑤]。按照赫什的思考来检验的话，伽达默尔的做法自然是一种实用主义的实践，虽不能奢求作品的原初"意义"，但务必要力促一个合理的"衍义"，阐释者所处时代的价值及规范体系因为其可见和可度量的特点为文学的阐释提供了稳定的参照系。因此，如果按照文学接受的历史分期来看，一个合理的公共阐释也是可以达成的，即便它可能只是"衍义"而已。

---

① 杰拉德·普林斯：《叙述学词典》，乔国强、李孝弟译，商务印书馆2016年版，第99页。

② Wayne C. Booth, *The Rhetoric of Fiction*, Chicago: The University of Chicago Press, 1961, p. 138.

③ 赫什：《解释的有效性》，高建平、丁国旗主编：《西方文论经典》第5卷，王丁译，安徽文艺出版社2014年版，第527页。

④ 赫什：《解释的有效性》，高建平、丁国旗主编：《西方文论经典》第5卷，王丁译，安徽文艺出版社2014年版，第552页。

⑤ 汉斯-格奥尔格·伽达默尔：《诠释学Ⅰ：真理与方法》，洪汉鼎译，商务印书馆2011年版，第419页。

也许是不满足于“意义”走向“衍义”，姚斯将二者结合起来，融入他的“期待视野”，在《文学史作为文学科学的挑战》一文中，姚斯提出，“在文学作品接受的联系中用历时性方法去观察，既从同时代文学的关联系统，又在这种系统的顺序更迭中用共时性方法去分析；并且最终注意文学的内在发展与一般历史进程的关系”[①]。对文学的研究这时已经是不仅要求考虑文本生产时的语境，还要结合作品的接受史，此外还要考察其社会学功能。然而，这样做的结果仍然不可避免会受到读者个人意图的干扰，不管是立场上的，还是读者视角使然。因此在与姚斯对话的过程中，伊瑟尔探索了文本的效果及其引导读者的方式，为此他提出了“文本召唤结构”的概念。他发现在阅读一部作品之时，除了话语表达能力的欠缺这一外在因素之外，还有一个所谓“空白”的内在因素也在阻碍文本的理解，前者不可避免，后者向读者“调整着文本的美学价值并在很大程度上决定着文本的潜在效果或作用力”[②]。于是，通过强调文本本身的潜在效果或作用力来引导读者，“期待视野”就这样避免了读者的过度自由以及解读的个人意图，从文学接受的角度对文学阐释进行了限制，使得文学研究工作得以在大家都可以接受的基础上开展，这在一定程度上保障了公共阐释的有效实施。

但是进入后结构主义也即解构主义时代后，一切都发生了改变，法国人德里达向逻各斯中心主义传统发起挑战，在他看来，言语（语音）中心主义同形而上学的逻各斯中心主义是缠绕在一起的，言说——书写的二元对立概念是一种在场与不在场的关系，前者是中心，是在场；而后者则是一种补充，是不在场。只有当言说者在场时，其言说行为发生时话语的意义才在场，而书写则是言语的派生之物。这种不容置疑的因果承袭关系最早可以追溯到古希腊柏拉图的论述中，柏拉图在《约》中就曾谴责过文字，“（它）不是真正的智慧，而只

① 汉斯·罗伯特·姚斯：《文学史作为文学科学的挑战》，高建平、丁国旗主编：《西方文论经典》第5卷，章国锋译，安徽文艺出版社2014年版，第579—580页。

② 雷安·T. 西格斯：《接受理论》，让·贝西埃，伊·库什纳，罗·莫尔捷，让·韦斯格尔伯主编：《诗学史》（下），史忠义译，河南大学出版社2010年版，第587页。

是形似的东西"[①]，文字只是个赝品，给人带来麻烦。可见，口头语言在理性主义传统里一直是被作为语言和意义的源头，而文字则是次要之物，甚至是有害之物。德里达重新审视了二者的关系，认定"说"非但不是文字的来源反而是后者的一种派生形式，文字就不再是卢梭的"补充"、柏拉图的"药"、康德的"附饰"[②]，这样一来，二者的主次关系就被彻底颠覆了。在确立了文字作为语言和意义的来源的地位之后，德里达进而发现，即便是文字系统内部也存在各种等级性的二元对立现象，并继而存在普遍意义不在场状况。为了解决这个问题，德里达提出"延异"概念，它是综合了 diffrerence 与 différence 两者的发音而杜撰出来的一个词语，它既指"延迟"，也指"差异""延异"，旨在"强调既没有任何最终意义，也没有能指与所指之间最终或完全的并存或对应"[③]，传统的物质与意识的二元关系发生断裂，没有物质，只有物质的表征。

显然，文学的接受已经不是前面提到的那种将重点放在作者和文本的视角了，它更多考虑到的是文本与读者的关系，是关于读者如何基于自身立场阐发自己对文学的解读的问题，它从一开始就采用了开放式的、公共的、无终点的无神论的阐释模式。可以说，德里达等人的解构思想及自胡塞尔以来的现象学方案极大地影响了文学接受的走向，客观性概念已然可疑，所言不再是所是，此时，由作者动机所导引出的单义已不复可能，真理成为相对概念，人们可以从各个角度——有时是按照自己的偏好——对文学进行阐释，这与之前寻求文学批评的客观性的尝试迥然不同，那么现在剩下的问题似乎是现在的文学阐释能不能进入公共领域接受检验。

四　基于公共理性的公共阐释的有效性

如上所述，作者—文本—读者的三位一体之间的关注焦点存在非

① 王晓朝译：《柏拉图全集》第 2 卷，人民出版社 2003 年版，第 197 页。

② 乔纳森・卡勒：《论解构》，陆扬译，中国社会科学出版社 1998 年版，第 132 页。

③ David Macey, *The Penguin Dictionary of Critical Theory*, London: Penguin Books Ltd, 2002, p. 99.

常明显的历史分野，不论是从围绕作者的文本生产理论到文本理论，抑或是读者理论，还是从古典文艺理论到如今的社会—政治—经济—历史—文化批评文艺理论，它们的演变就是一部知识社会学发展史，每个理论的发展都是基于当前出现的文学批评存在的问题，从问题出发，解决问题，然后又产生新的问题，如此循环反复，呈螺旋上升发展趋势，但自始至终，文学事件是公共性事件，它必然要求进行公共阐释。实际上在文学批评史上有过多次探索公共阐释（具有明显公共特征的）的重要案例。理查兹曾对一些英国大学生关于匿名诗歌的反应进行分类整理，并进而提出文学批评的四个要素“意义”“激情”“格调”以及“动机”。理查兹采取的显然是一种经验范式，他把文学的读解活动看作一种公共行为，读解规则和目标应当从集体读解经验中发现和归纳。对于具体阅读文学作品的方式，斯坦利·费什提出“解释共同体”概念，他认为读者如何阅读事关共享的习惯做法或者解释策略。对此，舒莱曼评价说，“解释策略从不是纯粹的个人决定，它只能被理解为是一个集体的现象，读者团体中一套共享的习惯做法”[①]。然而这个解释策略虽说是一个共享的策略，但它并不属于所有读者，他应当是一个有“知识”的读者，需要符合“（1）能够熟练地讲写成作品文本的那种语言；（2）充分的掌握‘一个成熟……听者在其理解过程中所必需的语义知识’；（3）文学能力”[②]。可见，“知识”对于读者解释文本而言非常重要，有了这些知识储备，或者说是“前理解”，有效解释才有可能，这个也应当是一个不可否认的共识，如此一来达成共识的读解在一个拥有共享的习惯做法的群体中才能得到保障。可是，我们显然知道这样的群体并不是一个单数概念，对一部艺术作品的解读也就自然是一个个共识的集合体。在民主化程度日益发展的今天，读者的主体间性必然导致每个解释群体都在主张各自的解释的权利和合法性地位，有时甚至是上升到了政治上的

---

① Susan Rubin Suleiman, “Introduction: Varieties of Audience - Oriented Criticism”, *The Reader in the Text: Essays on Audience and Interpretation*, ed. Susan Rubin Suleiman, Inge Crosman, Princeton: Princeton University Press. 1980, p. 20.

② 斯坦利·费什：《读者中的文学：感受文体学》，高建平、丁国旗主编：《西方文论经典》第5卷，文楚安译，安徽文艺出版社2014年版，第654页。

博弈，考虑到理解的这种多元现象，哈贝马斯发现：

> 现代经验科学理论，无论它们是沿着哪条路线，逻辑经验主义也好，批判理性主义路线也好，方法解构主义路线也好，它们都提出了一种具有规范意义，同时又具有普遍主义特征的要求，而这一要求是本体论哲学或先验哲学的基础主义假设所无法满足的，只有反面例子的自明性才能对它进行检验。①

哈贝马斯从这些现代经验科学理论的尝试中发现它们的规范诉求及其普遍主义的要求，认为只有通过显示它们的失效部分才能实施检验。因此，他提出“交往行为理论”，为对话主体提供了对话和磋商的方法论。交往理性指的是论证话语在不受强制的前提下达成共识，其中，“不同的参与者克服掉了他们最初的那些纯粹主观的观念，同时，为了共同的合理信念而确立起了客观世界的同一性及其生活语境的主体间性”②。也就是说，交往过程中的参与者通过摒弃各自的纯粹主观的观念，预设共识和目标，争取达到以言行事目的，这也等于说，为了寻求合理的阐释，我们首先必须摒弃基于自身的那种主张。不难看出，哈贝马斯的方案对公共阐释论的提出具有重大借鉴意义。

总之，文学之所以成为文学就是因其具有微观上特殊而宏观上实则为大家所共享的特征，围绕文学展开的纷争始终处在公共领域之中，它是各种理论话语体系研究的对象和竞争的场域。纵观文学批评的发展，在各阶段以不同形式出现的公共阐释在文学阐释的历史中曾经发挥了重要作用，我们没有理由在差异多于共识的今日弃之不用。在学科交叉研究日益深化的今天，既然文本与读者之间的能动关系笃定了作品意义的不确定性，那么基于公共理性基础以对话为标志的公

---

① 尤尔根·哈贝马斯：《交往行为理论》，曹卫东译，上海人民出版社2004年版，第2—3页。

② 尤尔根·哈贝马斯：《交往行为理论》，曹卫东译，上海人民出版社2004年版，第10页。

共阐释必然发生效用，唯有如此，我们才能走出那种以场外征用、权力等级甚至不惜以强制阐释为代价为主要特征的阐释迷途，将真理从因个人偏好导致相对主义的陷阱中拯救出来，这不仅是中国当代诗学建构的契机，更是我们谋求国际阐释权的必然要求。

第二编

历史学阐释的公共性

阐释学与历史阐释*

于　沛**

一　为什么是“历史阐释”

英语“Hermeneutics”（德语为 Hermeneutik）的译名，在中国学术界至少有“解释学”“诠释学”“阐释学”和“释义学”等四种译法。

有论者在说明为什么要用“诠释学”时，作如下说明：“其一，‘诠’字，自古就有‘真理’义，[①] 其二，‘诠’与‘道’相关，据段玉裁（1735—1815）的《说文解字注》：‘诠，就也。就万物之指以言其徵。事之所谓，道之所依也。故曰诠言’。综而言之，‘诠释’所指向的乃是真理之整体，因而以‘诠释学’对译 Hermeneutics，显然更为契合 Hermeneutics 之旨归”。[②]

也有论者取“解释学”，认为“人文学科离不开与文本尤其是与经典文本打交道……虽然它也离不开经验，离不开对事实的关注与探讨，但处理文本的理解和解读却是至关重要的工作。历史地看，文本并不活在作者的原意中，而是活在后人的解释中，就这一点来讲，文本的命运就是理解的命运、解释的命运”。这正如海德格尔所言，

* 本文原刊于《历史研究》2018 年第 1 期。

** 作者单位：中国社会科学院世界历史研究所。

① 《辞源》第 4 卷，商务印书馆 1979 年版，第 2891 页。

② 潘德荣：《西方诠释学史》，北京大学出版社 2016 年版，第 2 页。

“哲学在解释中存在”。[①]“然而，理解和解释背后的‘支点’或下面的‘基础’却十分复杂，对它进行一种系统的反思是解释学的主要任务”。[②]

张江取“阐释学”。有学者认为，“国内哲学圈子基本不用‘阐释学’”，所以不再提它。[③]但张江撰文《强制阐释论》、《公共阐释论纲》时，先后提出“强制阐释”和“公共阐释”概念。[④]他认为“强制阐释”的基本特征有四点，即场外征用、主观预设、非逻辑证明、混乱的认识路径。“公共阐释”是在反思和批判强制阐释过程中提炼和标识的，其基本特征有六点，即公共阐释是理性阐释、澄明性阐释、公度性阐释、建构性阐释、超越性阐释、反思性阐释。

在“强制阐释”和“公共阐释”这些概念提出之前，“Hermeneutics”的中译更多地是作“解释学”或“诠释学”，但有时也作“阐释学”，不过不多见。例如，美国文学批评家费什（Stanley Fish）在《这门课里有没有文本》中提出“阐释共同体”这个概念，他认为“文本的阐释并非读者个人随意的自由解释，相反，每一个读者都从属于社会的某一权力、经济、文化或宗教共同体，因而，对文本的解读必然受该共同体的价值判断和道德观念的约束”。[⑤]

“阐释”（“解释”或“诠释”），与哲学、史学、法学、文艺学、宗教学、社会学、心理学、语言学等有密切的关系。以往出版的与史学有关的“阐释”（“解释”或“诠释”）著述，或使用“诠释”（历史诠释），或使用“解释”（历史解释），[⑥]但就历史认识的真谛而言，“历史阐释”似更准确，这是因为“阐”字，有“开拓、讲明白”的

---

① 海德格尔：《对亚里士多德的现象学解释》，赵卫国译，华夏出版社 2012 年版，第 36 页。

② 何卫平：《解释学论丛总序》，李永刚主编：《历史主义与解释学——以“历史性”概念为核心的考察》，人民出版社 2016 年版，第 1—2 页。

③ 何卫平：《理解之理解的向度——西方哲学解释学研究》，人民出版社 2016 年版，第 1 页注释④。

④ 这两篇论文先后刊载在《文学评论》2014 年第 6 期和《学术研究》2017 年第 6 期。

⑤ 《中国大百科全书》第 6 卷，中国大百科全书出版社 2009 年版，第 460 页。

⑥ 例如韩震、孟鸣歧《历史·理解·意义——历史诠释学》，上海译文出版社 2002 年版；周建漳《历史及其理解和解释》，社会科学文献出版社 2005 年版。

意思。例如汉班固《东都赋》:“于是圣皇乃握乾符，阐坤珍”。唐吕延济注:“阐，开也”，引申为开拓。[①] 历史不是过程的延续，更多的是思想的延续；历史认识不是历史的过程性的编年认识，而是在此基础上的价值性认识和判断，即历史认识离不开“历史阐释”，离不开历史的价值判断。揭示人类历史矛盾运动的复杂的社会内容，仅仅靠“解释”或“诠释”是不够的，因为它们只停留在对历史过程的理解和说明，无法将历史的启迪或教训，从“过去”转换到现实生活的世界中。

二 构建中国的历史阐释学

在西方，一般认为施莱尔马赫（Friedrich Schleiermacher）所创立的“一般阐释学”，是现代阐释学形成的标志。20 世纪 60 年代伽达默尔的《真理与方法》问世表明，阐释学经历了由方法、方法论到本体论的跨越，逐渐成为一门形态完备的学科。20 世纪 80 年代初期，阐释学传入中国（当时更多称解释学、诠释学）。21 世纪初，上海译文出版社曾出版“诠释学与人文社会科学”丛书 8 册，[②] 近年，人民出版社推出“解释学论丛”，已经出版和即将出版至少有 10 种。[③] 汤一介先生曾四论创建中国的解释学。[④] 2002 年，云南人民出版社出版俞吾金的专著《实践诠释学》，作者在书中提出“马克思实践诠释学”的概念。尽管如此，近 20 年来创建“中国阐释学”似乎

---

① 参见《古今汉语词典》，商务印书馆 2010 年版，第 142 页；《辞源》（下册），商务印书馆 2015 年版，第 4284 页。

② 这 8 册书是:《圣言 · 人言》《“自然之书”读解》《历史 · 理解 · 意义》《意义的本体论》《诠释学与先秦儒家之意义生成》《理解事件与文本意义》《法律：诠释与应用》《文字 · 诠释 · 传统》。

③ 已经出版的 4 种是：何卫平《理解之理解的向度——西方哲学解释学研究》；邵华《实践智慧与解释学》；黄小洲《伽达默尔教化解释学研究》；李永刚《历史主义与解释学——以“历史性”概念为核心的考察》。

④ 汤一介撰有《能否创建中国的解释学》（《学人》1998 年第 3 期）、《再论创建中国解释学问题》（《中国社会科学》2000 年第 1 期）、《三论创建中国解释学问题》（《新兴学科》2000 年第 4 期）。此外，汤一介还有一次关于这一主题的讲演。

进展不大，这是因为无论深入探究西方的学术，还是苦读中国的典籍，如果只在西方的或中国传统文化的视野内探求“阐释”或“阐释学”，而不提出反映现今时代要求的中国阐释学的核心概念或核心范畴，那么“构建中国阐释学”就很难有实质性进展。

认识历史，是人类认识世界的重要内容之一。对历史的研究离不开史料，但史料不等于史学。正如李大钊所言：历史“是人类生活的行程，是人类生活的联续，是人类生活的变迁，是人类生活的传演……种种历史的记录，都是很丰富，很重要的史料，必须要广蒐，要精选，要确考，要整理，但是他们无论怎么重要，只能说是历史的记录，是研究历史必要的材料，不能说他们就是历史”。[①] 因此，历史研究就要在广泛收集、占有、鉴别史料的基础上，揭示历史矛盾运动的本质及规律。而这些，史料是不会自发地表现出来的，因此，就离不开史家在实证研究基础上进行历史阐释。从这个意义上说，历史研究或历史认识，是阐释性研究或阐释性认识。历史学的学科特征，决定了“历史阐释”是这一学科的基本存在形式。司马迁撰《史记》，强调“究天人之际，通古今之变，成一家之言”；[②] 希罗多德撰《历史》，“是为了保存人类的功业，使之不致由于年深日久而被人们遗忘，为了使希腊人和异邦人的那些值得赞叹的丰功伟绩不致失去它们的光彩，特别是为了把他们发生纷争的原因给记载下来”。[③] 这些都表明，历史的认识和判断，是通过历史阐释实现的，没有阐释的历史学是不完整的。

何谓“阐释学”？这是一个歧义纷呈的概念。伽达默尔、海德格尔，以及利科（P. Ricoeur）、帕尔默（R. Palmer）、舒科尔（L. A. Schokel）等，都提出了自己的定义。2001 年，上海辞书出版社出版冯契主编的《哲学大辞典》，在“诠释学”词条作了“广义”和“狭义”的解释。近年中国学者潘德荣提出：“我认为有必要重新定义‘诠释学’。……我们可以将诠释学暂行定义为：诠释学是（广

① 《李大钊全集》第 4 卷，人民出版社 2006 年版，第 399 页。

② 《汉书》卷 62《司马迁传》，中华书局 1999 年版。

③ 希罗多德：《历史》，王以铸译，商务印书馆 1959 年版，第 1 页。

义上的）文本意义的理解与解释之方法论及其本体论基础的学说”。[①]潘德荣的“诠释学”定义，与张江的“强制阐释”、“公共阐释”概念，对于当今思考和探究“历史阐释”和“历史阐释学”，具有重要的理论和方法论意义。因为这些定义和概念在学理上提供了一个具体的平台，无论是定义还是概念，都可视作反映历史认识客体的属性的思维形式。这样，研究“历史阐释”和“历史阐释学”，不再是各说各话的空泛的“玄学”，而是在新的历史条件下，在具体的概念和范畴中，同如何构建当代中国历史科学的理论体系和话语系统联系在一起。这并不妨碍学者们独立地思考和表达自己的观点，提出一定的概念和范畴，提高学术讨论的效率，不会产生任何束缚；而且它们自身在研究实践中，也会不断得到丰富和发展。

基于上述基本认识，笔者以为不妨将“强制阐释”“公共阐释”“拿来”，结合历史学学科的特点，并立足中国历史科学的历史与现实去探讨历史阐释。迄今为止，从中国史学发展理论与实践的结合上看，历史阐释至少应是理性的阐释、创造性的阐释、辩证的阐释。

理性的历史阐释，和历史的理性认识联系在一起。历史研究不能停留在考实性的认识。考实基础上的理论阐述，即“论从史出”，即对历史过程、历史现象或历史事件的理性认识或判断，正是通过历史阐释实现的。只有在这时，历史的普遍真理、历史矛盾运动的本质内容和规律性认识才能呈现出来。英国史家霍布斯鲍姆曾说：“首先，社会的历史是‘历史’；也就是说，时间是它的向度。我们关切的不只是结构以及社会的存续与变迁，还有转变的可能性及类型，以及实际上发生了什么事。如果不是这样……我们就不是历史学家”。“实际的历史则是我们必须要解释的。资本主义在帝制时代的中国能不能发展，这类问题与我们的关联性只在于它可以帮我们解释这个事实，那就是资本主义完全是由（或至少是始于）世界的某个区域发展出来的。也就是说，它可以将一些社会关系系统的发展趋势（例如封建制度），与其他发展较快的区域拿来对照（模式上的对照）。社会的历史因此是社会结构的一般模式与实际特定现象的变迁，两者间的交

① 潘德荣：《西方诠释学史》，第4页。

流与互动。无论我们研究的时空有多么广泛，社会的历史就是如此”。[①] 霍布斯鲍姆所述有一定的代表性，尽管史家可以有不同的历史观或不同的理论与方法，但就历史认识的路径而言，历史研究离不开“阐释”（解释或诠释）是不争的事实。这些在二战后西方史学发展史上，可以清楚地看出。

创造性的历史阐释，是由“历史是阐释的历史”决定的。恩格斯认为，我们要真正切实地认识世界，就要“沿着实证科学和利用辩证思维对这些科学成果进行概括的途径去追求可以达到的相对真理”。[②] 这就是说，欲要获取相对真理（任何真理都是相对的），就要将实证的研究和辩证的思维结合起来，欲要获得历史真理也如是。这种结合是历史阐释的基础和前提，只有这种结合才有可能阐释那些隐藏在历史深处并且构成历史发展的真正动力，以揭示历史发展的规律。

意大利哲学家维柯认为：“这个民族世界确实是由人类创造出来的，所以它的面貌必须要在人类心智本身的种种变化中找出。如果谁创造历史也就由谁叙述历史，这种历史就最确凿可凭的了”。这个世界既然是由人类创造的，那么人类就能认识它。维柯强调，真理就是创造，“认识和创造就同是一回事”。[③] 维柯的思想对欧洲历史哲学的发展，产生了久远的影响。例如，施莱尔马赫认为，历史阐释就是创造性地重建历史；狄尔泰认为，通过阐释学的方法，可以确立人文科学与自然科学同等重要的地位；克罗齐强调历史阐释的当代性，认为不具有当代性的历史不是“真历史”，因此要从当下出发阐释历史；柯林伍德认为只有阐释了历史行动所蕴含的思想，才能真正认识历史，因此，一切历史都是思想史。伽达默尔认为，所谓阐释学，就是将一种意义关联从另一个世界转换到自己生活的世界。历史所关注的不仅仅是历史流传下来的文本，历史理解的可能性，基于一切理解都是自我理解。总之，从维柯到伽达默尔，他们对历史的认识和阐释虽各有不同，但在强调阐释的“创造性”这一点上，却有共识而无

① 艾瑞克·霍布斯鲍姆：《论历史》，黄煜文译，中信出版社 2015 年版，第 124—125 页。
② 《马克思恩格斯选集》第 4 卷，人民出版社 2012 年版，第 226 页。
③ 维柯：《新科学》，朱光潜译，人民文学出版社 1986 年版，第 145—146 页。

歧义。

19世纪中叶，马克思主义的诞生实现了人类思想的伟大革命。在马克思主义创始人看来，人类的社会生活在本质上是实践的。因此，必须“始终站在现实历史的基础上，不是从观念出发来解释实践，而是从物质实践出发来解释各种观念形态”。[①] 这完全适用对历史的认识。马克思主义的唯物史观开辟了理解—揭示—阐释历史奥秘的现实道路。历史是可知的，但历史从来不是“镜中形象”，或“影像”的直接反映或再现，而是历史认识主体的能动性的物质实践的结果。历史阐释的过程，也就是能动性与辩证唯物主义内在地统一起来，全面、彻底反映历史的结果。将历史研究的主观形式，与历史的客观内容统一起来，一刻也离不开创造性的历史阐释。

辩证的历史阐释，取决于人类历史发展的过程本身就是辩证的，历史总是按照辩证法发展的；对历史的科学阐释，自然就要求以历史的本来面目来观察历史。历史辩证法是唯物辩证法的科学形态之一。从历史辩证法出发，人们可以清晰地认识到：社会是经常处于变化过程中的机体，历史上一切事物都是发展的、变化的；历史上更迭的一切社会秩序，都不过是人类社会由低级到高级的无穷发展进程中的暂时的阶段；历史发展是充满矛盾的运动，社会历史现象的矛盾和斗争，是历史发展的动力。在历史现象的普遍联系和相互关系中，历史发展中的偶然性与必然性，以及世界历史发展的统一性、多样性和选择性，在社会历史中是普遍存在的。辩证法在本质上是革命的、批判的，辩证的历史阐释，有助于我们清醒地认识社会历史进程中诸多复杂的历史内容。

在强调历史阐释应是理性的阐释、创造性的阐释、辩证的阐释时，有必要指出，这一切都是在如何构建有中国特色的历史阐释学的思考中展开的。这是因为在今天的中国，讨论构建中国历史阐释学的条件逐步成熟，阐释学（哲学阐释学或阐释学的哲学）的发展，和历史学的发展，都在呼唤它们的联盟。历史阐释学所关注的绝非仅仅是对历史文本的阐释，而首先是对历史的理论态度。一些研究者近年

① 《马克思恩格斯选集》第1卷，人民出版社2012年版，第172页。

在研究伽达默尔时提出“教化阐释学”，认为“教化”（Bildung）这个概念在一定意义上更能体现出阐释学的特点和倚重。[①] 其实，历史学的特点和倚重不也是“教化”吗？从强化国家和民族文化的认同，培育和弘扬民族精神，到启迪和提高人民大众的人文素质，都是这样。中国特色社会主义进入了新时代。中国的历史阐释学，终将在新时代一代又一代人的研究实践中形成，在这个过程中，历史阐释的特点和具体内容，也将会不断丰富和完善。

① 黄小洲：《伽达默尔教化解释学研究》，第1页。

历史真理的认识和判断*

——从历史认识的阐释性谈起

于 沛**

在实际生活中，“历史”至少包括两方面的内容：其一，历史是人类社会已经逝去的历史过程；其二，历史是人们对这一过程历史认识的结果。① 人类客观存在的历史，与人们对“客观存在的历史”的认识，是既有联系、但却截然不同的两个概念。人类漫长的历史进程，可以理解成一个自然历史过程，存在着客观的历史真理。人们可以认识它，但又不可能穷极真理。因为“我们的知识向客观的、绝对的真理接近的界限是受历史条件制约的，但是这个真理的存在是无条件的，我们向这个真理的接近也是无条件的”。② 历史认识的过程，

* 本文原刊于《中国社会科学评价》2018 年第 1 期。

** 作者单位：中国社会科学院世界历史研究所。

① 例如梁启超认为，“史者何？记述人类社会赓续活动之体相，校其总成绩，求得其因果关系，以为现代一般人活动之资鉴者也”。（《饮冰室合集·专集之七十三》，中华书局 1989 年版，第 1 页）李大钊认为：历史“是人类生活的行程，是人类生活的联续，是人类生活的变迁，是人类生活的传演。…… 种种历史的记录，都是很丰富、很重要的史料，必须要广蒐，要精选，要确考，要整理，但是他们无论怎么重要，只能说是历史的记录，是研究历史必要的材料。不能说他们就是历史”。（《李大钊全集》第 4 卷，人民出版社 2006 年版，第 399 页）冯友兰认为：“历史有两义：一是指事情之自身；如说：中国有四千年之历史，说者此时心中，非指任何史书，如《通鉴》等。……历史之又有一义，乃是指事情之纪述；如说《通鉴》、《史记》是历史，即依此义。总之……‘历史’与‘写的历史’乃系截然两事。”（《中国哲学史》上册，华东师范大学出版社 2000 年版，第 11—12 页）

② 《列宁专题文集·论辩证唯物主义和历史唯物主义》，人民出版社 2009 年版，第 42 页。

就是探究历史真理的过程，即在实证研究，阐明“是什么”的基础上，回答“为什么”，通过这样或那样的阐释，以揭示历史的真理性内容。

追溯到人类远古文明时期，人们在试图理解卜卦、神话时，就已萌生了“释义学”，以及与之伴生的诸多“阐释”。从古典时期到近现代以来，历史学中的“阐释”和哲学、文艺学、宗教学、社会学、心理学、语言学中的阐释一样，内容庞杂，歧义丛生，多元纷呈。今天，人们对历史阐释的认识不断深入，从“历史认识的阐释性”的视域，探讨历史真理的认识和判断，无疑仍有重要的理论意义和现实意义。

一　历史是被阐释的历史

当“历史事件”因史家的选择，成为“书写的史实”，进入典籍或为其他形式的历史记忆、蕴含并传达有往昔具体的信息，而成为“历史”时，可以看出历史的重要特征，即历史是被阐释的历史；从历史认识主体无法直接面对认识客体这个意义上也可以说，历史学与一般意义的史料搜集的区别，在于它的阐释性。英国克拉克爵士（Clark，Sir George Norman）在 14 卷本《新编剑桥世界近代史》的《总导言》中说：历史学不能停止在描述，而在于做出判断。“一部历史书与仅仅是一堆有关过去的报导之间的区别之一，就是历史学家经常运用判断力”。“历史不是人类生活的延续，而是思想意识的延续”。“就历史学而言，我们可以断定，如果说它是一门科学的话，它是一门从事评价的科学”。① 历史学不是史料的堆砌和展示，而是要对这些史料以及史料之间的内在联系等本质内容，进行判断和评价。不言而喻，无论是“判断”，还是“评价”，都离不开“阐释”。

史学的这个特点，在远古时期就已鲜明地表现出来，且中外皆然。据《尚书·召诰》记载，西周初期杰出的政治家、思想家周公，

① 乔治·克拉克爵士：《总导言》，G. R. 波特编：《新编剑桥世界近代史》第 1 卷，张文华、马华译，中国社会科学出版社 1999 年版，第 21—22、24、31 页。

十分重视总结历史经验，他提出“我不可不监（鉴）于有夏，亦不可不监于有殷”，强调周所以代殷的原因，是“明德慎罚”。只有记住历史的教训，才能像夏朝那样久远。司马迁著《史记》，“网罗天下放失旧闻，略考其行事，综其终始，稽其成败兴坏之纪”。[①]“述往事，思来者”“欲知来，鉴诸往”“以史为鉴，可以知兴替”等，都是讲史学离不开认识和阐释。撰写历史，既要阐明史实，也要以此为依据，阐释史事的意义，给人以启迪或教训，两者缺一不可。这成为历代史家的共识，除司马迁外，刘知几、杜佑、司马光、郑樵、马端临、章学诚、顾炎武、王夫之、魏源等人的史学著述，都是这方面的典范。在古代希腊罗马，史家修史的目的是为了喻今，垂训后世，同样离不开历史的阐释。如修昔底德（Thucydides）所言，“擎起历史的火炬，引导人类在摸索中的脚步”；塔西佗（Tacitus）则说“历史之最高的职能就在于赏善罚恶，不要让任何一项嘉言懿行湮没不彰，而把千秋万世的唾骂，悬为对奸言逆行的一种惩戒”等，[②] 都是如此。

近代以来，随着社会的发展和科学的进步，产生了越来越多、越来越复杂的问题，需要通过历史的回溯，用历史的事实给予阐释。这样，如何认识“什么是历史”这样的问题就不可避免地凸显出来。因为只有明确地判定什么是历史，才有可能在此基础上去认识历史、阐释历史。在不同时代不同的历史环境中，诸多学者就这个问题进行了热烈的讨论。这些讨论围绕“历史是被阐释的历史”，以及历史是“如何”被阐释的，在人类思想发展史上留下了重要的一页。

18 世纪意大利语言学家、历史学家维科（Giambattista Vico），致力于建立将哲学的普遍性与历史的个别性相统一的历史哲学。在他看来，具体的历史事实，只看到片面的不完整的历史真理，只有将其与具有普遍真实性的哲学结合起来，相互融为一体，才能获得完整的历史真理，亦即维科在其名著《新科学》中所追求的那样，“发现各民

① 司马迁：《报任安书》，《汉书》卷62《司马迁传》，中华书局1962年版，第2735页。

② 转引自郭圣铭《西方史学史概要》，上海人民出版社1983年版，第29、48—49页。

族历史在不同时期都要经过的一种理想的永恒的历史图案”。[①] 维科的历史哲学是要建立一种“理想的永恒的历史”，揭示人类历史是一个有规律的过程，为新兴的资本主义发展鸣锣开道。马克思（Karl Heinrich Marx）高度评价他的思想，认为其中“有不少天才的闪光”，[②] 原因就在于维科阐释了历史发展不仅是有规律的，而且这种规律是可以为人类所认识的。维科笃信真理的认识就是创造，人类的历史是自己创造的，人类自然可以认识自己的创造物，亦即认识历史的真理。他说：“这个民族世界确实是由人类创造出来的，所以它的面貌必然要在人类心智本身的种种变化中找出。如果谁创造历史也就由谁叙述历史，这种历史就最确凿可凭了”。[③] 在这里，“叙述历史”的过程即是认识历史、阐释历史的过程。这种认识，在欧洲学术界有广泛影响，例如，德国哲学家弗里德里希·施莱尔马赫（Friedrich Daniel Ernst Schleiermacher）即认为，所谓历史解释，即是创造性地重建历史，历史的意蕴在于历史之外。

意大利哲学家、历史学家克罗齐（Benedetto Croce）是新黑格尔主义历史哲学的代表人物之一。他认为，历史决不是用叙述写成的。1917 年，他提出了一个著名命题：“一切真历史都是当代史。”[④] 同时，从自己的哲学体系出发，克罗齐对“历史”和“编年史”的差别进行了新的解释。他说：“历史是活的历史，编年史是死的历史；历史是当代史，编年史是过去史；历史主要是思想行动，编年史主要是意志行动。一切历史当它不再被思考，而只是用抽象词语记录，就变成了编年史，尽管那些词语曾经是具体的和富有表现力的”。他还认为，“当生活的发展逐渐需要时，死历史就会复活，过去史就变成现在的。罗马人和希腊人躺在墓穴中，直到文艺复兴欧洲精神重新成熟时，才把他们唤醒”；“因此，现在被我们视为编年史的大部分历史，现在对我们沉默不语的文献，将依次被新生活的光辉所照耀，将

① 维科：《新科学》，朱光潜译，人民文学出版社 1986 年版，第 7 页。

② 《马克思恩格斯全集》第 30 卷，人民出版社 1974 年版，第 618 页。

③ 维科：《新科学》，第 145 页。

④ 贝内德托·克罗齐：《历史学的理论和历史》，田时纲译，中国社会科学出版社 2005 年版，第 6 页。

重新开口说话”。[①] 由此可以看出，克罗齐将“死历史”变成“活历史”的历史阐释，是“当代性”的阐释。这种阐释的前提，是那些史实，必须在当代历史学家的心灵中回荡。唯有当前的兴趣和要求才会促使史家去研究过去，激活过去，将编年史转变为历史。在《作为思想和行动的历史》中，克罗齐写道：历史著作的“历史性可界定为由实际生活需求激起的理解和领悟行为”；“不管进入历史的事实多么悠远，实际上它总是涉及现今需求和形势的历史，那些事实在当前形势下不断震颤”。[②]

今天，后现代主义已是一种世界性的文化思潮，它是对19世纪后期出现的反理性主义哲学潮流的继承，在哲学、艺术、影视、文学、史学、语言学、社会学、心理学、法学、人类学、地理学、建筑学等领域，都有广泛影响。美国历史哲学家、后现代历史学派代表人物之一海登·怀特（Hayden White），在谈及他的“历史著述理论”时说：“我通过区分以下历史著述中的概念化诸种层面来开始我的论述。它们是：（1）编年史；（2）故事；（3）情节化模式；（4）论证模式；（5）意识形态蕴涵模式。”与之相联系，海登·怀特确立了历史叙述的三种解释模式，即“（1）情节化解释；（2）论证式解释；（3）意识形态蕴涵式解释”。[③] 这三种历史叙述模式在“解构”的使命下，密切联系在一起。例如，情节化解释，是指通过鉴别所讲故事的类别，来确定故事的“意义”。所谓“论证式解释”，强调“论证”是对故事中所发生的事情进行一种解释。

“意识形态蕴涵式解释”，指史家为“理解现实”所假设的立场。海登·怀特认为，历史话语不过是意识形态的制作形式，而史家则是以“客观性”和“学术性”为招牌，以掩盖自己的意识形态立场和文学性质。

2004年，海登·怀特的代表作《元史学》中文版出版，他在

---

① 贝内德托·克罗齐：《历史学的理论和历史》，第11、15页。

② 贝内德托·克罗齐：《作为思想和行动的历史》，田时纲译，中国社会科学出版社2005年版，第5—6页。

③ 海登·怀特：《元史学：十九世纪欧洲的历史想像》，陈新译，彭刚校，译林出版社2004年版，第6、8页。

《中译本前言》中写道：

> 我在《元史学》中想说明的是，鉴于语言提供了多种多样建构对象并将对象定型成某种想象或概念的方式，史学家便可以在诸种比喻形态中进行选择，用它们将一系列事件情节化，以显示其不同的意义。这里面没有任何决定论的因素。……近来的“回归叙事”表明，史学家们承认需要一种更多是“文学性”而非“科学性”的写作来对历史现象进行具体的历史学处理。[①]

在海登·怀特看来，真实的历史是不存在的，史学无科学性可谈，所以历史不可能只有一种，有多少种理论的阐释，就会有多少种历史。历史叙述就是主观地讲故事（story－telling），历史事件是“故事的因素”；既然是故事就会有情节，历史学家写作就要“编织情节”（emplotment）。历史是一种“文学想象”的解释，这仍然是在强调后现代主义“彻底消解传统”的基本特征。

综上可以看出，维科、克罗齐、海登·怀特等生活在不同的时代，他们是在唯心史观的立场上，从不同的理论体系出发去阐释历史，虽然观点不一，但都认为“历史是被阐释的历史”却是不争的事实，而且他们也都没有否认历史阐释的意识形态内容。马克思主义史家也如是。唯物史观和唯心史观的区别，不在于是否承认“历史是被阐释的历史”，而在于如何阐释。1923 年，李大钊在上海大学所作《史学概论》的演讲中指出：“历史家的任务，是在故书篓中，于整理上，要找出真确的事实；于理解上，要找出真理。”[②] 李大钊在这里提出历史研究中“整理”和“理解”两个阶段。“整理”是要“找出真确的事实”；而“理解”是“要找出真理”。李大钊十分重视历史研究中的理论阐释，即“找出真理”，认为这是史学走向科学的基础和前提。他指出：“史学的主要目的，本在专取历史的事实而整理之，记述之；嗣又更进一步，而为一般关于史的事实之理论的研究，

① 海登·怀特：《元史学：十九世纪欧洲的历史想像》，第4—5页。

② 《李大钊文集》第4卷，人民出版社1999年版，第359页。

于已有的记述历史以外，建立历史的一般理论。严正一点说，就是建立历史科学。此种思想，久已广布于世间，这实是史学界的新曙光。”“今日历史的研究，不仅以考证确定零零碎碎的事实为毕乃能事；必须进一步，不把人事看作片片段段的东西；要把人事看作一个整个的，互为因果，互有连锁的东西去考察他。于全般的历史事实的中间，寻求一个普遍的理法，以明事实与事实间的相互的影响与感应。”① 李大钊这里所说认识历史的“普遍的理法”，即是在唯物史观的理论基础上，通过对人类历史的宏观认识，科学阐释历史发展规律。

二 从“强制阐释”到“公共阐释”

在西方，阐释学有久远的历史。追根溯源，可上溯到古希腊，在亚里士多德的著述中，即已涉及“阐释”的问题。而阐释学作为一种哲学学派，则形成于20世纪，第二次世界大战后在西方学术界有较广泛的影响。一般认为，阐释学可视为西方哲学、宗教学、历史学、语言学、心理学、社会学，以及文艺理论中“有关意义、理解和解释等问题的哲学体系、方法论或技术性规则的统称”。② 在中国，对于典籍的注释或经学，明显地表现出阐释学的特征，如《公羊传》对《春秋》的诠释、《系辞》对《易经》的诠释，等等。近代以来，从学者们对“汉学与宋学之争”、“训诂明还是义理明”，以及“我注六经还是六经注我”等争论中，也可一窥中国古典学术中悠久的阐释传统。

19世纪是西方阐释学的古典时期，德国哲学家施莱尔马赫和狄尔泰（Wilhelm Dilthey）在广泛汲取前人“释义学”研究成果的基础上，开创了阐释学新的发展时期。狄尔泰深受德国古典哲学创始人康德（Immanuel Kant）的影响，如康德提出为自然科学奠定哲学基础的“纯粹理性批判”一样，狄尔泰则提出“历史理性批判”的阐释学。

① 《李大钊文集》第4卷，第409、411页。

② 参见《中国大百科全书》第11卷，中国大百科全书出版社2009年版，第510页。

其核心内容是：处于具体历史情境中的阐释学，如何能对其他历史性的表现进行客观的理解。20 世纪的德国哲学家海德格尔（Martin Heidegger），是现代阐释学的开创者。他在《存在与时间》（1927）等著述中，将阐释学的研究从方法论和认识论性质的研究，转变成本体论性质的研究，从而使阐释学由人文科学的方法论，转变为一种哲学。第二次世界大战后，德国哲学家伽达默尔（Hans-Georg Gadamer）强调从本体论角度去揭示人的理解活动的实质，哲学阐释学成为一个有广泛影响的专门的哲学学派。

与“哲学阐释学”不同，在历史学领域，“历史阐释学”始终处于方法论和认识论的层面上，这和历史人类学有些相似。历史人类学主要是用人类学的方法去认识和分析社会历史现象，从人类学的视角对历史作出解释和判断，很难说它是一个历史学的分支学科。历史阐释学作为一个学科，或历史学的一个分支学科，长期以来是一个较模糊的概念，但其主要内容是“历史—理解—阐释”，则是很明确的，似无更多的歧见。

在中国史学界，一方面，历史研究从没有脱离过历史的阐释，所谓“史论结合”、“论从史出”中的“论”，主要即是对历史的阐释；另一方面，对“历史阐释”，却多是“就事论事”，或“一事一论”，这里的“论”，似乎只有阐释的特殊性，但对阐释缺乏明确的、具有一般科学意义的规范，以至历史研究者往往是不自觉地、甚至是带有很大盲目性地进行历史的阐释，致使历史阐释即使是在方法论和认识论的意义上，也往往被忽略了。2014 年，张江教授提出了“强制阐释论”后，使情况开始发生变化。

张江教授在文学理论研究中提出“强制阐释”的基本特征有四点：第一，场外征用。广泛征用文学领域之外的其他学科理论，将之强制移植文论场内，抹杀文学理论及批评的本体特征，导致文论偏离文学。第二，主观预设。论者主观意向在前，前置明确立场，无视文本原生含义，强制裁定文本意义和价值。第三，非逻辑证明。在具体批评过程中，一些论证和推理违背基本逻辑规则，有的甚至是逻辑谬误，所得结论失去依据。第四，混乱的认识路径。理论构建和批评不是从文本的具体分析出发，而是从既定理论出发，从主观结论出发，颠倒了认识和实践的关系。[①] “强制阐释”并非仅仅存在于文学阐释和文学理论研究中，也同样存在于历史研究中。应该说，历史研究中强制阐释由来已久，从欧美到东方，从二战前后到“冷战”前后，直至今天，都不难找到它的身影。[②] 历史认识中的“强制阐释”，不是对具体的历史过程或个别历史现象的“不当阐释”，而是涉及历史认识的一些基本理论问题。这就促使人们去思考，如何在新的历史条件下，如何针对这样或那样的“强制阐释—不当阐释”，建立我们自己的历史阐释的理论、原则和方法，这直接关系到构建当代中国历史科学的理论体系和话语系统这一现实问题。因此，“强制阐释论”的讨论，在史学界自然受到了广泛的关注。2017 年夏，继“强制阐释”之后，张江教授又发表《公共阐释论纲》。“公共阐释”这一概念的提出，使人们对“强制阐释”的认识，不再仅仅停留在对其弊端的认识和摒弃。

“公共阐释”，作为一个新的科学术语，既可视为我们思考中的中国阐释学新的核心概念、核心范畴，也可视为是新的核心理论。广大史学工作者所探求的“历史阐释学”自然有历史学学科性质所决定的自身的特点，但其一般的科学逻辑、科学规范和理论基础，和“中国阐释学”则是基本一致的。张江教授在《公共阐释论纲》的题注中这样写道：

> “公共阐释”是一个新的概念，是在反思和批判强制阐释过

---

① 参见张江《强制阐释论》，《文学评论》2014 年第 6 期。

② 历史认识中的强制阐释，具有文学研究中的强制阐释的四个特点，同时还由历史学的学科特点所决定，有更为鲜明的意识形态色彩，即历史的强制阐释多有具体的政治指向。例如，1937 年七七事变，是日本帝国主义有准备的武力侵华的重大步骤，中国人民奋起抵抗，中国的全民族抗战，开辟了世界上第一个大规模反法西斯战场，做出了重大的民族牺牲。但是，在西方颇有影响的 14 卷本《新编剑桥世界近代史》却无视基本事实写道：“1937 年 7 月 7 日，日本和中国的军队在华北的卢沟桥附近发生了战斗。地方谈判宣告失败，这个事件与 1931 年 9 月在沈阳发生的事件不同，看来不是任何一方策划的，但它逐渐升级，直到两国深深陷入全面战争。这场战争直到日本在美国原子弹的轰炸下于 1945 年 8 月投降才告结束”。（C. L. 莫瓦特编：《新编剑桥世界近代史》第 12 卷，丁钟华、王章辉等译，中国社会科学出版社 1999 年版，第 936 页）

> 程中提炼和标识的。提出这一命题，旨在为建构当代中国阐释学基本框架确立一个核心范畴。强制阐释概念提出以后，学界进行了广泛讨论，提出许多好的意见和建议，对本文作者深入思考当代中国阐释学元问题具有重要的启发意义。公共阐释论就是对这些问题的进一步延伸……

从这样的认识出发，他指出“公共阐释”的六个基本特征：“第一，公共阐释是理性阐释；第二，公共阐释是澄明性阐释；第三，公共阐释是公度性阐释；第四，公共阐释是建构性阐释；第五，公共阐释是超越性阐释；第六，公共阐释是反思性阐释”。[①] 这就将“强制阐释论”的讨论大大向前推进了一步。“强制阐释”和“公共阐释”的提出，使人们在讨论如何构建中国阐释学时，逐步从抽象、泛议中走出，而开始从“强制阐释”、“公共阐释”等新概念、新理论出发，越来越具体有效地开展讨论。

“公共阐释”这个概念，是作者在反思西方阐释学中非理性、非实证、非阐释性的极端相对主义和虚无主义理论话语的基础上提出的，并强调“公共阐释”是指“阐释者以普遍的历史前提为基点，以文本为意义对象，以公共理性生产有边界约束，且可公度的有效阐释”。这对于深化历史阐释具有重要的理论意义。历史研究在认识论的意义上展开，历史认识是具有阐释性的认识。任何一个民族历史的传递、民族记忆的获得和保存，以及民族文化的传播等，都离不开世世代代历史阐释的积累。

就“历史真理的认识和判断”而言，“强制阐释”和“公共阐释”的含义截然不同，是两条截然不同的认识路径。在历史认识中，以“强制阐释”为中心的历史阐释所得出的结论，只会与客观的历史真理南辕北辙，愈来愈加遥远。而“公共阐释”，则给人们以如何发现历史真理、接近历史真理、认识历史真理的启迪。人在本质上是社会存在物，虽然阐释是个体性的活动，但是“阐释活动的主体不是单独的人，而是‘集体意义上的人’，是一个深深植入公共理解系统

① 张江：《公共阐释论纲》，《学术研究》2017 年第 6 期。下引不出注者均引自该文。

的‘阐释群体’，这个群体而不是个人制约着文本意义的生成”。人“作为社会主体所具有的认识能力或本质力量，不能只看到通过生物学意义上的遗传进化方式所获得的所谓‘天赋’能力，更重要的是要看到通过社会遗传进化方式由社会所给予的后天获得性能力”。[①]以“公共阐释”为中心的历史阐释，是“后天获得性能力”的重要内容之一。人在接受后天塑造时离不开公度性“有效”的历史阐释，正是在这个意义上，历史是最好的教科书，是最好的老师。

三　历史真理的阐释：历史性和现代性

马克思在亲自校订的《资本论》法文版第1卷的《序言》中写道：“社会经济形态的发展同自然的进程和自然的历史是相似的”；[②]此前，这句话曾被误解、误译成“社会经济形态的发展是一种自然历史过程”。[③]将这两句话稍加比较就可以看出，后者似认为“社会经济形态的发展”，即历史的发展规律可以自发地实现，人在历史规律面前无所作为。这显然不是马克思的原意，否则就无法理解马克思主义经典作家所强调的“历史不过是追求着自己目的的人的活动而已”。[④]历史真理，是指人类历史矛盾运动中的内在联系，以及由此所决定的历史发展的一般规律或特殊规律。历史真理和历史规律联系在一起，但“历史规律并不是存在于人的活动之外或凌驾于人的活动之上的‘绝对计划’，历史规律就形成、存在并实现于人的活动之中，表现为最终决定人类行为结局的力量”。[⑤]与人类历史矛盾运动

① 《夏甄陶文集》第5卷，中国人民大学出版社2011年版，第49—50页。

② 马克思：《资本论》第1卷（根据作者修订的法文版第1卷翻译），中共中央马克思恩格斯列宁斯大林著作编译局译，中国社会科学出版社1983年版，第4页。

③ 《马克思恩格斯选集》第2卷，人民出版社1972年版，第208页；《马克思恩格斯全集》第23卷，人民出版社1972年版，第12页。1995年以后，《马克思恩格斯选集》、《马克思恩格斯文集》等，均已改正了原来的误译，正确地译为“我的观点是把经济的社会形态的发展理解为一种自然史的过程”。（《马克思恩格斯选集》第2卷，人民出版社1995年版，第101—102页）

④ 《马克思恩格斯文集》第1卷，人民出版社2009年版，第295页。

⑤ 杨耕：《马克思主义历史观研究》，北京师范大学出版社2012年版，第238页。

密切联系在一起的“人的活动”，传递着纷繁复杂的历史信息，蕴含着无限丰富的历史内容，而要获取这些信息和内容，进而探究或揭示历史真理，就离不开历史的认识和阐释。

历史规律参与并制约着人的活动，决定着历史发展的趋势，从而使人的活动不可避免地带有历史性，人们尊重历史、敬畏历史。但是，历史与现实不可割裂，历史从来就不会消失得无影无踪。人们阐释历史规律，并不仅仅是为了缅怀人类的过去，更在于通过对历史规律的认知，更清醒地认识人类的现实和未来。从历史性与现代性的统一去认识历史真理，是阐释历史真理两个不可或缺的内容。古老的历史学永葆青春，是由现实的呼唤所激发的。历史研究要有鲜明的时代精神，这是中国史学古已有之的优秀传统。但是这一传统在现实生活中却面临着严峻的挑战。

2002 年，美国纽约大学张旭东教授在北大接受采访时，曾谈到当代中国文化和生活的世界定位问题。他说：“文化定位实际上也就是不同文化和价值体系之间的互相竞争。中国文化如何在当代西方各种强势文化的影响下进行自我定位和自我构想，这实际上也就是一个争取自主性，并由此参与界定世界文化和世界历史的问题。这反映出一个民族的根本性的抱负和自我期待”。他认为提出这些问题决非小题大做：

> 现在，中国任何一个现象都只能在别人的概念框架中获得解释，好像离开了别人的命名系统，我们就无法理解自己在干什么。我们生活的意义来自别人的定义，对于个人和集体来说，这都是一个非常严重的问题。如果中国人获得“现代性”的代价是只知道“现代性”而不知道中国，这会是很可悲很滑稽的事，而且从某种意义上说，这是一种本末倒置。①

十五六年过去了，他当时看到的中国学术界这种极不正常的现

① 张洁宇：《全球化时代的中国文化反思：我们现在怎样做中国人——张旭东教授访谈录》，《中华读书报》2002 年 7 月 17 日。

象，在今天的中国史学界并没有得到根本改变。那种既没有“根”、又没有“魂”的学术阐释，依然有它的市场。这种状况表明，面对西方强势文化的影响，构建当代中国哲学社会科学的理论体系和话语系统，在今天仍然是刻不容缓的历史性课题。

构建当代中国历史科学的理论体系和话语系统，不是坐而论道，而是要通过艰苦的理论探讨和科学研究，在实践中进行。但这又不是“摸着石头过河”，而是要自觉地坚持唯物史观的理论指导，首先是明确历史真理阐释的历史性与现代性的辩证统一。关于史学的目的，以及历史与现实的关系，中国自秦汉以来即不乏精辟论述。如汉代司马迁强调史学“述往事，思来者”，“欲以究天人之际，通古今之变，成一家之言”，[①] 近代梁启超在《中国历史研究法》中写道：“史家目的，在使国民察知现代之生活与过去未来之生活息息相关，而因以增加生活之兴味睹遗产之丰厚，则欢喜而自壮；念先民辛勤未竟之业，则矍然思所以继志述事而不敢自暇逸；观其失败之迹与夫恶因恶果之递嬗，则知耻知惧；察吾遗传性之缺憾而思所以匡矫之也。夫如此，然后能将历史纳入现在生活界使生密切之联锁：夫如此，则史之目的，乃为社会一般人而作，非为某权力阶级或某智识阶级而作，昭昭然也。”[②] 中国马克思主义史家，继承并发展了中国传统史学“求真求实”、“经世致用”等优良传统。如胡绳强调：“理论联系实际是发展社会科学的根本方针，也是马克思主义倡导的优良学风”，在历史研究中也是如此。“以为研究过去对现实没有意义，是不对的。科学地认识昨天和前天，就能对正在运动着的今天的现实有更深的了解，并能对未来作出科学的预测……在研究历史时，要有现实的时代感”。[③] 这些认识，对于从历史性与现代性的结合上，阐释历史真理，划清与“强制阐释”的界限，无疑有积极的理论意义和现实意义。

自古典时代始，历代的史家都在时代所给予他们的历史条件下，以不同的方式寻求历史的真理，并作出这样或那样的阐释。在汗牛充

---

① 司马迁：《报任安书》，《汉书》卷62《司马迁传》，第2735页。

② 梁启超：《中国历史研究法》，东方出版社1996年版，第3—4页。

③ 《胡绳全书》第3卷下，人民出版社1998年版，第458、471—472页。

栋的中外典籍中，不难看到他们的思想痕迹。但直到19世纪中叶，情况才发生了根本的变化。正是马克思主义的唯物史观，作为人类科学思想的最伟大成果之一，揭示了历史的奥秘，开辟了科学认识历史真理的现实道路。在马克思看来，人类社会生活在本质上是实践的，是现实的个人及其活动；历史是社会历史主体与客体相互作用的过程。因此，“只要描绘出这个能动的生活过程，历史就不再像那些本身还是抽象的经验主义者所认为的那样，是一些僵死的事实的汇集，也不再像唯心主义者所认为的那样，是想象的主体的想象活动”①。这就明确地指出了历史真理的真谛，它不是虚无缥缈的、可以随心所欲加以阐释的精神产物，而是物质世界中主观性与客观性的统一、相对性与绝对性的统一的真理。不言而喻，这里所说的历史真理，是超越了历史上出现过的符合论真理观、语义真理观、分析真理观，或融通真理观，以及工具真理论所规范的真理，而且是在科学实践基础上的，唯物主义和辩证法相统一的客观历史真理。

历史真理，是历史认识主体对客体辩证的、能动的反映，而不是具体的历史过程本身。这就决定了历史真理不存在着所谓的“纯客观性”，也就不难理解历史真理的主观性，首先体现在认识主体的主观选择性。但是，这种反映不是消极、盲目、被动的，而是由历史认识主体所主导的选择过程。英国史家卡尔（Edward Hallet Carr）曾言：“历史是历史学家跟他的事实之间相互作用的连续不断的过程，就是现在跟过去之间的永无止境的问答交谈”。他同时还强调，历史研究不可以排除解释或阐释，因为“解释是历史的生命必须的血液”，史实所蕴含的真理性内容需要阐释。诚然，“没有事实的历史学家是无根之木，是没有用处的”；但是，“没有历史学家的事实则是一潭死水，毫无意义”。② 卡尔所言史家“跟他的事实之间……”，意在凸显“他”——史家的选择。所谓“选择”，是一种理性的历史哲学思考，是基于历史事实的一种主动的创造。这与由

① 《马克思恩格斯选集》第1卷，人民出版社2012年版，第153页。

② 爱德华·霍列特·卡尔：《历史是什么?》，吴柱存译，商务印书馆1981年版，第28、26页。

前置立场出发、从根本上抹煞历史真理本质特征的“强制阐释”，显然有着质的区别。

在历史认识的范畴中，不存在“纯粹客观”的历史真理，然而，客观的物质世界毕竟是存在的，因此，“历史真理”既不是主观臆造的，也不是纯粹客观的，而是主观性与客观性的完美结合。[①] 这种主观性与客观性相统一的历史选择和历史阐释，坚实地建立在客观物质世界的基础上，鲜明地表现出社会存在决定社会意识。例如，1924年初，瞿秋白在广州阐释“三民主义”中“民族主义”何以提出时说：“至于三民主义的发生，是完全由于中国现实经济状况而起的。……因为有外国的压迫和欺凌，故首先有民族主义。试看中国所有商埠，一切都在外人的掌握，许多政治上的大权都操自外人，所有铁路、矿山完全为外人经营，关税、盐税都由外人监督。在如此情形之下，我们即使有心和帝国主义者讲交情，试问有何方法？所以提倡民族主义是一个很简单的意思，并不用何种高深理想。”[②]

在历史真理阐释中，割裂“历史性与现代性”的联系，或人为地将其对立起来的重要原因之一，是无视历史发展的辩证法。脱离历史矛盾运动的实际，以非逻辑论证的方式“解读”或“剪裁”历史，使绝对主义、虚无主义、简单化、公式化在历史阐释的话语中大行其道。历史真理不仅是物质世界中主观性与客观性的统一，而且也是相对性与绝对性的统一。马克思说：“人们自己创造自己的历史，但是他们并不是随心所欲地创造，并不是在他们自己选定的条件下创造，而是在直接碰到的、既定的、从过去承继下来的条件下创造。”[③] 人们对历史真理的认识和阐释也如是。

历史认识的过程，是历史认识主体逐渐接近历史真理的过程。正因为如此，历史学是一门古老的学科，同时又是一门年轻的学科。历史流动地存在于人们永不间断的理解和阐释中。毫无疑问，新的时代

---

① 关于历史真理是“主观性与客观性的完美结合”，还可参见拙文《历史认识：主体意识和主体的创造性》，《历史研究》2003 年第 1 期。

② 《瞿秋白选集》，人民出版社 1985 年版，第 130—131 页。

③ 《马克思恩格斯选集》第 1 卷，第 669 页。

需要新的历史。但是，人类历史发展是服从于一定规律的历史矛盾运动，历史的发展是绝对的，不取决于人们的意志和愿望。人们只有自觉坚持历史阐释中的历史性与现代性的辩证关系，才有可能越来越接近客观的历史真理，更加自觉地成为历史的主人。

从阐释学到历史阐释学：何为历史的“正用”[*]

李红岩[**]

近年来，张江教授提出“强制阐释论”“公共阐释论”“阐释逻辑论”“阐诠辨”及阐释的“正态分布”等议题，带动阐释学研究呈现热络场面。相关研究具有元学科的属性，内含构建当代中国本土阐释学的旨趣，因而吸引了文史哲各界学者参与。这里也谈一些笔者的思考。

对阐释学的基本认识

阐释学（Hermeneutik）虽是外来术语与概念，但作为专门学问，无论在中国还是在其他文明区域，都是存在的，而且伴随着人类最初的知识活动、认识活动而产生、存在和发展。因此，阐释学在不同的文明区域必然呈现出不同的形式或样态，从而标识出知识形态、认知形式的差异。既然它还是发展的，就必然又会呈现出不同的阶段性，从而成为学术史的研究对象，表现出历史演变过程中的形态性或样态性变异关系。

一般认为，人类知识来自以劳动为基础的观察活动。“古者包牺氏之王天下也，仰则观象于天，俯则观法于地，观鸟兽之文与地之宜，近取诸身，远取诸物，于是始作八卦，以通神明之德，以类万物

---

* 本文原刊于《探索与争鸣》2020 年第 11 期。

** 作者单位：中国社会科学院大学。

之情。”[①] 这是对人类最初认知活动与知识形成过程的一个很完整的描述。其始点是“观”，包含外观、内观两面及抽象化、范畴化的环节。“观”与“看”作为认知活动的启动、知识的来源、判断的前提及行为的先导，在自然与身体的关联行为中完成主客之间的完整交融。“婴儿把每一件事物都与自己的身体关联起来，好像自己的身体就是宇宙的中心一样。”[②] 此后，便开始了符号化亦即形式化的思维行程，从而构成一个阐释行为。因此，人类知识在最初起源时，便与阐释活动结合在一起。有“阐释”，就有阐释学。上古或前轴心时代的星象巫术占卜等是最原始的阐释学。伽达默尔认为，在柏拉图的《伊庇诺米篇》（一说为赝作）里，阐释学与占卜术同属一类。[③] 夏曾佑说：“中国自古以来，即有鬼神、五行之说，而用各种巫、史、卜、祝之法，以推测之，此为其学问宗教之根本。”[④]

不同文明区域内知识与思想形态差异最集中的体现，便是阐释路径、方法及在此基础上所形成的阐释形态、阐释学形态的差异。此种差异最终在轴心时代固化，从而“构成了人类的世界宗教的信仰准则，以及人类的哲学解释的准则”[⑤]。就中西而言，它造成了名辩逻辑（中国）与形式逻辑（希腊）的分野。这两种逻辑分别成为中西阐释理性的基础，是中西两种阐释路径差异的基本标识。[⑥] 东汉以后，中国的古典阐释学又逐渐补充了因明逻辑的元素。

雅斯贝斯说：“希腊理性包含一种奠定数学和完美的形式逻辑之基础的一致性。”[⑦] 康德说，逻辑学在亚里士多德之后“已不允许作任何退步”，同时“它直到今天也不能迈出任何前进的步子”，因为

---

① 周振甫：《周易译注》，中华书局1991年版，第257页。

② 皮亚杰：《发生认识论原理》，王宪钿等译，商务印书馆1981年版，第23页。

③ 加达默尔（也作伽达默尔）：《真理与方法：哲学诠释学的基本特征》，洪汉鼎译，上海译文出版社2004年版，第726页。

④ 杨琥编：《夏曾佑集》，上海古籍出版社2011年版，第824页。

⑤ 卡尔·雅斯贝斯：《历史的起源与目标》，魏楚雄、俞新天译，华夏出版社1989年版，第323页。引文系马克斯·韦伯的弟弟阿尔佛雷德·韦伯之语。

⑥ 伽达默尔认为阐释学具有形式普遍性，但不能合法地归入逻辑。加达默尔：《真理与方法：哲学诠释学的基本特征》，第741页。但这并不是说，阐释的背后没有逻辑基础。

⑦ 卡尔·雅斯贝斯：《历史的起源与目标》，第75页。

它“似乎已经封闭和完成了”。[①] 类似意蕴爱因斯坦也有过表达：“西方科学的发展是以两个伟大的成就为基础的：希腊哲学家发明形式逻辑体系（在欧几里得几何学中），以及（在文艺复兴时期）发现通过系统的实验可能找出因果关系。”[②] 西方哲学阐释学的学理渊源与根基，正在于此。而形式逻辑在中国“一直较受冷落”。“中国人缺乏古希腊的欧几里得几何那样的公理化的形式逻辑体系，后来在明清之际也未能形成以假设和实验为中心环节的近代实验科学方法，从而落后于西方。所以从逻辑思维方式讲，中国人有不同于西方人的弱点。”[③] 以至韦伯认为“逻辑学的概念一直与中国哲学无关”，“这意味着西方哲学里的所有基本问题皆为中国哲学所无”[④]。这当然是极端性的看法，但大体揭示了中西阐释路径差异的逻辑根源。

名辩逻辑对中国哲学及传统阐释学的影响，集中反映在下面一段话中：“书不尽言，言不尽意。然则圣人之意，其不可见乎？子曰：圣人立象以尽意，设卦以尽情伪，系辞焉以尽其言，变而通之以尽利，鼓之舞之以尽神。”[⑤] 中国传统阐释学的非形式逻辑路径，即表现为以象（隐喻、象征）卦（符号）辞（说明）作为表达意义和理解意义的中介，而文本（书）与语言（言）是意义的载体。这是中国传统阐释学的形式结构与范畴系统。伽达默尔认为，古代阐释学的核心是寓意诠释（allegorischen Interpretation）[⑥]，这在中国的“象”阐释传统中体现得极为鲜明。经学中义理、心性之阐明，须经过如此非形式逻辑的论辩逻辑结构通道。

伽达默尔这里所说的诠释，原文是“Interpretation”。他认为，这

① 《康德三大批判合集》上册，邓晓芒译，人民出版社 2009 年版，“纯粹理性批判·第二版序”，第 9 页。

② 《爱因斯坦文集（增补本）》第 1 卷，许良英等编译，商务印书馆 2009 年版，第 772 页。

③ 冯契：《认识世界和认识自己》，《冯契文集（增订版）》第 1 卷，华东师范大学出版社 2016 年版，第 25 页。

④ 《韦伯作品集》第 5 册，康乐、简惠美译，广西师范大学出版社 2004 年版，第 189 页。

⑤ 周振甫：《周易译注》，中华书局 1991 年版，第 250 页。

⑥ 加达默尔：《真理与方法：哲学诠释学的基本特征》，洪汉鼎译，上海译文出版社 2004 年版，第 727 页。

个概念不仅适用于学术，而且应用于艺术的再现（Reproduktion）。[①] 这里要特别注意“再现”一词原文中是“Reproduktion”，而不是“Wiedergabe”[②]。艺术再现不被说成阐释或解释，而被说成诠释；也不被说成表现，而被说成再现，即对艺术作品所要达到的目标的兑现，是对受众审美确定性期待的契合。因此，伽达默尔以再现与诠释相对应，而不是用超出再现界限、具有“表现”成分的“Wiedergabe”（即接着给）去对应。伽达默尔用“再现”对应“Interpretation”，即说明 Interpretation 是“诠”而非“阐”。中西阐释学虽然形态不同、逻辑基础有异，但遵循着共同的学术规律。双方都经历了传统的古典阐释学阶段，都以对经典的理解而展开，都具有丰富的语文学阐释传统，都具有信仰的指向。总之，都是由相对简单向相对复杂的进境发展。但是，西方阐释学完成了向哲学阐释学的转型，而辛亥之前，中国的阐释学则始终没有脱离经学的范畴。代表中国传统阐释学的经学，照周予同先生 1936 年的说法，乃“动摇于民国八年五四运动以后，而将消灭于最近的将来”。其后，如果还存在经学，也会发生整体形态的改变，即转变为“以治史的方法治经”。[③] “五四”后，中国阐释学确实保持了“以治史的方法治经”的基本特色，但依然没有生长出本民族的哲学阐释学。直到近年，建设具有本土属性的哲学阐释学才获得高度的理性自觉。

强调了中西之间的差异，还要回到双方的统一性上。“所有事实都赞同人类是单种系起源，而反对人类是多种系起源。”[④] 人类文化与文明的多样性，服从于精神的共同性、共通性与普遍性。伽达默尔在分析兰克的史学思想时说“所有历史现象都是大全生命（Allleben）的显现”[⑤]。郭沫若说：“只要是一个人体，他的发展，无论是红黄黑

① 加达默尔：《真理与方法：哲学诠释学的基本特征》，洪汉鼎译，上海译文出版社 2004 年版，第 515 页。

② 加达默尔：《真理与方法：哲学诠释学的基本特征》，第 669 页。这里用的是 Wiedergabe。

③ 《周予同经学史论著选集》，上海人民出版社 1983 年版，第 627、661、622 页。

④ 卡尔·雅斯贝斯：《历史的起源与目标》，第 52 页。这种看法显然也在遭受挑战。

⑤ 加达默尔：《真理与方法：哲学诠释学的基本特征》，洪汉鼎译，上海译文出版社 2004 年版，第 274 页。

白，大抵相同。”[①] 这是中国马克思主义史学一致的立论基点。钱锺书说“东海西海，心理攸同；南学北学，道术未裂”[②]。“心理”即精神，“道术”即方法。不同文明所共有的阐释活动，必有其最基础的可公度值，差异性只能在此之下。Hermeneutik 的最大可公度值，就是“解经”。在西方是《圣经》，在中国是五经。因此，脱离具体语境，Hermeneutik 是一个一般性（Universal）概念，包含解释(Erklärung)、诠释、释义、注疏、解经等层级或部分。每一部分与层级，都包含不同的学派与人物。

中西古典阐释学最突出的统一性，在于均以技艺性的语文学阐释为学术源头与基础。在西方，伽达默尔认为，神学—语文学的阐释学与法学阐释学区分开来，始于 1654 年 J. 丹恩豪威尔的《阐释学》。[③] 可见，神学阐释与语文解释既各有单独线路，又结合在一起。直到施莱尔马赫，两者才开始脱离技艺学格局。所以伽达默尔又说，教父时代的神学阐释学与宗教改革时代的神学阐释学依然是一种技艺学，也就是服务于语文学家实践或神学家实践的技艺学。[④] 阐释《圣经》的解经四则，第一条即为校勘文字，亦即根据所谓“直接意义”进行注释。其次才是阐明道德、探索寓意、宣示神意。希勒尔（Hillel）的解经七准则、以利沙（Ishmael ben Elisha）的解经十三原则，其最基础的部分都是语文性的。总体上，西方的古典阐释学乃围绕七个步骤或内容展开，即文字考证（小学、训诂学）、语言评断（文体学）、文献鉴定（文献学）、源流评断（史源学）、形式评断（文化形态研究）、编辑评断（文本结构研究）、历史评断（史学）。这与中国经学的注疏规则几乎一致。中国的古典阐释学始终与语文阐释结合在一起，无论汉宋，有偏重而无偏废。“乾嘉‘朴学’教人，必知字之

① 郭沫若：《中国古代社会研究》，人民出版社 1964 年版，“自序”，第 1 页。

② 钱锺书：《谈艺录》，中华书局 1984 年版，“序”，第 1 页。

③ 加达默尔：《真理与方法：哲学诠释学的基本特征》，洪汉鼎译，上海译文出版社 2004 年版，第 727 页。

④ 加达默尔：《真理与方法：哲学诠释学的基本特征》，洪汉鼎译，上海译文出版社 2004 年版，第 231 页。

诂，而后识句之意，识句之意，而后通全篇之义，进而窥全书之指。”① 但是，语文性阐释毕竟只是阐释活动的基础部分。由于阐释者身份、知识结构、情趣爱好、志向高低的差异，他们会专注、偏重或停留在某个特定的阐释对象与步骤上，从而形成门户或流派，但义理阐释同样以语文性阐释为基础。

语文性阐释的核心对象是“经”，其核心特征是权威性与神圣性。因此，将“Hermeneutik”译为“经学”，亦无不可。② 中国传统经学乃至整个思想史，借助张江关于“阐”与“诠”的分疏③，可以明显地区别为两大阵营：一派以“阐”为特征，注重文本意义的开放性，以发明义理为旨归。今文经学、宋明理学是其代表；另一派以“诠”为特征，注重文本意义的确定性，以揭发源流为宗旨。古文经学、乾嘉汉学是其代表。今文经学以义理为核心，属于阐。古文经学以史学为核心，属于诠。如此区隔，历史上诉讼已久的所谓汉宋之争、门户之别，即可豁然开解。当然，“阐”中有“诠”，“诠”中也有“阐”。

提炼中西阐释学传统中所蕴含的内在统一性（即一般性），意在形成新的理论，以之建构当代中国阐释学，再以之考察中西阐释学史，这同样属于阐释循环。作为理论研究，它在学术史研究的基础上实行概念、范畴与理论的重建，实现有来源的理论原创，构造新的阐释学规则与框架。张江提出的“公共阐释论”④ 与“阐诠辨”，前者属于理论研究，后者属于历史研究。历史研究为理论研究提供学术史的基础。这与伽达默尔的学术进境是一致的。伽达默尔说，他对阐释学史的研究“本质上是一种准备性的、构成背景的任务”⑤。“阐诠辨”显然属于同一性质。

这里还需要回顾伽达默尔对西方阐释学史的基本看法，以澄清

---

① 钱锺书：《管锥编》，中华书局 1986 年版，第 171 页。

② 周予同说：“中国经典的本质，不仅是学术的，而且是宗教的，尤其是政治的。”《周予同经学史论著选集》，第 621 页。李申认为“儒教是一个和其他宗教性质完全一样的宗教”。见李申《中国儒教论》，河南人民出版社 2005 年版，第 16 页。这种观点没有被学界普遍接受，但儒教的教化性是学界公认的。

③ 张江：《“阐”“诠”辨——阐释的公共性讨论之一》，《哲学研究》2017 年第 12 期。

④ 张江：《公共阐释论纲》，《学术研究》2017 年第 6 期。

⑤ 加达默尔：《真理与方法：哲学诠释学的基本特征》，“第 3 版后记”，第 762 页。

“Hermeneutik”的确切中文译名。钱锺书将其译为“阐释学”，汪荣祖认为这一译法“胜于常译之‘诠释’”[①]。伽达默尔认为自古以来便存在神学和法学阐释学，故他将阐释学的早期形式追溯并定位到《荷马史诗》的故事年代。不过，他又说阐释学产生于近代，从宗教改革运动开始，经过启蒙运动，至浪漫主义时代而兴盛。因此，他考镜阐释学的源流，以“历史学派的浪漫主义遗产”为真正始点。从浪漫主义阐释学开始，“Hermeneutik”开始具有“理解是此在本身的存在方式”的意义，从而突破了“理解是主体的行为方式”的传统意义。伽达默尔清楚地表明，“Hermeneutik”是一个“具有古老传统”的术语，原本并不具有“理解是此在本身的存在方式”的意义，那么，他何以还照样使用这个“已引起某些误解”的老术语呢？他的回答是：“我在我的语境中所使用的概念都通过它们的使用而重新得到定义。”[②] 借恩格斯的话说，即这个词的意义不能“按照来源来决定”，只能“按照它的实际使用的历史发展来决定”。[③] 张江提出以“阐释学”乃至“阐诠学”来对译“Hermeneutik”，不赞成“诠释学”或“解释学”之译名，其理由正如上述。这样，这个古语便超出了原有的限制。黑格尔在解释何谓推翻一个哲学时曾经说，那意思“只是指超出了那一哲学的限制，并将那一哲学的特定原则降为较完备的体系中的一个环节罢了。所以，哲学史的主要内容并不是涉及过去，而是涉及永恒及真正现在的东西……哲学史总有责任去确切指出哲学内容的历史开展与纯逻辑理念的辩证开展一方面如何一致，另一方面又如何有出入”[④]。这就是将古老的“Hermeneutik”一词翻译为阐释学的理据所在。正如伽达默尔所说，阐释学的出发点是“修桥”，是“在过去中重新发现最好的东西”[⑤]。因此，只有把“Hermeneutik”“降为

① 汪荣祖：《槐聚心史——钱锺书的自我及其微世界》，中华书局2020年版，第232页。

② 加达默尔：《哲学解释学》，夏镇平、宋建平译，上海译文出版社2004年版，第21、23页。加达默尔：《真理与方法：哲学诠释学的基本特征》，“导言”，第17页；“第2版序言”，第2、4页；第650页。参见第217、226、726—732页。

③《马克思恩格斯文集》第4卷，人民出版社2009年版，第288页。

④ 黑格尔：《小逻辑》，贺麟译，商务印书馆1980年版，第191页。

⑤ 伽达默尔：《哲学解释学》，第27页。

较完备的体系中的一个环节”，消除其自身的“限制”，才能“在过去中重新发现最好的东西”，以建构“真正现在的东西”。

历史研究与强制阐释

第二次世界大战之后，西方史学最核心的变化，就是阐释方式的改变。由于这种改变，形成了所谓战后史学。战后史学的巨大变化，是一种更广泛、更深刻的哲学与文化思潮所导致的。这种哲学与文化思潮的整体特征，便是主观唯心主义空前大泛滥。其核心表现就是由语言学的转向迅速过渡到诗学、修辞学的转向上来。20 世纪 70 年代后，诗学的修辞程序和隐喻手法成为解读从哲学到历史学著作的不二法门。由此，历史研究一直信奉和遵守的客观性原则受到空前挑战，历史阐释的基本理念也由客观阐释向主观强制阐释转移。

所谓 70 年代，用霍布斯鲍姆的话说，首先意味着 20 世纪这个极端年代的第二个时期的结束，也就是“二战”结束后 25 年至 30 年的所谓黄金时期的结束。此后便进入了“动荡不安”的 20 世纪 70 年代以及“伤痕累累”的 80 年代。在不安定的现实格局中，西方思想家们不断地以意图和愿望来代替对现实的真实解读，试图用主观幻想来遮蔽、替换现实苦难。

这就是张江所要拆解的强制阐释的时代与舞台背景。强制阐释的本质特征，就是断裂：文本与文本出现的时代背景断裂（文本中心论）、作品与作者的意图断裂（作者之死、意图迷误），等等。反映在史学领域，便是与历史学的客观主义原则断裂、与一元单线史观断裂、与所谓历史决定论断裂、文本与研究过程断裂、整体与区域断裂等。这些文化表征均是时代特征的折射。“过去的一切，或者说那个将一个人的当代经验与前代人经验承传相连的社会机制，如今已经完全毁灭不存。这种与过去割裂断绝的现象，可说是 20 世纪末期最大也最怪异的特色之一。”① 后现代主义所强调的，就是这种“过去与

① 霍布斯鲍姆：《极端的年代：1914—1991》，郑明萱译，中信出版社 2017 年版，第 3 页。

历史之间绝对的断裂”[①]。而后现代主义涵盖了从某些建筑风格到某些哲学观点的一切事物。[②] 于是，古老的历史学原则不再受到尊重，反而成为被讥讽的对象。

制造这一潮流的工具，便是诗学。过去所研究的标准哲学问题，如今全都转换成了诗歌和小说中的隐蔽程序研究。[③] 最极端的做法，就是将哲学著作当作文学作品来阅读和研究，而所有文字作品，都被认为是虚构的修辞学产品。[④] 海登·怀特有关史学的著作，其基本特点正是如此。恰如学者所指出的：“解构主义特别突显了历史学的诗性特征，包括揭示历史叙事的修辞性、历史话语的流动性与历史知识的美学特质。”[⑤] 由于以诗学的规则解读史学著作，告别客观主义信仰之后的“史”，便被看作了“诗”。“与其曰‘古诗即史’，毋宁曰：‘古史即诗’。”[⑥]

诗学是无罪的。诗学在“诗”的领域当然成立，但把史学著作看作是另一种特殊的诗歌创作，进而以诗学的规则去解读史学作品，就必然会呈现强制阐释的一个重要特征——场外强制征用，进而将历史阐释变为文学阐释。由于这种“诗”与“史”本体地位的互换仅仅着眼于史学文本的隐喻使用分析与归类，没有顾及历史研究过程和研究过程中对史料的考辨程序，相当于仅仅是一种成品的形式化检验，脱离了原料采集和生产的过程，因而它不但割裂了历史研究的完整链条，而且取消了历史学的独立学科地位。海登·怀特就曾说，他研究的是 19 世纪的历史写作，但他认同史学家的研究过程具有科学性，

① 邓京力等：《近二十年西方史学理论与历史书写》，中国社会科学出版社 2018 年版，第 87 页。

② 特里·伊格尔顿：《致中国读者》，《后现代主义的幻象》，华明译，商务印书馆 2014 年版。

③ 理查·罗蒂：《解构和回避——论德里达》，《哲学和自然之镜》，李幼蒸译，生活·读书·新知三联书店 1987 年版，第 400 页。

④ 参见《哲学和自然之镜》，第 2、13、16、146 页，第 181 页注 6，第 340、370、376、378、400 页。

⑤ 邓京力等：《近二十年西方史学理论与历史书写》，中国社会科学出版社 2018 年版，第 60 页。

⑥ 钱锺书：《谈艺录》，第 38 页。

只是在叙事时具有艺术性。[①] 但是，叙事的艺术性与研究过程的科学性的关系到底如何，自称马克思主义者的海登·怀特，并没有给出基于历史唯物主义的解答。

所以，海登·怀特研究的不是历史，而是历史写作。这是史学领域强制阐释的又一鲜明表征。通过对历史写作成品的诗学分析，怀特不是力求使本不该缺位的历史内容在场，而是用隐喻与修辞将历史内容虚构化，从而如安克施密特所描述的那样，引起人们领悟过去的尘埃化。以史学研究代替历史研究，以文本分析代替历史内容分析，将历史研究引入对文本的修辞手段的分析，这样就在研究对象的转换中完成了对历史的强制阐释。但是，当怀特等人使用隐喻的筛子去过滤历史的客观内容时，只注意到了漏下去的失真的部分，却没有顾及留下来的保真的部分。这就像一些解构主义者时常提到的脱衣舞的例子——其意义在于“脱”而非“脱下”，但若没有对“脱下”的期待，“脱”的过程是完全没有意义的。因此，在这个典型的例证中，本质主义并没有被消解。

史学领域强制阐释的另一表现，就是将历史化解为一个个碎片，并且将这些碎片论证为具有独立自在意义的本体。这是驱离历史研究客观性的必然结果。对此明确予以表态的是波普尔。他提出，根本不存在“总体论意义上的”或“关于社会状态的”历史学，只有所谓“零碎技术学”“零碎修补学”“零敲碎打的工艺学”“零碎的试验”。“不相信有可能对零碎方法提供任何一种相应的批判。”[②] 此处的重点在于消解总体论，然后将“零碎工程”提升到主导性的本体位置上来。这一企图，显然与 20 世纪拒斥所谓系统哲学、基础主义认识论、逻各斯中心主义的整体思潮相关，特别是与海德格尔的“此在”（Dasein）哲学相关。当海德格尔在哲学上将“da”（这儿、那儿）提升到生存论本体位置时，史学研究对于碎片的关注也就成为潮流。

① 埃娃·多曼斯卡编：《邂逅：后现代主义之后的历史哲学》，彭刚译，北京大学出版社 2007 年版，第 22、26 页。

② 卡·波普尔：《历史主义的贫困》，何林、赵平译，社会科学文献出版社 1987 年版，第 96—99 页。

一旦以“碎片”（da）为本体，就必然像福柯那样，排除“对起源、原因、出处、影响与目的等问题的关注”，就必然“对历史过程的任何目的论或因果关系的观点持激烈的敌视态度”①。在这一点上，所有后现代主义者是一致的。当然，所谓“碎片”可大可小，但就其脱离历史的整体性而言，都属于碎片。因此，碎片的另一重含义，是指孤立而自足的个体对象。

以思想史研究为例，自20世纪70年代起，该领域研究开始注重揭示“当地人的风俗习惯”②。这听上去不错。但是，它的核心在“当地”一词上，正是指一种脱离了整体的孤立存在。因此，它不仅具有具体化、情景化的含义，而且具有“碎片”特质。一个个的“当地”，也就是一个个的“da”。所谓“当地”，预示着抵制、消解整体与全局。正如安克施密特所说：“在后现代主义的历史观范围内，目标不再是整合、综合性和总体性，而是那些历史片段成为注意的中心。”③ 碎片化研究累积或堆积起来的成果，就是“一地鸡毛”，即史学研究对象的空前庞杂。当然，观照、内嵌整体与全局的微观研究，不在此列。

在年鉴学派那里找到后现代主义元素，并不困难。第一代年鉴学派的基本立场，就是使“每个个人都必须回归他的时代”。所谓“他的”“当地”的“时代”，正对应海德格尔的“此在”。至于说从无数“此在”中提炼出一个整体性的概念或定义，费弗尔是不认可的。④ 1968年前后，年鉴派进入第三阶段，也就基本碎片化了，以至福柯都成了它的同路人。⑤ 对历史的强制阐释，由此以碎片化的外在形式延展开来。

---

① 拉卡普拉、卡普兰主编：《现代欧洲思想史——新评价和新视角》，王加丰等译，人民出版社2014年版，第71页。

② 拉卡普拉、卡普兰主编：《现代欧洲思想史——新评价和新视角》，“前言”。

③ 安克施密特：《历史与转义：隐喻的兴衰》，韩震译，文津出版社2005年版，第222页。

④ 拉卡普拉、卡普兰主编：《现代欧洲思想史——新评价和新视角》，王加丰等译，人民出版社2014年版，第4、9页。

⑤ 彼得·伯克：《法国史学革命：年鉴学派，1929—2014》，刘永华译，北京大学出版社2016年版，第184页。

对历史阐释学的基本认识

阐释学与历史学具有天然的血缘关系。马克思说："被理解了的世界本身才是现实的世界。"[①] 同样，被理解了的历史才是真正与现实融通的历史。而人们理解历史，主要是通过历史学家对历史的阐释实现的。所以，历史学可以看作对历史进行专门阐释的学科。[②] "阐释"在历史学中具有元概念的属性，"阐释学规则"在历史学中具有元规则的属性。

伽达默尔认为自己的出发点同历史精神科学是一致的。他特别拈出所谓"时间距离的阐释学"[③]，实则就是历史阐释学。伽达默尔笔下的所谓文字流传物，正是史学意义上的所谓传世文献。在伽达默尔笔下，不仅阅读作为与史料照面的进行方式具有史学意义，而且史实重建作为史实的一种新的实现方式，具有史家论的意义。诸如此类，都指明历史阐释以阐释学的一般规则为基础。

但是，历史阐释必然具有自身的特点和属性。对此，伽达默尔的许多论述具有启发性。例如在分析"再现"与"阅读"这两个概念的关系时，伽达默尔说，"再现所涉及的并不是一种完全自由的创造"，"无论在再现的情况中或是在阅读的情况中都必须坚持阐释的共同性"[④]。这就启发我们，作为以"再现"而非"表现"为第一要务的历史阐释，它天然地不会是"一种完全自由的创造"。它必须接受阐释对象的约束以及阐释的共同性的核验，不然就不是合格的历史阐释。换言之，历史阐释必须建立在"诠释"的基础上，先"诠"而后"阐"，先"再现"而后"表现"。正是由于"诠释"

---

① 《马克思恩格斯文集》第 8 卷，人民出版社 2009 年版，第 25 页。

② 参见海德格尔《存在与时间》，陈嘉映、王庆节译，商务印书馆 2016 年版，第 533、535 页。

③ 加达默尔：《真理与方法：哲学诠释学的基本特征》，洪汉鼎译，上海译文出版社 2004 年版，第 646 页。

④ 加达默尔：《真理与方法：哲学诠释学的基本特征》，洪汉鼎译，上海译文出版社 2004 年版，第 657 页。

与“再现”的束缚，历史阐释无法得到完全的自由，得以保证其科学严谨。但是，在第一要务的基础上和约束下，它还必须完成第二要务，即必须去“阐”和“表现”，也就是在“求真”的基础上和约束下去“求善”。所谓阐明历史发展规律、揭示历史意义云云，均落入此义。有“诠”无“阐”、有“再现”无“表现”，即为纯粹的历史考据。有“阐”无“诠”、有“表现”无“再现”，即为纯粹的历史哲学。两者均不是完整的历史学。因此，就概念的澄明而言，史学领域没有“创作”，只有“制作”。历史学家的想象，既不允许也不可能是创造性的想象，而只能是一种制作性的想象，即所谓“拟想”。将史学著作视为创作、将史家想象视为创想，恰恰是后现代主义的主张。应该说，对于上述基本观点，许多学者或思想家都有所论及。

再比如，关于历史再现与艺术再现的关系，伽达默尔也给予了比较严格的区分，指出一个“忠实于历史”的再现并不是真正的艺术再创造；换言之，历史再现与艺术再现各有分工。历史再现的特点，在于它“表现为一种传授性的产品或单纯的历史研究资料，这种产品或资料最终将成为某种类似于由一位大师亲自指挥的唱片灌制那样的东西”[①]。这里，伽达默尔的立场虽然是艺术的而非史学的，却维护了历史再现自身固有的属性。也就是说，历史再现必须以忠实于历史为前提，而艺术再现却恰恰不允许完全忠实于历史。因此，“诗”可以是“史”，却绝不应是“事实”（Sache）意义上的史，不然它就违背了艺术的原则；只能是“真实”（Wahrhaft）意义上的“史”，不然它就完全成了谵妄的呓语。一首“诗”的优劣，绝不以其有无“本事”为据；一部“史”的良差，却必以其“本事”的真伪为根。故“以诗证史”是可以的，但只能证“史”是否“真实”，不允许证“史”是否符合“事实”。“事实”与“再现”相对应，属于史学之事；“真实”与“表现”相对应，属于艺术之事。由于史学在“再现”的基础上“表现”、在“事实”的基础上表述“真实”，受到

① 加达默尔：《真理与方法：哲学诠释学的基本特征》，洪汉鼎译，上海译文出版社2004年版，第669页。

“事实”与“再现”的约束，因此，我们要么认为它在本质上并不属于艺术，要么认为它是包裹在科学性里面的一种艺术。

澄清了上述道理，我们在做历史阐释时，许多疑惑就能得到通解。常言说“史学求真”，实则有“事实”之真、有“真实”之真。司马迁写霸王自刎，向来被指责为不真实。实则此处乃以霸王一生英雄性格为据，出于拟想，绝非创想；立足于真实，而非事实；立足于表现，而非再现。这种历史的真实，用李大钊的话说，既有“充分的记录”，又有“充分的解喻”,[①] 两者必须合一。或谓之历史学的艺术再现，亦无不可。“艺术再现”这一概念在史学的话语系统内，也就是历史表现之意。由此亦可见，可以通过诗歌作品去认识它所反映的时代背景，但不可以凭借诗歌作品去考订一件具体的历史事实。

历史研究的全过程，都是对历史的阐释过程。阐释的内在属性与规律，在历史研究全过程中都发挥作用。与其他领域的阐释活动相比，历史阐释受制于阐释对象的约束最强烈，因此其对话性以及主体间性的特点也最突出，公共性的要求最高。这里所说的公共性，也就是伽达默尔所说的“阐释的共同性”。历史阐释既受阐释的共同性的约束，又为取得阐释的公共性而奋斗。所谓取得阐释的公共性，即意味着成为所谓主流观点。主流观点一旦形成，就会呈现出正态分布的状态。在此状态下，主流观点占据中心位置，依从者众；非主流观点分布两侧，依从者寡。主流观点之所以能够与公共性接合，在于它蕴含和代表了人群心理内在统一的共同性。在自然状态下，主流观点成为“心理攸同”“道术未裂”的外在自然表达。而在非自然状态下，主流观点也可能是对“心理攸同”的虚假表达，因而成为假冒的公共性，变成具有虚假公共形式的强制阐释。在这种情形下，主流观点的正态分布状态就会内蕴出位移的动能。

历史阐释总是通过解读史料和前人的著作进行，而史料与前人的著作都蕴含着制作者的意图。因此，历史阐释必须穿越多重叠加

---

① 《李大钊全集》第 4 卷，人民出版社 2006 年版，第 403 页。

的主体滤镜而达到阐释的共同性与公共性。阐释的客观性，即寓于共同性与公共性之中。由于历史认识不可实验和对证的特殊性质，对于历史阐释的客观性的检验，只能在共同性和公共性中得以实现。于是，历史阐释中的理解，往往体现为对共同性和公共性的认可。但是，共同性和公共性也是历史性的，并非一劳永逸。后起历史学家的历史阐释，或者以新的方式证实先前已经具有公共性的历史阐释（如二重证据法），或者以新的阐释代替先前已经具有公共性的历史阐释（如“古史辨”），在“疑”“信”“证”的交互作用中形成合力，从而形成历史阐释以及公共性理解的时代更迭。这也正是克罗齐所谓“一切真历史都是当代史”的翻进之义。因此，历史阐释的更新，是在阐释对象不变的前提下阐释立场、视角和手段的更新。

偏离历史对象、历史资料约束的阐释，会造成对历史的“过度阐释”。过度阐释是对历史对象的强制附加。史学领域的“创新”具有特定内涵，只是指“在过去中重新发现最好的东西”。它是“发现”而非“发明”意义上的创新，因此不允许表现为对历史对象的偏离，而是要在对历史的完全尊重中实现，在人人皆可见的前提下见人之所未见，并且以新的史料或手段证成之。

对历史的阐释可以后续为对历史的“使用”。“使用”是罗蒂的概念。他认为历史只能阐释，不能使用。[①] 我们则认为，“历史”可以使用，但必须区分“正用”与“歪用”。影射史学是对历史的虚假阐释，是对历史的“歪用”。马克思主义史学是对历史的真实阐释，是对历史的“正用”。

历史唯物主义是以唯物史观为核心的极其完整的历史阐释体系。它所蕴含的历史阐释原则，一是“把经济的社会形态的发展理解为一种自然史的过程”[②]；二是从生活资料的生产出发去建构历史阐释系统；三是将历史的内容与叙述的逻辑统一起来，使得材料的生命在观念上反映出来时，呈现出来的“就好像是一个先验的结构”；四是

① 参见余宏《论过度诠释》，漓江出版社2013年版，第3页。

② 《马克思恩格斯文集》第5卷，人民出版社2009年版，第10页。

以对历史的“使用”为目标，此即马克思所说：“哲学家们只是用不同的方式解释世界，问题在于改变世界。”①

但是，对于解释世界的不同方式，马克思是高度重视的。《资本论》未完成的第四卷即专门以理论史为研究对象。由于着重于从基本经济事实中引出政治的、法的和其他意识形态的观念以及以这些观念为中介的行动，因此马恩难以避免地“为了内容方面而忽略了形式方面”，“即这些观念等等是由什么样的方式和方法产生的”②。但是，这恰恰证明了他们对“形式”的高度重视。

尽管马恩没有留下研究思想与思维形式的专门著作，但其论著中散见着许多相关论述，对于我们探索以唯物史观为指导的历史阐释规律，极具启发和指导价值。比如，关于阐释对象与阐释主体的关系，马克思早年就认识到，“只有当对象对人来说成为人的对象或者说成为对象性的人的时候，人才不致在自己的对象中丧失自身”。他指出：“一切对象对他来说也就成为他自身的对象化，成为确证和实现他的个性的对象，成为他的对象，这就是说，对象成为他自身。”马克思认为，“人不仅通过思维，而且以全部感觉在对象世界中肯定自己”。因此，人的对象只能是人的一种本质力量的确证，人的对象“只能像我的本质力量作为一种主体能力自为地存在着那样才对我而存在”，所以任何一个对象对人的意义，“恰好都以我的感觉所及的程度为限”③。这样的论述，不仅对于我们思考独立主体的思维过程有意义，而且对于我们从唯物主义的视角去改造视界融合、对话逻辑、效果历史等命题，都是有意义的。正因为马克思和恩格斯用他们的方式科学地解释了世界，由此才带来对世界的改变。这就是对历史的正用。

---

① 《马克思恩格斯选集》第1卷，人民出版社2012年版，第136页。

② 《马克思恩格斯文集》第10卷，人民出版社2009年版，第657页。

③ 《马克思恩格斯文集》第1卷，人民出版社2009年版，第190—191页。

历史学的原生形态及其质文递变*

李红岩**

一 “历史”与“史学”

在史学理论的概念系统中，将“历史”与“史学”严格地区隔开来，具有建构史学知识论以及历史阐释理论的基础性和始源性意义。由此出发，相应的推论才足以延展出一个开放的理论系统。因此，区隔这一对概念的重要性，就像区隔“精神科学”与“自然科学”概念对于新康德主义哲学的重要性一样，乃为理论全体之纲。正是基于其重要性，故思想家与史学理论家对之大都高度重视，从而清晰地将历史叙述（Historie）与历史（Geschichte）、“写史”与“历史”区隔开来。

黑格尔就曾对作为名词的“历史”作出“客观的”和“主观的”辨析。他说，在德文中“历史这一名词联合了客观的和主观的两方面，而且意思是指拉丁文所谓‘发生的事情’本身，又指那‘发生的事情的历史’。同时，这一名词固然包括发生的事情，也并没有不包括历史的叙述。我们对于这双层意义的联合，必须看做是高出于偶然的外部事变之上的”。① 显然，他并不是通过划分“历史”与“史

* 本文原刊于《东南学术》2022 年第 1 期。

** 作者单位：中国社会科学杂志社、中国社会科学院大学阐释学高等研究院。

① 黑格尔：《历史哲学》，王造时译，世纪出版集团、上海书店出版社 2006 年版，第 56 页。

学”两个名词，而是通过赋予“历史”这个名词“史学”的含义，从而表达出人类主体对于客观历史的文本重构。对于这种“主观的历史叙述”，黑格尔格外重视，认为假如没有纪年春秋，就会“缺少客观的历史”。他很感慨地说，尽管印度富于精神的、深湛的思想，拥有宗教古籍、灿烂诗歌和远古法典，却没有“历史”。这与中国形成了鲜明对照，因为中国具有非凡卓越、能够回溯到太古的“历史”。尽管黑格尔没有通过区隔“历史”与“史学”的方式展开其论述行程，但意义是同等的。黑格尔所强调的正是历史叙述的重要性。印度缺乏历史意识，从而缺乏“主观的历史叙述”，但并不是说客观历史在印度根本没有发生过。

黑格尔之后，布莱德雷、沃尔什等人对“历史”与“史学”的区隔愈加严格。海德格尔细腻地在“历史性”“时间性”“历史追问”“历史研究”“历史学”“历史学之为历史学（Historizität）”“对历史进行历史学追问”“历史学揭示”“历史科学的历史”等概念与命题中爬梳穿梭，提出“没有历史学并不证明此在没有历史性”等命题。他说：“‘历史’这个术语既意指‘历史现实’也意指关于历史现实的可能科学。以此昭示出来这个术语最切近可见的暧昧两可，这种暧昧两可经常受到注意但却绝非‘无伤大雅’。”《存在与时间》的中译者解释说：“海德格尔明确区分 Historie 和 Geschichte 这两个同义词。Geschichte 用来专称实际发生的历史，我们译为‘历史’；Historie 用来指对历史的记载、反省和研究，我们译为‘历史学’。与此相应，Geschchitlich 和 Historisch 分别译为‘历史上的’和‘具有历史学性质的’或‘历史学的’。”[①] 可见，到海德格尔，概念的区隔已经极其精微了。

专业史学家在写史过程中当然也会注意到这一点。一位德国史的学者就曾写道，史学家称过去发生的事件为 Geschichte（历史），称撰写历史为 Historie（写史）；“历史”和“写史”的差异产生出两者的张力，这种张力使从事研究工作的历史学家在描述他所探讨的对象

① 海德格尔：《存在与时间》，陈嘉映、王庆节译，商务印书馆 2016 年版，第 31、508、512 页。这个译本对此前的汉译本作了几乎全盘的修改与修订。

时既起能动作用，又须采取负责态度。[①] 所谓“能动作用”，是指主体的积极介入，例如发挥想象力；“负责态度”则指主体的自觉约束，例如对史料的尊重与依赖。换言之，史学的特性必然导致史家“戴着镣铐跳舞”。“镣铐”指史料，“跳舞”指创新性。可以这样说，从海德格尔到海登·怀特，从现象学到后现代主义，在涉及史学理论时，都是从区隔“历史”与“史学”两个概念出发，从而得出历史学的性质、史家工作的性质、史学成果的性质等一系列结论。

在我国，李大钊很早就注意到这一问题，作了非常清晰、深刻的界说。他提出，有两种事实：一是“实在的事实”，也就是“客观的过往”，是“死”的固化的事实；二是“历史的事实”，也就是“解喻中的事实”，是一种“主观认识”，是“生动无已”的。他所说两种事实，前一种对应“历史”，后一种对应“写史”。具体到“写史”，他认为又包含“记录和解喻”两部分。“只有充分的记录，不算历史的真实，必有充分的解喻，才算历史的真实。”由此出发，他甚至提出，所谓“历史的真实”，一是指“曾经遭遇过的事的纪录是正确的”，二是指“关于曾经遭遇过的事的解喻是正确的”，因此，“历史的真实”是时时变化的。[②] 显然，李大钊的论述已经触及历史阐释的深层话题。在他看来，不但要区分“历史”与“写史”，而且“写史”还应进一步细分，区隔出“记录”与“解喻”，也就是“记载”与“阐释”。所谓“解喻”，即史家对于历史的认识，是对历史规律性的揭示，属于宏大叙事范畴，如同知识一样会增长、扩大、变化。

20 世纪 30 年代，冯友兰、钱锺书等人也表达了类似的看法。钱锺书认为，存在着“野蛮的事实”与“史家的事实”两种事实。[③]所谓“野蛮的事实”，即通常所说的生物学事实、物理学事实，亦即李大钊所谓“实在的事实”“客观的过往”；而所谓“史家的事实”，则

---

① 迪特尔·拉甫：《德意志史：从古老帝国到第二共和国》（中文版），波恩 Inter Nationes1987 年版，第 1 章“导言”。

② 李大钊：《史学要论》，中国李大钊研究会编：《李大钊全集》第 4 卷，人民出版社 2006 年版，第 403 页。

③ 钱锺书：《旁观者》，《大公报·世界思潮》第 29 期，1933 年 3 月 16 日。

是“写史”活动所呈现的文本事实。

史学史家当然会更敏感地意识到这一问题。杨翼骧先生说：“历史有两个意义：一是指客观存在的历史事实，二是指人们编写的历史。这两种意义难以一致。前者是客观的，后一种很可能是不完全和错误的，不仅史实可能错，解释也可能错。”又说：“史学与历史不同。历史是历史事实本身，史学是怎样研究历史的学问。”[①] 前一句中的“历史”，包含了“历史”与“史学”二义；后一句，则明确区分“史学”与“历史”。这两句话极为明通。

朱本源先生考察了西文“历史”一词的涵义变化，指出从文艺复兴时期以后，这个词才逐渐具有双重含义，既指“过去的事件”，又指“关于过去的陈述”，因而具有了主观与客观两方面的意义。他还介绍说，康德曾提议用 Geschichte 指历史，用 Historie 来指史学，克罗齐和法国的科尔班也曾建议用不同的词来区分“历史”和“史学”，但这些建议均没有被采纳。[②] 朱先生的考察实际上回答了黑格尔将历史赋予双重含义的原因所在。

在写史活动中，历史学家面对的已经是写史的成果——历史资料或历史著作。即使考古资料或遗存，用海德格尔的话说，也只能是“作为那以世内照面的方式是其自身所是的存在者而具有历史性”。[③] 当文物曾在其内来照面的世界过去之后，文物也就处在了所谓“曾在状态”。史学家们都接受这样的观点，即历史学家无法直接面对历史，历史写作的成果不容许史实之外的重复。克罗齐所谓“一切真历史都是当代史”，[④] 柯林武德所谓“一切历史都是思想史”，[⑤] 显示了写史视角以及史学对象认取的差异性。海德格尔说：“历史之为过去之事总是就其对‘当前’的积极的或阙失的效用关联得以领会的，而

---

① 《杨翼骧中国史学史讲义》，姜胜利整理，天津古籍出版社 2006 年版，第 2 页。

② 朱本源：《历史学理论与方法》，人民出版社 2006 年版，第 9—10 页。

③ 海德格尔：《存在与时间》，第 516 页。

④ 贝奈戴托·克罗齐：《历史学的理论和实际》，傅任敢译，商务印书馆 1986 年版，第 2 页。

⑤ R. G. 柯林武德：《历史的观念》，何兆武、张文杰译，中国社会科学出版社 1986 年版，第 244 页。

‘当前’的意义则是‘在现在’和‘在今天’现实的东西。”[1] 这也正是李大钊、克罗齐、柯林武德之意，也是人类不断撰写同一个史学对象的原因所在。史学对象的唯一性与历史撰述的多样性、当下性，成为历史学生命延续的不竭动力。

因此，历史知识论的建构必须建立在严格辨析“历史”与“史学”的基础之上。对此，很有必要开掘前人的思想资源，展开古今对话。亚里士多德曾提出史家与诗人的差别问题：“诗意在描述普遍性的事件，而历史则意在记录个别事实。”[2] 尽管亚里士多德有其特定含义，但史学“记录个别事实”的思想却对西方影响极深。新康德主义的李凯尔特从认识论上澄清历史的概念构造的逻辑，事实上即可归结到这个定义上去。从今天看，所谓“诗意”，正是李大钊所说史学之不可缺少的“解喻”。在现代中国，较早从建构历史知识论的视角讲“史”的，是张东荪。他认为，“史”（History）与“学”（Science）不同，“学”的对象是普遍的形式、共同的条理、一般的原理、普遍的法则，而“史”的对象则是“特殊的事实”。“这个事实纵使在世界上只发生一次，从不再有同样的，而亦仍有描写之必要。”“史”的用处“就在描写特殊事情中藉以表现普遍原理”。不过“‘史’所表现的原理不是静的形式，乃是动的历程（Process）。我们通常只知道形式上有一定的，于是形式乃成为普遍的，殊不知历程亦有一定的，所以历程亦可说有普遍性（Universality）宿于其中。由特殊事情以表现其历程之普遍性便是史之任务”。[3] 这段话混杂了亚里士多德和新康德主义，但指向的是现代历史意识。

二 “史”与“事”

区隔了“历史”与“史学”，回到汉语世界，会发现在汉字中，

---

① 海德格尔：《存在与时间》，第 512 页。

② 亚里士多德：《论诗》，崔延强译，苗力田主编：《亚里士多德全集》第 9 卷，中国人民大学出版社 2016 年版，第 654 页。

③ 张东荪：《张东荪讲西洋哲学》，张耀南编，东方出版社 2007 年版，第 1—2 页。

“史”字只具有“史学”的意思，而表达客观历史的汉字，不是“史”，而是“事”。

朱本源先生曾经明确指出这一点。他说：“在我国古代文献中，‘史’这个字从来就是指‘关于当前的或过去的事件的记录’，丝毫不包含历史事件本身的意思，事件本身则称为事”；“总之，‘史’这个词在古代没有双重含义，它完全指历史家的著作或历史家”。[①] 朱先生这段话具有重要的史学认识价值。

《说文》：“史，记事者也。从又，执中。”此定义用字省简，但意蕴丰富。《故训汇纂》以此统领，竟列出 72 家说法。笔者以为，该定义可析分为五个层面，每个层面又可延展出诸多环节与要素。

其一，表明了史学活动的主体——专人。“史之一辞，本指人而言，非以指记事之书，故《说文》以记事者释之也。”[②] “又”是右手。所谓“专人”，以“史官”为大宗，可统称为史家。《史通》将“史家”“史官”并立标目，以示二者之别，依今天的分类标准，则可归一揆，统称“史家”。史官制度从出土彝铭看，确实存在。《汉书·艺文志》说孔子与左丘明观“史记”。《史记》之“史”，即“史官”之意。换言之，其中含有“司马迁著”的意思。

问题的复杂性在于，史官既有层级之分，又有职责之别，且在史职之外还做其他事。据说成周之时，自太史以至小行人，都是专管官府典籍的人。总之，史官“参加其他许多事务”。[③] 刘师培甚至认为，“周代之学术，即史官之学也，亦即官守师儒合一之学也”，[④] 并与其他职官的职守有交叉。但是，就“记事”而言，史官属于专人。上述情况对于我们考察史学独立性的缘起，造成了困难。

其二，表明了史学活动的结果——史书。“初则以史名官，继则

---

① 朱本源：《历史学理论与方法》，第 13 页。

② 金毓黻：《中国史学史》，河北教育出版社 2000 年版，第 13 页。

③ 晁福林：《西周时期史学的发展和特征》，《夏商西周史丛考》，商务印书馆 2018 年版，第 1087 页。

④ 刘师培：《古学出于史官论》，《刘师培史学论著选集》，邬国义、吴修艺编校，上海古籍出版社 2006 年版，第 13 页。

以史名书。"①"'史'字的初意，是指一种官职和任这种官的人。后来，用以称呼历史记载。"②《史通·因习》："史书者，记事之言耳。""史书"有二义：一为名词，指记事的整体成果；二为动词，指书写活动。从史书内部的文字布局、组织来说，史书可以叫作"史文"。《史通》之"史"，即"史书""史文""史学"之意。③

"史文"这个概念来自《孟子·离娄》："王者之迹熄而《诗》亡。《诗》亡然后《春秋》作。晋之《乘》，楚之《梼杌》，鲁之《春秋》，一也。其事则齐桓、晋文，其文则史。孔子曰：其义则丘窃取之矣。"《孟子》一书富于深厚意蕴的话语并不多，但此句例外，很值得抽丝剥茧，仔细发掘。朱本源先生指出，这段话是"关于中国历史学的起源和性质的原理"，"是对历史思维本身的一种思维"，"属于历史哲学中的历史认识论领域"。朱先生还提出，"孟子可算是中国诠释学的奠基人"。④ 可谓老吏断狱，一眼看穿。

"史""文"二字构成固定词组至少在西汉时期。《史记·三代世表·序》："孔子因史文，次《春秋》，纪元年，正时日月，盖其详矣。"《太史公自序》载司马谈临终时对儿子司马迁语："余为太史而弗论载，废天下之史文，余甚惧焉，汝其念哉。"明确以"史文"专指历史著作，已经具有完整的当代文本（Text）属性。至刘知几，"史文"一词更是内涵固定，如《惑经》批评孔子之"史文"。

孟子、司马迁、刘知几的观念显明，并非对历史的任何书写都可称为"史文"。这个词具有严格的政治正统、职责专业的含义在内，包含着以史学为本体、以史家为主体的学科立场。倘若不具备正统性与专业性，纵使文本对象以历史为题材，亦不可称"史文"。因此，"史文"意味着依照严格的规则去完整地记录、编纂与书写。由此出发，"书写"成为中国史学与生俱来的一个重要范畴。

杨翼骧先生提出，"直到东汉以前，史都是称人和事的，而不是

① 金毓黻：《中国史学史》，河北教育出版社 2000 年版，第 9 页。

② 白寿彝：《中国史学史》第 1 册，上海人民出版社 1986 年版，第 3 页。

③ 按何以书名"史通"，刘知几自己有解释，乃是讲书名之由来，并非讲"史"字之涵义。

④ 《朱本源史学文集》，陕西师范大学出版社 2005 年版，第 310、368 页。

史书的名称”。“史书称史是从东汉末年刘若《小史》开始的。”[①] 怎样理解这个看法？首先，杨先生只说“史”没有成为史书的名称，既没有否定史书已经存在，也没有否定“史”具有史书含义。杨先生还曾说：“殷有史官便开始有史学，由史官记事便出现了史学。”有史学，必有史家、史书，但虽有史书，却未必名“史”，而叫“坟”“典”“册”“书”“乘”“志”“梼杌”“春秋”等等。《尚书·多士》：“惟殷先人，有典有册。”确非虚语。刘师培说：“有史即有书，故三皇五帝之书，至周犹存，掌于外史。”[②]《史通·题目》说：“自汉已下，其流渐繁，大抵史名多以书、记、纪、略为主。后生祖述，各从所好，沿革相因，循环递习。”足见，即使汉代之后，史书也未必名史。其次，杨先生说“史”专指“事”，体会其意，此“事”亦不指客观历史，而是既指史官所做之事，又指所“记”之“事”，即“史事”。史官所做之事，为“记”，故黄侃说，“史”同“记”。[③] 史官所记之事，为“史事”。所谓“史事”，就是记录在史学文本中的事。实则，在古汉语中，即使“事”字也带有强烈的偏于主体性的意涵。

其三，表明了史家行为的基本方式——“记”。“记”是连接“史家”“史文”的中间环节与过程，即所谓“写史”。甲骨文中已经有“记”，“用来记录甲骨的来源、数量及祭祀等事项”。其他材质上则有“记载战功和狩猎擒获之辞”。间有记事卜辞竟长达一百多字。[④]“记”将客观历史（事）转化成为“史文”的题材，亦即将“事”转化为“史事”，由此而形成历史著作内部的三维文本结构：史事、史文、史义。

所谓“记”，并非机械的记录，不着情感，不添枝加叶。换言之，它并不内在地蕴含客观主义的立场和态度。古人已经自觉到“事”

---

① 《杨翼骧中国史学史讲义》，第 1 页。

② 刘师培：《中国历史教科书》，万仕国点校，广陵书局 2017 年版，第 63 页。

③ 黄侃：《说文同文》，黄侃笺识、黄焯编次：《说文笺识四种》，中华书局 1983 年版，第 16 页。

④ 白寿彝总主编：《中国通史》第 2 版第 3 卷，《上古时代》，徐喜辰、斯维至、杨钊主编，上海人民出版社 2015 年版，第 91、92 页。

与“史”之间的张力或距离，但不是通过强化客观主义的维度去加以解决，而是将其消融在主体性中。因此，“记”服从于立场和价值。柯林武德说，单纯的记载不足以成为史学；当公元前5世纪希罗多德用历史学（History）命名著作时，即意味着“传说的笔录之转化为历史科学”。[①] 实则，所谓单纯的记录只能是一种观念。凡记录，必有前提：记什么、不记什么，即抉择标准问题；怎样记、不能怎样记，即记录方式问题，包括格式、体例、体裁乃至文体等子问题。《史通·序例》说：“夫史之有例，犹国之有法。国无法，则上下靡定；史无例，则是非莫准。”“记”总是与“例”纠缠在一起，而“例”在史学史上是史学文本组织与书写的核心事项，也是历史阐释学需要仔细检视的一个事项。由上述二端又引出第三个前提，即“记”的内涵针对不同内容在不同历史时段必有相应变化。故“史记”之“记”不同于“礼记”之“记”，亦不同于“汉记”之“记”。

通常认为，古人“记”事以“不隐”为原则，所谓“君举必书”。实则，这同样仅仅是一个观念。就客观限制而言，上古生活虽然简单，但依然无法做到“不隐”。即使已经记载之事，也无法做到甚至故意不做到对全部要素的不隐。以著名的《墙盘》铭文为例，其记载周王朝历史，“与其家族有关的周王，他就着重叙述，反之则一提而过，或者根本不提”。[②] 此类故意为之最有分析价值。培根《新工具》说：“自然的精微远较论辩的精微高出多少倍。”“自然的精微较之感官和理解力的精微远远高出若干倍。”历史本身的精微较之于“记”，同样如此。所以，培根接着说，“人们所醉心的一切，像煞有介事的沉思、揣想和诠释等等”，难免“实如盲人摸象”，“离题甚远”。[③] 这是人类思维抽象化所必须付出的代价。当史家给出客观历史的逻辑化、秩序化框架时，或许也正是其离题万里之时。为避免这一尴尬，兰克选择了回归。他说：“真实的历史比虚构的小说要

① R. G. 柯林武德：《历史的观念》，第21页。

② 晁福林：《西周时期史学的发展和特征》，《夏商西周史丛考》，第1089页。

③ 培根：《新工具》，商务印书馆1984年版，第9、14页。

有趣味得多、要美得多。”“于是，我离弃了小说，决心在我的著作里避免一切虚构和幻想而坚持写真实。”① 然而，兰克的立场与观点是错误的。我们看到，上古之人正是通过“小说”而走进历史的真实。

因此，当“隐”符合“礼”的规范时，在上古人心目中并非表明不真实。刘知几《疑古》写道：“案《论语》曰：‘君子成人之美，不成人之恶。’又曰：‘成事不说，遂事不谏，既往不咎。’又曰：‘民可使由之，不可使知之。’夫圣人立教，其言若是。在于史籍，其义亦然。是以美者因其美而美之，虽有其恶，不加毁也，恶者因其恶而恶之，虽有其美，不加誉也。故孟子曰：‘尧、舜不胜其美，桀、纣不胜其恶。’魏文帝：‘舜、禹之事，吾知之矣。’汉景帝曰：‘言学者，无言汤、武受命，不为愚。’斯并曩贤精鉴，已有先觉。而拘于礼法，限以师训，虽口不能言，而心知其不可者，盖亦多矣。”可见，古人记事并非善恶必书、实事求是，而是隐恶扬善、价值先行、以论带史。对此，已经具备科学史学观念的刘知几毫不隐瞒地表达了愤慨。他甚至直接将矛头对准孔子与《春秋》，更扩展到周公与六经，并列出十个案例逐一批判，指出“远古之书”与“近古之史”非仅内容“繁约”不同，重要的是“向背皆殊”，即价值观不同，而他则主张“直书”，反对“曲笔”。不过，在儒家名教与史书直笔之间如何协调，刘知几难免有所游移。但是，刘知几时常强调“时移世异，体式不同”，确实显明了中国史学发展形态的阶段性，揭示了史学价值立场的界标性变化。当然，刘知几的批判还不够深刻，还缺乏维柯那种从诗性思维出发进行思维结构分析的深度。

总之，对所谓“记”，须作内部结构的深入分析。《说文》说“记”是“疏”的意思，段注：“谓分疏而识之也。”② 而“疏”，《说文》又说是“通”的意思。可见，“记”意味着“疏”“通”，非但

---

① 古奇：《十九世纪历史学与历史学家》上册，商务印书馆 1989 年版，第 178 页；恩斯特·卡西尔：《人论》，甘阳译，上海译文出版社 1985 年版，第 220 页。

② 段玉裁：《说文解字注》，许惟贤整理，凤凰出版社 2015 年版，第 169 页，释“记”；第 209 页，释“史”。

不拒斥主体，还规定着主体的介入。只有沿着这样的向路去开掘，才能破解“记”的奥秘。

其四，表明了史家书写的对象——“事”。这个“事”，就是《离娄》所谓“其事则齐桓、晋文”之“事”，是“史”“记”的对象，亦即马恩所谓“铁的历史事实”，或学者所谓“物理学事实”“生物学事实”。前文已揭，“事”与“史事”不同。作为概念，前者不仅是客观的、单件的，还是演化的、联系的；后者则是对前者的提炼。马克思、恩格斯说：“历史不外是各个世代的依次交替。”① “事”的依次交替，需要“史事”去梳理和揭示。

实则，从字源看，“事”也由“史”生发出来。正如王国维所说：“史之本义，为持书之人，引申而为大官及庶臣之称；又引申而为职事之称。其后，三者各需专字，于是史、吏、事三字于小篆中截然有别。持书者谓之史，治人者谓之吏，职事谓之事。此盖出于秦汉之际，而《诗》《书》之文尚不甚区别。”② 这就让我们不得不说，即使客观性的“事”也来自主体的“史”，这正是古人先知先觉之所在。

在古人观念中，“事”与“言”对应，所谓“左史记言，右史记事”。段玉裁已经指出，《说文》讲“史”记事而不及记言，乃是“以记事包之”。③ 因此，“言”与“事”均属于“事”。刘知几指出，“史”之“记事”，春秋之前其实重记言而轻记事。降逮《史》《汉》，方以记事为宗。《史通·疑古》是一篇极具历史认识论价值的名篇，它极其感慨地写道，上古之所以重记言而轻记事，全由于史实不可靠，而言论则相对靠谱。沿袭成为习惯，以至“及左氏之为《传》也，虽义释本经，而语杂它事，遂使两汉儒者，嫉之若仇。故二《传》大行，擅名于世。又孔门之著录也，《论语》专述言辞，《家语》兼陈事业，而自古学徒相授，唯称《论语》而已”。这类议

---

① 《德意志意识形态》，《马克思恩格斯文集》第 1 卷，人民出版社 2009 年版，第 540 页。

② 王国维：《释史》，《观堂集林》第 1 册，中华书局 1959 年版，第 270 页。

③ 段玉裁：《说文解字注》，许惟贤整理，凤凰出版社 2015 年版，第 169 页，释“记”；第 209 页，释“史”。

论旧时曾经饱受攻击，我们则认为，刘知几的史识具有王充之风，极其锐利。以周代彝铭中字数最多的《毛公鼎》为例，“全篇文字即由五段周王的话组成”。它“没有记载毛公的什么业迹，而是以绝大部分的文字记载了周王的训诰言辞”。[①] 遗憾的是，刘知几没有点明重记言轻记事背后的深层原因，即中国史学最初的终极追求，目标是哲学的、义理的，而非仅留存记忆。此即孔子“信而好古”“述而不作”“其义窃取”的内蕴所在。所谓孔子作《春秋》之作，并非创作之意，乃指“因前人之意而为”。[②]

总之，从“事”到“史事”，不仅经过了史家的主体过滤，而且在不同时段，过滤的价值标准也不同，甚至会呈现形态性的阶段区隔，形成史学史上诸多争议话题。古人注意到了这种现象，我们则要借助当代历史阐释学的理念去予以新的抉发。

其五，表明了史家记事的基本原则——“中”。甲骨文中有“中”字，指旗帜，引申为方位中央，又指中间，还有“得到”“合适”“符合”之义。[③] 后世学者解释，有虚实两个指向。虚者指一种基本原则与立场，即“中正”。实者指一种器具，即放置射事成绩筹码的盛筭之器，盛筭之器也用来放置写字的竹简，故引申为簿书档案，即案卷。对于实的指向，王国维、章太炎等学者均做过精细考证。钱锺书说：“或有据《周礼》《礼记》注，因说《老子》五章‘不如守中’之‘中’为‘图籍’者；是‘竹帛’‘篇章’虽‘糟粕’而必保‘守’勿失也，岂老子柱下守藏史之故态复萌、结习难除乎？亦如以孔子说成训蒙师矣。”[④] 意指这种解释与老子学说相矛盾。实则，段玉裁讲得很清楚，“中”就是“合宜”。检《故训汇纂》所列“中”字的众多义项，我们认为“合宜”最符合“史”之语境。合乎礼则合宜。射中目标为合宜，由外入内、纳于其里，亦为合宜。“中正”实与“合宜”互训。因此，刘知几所批判的那些不实不信之

---

① 晁福林：《西周时期史学的发展和特征》，《夏商西周史丛考》，第 1090 页。

② 刘师培：《周末学术史序》，《刘师培史学论著选集》，邬国义、吴修艺编校，上海古籍出版社 2006 年版，第 522 页。

③ 晁福林：《甲骨文“中”字说》，《夏商西周史丛考》，第 409、412 页。

④ 钱锺书：《管锥编》，中华书局 1979 年版，第 406 页。

事，在上古人眼里，是合宜的，因而也是中正的，故“圣人”才不但倡之，而且为之。显然，“中正”的内涵经历了由合乎礼法、入乎义法到出乎礼法、入乎新义法的转变。

由上可知，“史”字的主体属性极其鲜明。客观事物与历史均包含在主体的范畴之内。“史”字内含着对历史与历史书写的严格区隔。由于这种区隔，“史”字在汉语世界天然地具有历史阐释学的意义。史家通过“读史”去了解“事”，又通过“写史”来传达“事”。在此过程中，形成对“事”的理解，再把这种理解传达出去。这样一来，“事”的意义便发生了变化。因为这种变化，史学得以创新发展。在转化“事”的意义的过程中，不同阶段的史家遵守了不同年代的价值标准与书写规则。对这些规则进行认识论的核验，是历史阐释学的重要任务。

三　以“诗”记“事”

那么，怎样的“文体”才与“史”相配？支撑这种文体的思维方式是怎样的？要回答这两个问题，需要再回到《孟子·离娄》中的那句话：“王者之迹熄而《诗》亡，《诗》亡然后《春秋》作。”杨伯峻先生的白话译文为：“圣王采诗的事情废止了，《诗》也就没有了；《诗》没有了，孔子便创造了《春秋》。”①

这段翻译依循了某些汉人的读解，即认为“迹”为“迈”之误写，而“迈”是指“遒人”，即采诗的官员。但是，许多学者并不认可这种说法。高亨先生说：“先秦古书并没有记载过采诗的官和采诗的事，所以周代是否存在这种制度，还不能定论。”② 朱东润先生甚至认为，《国风》并非来自民间。③ 而且，《说文》本有“迹”字，释为“步处”，《孟子》的汉人赵岐注及署名宋人孙奭的疏，在此句下均未提采诗之事，而是认为“太平道衰，王迹止熄，颂声不作，故

① 杨伯峻：《孟子译注》上册，中华书局 1960 年版，第 192 页。

② 高亨：《诗经今注》，上海古籍出版社 1980 年版，第 1 页。

③ 朱东润：《国风出于民间论质疑》，《诗三百篇探故》，上海古籍出版社 1981 年版。

《诗》亡”。“《诗》可以言，颂咏太平，时无所咏，《春秋》乃兴。”“孟子言自周之王者风化之迹熄灭而《诗》亡，歌咏于是乎衰亡；歌咏既以衰亡，然后《春秋》褒贬之书于是乎作。”“盖王者迹熄，则所存者但霸者之迹而已。言其霸，则齐桓、晋文为五霸之盛者。”[①] 段玉裁注《说文》，也未说此字通“迈”。[②] 因此，采诗之说本文不取。不过，这段话的重点也不在“迹”字之义，而在“王者”所显明的时代性。

笔者认为，此话的更深隐含在于暗示了两个历史阶段及其转型。第一阶段是“王者之迹”时期，与之相配合、相适应的社会文化与书写形式是《诗》；第二阶段是“王者之迹”解体后，与之相配合、相适应的社会文化与书写形式是《春秋》。因此，“王者之迹”的消失意味着记事文体从《诗》到《春秋》的转型。这是史学史上划时代的一件大事。

上古时期文化形态的阶段性划分，是一项国际性重大课题。改革开放后，对于西周之前历史的研究，日益成为显学。国际上，以雅斯贝尔斯提出的“轴心时代”概念为基准，人们对所谓前轴心时代的兴趣愈来愈浓厚。在中国，不仅史学界、考古界关注西周之前，而且思想史界、文学史界同样如此。为此，维柯、卡西尔以及一大批文化人类学的著作，重新受到深入解读。维柯认为：“诗性历史至少比世俗历史的开始要早九百年，即在英雄时期之后才开始。”[③] 所谓英雄时期，就是前轴心时代的爱琴文明时期，即《荷马史诗》所描写的公元前 12 世纪到公元前 9 世纪，相当于我国的商周时期。《孟子》那段话所隐含的两个历史阶段，即为从诗性历史到世俗历史的转变。其具体转变年代应在西周与东周之交，即公元前 8 世纪，恰好是轴心时代开始的时间。

朱本源先生早曾提出，孔子“完成了由诗性的历史到科学的历史

① 《十三经注疏·孟子注疏》（整理本），李学勤主编，廖明春、刘佑平整理，北京大学出版社 1999 年版，第 226 页。

② 段玉裁：《说文解字注》，第 124 页，释“迹”。

③ 维柯：《新科学》，朱光潜译，人民文学出版社 1986 年版，第 172 页。

的过渡”。[①] 可谓明通之见。春秋之前中国文化经历了形态性转变，这是一个无疑义的定论，但具体的转变过程与不同领域的表现，尚歧义纷呈。在观念、思想及学术领域，晚清时期的夏曾佑已经拈出，中国原初的文化形态乃是鬼神、五行之说，而用各种巫、史、卜、祝之法以推测之，“此为其学问宗教之根本”。如果将这种文化形态追溯至炎黄，那么，周公时则达到了最高峰，此后逐渐衰落，至老子时遭到整体性破坏。“盖自上古至春秋，原为鬼神、术数之世代。”换言之，转型期是在东西周之交：“春秋以前，鬼神术数之外无他学；春秋以后，鬼神术数之外，尚有他种学说焉。”春秋时期，以老子为代表，“反复申明鬼神、术数之误”，致使此前的文化形态遭到整体坍塌，但“老子之书有破坏而无建立，可以备一家之哲学，而不可以为千古之国教”。因此，老子遭到社会的强烈抵制与排斥。孔子弥补了老子的缺环，亦即在破坏旧文化的基础上构建了新的文化形态。“孔子去其太甚，留其次者，故去鬼神而留术数。”[②] 笔者认为，夏曾佑的论述非常契合《孟子》所谓“《诗》亡然后《春秋》作”，而且无意中回答了何以是孔子而非老子成为了古人心目中所谓“至圣先师”“集大成者”。

但是，从炎黄到春秋时间跨度极长，其间必然还含有若干转型阶段。最引人注目的当然是殷周之际。《礼记·表记》借孔子的话说：“殷人尊神，率民以事神，先鬼而后礼……周人尊礼尚施，事鬼敬神而远之。”表明虽然同处夏曾佑所讲的大时段内，但殷与周的观念发生巨大变化。学界皆知，王国维早曾指明：“中国政治与文化之变革，莫剧于殷周之际。”他拈出，从周开始，政治中心与重心从东向西转移，而夏殷之间的政治与文物变革则不大。因此，夏殷可视为一系，西周则自成体系。殷周之间的大变革，王国维认为属于“旧制度废而新制度兴，旧文化废而新文化兴”；而且，新制度的设想与规模极其庞大，“迥非后世帝王所能梦见”。例如，由“立子立嫡”之制而生出宗法及丧服之制，进一步发展出封建子弟之制、君天子臣诸侯之制

① 朱本源：《朱本源史学文集》，第 322 页。

② 杨琥编：《夏曾佑集》，上海古籍出版社 2011 年版，第 824、828、829、832 页。

等。这些重大变革“皆周之所以纲纪天下。其旨则在纳上下于道德，而合天子、诸侯、卿、大夫、士、庶民以成一道德之团体。周公制作之本意，实在于此”。[①] 显然，夏曾佑看到了炎黄到春秋的一脉相承，王国维则看到了其间的巨大转折。他们二人的观点恰好形成相互补充的关系。

巨大的政治变化反映在文化与观念领域，即所谓“郁郁乎文哉”的周制尚文。《汉书·艺文志》说儒家“祖述尧舜，宪章文武”，既表明了大历史时段的传承性，也表明了西周历史的直接性。这种直接性最突出的标识便是“文”。在中国古代文化中，“文”是一个具有范畴意义的重要概念，携带着从具象到抽象、从政治到文化的多层级复杂含义。许多情况下，只有得意忘言，方能心知其意。就政治而言，王国维说：“周人以尊尊之义经亲亲之义而立嫡庶之制，又以亲亲之义经尊尊之义而立庙制，此其所以为文也。”换言之，政治体制由相对粗疏走向严密设计，就是“文”，意味着从野蛮步入文明。就字义而言，“文”既有文化与文明之意，又有文词、文本、文采之意，有时还有“笔法”之意。“其文则史”，杨伯峻先生即译为“所用的笔法不过一般史书的笔法”。[②] 不过，需要交代的是，“诗”不仅隶属于“文”，而且是“文”的精华。因此，所有“文”的属性都属于诗的属性。

在先秦文献中，有几节意义相关的话语，向来没有得到通透解释。《论语·雍也》：“质胜文则野，文胜质则史。”白寿彝先生认为，“史”当为史官。“因为史官要参加宗教活动，他所作的媚神之词，总难免华而不实，是文胜质的。”[③] 刘师培说：“巫祝之官，亦大抵工于词令。”“周代司祭之官，多娴文学。”[④] 可见，所谓“文胜质”无非是《史通·叙事》所谓“虚加练饰，轻事雕彩”“文非文，史非史”。这在上古，既是规则，也是习惯，因而视为当然，其底蕴则为

① 王国维：《殷周制度论》，《观堂集林》第2册，中华书局1959年版，第454页。

② 杨伯峻：《孟子译注》上册，第192—193页。

③ 白寿彝：《中国史学史》第1册，第6页。

④ 刘师培：《周末学术史序》，《刘师培史学论著选集》，第118页。

诗性。《易·系辞》“其旨远，其辞文，其言曲而中”，是对整体文化氛围的概括。《韩非子·难言》：“捷敏辩给，繁于文采，则见以为史”，是对史学领域的指明。所以，《史通·载文》说：“文之将史，其流一焉。”但是，这种诗性所导致的写作样态在春秋时期发生了转变。以《尚书》为例，刘知几说它“出于太古”，但“自宗周既陨，《书》体遂废”，以至“迄乎汉魏，无能继者”。这类转变对于史学的重大意义，即《史通·核才》所说：“昔尼父有言：‘文胜质则史。’盖史者，当时之文也。然朴散淳销，时移世异，文之与史，皎然异辙。”所谓“皎然异辙”，笔者认为正是对“《诗》亡然后《春秋》作”所作的最确切的诠释。

卢梭早就说过：“上古的史书、演说词和法律都是用诗体写的：诗的出现早于散文。”[①] 此即《史通·载言》所谓“自六义不作，文章生焉”，是文体发展的通例。维柯对远古或所谓朦胧时期的历史做了极具思想穿透力的研究，其观点归结为一点，即认为世界最初的智慧是诗性智慧。他认为，诗是原始人生而就有的一种功能，而能凭想象去创造的就是诗人，故诗人在希腊文中是“创造者”即作者的意思。诗的功能一是“发明适合群众知解力的崇高的故事情节”，二是“引起极端震动，为着要达到所预期的目的”，三是“教导凡俗人们做好事”。[②] 笔者认为，这些观点也符合我国上古时期的情况。比如《礼记·乐记》就曾说：“作者之谓圣。”

克罗齐在论述他所认为的“假历史”时，专门分析了其中的一种形式，即“诗歌性历史”。他说这是“一种观念上居先的形式”，但没有说这种形式是不是史学的最初形式，而是认为它构成一种类型，贯穿于史学史的全过程，并以复兴运动时的史学为代表，“渗透了情操的全部最复杂的形式”，基本特点在于“用情操方面的兴趣去填补思想兴趣的匮乏，用表现手法上的美学的一贯去代替这里所得不到的逻辑的一贯”；“为了获得艺术效果不惜存心把自己的捏造和编年史及凭证所提供的资料混同起来，尽力使其被认为是历史”。因此，这种

① 卢梭：《论语言的起源》，李平沤译，商务印书馆2021年版，第53页。

② 维柯：《新科学》，第162页。

书写形式总是与“想象”“捏造”相结合，不仅“把自己想象出来的事情描述得好像亲眼目击一样”，而且还会“把想象的、虽则是以猜想形式想象出来的细节添加到实在的材料上去”。例如，“对非常受人爱戴和尊敬的人物的充溢感情的传记和对被人憎恶的人物的尽情挖苦的传记”，就是这种书写样式的一个品种。它受“情操”支配，以“艺术效果”的感染力为手段，破坏了历史真理。史学史上，“西塞罗和昆体良、第欧根尼和琉善都认为历史应当采取近乎诗人的语言，认为历史近乎诗，在某种程度上是不拘格律的诗，认为写作是为了说明而非为了证明，认为它具有诗意等等”。克罗齐表示，如果上述活动仅仅是一种诗歌创作，他不持异议；但如果宣称是地道的历史书写，他则表示反对。[①] 克罗齐所表达的基本意思，我们在孟子、王充、刘知几、章学诚等人的言论中都能读到。可见，它是一种世界性的普遍现象。

克罗齐还分析了“假历史”的另一种形式，即“古时候叫作演说术或修辞学的历史”。“它的目的是用范例去传授哲理，激发善行，告诉人们什么是最好的政治制度和军事制度”，“是怀抱一种实际目的叙述出来的”，“或是为了使心灵认识一种历史的、哲学的或科学的真理”。[②] 这种书写形式实则与所谓诗歌性史学是纠缠在一起的。

克罗齐所揭示的现象确实存在。他的抨击如果仅仅指向希腊罗马之后的年代，也值得附和。但是，他将上古时期也置于抨击范围之内，就需要商榷了。显然，由于上古时期的整体思想与思维方式与后世歧异，我们只能对之予以同情的理解。我们没有理由既把希罗多德称为史学之父，又视为谎言家。[③] 因为，我们可以用客观主义去衡量具有科学思维的人，却不可去衡量全靠诗性思维的远古之人。在此方面，刘知几或多或少可视为克罗齐的同道。刘知几是一位秉持客观主义立场的史学评论家，但他也对先秦时期史学采用文学化的手法不持异议。《史通·言语》：“战国已前，其言皆可讽咏，非但笔削所致，

---

① 贝奈戴托·克罗齐：《历史学的理论和实际》，第 21、23、24、26、147 页。

② 贝奈戴托·克罗齐：《历史学的理论和实际》，第 27 页。

③ M. I. 芬利主编：《希腊的遗产》，张强等译，上海人民出版社 2015 年版，第 223 页。

良由体质素美。”而且，即使进入后世，刘知几也主张采用“用晦”一类具有文学性的写作技巧。但同时，他在《疑古》《惑经》等处所阐发的观点，与此又显得乖剌抵牾。《曲笔》甚至说：“史氏有事涉君亲，必言多隐讳，虽直道不足，而名教存焉。”可见，他认为直道可以适当地给名教让路。但是，在照顾到名教的前提下，他像克罗齐一样，严厉抨击故意伤害史学实录本质的绮扬绣合、雕章缛彩。刘知几已经看出，史学的原初形态与诗歌、神话、修辞纠缠在一起，史学发展的诗歌时代与小说时代均在科学时代之前，[①] 但是，对于这种情况给史学所带来的伤害，他也会不分年代地予以抨击，直斥“远古之书，其妄甚矣”。

必须指出，并非古人故意选择诗的语言与神话的形式，而是除了诗的语言和神话形式，再没有其他说话和表现的形式。据说乔治·哈曼说过，诗是人类的母语。[②] 上古之人只拥有这种母语，所以生命中的一切都用这种母语来表达。刘知几与克罗齐都看到了这一点，都能够从对上古社会的整体考察出发来定位史学的原初形态，但历史主义的原则落实得不彻底。

钱锺书说：“先民草昧，词章未有专门。于是声歌雅颂，施之于祭祀、军旅、昏媾、宴会，以收兴观群怨之效。记事传人，特其一端，且成文每在抒情言志之后。赋事之诗，与记事之史，每混而难分。……史诗兼诗与史，融而未划也。……史必征实，诗可凿空。古代史与诗混，良因先民史识犹浅，不知存疑传信，显真别幻。号曰实录，事多虚构；想当然耳，莫须有也。述古而强以就今，传人而借以寓己。史云乎哉？直诗（Poiêsis）而已。故孔子曰：‘文胜质则史’；孟子曰：‘尽信则不如无书，于《武成》取二三策。’王仲壬《论衡》于《书虚》之外，复有《语增》《儒增》《艺增》三篇，盖记事、载道之文，以及言志之《诗》皆不许‘增’。‘增’者，修辞所谓夸饰（Hyperbole），亦《史通》所谓‘施之文章则可，用于简策则否’者。

---

① 吴贯因：《史之梯》，上海联合书店 1930 年版，第 3 章“历史进化之历程”。

② 恩斯特·卡西尔：《语言与神话》，于晓等译，生活·读书·新知三联书店 1988 年版，第 164 页。

由是观之，古人有诗心而缺史德。与其曰‘古诗即史’，毋宁曰：‘古史即诗’，此《春秋》所以作于《诗》亡之后也。”[①] 这段话同样是从上古社会的整体文化属性出发，意蕴丰富，信息量多，其基本意涵则与刘知几、维柯、克罗齐、卡西尔等人一致。团词提挈，就是“文胜质”。

显然，诗性的艺术性表达是上古人类的文化品质所在，史学无从例外。从后世观念看，可以说先民史识犹浅；但从历史实情看，则想当然的拟构乃属自然法则，不存在史识之问题。这种文化属性沿袭下来，即有所谓“文胜质则史”的重要命题。因此，上古之“史”实为“诗”与“制作”的统一体。对这样的“史”，孟子认为不完全可信，那是因为战国时期的孟子已经具备后世科学史学的观念。王充论“虚”与“增”，恰好证明“文”是一个古老的传统。所以，不可说古人有诗心而缺史德，因为诗心就是史德。当诗心与史德分离，作《春秋》的时代就到来了。《春秋》时代到来之后，一方面“文”的传统继续留于“史”内，另一方面，“文”反而会认“史”为宗，发展出所谓史传性小说、新历史主义等。此即夏曾佑所谓：“小说家即史之别体。”[②]

以诗性乃至诗体记事的情形，史学史家向来没有给予必要的关注和揭示。实则《史记》中就不乏其例。例如《周本纪》介绍公刘事迹之后，写道：“周道之兴自此始，故诗人歌乐思其德。”司马贞《索隐》注释为：“即《诗·大雅》篇《笃公刘》是也”。在介绍古公亶父事迹后，又写道：“民皆歌乐之，颂其德。”《索隐》注释：“即《诗·颂》云‘后稷之孙，实维太王，居岐之阳，实始翦商’是也。”所谓“思其德”“颂其德”，正是为了“说明”，而非“证明”，与古希腊的情形一致。在讲述周文王的事迹之后，司马迁也引用“诗人”的评价来表明见解。《五帝本纪》还提到“讴歌者”，大有专业人士之意。又提到“典乐”“诗”“歌”“声”“律”“八音”“百兽率舞”，均属于艺术范畴。刘师培认为，文字发明之后，为便于记忆，

---

① 钱锺书：《谈艺录》，中华书局 1984 年版，第 38 页。

② 夏曾佑：《最新中学教科书中国历史》，杨琥编：《夏曾佑集》，第 912 页。

文体“必杂以偶语韵文”，“故《易》《书》二经之文，咸奇偶相生，声韵相叶；或章节之中，互相为偶。而‘经’字又为‘组织成文’之义”。“足征韵语之文，起于古昔”；谣谚、诗歌、韵语、韵文构成上古社会文体的基本内容。[①] 这就将《诗经》之外“文”的本质统统归为了“诗”。

以“诗”记“事”绝非故意造假。亚里士多德说：“如果诗人所摹仿的东西被指责为不真实，他可以这样来反驳：这些东西或许应当如此。正如索福克勒斯所说，他是根据人们应当是什么样子来描述的，欧里庇德斯则是根据人们原本是什么样子来描述的。如果这两种说法都行不通，他还可以这样回答：据说这些东西是这样的，如关于神的传说。或许像克塞诺芬所言，对于神明是无法来述说的，它们是不真实的，然而毕竟有这样的传说存在着。诗中的有些描述并不比真实情况更好，但却是当时的实情，例如关于武器的描写：‘他们的长矛直立着，尾部朝向地面。’因为这是昔日的旧习，在伊吕利斯迄今还是如此。”[②] 这段话不仅认为“想当然”是合理的，而且还是必须的。正如维柯所说：“诗所特有的材料是可信的不可能（Credible Impossibility）。说躯体就是心灵，这就是不可能，可是人们毕竟相信过打雷的天空就是天帝。”[③] 这样的史学对象，用夏曾佑的话说，不是“人身所作之史”，而是“人心所构历史”。[④] 这种人类精神所营构的历史不是造假，而是阐释历史的一种方式，是观念意义上的真实。

所以，“以诗记事”并非虚构性的创作，它同样有根有据，“根”就是“事”，“据”就是“记”。“根”是客观本源，“据”是对客观本源的传说或记录。《春秋公羊传》所谓“所见异辞，所闻异辞，所传闻异辞”，释典所谓“如是我闻”，言明写作根据的层次性与辗转性。历史书写实则是不断地制造“据”。历史阐释学的一个基本规则，就在于去揭示何以这样“据”而非那样“据”。史家搜集、汇聚

① 刘师培：《中国历史教科书》，第 58—59 页。

② 亚里士多德：《论诗》，崔延强译，苗力田主编：《亚里士多德全集》第 9 卷，第 683 页。

③ 维柯：《新科学》，第 167 页。

④ 夏曾佑：《本馆附印说部缘起》，杨琥编：《夏曾佑集》，第 24 页。

“据”，是为研究过程；将“据”组织、表述出来，是为叙述过程。马克思说，叙述方法与研究方法不同，“材料的生命一旦在观念上反映出来，呈现在我们面前的就好像是一个先验的结构了”。[①] 历史阐释学同样要求揭示这个先验结构的结构。

《史通·六家》说：“古往今来，质文递变，诸史之作，不恒厥体。”从以诗记事、文胜质则史，到《诗》亡然后《春秋》作，表面上，是“质”战胜了“文”。然而，孔子还提醒我们，“质胜文则野”。从文明演进的视角看，由以诗记事到以史记事，是一个去巫术化的过程，也是一个走向人文化的过程，还是趋向科学化的过程。总之，是驱离“野”的过程。因此，对于“质文递变”的具体内涵，必须结合不同的时代背景来具体界定。如此说来，从以诗记事到以史记事乃是历史学的巨大进步，是真正的趋向于“文”。

① 《马克思恩格斯选集》第 2 卷，人民出版社 2012 年版，第 93 页。

作者、文本与历史性阐释*

——基于思想史研究的一种理解

李宏图**

从20世纪80年代以来，在后现代历史观的冲击下，历史研究以及思想史研究发生了巨大的转变，当然也引发不同的争议。① 如何理解历史学家的主体性和历史文本等基本问题成为焦点。特别在思想史研究领域，作者和文本之间的关系应该如何定位，是否可以如有些学者所说：作者已死，文本成为独立开放性的存在，可以从任何视角进行解读，思想史研究化约为只是文本的解读，形成文本解读者至上的研究范式。面对这种状况，一个非常紧迫的任务就是亟需澄清作者和文本之间的关系，如果不能厘清这一关系，让作者已死的观点继续流行，不仅无法建立起历史性阐释，而且也会让非历史性解读占据霸权地位。

---

* 本文为教育部人文社会科学重点研究基地项目“概念的形成与思想的系谱”（16JJD770016）的中期研究成果。本文原刊于《历史研究》2018年第1期。

** 作者单位：复旦大学历史系。

① 例如20世纪90年代英国历史学家劳伦斯·斯通发表了《历史与后现代主义》，理查德·埃文斯出版了《捍卫历史》对后现代史学展开了批评。就连属于后现代史学阵营的法国历史学家罗杰尔·夏蒂埃也出版了《伫立在悬崖边：历史、语言和实践》，认为后现代历史学正伫立在悬崖边。在思想史研究领域，“剑桥学派”所提倡的“历史语境主义”也正是对后现代主义史学的一种回应。在国内学术界，张江教授近期发表了《强制阐释论》（《文学评论》2014年第6期）、《评“人人都是他自己的历史学家”——兼论相对主义的历史阐释》（《历史研究》2017年第1期）、《公共阐释论纲》（《学术研究》2017年第6期）等文章，对基于后现代理论的文本和阐释学等问题进行了批评，并表达了自己的观点。

一　作者已死?

如何看待文本作者的地位，以及其和文本之间的关系，涉及思想史研究的对象和目的这一基本问题。一个文本是否可以不需要作者在场，甚至质疑作者的存在，犹如福柯所发问的那样：作者是什么?[①]作者在文本中起到的功能是什么，对文本而言，作者具有权威性吗?在持有作者已死观点的学者看来，文本的意义是由读者建立的，可以排除作者的存在。也就是说，在文本的意义与作者的思想和意图之间没有直接和内在的关联，两者之间不是一种“私有”的关系，不应该完全相信作者的思想和意图完全主导与控制着文本的意义和功能。在抛却了作者之后，任何文本都将获得一种不再受制于作者意图的自主的意义空间。[②]

对此，思想史家们自然不同意这一观点，“剑桥学派”的代表性人物昆廷·斯金纳就鲜明地指出，思想史家在研究一个文本时，“他应该特别追问自己：这些作者在写作文本时都在干什么”。[③]“诠释的一个中心目标应是致力于理解作者的意图，致力于理解通过构写其著述这些作者可能意指什么。”[④]从作者出发，思想史家发展出了两种不同的研究路径，也确立起了思想史研究的基本内容。一是以思想史家马克·贝维尔为代表，他从作者自身的思想观念出发，指出作者在写作其文本时，自然会把自己的思想和意图体现在文本之中，或者说文本的思想表达实际上就是作者的所思所想。这样，作者的思想和写作文本的意图以及文本则浑然一体，要很好地解读文本的意义就需要考察作者的思想观念以及意图。他在《观念史的逻辑》一书中写道：

---

① Elizabeth A. Clark, *History*, *Theory*, *Text*: *Historians and the Linguistic Turn*, Cambridge, M. A.: Harvard University Press, 2004, p. 133.

② 达里奥·卡斯蒂廖内、依安·汉普歇尔－蒙克编：《民族语境下的政治思想史》，周保巍译，人民出版社2014年版，第188页。

③ Elizabeth A. Clark, *History*, *Theory*, *Text*: *Historians and the Linguistic Turn*, p. 139.

④ 达里奥·卡斯蒂廖内、依安·汉普歇尔－蒙克编：《民族语境下的政治思想史》，第188—189页。

“观念史家所研究的对象就是所表达出来的观念。观念史家研究意义，也就是说他们将研究意义的特性作为核心。我已论辩道，他们研究阐释性的意义，理解为个人的观点，而非语义学或语言学层面上的意义。观念史家所研究的意义是每个个体创造性的产物，而非是语言性语境或社会规范下的结果。现在，我试图去显示每个个体能动性地所创造出的阐释性意义是其信仰的表达。当人们发表谈话，他们表达了观念或信仰，而正是这些观念或信仰建构成为观念史家所研究的对象。历史的意义就包含在这些所表达的，以及所传达给每个个体的个人观念的信仰中。”①

另外一种则是以昆廷·斯金纳为代表，认为作者在文本中体现的意图和其自己的思想信仰绝非一定是对应性的关系，相反常常是一种背离，思想家撰写其文本只是对那个时代特定问题的一种论辩，体现了作者在“干什么”。例如马基雅维利撰写《君主论》展现的就是对当时的“德行”这一时代政治辩论主题的一种介入（intervention）。② 因此，解读者就不能把《君主论》这一文本所表达出的这些思想当作马基雅维利自己的思想信仰。由此，斯金纳创造了解读作者意图和文本之间关系的新的研究范式。其实，上述两位思想史家均指出了思想史研究的基本要素，和由此呈现出的复杂关系。作者的思想信仰决定着文本的意义，但不容忽视的是作者的意图也制约着文本的意义；作者的思想信仰和作者的意图有时是结合在一起，有时却又是分离的。当解读者面对思想家的文本时，首先就需要厘清这一文本与作者的思想、作者的意图之间的内在关联，判定复杂的纠缠关系。正是因为作者和文本的关系是如此复杂，才需要思想史家运用历史的方法进行考辨研究，确立起作者和文本之间的内在关联。可以说，思想家在写作其文本时，对文本主题的确立、意图的诠释、论据的展开等都是作者意图的体现，即使是修辞性的表达也是作者意图的体现方式，以

---

① Mark Bevir, *The Logic of the History of Ideas*, Cambridge: Cambridge University Press, 2002, p. 142.

② 详见昆廷·斯金纳《政治价值的系谱》，萧高彦编，台北：台湾联经出版公司2014年版，第29页。

及所要达到的对意图实现效果的一种运用方式。总之，思想史研究者都承认，文本就是作者的一种思想生产活动的产物，也是思想家写作意图的具体化、呈现化和修辞化，以及作者想要表达和达至目标实现效果等意图的实现。

可是在作者已死、文本是独立和开放的、可被读者任意解析的指导思想下，这些研究者大都从既定的现存的文本出发来展开考察，导致其最为严重的一个缺陷就在于，将文本看作孤立的存在，文本产生的特定语境被置之不顾，仿佛存在于任何一个时间和空间，思想家似乎也是经由文本在向任何时代的人们表达其思想观念。同样，作者的思想和作者的意图也完全失却，只剩下被孤立的文本自身，也就可以放任解读者带着任何目的进行解读，这样文本自身成为解读和阐释文本意义的关键，[①] 并且作者在写作文本时的思想以及意图也都被解读者所给出与赋予。从历史研究的视角来看，这显然是一种非历史性的解读范式。针对这一情形，昆廷·斯金纳在其代表作《观念史中的意涵与理解》一文中旗帜鲜明地进行了批评，斯金纳认为，过去对思想家的解读犯下了很多错误，例如，研究者常常带着自己特定的预期观念来理解这些思想家的文本，期待从思想家的文本中找到符合自己预期的内容，而完全不顾思想家撰写这一文本时是如何思考的，其意图何在。斯金纳以马基雅维利为例指出，评论家过于热衷于“发现”他们已被安排好要找到的那些“现代”元素，这样的诠释可能与任何原则上合理的有关马基雅维利政治著作意图的描写完全不搭界。[②] 在列举出这些“时代误植”的解读方式后，昆廷·斯金纳指出：“只要我们发现不同的著作家为之做出的贡献的所谓确切的观念实际并不存在，而只是有着不同意图的著作家们所发表的形形色色的论断，那么我们会发现并没有什么观念史可写，只有不同的观念运用以及运用

① Richard Whatmore and Brian Young, eds., *A Companion to Intellectual History*, West Sussex: Wiley Blackwell, 2016, p. 100.

② 昆廷·斯金纳：《观念史中的意涵与理解》，任军锋译，丁耘等主编：《思想史研究》第1卷，广西师范大学出版社2005年版，第61页。

这些时的不同意图的历史。”[①] 因此，斯金纳认为，作为思想史的研究，我们必须要有历史性，这种历史性阐释就是要实现这一研究范式的转换，从对思想家文本的研究转换为研究思想家在什么历史的“时刻”和状态下创作出了这样的文本，即文本的形成，并使用什么样的词汇和修辞手段来组织文本。这也意味着，在对思想家的文本进行解析时要将思想家的文本（text）放在其所处的语境中（context）来研究，“正是在这些‘思想语境’中，文本才得以写作，同时，文本的写作也是针对这些‘思想语境’”，[②] 因而切忌用今天的概念工具来生搬硬套地进行理解，随意诠释。目前，这一“历史语境主义”研究方法已经成为国际学术界占据主导性地位的研究范式。

在“剑桥学派”看来，历史语境有多维度的指向，既可以是一个特定的政治环境，也可以是社会环境、文化环境和制度语境（如法庭），以及历史语言语境，即人们某时期的说话方式和支配这些说话方式的规则。[③] 根据这一研究范式，“剑桥学派”取得了很多卓有成效的研究成果。正因为如此，当代英国思想史家蒙克教授指出，从19 世纪 60 年代开始，由于斯金纳等人的努力，在英语世界的政治理论研究中有了一场历史性革命，这场革命的重大意义在于，追寻作者的行动和意义的历史；[④] 并且达成了这样的共识，从“文本中所引申出来的意义必须是一种在历史上可以辨识的意义”。[⑤]

的确，从历史语境出发也就意味着，无论是对作者的考察，还是对文本的研究，都离不开历史性这一基本原则，这种历史性在两个层面展示其重要性并得到体现，或者说，作为定语，作为一种规范性的

---

① 昆廷·斯金纳：《观念史中的意涵与理解》，丁耘等主编：《思想史研究》第 1 卷，第 74 页。

② Petri Koikkalainen 等：《与过去相遇：斯金纳访谈》，达里奥·卡斯蒂廖内、依安·汉普歇尔 - 蒙克编：《民族语境下的政治思想史》，“附录 1”，第 329 页。

③ Annabel Brett, “What Is Intellectual History Now?” In David Cannadine, ed., *What Is History Now*, London: Palgrave Macmillan Ltd., 2002, p. 116.

④ Iain Hampsher-Monk, *Concepts and Reason in Political Theory*, Colchester: ECPR Press, 2015, p. 26.

⑤ 达里奥·卡斯蒂廖内、依安·汉普歇尔 - 蒙克编：《民族语境下的政治思想史》，第 167 页。

使用，它成为一种限制性条件。首先，它限制了解读者们对历史的歪曲或随意性，避免了历史相对主义，同时也摆脱了独断论；其次，将文本放在历史语境中来理解，避免了对作者意图的抽象性与武断性的哲学式理解，从而使作者的意图和文本的意义得到更为充分的阐释。思想史家波考克将此称之为“要从哲学的解释”转变为“历史的解释”。“剑桥学派”的开创者拉斯莱特旗帜鲜明地断言，“哲学已经死亡”。美国历史学家林·亨特呼吁，今天的历史研究要表现为“历史性”。波考克更为明确地说，作为思想史家，我们的首要目的就是重建某一特定文本或言说的历史意义，也即作为诠释者，我们所附加在文本或者言说中的意义必须是该文本或言说呈现在特定历史语境（historical contexts）中的意义。[①] 斯金纳也说，即便是在哲学家看来最可靠的解释，也必须根据历史的证据来检验，甚至可能被抛弃。他还进一步阐述到，我们不应该追问词语的表述性意义，而应该追问词语的用法，特别是应当追问词语在特定的语言游戏中以特定的方式被使用时所呈现出来的意义，即把语言本质上看作是有目的的话语，并追问在不同的生活方式中隐藏在语言用法背后的不同意图。意图和意义，无论是就行动而言，还是就言说而言，是一个公共问题，要想理解意图和意义，不是要让人们发挥神通进入历史人物的大脑（探知他们所思所想），而只是要人们去考察历史人物在其中行动的生活方式。[②]

举例来说，从历史语境，特别是特定的语言惯例来说，马基雅维利的《君主论》不可能是一种讽刺作品，而洛克的《政府论》下篇中的第五章也不可能是对资本主义的一种辩护；而卢梭的《社会契约论》同样不可能是对“极权主义”的一种辩护。这是因为：对于这些作者而言，这些概念范畴完全是陌生的，故而不可能进入到他们的

---

① 周保巍、李宏图：《从“政治哲学史”到“政治语言史”——约翰·波考克和政治思想史研究》，《复旦政治学评论》第7辑，“共和国制度成长的政治基础”，上海人民出版社2009年版，第274页。

② Petri Koikkalainen 等：《与过去相遇：斯金纳访谈》，达里奥·卡斯蒂廖内、依安·汉普歇尔－蒙克编：《民族语境下的政治思想史》，“附录1”，第331—332页。

写作意图。[①] 再如，密尔在1859年出版了《论自由》，其实在出版之前，这一文本的形成经历了多年的写作，以及和妻子哈瑞特讨论的过程。人们在研究中就需要考察这一过程，从而辨明密尔的写作意图，以获得对《论自由》这一文本更好的理解。试想如果将作者排除在外，把文本独立出来进行考察，就切断了文本和作者意图之间的内在关系，无法回答作者为什么要创作这一文本。可以说，对作者的研究应该置于文本研究之前，而非无视作者的存在，只管孤立地研究文本。下述斯金纳的这段话可以说是简练地表达出对文本进行历史性阐释的要旨：如果我们的目标在于对思想家的文本获得一种历史性的理解，不仅要掌握言说的意涵，而且同时要理解言说者的意图。[②] 同样，历史性阐释的要义更体现在："要想理解一个文本或一个行动，我们需要这样一种态度——即不仅仅视其为一种事件，而应视其为在试图解决一个问题，因而，解释学事业可以被看作这样一个问题——即去'复原'特定的问题，而我们所研究的文本或行动可以看作是对于这个特定问题的回答。"[③]

二　作者的意图与文本的形成

当然应该看到，有些文本并不能直接体现作者的意图，或者说作者的意图并非是不证自明、通透和显现的，而是复杂甚至是变化的。有些作者自己的思想信仰，和写作文本的意图可能会始终如一，坚定不移；有些自然也会随着自己所处时代语境的变化而变化。于是就需要研究作者的情感、时代关切、教育经历、交友网络、那个时代观念对其所产生的影响，以及具体受到谁的影响，等等。这就要求研究者运用历史学的方法，借助更为广泛的第一手资料进行探寻、考证和辨

① 依安·汉普歇尔－蒙克编：《比较视野中的概念史》，周保巍译，华东师范大学出版社2014年版，第59页。

② 昆廷·斯金纳：《观念史中的意涵与理解》，丁耘等主编：《思想史研究》第1卷，第71页。

③ Petri Koikkalainen 等：《与过去相遇：斯金纳访谈》，达里奥·卡斯蒂廖内、依安·汉普歇尔－蒙克编：《民族语境下的政治思想史》，"附录1"，第331—332页。

析，因而历史学的规范性、历史学的基本要素将会发挥作用，保证自己的解读是建立在第一手资料这一基本的史实之上、符合文本的文献资料性这一内在规范要求并使其体现出历史性。

对作者意图的追寻在一定意义上即是对文本形成的考察，关注作者为什么要写作这一文本，如何组织论据，展开论辩。因此，如果从文本的形成这一发生学和文本的形成完全应是一种历史性过程的视角来进行考察的话，则可以更为清晰地看到作者的意图和文本意义之间的种种内在联系，钩沉与显现这一关联将会有助于人们理解作者为何要撰写这一文本和文本所包含的意义，从而为理解文本的意义展现出一条历史性阐释的路径。例如以 19 世纪法国思想家托克维尔写作《论美国的民主》为例。1831 年，托克维尔和好友古斯达夫·德·博蒙假借考察美国的监狱制度为名，前往美国进行访问。于是，他们向法国司法部申请，并得到了批准和经费上的支持。1831 年 4 月 2 日，他们离开法国，5 月 9 日到达美国，1832 年 2 月 22 日离美回国，总共在美国考察了 9 个多月，回国后也的确交出了一份关于美国监狱改革的报告。但这些并不是托克维尔撰写《论美国的民主》这一文本的意图所在，如果借助于其他资料，则可以获得撰写这一文本的真实意图。1831 年 4 月 25 日，就在托克维尔和博蒙在前往纽约的船上，博蒙给他父亲的信中公开了他和托克维尔前往美国考察的真正意图。"我们有着宏大的计划……就像我们将考察美国的监狱一样，我们将考察她的居民，她的城市，她的体制，以及更多。我们将研究共和国的政府是如何运转的，这种政府与欧洲的政府完全不同。我们将写一本书准确地叙述这个美利坚民族，描绘他们历史上的众多爱国者，概括他们的特性，分析他们的社会状态，纠正对他们的很多错误理解，难道这不是很好吗？"① 同年 6 月，就在他们刚刚到达美国，托克维尔在给他父亲的信中写道："自从我们到达这里后，我们就有了一个想法：去研究我们将要走遍的这个国家。为此，我们必须先要分析我们的社会，去发现我们社会的构成要素是什么，以便我们能够在这里询问到有价值的问题而不留下遗憾。我们的这项工作尽管困难，但非

① André Jardin, *Tocqueville: A Biography*, London: Collins Publishers, 1988, p. 94.

常诱人，它使我们注意到了很多以前没法事先做好分析的遗漏。”① 当然，尽管托克维尔希望访问美国，研究这个年轻的共和国，但他事先没有计划要去写一本日后让他一举成名的书。他说：“我没有带着要写一本书的观念去考察美国，但在考察之后，写本书的念头才向我袭来。”② 1835 年 1 月，即在他的《论美国的民主》第 1 卷出版之后，托克维尔在给他的朋友凯戈莱的信中也公开了他当年为何要考察美国的这段秘密。“我去美国的唯一的原因就是彰明我的观点，考察监狱制度仅仅只是借口，我利用它以便得到可以在美国到处旅行的护照。在这个国家，我考察到了无数的对象，我探讨了常常问我自己的问题。”③

托克维尔这一个案，告诉了人们理解和找寻作者撰写文本的意图，不仅是在思想家自己撰写的文本中，还需要从文本转向思想家的人际交往关系，特别是他的知识圈和知识交往关系。例如英国思想家约翰·密尔，从青年时代就结识了一批朋友，例如在 1822 年密尔 16 岁时，因为学习罗马法，通过为他教授罗马法的老师约翰·奥斯丁，认识了后者的弟弟查尔斯·奥斯丁，后又结识了麦考莱、哈代、查尔斯·维利尔斯等人，特别是认识卡莱尔对密尔思想产生了很大影响。密尔在“自传”中这样写到，他在提出理论时有一种惊人的力量，他让我印象深刻，使我在很长一段时间内成为他最热忱的崇拜者之一。④ 因此，通过阅读约翰·密尔的书信集，可以发现在与这些朋友的通信交往中他对一些问题的思考，前后思想的变化等。同样，这些朋友们在彼此交往时也会提及密尔，复述和密尔谈话的内容，并对密尔的一些想法进行评论。而这些资料对于理解作者的意图和文本的意义具有重要价值。1835 年 6 月，托克维尔在给密尔的信中也说：“我根据兴趣热爱自由，根据本能和理性热爱平等。很多人假装有这两种

---

① André Jardin, *Tocqueville: A Biography*, p. 111.

② Sheldon S. Wolin, *Tocqueville between Two Worlds: The Making of a Political and Theoretical Life*, Princeton, New Jersey: Princeton University Press, 2001, p. 113.

③ François Furet, *In the Workshop of History*, Chicago: University of Chicago Press, 1984, p. 169.

④ 《约翰·穆勒自传》，吴良建等译，商务印书馆 1992 年版，第 105 页。

热情，我相信只有我真正地具有，并准备为它们而牺牲。”[①] 因此，这些历史资料直接帮助我们理解思想家的思想以及如何表达在他们的文本中。

由于知识生产是一个系统，出版和翻译就成为这一系统中非常重要的有机组成环节，因此不可忽视的考察对象还包括出版商和对思想家著作进行翻译的译者。还以密尔为例，他与他的出版商约翰·威廉·帕克多次通信，并和其保持着良好的私人关系。密尔的《论自由》一书除了在英国出版发行之外，还在欧洲其他国家出版。例如在1860年出版了法文版；1861年出版了俄文版和德文版；德文版由奥地利哲学家、密尔的崇拜者，曾经翻译过密尔的《逻辑学体系》等著作的提奥多尔·龚佩慈翻译。为了便于翻译者更好地理解这一文本和作者的意图，密尔还和提奥多尔·龚佩慈多次通信，信中直接表达了自己写作这本书的意图。“我的《论自由》这本书还未完成，希望在下一年冬季能够出版。这里所涉及的自由是关于道德和思想而不是政治自由。而这些内容如同在我们英国一样，你们德国那里也并不是如此迫切需要。”[②] 同样，1837年3月22日，托克维尔给英国友人里夫，也是他的著作的英译者的信中，这样解释了他的出身和他的那个时代，透过托克维尔自己的这段话，我们可以理解贯穿于他一生的思想品格。“民主和贵族的偏见在我这里是互换的；也许我有了这一面，也有着另一面，就像出身在另一个世纪和国家。但是，出身的偶然使得我可以自由地去保卫这两者……当我出生时，贵族制已经死亡，民主还没有诞生。所以，我的本性将不会盲目地朝向两者中的任何一方。我出生在这样的一个世纪，40年来我们尝试过每一件事情，但都没有聚焦于每一件事情，所以，我没有轻易地企求政治的幻想。因为我属于旧的贵族的世纪，我感到我没有天然的仇恨和偏见来反对它，由于贵族制已经被摧毁，所以我也对它没有更多的天然的热爱，

---

① Jack Lively, *The Social and Political Thought of Alexis de Tocqueville*, Oxford: Clarendon Press, 1965, pp. 18 – 19.

② Marion Filipiuk, Michael Laine and John M. Robson, eds., *Collected Works of John Stuart Mill*, vol. XXXII, *Additional Letters of John Stuart Mill*, Toronto: University of Toronto Press, 1991, p. 108.

我们仅仅只是强烈地偏袒其存在……总之，我是如此地在过去和未来之间保持平衡，我并没有自然地感到和本能地朝向两者中的任何一方，也没有很困难并带着失望来看待这两者。”①

三　重回历史性阐释

从上述这些思想家们的事例中可以明确地看到，作者的思想形成和意图与文本的诞生有着紧密的关联。正如剑桥大学思想史家约翰·罗伯逊教授在批评美国学者阿瑟·诺夫乔伊“观念史”研究时所指出的那样，“观念史”的研究对象是抽象概念，观念史学家虽然也看到了承载观念的文本和文本作者，并将所研究的观念与特定思想家联系在一起，但他们所关注的是思想本身，至于思想产生的环境和思想家的具体关切则退居次席。与此相反，“思想史”研究的是历史中的人类活动，其研究方式与政治史、经济史并无二致。这里的观念不再被当做抽象之物来对待，而是将更多的研究精力聚焦于提出观念的人以及他们所处的环境。因此，“思想史”关注的是思想家和文本作者的主体行为，即他们是谁，他们是如何论证自己观点的，以及为什么选择这些观点而不是其他的观点。② 从这一指陈中，可以引申出一个非常重要的核心问题：在思想史研究中，思想家作为作者一定占据着主体性的地位，研究者必须首先界定和回答“作者是谁”这一基本问题，认识到其文本无法独立于作者和社会语境之外。作为带有自己观念、意识、思想甚至情感的作者会将这些倾注在自己的文本之中，使得作者和文本浑然一体，无法割断其内在的关联。同样，我们还需重视作者和社会语境之间的关系。这一问题已被斯金纳反复告诫，“如果我们不能建构起这样一种解释性语境，我们就不可能指望对该言说的重要性给出解释，也不可能说出其作者的真实意旨”③。这里，包

① Jack Lively, *The Social and Political Thought of Alexis de Tocqueville*, p. 5.

② 这是作者 2017 年 5 月应笔者之邀在复旦大学历史系所作的讲座，文稿由复旦大学历史系博士研究生关应然翻译，华东师范大学政治系副教授周保巍校定。

③ 昆廷·斯金纳：《一种柯林伍德式政治思想史研究进路：兴起、挑战和前景》，达里奥·卡斯蒂廖内、依安·汉普歇尔－蒙克编：《民族语境下的政治思想史》，第 195 页。

括斯金纳在内的思想史家均已指出了思想史研究所包含的几大要素——作者和文本，意图与语境，这些内容成为历史性阐释的基本要素。沿着这一路径，思想史研究应该从目前单一性的文本研究转向重回作者、重建作者的主体性地位，以及对作者进行语境化的考察。也就是说，重回作者，并非像以往那样仅是描述性地叙述思想家的生平和如何撰写文本的过程，而是要再语境化。在确立起作者的主体性地位的基础上，将作者和文本视作一体性的存在，而非分离或者对立，并共同置于语境化中进行考察，实现从原先的“文本至上主义”向“作者—文本语境主义”思想史研究范式的转换。

在此，可以用约翰·密尔在《论自由》一书中所直陈的一个观点作为示例来加以说明，密尔在该书的引论中写道：“法律的约束逐渐减轻，而舆论的桎轭却益见沉重。”[①] 这一表达的含义是什么，难道只是指正在形成的大众民主，或公众舆论？如果了解密尔个人所遭受的境遇，结合《论自由》《论政治经济学》《妇女的屈从地位》和为托克维尔《论美国的民主》所撰写的书评等文章，以及置放在思想史的谱系中进行考察的话，便会发现密尔的这一表达标志着自由主义思想演进的一个重大转折。诚如斯金纳所说，在这里密尔表达了一种质疑，自由是否真的一定涉及人与人之间的关系。由于每个个体在共同的风俗习惯的主导和控制下，已经不会产生偏离任何风俗习惯的意向，个人的意志彻底受制于风俗习惯的枷锁，从而不再按照个人的意志来行动。由于无视自身之真实愿望，这时抑或夺去你自由的人，恰好可能是你自己。[②] 这样，密尔就发展出了对“自由”的全新的理解，标志着自由主义思想发展的一个重要转折。

同样，在密尔生前，他就写好了自己的自传，饶有意味的是，他在开头特地加了这样的一段话：“在写自传正文之前，似乎应该先说明一下，是什么理由使我认为值得把我平庸的一生，写下来传给后世。我从未幻想，我所叙述的任何部分如同一篇记叙文或者由于与我

---

① Stefan Collini, ed., *J. S. Mill "On Liberty" and Other Writings*, Cambridge: Cambridge University Press, 2013, p. 12.

② 昆廷·斯金纳：《政治价值的系谱》，第 59 页。

自己有关而能使公众感兴趣。但是我想，如今教育或改良教育是比以前英国历史上任何时期更受广泛重视（如果不是更加深刻的话）的研究主题，在这里记录下一些具有不同寻常的颇具特色的教育情况，也许不为无益。不为别的，这种教育已经证明人在幼年时期能接受并且能很好接受的东西比一般设想的要多得多，在早年，倘若以寻常叫做教导的方法施教可以说是相当浪费时间。”[①] 在随后的第二段介绍自己的时候，密尔直接写明了自己的身份：1806 年 5 月 20 日，我出生在伦敦，是《英属印度史》（History of British India）作者詹姆斯·密尔的长子。[②] 为什么密尔要这样安排文本的结构，这两段文字表达透露出什么样的含义，唯有结合密尔早年教育的经历，以及他和父辈们的关系等这些历史资料和历史过程才能准确地解析出这段文本的含义。

因此，在对文本的阅读和研究中，解读者理应认识到，这是无法任由读者自我解读的，一种约定性的和内在规定性的意义已由作为思想家的作者给出。因此，任何文本都是包含着作者在内的一种文本，这就要求解读者去思考作者为什么要撰写这一文本，他要对时代的什么问题发出声音，甚至考察作者的个性，所属的党派，以及家庭的出身。例如面对大众社会所带来的“同一性”这一相同的时代问题，出身于思想精英家庭的约翰·密尔和具有贵族血统的法国思想家托克维尔所给出的解释与修正的方案就大相径庭。前者提倡天才的作用，后者寄托于贵族精神的复活。可以说，文本意义的解析是与确立作者作为文本的主体性地位，找寻作者的意图相关联。正是在这一意义上，文本的意义并非无视作者的存在，而仅由读者单向度地自我析出。可以设想，如果读者不能仔细地对此做出分辨和研究，一味任性地仅靠作者字面上的表述对文本进行自我解析，难免会出现流于空泛的演绎以及“误读”。

由此就涉及思想史研究中的一个重要问题，可否允许人们在阅读和研究文本中出现“误读”。其实这一问题可以转换为，在文本脱离

① 《约翰·穆勒自传》，第 10 页。

② 《约翰·穆勒自传》，第 10 页。

了原先的语境后，该如何进行解读。就文本而言，在它产生后就会进入流通，文本在流通过程中自然就会和原先的语境相脱离。这一断离在两个方面展开：一是在空间上，随着文本在不同国家的传播，甚至在全球范围内的传播，空间上的流动和移位使得文本脱离了原来的语境；二是在时间上，即使在自己所属的民族文化空间里，文本也会随着时间的流逝而使文本的原初语境被剥离，甚至被遗忘。正是在这种状况下，很多人自然而然地以为，可以不顾作者的意图和原先的语境，对文本进行独立解读。事实上，用这种方法对文本的解读难免出现“误读”。尽管我们同意“误读”也有其独特的价值，可以视作对文本意义的丰富化，或者因意义的创造性移位而获得新的内涵。但在我看来，避免误读，获得更为准确的阐释才是思想史研究的应有之意，也是析出思想家原先所表达的原创性思想的基本原则。如若不能解析这一点，纵容后世的人们随意解读和阐释，用逻辑性的演绎取代历史性的阐释，那就忘却了思想家，特别是那些伟大的思想家在写作这些文本时想要表达的那些高远的思想，以及为解决那个时代的迫切问题而进行的思考。实际上，也正是文本的原初含义和思想家这些深切的透视和表达才成为人类思想的宝库，构成日后源源不断产生新的思想观念的源泉，或者说还原思想家在当时如何进行思考，才是进行思想史研究的价值所在。所以，进行思想的“知识考古学”和系谱学研究，理应是思想史研究的特性和思想史家的基本任务。同样，也正是因为语境会在时间和空间中被遗忘和丢失，也就格外需要思想史家进行艰苦细致的历史性研究，考察作者的思想，追踪作者的意图，复原文本的语境，获得正确的解释，从而避免误读。

从思想史研究的内在特性这一视角来讨论，任何研究者都理应认识到，思想史，或者广义上的对作者和文本进行的考察研究都应该是一种历史性研究，历史性阐释这一原则的确立不只是对我们的一种限制，同样也给了我们更多的资源，使得我们不再犯下“时代误植”的错误，犯下无视作者的存在、无视文本的历史语境、全然不顾文本即是历史文献资料这一属性而进行任意诠释的错误。可以深信，重回历史性考察和展开历史性阐释，将是未来思想史研究的首要原则和基本取向，也使我们告别了只是对文本进行一种单一性和封闭性阐释的模式。正是在这一取向引导下，思想史研究将会避免对历史的背叛，以及各种非历史甚至反历史的产生与存在，从而可以更好地解析出作者的意图和文本的意义，回答文本阐释的边界和限度，以及什么是思想史等基本问题。

从“六经注我”到“我注六经”*

——现代经学阐释的限度与公共性展开

成祖明**

中西经学的历史可以说就是阐释的历史，无论在古代还是现代，都面临着阐释的有限与无限问题。关于“阐”释、“诠”释和“解”释的义理之别，张江教授在《“阐”“诠”辨——阐释的公共性讨论之一》一文中已论述得比较透彻。① 不过，在经学漫长的历史中，“阐”一直未被用作专门术语。“阐”字较早出现在经典文献中，是在《易·系辞下》：“夫《易》彰往而察来，而微显阐幽。开而当名，辨物正言，断辞则备矣。”对此，韩康伯注：“《易》无往不彰，无来不察，而微以之显，幽以之阐。”又晋杜预《〈春秋经传集解〉序》：“其微显阐幽，裁成义类者，皆据旧例而发义，指行事以正褒贬。”又《古文尚书序》：“及秦始皇灭先代典籍，焚书坑儒，天下学士逃难解散，我先人用藏其家书于屋壁。汉室龙兴，开设学校，旁求儒雅，以阐大猷。”又《尚书·君陈》：“尔惟弘周公丕训。”孔传：“当阐大周公之大训。”《易·丰卦》：“《彖》曰：丰，大也。”陆德明音义“阐大之大也”。孔颖达正义曰：“阐者，弘广之言。凡物之大，其有二种，一者自然之大，一者由人之阐弘使大。‘丰’之为义，既阐

---

* 基金项目：国家社科基金一般项目“比较视野下传统经学的现代转型研究”（20BZX073）。本文原刊于《探索与争鸣》2020 年第 9 期。

** 作者单位：南京大学历史学院。

① 张江：《“阐”“诠”辨——阐释的公共性讨论之一》，《哲学研究》2017 年第 12 期。

弘微细，则丰之称大，乃阐大之大，非自然之大，故音之也。”[①] 在这些经学的用例中，“阐”既可概指统称具体的释经行为，也可特别指称一些阐幽发微、广弘大道的推衍论述行为，相比“诠”“解”等而言，更契合现代释经活动的指向和意义。

有限与无限之间的传统释经学实践

传统释经学的具体行为最初有“诂、训、传”。按孔颖达《毛诗注疏》卷一：“诂训传者，注解之别名。毛以《尔雅》之作多为释诗，而篇有《释诂》《释训》，故依《尔雅》训而为诗立传。”“传者，传通其义也。”又“诂者古也，古今异言，通之使人知也。训者，道也，道物之貌，以告人也…… 诂训者，通古今之异辞，辨物之形貌，则解释之义，尽归于此”[②]。也就是说，训诂的行为是用时人能理解的话来通释古人的言语，以呈现事物本来之义。显然，这里释经行为要受到事物本然之貌和原义的制约，表现出有限性。而这种标榜对事物本来之貌的追求也即《毛诗》一派经学家的追求，由此形成了传统释经学中被称为古朴一派的古文经学。但这并不是说，古文经学家在追求事物本然之貌时，阐释的无限性就消失了。事实上其仍然因阐释者对这些本然之貌的理解和阐释不同而表现出开放性。尤其是古文经学家在阐释活动中总是将经典文字放入更古的历史叙事中，而这个古史叙事因为缺乏固定的文本，表现出历史叙事和阐释的开放性；即使存在这样的文本，对文本的阅读、理解和阐释也会因人而异，表现出开放性。很多时候，这样的历史叙事是受到阐释者存在处境影响而重构的叙事，反映出阐释者自己时代的思考，表现出开放性和多元性。

以《毛诗》为例，尽管诂训本身简洁古朴，却被融入《毛诗序》的历史叙事系统中，整个义理世界因历史叙事本身的重构而被重构了。这一重构反映了古文经学家时代的经学立场和政治图景思考。这

---

① 《周易正义》卷6《丰卦》，《十三经注疏》，中华书局1980年版，第67页。

② 《毛诗正义》卷1《周南关雎诂训传第一》，《十三经注疏》，第269页。

一宏大的历史叙事首先表现在比较古朴的《诗序》前序中，因为比较简洁，这些前序又被称为“小序”。很长时间以来学者都认为这些小序比大序更为古远。事实上，当我们将小序排列在一起时，一个严整且承载价值的宏大历史叙事便呈现出来。如《周南》诸诗：“关雎，后妃之德也”→“后妃之本也”→“后妃之志也”→“后妃之所致也”→“后妃之化也”→“德广所及也”→“道化行也”→“《关雎》之应也”，层层展开，首尾呼应，构建了一个严整的逻辑历史叙事，人为的逻辑理性与历史想象缝合、填充、重构痕迹明显。相对应的《召南》诸序亦然：“鹊巢，夫人之德也”→“夫之不失职也”→“大夫妻能以礼自防也”……→“《鹊巢》之应也。”其与《周南》句法整齐对应，人为构建痕迹明显。两者整体上又书写了一个从王室到诸侯、大夫直至庶民的更为宏大完整的历史叙事系统。而在这一宏大历史叙事的阐释中，所谓“《周南》《召南》正始之道，王化之基”即“正其初始之大道，王业风化之基本也”[①]，淋漓尽致地呈现出来。这一寄寓现实政治理想、垂范未来、承载价值意义世界的历史叙事由此被《毛诗》的经学家重构出来。这一重构既受到历史本来之貌的制约，也表现出它的价值意义世界的开放性。

这种开放性在另一派经学家——今文经学家那里表现得更为充分。今文经学家明确强调“《诗》无达诂，《易》无达占，《春秋》无达辞，从变从义，而一以奉人”[②]。在阐释行为中按“一以奉人”的原则，也即根据现实政治需要，实质上“一以奉君主”，根据为现实王权统治服务的原则进行阐释。这便形成了中国古代春秋战国以降“赋诗断章，义各有取”的诗经阐释方法，到汉代更成为说诗的主流，这就是班固所说的三家诗说诗“咸非其本意”的缘由（这里的本意即表现出对阐释的约束和有限性）。现存比较完整的三家诗文献《韩诗外传》就明显地反映了这一点。由于《韩诗外传》多采《春秋》杂事证以诗句，明代王世贞讥其“大抵引诗以证事，而非引事

---

① 《毛诗正义》卷1《周南关雎诂训传第一》，《十三经注疏》，第273页。

② 董仲舒撰、苏舆义证：《春秋繁露义证》之《精华第五》，中华书局1992年版，第95页。

以明诗。故多浮泛不切，牵合可笑之语。盖驰骋胜，而说诗之旨微矣”①。四库馆臣也认为其“与经义不相比附”。事实上，这些经学家多是站在他们理解的历史叙事有限性上进行批评，而忽视了汉儒最大限度地发展经学义理世界的努力，以及这一努力中所遵循的规范。对此，汉儒称之为“达意、正言、明旨”，整个阐释活动都受到这些意义规范和价值目标的约束。如《外传》说诗虽引诗以证事，但它通过各种历史片断和不同诗义的结合构建了一个礼义伦理秩序，其阐释亦受到这一秩序的规约。而这一秩序要素正在各个独立的历史片断中，以诗阐之证之，诗与事合，诗与理合，既是说理，也是说诗，使两者浑然一体，既赋予诗在各个历史事件中广阔的应用场景，也开拓了诗理内涵的深广类比空间。

由于阐释的义理秩序层层推衍，汉代今文家又形成了一种特殊的释经文体和形式，即章句。按刘师培《国语发微》，“章句之体，乃分析经文之章句者也”②，也即对经文逐章逐句以至字词的阐释推衍。这种围绕义理世界的层层推衍，出现了被诟病的问题：“后世经传既已乖离，博学者又不思多闻阙疑之义，而务碎义逃难，便辞巧说，破坏形体；说五字之文，至于二三万言。后进弥以驰逐，故幼童而守一艺，白首而后能言；安其所习，毁所不见，终以自蔽。此学者之大患也。”③ 尽管今文经学家的层层推衍充分发挥了经典阐释的开放性和无限性，但阐释除受既有政治价值伦理秩序的制约外，仍受到来自经典文字的两方面限制：一是经文字句段落仍然有着原始义涵，④ 阐释必须从这一原始意涵出发展开符合接受者合理性认知的推衍；二是受到其引用所截断的历史事件公共认知的制约。尽管这些历史片断存在多种叙事可能，但仍受到一些基本稳定的要素制约，阐释经义也必须与这一事件有着能够被接受的合理关联。这两个方面不同程度地制约了今文经学家的阐释活动。当阐释突破这一限制或在这一限制中难以

① 王世贞：《弇州山人四部稿》卷112《读韩诗外传》，台北：台湾伟文图书出版社有限公司1976年版，第5274页。

② 刘师培：《国语发微》，《刘申叔遗书》第13册，1934年宁武南氏校印，第12页b。

③ 《汉书》卷30《艺文志》，中华书局1962年版，第1723页。

④ 诚然，这种原始义涵也有一定的开放性，但这种开放性受到主体间性共识的限制。

自圆其说时，庞杂的章句阐释系统就面临着崩溃。而经学家为“碎义逃难”，说一句之经动辄十余万言，拯救这一系统也越来越力不从心，也造成阅读和习受者理解接受世界的崩溃，于是这一阐释方法在实践中渐渐被淘汰。

为摆脱经文有限性的制约，实现更大的开放性，在阐释实践中便出现了离开经文原意和历史叙事、寻求各种隐喻的新的释经方法，这在西方被称为灵意或隐喻释经法。与此同时，也兴起了一些比附经典的启示文学，追求种种神秘预兆。在中国，与之相类似，则发展出具有神秘色彩的纬书，进而又与作为历史预兆的谶相结合，形成盛极一时的谶纬学。谶纬学将隐喻与神秘预兆相结合，既赋予经学家阐释的无限权力，也在价值实践上更容易达到蛊惑人心的效果。这种完全离开经典客观意涵和历史叙事的制约而堕入神秘主义的无限性，显然不能长久，虽在两汉之际盛极一时，但最终还是被传统经典阐释所抛弃（当然在民间传说世界里，仍有它不断衍生的市场）。在西方亦然，除了一些民间基督教社团还在使用，灵意释经法在比较正式的场合已受到严格限制，在学术界早已被拒绝；而流传下来的一些启示文学则被视为伪经，除研究早期基督教历史外，没有指导教会的价值，也早被主流教会拒斥。

章句和谶纬之学消退，代之而起的是义疏体。此间则有郑玄的“笺”注，据孔颖达《毛诗正义》：“吕忱《字林》云：‘笺者，表也，识也。’郑以毛学审备，遵畅厥旨，所以表明毛意，记识其事，故特称为‘笺’。余经无所遵奉故谓之‘注’。”① 可见笺遵原注而展开，笺释受到原注制约。紧接着，更为开放、拓展的义疏体发展起来。按《说文》，疏，通也。义疏，则主要在疏通旧注的基础上阐明经义。在阐明的过程中自然会出现对原注的不同理解，同一经典的义疏也会因疏家的不同而出现不同。面对诸多义疏，后人需依据经注选择和修定，遂有唐人“正前人之疏义，奉诏更裁，定名正义”，形成了著名的《五经正义》。所谓“正义”，正是试图对此前义疏表现出的开放性和多元性进行限制和修正，这些都反映了传统释经学在有限与无限

① 《毛诗正义》卷1《周南关雎诂训传第一》，《十三经注疏》，第269页。

之间的徘徊。

有意思的是，在东西方古典时代的经典阐释活动中演绎出了许多类似的释经方法。相比而言，西方更关注宗教神学，中国则重视世俗政治。简明对比见表 1。

表 1　**传统释经学方法的一个中西比较**

西方释经学常用术语	中国释经学常用术语	备注
原文释经法	训诂义疏	强调经文字词原义
隐喻释经法	微言大义	不满足经文字面意义，而使用隐喻推衍的方式，中国的谶纬学即由此发展而来，西方相关著述也蔚为大观
以经解经法	转相发明	一处经文与另一处经文相参照，相互阐释，从而拓展深化了原有经文的义理空间
经文类聚	义例书法①	通过对类似或相近经文体内容或书写的总结，归纳出相关体例的义理世界

从六经注我到我注六经——一个有限与无限的阐释学循环理论

作为经典阐释的有限与无限的理论，“六经注我”与“我注六经”，是由宋代心学大儒陆九渊明确而凝练地提出来的。据《宋史》，九渊“自号象山翁，学者称象山先生，尝谓学者曰：‘汝耳自聪，目自明，事父自能孝，事兄自能弟，本无欠阙，不必它求，在乎自立而已’”。“或劝九渊著书。曰：‘六经注我，我注六经。’又曰：‘学苟知道，六经皆我注脚。’”② 对于这句话的意义，冯友兰先生阐释说：

① 由于西方经典是从希伯来文和希腊文翻译而来，而这些文字又经过其他古文的转译，很难根据字词总结出义例，多是根据经文类群进行总结归纳，因此，严格地说，义例书法为中国所独有。

② 《宋史》，中华书局 1985 年版，第 12881 页。

> 从前有人说过："六经注我，我注六经。"自己明白了那些客观的道理，自己有了意，把前人的意作为参考，这就是"六经注我"。不明白那些客观的道理，甚而至于没有得古人所有的意，而只在语言文字上推敲。那就是"我注六经"。只有达到"六经注我"的程度，才能真正地"我注六经"。①

按冯先生的意思，"六经注我"，就是在掌握义理之道也即六经的核心主旨思想后，自己有了与之相符契并能进一步弘扬这一义理之道的思想，这样六经皆是我的注脚即阐明我的思想；我注六经，也就是上述的释经活动，在语言文字上推敲、疏通和丰大经典的义理世界。这一理论提炼充分体现了经典阐释中的有限与无限问题。前者强调的是主体对义理世界的充分展开，反映阐释行为的开放性和无限性；后者则强调对经典自身义理世界的客观性理解，反映阐释活动的有限性。

事实上，这里的无限与有限始终是相互制约的，存在着一个阐释学循环。在陆九渊看来，六经义理之道本然在人心，六经只是阐释人的本然之性，所以六经注我，皆为我之注脚，不必外求。至于我注六经，陆氏并没有展开，甚至有的文献说他并不主张"我注六经"之路。但循其指意，"我注六经"就是失去自我本然之性，通过文字注疏来理解经典的义理世界。这在陆九渊看来是多余的，至少是对其有一定抵制的，因为六经的义理世界已然自在人心，不必外求。但事实真是这样吗？其实，包括陆九渊在内的心学家或许都不会意识到，他们所谓自在于人心的本然的东西并非本然的，而是在历代六经阐释教育中习得的集体无意识的观念。如陆九渊指出的"孝"，尽管人与动物一样存在先天的反哺意识，但孝的内涵则是六经赋予的，经过了六经的长期阐释教化而被观念化。又如儒家所提炼出的简明的"仁、义、礼、智、信"这一东方世界的五常之道，构成东方儒学文明的核心价值体系和构建王道政治体系的基石。这一五常之道是六经所承载

① 冯友兰：《中国哲学小史》，当代中国出版社 2016 年版，第 245 页。

的核心价值，是其文字所明确规范和不断深化的价值尺度。在这一价值尺度基础上六经建构了一个儒家所谓的王道政治体系或“成法”。如班固在《汉书·儒林传》所指出的：“六艺者（经），王教之典籍，先圣所以明天道，正人伦，致至治之成法”；又如刘勰在《文心雕龙·宗经》中所说的：“经也者，恒久之至道，不刊之鸿教也。”在古人看来，六经之所谓经，就是承载这些亘古不变的“恒久之至道”。这些“恒久之至道”经过长期教习，其内涵遂成为儒学或其受众既有的“自在于人心”的观念，实际上，离开了六经的义涵和规范，四端五常和孝等观念都是空洞的，并不能产生具有文教修养的人，更不能产生儒家的王道政治。

也就是说，“六经注我”与“我注六经”实际上是一个阐释的循环：“六经注我”中，“我”的所有思想观念来源于六经，来源于历代“我注六经”的阐释和积淀，而“我注六经”的阐释活动则又被历代释经家“六经注我”的思想观念丰张深化，如是循环，经典的义理世界和“我”之思想观念不断深弘丰大演进。这一循环既反映了古典释经学的阐释的有限性——它受经典本身义理世界的限制，构成了整个古典世界的经典阐释的核心与边界，也反映了在核心边界内阐释活动的开放性和无限性。

疑古运动与现代经学的产生

经学进入现代，首先面临着支持其价值体系的阐释基石的崩塌——在现代怀疑理性的拷问下，经典的历史性崩塌了，这反映了阐释的有限性在现代观念中的威力。阐释基石的崩塌主要来自近代启蒙运动——怀疑理性下对经典的历史性，对既有认知中的成书情况、作者和叙事真实性的质疑，由此引发现代疑古运动对经典的权威与合法性及价值系统的摧毁。其主要途径有二：一是考证经典成书的晚近，进而质疑和否认其所承载古史的真实性，从而否定经典的真实性；二是由经典成书的晚近否认经典是传统所指称的圣人之作，从而否认经典的权威和价值。这一现代性运动在东西方先后出现。在西方，从启蒙运动开始，霍布斯、斯宾诺莎等就对基督教最重要的经典之一《摩西五经》成书于摩西之手提出质疑，从而开启了西方经学领域的现代疑古运动，至威尔豪森（Julius Wellhausen）而达至高潮。通过历史考证的方法，威尔豪森系统地论证了"摩西的历史不是古代以色列史的起点，而是犹太教的起点"[①]，《摩西五经》成书于较为晚近的流放后。如伊尔文（William. A. Irwin）所说："在那个运动中，威尔豪森的伟大成就几乎是那个时代运动中固有的逻辑和精神力量的成果。他和他同时代的人是人类思想和精神自由的一个象征。这也是威尔豪森这个名字最根本的意义。"[②] 威尔豪森颠覆和摧毁了人们以前对经典的历史认知体系，由此开启了西方现代圣经学即圣经批评学（Biblical Criticism）的历程。[③]

在中国，这一现代化历程则是由顾颉刚先生所发起的疑古运动完成的。在这一运动中顾颉刚提出了著名的"层累地造成的中国古史"的论断，揭示所有经典承载翔实的古史和圣人的叙事都是较晚时代形成的，不是圣人之作而更可能是后人伪造的。其名篇《五德终始说下的政治和历史》，通过对古文经典中呈现复杂的五德终始系统演变过程的考察得出结论：这一系统乃是契合王莽政权合法性的需要而造作出来的，完全是为新莽政权服务的，因此，其完成于王莽秉政时期，系刘歆助莽篡汉所为。既然如此，承载这一系统的典籍当然也系刘歆所为。童书业先生称此文"是当代古史学界一篇最伟大的作品，他把从战国到新代因现实政治造成的各种伪古史系统，和由伪古史说造成的现实政治，整盘清理了一下，详细地说明它发生和经过的情形，其搜证的严密，论断的精确，在在足以表见作者头脑的清晰和目光的锐利"[④]。可见此文用力之深、影响之巨。

经顾先生和疑古运动诸贤的努力，经典承载的历史系统被打碎，

---

① W. Rober t Smith, "Proface", *Proleg omena to the History of Israel*, Gloucester, Mass.: Peter Smith, 1973, Pv.

② William A. Irwin, "The Significance of Julius Wellhausen", *Journal of Bible and Religion*, Vol. 12, No. 3 (August 1944).

③ 参见成祖明《威尔豪森的〈以色列史导论〉与现代圣经批评——历史记忆、断裂与重构中的〈摩西五经〉》，《世界宗教研究》2016年第5期。

④ 童书业：《五行说起源的讨论》，顾颉刚编著：《古史辨》第5册，上海古籍出版社1982年版，第660—661页。

经典的圣人光环和权威不复存在，变成了现代学术可以批评研究的对象，经学研究更多地成为历史研究，从而开启了中国现代经学的历程。对于经学现代转型的意义，无论东方还是西方学者似乎都没有给予足够重视，传统经学作为东西方传统文化的灵魂，是前现代传统最为坚固的堡垒，它的坍塌对整个东西方现代转型和现代化的巩固都有着深刻意义。从某种意义上说，没有传统经学的现代转型，就很难有成熟的现代社会。作为东西方疑古双峰，称威尔豪森和顾颉刚分别是东西方现代性的奠基人之一并不为过。

顾颉刚之后，经学研究更多地成为历史研究，即追求它的历史性和客观性（也即阐释的有限性）成为主要目标。在章学诚“六经皆史”的基础上，周予同更明确地提出了“六经皆史料”，“史料是客观的社会的历程所遗留下来的记录，而史是这些客观的记录透过了史学家的主观的作品！明瞭了这一点，那么中国史学对经学的关系，不仅如成语所说，‘附庸蔚为大国’，而且实际上是日在‘侵食上国’了”[①]。“经学是中国特有的一种学问；正确点说，经学只是中国学术分类法没有发达以前之一部分学术综合的名称。因中国社会组织的演变，经学成立于前汉，动摇于民国八年五四运动以后，而将消灭于最近的将来。”[②] 此后更明确地说：“五四运动以后，‘经学’退出了历史舞台，但‘经学史’的研究却急待开展。”[③] 周予同先生的观点已成为之后一个重要思潮，直至今天，仍有很多学者认为经学已然过去，应当注重的是经学史研究。事实上，这里存在一定学术隔膜和语境误读。

首先，经学并非是中国独有的，也不是“唯有作为中国固有学问的经学，无论如何无法塞进分科的架构之中”[④]。这里存在着对整个

① 周予同：《治经与治史》，朱维铮编：《周予同经学史论著选集》（增订版），上海人民出版社 1996 年版，第 623 页。

② 周予同：《怎样研究经学》，朱维铮编：《周予同经学史论著选集》（增订版），第 627 页。

③ 周予同：《“经”、“经学”、经学史——中国经学史论之一》，朱维铮编：《周予同经学史论著选集》（增订版），第 661 页。

④ 桑兵：《经学与经学史的联系及分别》，《社会科学战线》2019 年第 11 期。

西方经学认识的隔膜。就性质而言，尽管西方传统圣经学更多关注宗教神启，而中国经学主要关注的是世俗王教，但其共性是都最终指向人类的伦理道德生活，可以说“同归而殊途，一致而百虑”（《周易·系辞传下》），因而其产生有着相近或相似的原因，其后也一直存在着人类学意义上相近或相似的演进过程，都经历了从传统经学到现代经学的转型。在西方学科体系中，现代圣经学作为独立的人文学科仍占有不可替代的核心地位，且并非如我们想象和理解的，仍然是一个宣扬信仰和宗教的学科。和中国一样，威尔豪森之后，现代圣经学也是主要以追求历史客观性为目标的现代人文科学学科，且历时更久、理论更加发达（如下文所述）。因此，中国经学在现代学科体系中并不存在无法对应和相容的困境。

其次，经学史不可能取代真正的经学研究。作为经学研究的一个重要部分，经学史研究的确需要加强，但它不可能取代真正的经学研究。经学与经学史研究实际上是一对历时性和共时性交织的概念，每个时代对经典的议论、阐释和研究都是每个时代的经学，其后对之进行的研究则称为经学史研究，但任何经学史研究总是脱离不了对经典本身的研究，不对经典本身进行深入研究，经学史研究将无法展开。经学史研究的前提和基础就是经学研究，没有经学就没有经学史。

再次，存在概念表达和误解的问题。受时代影响，周先生所指的经学特指传统经学或前现代经学；而所谓经学史研究并非一般理解的对历史的经学进行研究，而是指以历史的方法来研究经典。以现代理性和科学方法来研究经典，我们称为现代经学。不仅如此，就笔者所见，周先生很可能是国内“现代经学”概念的最早提出者之一。[①] 毋庸置疑，如周先生所指出的，传统前现代经学具有维护专制皇权的属性。而现代经学虽然也可能脱离不了其政治和文化语境，但它是基于现代科学方法和理性批判对经典文本的批判和对意义世界的阐释。此

① 在1935年5月发表的《对于“读经”问题的意见》一文中，周先生说：“大概立场于最后一观点而高唱着读经的人，都是对于所谓‘经学’不甚了了者。经是什么？经的范围怎样？各经来源和性质怎样……现代经学研究的趋势怎样……”云云，不经意间提出了“现代经学”概念。周予同：《对于“读经”问题的意见》，朱维铮编：《周予同经学史论著选集》（增订版），第618—619页。

即周先生所指出的“超经学的研究”，只是这些研究方法事实上并不超越经学，而是现代经学的应有之义，而且随着理论的进展，比周先生当时理解的要更为丰富和复杂。因此，消亡的可能只是传统经学的观念。

最后，存在着语境的误读。周先生后来强调重视经学史，只是强调发展经学史学科的意义，并非要否定经学研究的继续存在，他不仅系统地提出了“怎样研究经学”，在“超经学的研究”中更提出“以社会科学的见地，发掘经典里的沉埋的材料”[①]，具有超前的理论意识。

总之，经过近代以降疑古运动的冲击，经典所承载的古史系统和经典成于圣人的认知与信仰体系崩塌——这也是传统经学阐释的有限性的坍塌，造成建基其上的阐释的无限性的崩解。在大厦倾塌的废墟与瓦砾之上，东西方都开启了经学现代化的历程——在新的阐释有限性与无限性之间展开新的探索。

由历史到价值：现代经学阐释理论的有限与无限

（一）寻找历史的客观性

经典的价值系统的崩塌主要是由于经典历史性的倒塌，因此重建经典的信史成为东西方经学重建不约而同的起点。人们设想，如果在经典地理世界找到明证，证明经典记载是真实的，经典文本与古史的真实性不就得以重新确认了吗？于是，为回应疑古运动的冲击，证经补史的考古学便在这一运动中悄然兴起。在中国则以王国维的“二重证据法”最为著名。

“二重证据法”提出后，被很多经典古史研究者奉为圭臬，其影响不亚于顾氏之“层累造成的中国古史”说。随着大量简帛材料的出土和出现，其在今天更有成为学术主流之势——在这一理论下，“走出疑古时代”甚至在今天仍然是最具影响的学术主导话语之一。

---

① 周予同：《怎样研究经学》，朱维铮编：《周予同经学史论著选集》（增订版），第635页。

但这种证经补史的考古学在西方的遭遇则为我们提供了殷鉴。它经历了一个从传统圣经考古学“坍塌”到新考古学派崛起的历程。传统圣经考古学发端于19世纪，旨在回应西方疑古运动，试图在圣经地理世界寻找证据以说明圣经记载为信史。用其巨擘奥伯莱（William F. Albright）的话说：“圣经考古学是一个比巴勒斯坦考古学范围更广的用词……从地中海以西伸展到印度，并且从俄罗斯南部伸展至埃塞俄比亚和印度洋。在这辽阔的地域当中，每个部分的发掘都会直接或间接地说明圣经的部分实况。”[①] 由于大量的考古发现，加之奥伯莱等人的努力，20世纪20—60年代，圣经学界一度非常乐观，除了德国以诺斯（Martin North）为代表的传统历史批评学派（traditional history criticism）外，在欧美学术界统治长达一百年之久的疑古运动理论几乎被抛弃，一种新的共识渐渐在圣经学界达成，学者相信考古已照亮了圣经的历史，圣经的记载具有历史性。

但经过一段乐观时期之后，圣经学界越来越趋于谨慎，因为认真检视考古发现，能给圣经提供直接证据的并不多。对此，布赖特（奥伯莱的学生）也不得不承认，“从考古学和圣经本身而来的证据，都很有限”[②]。到了奥伯莱晚年，对传统圣经考古学派的质疑和批评更是不断，如塞特斯（John Van Seters）的《历史和传统中的亚伯拉罕》（*Abraham in History and Tradition*）一书等。[③] 一系列证据动摇了奥伯莱所统构的圣经历史世界的基础。奥伯莱去世之后，学者更对以近东考古来证实圣经记载这一方法的科学性提出质疑。接着一个更大的问题被提了出来，即考古学本身就是一门阐释学，考古学是一门阐释的艺术，其本身并不具备客观确定性。面对这种不确定性，“二重证据法”前提性设定了考古学的阐释，不仅束缚了考古学本身理论的发展，反过来也滞碍了现代经学文本的阐释。正是在这种背景下，西方

---

① William F. Albright, *New Horizonsin Biblical Research*, London: Oxford University Press, 1966, p. 1.

② 布赖特：《以色列史》，萧维元译，香港：基督教文艺出版社1972年版，第57—58页。

③ John Van Seters, *Abraham in History and Tradition*, New Haven: Yale University Press, 1975, pp. 13 –25.

学术界提出“圣经是圣经，考古是考古”，考古不以圣经记载为前提、预设和目的，考古学应有自己的独立地位和理论体系。由是，在20世纪70年代末80年代初，以奥伯莱为代表的这一证经补史的考古学方法走到了尽头。

传统圣经考古学没落后，代之而起的是新考古学派。标志性事件是斌福德发表其名篇《作为人类学的考古学》（*Archaeology as Anthropology*），强调考古学所面对和处理的文化人类学的三个系统：技术经济系统、社会组织制度系统和意识形态观念系统，强调考古学在研究人类社会演进、生活方式和文明的变迁上有着巨大前景和功用，理应发展出自己的独立的理论和方法。① 文章发表后产生了巨大影响，人类学转向渐渐成为北美考古学的主流。这一转向也深刻影响了圣经考古学，如迪华（William Dever）所指出的，新的考古学家在巴勒斯坦的挖掘将不问圣经所提出的问题，而是要问北美考古学家所采用的人类学的考古学所提出的问题；不应再将巴勒斯坦的考古学作为圣经学的从属。叙利亚－巴勒斯坦考古学将被视为一般考古学的一个领域，有着同样的关切，使用同样的方法。② 人类学方法遂成为此后圣经考古学的主流。

而人类学的亲缘学科社会学的方法，特别是马克思主义社会学的引入，则将这一方法推向了高潮。这主要体现于对以色列民族形成史“反抗模式”（The Revolt Model）理论的阐述。这一理论由蒙登豪尔提出，经歌德瓦发展成熟。这一时期出土的亚玛拿文献，出现了“亚皮鲁人”，蒙登豪尔认为这里的“亚皮鲁人”就是圣经中的“希伯来人”。根据汉谟拉比法典，“亚皮鲁人”意为一群受压迫而自愿“离绝”（withdraw）既存合法政治体制的反抗者。也就是说，没有人生来就是“希伯来人”，要成为“希伯来人”就必须靠他自己的行动，这种行动是因他不能再忍受不合理的社会所致，无论是主动还是被

① Lewis R. Binford, “Archaeology as Anthropology”, *American Antiquity*, Vol. 28, No. 2 (October 1962).

② William G. Dever, “Archaeology and Biblical Studies: Prospects and Retrospects”, *The Winslow Lectures*, Evanston, IL: Seabury－Western Theological Seminary, 1974, p. 31.

动。这种“离绝”同时也使他失去政治体制的保护和应有权利。为了生存，这些希伯来人或进入城市充当奴隶，或打家劫舍成为盗匪，或充当雇佣军。总之，他们是生活在社会底层的人群，与当地统治者有着深刻的矛盾。毫无疑问，在古代世界，当这些人共同遭遇大的危险时，就会结成一个团结一致的政治组织。这就是“支派”（Tribe）。因此，蒙登豪尔认为，真正的血缘关系并不是构成以色列民族的重要因素。他们之所以形成一个独特的民族完全是基于其“社会”地位，完全是因为他们同是被压迫的一群。由于全体被压迫者万众一心，他们乃有足够的力量对抗当时的政治和社会所加诸他们的各种宗教、经济和政治上的重担。在此基础上，蒙登豪尔认为，根本就没有所谓的以色列人对迦南的征服；没有证据显示当时迦南地的人口有急剧变化，那里没有发生大屠杀、大规模驱逐人口的现象，只有统治者被更换、驱逐。那里发生的乃是仅世俗历史学家感兴趣的社会政治进程，农民群起反抗，推翻那些遍布迦南的城市统治。①

在蒙登豪尔的基础上，歌德瓦认为，根据反抗模式，作为相互独立的支派与家族的联盟，早期以色列社会和作为以色列的平等宗教的雅威崇拜，必然是同时辩证地发展。这里歌德瓦贯彻了马克思主义原则，认为早期以色列社会的形成和雅威崇拜都根源于迦南地区受压迫的农牧民的物质生产关系；正是这种平等的社会生产关系，产生了平等的雅威崇拜，从而适应了社会需求，“特别是在一个散乱的平等社会中，雅威成为维系人心、巩固社会的权威象征”②。雅威崇拜对早期以色列社会的作用，不仅是产生了一套“伦理规范”，更是社会结构深层的权力象征，在以色列人的社会、经济和文化各层面发挥着独特功能。③ 歌德瓦认为，马克思主义社会学为古代经典社会“提供了

① Gorge Mendenhall, “The Hebrew Conquest of Palestine”, *The Biblical Archaeologist*, No. 3, 1962.

② Norman K. Gottwald, *The Tribes of Yahweh*: *A Sociology of the Religion of Liberated Israel*, 1250 – 1050 *B. C. E*, New York: Orbis, 1979, p. 496.

③ 详见成祖明《亚威信仰与古代以色列社会——歌德瓦与马克思主义社会学圣经批评》，《世界宗教研究》2012 年第 4 期。

更令人信服的更严格的假说”①。

在考古学理论嬗变的过程中，西方追求经典客观历史阐释的理论仍在继续发展。最早是衮克尔（Hermann Gunkel）的形式批评（Form Criticism），主要从经典文本叙事形式出发，通过分析文本最初简单原型，揭示文本的传说古史的原型，进而追溯其古史源头。而文本原型流变的过程也是历史传统演进与聚合的过程，于是在形式批评理论的基础上，形成了上文所提到的传统历史批评的理论。由文本形式着手，注意到一些文本叙事的程式化现象，由此辨认出前文本口传阶段的痕迹，从而揭示其史前阶段的历史状况，由是发展出程式批评理论（Formula Criticism）。

通过上述西方现代经学理论与方法的历程和脉络可见，这些理论与方法无不试图在寻求经典的历史客观性中展开经典的阐释世界——即经典阐释活动追求在严格的且可以称之为科学的有限性中展开。遗憾的是，这些现代经典阐释理论大多没有在中国现代经学中得到运用或发展出来。

（二）寻找经典的客观价值——正典的进路

在寻找经典历史的客观性时，已崩塌的经典的价值意义世界并没能在现代语境中得到重建。正如这些现代理论多冠以“批评”或“批判”（criticism）所表明的，它本身就是怀疑理性、批判理性的产物，求真是它的终极目标，因此，很难产生价值和意义。这也一直是现代经学家的困扰。

如蔡尔兹（Brevard S. Childs）所指出的，科学批评对圣经的阐释是描述性的（Descriptive），对基督教会信仰而言，往往是非建设性的（Constructive），而在基督教会中，圣经的阐释是建设性的，但往往又是非科学的。这既是西方圣经学者的普遍困境，也反映了一个普

① Norman K. Gottwald, “Social Matrix and Canonical Shape”, *Theology Today*, Vol. 42, No. 3 (October 1985).

遍的共识，这就是经典的阐释必须要超越描述性的任务。[①]

如何超越呢？在前人的基础上，也受到后现代语言学转向的影响，蔡尔兹提出了“正典的进路”（Canonical Approach）理论。在蔡尔兹看来，“正典的进路”就实现了这一超越的任务，将描述性任务与建设性任务很好地结合起来，填补了这一鸿沟。何谓正典的进路呢？“Canon”的英文原意为“标准、规范、（理想的）典范”或者“目录、确定的尺度”等。在蔡尔兹那里，Canon被指为圣经的最后确定形式。那么，所谓正典的进路，顾名思义，就是关注经典最后确定文本的研究进路。

这看上去似乎很简单，却代表了现代经学的一个范式转换，即由历史起点转向文本起点——由皓首穷经于模糊不清的历史源头的批判、考察与重构，转向从确定经典文本出发，重新关注和阐释经典意义价值世界。从确定的正典出发，不仅克服了现代以来圣经研究的价值意义世界的失落，也克服了现代以来圣经研究起点的不确定性。

作为现代经学阐释的突破，蔡尔兹提出了三个辩证的阐释学循环（the dialectic hermeneutics circle）。第一个辩证的阐释学循环是根据整体的圣经阐释单一文本、再根据单一文本阐释整体圣经的循环运动。第二个辩证的阐释学循环是平行文本间阐释循环，即根据《旧约》阐释《新约》、再根据《新约》阐释《旧约》的循环运动。这种动态的阐释防止了寻求单向线性的方法来理解两约的关系。两约间没有一条发展进化的直线，既没有从神话到伦理，也没有一个救赎历史的单向运动。对于这种平行文本间的阐释循环，香港中文大学李炽昌教授进一步提出了“跨文本的阐释或阅读”（a textual - cross hermeneutics or read），即释经者本土文本与圣经文本间的阐释循环，强调经文与处境可以“互观”、互相“说话”，使双方因互相“交流”而丰富。“互观”“多次往返”“丰裕和转化”“丰富了的转化存在”等概念使“跨文本阐释”与通常的“比较方法”区分开来，表现为平行文本间的阐释循环。第三个辩证的阐释学循环则是根据圣经的历史见证阐释

① “Interpretation in Faith: The Theological Responsibility of an Old Testament Commentary”, *Interpretation: A Journal of Bible and Theology*, Vol. 18, No. 4, 1964.

现实、再根据现实阐释圣经的历史见证的循环运动。①

三个辩证的阐释学循环在阐释的有限与无限中寻找到了很好的平衡点。通过阐释学的循环，特别是圣经与现实的阐释学的循环，使得圣经意义世界进入了一个广阔的生活世界，取得了质的突破。正如塞斯（Christopher R. Seitz）所指出的，“我之所以提这些（按：相关蔡尔兹的争议），是因为二十五年后，情况出现了戏剧性的变化。一切都已过去，甚至歌德瓦《雅威的部落》所代表的社会科学方法……具有讽刺的，在这个时代的今天，从来源到形式到传统再到编辑批评阶段，比起他们的反对者或消解者，竟是蔡尔兹在以旧约作为经的名义下，更可能成为圣经批评学学科和学术方法的守护者”②。这里塞斯不仅指出其当代影响，也指出了其方法在实践方面对现代以来批评理论甚至古代学术传统的继承和超越。但仍有一点蔡尔兹一直没有说清楚，也是一直被学者所诟病的，就是“正典的进路”与现代经典批评历史性的问题。蔡尔兹并没有直面圣经文本的历史性问题。所以蔡尔兹也被批评为脱离现代圣经批评的科学原则，而成为一个护教的圣经神学家，“正典的进路”也因此受到现代圣经学界的广泛质疑。③

因此，现代经学意义重建的根基——经典文本的历史性，也即现代合法性问题，仍然是一个待解决的问题，可以说这也是整个东西方经学的现代之困。事实上，后来仅关注最后文本的各种具有价值和意义的理论，诸如女性主义批评、后殖民主义批评等都是悬置经典文本的历史性问题，或成为脱离现代阐释之根基的一种“强制性阐释”。④

但蔡尔兹的“正典的进路”，聚焦经典最后文本，让我们注意到其独立意义。进一步考察可发现：事实上无论是现代科学主义疑古运动对经典的否定，还是保守主义对经典的尊信，抑或释古对经

---

① 关于“正典进路”的三个阐释循环，详见成祖明《走进正典时代——论蔡尔兹“正典的进路”对现代儒学的意义》，《江海学刊》2011 年第 3 期。

② Christopher R. Seitz, Tribute to Brevard S. Childs, *The Bible a s Christian scripture: the work of Brevard S. Childs*, Society of Biblical Literature biblical scholarship in North America, 2013, p. 3.

③ 对此，英国学者 James Barr 给予了尖锐的批评，参见 James Barr, *Holy Scripture: Canon, Authority, Criticism*, Philadelphia: Westminster Press, 1983。

④ 参见张江《强制阐释论》，《文艺争鸣》2014 年第 12 期。

典的证信，都存在一个本质相同的前在非现代性预设，即经典的合法性来自其古老的历史和圣人创作，可以通过否定或肯定其历史和圣人而否定或肯定其经典价值。这背后实际上仍然没有跳出前现代厚古薄今和圣人崇拜的思维。经典的价值并不在于经典之外，经典之所以为经典，乃是因为它凝聚着人类悠远绵长的传统和时代智慧的结晶，从而成为人类精神价值的源泉，而不是来自经典之外的古老历史和圣人。事实上，不是经典因圣人而成为经典，而是圣人因经典而成为圣人。在历史长河中，人们不是因为圣人崇拜而不断获得精神源泉，而是在经典的阅读、阐释中获得并创造精神资源和思想价值。一部思想贫困、精神资源枯竭的书籍，无论统治者如何推崇、如何神化，都将在历史的长河中被人们抛弃。因此，我们需要走出疑古与释古时代的迷思，从过去将经典价值寄寓于渺茫的古史，转向经典之内积聚的悠远绵长的传统和时代的沉思；由对经典之外圣人的崇拜，转向对经典之内庶人智识、精神资源与思想价值的认同。经典不再也不必是圣人的经典，而是庶人的经典；经学也不必是圣人的经学，而是庶人的经学，应发现其在庶人历史世界中的价值和意义。这就在现代和后现代科学语境中重新确定了经典的合法性，实现了经学的现代重生。而现代经学也只有实现这一源于庶人、面向庶人的倒置，才能真正确立。①

不仅如此，将哈布瓦赫的集体记忆理论引入现代经学阐释，我们对于困扰东西方现代经学的一个大问题也豁然开朗了。现代以来，人们一直有一个似是而非的观念，就是一旦经典非圣人之作或没有古老的历史，就可推导出经典作者或历史之伪，从而否定经典的价值。事实上，从记忆理论出发，经典的形成并不是所谓真还是伪的问题，而是一个历史记忆的重构问题。比较研究还发现，在东西方经典形成的最关键的时期，都有过对文献的灾难性破坏的经历。尽管学者大多将中国的经典形成悬置于先秦战国时代甚至更早。但从现代史学的角度，大多数经典在先秦并未见其踪迹，正如威尔豪森对《摩西五经》

---

① 参见成祖明《走出疑古与释古时代的庶人经学》，《江海学刊》2016 年第 3 期。

的质疑一样，它们“不是房基，而是屋顶”①。这些经典以完整的面目确定出现，大多是在汉初，是经历了秦火和秦汉之际大规模农民战争对文献的灾难性毁灭之后。笔者将这一时期经典的大量出现，称为汉初的“成书复典运动”。西方也是如此，威尔豪森之后，《摩西五经》形成于巴比伦对耶路撒冷和犹太全地焚毁、掳掠后，已成为西方学界的共识。这种相近的现象何以发生呢？从集体记忆的视角看，人为的禁焚和战火对文献造成毁灭性的破坏，使依托文献形成的比较稳定的历史记忆断裂，退变成模糊的、易变的和碎片化的弥散性集体记忆，这为历史记忆的重构与新的经典的形成创造了条件。战火结束，接下来是和平时代的帝国和被掳之后的回归，面对残破的文化亟须恢复和重建文献体系。而文献的灭失也让全社会再次意识到“斯文”的价值，因此便催生了文献恢复、重建和经典化的运动。而这些被强化冠以经名的恢复与重建的文献，已不是原来意义上的文献，而是从时代集体经验与记忆出发、经过记忆重构了的文献。这些经过记忆重构的经典，既不是编造伪史，也不是书写信史，而是从时人的时代经验出发，书写和重构他们认为是真实的记忆的历史，包括这些经典之名，也在模糊的记忆和传说中成为火前的事实，承载着已被重构了的火前历史——里面充满想象和创造的历史。

对中国经典而言，这一历史记忆的创造与重构也是自孔子以来漫长的时代中儒学不同历史经验的凝结与沉思，是历史记忆的绵延、思想价值的积聚和智慧的不断创造，并在后来漫长的与历史的互动中，通过“六经注我”到“我注六经”的阐释循环被不断丰裕、弘扩、深化。因此，经典是记忆的经典，它本身是记忆价值的重建，它承载的是一个被记忆价值重塑的历史，或者说是一个价值和意义的历史。因此，从记忆理论出发，将既不妨碍我们对其进行严格有限性的历史考察，也不妨碍我们对意义世界的多元的开放的阐释。②

---

① Julius Wellhausen, *Prolegomena to the History of Israel*, Gloucester, Mass.: Peter Smith, 1973, p. 2.

② 参见成祖明《记忆的经典：封建郡县转型中的河间儒学与汉中央帝国儒学》，人民出版社 2019 年版。

这种历史考察与价值意义世界的阐释可以相互结合，构成一个不断展开、更为宏阔的“六经注我”到“我注六经”的阐释的循环，形成有限性与无限性有机统一。如歌德瓦所指出的，“正典的进路”与社会学批评之间有着天然契合性和互补性。他说：“我深信正典的批评与社会学批评并不互不相容，它们彼此具有天然的契合和互补。”① 事实也是如此，在正典进路的三个“辩证的阐释学循环”中，无论哪一个阐释循环都离不开对文本内部的社会历史世界及文本所面向的社会历史世界的深入剖析。正如歌德瓦所指出的，马克思主义“不可能仅靠重申或否定它的真理而被安顿，而是靠深广的科学研究，靠在不断变迁的社会关系中人类生活的未来不断展开”②。作为一种有效的社会科学方法，在经典世界和所面向的世界阐释循环中，经典的阐释的限度与公共性将因此而充分展开，在这一公共性展开和阐释循环中，经典自身也被不断展开，从而开辟一个中国现代经学阐释的新时代。

① Norman K. Gottwald, “Social Matrix and Canonical Shape”, *Theology Today*, Vol. 42, No. 3 (October 1985).

② Norman K. Gottwald, *The Tribes of Yahweh*, pp. 637 – 638.

阐释学对历史研究的启示*

晁天义**

19 世纪以来，因在很大程度上受近代自然科学认识论、方法论的刺激和影响，古老的历史学焕发新的活力，一时展现出前所未有的繁荣景象。然而围绕认识论和方法论两大核心理论问题的对立，也折射到百余年来的历史研究中。所谓认识论上的对立，是指以客观主义、实证主义为代表的一方，与以后现代主义为代表的一方就历史认识客观性、历史学性质等问题发生的争论。所谓方法论上的对立是指，由于对自然科学方法的崇拜，人们在历史研究中忽视或贬抑人文学科方法的价值，导致传统的史学方法论发生撕裂。历史学界的争论分歧日剧，甚至有分裂为壁垒森严的两大阵营之嫌，增添了人们对历史学科发展前途的担忧。

那么，面对这样的纷争与对立，究竟有没有一条可取的化解之道呢？笔者发现，在中西方历史上具有各自悠久传统和丰富资源的阐释学（或称“诠释学”“解释学”“释义学”），① 在众多中国学者数十年来的不懈推动下，目前正在成为我国哲学社会科学及人文社会学科

---

* 本文是国家社会科学基金后期资助项目“先秦史跨学科研究的理论与实践”（项目编号：18FZS006）的阶段性成果。本文原刊于《史学理论研究》2020 年第 3 期。

** 作者单位：中国社会科学杂志社。

① 关于阐释学的名实之辨，参见潘德荣《西方诠释学史》，北京大学出版社 2013 年版，第 1—4 页；洪汉鼎《编者引言：何谓诠释学》，洪汉鼎主编《理解与解释——诠释学经典文选》，东方出版社 2001 年版，第 1—7 页。张江教授认为，综合中西方相关学术传统可知“阐释学”一词最能准确反映这门学科的本质和任务。参见张江《“阐”“诠”辨——阐释的公共性讨论之一》，《哲学研究》2017 年第 12 期。笔者赞同张江教授的观点。

各领域关注的焦点。我们知道，18 世纪以来，经过施莱尔马赫、狄尔泰、海德格尔尤其是伽达默尔等人的努力，阐释学在西方逐渐发展为一个成熟的学科门类，建立起一套理解和解释文本原意、作者原意的认识论和方法论，以及处理“精神科学”研究领域主客体关系的理论体系。中西方学术史的不少经验表明，这套认识论和方法论为包括文学、语言学、艺术学、宗教学、法学等在内的诸多学科注入了活力，对这些学科的发展产生了积极影响。在很大程度上，历史研究同样具有“精神科学”的特征，面临的无非也是如何妥当处理研究主体与历史客体之间关系，正确地获得史料、理解和解释史实，并最终获得理想认知结果（包括揭示历史事实、阐发历史意义、总结历史规律等）的问题。这种在研究对象、研究路径、研究目标上的高度一致性，使历史学同样有可能从阐释学中获得破解自身理论难题的重要启示。①

一　历史研究面临两大问题

（一）客观主义与相对主义的对峙

19 世纪被人们称为“历史学的世纪”，这个时期兴起的各种史学流派呈现繁荣发展的趋势，确立了现代历史学科的一系列规范，并围

① 阐释学在中西方各有历史悠久、内涵丰富、特色鲜明的学术传统。在中国古代，围绕“五经”“诸子”等传统经典，先秦至明清时期两千余年间诸多研究者开展了大量阐释实践，积累了丰富的阐释成果。比如公羊学家关于《春秋》“微言大义”的阐释，将中国古代的历史本体论推到颇高水平。有学者指出，中国古代不仅有经典阐释学，同时在本土化的佛教、传统文人写意画及传统哲学中，也存在类似于西方的哲学阐释学资源。（参见班班多杰《中国古代没有哲学阐释学吗?》，《中国社会科学报》2019 年 9 月 24 日）中西方阐释学既不乏各自独到之处，又具有广泛共通性。鉴于当代历史研究的基本范式深受西方学术传统影响，面临的问题也与此紧密相关，本文主要从西方学术角度讨论阐释学对历史研究的启示。这种做法绝不意味着忽视或否定中国传统阐释资源对历史研究的价值。相反，对于这笔重要的学术遗产，很有必要加以深入研究、专门总结。我们并没有采用“西方阐释学”这个概念，因为这种做法容易给人以单纯凸显西方阐释学价值的错误印象，并隐含着将作为统一学科的阐释学人为割裂的风险。实际上，对历史研究具有积极启示价值的，并不是西方阐释学的特产，而是中西方阐释学中的共同因素。除专门说明外，本文均是在以上意义上使用“阐释学”这一概念的。

绕这些规范形成诸如注重历史事实、强调历史认识客观性等特质，以及复原历史真相、探讨历史因果关系、总结历史规律等诸多研究目标。

19 世纪历史学繁荣的一个典型代表是以兰克为代表的客观主义史学。按照极端的客观主义史学家的想法，历史研究的目的是“如实直书”，即按照历史的本来记载和书写历史。至于个人情绪、主观好恶、价值预判等，均在严肃历史研究工作的摒弃之列。历史学家应该做的，首先便是竭泽而渔，穷尽史料，这种信仰推动了此后一系列普遍的史料崇拜意识，如中国学者所谓的“史学便是史料学”，“上穷碧落下黄泉，动手动脚找东西”，等等。在他们看来，只有在此类史料积累工作完备之后，才谈得上“客观历史”的编撰，否则一切免谈。

在客观主义史学看来，认识历史客体的过程就是研究者不带偏见地让客体呈现在研究者面前或笔端的过程。这种“反映论”的认识论，尽管没有否认研究者的主体性，但却在极大程度上忽略了不同主体间的差异。或者说，通过对主体的要求（抛弃“前见”），这种理论假设所有的认识主体都具有相同的特点，用形象的比喻来说就是认为研究者“千人一面”。既然“千人一面”，那么只要研究者不断努力，随着条件的成熟，自然就能把握历史的“最后真相”。由于这种“最后真相”是通过一套严谨的科学程序和手段获得的，因此必然是唯一的、确定的。最后真相或绝对真理的获得，就意味着研究过程的终结。这就是客观主义史学（在很大程度上也是实证主义史学）认识论的基本逻辑。

这种逻辑的“科学性”看上去似乎无可挑剔，但遗憾的是，一旦客观主义史学家将这条“科学”认识论准则照搬到历史研究中时，他们无论在理论还是实践上都注定要遭受重挫。首先，从理论上讲，如果说历史认识的目标就是获得认识结果的最后唯一性、确定性，而且假如我们最终真的如愿以偿实现了这一目标的话，这种实现其实同时就意味着历史认识的终结。也就是说，这种研究在“实现”历史认知终极目标的同时，其实也终结了历史学自身。这是因为，历史学的任务既然已经宣告完成，那么也就没有存在的价值了。其次，让我们看一下两代客观主义史学家在实践中是如何遭遇“终极的历史（Ultimate History）”理想从形成到破灭的过程的。爱德华·卡尔在讨论“历史学家和历史学家的真实”这个主题中曾引用了以下例证。1896年，《剑桥近代史》第一版的编辑者阿克顿曾信心满满地宣称：由于每一个人都有可能熟悉最新的文献和国际研究的最新成果，因而即使他们那代人不能达到终极的历史（Ultimate History），但这样的目标毕竟是可以期望的，他说：“既然我们可以得到所有的材料，解决每一个问题也已成为可能，在历史研究这条道路上以不同的方式到达我们的目的，因此，我们可以抛弃传统的历史（Conventional History）。”然而几乎整整60年之后，这项工作的后继者乔治·克拉克爵士在《剑桥近代史》第二版总导论中对这种“终极的历史”的信念就表示了怀疑和失望：“晚近历史学家对这种看法并不抱有幻想……既然全部历史判断都涉及不同的人和不同的观点，而且此人的观点与彼人的观点又各有千秋，因此，并不存在‘客观的’历史事实。”①

短短数十年间，抱有同样信仰的学者对于历史认识“终极性”“客观性”的态度竟然发生一百八十度大转弯。这一方面固然是由于人们发现研究者的立场决定了认识结论的不断变化：不同的人（甚至同一个人在不同时期）对同一历史问题的看法往往相去甚远。另一方面，也是因为研究者发现，我们其实无论如何都不可能做到对一件历史事实的绝对把握。卡尔曾颇具讽刺意味地说，那种传统的客观主义理想其实是一种“异端思想”，它的结果或者是造就收藏家，或者是制造疯子，这种理想不但不可能实现，相反只能败坏历史学科本身。他说：“任何屈服于这种思想的人要么把历史当作一件不好的工作加以放弃，沉溺于集邮或其他爱好古董的方式，要么积劳成癫，在疯人院终其天年。”②

材料的积累并没有帮助人们实现“终极的历史”，相反却增加了人们的失望情绪。有学者将客观主义史学的这种窘态比作“象狗追逐

① E. H. 卡尔：《历史是什么?》，陈恒译，商务印书馆2007年版，第87、88页。

② E. H. 卡尔：《历史是什么?》，第97页。

自己的尾巴一样，尽在原地打圈圈。”[①] 由此可见，客观主义史学的理想从理论上将导致历史认识乃至历史学科的终结，而从实践上来说同样会导致历史学科走向末路。原本试图借助科学的力量实现繁荣的历史学，最后竟然走向自己的反面，这无疑是客观主义史学创立者始料未及的。尽管如此，这却是19世纪历史学的遗产在20世纪初期以来遭遇的普遍难题。

当以客观主义为代表的传统史学在理论与实践方面进退失据之时，相对主义认识论乘虚而入。20世纪初期以来，以追求历史认识客观性为标志的研究路径面临一系列新的挑战。其中最为严峻的挑战，便是有人认为19世纪曾被人们奉为圭臬的历史客观性追求其实是虚妄不实的、幼稚的。美国历史学家贝克尔和比尔德两人对历史客观性的批判以及对历史相对主义的鼓吹，在当时就引起极大反响，前者的名言是“人人都是他自己的历史学家”，后者则讽刺客观主义史学的追求不过是“高尚的梦想”而已。[②] 围绕历史认识有无客观性这一问题，两种看法的对立在20世纪30年代末的美国充分展现出来：一方是以贝克尔和比尔德为代表的“相对主义者”，另一方则是以亚瑟·O. 洛夫乔伊和莫里斯·曼德尔鲍姆为代表的客观主义历史哲学家。[③] 在相对主义者看来，每个研究者都是具有主动性的认识主体，他们之间存在着极大的个体差异。因此，研究者势必会将自己的知识结构、价值观、意识形态、主观好恶乃至研究预期等因素带入研究过程，并投射到作为客体的研究对象之上。这种带入和投射，既不可避

① 杰弗里·巴勒克拉夫：《当代史学主要趋势》，杨豫译，上海译文出版社1987年版，第11页。

② 20世纪30年代，美国历史学家西奥多尔·克拉克·史密斯在《美国历史学评论》发表文章，将客观主义史学家所主张的不带私利地探索客观历史真相的追求称为“高尚的梦想”，并对比尔德引诱历史学家偏离这一追求的做法加以抨击。比尔德当即写了《高尚的梦想》一文作为回复，认为这种理想其实只是一种空想。显然，前者所谓“高尚的梦想”是一种褒扬，后者则是在讽刺的意义上使用这一概念的。参见彼得·诺维克《那高尚的梦想：“客观性问题”与美国历史学界》，杨豫译，生活·读书·新知三联书店2009年版，第355—357页。

③ 参见彼得·诺维克《那高尚的梦想：“客观性问题”与美国历史学界》，第342—381页。

免，也无须避免。结果是，所有的历史认知都由人们根据主体需要有意无意构建而成。

20 世纪 70 年代，后现代主义进一步将对历史认识客观性的质疑推向极端。海登·怀特认为，尽管 19 世纪的众多历史学流派（包括从事理论阐释和具体研究者）都号称要追求“客观”“真相”“规律”“事实”，然而隐藏其后的却是模式化的意识形态内核。他认为，当时最主要的四种“意识形态蕴涵模式”是无政府主义的、激进主义的、保守主义的、自由主义的，与四者相应的则是相对固定的情节化模式（即“浪漫式的”“悲剧式的”“喜剧式的”“讽刺式的”）和论证模式（“形式论的”“机械论的”“有机论的”“情境论的”）。[①]

在海登·怀特看来，19 世纪的那种历史研究并不像研究者所标榜的那样复原了历史、探寻了真相，或者揭示了规律。相反，它们在本质上与文学创作并没有区别，只是出于自觉或不自觉的意识形态需要，按照特定而有限的情节化模式和论证模式，将历史材料组织起来而已。他甚至直言不讳：“我在《元史学》中想说明的是，鉴于语言提供了多种多样建构对象并将对象定型成某种想像或观念的方式，史学家便可以在诸种比喻形态中进行选择，用它们将一系列事件情节化以显示其不同的意义。”[②] 基于这种理由，论者将客观主义史学的追求比作“不可实现的理想”：“到 19 世纪时，历史学越来越被一种追求明晰性、字面意义和纯粹逻辑上的一致性的不可实现的理想所束缚……在我们自己的时代中，专业史学家没能使历史研究成为一门科学，这表明那种理想是不可能实现的。”[③] 因此，史家在研究过程中并非真正“鉴空衡平”，也非“千人一面”，而是带有前见和个性的。既然这样，又怎能反映历史真实，客观主义的追求岂不正是一个“高尚的梦想”？

历史认识客观性之争，由此成为 20 世纪历史认识论乃至整个史

① 参见海登·怀特《元史学：十九世纪欧洲的历史想像》，陈新译，彭刚校，译林出版社 2004 年版，第 38 页。

② 海登·怀特：《元史学：十九世纪欧洲的历史想像》，“中译本前言”，第 4 页。

③ 海登·怀特：《元史学：十九世纪欧洲的历史想像》，“中译本前言”，第 4—5 页。

学理论研究最热门的话题之一。[①] 有人曾将这场辩论比作中世纪早期的战争：一方是作为“智识领域的蛮族”（intellectual barbarians）的后现代主义者（代表了相对主义观点），另一方则是守卫历史科学之城的传统史学家（代表了客观主义观点）。[②] 尽管如此，这场热闹的拉锯战却注定是没有任何积极成果的。这是因为论战双方在认识主体与认识客体的关系上各持完全极端的看法，他们将所有心思用于攻击对方的弱点，然后将自己的观点推向极致。客观主义的弊端固然昭然可见，问题是，后现代主义者岂不是同样走向理论的自我否定吗？这一争论所引发的更严重后果，是半个多世纪以来历史学的理论与实践越来越明显地分裂为两个相互对峙的阵营。有学者生动地评论说：“一方在理论上不可一世，冲着对面的在方法上的保守主义者阵营指手画脚，后者当然也寸土不让地予以回击；而两者之间横亘着一片死寂，使双方老死不相往来。”[③] 客观主义与相对主义“老死不相往来”，导致两者在对历史研究的前提和志趣的认识方面最终分道扬镳。对于客观主义来说，其结果是固守19世纪以来的传统，画地为牢，走向保守主义并窒息了历史学；对于相对主义而言，结果则是由否认历史认识的客观性进而走向取消历史学。客观主义固然由于理论与实践上的矛盾导致历史学的没落；后现代主义来势汹汹，踌躇满志，然而它所秉持的相对主义认识论也陷于自相矛盾的境地。

由此可见，无论是客观主义还是相对主义，它们在历史研究的理论和实践中只有一个结果，那就是导致历史认知的终结。只不过两者的实现手段不同：前者所标榜的“终极确定性”或使新的历史认知不再可能，或在实践中不可实现，从而导致历史研究的终结；后者宣布历史认知完全没有客观性，从而导致历史研究、历史学科没有存在的价值。看似相反的两种观点，最终竟然得出同样的结论，这真是一个巨大的讽刺！

---

① 参见理查德·艾文斯《捍卫历史》，张仲民、潘玮琳、章可译，广西师范大学出版社2009年版；基思·詹金斯：《论“历史是什么？”——从卡尔和艾尔顿到罗蒂和怀特》，江政宽译，商务印书馆2007年版。

② 参见理查德·艾文斯《捍卫历史》，第8—9页。

③ 参见理查德·艾文斯《捍卫历史》，第10页。

（二）方法论的分裂

方法论的分裂，是19世纪以来人文科学、社会科学领域的重大事件之一。自古以来，人类认识世界的手段从方法论角度可以分为两类，即实证主义的方法和阐释学的方法。前者强调通过经验观察，认识和说明世界的因果关系；后者强调通过内在体现，理解和解释世界的意义。在古希腊时期，亚里士多德将他所了解的物种的认知形式划分为两大类，即“知识”与“智慧”，也就是“纯粹科学”和“实践智慧”。从此，纯粹科学与实践智慧也即知识与智慧的区分，就使得古代学术在方法论上形成两门不同的辅助学科，即逻辑学与修辞学。[①]这种由学科不同而引发的方法论划分，后来得到进一步发展，纯粹科学演变成近代自然科学；实践智慧则演变为近代的人文科学或精神科学。狄尔泰认为，两个学科对应于两种不同的研究方法：“自然需要说明，人则必须理解。”[②]

实际上，说明方法与理解方法在人类认识世界的早期实践中并非截然对立，而是互为补充的。以历史学为例，无论是在中国还是西方，古人很早就开始力图通过关于人类既往活动的记忆、记载、整理认识世界，甚至试图从中总结经验教训，获悉人类历史的某些规则性特征。无论是从司马迁到司马光，还是从希罗多德到吉本，无不将通过历史的记载和书写，进而实现对历史的理解和阐释，视为自然而然的工作。司马迁的研究纲领是：“究天人之际，通古今之变，成一家

---

① 参见洪汉鼎《实践哲学 修辞学 想象力——当代哲学诠释学研究》，中国人民大学出版社2014年版，第10—11页。

② 转引自潘德荣《西方诠释学史》，第290页。用“理解”这个概念代表精神科学认识的方法，而用“说明”这个概念代表与自然科学相关的归纳逻辑的方法，这种做法较早可以从19世纪德国历史学家德罗伊森那里找到依据。德罗伊森说：“历史方法的特色是以研究的方式进行理解的工作。”“我们的问题不是说明。解释，不是以前事来说明后事，更不是用历史条件下必然的结果来说明一件演变出来的事。解释是将呈现在眼前的事赋予意义；是把呈现在眼前的资料，将它所蕴涵的丰富的因素，无限的、打成了结的线索，松开，拆清。经过解释的工作，这些交杂在一起的资料、因素，会重新变得活生生，而且能向我们倾诉。”（德罗伊森：《历史知识理论》，耶尔恩·吕森、胡昌智编选，胡昌智译，北京大学出版社2006年版，第10、33页）

之言。”显然，他的研究中既有基于史料考证、因果分析和事实归纳的“说明”，也有基于文本理解、人物评价和历史价值阐发的“解释”，两种方法同时使用、相得益彰，并没有被僵硬地割裂开来。

然而随着近代以来自然科学的发展，方法论上的这种统一局面逐渐被破坏。代之而起的，是人们对说明的方法（实证主义方法）青眼有加，而对理解的方法予以轻忽甚至鄙薄。这种观点由 17 世纪的英国科学哲学家、“实验科学的鼻祖”弗朗西斯·培根开其端，19 世纪的约翰·穆勒（密尔）、[①] 巴克尔等人接其踵，影响十分巨大。培根认为，人类追求和发现真理的道路只有两条：

> 一条道路是从感官和特殊的东西飞越到最普遍的原理，其真理性即被视为已定而不可动摇，而由这些原则进而去判断，进而去发现一些中级的公理。这是现在流行的方法。另一条道路是从感官和特殊的东西引出一些原理，经由逐步而无间断的上升，直至最后才达到最普通的原理。[②]

在这段话中，近代学者对说明方法的崇拜表现得淋漓尽致。在培根看来，理解方法没有遵循必要的观察和实验程序，因此得出的结论具有很大的猜测性、或然性。相反地，说明方法则通过逐级的概括和证明，因而由此得出的结论具有真理性。

在培根之后，说明方法经过在自然科学领域的反复实践，最后经过 19 世纪英国自然哲学家约翰·穆勒的总结而形成一套完备的体系。后者提出的“穆勒实验五法”，对说明方法如何实现由具体到一般，由假设到确定性因果关系予以了说明。简言之，这种方法主张在排除研究者主观因素的前提下，通过观察尤其是可以不断重复的实验，发现现象之间的因果关系。按照波普尔的看法，判断一项研究是否科学

① 穆勒本人就有将说明方法应用于包括历史学在内的“精神科学”（或称“道德科学”）中的宏伟埋想。比如他曾宣称：“只有把经过适当扩展和概括的物理科学方法运用于道德科学，才能改变后者的滞后状况。”（约翰·斯图尔特·密尔：《精神科学的逻辑》，李涤非译，浙江大学出版社 2009 年版，第 1 页）

② 培根：《新工具》，许宝骙译，商务印书馆 1997 年版，第 12 页。

的标准是它是否具有可证伪性。观察和实验所发挥的功能，就是对假设或结论进行证伪。

说明方法在自然科学领域的成功在人文科学领域引起极大的震动，包括历史学在内的不少“精神科学”都试图将这种方法引入研究实践。发表于 1958 年的以下这段文字，生动描述了时人的这种认识：

> 曾经有一度，在哲学和自然科学之间并不存在明显的界限，但由于十七世纪自然科学取得的长足进步，这种局面已经改变。然而，众所周知，社会科学还没有发生这样的革命，或者至少至今为止它才处于发生的过程之中。社会科学或许尚未发现自己的牛顿，但诞生这样一位天才的条件却已经被造就了。如果我们想要取得某些显著的进步，那么首先我们就必须要遵循自然科学的方法而不是哲学的方法。①

说明方法对历史学的影响更是明显，柯林武德曾生动地将自然科学比作近代历史学的“长姊”，认为后者的各种研究方法是在前者方法的“荫蔽”下形成的；这种“荫蔽”一方面有利于历史学的发展，另一方面又妨碍了它的发展。② 事实上，正是在自然科学成就的感召下，19 世纪诸多历史学流派都将说明方法视为利器，期望借助它实现整理历史材料、还原历史真实、揭示历史规律的远大理想。英国历史学家巴克尔力图将说明方法引入历史研究，他说：“我希望在历史学或者其它类似的领域也取得同样的成功，而这些学科本身已经受到不同类型自然科学的深刻影响。在自然界中，那些看似不规则和反复无常的事件已经获得了解释并且被认为与某种固定不变的普遍法则相适应……”③ 巴克尔坚信，即使是历史上那些看起来随机、无规则的

---

① 彼得·温奇：《社会科学的观念及其与哲学的关系》，张庆熊、张缨等译，上海人民出版社 2004 年版，第 1 页。

② 参见柯林武德《历史的观念》，何兆武、张文杰译，商务印书馆 1997 年版，第 319 页。

③ 转引自 Burns，R. M. Pickard，H. R.《历史哲学：从启蒙到后现代性》，张羽佳译，北京师范大学出版社 2008 年版，第 175 页。

事件（比如谋杀、自杀、结婚）的发生也有规律可循，也可以通过说明方法取得类似于自然科学的客观结论。他举例说：

> 在所有的罪行中，谋杀罪被认为是最随机、最无规则的罪行……事实上，谋杀是有规律性的，它与诸如潮汐、季节的变化等特定的环境因素具有相关一致性……
>
> 更加令人惊奇的是，在众所熟知的罪行中，没有比自杀看起来更具有完整的独立性和个体性的了……自然而然地，人们会认为自杀与普遍法则无关，或者认为要想在一件古怪、孤立、难以控制的事件中找到规律是不切实际的……但是，我们所掌握的所有证据都指向一个伟大的结论，它毫无疑问地在我们的头脑中打下印记，即自杀仅仅是一种普遍的社会行为……在一个给定的社会中，某些特定的人一定会自己动手结束自己的生命……
>
> 不仅是犯罪的人被这种一致性所决定，甚至那些在每个年度结婚的人也不仅仅是被个人的脾气和愿望所决定，也同时被大量的普遍性的事实……被固定的、明确的生活状况所决定……与其说这与个人的感觉相关，不如说与普通大众的收入水平相关。①

这显然是一种类似自然科学的观察研究方法，它的本质与实验相同，即通过寻找或创造理想的观察环境，并利用“穆勒实验五法”等推理方式确定不同因素之间的因果关系。关于这种研究方法的有效性，我们只要看看涂尔干（又译作“迪尔凯姆”）发表于 1897 年的《自杀论》就可以充分相信。② 涂尔干的研究可以理解为是对巴克尔史学方法论的实践，而且大量证据表明这一方法在历史研究中的确具有很广的使用前景。③

在说明方法获得声誉的同时，一部分哲学家致力于为历史研究中理解方法的合理性辩护。新康德主义历史哲学家李凯尔特在界定自然

① 转引自 Burns，R. M. Pickard，H. R.《历史哲学：从启蒙到后现代性》，第 176 页。

② 埃米尔·迪尔凯姆：《自杀论》，冯韵文译，商务印书馆 2010 年版。

③ 参见晁天义《实验方法与历史研究》，《史学集刊》2016 年第 6 期。

科学与文化科学（即历史学）之间的区别时，曾借用一个比喻强调自然科学研究的特点，即自然科学“缝制”（研究）的“衣服”（结论）对每一件事或每一个人（如“保罗”和“彼得”）都是适用的。他说：“如果自然科学‘按照每个人的体形’进行工作，那它就必须对自己所研究的每个对象构成新的概念。但这是与自然科学的本质相违背的。”这是说自然科学以追求一般性结论为目的，因此适用于采用说明方法。相反地，包括历史学在内的“文化科学”的研究目的却是追求特殊性，因此就需要采用理解的方法：

> 有一些科学，它们的目的不是提出自然规律，甚至一般说来也不仅仅是要形成普遍概念，这就是在最广泛的意义上而言的历史科学。……历史学不愿像自然科学那样采用普遍化的方法。对于逻辑学来说，这一点是具有决定性意义的。①

这种为理解方法争取名誉的论说，一方面固然起到了为历史学等“文化科学”“精神科学”立法，并为理解方法找到用武之地的作用，但同时也导致了严重的问题。那就是将说明方法与理解方法教条地对应于自然科学与文化科学，认为说明方法只适用于自然科学研究，而理解方法只适用于“文化科学”研究。这种区分客观上破坏了人类研究方法论原有的统一局面，加深了两种方法之间的对立和割裂。

总之，说明方法与理解方法由最初的使用目的不同，至近代演变为效率高下之别，最后演变为被僵硬地对应于不同学科门类。对于历史学而言，方法论分裂的结果是：崇信说明方法可靠性的学者，坚持用类似自然科学的方法开展研究，这就是客观主义、实证主义的研究理路；而崇信解释方法可靠性的学者，则坚持用体验、体悟的方法开展研究。历史学由此被一分为二，不同的历史研究方法相互对立，原有的方法论统一局面被破坏。

---

① H. 李凯尔特：《文化科学和自然科学》，涂纪亮译，杜任之校，商务印书馆 1986 年版，第 42、50—51 页。

二　阐释学对历史认识论的启示

在阐释学中，“前见”“视域融合”及“效果历史”是涉及阐释活动开端、进程及结果的三个重要概念，三者既有紧密联系又有不同内涵，对于我们理解阐释学并进而破解历史研究中的认识论僵局具有重要参考价值。

（一）“前见”“视域融合”与“效果历史”

先看阐释学的“前见”理论。肯定前见的价值，是阐释学的重要思想之一。按照阐释学理论，理解者在解释文本原意或作者原意时，势必带着特定的“前见”（或称“先见”“先有”“先把握”）。理解者的“前见”不可能被摒弃。海德格尔说：“解释向来奠基于先见（Vorsicht）之中，这种先见从某种可解释状态出发对先有中所获得的东西进行‘切割’。……任何解释工作之初都必然有这种先入之见，作为随着解释就已经‘设定了的’东西是先行给定了的，这就是说，是在先有、先见和先把握中先行给定了的。”[①] 伽达默尔同样指出：“一切理解都必然包含某种前见。”“如果我们想正确地对待人类的有限的历史的存在方式，那么我们就必须为前见概念根本恢复名誉，并承认有合理的前见存在。”大多数人对前见的轻视或忽略，源于启蒙运动因推崇理性而引起的误解。[②] 一个无法否认的事实是，每一个有理解能力、认识可能性的人，必然是在一定的文化背景、知识结构、价值预期乃至个人偏好等因素的基础上开始他对世界的认知的。

阐释学认为，“前见”不仅不可能被排除，甚至必须得到保留，因为它是促使解释和理解得以开展的积极因素。伽达默尔说：“因为人类理性太软弱，不能没有前见去行事，所以，曾经受到真实前见的

① 马丁·海德格尔：《理解和解释》，陈嘉映、王庆节译，洪汉鼎校改，洪汉鼎主编《理解与解释——诠释学经典文选》，第119—120页。

② 参见汉斯-格奥尔格·伽达默尔《诠释学》Ⅰ《真理与方法——哲学诠释学的基本特征》，洪汉鼎译，商务印书馆2010年版，第383、392页。

熏陶，乃是一种幸福。”[①] 在作为“前提条件”的前见的帮助下，理解者才有可能形成对文本（包括历史事实）的认识，从而走近认知对象。[②] 因此，“‘前见’其实并不意味着一种错误的判断。它的概念包含它可以具有肯定的和否定的价值。”[③] 由此可见，问题的关键在于正确地利用前见，而不是做无谓的否定或排斥。

由“前见”，自然而然引申出阐释过程中的“视域融合”。伽达默尔认为，前见为理解者提供了特殊的“视域”（Horizont），视域包括从某个立足点出发所能看到的一切。研究者只有将自己置于特定的历史性视域之中，才有可能理解作为传承物的某个对象。因此，理解者的任务就是扩大自己的视域使之与其他视域相交融，这就是“视域融合”（Horizontverschmelzung），理解的过程其实就是视域的融合过程。[④] 因此，文本的意义既不可局限于原作者的意图或文本的原意，同时也非任由理解者或解释者按其所需随意地阐释。这是因为，理解者并非仅从自身视域出发去理解文本意义而置文本视域于不顾，也不可能为了复制与再现文本原意而将认识者的前见舍弃。视域融合，就是这种既包含理解者或解释者的前见和视域，又与文本自身的视域相融合的理解方式。[⑤]

按照“视域融合”理论，任何一项认知中既不能否定认知主体的主动性，也不能否定认知客体的客观性。认识的过程就是认识者作为主体的视域，同认识对象作为客体的视域相互融合的过程；相应的，认识的结果就是两种视域发生融合的共同产物，这就是“效果历史”。也就是说，真正的历史对象是自己和他者的统一体或一种关系，

---

① 汉斯-格奥尔格·伽达默尔：《诠释学》Ⅰ《真理与方法——哲学诠释学的基本特征》，第 387 页。

② 参见汉斯-格奥尔格·伽达默尔《诠释学》Ⅰ《真理与方法——哲学诠释学的基本特征》，第 421 页。

③ 汉斯-格奥尔格·伽达默尔：《诠释学》Ⅰ《真理与方法——哲学诠释学的基本特征》，第 384 页。

④ 汉斯-格奥尔格·伽达默尔：《诠释学》Ⅰ《真理与方法——哲学诠释学的基本特征》，第 427—428、433 页。

⑤ 参见洪汉鼎《实践哲学 修辞学 想象力——当代哲学诠释学研究》，第 87 页。

在这种关系中同时存在着历史的实在及历史理解的实在。①

需要指出的是，“视域融合”理论强调认识主体的能动性，这与马克思主义认识论是完全一致的。马克思主义认为认识是一个反映的过程，但不是对客观世界的消极、被动的反映。相反地，人的认识是在实践的推进下，在反映基础上进行能动创造的过程，是主体与客体双向作用、相互构建的过程。② 阐释学的“视域融合”概念，可以说是从理解和解释的角度重新表述了马克思主义认识论关于主客体之间“双向作用、相互构建”复杂关系的主张。澄清这点，对于进一步理解阐释学如何帮助我们破除历史认识论困境具有重要意义。

（二）历史研究中的“前见”“视域融合”与“效果历史”

历史认识论研究之所以形成尖锐对立，重要原因之一在于客观主义者与相对主义者对“前见”的看法不同。在客观主义者看来，历史学家在开展研究之前，要竭力避免将前见带入研究，以免这种因素影响研究过程和结论的客观性、科学性。如前所述，这种看法在很大程度上是受近代自然科学的影响。按照这样的思路，“历史学者都得学会克服个人偏见与当前的利害，以便求得往事的真相”③。

“摒弃前见”，看上去是一个再合理不过的要求和理想了，似乎任何一个严肃的历史研究者都没有理由对此加以质疑。然而事实却是，这种要求和理想既经不起推敲，也不可能实现。任何一名历史研究的从业者在接触任何一项选题之前，必然带有自己特定的出发点和立场。没有这种出发点和立场，一个人就像双脚离地、孤悬半空，连自如活动的能力也会失去，更不用说有所作为了。要求一个人在研究开始的一瞬间“抛弃”或“掏空”这种前见，无异于让他

---

① 参见汉斯－格奥尔格·伽达默尔《诠释学》Ⅰ《真理与方法——哲学诠释学的基本特征》，第 424 页。

② 参见王伟光主编《认识世界的目的在于改造世界》，人民出版社、中国社会科学出版社 2014 年版，第 26—27 页。

③ 乔伊斯·阿普尔比、林恩·亨特、玛格丽特·雅各布：《历史的真相》，刘北成、薛绚译，中央编译出版社 1999 年版，第 59 页。

失去记忆，失去判断，脑中一片空白。伽达默尔说："谁因为他依据于他的方法的客观性并否认他自己的历史条件性而认为自身摆脱了前见，他就把不自觉支配他的前见的力量经验为一种 vis a tergo（从背后来的力）。凡是不承认他被前见所统治的人将不能看到前见光芒所揭示的东西。"[①] 刻意地"抛弃"或"掏空"立场，反倒会造成更执着的、更深的偏见。幸好这既是不现实的，也是不可能的。

实际上，即使那些标榜"鉴空衡平""不持立场"，被尊奉为典范的客观主义史学大师也必然持有前见。以兰克为例，请看他以下这段话：

> 一切行为都证明了他（指上帝——引者注）的存在，每个行动都要呼唤他的名字，但是最重要的，在我看来，是整个历史的连通性。它（历史的连通性）竖立在那里，就像一个神圣的符号。就我们而言，但愿我们能破译这个神圣的符号！正唯如此，我们要敬奉上帝。正唯如此，我成了一名教士。正唯如此，我们成了教师。[②]

兰克是一名历史学家，然而他首先是一名基督徒、一名普鲁士公民、一名教师。史学家的这种种身份，必然自觉不自觉地投射到他的历史研究过程中，哪怕是以扭曲的形式。另外，从兰克留下的某些带有理论色彩的文字中，可以看出他并没有要放弃主观性，放弃"对过去做判断"的意思。比如他说："天分就是预感，是与本质的直接移情。我嗅出了精神的轨迹。……事物是从精神中产生的，其中包括认知者。在这种认知理论里，最大的主观性就是最一般的真理。"[③] 由此可见，长期以来人们心目中的兰克形象，不乏误解和主观想象的成

① 汉斯-格奥尔格·伽达默尔：《诠释学》Ⅰ《真理与方法——哲学诠释学的基本特征》，第 509 页。

② 转引自彼得·诺维克《那高尚的梦想："客观性问题"与美国历史学界》，第 36 页。

③ 参见彼得·诺维克《那高尚的梦想："客观性问题"与美国历史学界》，第 36 页。

分。难怪有学者曾批评说："兰克避免做出道德判断，总是表现出不偏不倚的中立态度，但联系其背景来看，则是根深蒂固的保守的政治判断。"①

历史研究中不可能真正摒弃"前见"，"假定这种对自己的无视，乃是历史客观主义的天真幼稚"②。20 世纪 60 年代以来，后现代主义者正是抓住了 19 世纪包括兰克客观主义史学在内的诸多历史研究范式在理论与实践中的矛盾，因此他们的批评让传统历史学家一时难以招架。比如说，前文讲到海登·怀特所提出的"无政府主义的""激进主义的""保守主义的""自由主义的"四种意识形态蕴含模式，其实就是典型的"前见"。这种为客观主义所极端贬抑，又为后现代主义大力推崇的"前见"，正是阐释学传统中长期以来强调的理论资源。从这个意义上讲，阐释学承认后现代主义中的某些合理性因素。然而需要指出的是，阐释学的前见理论并没有笼统地为相对主义站台，而是旨在肯定认识主体的能动作用。宋人苏轼《题西林壁》一诗，有助于我们理解视角的转换如何破除后现代主义与客观主义关于历史认识客观性问题的对峙和困局：

> 横看成岭侧成峰，远近高低各不同。
> 不识庐山真面目，只缘身在此山中。

该诗的前两句说，由于观察者视角（前见）的不同，庐山在不同人眼中呈现不同面貌。同样的道理，每个人都带着自己既定的价值观、知识结构、认识水平、意识形态看待同样一件事物，得出的结论便可能有相当大的差别。对于历史研究而言，当历史学家用自己独特的前见去考察和分析同一个历史客体时，研究结果也必然各不相同。质言之，认识结果的不同，是由观察者的主体性与观察对象的主体性共同决定的。该诗后两句是说，由于置身于庐山之中，因此观察者不

---

① 彼得·诺维克：《那高尚的梦想："客观性问题"与美国历史学界》，第 35 页。

② 汉斯-格奥尔格·伽达默尔：《诠释学》Ⅰ《真理与方法——哲学诠释学的基本特征》，第 423 页。

可能得到关于“庐山真面目”的认识。作者似乎是在暗示：要想得到纯粹的“庐山真面目”，就只有置身“庐山”之外；因为唯有如此，方才有可能获得一个广域视角下的“庐山全景”。就此而言，作者的观点与客观主义史学有些类似，因为他追求的是那个“唯一的真相”或“绝对的确定性”。然而问题在于，在阐释学看来：“身在此山外”其实也是一种前见，故而由此获得的也无非是另一种认识（不过或许更客观、更全面些）。但凡是一个观察者，他在接触外物之前一定带有某种特定的出发点或特定的预设。人不能超出这种出发点和预设，正如不能超出人之为人的本性一样。

非常有趣的是，英国历史学家爱德华·卡尔曾举过一个类似的例子，可以加深我们对这个问题的认识。他说，我们不能因为观察者从不同角度看到一座山呈现不同形状，就断言山或者有许多形状，或者山根本没有形状。显然，卡尔的矛头直指相对主义认识论，但同时承认不同解释的合理性。他的结论是：“并不能因为解释在建构历史事实中起着必要的作用，也不能因为现有的解释不是完全客观的，就推论说这一解释同另一解释一样好，就推论说历史事实在原则上并没有服从客观解释的义务。”① 从这个意义上看，我们通常视为贬义的“盲人摸象”“坐井观天”就不是纯粹消极的，而是具有一定积极意义的。反观人类认识世界的历史，不正是在“盲人摸象”“窥豹一斑”“一叶知秋”“摸着石头过河”的过程中不断逼近真理的吗？世界上没有一种完备自足、毫无缺陷的认识视角，因此也不会有一劳永逸、绝对正确的认知结果。

历史研究主体的视域与历史客体视域之间形成交融，最终形成历史认识结果的过程，构成了类似一问一答、永无休止的对话。如果我们用字母 A 表示历史认识的主体，用字母 B 代表历史认识的对象。那么，历史认识就是 A 与 B 两种不同主体视域相互融合的过程；而历史认识的结果既不可能是纯粹的 B（这是客观主义史学的观点），也不可能是纯粹的 A（这是相对主义史学的观点），而只能是 AB。作为认识结果的 AB，尽管既不是 A 也不是 B，然而却同时既分有了

① E. H. 卡尔：《历史是什么?》，第 112 页。

A，也分有了 B。这种看似的诡辩，其实是一种辩证法。伽达默尔说："我们所论证的问和答的辩证法使得理解关系表现为一种类似于某种谈话的相互关系。……期待一个回答本身就已经预先假定了，提问题的人从属于传统并接受传统的呼唤。"① 对于历史研究而言，视域融合的过程和结果，既不是客观主义所理想的"如史直书"，也不是后现代主义所主张的"主观构建"，而是一种"效果历史"。试用三原色配色表为例说明。如果我们将研究者甲的视域比作红色，将研究者乙的视域比作蓝色，而将研究对象丙的视域比作绿色的话，那么，甲认识丙的结果，就是：（红）+（绿）=（黄）。与此不同，乙认识丙的结果，则是：（蓝）+（绿）=（青）。青或黄的这个认识结果，就是效果历史。我们当然知道，在实际研究中，研究者之间的差距通常绝不至于像红色与蓝色这样夸张——他们之间的关系可能更类似于同一颜色下的不同色差而已。这就是何以不同研究者对于同样历史对象的认识结果虽然有分歧，但绝不至于毫无对话余地可言的原因所在。三原色的例子过于机械，似不足以完全反映历史认识的复杂过程，但其中所体现的阐释学视域融合的基本原理却是相同的。

（三）化解了主体与客体的对立

作为一门古老的学科，对历史的真实、事实与真理确定性的追求，是历史学科与生俱来的品质与特征。既然如此，阐释学的"前见""视域融合""效果历史"理论在为研究主体赋予更多能动性的同时，是否可能为相对主义和任意解释打开方便之门呢？这的确是阐释学上的一个重要话题。实际上，正是鉴于西方学界出现的许多不严肃现象，为了确定阐释的基本规范，防止阐释实践中的相对主义倾向，张江教授近年来从多个方面划定阐释的边界，说明阐释的有限性与无限性之间的辩证关系。② 这些讨论，对于我们深入思考历史研究

---

① 汉斯－格奥尔格·伽达默尔：《诠释学》Ⅰ《真理与方法——哲学诠释学的基本特征》，第 533 页。

② 参见张江《强制阐释论》，《文学评论》2014 年第 6 期；《论阐释的有限与无限——从 π 到正态分布的说明》，《探索与争鸣》2019 年第 10 期。

的理论和实践问题具有十分重要的参考价值。作为在与实证主义斗争过程中成熟起来的一门学科，阐释学对科学主义的警惕、对绝对主义的批判，的确容易让人们产生误解，似乎它有鼓吹相对主义之嫌。毫无疑问，对于历史学这门自古以来就强调事实、重视认识的客观性和结论的确定性的学科而言，阐明这个问题具有特殊意义。实际上，如果我们认真思考的话，就会发现阐释学的“前见”“视域融合”“效果历史”理论是在反对客观主义和相对主义的两条战线上同时“作战”，或者说它试图在两种极端道路之间“允执厥中”，其目的既不是维护客观主义也不是放纵相对主义。阐释学的目的和实际结果，是化解主体与客体的对立。

首先，阐释学在认识论上力求走一条“中间道路”。如果说此前的客观主义史学家强调的是客体向研究者“客观呈现”的必要性，而相对主义者强调研究者主观性的重要意义的话，阐释学则同时重视这两个因素。一方面，从批判客观主义史学的角度，阐释学肯定了研究主体视域的创造性：“有些历史学家试图让自己抛弃他们的主观性是完全无意义的。特别是在历史解释方面，认为历史学家的任务是通过单纯的重复他的源泉所包含的东西就够了，认为惟一真实的历史就是这些源泉所具有的历史，这乃是天真的想法。”[①] 另一方面，从批判相对主义的角度，阐释学认为“富有意义的形式”作为解释的对象，本质上是“精神的客观化物”，因此便具有独立自主性：“富有意义的形式必须被认为是独立自主的，并且必须按照它们自身的发展逻辑，它们所具有的联系，并在它们的必然性、融贯性和结论性里被理解；它们应当相对于原来意向里所具有的标准被判断……”[②] 这句话的意思是说，解释的结果并不简单地取决于理解者一方，研究对象作为客体，不会无原则地迎合研究者的主观性。伽达默尔甚至认为，所谓相对主义其实是客观主义的一种偏见。事实上，真理也有其相对

① 埃米里奥·贝蒂：《作为精神科学一般方法论的诠释学》，洪汉鼎译，洪汉鼎主编：《理解与解释：诠释学经典文选》，第 135 页。

② 埃米里奥·贝蒂：《作为精神科学一般方法论的诠释学》，洪汉鼎译，洪汉鼎主编：《理解与解释：诠释学经典文选》，第 131 页。

性，超出一定条件之后，它便不再是真理，因此并没有什么“绝对知识”存在。[①]

其次，阐释学认为前见并不是率性的、流动不定的、毫无规矩的臆测和恶作剧。表面上似乎是“前见”在影响着人们的认识，事实却是人生活在前见的传统当中，而前见并不会随着人的主观意志随意形成或改变。伽达默尔说：“即使见解（Meinungen）也不能随心所欲地被理解。……诠释学的任务自发地变成了一种事实的探究，并且总是被这种探究所同时规定。……谁想理解，谁就从一开始便不能因为想尽可能彻底地和顽固地不听文本的见解而囿于他自己的偶然的前见解中——直到文本的见解成为可听见的并且取消了错误的理解为止。”[②] 在这点上，前见理论与唯物史观的认识达成高度一致：“人们自己创造自己的历史，但是他们并不是随心所欲地创造，并不是在他们自己选定的条件下创造，而是在直接碰到的、既定的、从过去承继下来的条件下创造。一切已死的先辈们的传统，像梦魇一样纠缠着活人的头脑。”[③] 人们的前见正是这种“直接碰到的、既定的、从过去承继下来的条件”，这种条件是一种传统，而不是人们臆造的结果。也就是说，“其实历史并不隶属于我们，而是我们隶属于历史。……因此个人的前见比起个人的判断来说，更是个人存在的历史实在。”[④]

再次，在研究过程中，历史学的独特优势可以促使不利的前见通过视域融合得到鉴别和淘汰，从而保证了研究的客观性。既然是“前见”，当然既包括含有正确成分的前认识，也包括含有局限性甚至谬误的前认识即偏见、成见。这些偏见和成见，只有通过具体的阐释过程才可能得到扬弃。伽达默尔说：“占据解释者意识的前见

---

① 参见洪汉鼎《诠释学：它的历史和当代发展》，中国人民大学出版社 2018 年版，“前言”，第 3 页。

② 汉斯－格奥尔格·伽达默尔：《诠释学》Ⅰ《真理与方法——哲学诠释学的基本特征》，第 381—382 页。

③ 马克思：《路易·波拿巴的雾月十八日》，《马克思恩格斯选集》第 1 卷，人民出版社 2012 年版，第 669 页。

④ 汉斯－格奥尔格·伽达默尔：《诠释学》Ⅰ《真理与方法——哲学诠释学的基本特征》，第 392 页。

(Vorurteile) 和前见解 (Vormeinungen)，并不是解释者自身可以自由支配的。解释者不可能事先就把那些使理解得以可能的生产性的前见 (die ProduktivenVorurteile) 与那些阻碍理解并导致误解的前见区分开来。”[①] 在这个过程中真正起作用的，正是历史的因素，亦即历史距离或时间距离。时间距离“不仅使那些具有特殊性的前见消失，而且也使那些促成真实理解的前见浮现出来。”“时间间距常常能使诠释学的真正批判性问题得以解决，也就是说，才能把我们得以进行理解的真前见 (die wahre Vorurteile) 与我们由之产生误解的假前见 (die falsche Vorurteile) 区分开来。”[②] 只有从某种历史距离出发，才可能达到客观的认识，这正是历史研究的使命与优势所在。

最后，我们还是要追问：对主体价值的肯定，会不会复活历史认识中的极端相对主义，导致认识结论鱼目混珠？或者说，既然阐释学主张认知结果在很大程度上取决于主体因素，那么是否意味着“一千个读者便有一千个哈姆雷特”？是否意味着认识的边界是无限的，因此也是没有规范的呢？伽达默尔对此予以坚决否认：“我所进行反思的对象是科学本身的过程及其客观性的限制，这种限制可以在科学过程本身中观察到（但没有被接受）。承认这种限制的创造性意义，例如创造性的前见形式，在我看来无非是一种科学正直性的要求，而哲学家必须担保这种科学正直性。对于使人们意识到这一点的哲学怎么可以说它鼓励人们在科学中非批判和主观地进行工作呢？”[③]

如前所述，客观主义史学在追求自身理想的过程中所遭遇的种种困境表明，所谓绝对的历史客观性只是一个永远不可能实现的“梦想”。事实上永远不会有那样一个时刻：研究者做到内心空空如也，穷尽所有史料，真正“复原”历史的“本来面貌”。真实的历史一旦发生，就永远消失在过去的时间长河中，至于那些为历史学家所思考、所书写的历史，其实都是一种或多或少带有我们主观构建色彩的

---

① 汉斯－格奥尔格·伽达默尔：《诠释学》Ⅰ《真理与方法——哲学诠释学的基本特征》，第418页。

② 汉斯－格奥尔格·伽达默尔：《诠释学》Ⅰ《真理与方法——哲学诠释学的基本特征》，第422—423页。

③ 汉斯－格奥尔格·伽达默尔：《诠释学》Ⅱ《真理与方法——补充和索引》，第573页。

历史。在这个意义上，“历史真实”与“历史事实”其实是不同的。我们所能认知的，只是历史的事实而已。①

视域融合理论解决了研究过程中客观性与主观性的辩证关系问题，保证了认识的不断推进。如有学者所说：“一方面是客观性的要求……另一方面，客观性要求只能由于解释者的主观性，以及他对他以一种适合于所说对象的方式去理解的能力的先决条件有意识才能达到。这就是说，解释者被呼吁从他自身之内重新构造思想和重新创造思想，使它成为他自己的，而同时又必须客观化它。”② 这就是说，既要尊重研究对象的客观性，也要保持研究者的主观性。看上去这似乎是不可能实现的任务，然而，正是这种矛盾和张力，化解了传统客观主义与相对主义之间的对立。③ 因此，无论是对于客观历史真相的认识，还是对历史规律的揭示，都是一个不断逼近，但永远不会结束的过程。

总之，阐释学认识论既维护了历史研究的客观性，同时又防止了认识论中的独断主义。研究者既不可能绝对客观地“复原”历史真实，也不可能完全疏离历史事实本身。其结果，必然是使研究者的视域，同研究对象的视域发生交融汇合。从这个意义上讲，任何一项历史研究都是一个史家与过去永无休止的对话过程（如爱德华·卡尔所说）。历史研究由此形成一个循环往复的过程：文本对阐释者造成影响，改造阐释者的观点，而阐释者也将自己的认识带入理解当中，改造了对文本的印象。如是往复，避免了客观主义与相对主义的恶性循环，促使认识不断深化。

三　阐释学对历史研究的方法论意义

阐释学对历史研究的意义，也体现在方法论方面。简言之，就是

① 参见晁天义《试论历史事实》，《南京社会科学》2009 年第 4 期。

② 埃米里奥·贝蒂：《作为精神科学一般方法论的诠释学》，洪汉鼎译，洪汉鼎主编《理解与解释：诠释学经典文选》，第 130 页。

③ 参见埃米里奥·贝蒂《作为精神科学一般方法论的诠释学》，洪汉鼎译，洪汉鼎主编《理解与解释：诠释学经典文选》，第 130 页。

阐释学理解和解释文本的主要方法——阐释学循环——提供了除实验方法之外的另一条检验假设、逼近真理的认识手段。阐释学循环，从方法论角度解决了人文社会科学研究何以可能的问题，为古老的解释方法赢得了名誉，弥合了 17 世纪以来日渐严重的方法论论分裂，恢复了人类认识世界方法论的统一性。

（一）阐释学循环

人类对客观世界（包括自然与社会）的认识不可能一蹴而就，也不会有一个真正意义上的终点。近代以来，在关于自然现象的研究中，人们主要遵循的是一套经验论的归纳方法。这一方法的一般思路，是从个别到一般、由部分到整体；部分的认识被视为整体认识的基础，认识的途径乃是由部分向整体的单向运动过程。在培根、穆勒等人的努力下，归纳方法逐渐发展成为具有严格规范的实验方法，一方面保证了人们提出对诸现象之间因果关系的假设，另一方面利用实验的可重复性对假设加以验证。正是实验方法中的这种可重复性、可证伪性，保证了自然科学领域诸多斐然成就的取得。

然而，对于那些一次性的、不可重复的研究对象（比如历史客体）而言，实验方法就很难得到严格意义上的实施。尽管历史学家可以从大量史料中获得蛛丝马迹，提出某种假设，但是绝对不可能让历史重演，以便验证这种假设的可靠性。显而易见，传统的实验方法在这里要得到实施，在没有任何变通的情况下，基本上是不可能的。既然如此，我们关于历史的认识结论是否只是一个个流于猜测的假设，而不可能具有可证伪性呢？如前文所说，正是这样一个关于说明方法不能在历史研究中适用的现实，导致 19 世纪以来的历史研究中出现方法论分裂。

在这方面，作为阐释学基本方法的阐释学循环扮演了类似自然科学中实验方法的角色，为假设的验证提供了可能性。所谓阐释学循环，是说人们理解文本的过程并不像自然科学研究中那样是一个单向地、由部分走向整体的过程，而是存在多个不同层面的双向互动过程。这个双向互动过程没有确定的开端，也没有绝对的终点，而是一种周而复始的循环。阐释学认为，理解过程中主要的三种循环是：

（1）语词（部分）和文本（整体）之间的循环；（2）文本（部分）与历史语境（整体）之间的循环；（3）研究主体与历史传统之间的循环。

其中，循环（1）即语词（部分）和文本（整体）之间的循环是说，单个的语词只有置于文本的整体之中才能被正确理解。同时，被正确理解的语词复又深化了对文本整体的理解。只有在阐释的循环中，才有可能剔除那些不准确的认识，揭示文本的真正含义。然而，仅仅依靠这种语词与文本之间的循环，还是不够的。因为它忽视了文本所赖以产生的社会背景的作用，因此可能导致理解中的主观随意性。施莱尔马赫认为，为了解决这个问题，就需要一个更大范围的循环对假设加以验证，这就是循环（2）即文本（部分）与历史语境（整体）之间的循环。这个循环的作用，在于通过历史语境制约和克服理解的主观性。前文说过，“前见”是我们认识的依据，也是展开认识过程中的陷阱。那么，如何在认识过程中有效地避免主体意识滑入主观任意性呢？伽达默尔认为，这个问题还需要通过一个新的理解循环来解决，这就是循环（3）即研究主体和整个历史传统之间的循环。有学者认为，循环（3）的实质是当代与历史传统之间的循环。在这样一个循环中，历史和当代融为一个整体，构成了“效果历史”运动。[①]

“循环”是理解的基本特征之一。因此，阐释学的任务体现在方法论上，就是在周而复始的循环中清除研究者“前见”“前判断”中不合理的东西，以及对假设进行检验，以达到正确的理解。这种对不合理认识的清除，正好起到了类似自然科学研究中实验方法的作用，即通过重复同样的过程对结论加以验证和批判。在笔者看来，这是阐释学循环对历史研究提供的最重要的方法论启示。德国历史学家德罗伊森说：“个别的（das Einzelne）只能在整体（das Ganze）中被理解，而整体也只能借着个别的事物来理解。”[②] 理解

① 潘德荣：《西方诠释学史》，第 314 页。以上关于阐释学循环的内容，参见该著第 311—314 页。

② 德罗伊森：《历史知识理论》，第 11 页。

就是不断地从整体到部分，再从部分到整体的过程。从解释学看，传统不是固定的，而是通过理解中的选择、批判而不断变化的，历史研究也是如此。

（二）历史研究中的阐释学循环

关于上述第三个循环即研究主体与历史传统之间的循环对历史研究的价值，以我们对中国古代社会宗教情绪的考察为例。就我们所知，在不同的民族和国家中，宗教的发展和发达程度是不同的。宗教文化发达与否、宗教情绪浓烈与否，直接影响着一个社会中民众的价值取向和日常行为。我们从大量古籍中得到一个初步认识，即与西方社会相比，中国古代的宗教文化并不是很发达，中国古人的宗教情绪也相对淡漠。这种认识是否准确呢？其实我们在做出这一判断的时候，已经不自觉地将观察者自身的立场（也就是阐释学所说的“前见”“前判断”“前把握”“前理解”）带入其中。也就是说，研究者的这一假设，已经不自觉地立足于今日中国人对宗教文化的感受和理解了。我们认识到，当下中国社会民众对宗教文化的一般看法，其实正是从古代延续而来的。由于自身成长的环境，就算我们竭尽全力去加以想象，也很难以切身经历去理解宗教给人心灵、生活带来的影响。我们意识到，当下的多数中国人在涉及一种宗教信仰的时候，更多考虑的是这种宗教是否可以给我们的现实生活带来益处，而不是能否带来心灵的宁静。正因为如此，我们对许多宗教的热情态度就是“靡不有始，鲜克有终”，信仰的高涨因现实的期望而兴起，最后却以实际利益的落空而告终。以上可以说是从古籍材料到现实生活的第一个理解的循环。

然而这种认识是否准确呢？这就需要将这种认识重新带入古代社会的视域下加以理解。我们由此进入第二个循环阶段。在这个阶段我们可能从先秦古籍中发现早在前诸子时代及诸子时代，人们就对天地鬼神抱有一种“怪异”的态度。比如说，《诗经》不同时期的篇章中既有对上天和祖先的崇敬、歌颂，也有冷漠甚至斥责。《左传》成公十三年有“国之大事，在祀与戎”之说，《道德经》中又有“天地不仁，以万物为刍狗”的话，《荀子》认为“天行有常，不为尧存，不为桀亡”，而《庄子》则视“寿、富、多男子”为人生主要理想。凡此种种看似矛盾的记载，都说明中国古人对宗教的确抱持复杂的态度。一方面，他们受早期认识水平的局限，以及出于维护政治统治和宗族权威的目的而信仰天地鬼神；另一方面，现实的利益又促使他们对这种超自然的权威性和可靠性不断提出质疑，宗教信仰随之不断遭到冲击。因此，自上古以来，中国人的宗教信仰就带有强烈的现实主义特征。这种结论是否完全准确呢？一定不是。可以想象，宗教信仰的现实主义特征一定会在不同时期、不同社会阶层中有差异化的表现。要解释这些差异，我们就必须进入下一个循环，即将第二阶段的认识结论再次带入当下社会加以思考……如此往复，没有绝对的终点。

可以看出，每一次的循环，其实都是一次对于此前假设的检验。如果这些假设通过了检验，我们就接受它；如果假设部分通过检验，我们就用新的材料修正它，得到更加完善的假设；如果假设完全没有通过，我们就只能放弃它，另求他解。科学的研究过程，本质上就是对假设不断地加以检验、批判和扬弃，并由此取得认识进步的过程。由视域切换带来的循环往复，就如波普尔所说的自然科学研究中的“证伪”一般。正是在不断的循环理解中，我们的认识得到深化，对古代宗教文化的把握必然日趋客观、准确。通过这个案例可以看出，历史研究完全可以通过这种循环深化认识，淘汰误解，不断逼近真理。

实际上，阐释学循环早在 19 世纪五六十年代就曾得到一些西方历史学家的关注，只不过在历史学界众口一声要向自然科学学习的浪潮中，这种方法没有得到应有的重视。比如说，德国历史学家德罗伊森就告诫人们在研究中要“绕着圈子转”，因为这样做“有把我们心智向前推进的功能”。他说：“毫无疑问的是，只有在我们理解了一件事的发生过程时，我们才算理解这件事。可是，我们之所以注意某件事的发生过程，实际上我们已经先有了对眼前存在的事情（das Seiende）深入的认识。我们用演化的方式再端视这个眼前的事情，只是我们理解这件事的一种方式，只是一种形式。演化过程的注意，目的是为了理解眼前存在的事。如此说来，我们好像绕着圈子转，可是这个循环的圈子即使不能改变外界的事物，却有把我们心智向前推进的功能。因为我们首先见到的，只是目下的某件事；后来，我们又能把它当作一件演化出来的事情来掌握；我们有双重的方式去理解、掌握一件事。”① “绕着圈子走”并不是恶性循环，而是有收获的检验和推进。

历史研究的过程，乃是主体与客体之间无休止的循环和互动。有的历史学家将这种循环和互动称为“对话”。② 可见，历史研究的过程，既不是像客观主义史学家所误解的那样，将客观的事实反映到“千人一面”的历史学家脑中或笔下，也不是任由意志的碎片随意流播，造成无数或隐或现的影子。

（三）阐释学循环的方法论启示

19 世纪以来，包括客观主义、实证主义等诸多史学流派的繁荣的背后却是方法论的分裂和对立。在当时，虽然始终有一批历史哲学家（如新康德主义历史哲学家狄尔泰、李凯尔特、文德尔班等）试图为包括历史学在内的“精神科学”探讨一条独特的方法论之路，但在实证主义思潮的挤压下，这种尝试其实并未成功，其结果是历史学界日甚一日的方法论分裂。

如前所述，这种分裂的一种极端表现，是将说明方法与理解方法分别对应于不同的学科领域：认为前者适用于那些以探讨规律为目标的学科领域，而后者则适用于以理解个性为志趣的学科领域。③ 由于这种将研究方法与学科领域僵硬对立的错误理解，历史学被迫在说明方法与理解方法二者当中选择其一。这种对方法的选择，很大程度上又引起关于历史学性质的争论，即视历史学为一门“科学”还是一

---

① 德罗伊森：《历史知识理论》，第 31—32 页。

② 参见 E. H. 卡尔《历史是什么?》，第 114—115 页。

③ 比如文德尔班就曾宣称：“无论是心理学还是自然科学，它们在确认、收集和研究各种事实时，所持的观点、所抱的目的只是在于探究这些事实所服从的一般规律性。……与此相反，有许多号称精神科学的经验学科，其目的却在于对一种个别的、规模或大或小的、仅仅一度发生于一定时间内的事件作出详细的陈述。……前者是关于规律的科学，后者是关于事件的科学。前者讲的是永远如此的东西，后者讲的是曾经如此的东西。”（转引自 Burns，R. M. Pickard，H. R.《历史哲学：从启蒙到后现代性》，第 248 页）

门“艺术”的争论。19 世纪末 20 世纪初，有人试图将两种方法勉强地嫁接在一起，以便同时满足两方面的需要。这种不自在的结合，意味着将历史学家的工作分为前后两个阶段：一是搜集和准备资料阶段，二是解释资料和表述成果阶段。前一阶段以实证主义为主，后一阶段中，历史学家的直觉本能和个性起主要作用。① 显而易见的是，这种结合并没有从根本上解决历史学方法论问题，其实只是机械地将两种研究方法拼接在一起，其结果是促使方法论的分裂演变为学科本身的分裂。

阐释学循环方法的成功，对我们应对历史方法论及其引起的历史学内部分裂具有重要启示。启示之一，是阐释学循环提供了一种可以与实验方法相媲美的研究策略。早在 19 世纪人文主义与实证主义的争锋当中，一部分哲学家就宣称精神科学的研究虽然不能使用自然科学的实验方法，但这并不意味着它在价值上比自然科学逊色。这种与自然科学一争高下的雄心壮志值得嘉奖，但那个时代其实并没有可靠的方法支撑起这种雄心壮志。由于阐释学循环方法的成熟，这种情况便可以得到根本改变。这是因为，面对实验方法的挑衅，精神科学或者说人文社会科学（包括艺术学、法学、宗教学等）可以通过理解的循环，保证这些学科的认识逼近真理。关于这点，伽达默尔总结道：

> 在精神科学的认识中，认识者的自我存在也一起在发挥作用，虽然这确实标志了“方法”的局限，但并不表明科学的局限。凡由方法的工具所不能做到的，必然而且确实能够通过一种提问和研究的学科来达到，而这门学科能够确保获得真理。②

这就是说，认识世界、获得真理的途径并非只有自然科学中惯用的实验方法一种，除此之外，阐释学循环同样可以从那些无法进行直

① 参见杰弗里·巴勒克拉夫《当代史学主要趋势》，第 7 页。

② 汉斯-格奥尔格·伽达默尔：《诠释学》Ⅰ《真理与方法——哲学诠释学的基本特征》，第 689 页。

接实验的人文社会科学研究对象中获得真理。阐释学方法恢复了人文学科方法论的荣誉，同时结束了实证主义方法自 17 世纪以来一家独大的霸权地位。

启示之二，阐释学循环作为一种成熟的研究方法，与自然科学的方法并不一定相互对立和排斥，而是有可能一起被用于历史研究。19 世纪的不少哲学家试图将说明的方法对应于自然科学，将解释的方法对应于人文科学，借此在两者之间划定一条不可跨越的鸿沟。比如李凯尔特关于两种方法、两个学科关系之所谓“保罗和彼得的衣服”的比喻，是为了给历史学等文化科学及其相应的方法论提供辩护。对于一个面临自然科学方法论严峻挑战的学科代言人而言，这种强调差异、刻意割裂的做法是可以理解的。然而这种割裂充满了那个时代的偏见，渗透着情绪化和人为化色彩，其实并不符合事实本身。实际上，无论对于自然现象还是人类社会的研究而言，采取何种方法乃是取决于我们的研究目的，而不是研究对象。对此，李凯尔特其实已有清醒的认识。他说：

> 在一种情况下，无限众多的对象被纳入普遍概念的体系之中，这个体系对这些无限众多的对象之中的任何一个事例都同样有效，它把经常重复出现的事物表述出来。反之，在另一种情况下，是以这样方式去理解特定的、一次性的一系列现实，即把每个单一事物的特殊性和个别性表述出来，把那些在任何地方都不是重复出现的事件纳入叙述之中。从课题的这种区别中，必然会产生某些在逻辑上互不相同的思维方法和思维形式。①

历史研究中也面临许多“经常重复出现的事物”，而不只是有“那些在任何地方都不是重复出现的事件”；同样的，自然科学研究中也面临“那些在任何地方都不是重复出现的事件”，而不只是有“经常重复出现的事物”。因此，如果历史研究者关注的是“经常重复出现的事物”，目的在于总结并得出一般性的规律认识，他就应该采用

---

① H. 李凯尔特：《文化科学和自然科学》，第 53 页。

说明方法（包括实验等所谓“自然科学方法”）；相反，如果历史研究者关注的是“那些在任何地方都不是重复出现的事件”，目的在于得出关于这些事件特性、价值、意义的认识，他就应该采用解释方法（包括阐释学循环等所谓“文化科学方法”）。对于自然科学的研究而言，道理也是同样的。研究目标的转移，可以导致研究方法的“跨界”，这是李凯尔特的理论所不能允许的。事实上，他已意识到这种方法论僭越的可能性，但他的目的是要预防这种僭越。李凯尔特说：“历史方法往往侵占自然科学的领域，而自然科学方法也往往侵占文化科学的领域；这样一来，我们的问题便大大地复杂起来了。因此，必须再一次强调指出，我们在这里只想指出两个极端，科学工作就是在它们之间的中间领域内进行的。”① 他甚至承认，“普遍化的理论可能成为历史学的一门重要的辅助科学。要在这里划一条界限，这从原则上说是不可能的。很可能，在将来的历史科学中，自然科学的、亦即科学的普遍化方法形成的概念在叙述一次性的和个别的事件方面，将比现在发挥更大的和更加成功的作用；而在现在，这些概念所引起的麻烦多于它们所起的促进作用。”② 作者在“防微杜渐”的同时，其实为历史学的发展指出了一条多元的方法论之路。尽管如此，论者还是坚称，不论历史学家在多大程度上利用了普遍化的科学方法，后者对于历史学来说决不能具有奠基性的意义，因为“历史学作为一门科学所要作的并不是把任何事物和现象的个别性当作它们的纯粹的类别性加以叙述。”③

说明的方法无疑可以用于历史研究，19 世纪以来的客观主义史学、实证主义史学乃至马克思主义史学对此都已经给出确凿无疑的答案。至于解释方法的成功，更可以由近百年来阐释学取得的一系列重要成就作为证明。因此，以上李凯尔特关于两种方法、两种学科的教条式划分，其实生动体现了新康德主义历史哲学家面对实证主义强大攻势展示出的一种高度警惕和过激反应。在他们看来，为了防止自然

① H. 李凯尔特：《文化科学和自然科学》，第 92 页。
② H. 李凯尔特：《文化科学和自然科学》，第 63 页。
③ H. 李凯尔特：《文化科学和自然科学》，第 63 页。

科学的侵袭、保护历史学科的合法性，最好的办法就是将历史学的篱笆扎得越来越牢，最好能密不透风。这是一种处于弱势地位的学科及其方法论所采取的过分防卫姿态。时至今日，这种姿态应该放弃了。

以上由方法论区分进而演变成学科领域的僵硬对立，对 20 世纪以来的学术发展造成极大的负面影响。随着阐释学方法的成熟，以往被人们轻视的人文科学方法恢复了它的功用和尊严。在这种情况下，在整个人文社会科学界破除成见，实现方法论的重新统一成为可能。伽达默尔在《真理与方法》的第二版序言中指出："以前文德尔班和李凯尔特提出的'自然科学概念的构成界限'这一问题在我看来是不确切的。我们所面临的问题根本不是方法论的差别，而只是认识目标的差异。"① 这就是说，采用何种研究方法，取决于研究者想达到何种目的。打破方法论的藩篱，走向学科融合，同样符合阐释学的基本要求。

显而易见，在以实验方法为代表的说明方法，以及以阐释学循环为代表的理解方法共同走向成熟的前提下，我们有望恢复人类认识世界的方法论的统一。这就是，不要僵硬地把某种方法对应于某个学科，而是根据研究目标采取相应的方法。正是在这个意义上，笔者认为为了探讨历史中的因果关系，历史学者甚至有可能采用一种间接的实验方法，② 正如为了获得关于历史事实的价值、意义的判断，我们需要采用阐释学方法一样。让说明方法与理解方法在历史研究中各司其职、互为补充，共同推动历史研究的进步，这是一种既符合逻辑也符合事实的可取之策。

综上可知，阐释学为 19 世纪以来逐渐面临认识论困境及方法论对立的历史研究提供了重要启示。在应对这种困境和对立方面，阐释学大体坚持一种"中间道路"。这就是，既肯定了客观主义、实证主义对历史认识真理性、确定性的追求，同时又汲取了后现代主义认识论对主体性的重视。通过"前见""视域融合""效果历史"的系列

① 汉斯－格奥尔格·伽达默尔：《诠释学》Ⅱ《真理与方法——补充和索引》，第 553 页。

② 参见晁天义《实验方法与历史研究》，《史学集刊》2016 年第 6 期。

理论，既有效防止了历史认识中的独断论和绝对主义话语霸权，保证了认识的开放性、多元性，也防止了否定历史认识客观性的极端相对主义和虚无主义。在方法论方面，阐释学循环提供了具有可操作性的鉴别和检验假设的手段，产生了堪与以实验为典型的说明方法相媲美的效果，为古老的理解方法注入了活力，恢复了名誉，从而维护了人类认识世界方法论的统一。

人类认识和解释世界的手段，由最初的统一，随着 17 世纪以来日甚一日的学科专业化浪潮逐渐走向分裂，直至产生当下严重的学科和方法壁垒。在某种程度上，阐释学理论正是对近代以来认识论、方法论分裂现状加以批判和否定的成果。阐释学既体现了对客观主义的警惕，也体现了对相对主义的抵制。经过这样一次否定，古老的人文科学、自然科学方法论实现了再次统一，然而是在更高层面的统一。人类漫长历史上的认识论、方法论，经过了一个正—反—合的发展演进过程。

最后需要指出的是，对于历史学这门自古以来就将真实性、客观性放在首位的学科而言，在汲取阐释学理论经验的过程中，应保持一种学科自觉。也就是说，既要对阐释学的养分保持一种开放心态，也要意识到历史阐释相对于文学阐释、艺术阐释的特点。只有这样，才能在将制约这门学科的桎梏一扫而净的同时，保留必要的张力，维护自身学科的独立性。总的看来，如何立足当代中国历史研究的理论与实践，在坚持唯物史观的前提下努力汲取中西方阐释学的丰富资源，加快构建具有中国特色的历史阐释学，这项任务需要引起历史学界的足够重视。①

① 近年来，我国学者已在构建具有中国特色的历史阐释学方面进行了积极探索。比如于沛教授就主张将张江教授近年提出的“强制阐释”“公共阐释”理论引入历史理论研究领域，探讨历史阐释问题。他认为，从中国史学发展理论与实践的结合上看，历史阐释至少应是理性的阐释、创造性的阐释、辩证的阐释。（参见于沛《历史学与历史阐释》，《历史研究》2018 年第 1 期）

公共阐释理论视域下的公共历史文化机制建设*

孟钟捷**

当“历史”一再成为公共产品的热销内容时，当“历史”反复充当社会争议的聚焦对象时，当“历史”不断现身于国际交往空间时，这种“历史热”除了引发人们对过去的不断关注外，更提出了是否以及如何建设一种“公共历史文化机制”的要求。所谓“公共历史文化机制”，指的是对公共领域内历史文化产品的生产、传播与接受加以理性疏导的系统性工程。它既包括个体的自觉性，也指向学术界的参与意识，更对政府部门的管理能力提出挑战。

有关推动“公共历史文化机制”的建设，目前还处于起步阶段。不少学术讨论或采取不认同、不参与的态度，任其自由发展；或倾向于堵、塞、斥、废等方法，希望将之狙击于摇篮之中；或如“盲人摸象”，仅仅触及公共历史文化在生产、传播与接受过程中的某一具体问题。如何从整体上思考这种机制存在的必要性及其运行模式，亟需一种创新性理论的支撑。

就此而言，“公共阐释”的理论构想，① 能够为认识与建设公共历史文化机制提供一种新思路。反之，有关公共历史文化机制建设的

---

* 本文系2014年上海曙光计划的阶段性研究成果，原刊于《历史研究》2018年第1期。

** 作者单位：华东师范大学历史系。

① 此处指的“公共阐释”理论是由张江教授的以下三篇论文组成的整体：《强制阐释论》，《文学评论》2014年第6期；《评“人人都是他自己的历史学家”——兼论相对主义的历史阐释》，《历史研究》2017年第1期；《公共阐释论纲》，《学术研究》2017年第6期。下文关于“公共阐释”理论的引文均出自这三篇论文，不再一一注明。

讨论，既反映了公共阐释理论的适用性，也从实践维度为该理论提供了进一步延伸的可能性。以下首先分析当代公共历史文化发展的主要特征，其次通过公共阐释理论来谈公共历史文化机制化的必要性，最后借助公共历史文化机制的建设构想，尝试对公共阐释理论提出几点补充。

一 当代公共历史文化发展的主要特征

"历史文化"（Geschichtskultur）指的是一个共同体内部各种历史认识的整体形态。它或被界定为"历史知识出现在社会中的各种形式的总和"，或被视为"历史意识在社会生活中实践作用的总和"。[①] 它作为共同体文化的组成部分，反映了该共同体的价值取向与文化根基。当无数个共同体组成所谓"公共领域"，彼此展现自己的历史认识，并形成补充、竞争、对话、冲突等各种交流形态时，便出现了"公共历史文化"。

公共历史文化不是当代所独有的现象。自人类社会产生，出现偶发性回忆、有意识记忆、进而从过去积极总结经验后，历史便作为一种文化元素，长时间地驻留在公共领域内。从宫廷仪式、英雄雕塑、台榭装饰等实物呈现，到神话传说、葬礼悼词、历史记载等书写流传，直至神祇手势、绘图形象、暗语标志等符号寓意，构成了颇为丰富的公共历史文化。人们都深信过去的各种经验在现实生活中以某种方式充当着指引，如司马光所言"资治通鉴"、西塞罗所言"历史是生活的导师"之意。

当然，由于时空条件的不同，公共历史文化在时间长河中形态各异。概言之，它大概形成过这样一种光谱：在该光谱的一端是相互补充型，即各种共同体自由表达历史认识，有意识地共建一种较为和谐的多元性公共历史文化；另一端是相互冲突型，即各种共同体只愿意

① 参见斯特凡·约尔丹主编《历史科学基本概念辞典》，孟钟捷译，北京大学出版社2012年版，第90—92页，"历史文化"词条；亦可参见约恩·吕森《历史思考的新途径》，綦甲福、来炯等译，上海人民出版社2005年版，第86—101页。

相信自己的历史认识，都试图战胜对方的历史观，甚至以人身消灭的方式来取得胜利。在两种极端模式之间，我们可以看到相互对话型、相互竞争型、相互融合型等各种公共历史文化形态。此外，在浩瀚的历史海洋里，这些形态间的过渡性也不是那么泾渭分明，人们或许能发现各种形态的一些关键要素曾经同时出现在一种历史文化内。这也正是当代公共历史文化的第一个特征，即由于“不同时代的同时代性”效应，公共历史文化以多样性与模糊性的光谱式形态既存在于一国之内，又是人类命运共同体的常见现象。

当代公共历史文化的第二个特征表现在公共历史文化产品的内容不断地面临三重矛盾的纠缠。第一重矛盾是“整体化还是个体化”：一方面，把“历史”单数化、整体化之举是启蒙运动以降现代历史科学演进过程中的重要阶段，它决定着现代人面向开放未来时的一种价值抉择；[①] 另一方面，伴随“人人都是他自己的历史学家”（贝克尔语）这样的后现代主义思潮兴起，历史认识的个体化推动着普罗大众的历史观持续碎片化。如此，代表着宏大叙事的专业历史作品与表达个人情感的业余记忆叙述便在公共领域内形成了无所不在的对峙场景。第二重矛盾是“历史化还是现实化”：一方面，“如实直书”的现代历史科学口号不断地唤起历史研究者的专业意识，让他们愿意固守象牙塔内；另一方面，“一切真历史都是当代史”（克罗齐语）的意识又不断地鼓励历史研究的社会导向，并让其成果当下化，成为各种实践的指南。如此，真实性追求与现实性抱负便在各种历史话题内形成一组激烈的立场之争。第三重矛盾是“史学化还是诗学化”：一方面，19 世纪后历史主义学派致力于推进史学的专业化，摸索史学所特有的概念与方法；另一方面，从专业历史学家到公共历史书写者，把“史学与诗学”结合在一起的努力并未消失过，直至所谓“元史学”再次强调历史与文学之间的关联性。[②] 如此，重视理性史学

---

① 参见 Reinhart Koselleck, “Geschichte”, in Otto Brunner, Werner Conze, Reinhart Koselleck, Hrsg., *Geschichtliche Grundbegriffe. Historisches Lexikon zur politisch-sozialen Sprache in Deutschland*, Bd. 2, Stuttgart: Ernst Klett Verlag, 1975, S. 711.

② 关于这一点，可参见笔者曾经做过的个案研究：《魏玛德国“历史传记之争”及其史学启示》，《历史研究》2017 年第 3 期。

内涵与凸显感性文学表达形成了公共历史文化产品创造的两种对立取向。进一步而言，这三重矛盾无法以非此即彼的简单选择加以澄清，因为无论哪一种认识都不缺乏深厚的理论基石，也拥有着大量支持者。

这便涉及当代公共历史文化的第三个特征，即作为公共历史文化产品的生产者、传播者与接受者，早已突破了传统角色分野，形成了多层次历史意识的共存结构。正如前文所言，共同体的历史文化是个体历史意识外在表现的总和。但历史意识因人而异，一般可被分为模仿、判断、同情、辩证四种类型。模仿型指的是对于历史行为或现象的不假思索的复制；判断型指的是对于历史事件或人物的简单评价；同情型指的是用代入感体验历史人物的抉择合理性或历史事件发生的逻辑进程；辩证型指的是用唯物史观全面看待历史现象的出现、发展及其结果。[①] 在通常情况下，人作为历史认识主体，伴随历史学习的时限增长、难度加深，在历史意识方面会逐步从模仿走向辩证，最终完成历史理性建构的过程。但现实情况是：不少人的历史意识并没有随着年龄增长而递进发展；与此同时，历史产品的生成门槛降低（普通人撰写回忆录）、历史传播途径日益多元（各种自媒体蜂拥而至）、终端接受者大众化（市场化导向使然）。于是，此前常见的职业历史学家为一批所谓“受过教育的市民阶层”（Bildungsbürger）写作之模式，[②] 转变

---

① 关于“历史意识”的内涵及分层，学界存在一些争议。比较经典的讨论可参见 Karl-Ernst Jeismann, “Grundfragen des Geschichtsunterrichts”, in Günter C. Behrmann, Karl-Ernst Jeismann und HansSüssmuth, Hrsg, *Geschichte und Politik. Didaktische Grundlegung eines kooperativen Unterrichts*, Paderborn: Schöningh, 1978, S. 76 – 107; Bodo von Borris, “Legitimation aus Geschichte oderLegitimation trotz Geschichte? Zu einer Hauptfunktion von Geschichtsbewuβtsein”, *Geschichtsdidaktik*, 8, 1983, S. 9 – 21; Hans-Jürgen Pandel, “Dimensionen des Geschichtsbewuβtseins. Ein Versuch, seineStruktur für Empirie und Pragmatik diskutierbar zu machen”, *Geschichtsdidaktik*, 12, 1987, S. 130 – 142; Jörn Rüsen, *Lebendige Geschichte. Grundzüge einer Historik III. Formen und Funktionen deshistorischen Wissens*, Göttingen: Vandenhoeck & Ruprecht, 1989, S. 56; Dietmar von Reeken, *Historisches Lernen im Sachunterricht. Didaktische Grundlegungen und unterrichtspraktische Hinweise*, Seelze-Velber: Kallmeyersche Verlag-Buchhandlung, 1999, S. 12. 笔者在此基础上做出了上述概括。

② 参见 Wolfgang J. Mommsen, “Der Historismus als Weltanschauung des aufsteigenden Bürgertums”, in Horst Walter Blanke, Friedrich Jaeger und Thomas Sandkühler, Hrsg., *Dimensionen der Historik, Geschichtstheorie, Wissenschaftsgeschichte und Geschichtskultur heute. Jörn Rüsen zum 60. Geburtstag*, Köln/Weimar/Wien: Böhlau, 1998, S. 387.

为具有各种历史意识的人在相同时空内自由交往的形态。

简言之，当代公共历史文化呈现出多样化而模糊性的外表，纠缠于三重矛盾之间，并最终形成了多层次历史意识共存的结构。由此，它决定了围绕历史的公共话题总会引起关注，并不可避免地成为热议对象。当然，针对历史认识与解释的对话是必要的，它将帮助我们澄清误解，发现看待问题的多视角性。但是，倘若由此陷入无休止的分歧与争议中，进而影响到从个体到社会，从民族到世界的历史共识之形成，则这种“历史之战”构成了社会混乱的根源之一。这便呼唤一种把公共历史文化加以规制的制度化构想。恰是在这一点上，公共阐释理论提供了一种分析问题与解决问题的路径。

二　从公共阐释理论看公共历史文化机制建设的必要性

公共阐释理论旨在明确，阐释作为一种公共行为，对一切文本的阐释需要建立在公共理性的基础之上，并产生公共效果。而阐释的公共性、理性化和通约性三大特征，正是公共历史文化机制建设的缘由。

阐释的“公共性”指的是：“阐释本身是一种公共行为。阐释的生成和存在，是人类相互理解与交流的需要。阐释是在文本和话语不能被理解和交流时而居间说话的。”在这里，公共阐释理论实际上针对“人人都是他自己的历史学家”这样一种后现代历史观念提出了质疑。每个个体当然有权作为独立的行动主体，基于自己的历史经验，来阐释与自己相关的那段历史。正如“人不能两次踏入同一条河流”那样，不同的个体也不可能拥有完全一致的历史经验，并在此基础上形成完全一致的历史阐释。由此出现的历史认识差异是客观存在的。但一方面，它不过是存在于个体内心世界的私人阐释；另一方面，也只有当它进入公共场域后，才能从比较中发现自身的特殊性。进一步而言，当这些差异化的历史认识试图在公共场域内进行交流时，倘若一味坚持自己的正确性，即特殊性优先，便不可避免地形成相互混战的局面，最终无法形成一种公共历史阐释；反之，若它们都能认识到自身的局限性，并以共同体的存在与发展为宗旨，即共同性优先，则很容易达成和解，建构一种公共历史阐释。如此，公共阐释从完全缺位到完美形成的复杂现状，正好对应着上文提到的公共历史文化的多样性而模糊化的光谱外表。

我们以德国“二战”记忆中的武装部队罪行为例。在 20 世纪 90 年代末，德国社会曾围绕二战期间武装部队在东部战场上是否犯下种族屠杀罪而进行了热烈讨论，甚至还爆发过游行示威。参战者的一些遗属强调自己的祖辈、父辈是“清白的”，以此来抗议历史学家作出的“武装部队是犯罪组织”这样的历史结论。前者依据的是个体经验，或许在很大程度上也是“真实的”；后者针对的是武装部队作为一个组织的定性。前者在家庭领域内是重要的阐释，以便维护家庭这一共同体的名誉；但德国的“二战”反省意识却是更大范围内共同体的公共阐释目标，它建立在个体阐释之上，但明显超越了个体阐释的差异性。在这一问题上，德国社会从个体、学界到国家，都表现出强烈自觉的公共阐释意识。支持“清白武装部队神话”的个体极少；学界尽管对部分表述存在分歧，但在整体上都承认德国的“二战”罪责；德国政治家们，从总统到总理直至联邦宪法法院院长，都明确站在历史学家这一边。正因如此，至少在有关武装部队罪行问题的历史认识中，德国社会形成了一种公共阐释，并确保了有关“二战”反省的公共历史文化。①

阐释的“理性化”指的是：“阐释是理性行为。无论何种阐释均以理性为根据。阐释的生成、接受、流传，均以理性为主导。非理性精神行为可以参与阐释过程，精神性体验与情感意志是阐释生成的必要因素，但必须经由理性逻辑的选择、提纯、建构、表达而进入阐释。”在这里，公共阐释理论是对浪漫主义运动以及后现代主义思潮兴起以来人们过于重视“感性”这一倾向的反制努力。它延续了启蒙运动的理性追求。当然，20 世纪以降的历史发展，充斥着各种“现代性危机”，实证性研究也让启蒙思想家们的自然法逻辑起点（所谓

---

① 参见拙文《公共历史教育和德国的战争罪责观——以 1990 年代末“武装部队罪行展览之争”为中心的考察》，《历史教学问题》2015 年第 2 期。

“社会契约”）发生了动摇。不过，从总体而言，理性仍然起到了促进人类发展的作用，无论是现代科学还是艺术，都反映了人类理性演进的成果。正因如此，当我们谈论人文社会科学中阐释的理性化时，并非排斥感性阐释出现的可能性，也不是否认感性阐释在人们认识发展中曾经起过的作用，而是强调只有当感性阐释接受理性检验时，才有可能上升为一种人类认知。当下的公共历史文化产品之所以陷入三重矛盾的纠缠之中，很大程度上正是历史理性缺失的表现。

我们以法国人如何纪念二战为例。“二战”期间，法国被德国占领，部分地区沦陷，其余地区则由维希政府管理。除了戴高乐在英国领导的“自由法国运动”外，法国共产党和一些个体坚持本土战斗。1945 年后，如何把傀儡政权的可耻行径与多元化的抵抗运动结合起来，便成为建构法国二战记忆的重大历史使命。在这一过程中，人们见证了所谓“共同抵抗”神话的衰亡：首先在冷战时期的“反共”浪潮中，法共的抵抗者身份不断遭到质疑，即便它曾为此奉献过“75000 名死难牺牲者”，历史阐释的“现实化”战胜了“历史化”。其次当 20 世纪 70 年代后有关维希政权的重新评价拉开帷幕时，抵抗运动的“全民性”与法国人作为“受害者”的身份认同不断遭遇危机，一些个体（如总统密特朗在二战中的作为、著名抵抗者让·穆兰的间谍身份、萨特在战时巴黎接替一位犹太人的教职之举等）看上去严重影响了整体民族的自我定位，历史阐释的“整体化”开始让位于“个体化”，呈现碎裂局面。最后伴随各种具有冲击性的公共历史产品进入流通市场，如精心编制的纪录片《悲哀与怜悯》揭露了大部分人抱有的“观望者”态度，在阿尔及利亚战争期间甚至出现了讽喻戴高乐派如同德国侵略军的戏剧作品，1995 年希拉克总统最终承认法兰西国家也曾积极迫害过犹太人，“共同抵抗”的神话至此破灭。我们从中可以体会到历史阐释的“诗学化”远胜于“史学化”的冲击力。与德国建构“二战”记忆时着意维护一种所谓“宪法爱国主义”神话不同，法国建构“二战”记忆的进程充满着祛魅的色彩。然而这种祛魅行动并不必然产生理性化的结果，如诺拉在《记忆所系之地》所言，“历史上很少有像我们现在这样，不断质疑法兰西民族过去历史的一致性与连续性……以前我们很清楚是谁的后代……

然而今天我们好像变得既不是某个人又似乎是所有人的子嗣”。于是，在法国，在这种历史理性缺失的背景下，公共阐释无法形成，有关“二战”记忆的公共历史文化便仍然表现为持续性的紧张和冲突，如前总统萨科齐曾要求教师在每学年初期诵读抵抗战士给母亲的信件，也被等同于否认“永久悔罪”的态度而遭到抵制。①

阐释的“通约性”指的是：“将公众难以理解的和接受的晦暗文本，尤其是区别于文学的历史文本，加以观照、解释、说明，使文本向公众敞开”（澄明性阐释）、让“阐释与对象、对象与接受、接受与接受之间，是可共通的”（公度性阐释）及“超越个体阐释”（超越性阐释）。简言之，公共阐释绝不停留于专业的、独断的和个体的层面，而是用一整套通约性的完整历史逻辑来说服普罗大众。在公共历史文化中，我们经常可以看到以“解密”“这才是真相”“我就是这么认为的”一类夺人眼球的词句。它们往往用局部取代整体，用概念取代逻辑，用主观取代客观，或者把简单问题复杂化，或者把复杂问题简单化。事实上，通俗化、主体意识与个体叙述并不代表着去专业性、交流性丧失与碎裂化。这样一种“普及”并非公共阐释理论中的“通约性”，而是所谓“强制阐释”的表现。与此相反，“通约性”关注的是一种建立于完整历史因果联系之上的历史叙述，通过这样的方式为公众所共享，从而成为培育所有人历史理性成长的历史共识。它针对的是公共历史文化所内含的多层次历史意识共存的结构。

我们仍以德国的“二战”记忆为例。1945 年 2 月 13—14 日，英美空军为阻止德军向东线征兵，大规模轰炸德累斯顿，造成 2.5 万人死亡，这座历史名城几乎化为废墟，史称“德累斯顿大轰炸”。直到今天，这一事件依然不时成为德国公共历史文化争议的主角，因为它与其他“二战”历史个案不同，超越了所谓“普通人”与“罪犯”之间的角色争夺，而是关系到“受害者”还是“加害者”的本质定位。在此背景下，2005 年再版的布罗克豪斯大百科全书作为一种面

① 参见奥利维尔·维韦奥卡的《回忆法国抵抗运动，1945—2008》与朱利安·杰克森的《法国的合作、历史和记忆》两篇论文。（黄凤祝、安妮主编《东西研究》，陈剑译，波恩：德国英格哈德出版社 2011 年版，第 34—50、56—66 页）

向公众的知识传播渠道，提供了耐人寻味的一套历史阐释逻辑：它在“德累斯顿”的词条下，专列一段来描述“德累斯顿大轰炸”，甚至还在叙述之外增加了同时代人的诗性控诉。然而，这种看上去颇为客观的历史叙述并没有为大众提供一种“通约性”的历史阐释，因为它缺少前因后果的呈现，实际上暗示了德累斯顿人作为“受害者”的形象，进而与广为接受的“二战”反省意识拉开了距离。① 一些右翼政治家以此为由，要求把2月13日作为德国“二战”纪念日。前任德国总统高克却在2015年2月13日德累斯顿大轰炸纪念会上道出了一个建立在完整历史因果联系上的思考路径。他说：“我们知道，是谁启动了这场屠杀性的战争。正因如此，即便我们在这里，在今天，纪念德国受害者，我们也从未希望、也不会希望遗忘德国战争行动的受害者。”他还一阵见血地打击了右翼试图藉此转变身份（从加害者变为受害者）的想法：“一个曾经干下如种族大屠杀这种令人愤慨之事的国家，是不可能设想毫发无损地从战争中脱身而出，因为这是它作茧自缚的结果。”② 显然，高克的这套历史阐释更具有通约性，它针对的是所有德国民众，强化了“二战”反省问题上的社会共识。

综上所述，公共阐释理论所指出的阐释的“公共性”“理性化”和“通约性”三大特征，能够帮助我们发现当代公共历史文化之所以需要进一步机制化的必要性。从“公共性”而言，公共历史文化机制旨在凸显公共场域的空间特性与对话功能，由此限制了历史阐释的个体化与解构化；从“理性化”而言，公共历史文化机制旨在奠定理性作为历史认识的基础，并在反思之上凸显进步理念，由此限制了历史阐释的感性色彩与悲观情绪；从“通约性”而言，公共历史文化机制强调历史认识的公共功能，并延续着传统的教育旨趣，且附之以寓教于乐的形式，由此限制了历史阐释的艰深化与娱乐化。

---

① “Dresden”, in *Brockhaus Enzyklopädie in 30 Bänden*, 21, völlig neu bearbeite Auflage, Bd. 7, Leipzig-Mannheim: F. A. Brockhaus, 2005, S. 285 – 286.

② “Gauck warnt vor Relativierung der deutschen Kriegsschuld”, *Spiegel Online*, 13. Februar 2015.

三 公共历史文化机制建设与公共阐释理论的推进

伽达默尔说："一切实践的最终含义就是超越实践本身。"① 这一方面再次强调了从实践到理论的必由之路，另一方面也指出了理论作为实践的"超越者"，还将在推进自身发展的基础上，创造新的实践。就公共历史文化机制建设而言，这种理论与实践的辩证关系为公共阐释理论的推进提供了三点提示。

第一，在空间维度上，公共阐释理论的适用对象是否以及如何从民族国家走向更大单位，直至人类命运共同体？公共阐释理论认为："公共视域是民族共同体基于历史传统和存在诉求的基本共识，是公共意见的协同与提升。阐释的公度性是有效阐释的前提。"把阐释的公共性建立在民族国家的空间内，的确是19世纪以来民族主义运动与现代国家建构的自然诉求。在某种程度上，它是对此前不着边际的普世主义的反抗。尽管如此，在这两百多年间，超越民族国家的努力从来没有消失过。当启蒙思想家谈论理性时，便是以整个人类社会为对象的。正因为存在这样一种"世界性"与"民族性"的纠缠，我们才有可能推进公共阐释行为在空间维度上的延伸与扩展，尤其是针对那些具有全球意义的历史事件的公共阐释。

有关两次世界大战的公共历史文化机制建设，恰好为此提供了正反两种实践案例。第一次世界大战后，欧洲各国曾高扬民族历史意识大旗，相互指责对方为发起战争的罪魁祸首，结果让复仇心理与防范意识充斥着各种公共历史作品。如此充满张力与对峙的战争记忆最终为二战爆发奠定了心理基础。不过，经历过第二次世界大战的欧洲各国如今在有关一战的共同历史书写中找到了契合点：它们确立了共同纪念日（11月11日）；不再追究任何一方的责任；把母亲失去儿子的雕塑作品打造为遍及各地的悼念仪式主角。这样一种跨民族的公共历史文化协商实践，让一战不再拥有不断当下化的潜力。

① 伽达默尔：《赞美理论——伽达默尔选集》，夏镇平译，生活·读书·新知三联书店1988年版，第46页。

与此相反，有关第二次世界大战的公共历史文化却呈现出完全不同的特征。战后初期，各国似乎都找到了公共阐释的共同基石，特别是两次国际法庭审判的结果。然而在此之后，伴随冷战的兴衰与当代民粹主义思潮的复兴，二战反而越来越成为跨国性“历史之战”的热门话题：且不论东亚地区反复围绕日本政要参拜靖国神社、否认慰安妇罪行、修改历史教科书所引发的争议，连素日看上去比较安宁的欧洲，在法德和解、德法德波合编教科书的正向努力之外，也出现了希腊要求德国赔偿战争损失、[①] 波兰拆除苏联红军纪念雕塑[②]等负面新闻。这些争议既表明有关二战的公共历史文化仍然继续拥有着塑造各国民族认同的力量，也反衬出人们对于二战这种“世界性”历史事件还缺乏一种基于人类命运共同体的公共阐释意识，以致让它拥有不断构成政治冲突乃至文化冲突的爆破力。

扩大视野，在高于民族国家的公共空间内，寻求公共历史文化机制的运行场域，应当是人类命运共同体的重要追求。它要求增加民族国家之间的双边或多边对话，以此在空间上延伸与扩展公共阐释理论的适用性。

第二，在时间维度上，公共阐释理论是否以及如何应对人类理性的历时性发展与共时性挑战的并存局面？公共阐释理论认为：“（阐释的）共享性不仅是共时的，即为同语境下的阐释与接受者所共有，并且是历时性的，即为不同语境下的阐释与接受者所共有。”这种强调公共理性的共时性与历时性的态度固然重要，但却忽视了作为人类进行理性阐释的公共对象（现象）、公共舞台（平台）与公共手段（媒介）都是历史发展的结果。在历史演进中，它是逐步受到重视、慢慢得到铺展、并在经过批判后最终得到接受的。由此，当历史演进中存在“同时代的不同时代性”（各地发展的共时性不平衡问题）或“不同时代的同时代性”（社会变迁的历时性重复问题）等现象时，

---

① 《希腊副财长称德国应赔偿2787亿欧元二战损失》，新华网，2015年4月7日，http://news.xinhuanet.com/world/2015－04/07/c_127661099.htm，访问时间：2017年8月14日。

② 《波兰总统签署法案，拆除230座苏联红军纪念碑》，中华网，2017年7月18日，http://news.china.com/international/1000/20170718/30982400.html，访问时间：2017年8月15日。

人们所进行的“公共阐释”在很大程度上并不依赖于一种共时性—历时性共存的理性认识，而是在思考有关具体的历时性与共时性问题后所进行的理性抉择。换言之，这种可被“理性化”的公共阐释应该是一种拥有不断革新生命力的认识。

有关从传统向现代转型的讨论，是目前公共历史文化讨论中的热门话题之一。从历史来看，对于这种转型模式的所谓“共识”，事实上呈现出明显的时代特点：从偶然性到必然性，从西方统一性到西方多元性，从唯一性到多元性，从既定性到摸索性，从分立性到延续性，都逐一呈现在人类的理性阐释中。它们一方面是不断应对现实问题的产物。如在德国，19 世纪以降的现代化历程与民族国家建构扭结在一起，使之形成了一种对其不同于英法两国的发展模式的自信心，并最终在所谓“1914 年思想”中表达出来，认为这场世界大战将决定着德国崛起为世界统治者的命运。二战后，这样一种自信心终于破灭，取而代之的是“批判性独特道路”的史学观念，上溯到德意志帝国甚至更早时期的政治经济不平衡发展进程被视作德国走上扩张道路的根本动因，而“漫长的通向西方之路”则成为德国现代化道路的经验之谈。70 年代末 80 年代初，新历史主义学派再次强调了现代转型的多样性，但同时也承认现代化进程的一些共性因素，如工业化、城市化及政治变迁等。由此，对于德国如何现代化的公共阐释，至少经历过两次转向，体现了一种动态化的理性抉择进程。①

另一方面，它们又是个体理性的阶段性反映。上文提及，在历史意识上，人类存在着模仿、判断、同情和辩证等四种样式。由于年龄差异、受教育水平不同、经验各异以及集体认识的局限性，上述四种样式既存在于人类理性成长的历时性阶段，也是当代人类理性的共时性特征。正因如此，各类发展中国家向西方国家学习现代化的进程，基本上都经历了从模仿到辩证的四种阶段；而在不同社会里，也总是

① 参见拙文《独特道路：德国现代历史研究的范式转变与反思》，《历史教学问题》2009 年第 4 期；邓白桦《试论德国“1914 年思想”》，《同济大学学报》2010 年第 4 期。“漫长的通向西方之路”是德国当代历史学家温克勒两卷本巨作的标题，Heinrich August Winkler，*Der lange Weg nach Westen. Deutsche Geschichte*，München：C. H. Beck，2010.

存在着持四类主张者。在笔者看来，唯有辩证看待传统与现代之间关系的发展观念，才有可能上升为公共阐释，为发展中国家的未来指出前进方向。

正确认识人类理性的历时性发展与共时性挑战，形成动态化的理性抉择进程，尊重个体理性的阶段性发展，从而生成可以及时有效回应社会发展问题的公共阐释理论。

第三，在建构维度上，公共阐释理论是否以及如何从一种单向度的生成机制走向一种多层次的配合机制？公共阐释理论认为："备有公共性责任的阐释者必须作为于公共阐释，并以其公共效果进入历史。"这种对于公共阐释的生成机制加以主体诉求的思考，本是题中应有之义，但若仅仅考虑到"自上而下"的灌输渠道，如年长者对青年人的经验指引、职业人士对业余爱好者的专业教导、国家对社会的强行规制，则不过涉及硬币的一个方面而已。随着公共空间的扩大与人类理性的增进，人们或许更可能是通过一种多层次的配合机制，来完成公共阐释理论的建构程序。在这种机制内，个体、学界与国家（或更高共同体）之间的动态关联形式，决定着公共阐释从理论到实践的转化特征。

在有关公共历史文化机制的建设中，我们可以发现个体、学界与国家（或更高共同体）之间的各种配合状态。最理想的情况是个体自觉地参与理性认识历史的实践、学界愿意把最新历史研究成果通俗化、国家（或更高共同体）重视社会意见而及时调整官方历史观，最终促成这种社会团结一致。最糟糕的情况是个体习惯于感性表达、学界只愿固守象牙塔、国家（或更高共同体）既对新知漠不关心又没有能力来提升历史理性能力，最终导致社会对内一盘散沙，对外四面楚歌。

历史上，上述两种极端情况都不太多见。但我们仍能找到一个正面的案例来说明多层次配合机制的积极效果。如在面对公共历史杂志热潮时，一部分德国历史教育学家既投身于研究公共历史写作与历史意识培养之间的关系问题，又积极思考怎样通过公共历史杂志上的各类文本向中学生呈现所谓历史书写的真实性、多视角性与争辩性等方法，最终得到欧盟数百万欧元基金项目的支持。对于欧盟而言，鼓励历史学家挖掘各国公共历史杂志上的共同话题，有助于摸索形塑所谓“欧洲身份”的历史教育之路。该项目最终产生了三方面成果：(1)作为个体历史理性发展的结果，出现了有关公共历史杂志的一般性分析理论与方法；(2)作为学界承担社会责任的表现，出现了有关在中学历史课堂运用公共历史杂志的若干模板，以供学习与拓展；(3)作为欧盟塑造共同意识的回应，项目组发现了拿破仑战争与第一次世界大战这两个话题在各国公共历史杂志中的反响度，进而期待这种“对于大众媒体上的民族历史观进行跨国比较”能够推动人们“更好地理解欧洲历史（差异性中的统一性），深化中学内外历史教育的跨文化能力”。①

提高个体进行理性阐释的自觉性，增强学界面向公众传播专业知识的普及意识，督促国家（或更高共同体）聆听社会意见，及时调整阐释内容、方法与目标，应当是公共阐释生成的必要途径。

在一个所谓“后真相”② 时代，如何可能应对一系列解构性、无序性与无责任性等负面影响所带来的巨大冲击？从“强制阐释”的反思，到“公共阐释”的提出，我们发现了一种重新确立人文社会科学领域内“阐释”的基本规则与总体认识。由此，在公共阐释理论视域下的公共历史文化机制建设，既进一步发现了自身存在必要性的理论依据，又反过来为公共阐释理论的延伸与扩展提供了实践反思。

---

① 该项目题为“作为通往跨文化教育与媒体教育的欧洲历史十字路口”（European History Crossroads as Pathways to Intercultural and Media Education，2013—2016 年）。其成果主要体现在以下两本著作中：Susanne Popp，Jutta Schumann and Miriam Hannig，eds.，*Commercialised History*：*Popular History Magazines in Europe. Approaches to a Historico-Cultural Phenomenon as a Basisf or History Teaching*，Frankfurt am Main：Peter Lang，2015；Susanne Popp，Jutta Schumann，Fabio Crivellari，Michael Wobring and Claudius Springkart，Hrsg.，*Populäre Geschichtsmagazine in internationaler Perspektive. Interdisziplinäre Zugriffe und ausgewählte Fallbeispiele*，Frankfurt am Main：Peter Lang，2016. 项目的具体情况可参见 https：//www. philhist. uni-augsburg. de/lehrstuehle/geschichte/didaktik/projekte/EHISTO/Outcomes/EHISTO-Publications/，访问时间：2017 年 12 月 21 日。

② 有关“后真相”，可参见《探索与争鸣》2017 年第 4 期的集中讨论。

宗教改革史研究中的公共阐释学*

朱孝远**

阐释具有三个层次：个人阐释、公共阐释和公理阐释。个人阐释是指个人对人与事的看法，是基于材料研究而得出的观点、看法，常表现为新观点、新解释的涌现。公共阐释是指被社会公认的解释，因为这些阐释已经成为常识，成为公认的价值、标准和解释体系。① 个人阐释与公共阐释互动，要接受公共解释的检验。如果被公共阐释接受，会成为公共阐释的组成部分。如果没有被接受，就会停留在个人阐释的层面，进入不了公共阐释领域。在公共阐释之上，还有一个公理阐述，涉及规律、理论和方法论。只有公理性的阐释，才是最接近真理的阐释。

有一种情况值得注意：有些阐释，只是部分被公共阐释接受，并未得到公共阐释的全部接受。在这种情况下，公共阐释会吸纳其合理的部分，摈弃其不被接纳的部分。这样的情况，常常会导致学术争论。学术争论也是一种探讨，目的在于去伪存真，让阐释中的理性部分得以彰显。

公共阐释会产生社会影响力。个人阐释，因为没有进入公共阐释领域，对社会产生的影响有限。公共解释，是指业已被社会接受了的

---

* 本文系 2012 年度国家社会科学基金项目“德国宗教改革时期国家与教会关系变迁”(12BSS028) 的阶段性成果，原刊于《历史研究》2018 年第 1 期。

** 作者单位：北京大学历史系。

① 国内学者对“公共阐释”的论述，参见张江《公共阐释论纲》，《学术研究》2017 年第 6 期。

解释，具有一定的引领性，往往会转化为社会行为或社会变革。公理阐释具有普遍的意义，对社会产生的影响力最大，也最为长久。

本文拟就宗教改革史研究状况为例，说明各种阐释被公共阐释接受的程度，以及对社会产生的影响。

一 马丁·路德的新教理论

宗教改革运动，是指1517年马丁·路德在德国发动的新教运动。1517年10月31日，马丁·路德在维滕贝格的卡斯特教堂墙上贴出反对买卖赎罪券的《九十五条论纲》，迅速演变为一场波澜壮阔的宗教改革运动。整个德国都在传抄路德的论纲，成千上万的农民、手工工匠、下层僧侣、小贵族和人文主义者联合起来，高举神圣的《福音书》，他们或写信、或游行、或翻印路德的文章，从四面八方赶来声援路德这位敢于公开谴责罗马教廷的英雄僧侣。

1517年路德反对教皇代表在德国境内销售赎罪券的事件，至少在三个方面触动了当时人们早已绷得很紧的神经。首先，这是一个涉外的国际性事件，矛头直指罗马教廷和教皇。其次，这是一个与经济有关的事件，因为德国民众反对罗马教廷掠夺德国财产早有传统，到了16世纪初期更是达到顶峰。最后，这是涉及德国高级主教诸侯的事件，因为批准销售赎罪券的是霍亨佐伦的阿尔伯特（Albert of Hohenzollen），他的正式身份是马格德堡和美因兹大主教、德意志神圣罗马帝国的首相（Primate and Chanceller of the Holy Roman Empire in Germany）、选帝侯、哈尔伯斯塔特（Halberstadt）主教区主管、勃兰登堡侯爵和什切青（Stettin）公爵。[①] 毋庸置疑，这必然会引起巨大的社会反响，特别是在反对罗马教廷呼声高涨、政治经济秩序剧变、社会矛盾极其尖锐的混乱时期。

马丁·路德的新观点本来只是一种个人阐释。在被大众接受后，

① "Summary Instruction", issued by Albert of Hohenzollern, in Hans J. Hillerbrand, ed., *The Reformation: A Narrative History Related by Contemporary Observers and Participants*, Grand Rapids: Baker Book House, 1985, p. 37.

因信称义、凡信徒皆祭司、基督徒靠上帝拯救而不靠善功自救、宗教崇拜的对象是神而不是人，所有这些，都成为公共性阐释。路德的观点成为公共阐释后，产生出巨大的社会影响力。在制度层面出现了超越宗教领域改革的社会改革运动。修道院被关闭、宗教仪式被简化、教堂的财富转变为社会救济的公库；修女还俗，僧侣结婚；最后，是由国家、政府来管理宗教事务。

路德的个人阐释能够成为公共阐释有其原因。第一，路德的理论是以《圣经》为依据的，这在当时具有信服力。第二，路德的观点符合民众的需要。路德提出“两个王国”的理论，认为人是活在世俗世界里的，因此，人能够从事人间的一切事务：可以当兵，可以挣钱，可以受教育。第三，路德的观点与当时人们痛恨罗马教廷的世俗化有关，人们对罗马教廷失去信心，导致路德理论被广大反对罗马教廷的人们所认可。

路德的阐释中有部分看法并没有得到所有人的认可。人文主义者不赞成路德的“人没有自由意志”的看法，也不同意新教与罗马教廷相分离。路德“要服从世俗政府的观点”也没有为闵采尔等人所接受。结果，德意志农民战争爆发，1525 年的起义者开始筹建人民自己的共和国。宗教改革后，德意志并没有成为路德教国家，而是出现了路德派、加尔文派和天主教会三派鼎立的局面。

在宗教改革研究方面，中国学者取得了重要进展。在沉重打击封建主义方面，孔祥民的《德国宗教改革与农民战争》是一部力作。[①] 在宗教改革时期经济社会史的研究方面，侯树栋的《德意志中古史——政治、经济社会及其他》，为我们提供了非常有用的阐释。[②] 在德意志农民战争方面，我于 1994 年出版一部小书，提出关于农民战争政治目标的阐释，认为 1525 年运动的革命性不仅在于沉重打击了封建贵族，更为重要的是要求自下而上地建立具有早期社会主义性

① 孔祥民：《德国宗教改革与农民战争》，北京师范大学出版社 1992 年版。
② 侯树栋：《德意志中古史——政治、经济社会及其他》，商务印书馆 2006 年版。

质的人民共和国。[①] 在德意志从中世纪向近代过渡的模式方面，中国学者钱金飞对德意志政治制度和社会结构进行了全面考察，包括皇权、城市、农民、诸侯各种政治力量在其时发生的演变的系统研究，描绘出一幅德意志政治和社会转型的新的历史画卷。[②] 在路德天职观方面，林纯洁认为路德否定修道和宗教生活要高于世俗生活的中世纪传统，认为所有的职业都具有同等的价值，每个人都以自己的天职为上帝服务。[③] 在宗教改革社会影响方面，周施廷专门研究16世纪德意志帝国城市纽伦堡，企图说明改革实际上是一种新旧体制的转换，它将中世纪的教会、慈善、隐修和圣礼婚姻加以甄别，把它们改造成具有近代特色的社会救济、政府管理宗教事务和世俗婚姻制度，客观上促进了工商业、近代福利制度，有利于资本主义发展。[④] 中国学者的阐释充满辩证性，既分析了宗教改革沉重打击封建主义的内容，又阐释了宗教改革的建设性内容，表现为通过政府建立良好的社会秩序，从而使宗教与日益发展的近代社会相融合。例如，路德同意减少宗教节日，鼓励发展工商业，要求建立用以济贫的公共财库，兴办医院和学校，从各个方面提高人们的生活质量。这样，路德就在一定程度上缓和了宗教改革前尖锐的社会矛盾，使宗教不再与日益发展的近代国家体制和资本主义经济相抵触，为近代社会的宗教与国家关系提供了样板。中国学者的这些新阐释，得到了国外学界的重视、尊重和肯定。[⑤]

二　被接受的公共阐释理论

宗教改革之所以重要，不只是因为它以不同寻常的方式反对德国

① 朱孝远：《神法、公社和政府：德国农民战争的政治目标》，北京大学出版社1994年版。

② 钱金飞：《德意志近代早期政治与社会转型研究》，人民出版社2017年版。

③ 林纯洁：《马丁·路德天职观研究》，人民出版社2013年版。

④ 周施廷：《信仰与生活：16世纪德国纽伦堡的改革》，北京大学出版社2015年版。

⑤ 2017年11月我在美国加利福尼亚州举行的“德国之外的路德”国际学术会议上介绍了中国学者的这些研究，得到国际学者的认可。

民众所憎恨的外国势力和罗马教廷，更为重要的是，它是普通人自下而上发动的一场反对封建主义的运动。正因为这样，恩格斯称宗教改革和德国农民战争为欧洲资产阶级反对封建制度的第一次大决战；[①] 德国历史学家马克斯·施泰因梅茨断言，它是"1918 年 11 月革命之前德国人民最重要的革命性群众运动"；[②] 而另一位德国学者彼得·布瑞克则称它为"普通人的大革命"。[③]

恩格斯的阐释，不仅是一种公共性阐释，更是一种公理性阐释。1850 年，恩格斯曾认为，1525 年的农民革命同 1848 年革命有类似之处，反映出德国人民具有革命传统。经济变化导致阶级关系的沉浮，新兴资产阶级要求温和的政治革命，而处于社会底层的农民也举行起义。宗教改革和农民战争都反对封建主义，要求扫除通向资本主义的障碍且建立德国民族国家。[④] 恩格斯指出："路德的和加尔文的宗教改革 = 资产阶级革命第 1 号；农民战争是这个革命的批判的插曲。"[⑤] 施泰因梅茨和弗格勒认同恩格斯的说法，认为德国农民战争是早期资产阶级革命的组成部分，它起源于德国社会、经济方面的矛盾冲突，而宗教改革则是其在意识形态上的表达。[⑥] 由此可见，恩格斯不仅为宗教改革运动和德意志农民战争规定了性质，还具体阐述了资本主义发展与宗教改革、农民战争的关系，以及宗教改革、农民战争对德国历史发展的作用。恩格斯的看法，被广大民众所接受，成为研究宗教改革史的经典。

另一种被纳入公共阐释的是彼得·布瑞克（Peter Blickle）关于德国农民战争的新论断。布瑞克是一位在瑞士伯尔尼大学任教的德国

---

① 《马克思恩格斯选集》第 3 卷，人民出版社 2012 年版，第 762 页。

② Max Steinmetz, "Theses on the Early Bourgeois Revolution in Germany, 1476 – 1535", in Bob Scribner and GerhardBenecke, eds., *The German Peasant War of 1525: New Viewpoints*, London: Allen & Unwin, 1979, p. 9.

③ Peter Blickle, "The 'Peasant War' as the Revolution of the Common Man", in Bob Scribner and Gerhard Benecke, eds., *The German Peasant War of 1525: New Viewpoints*, p. 19.

④ "Peasant War in Germany: For an Interpretation of Engels View", in A. G. Dickens and John M. Tonkin, *The Reformation in Historical Thought*, Cambridge, M. A.: Harvard University Press, 1985, pp. 239 – 240.

⑤ 恩格斯：《德国农民战争》，人民出版社 1962 年版，第 172 页。

⑥ Bob Scribner, "Introduction", in Scribner and Benecke, eds., *The German Peasant War of 1525: New Viewpoints*, p. 3.

历史学家。他研究德国农民战争，提出一些重要的观点。布瑞克认为，在16世纪的德意志、瑞士等地，存在着农村公社，农奴制度已经废除，农民生活在自治的公社从事农业生产。宗教改革运动爆发后，自治公社之间结成社区联盟，农民和市民进行革命的大联合，形成了自下而上建立共和国的力量。从社区主义到共和国，是一条德国走向近代政治的道路。布瑞克具体研究了闵采尔、盖斯迈尔、海尔高特的政治纲领，认为农民战争的目标不是简单地反封建，而是要自下而上建立人民共和国。这个观点得到普遍的认可。布瑞克认为："农民战争是通过社会政治关系的革命性转变来克服封建主义危机的一种努力。这场革命的推动力量不是农民一类的人物（他们在系统陈述各种怨情和要求的最初阶段是这场革命的中心人物），而是普通人。革命的社会目标，消极地说是废除特殊社会群体独有的一切权力和特权；而积极地、用1525年的语言来说是'公共利益'和'基督教兄弟之爱'。这些社会目标中产生了革命的政治目标：在小邦中，形成合作性的联邦政府；在大邦中，形成一种建立在领地大会基础上的制度。这两种政治形式的基本原理都完全取自福音书和公社的选举原则。尽管如此，革命的军事失败还是导致了1525年之前的社会政治体系的固定。这是通过几乎各地普遍减轻农业的经济负担、通过更强有力的司法保证以及通过将农民政治权利固定化来取得的，也是通过统治者对社区宗教改革的镇压而得来的。"①

布瑞克还认为，经济问题不完全是农民战争的起因，它只是农民运动产生的前提和诱发物。

布瑞克有一句常常被人引述的名言："我们将农民最主要目标视为重组领地政体，如果我们的判断不错的话，那这只是再一次证实我们的发现：早些时候在领地国家这一层次上获得政治经验的农民，最能够清楚地表述政治概念。"② 布瑞克指出：

---

① Peter Blickle, *The Revolution of 1525: The German Peasants' War from a New Perspective*, Baltimoreand London: The Johns Hopkins University Press, 1985, p. 187.

② Peter Blickle, *The Revolution of 1525: The German Peasants' War from a New Perspective*, p. 136.

> 在政治结构的具体问题之外，普通人的要求中存在着一些基本的要素：在“公共利益”的口号下减轻普通人的经济负担；在“基督教和兄弟之爱”的口号下破除各等级之间的法律和社会的藩篱；在确保没有人为添加物的纯粹福音（通过民众选举教职人员来保障）的原则下谋求社区自治；以及以“神法”为依据建立一个崭新的社会联合体的政治和法律秩序。1525 年的空想家试图将这些要素纳入理论上可接受的、有内在连贯性的体系中。①

可见，在布瑞克那里，农民运动是放在政治近代化的框架里来讨论的，从而凸显了农民在建立新的政治体制方面的作用。其次，农民运动和市民运动是密切联系并且是同步进行的；农村的社区组织（公社）和城市的社区组织（自治城邦）异质同构，在人源和制度方面实现了“普通人的大联合”。在此基础上，通过公社、议会和共和国三个步骤，有可能自下而上地建立起近代政治。

布瑞克阐释中引人瞩目的亮点是，他揭示了一条由人民直接建立共和国的普遍道路。这条道路在德意志遭遇失败，但在瑞士、荷兰等地获得成功。布瑞克认为，在封建势力薄弱、人民力量强大、人民与君主结盟失败的状况下，有可能由人民在城乡社区政治体制基础上直接建立近代共和国。这就是他阐释的从社区主义到共和主义的过渡。

布瑞克阐释中引起人们争议的部分，是他认为农民的建国纲领具有乌托邦成分，他还认为，在农民战争失败后，农民的斗争表现为参加地方议会，通过议会改变农村状况。我们则认为，1525 年的纲领不是乌托邦，农民也不是要走议会道路，而是要建立自己的共和国。②不管如何，布瑞克的阐释拓宽了农民战争研究的视野，是一种被接受了的公共阐释学。

在文化史研究领域，有一种观点非常流行，那就是把文化区分为“精英文化”和“大众文化”，前者是身居高位的、受过良好教育之

① Peter Blickle, *The Revolution of 1525: The German Peasants' War from a New Perspective*, p. 145.

② 朱孝远：《论盖斯迈尔及其经济思想》，《贵州社会科学》2013 年第 2 期。

人的文化，后者是未受过教育的民众文化，两者之间势不两立。澳大利亚历史学家斯克里布纳（Robert Scribner）对这种“两分法”很不满意。通过对中世纪晚期文化的研究，他发现上述说法是不符合实际的。事实上，这两种文化既独立存在又互相影响，有的时候甚至能够相互置换。布道者在进行布道或在举行宗教弥撒的时候，无疑采用的是精英文化或官方仪式；然而在谈到奇迹的时候，也会穿插许多听众们熟悉的故事，那时出现的就是大众文化。在新教宣传画里，大众文化被应用得很广泛，充满着大众的语言和民间的信仰。进一步的研究还表明，“两分法”是工业革命后的产物，既不适用于前工业社会，也不适用于现代社会。工业革命把人的阶级明确化了：人被分为统治者和被统治者，文化也被区分成精英文化和大众文化。斯克里布纳通过实证调查后，指出了文化的历时性：工业革命后形成的观念并不能随意套用在中世纪和前工业社会中。在此之前，曾经有学者研究过上层文化和下层文化之间的渗透，但把这个问题彻底解决的学者是斯克里布纳。斯克里布纳的观点被史学界接受，自他以后，史学家不再对文化笼统论之，而开始重视其特定的历史背景和时代特征。这个看法提出以后，很快就被吸纳进公共阐释，成为一种进步的阐释。现在我们研究文化，不再倾向于对文化进行两分法的人为分割，而是把文化看成一个整体，或者是一种文化的不同表现形式。这是很有意义的。

三　被部分接纳的和被拒绝的个人阐释

在宗教改革史领域，还有被部分接纳和被拒绝的个人阐释。莫勒“城市宗教改革说”可以说是第一种。1962 年，德国哥廷根教会历史学家莫勒（Bernd Moeller）出版了《帝国城市和宗教改革》一书，提出参与宗教改革的主体是帝国城市的市民，而接受路德新教的也是帝国城市和自由城市。斯克里布纳于是认真研究了埃尔福特和科隆两个城市，前者的宗教改革运动相当成功，后者却没有接纳新教。他批评莫勒赋予城市社区过高的价值，夸大了城市的宗教功能。他指出，莫勒的最大的问题是：假设城市都是和谐的，以此为基础来论证宗教改革就是大城市的宗教改革；但是，莫勒显然忽略了城市内部的斗争，因为在城市里存在着各种派别，它们对于宗教改革运动的态度是相当不同的。况且除了五六十个大的帝国城市、自由城市外，德国还存在着许多人口仅为2000—5000的乡镇，而那里是否参与宗教改革常常是由贵族决定的。再说，参与宗教改革的并不仅仅是城市市民，还有广大农村的农民。总之，把宗教改革运动视为大城市知识精英的运动是狭隘的、很不妥当的，至少是不符合历史的事实，经不起历史学的实证检验。1975年，斯克里布纳把这部未曾发表的博士论文以《关于两个城市的研究》出版，随即引起轰动，其时斯克里布纳年仅34岁。

被拒绝的个人阐释的典型例子是曾在美国哈佛大学任教的政治学教授威廉·蒙特高迈利·麦克高温（William Montgomery McGovern）。为了抗衡罗马教廷，马丁·路德曾经呼吁德国贵族和城市统治者支持他的宗教改革，期望宗教改革能够在世俗统治者的批准下进行，并且教导基督徒服从世俗政府而不要服从错误的教会。这种言词，被一些学者引为路德是极权主义拥戴者的证据。最刺耳的一种声音，是把路德视为法西斯极权政治的奠基者。在纳粹统治德国时期，曾经出现通过路德、俾斯麦、希特勒三部曲建立德意志帝国的谬论，这种纳粹理论自然遭到人们唾弃。然而，1941年，美国著名政治史家威廉·蒙特高迈利·麦克高温出版《从路德到希特勒：法西斯的政治哲学史》一书，居然提出与纳粹相同的看法，非常明确地把路德改革与希特勒联系起来。这就引起反法西斯主义阵营的极度混乱。麦克高温视英国和美国为自由主义的最后堡垒，但这个自由主义阵营却"不得不与极权主义势力发生冲突，以至必须了解极权主义这一敌人的渊源。"麦克高温强调宗教改革运动与纳粹运动之间的联系，因为"宗教改革通过强化国家削弱了普世化的教会，造成了包括天主教地区在内的教会对国家的臣服"。① 在此，麦克高温视路德为极权政治先驱；他领导的宗教改革运动更是导致宗教世俗两元政治的失衡，因为政治多元化

---

① William Montgomery McGovern, *From Luther to Hitler*: *The History of Fascist-Nazi Political Philosophy*, Cambridge, Mass: Mifflin, 1941, Chapter 1, "The Liberal and Fascist Tradition", pp. 3 – 17；还可参见 James D. Tracy, "Luther and the Modem State: Introduction to a Neuralgic Theme", in James D. Tracy, ed., *Luther and the Modern State in Germany*, Ann Arbor, Michigan: Edwards Brothers, 1986, p. 10.

才能避免政治极权化。麦克高温宣扬反对极权政治的观念并无大错，因为其时整个世界都处于德国法西斯的战争威胁下。但是，麦克高温的作品却是不能长久的，正如特雷西教授所言："人们能够赞美麦克高温是一个在需要民主的时刻出现的民主人士，但是，他的著作缺乏优秀的学术质量，注定不能长久。"① 通过上述宗教改革学术史的回顾，我们对公共阐释提出以下看法。

第一，阐述具有三个层次，分别是个人阐释、公共阐释和公理阐释。公共阐释对社会产生影响，公理阐释对社会产生普遍的、重大的、决定性的影响。

第二，个人阐释要成为公共阐释，最为重要的一点是要符合实际，以材料为基础，丝毫不能背离事实。另外，被接纳进公共阐释的个人解释往往具有前瞻性，能够符合人们的需要，更能够引导人们加深对问题的理解。主观臆造的、不符合社会需要的、违背人们常识的个人阐述，即使一度被接纳进公共阐释，最后也会被人们所唾弃。

第三，研究不同公共阐释的社会影响力是一个重要课题。个人阐释有全部被接纳、部分被接纳和完全不被接纳三种，其分别产生的影响力也是不同的。个人阐释如果没有被公共阐释接纳，其对社会的影响力很有限。公共阐释则有所不同，它会激发社会运动，甚至社会改革。公理阐释中包含着规律性的探索，已经上升到理论高度，具有普遍的指导意义。

---

① James D. Tracy, "Luther and the Modern State: Introduction to a Neuralgic Theme", in James D. Tracy, ed., *Luther and the Modern State in Germany*, p. 11.

阐释学与历史教科书史的研究*

李　帆**

近年来，史学研究在诸多方面都有进步，特别是在研究的深度和广度上。究其根源，和人们对历史与史学的认识不断深化有密切关联。学术界已不满足于仅通过由史料到史实这样的层面考订和说明历史，而是试图在更开阔的视野下，揭示历史的多面性和历史背后的东西，如借助多种方法探究历史被叙述和书写的要素，研讨历史知识的生产与传播，等等。在这样的背景下，作为历史书写媒介的教科书，愈发受到关注，成为中国近现代史研究中的一个新亮点，特别是清季民国时期所编纂的历史教科书尤为受到重视，已有不少研究成果问世。分析这些研究成果，会发现主要是关于教科书内容本身的探讨以及该内容和时代变迁、学术发展之关系的考察，相对层次较浅。如何深入下去，使研究水准更上层楼，值得学界关注。对教科书文本特性的考察，除引入概念史视角，借助概念史理论资源和方法手段来完善其研究外①，阐释学视角与方法的引入和应用，恐怕也是一个重要方面。

一

所谓阐释学，是 hermeneutik（德文）、hermeneutics（英文）的中

---

* 基金项目：国家社科基金重点项目“清末民国时期的中国历史教科书与中华民族认同研究”（16AZS012）。本文原刊于《探索与争鸣》2020 年第 9 期。

** 作者单位：北京师范大学历史学院。

① 笔者在另一篇文章已就此问题做过初步讨论。参见李帆《概念史与历史教科书史的研究》，《河北学刊》2019 年第 1 期。

文译名之一，此外还有“解释学”“诠释学”等不同译法。取“解释学”译法，自然是因为人文学科主要是与文本打交道，核心工作就是理解和解读文本，甚至可以说文本的命运就是理解的命运、解释的命运。取“诠释学”译法，则因“诠”字为古之学者习用，与“道”相关，段玉裁《说文解字注》云：“诠，就也。就万物之指以言其徵。事之所谓，道之所依也。故曰诠言。”此之“诠”，指求“道”需从文本而言，依文本而释，求文本之是，不可脱离文本约束而妄言。[①]具体到历史领域，有学者认为：“就历史认识的真谛而言，‘历史阐释’似更准确，这是因为‘阐’字，有‘开拓、讲明白’的意思…… 历史认识不是历史的过程性的编年认识，而是在此基础上的价值性认识和判断，即历史认识离不开‘历史阐释’，离不开历史的价值判断。揭示人类历史矛盾运动的复杂的社会内容，仅仅靠‘解释’或‘诠释’是不够的，因为它们只停留在对历史过程的理解和说明，无法将历史的启迪或教训，从‘过去’转换到现实生活的世界中。”[②]所以用“阐释”概念，与历史认识的属性最相符合。就历史教科书的特性考察，形成和传播特定的历史认识与价值判断，是其典型特征和核心功能，故研究与其相关的问题时，在照应“解释”“诠释”之内涵的同时，应主要用“阐释”概念。

教科书特别是历史类基础教育的教科书不同于普通历史文本，它是知识生产与传播的特殊载体，是历史教育的专门工具，承担着传播正统历史观、价值观以引导民众的功能，所以有“章程”“规则”“标准”一类的官方文件予以规范和限定。这是历史教科书不同于普通历史读物的最大特色。故研究历史教科书文本，首先需从这些“章程”“规则”“标准”入手。而历史课程“章程”“规则”“标准”的制定和文本表达，恰是阐释学原理在历史领域的集中体现。一般而言，历史课程的“章程”“规则”“标准”大体规定了两方面内容：

---

① 张江：《“阐”“诠”辨——阐释的公共性讨论之一》，《哲学研究》2017 年第 12 期。

② 于沛：《阐释学与历史阐释》，《历史研究》2018 年第 1 期。

一是基础教育阶段传授历史知识的基本框架；二是通过历史学习需要让学生了解和认同的基本价值观。如对于中学的历史课程，清季的《奏定中学堂章程》规定：“先讲中国史，当专举历代帝王之大事，陈述本朝列圣之善政德泽，暨中国百年以内之大事；次则讲古今忠良贤哲之事迹，以及学术技艺之隆替、武备之弛张、政治之沿革、农工商业之进境、风俗之变迁等事。次讲亚洲各国史……次讲欧洲美洲史……凡教历史者，注意在发明实事之关系，辨文化之由来，使得省悟强弱兴亡之故，以振发国民之志气。”① 民国初年的《中学校令施行规则》规定：“历史要旨在使知历史上重要事迹，明于民族之进化、社会之变迁、邦国之盛衰，尤宜注意于政体之沿革，与民国建立之本。历史分本国历史、外国历史；本国历史授以历代政治文化递演之现象与其重要事迹，外国历史授以世界大势之变迁，著名各国之兴亡，人文之发达，及与本国有关系之事迹。”②

作为一种认识对象，历史有其特质，即它是间接认识的产物。历史学者通过直接面对的历史记录（史料）构建历史史实，解读和理解历史记录文本是历史学者的核心工作，不管这一文本是以文字、实物、影像等何种形式存在，均需依文本而释，求文本之是，由此而形成历史知识的基本框架，并以现代文本面貌将其表达出来。历史课程所要传授的历史知识，无论是“历代帝王之大事”，“学术技艺之隆替、武备之弛张、政治之沿革、农工商业之进境、风俗之变迁等事”，还是“世界大势之变迁，著名各国之兴亡，人文之发达”等内容，都要依照这样的程式建构起来。在传播客观、真实的历史知识的基础上，历史教育的根本任务是要以正统历史观、价值观来引导民众，像清季强调的通过历史学习使民众“省悟强弱兴亡之故，以振发国民之志气”，民初强调的“明于民族之进化、社会之变迁、邦国之盛衰，尤宜注意于政体之沿革，与民国建立之本”，都体现出对于历史课程

---

① 《奏定中学堂章程》，课程教材研究所编：《20 世纪中国中小学课程标准·教学大纲汇编：课程（教学）计划卷》，人民教育出版社 2001 年版，第 42 页。

② 《中学校令施行规则》，课程教材研究所编：《20 世纪中国中小学课程标准·教学大纲汇编：课程（教学）计划卷》，第 69 页。

的价值功能的追求，意味着要将历史的经验和教训，从“过去”转换到现实生活的世界中来，使历史文本真正活在后人的解释中，在现实世界里发挥作用。

可以说，历史课程的这些“章程”“规则”“标准”，不啻为阐释学基本原理在历史领域的具体实践，故研究近代以来各个时期历史课程的“章程”“规则”“标准”，皆离不开阐释学视角与方法的运用。而对于历史教科书史的研究而言，这还仅是一个基础。

二

作为一种特殊读物，历史教科书的编写必须以历史课程的“章程”“规则”“标准”为依据，编写者的自主空间相对有限。在这种情形下，历史教科书的内容尽管也表达了编写者的立场，但更多是反映国家政权对待历史的态度。甚至可以说，教科书编写过程往往是学界与国家政权共同制造知识的过程。学界与政权实际是以它为载体在生产一种具有“合法性”和“权威性”的知识，并使之成为“常识”。既然是“常识”，其社会关注度自然远高于一般读物，研究者则会进一步关注其如何被制作出来、如何产生公共效应等问题，而探究此类问题，又离不开阐释学视角与方法。

历史教科书文本的被制作，自然是以历史课程“章程”“规则”“标准”的相关规定为基础的，但这些规定只是非常笼统的框架性条文，具体翔实的历史内容是需要教科书编者通过辛勤写作来完成的。那么，这些编者的历史知识和历史认识从何而来？如何从海量的历史知识中选择合适的内容写入教科书？选择的标准又是什么？等等，都是研究历史教科书史的学者需考虑和解决的问题。探讨这样的问题，阐释学的一些基本原理，如前理解、视域融合、效果历史等，会提供很好的研究思路，并极大扩展研究者的学术视野。①

---

① 实际上，研究历史课程的“章程”“规则”“标准”，也需要前理解、视域融合、效果历史等阐释学的研究思路。本文的重点在于谈历史教科书文本的研究需阐释学视角与方法的介入，故集中在这里进行分析。

从阐释学视角来看，任何理解和解释都依赖于理解者或解释者的前理解。海德格尔在《存在与时间》里曾指出："把某某东西作为某某东西加以解释，这在本质上是通过先有、先见和先把握来起作用的。解释从来不是对先行给定的东西所作的无前提的把握。"[①] 先有、先见和先把握构成了理解的前结构。到了伽达默尔那里，又进一步解释和发展了海德格尔这种前结构。他肯定前结构是理解的必要条件，并且把这种前结构称为前理解，认为理解开始于前理解，同时主张"我们也不能盲目地坚持我们自己对于事情的前见解，假如我们想理解他人的见解的话。当然，这并不是说，当我们倾听某人讲话或阅读某著作时，我们必须忘掉所有关于内容的前见解和所有我们自己的见解。我们只是要求对他人的和本文的见解保持开放的态度。但是，这种开放性总是包含着我们要把他人的见解放入与我们自己整个见解的关系中，或者把我们自己的见解放入他人整个见解的关系中"[②]。也就是说，人们阅读文本并不是一无所有地去阅读，总是先有一种筹划或预期存在，此可谓前理解，人们总是带着自身的前理解去理解一个陌生的文本，但同时也不能盲目地坚持这种前理解，把它绝对化，而是应以开放的态度，建立起自身见解和他人见解间的互动关系。

与前理解密不可分的命题是视域融合。在伽达默尔眼里，前理解为理解者或解释者提供了特殊的"视域"，"视域就是看视的区域，这个区域囊括和包容了从某个立足点出发所能看到的一切……'具有视域'，就意味着，不局限于近在眼前的东西，而能够超出这种东西向外去观看。谁具有视域，谁就知道按照近和远、大和小去正确评价这个视域内的一切东西的意义"[③]。而且理解者或解释者的视域不是封闭的和孤立的，它是理解在时间中进行交流的场所，理解者或解释者的任务就是扩大自己的视域，使其与其他视域相交融，就是所谓的

---

① 马丁·海德格尔：《理解和解释》（选自《存在与时间》），陈嘉映、王庆节译，洪汉鼎主编：《理解与解释——诠释学经典文选》，东方出版社2001年版，第120页。

② 汉斯－格奥尔格·加达默尔：《真理与方法——哲学诠释学的基本特征》上卷，洪汉鼎译，上海译文出版社1999年版，第345页。

③ 汉斯－格奥尔格·加达默尔：《真理与方法——哲学诠释学的基本特征》上卷，洪汉鼎译，上海译文出版社1999年版，第388页。

“视域融合”，即“理解其实总是这样一些被误认为是独自存在的视域的融合过程”①。实际上，视域融合既是历时性的，又是共时性的，在视域融合中，历史与现实、主体与客体、自我与他者构成了一个无限的统一整体。② 视域融合基础上的核心概念是“效果历史”。伽达默尔指出：“真正的历史对象根本就不是对象，而是自己和他者的统一体，或一种关系，在这种关系中同时存在着历史的实在以及历史理解的实在。一种名副其实的诠释学必须在理解本身中显示历史的实在性。因此本文就把所需要的这样一种东西称为‘效果历史’。理解按其本性乃是一种效果历史事件。”③ 按照这样的说法，“效果历史”乃历史与现实、主体与客体、自我与他者交融为一的历史，当然这里的“历史”并非仅指历史学意义上的历史，它指代更广泛的认识对象，即在伽达默尔看来，任何事物一旦存在，必存在于特定的效果历史中，对任何事物的理解，都是客观真实与主体解释的合一，都是视域融合的产物。

阐释学的上述理论对于学术研究特别是人文学科研究的重要性和意义是不言而喻的，对于历史学的研究也是如此，已有一些学者就此问题展开过讨论。具体到历史教科书史的研究上，这些理论可运用的空间，较之一般史学研究对象可能更大些。前已言及，历史教科书文本的被制作，是在遵守历史课程之“章程”“规则”“标准”的基础上，由教科书编者通过辛勤写作来完成的。教科书编者是历史书写的主体，其教育背景、知识结构、价值取向等，形成了教科书编写的“前理解”要素，加之时代环境、文献史料、史学研究成果等客观条件以及历史课程“章程”“规则”“标准”之制约所造就的“前理解”要素，建构起教科书编者的“视域”。而历史和历史学的特性又使得这“视域”是多重性的。由于历史具有一度性的特质，是历史

① 汉斯－格奥尔格·加达默尔：《真理与方法——哲学诠释学的基本特征》上卷，洪汉鼎译，上海译文出版社 1999 年版，第 393 页。

② 汉斯－格奥尔格·加达默尔：《真理与方法——哲学诠释学的基本特征》上卷，洪汉鼎译，上海译文出版社 1999 年版，第 8 页。

③ 汉斯－格奥尔格·加达默尔：《真理与方法——哲学诠释学的基本特征》上卷，第 384—385 页。

学者无法直接面对的对象，历史学者需要通过理解和解释历史记录（史料）构建历史史实，形成历史认识，而历史记录特别是其中的核心——文献史料是由人来记录的，记录者是在自身的“视域”下记录历史的，记录本身同时也有理解的成分，后世的记录者又不断在自身的“视域”下叠加记录，研究者也是如此，所谓“一个时代有一个时代的历史学”即为此意，这样的多重性“视域”构成了一种“视域融合”。历史教科书编者自然也有自身的“视域”，其编写教科书所吸纳的文献史料和史学研究成果既为“视域融合”的产物，双方结合而制作出的产品——教科书文本当然也是“视域融合”的结果，而且在特定的时代条件下，又必然是一种历史与现实、主体与客体、自我与他者相交融的“效果历史”。

考察清季以降历史教科书的编写历史，若应用上述理论及方法，会有诸多予人启示的发现。首先，从编者层面来看，不同时代的编者的来源和教育背景差异很大，如清季的历史教科书编者多为受传统经史教育者，具有不同社会身份，非后世所谓专业学者；民国时期和中华人民共和国成立后的教科书编者多为受过现代专业史学训练者，只不过民国时期多以学者身份个体编撰，而中华人民共和国时期多为群体编撰，学者身份反而淡化了。如此相异的历史教育背景和身份构成，自然使得编者们在从事历史教科书编写工作时，在“前理解”和“视域”上会有明显的差异性，从而令教科书文本呈现出截然不同的面貌。其次，从时代环境和学术条件来看，清季至今的三个历史时期，时代变化天翻地覆，仅就历史课程“章程”“规则”“标准”的变化而言，每个时期都有各自针对时代需求的课程要求和内容标准问世。与此同时，编者所需借鉴参考的文献史料和史学研究成果也呈愈益丰富之势，清季之时尚未形成现代学科体系下的历史学科，编者所能借鉴参考的主要是文献史料和前人对之的辨析。民国之后现代历史学科所能提供的研究成果越来越多，不少编者同时也是历史专业的研究者，于是借鉴参考史学研究成果编写教科书成为常态，原始文献史料逐渐成为辅助性的东西。时代要求和学术条件变化的这种情形，自然又形成了教科书编写的“前理解”，并产生出“视域融合”效应。最后，作为知识产品而成型的果实——历史教科书文本，是作为主体的教科书编者和主客合一的历史（依托历史记录而存在的历史）在特定时代的一种对话，是诸种“前理解”之“视域融合”，是历史与现实、主体与客体、自我与他者相交融的“效果历史”。例如，清季和民国的历史教科书都对清代历史有较为系统的叙述。清季撰述的是“本朝史”，学堂章程要求“陈述本朝列圣之善政德泽”，这首先构成了教科书编写者的一种“前理解”。以此为基础，编者们搜集、整理“本朝”史料，在学术界还未开始清史研究，故没有研究成果可依托的情况下，自主构建起一套清史叙述体系。

限于体例，清季教科书以史实的铺陈、叙述见长，评论性的言语极少，时而会出现这样的评价，如说康熙至乾隆朝之历史，“不特为本朝史之全盛时代，亦中国全史中有数之境遇也。”① “圣祖、世宗、高宗之世，我之威令，远振四方，而文物亦称极盛。”② 这些史实的罗列和这种结论的得出，显然能满足朝廷肯定“本朝仁政”的编写要求。与此同时，于统治者形象不利或涉及政治敏感问题的史实，则在教科书中刻意回避或一笔带过。在一个王朝海量的历史史实中，带有倾向性地选择适当的内容写入教科书，不能不说是典型的“视域融合”的产物。

进入民国以后，时移世易，教科书在叙述清代历史时对很多问题的书写就迥异于清季了。民国教科书多在编写宗旨上强调民国认同，即“民国肇造，五族一家。是编注重于统一国土，调和种族，务使已往之专制观念，不稍留存于后生心目之中”③。如此表述，秉承了其时历史课程标准的意旨。基于这样的理念，教科书对于清朝统治的批评，就较为普遍了，对一些史实的价值判断也不同于清季了，如比较详细地书写文字狱的历史，以展示清廷的专制；对清季教科书彻底否定的太平天国和甚少提及的戊戌维新，则有新的叙述和肯定性评价。如对于戊戌维新的关键史实“公车上书”，顾颉刚、王钟麒在

① 汪荣宝：《中国历史教科书（原名本朝史讲义）》，商务印书馆1909年版，“绪论”，第3页。

② 丁保书：《蒙学中国历史教科书》，上海文明书局1903年版，第58页。

③ 章嵚、丁锡华：《新制中华历史教科书》一，中华书局1914年版，“编辑大意”，第1页。

《现代初中教科书·本国史》中就做了考订，认为因中日《马关条约》已经签订，光绪帝已批准盖章，“公车上书”并没有呈给都察院代奏，上书一事实际上是流产了。[①] 这表明其时的教科书编者没有轻信康有为、梁启超事后所写的文字，而是经过自身的研究考订得出了为现今学者也认可的结论。可以说，对于民国教科书的编者而言，其时的课程标准、时代环境、新的史料发现（如清内阁大库档案的被利用）、新的研究成果以及清季教科书的相关叙述，都构成了“前理解”和“视域融合”，在此基础上所生成的新的知识产品，达到又一重“效果历史”的境界。研究历史教科书，其文本的产生过程是核心论题之一，但从研究现状看，上述阐释学视角与方法的运用还不多见。若能适当采择并加以灵活运用，特别是运用到历史书写的细节探讨中，相信会令该领域的研究实现较大突破。

三

作为向公众传播“常识”的特殊读物，教科书被制作出来就一定会产生公共效应，历史教科书当然也不例外。从知识社会学角度看，知识在传播过程中内含自我宣称为“真理”的倾向，以“真理”的面貌出现，这种“真理性宣称”“当然是促成知识在社会中传播的关键因素……也保证了在特定的论辩逻辑和社会环境下，某些知识脱颖而出，成为当时的‘权威’，从而影响和掌控人们对世界的认知。”此类情况在教科书中体现得最为明显，“知识在其中以一种更具‘权威性’的面目出现”[②]。既然“真理性宣称”主要体现在知识传播过程中，那么它实际反映的是知识的社会效用问题，这也是阐释学的公共特征和应用功能所关注的对象。

阐释学就其特征而言，具有公共性，就像有学者所指出的：“阐

① 顾颉刚、王钟麒：《现代初中教科书·本国史》下册，商务印书馆1924年版，第76、81—82页。

② 张仲民、章可编：《近代中国的知识生产与文化政治——以教科书为中心》，复旦大学出版社2014年版，第1—2页。

释本身是一种公共行为。阐释的生成和存在，是人类相互理解与交流的需要。阐释是在文本和话语不能被理解和交流时而居间说话的。”“公共阐释的内涵是，阐释者以普遍的历史前提为基点，以文本为意义对象，以公共理性生产有边界约束，且可公度的有效阐释。”[①] 以这种概念为出发点的公共阐释，其文本对象可以多种多样，但最典型的应是传播“常识”、具有公共效应的那类文本。从阐释学的历史和发展来看，公共阐释论的提出，实际是对阐释学的社会应用功能的进一步明确和强化。阐释学是一门现实的实践的学问，这也是伽达默尔所承认的。在他眼里，对文本要有正确的理解，就一定要在某个特定时刻和某个具体境况里对它进行理解，理解在任何时候都包含旨在过去和现在间进行沟通的具体应用。与阐释学应用功能相联系的一个重要概念是“教化”，伽达默尔认为，人类教化的一般本质就是使自身成为一个普遍的精神存在。这是教化概念最一般的本质特点，因为“人之为人的显著特征就在于，他脱离了直接性和本能性的东西，而人之所以能脱离直接性和本能性的东西，就在于他的本质具有精神的理性的方面。‘根据这一方面，人按其本性就不是他应当是的东西’。因此，人就需要教化”[②]。伽达默尔强调了艺术的审美教化功能，实际上人文主义传统和人文知识的很多领域都具有这种功能，特别是在“真理性宣称”中更具权威性的那些知识。

公共阐释论和阐释学中的“教化”概念，为历史教科书史的研究打开了一扇重要窗口，尤其是在教科书的社会效应的研究方面。因为最能体现公共阐释效能和教化功能的文本，一定是那些传播“常识”、最具公共效应且在“真理性宣称”中具有权威性的文本，在现代社会中，教科书就是这样的文本。若引入公共阐释和“教化”概念，考察清季以降的历史教科书，会对其中很多知识内容及产生的效应有更开阔和深入的理解。如清季民初不少历史教科书都热衷于叙述晚清遭受外敌入侵和清藩属国灭亡的历史，在《新制本国史教本

---

① 张江：《公共阐释论纲》，《学术研究》2017 年第 6 期。

② 汉斯－格奥尔格·加达默尔：《真理与方法——哲学诠释学的基本特征》上卷，第 14 页。

(中学校适用)》里,“清之外患”一节是全书重点,节下以“鸦片之战争”“英法之联军”等为目之标题,描述中国一步步蒙受国耻的历程,并辅之以“清外患图”“中俄交涉图”“清与英法交涉图”等地图,最后说:“列国竞争,不免因争夺起冲突,于是势力范围之说起,隐然无形之瓜分,外患之烈,循环而来,皆甲午一战启其端也。”[①]在《共和国教科书东亚各国史(中学校用)》里,编者仅以70页的简短篇幅概括东亚从古至今的历史,但其中记述近代以来东亚亡国史的内容就占了七分之一强,这十余页的内容较之其他部分要细致得多,而且用“列强在东亚势力图”来辅助说明各国亡国之痛。[②]类似的表达,在其他教科书中也大体如此。限于教科书的体例,内容上以陈述客观史实为主,很少主观评论,但如此罗列历史事实,显示出教科书编者的精心安排,即欲通过这些史实的汇集,呈现出一幅历史图景,构建起一套“国耻史”“亡国史”的警世话语。这自然是教科书编者基于其时国家、民族面临生死存亡之危局,为了使广大阅读者“省悟强弱兴亡之故,以振发国民之志气”,从而有意写作一种集体史鉴的产物。这恰为公共阐释理路下的历史书写,因“公共阐释是阐释者对公众理解及视域展开修正、统合与引申的阐释。其要义不仅在寻求阐释的最大公度,而且重在于最大公度中提升公共理性,扩大公共视域”[③]。即是说,教科书文本的这种凸显性的书写,使某些历史知识成为“常识”,实际是令这些历史知识变成“提升公共理性,扩大公共视域”的工具,能够发挥“教化”功能,“规训”更多人“成为一个普遍的精神存在”,由此产生广泛的社会效应。事实上也的确产生了很大效应,清季民初之时人们在“亡国灭种”的危机感面前所强化的“国民”意识和民族、国家认同观念,以及以国耻纪念等形式出现的各种群体抗议活动,与历史教科书相关书写带给受教育者的影响是密不可分的。

---

① 钟毓龙:《新制本国史教本(中学校 适用)》三,中华书局1914年版,第101—112页。

② 傅运森:《共和国教科书东亚各国史(中学校用)》,商务印书馆1913年版,第59—70页。

③ 张江:《公共阐释论纲》,《学术研究》2017年第6期。

在历史教科书史的研究中，教科书的社会效用问题一直是个研究难点，成果极少，相关资料的搜罗整理难度颇大，自然是主要障碍。在这一困难不易克服的前提下，从教科书文本出发，引入阐释学的视角与方法，在公共阐释论、教化阐释学的视野下展开探讨，也不失为一条解决问题的良好路径。

文明演进视野下早期中国公共阐释话语体系的崩溃与重构*

袁宝龙**

摩尔根把人类社会划分为野蛮时代、开化时代、文明时代几个阶段，这种划分方式大致勾勒出人类从愚蒙走向文明的历史进程，成为认知和解读人类社会发展历史的重要理论成果。恩格斯以此为基础，基于唯物史观视角，撰写了《家庭、私有制和国家的起源》一书。在这部马克思主义国家学说的经典著作中，恩格斯进一步阐释了古代社会的发展规律以及国家起源诸问题。他在书中指出，人类社会的组织形式先后经历过家庭、氏族的发展阶段，不过随着生产条件的变革以及阶级的出现，人类社会的组织形式终为国家所取代。国家作为表面上凌驾于社会之上的力量，其实质是把冲突保持在“秩序”的范围之内。① 换言之，随着人类社会组织与秩序的建立和完备，社会成员对整个社会最高运行法则的需求变得日益强烈。而遍观人类社会历史诸阶段，在任何一种社会形态中，最高法则的确立必然以绝大多数社会成员对世界的共同认知、共同的价值观念为基本前提。在此基础上，始有可能产生公共阐释话语体系，用以阐释和指导现实世界的运行发展。

所谓公共阐释，是指在公共理性的共同体之中及相同语境下，体

---

* 基金项目：2019 年国家社科基金后期资助一般项目（19FZSB026）。本文原刊于《西北大学学报》（哲学社会科学版）2020 年第 4 期。

** 作者单位：中国社会科学院大学人文学院。

① 恩格斯：《家庭、私有制和国家的起源》，人民出版社 1972 年版，第 166—168 页。

现公共理性规则的阐释，超越并升华个体理解与视域，申明和构建公共理解，最大限度地为多种话语共同体所理解和接受。① 从人类社会发展的角度来看，一旦社会成员对某一种世界阐释方式及阐释话语产生了普遍性认可与接受，那么此种阐释即会上升为公共阐释，此过程便是阐释公共性的建构过程。在人类社会发展与演进的进程中，受科技进步、政治变迁等多方面因素影响，阐释的公共性曾经历过多次建构与崩溃，不合时宜的阐释话语终将被时代抛弃，符合时代需求的新兴阐释话语体系被构建、认可并占据统治地位。一般来说，人类社会重大的时代变革往往就是以公共阐释话语体系的革易兴替为注脚。

具体到中国古代，从远古社会至上古三代，为适应社会发展与文化进步，具备不同时代特征的公共阐释话语体系经历了反复建构与屡次瓦解的过程。随着文明程度的不断提升，公共阐释话语完成崩溃与重构的周期越来越长，其过程也越来越艰难，这一点在两周之际礼乐制度崩毁后达于极致。春秋战国时代，正是在致力于公共阐释话语体系重构的理论探寻中，出现了百家争鸣的诸子时代。包括儒家在内的诸子学派均欲开创一个新式话语体系，以实现礼崩乐坏之后的阐释公共性重构，直至数百年后汉武帝定儒学于一尊，中国封建时代公共阐释的话语体系始就此奠定，此后绵延两千余年，其生命力之旺盛，影响力之深远，为人类历史所罕有。而溯其源流，求其根本，实皆发端于此。

一　基于天命理论构建的早期公共阐释话语体系

（一）巫术文化：远古时期公共阐释话语的生成与破灭

原始社会晚期，随着早期国家形态的初步形成，原本以自然崇拜、鬼魂崇拜、生殖崇拜、图腾崇拜、祖先崇拜等多种形式存在的原始宗教，开始逐步由多神崇拜向一元至高神的崇拜演变，完成了由原始宗教向古代宗教的过渡。这种神灵崇拜由多元向一元的转化趋势，表明了中国古代社会统一意识形态的逐步生成，亦使社会范围内公共

① 张江：《公共阐释论纲》，《学术研究》2017 年第 6 期。

阐释话语体系的构建成为可能。

殷商时期，阐释的公共性建立于鬼神之道的基础上，此为上古观念的遗存。《周易·观卦》称：“观天之神道，而四时不忒。圣人以神道设教，而天下服矣。”[①]《礼记·祭义》：“因物之精，制为之极，明命鬼神，以为黔首则，百众以畏，万民以服。”[②]《墨子·明鬼》：“尝若鬼神之能赏贤如罚暴也，盖本施之国家，施之万民，实所以治国家、利万民之道也。”[③] 近人冯友兰亦称：“人在原始时代，当智识之初开，多以为宇宙间事物，皆有神统治之。”[④] 钱锺书则称：“鬼神设教，乃秉政者以民间原有信忌之或足以佐其为治也，因而损益依傍，俗成约定，俾用之倘有效者，而之差成理，所谓‘文之也’。”[⑤] 上古以降，至夏商时期，人们对自然世界的理解，仍多以“鬼神”为世间主宰力量这一假设为基本前提，并以这种假设为基础创建起一套神秘色彩浓厚的理论体系，作为书写道德规则、运行社会组织的合法性依据。

在殷商人的认知中，上帝为主宰万事万物的至高之神，掌握人间生死兴衰，决定农稼丰歉。[⑥] 而为实现人类与上帝之间的对话交流，遂产生了巫术。中国巫术文化源自上古，而盛行于殷商时代，深刻地影响着时人认知和理解世界的方法与范式。根据弗雷泽的理论，巫术是一种被歪曲了的自然规律的体系，即关于决定世上各种事件发生顺序的规律的一种陈述。[⑦] 从现实角度来看，芸芸众生唯有借助巫术，始能聆听天意，并据此在现实世界中抉择取舍，各行其是，巫术亦成为高于世间一切规则的最高原则。

---

① 《十三经注疏》整理委员会：《十三经注疏·周易正义》，北京大学出版社 1999 年版，第 97 页。

② 《十三经注疏》整理委员会：《十三经注疏·礼记正义》，北京大学出版社 1999 年版，第 1325 页。

③ 吴毓江：《墨子校注》，中华书局 1993 年版，第 336 页。

④ 冯友兰：《中国哲学史（上册）》，商务印书馆 2011 年版，第 36 页。

⑤ 钱锺书：《管锥编》，中华书局 1979 年版，第 20 页。

⑥ 胡厚宣：《殷卜辞中的上帝和王帝（下）》，《历史研究》1959 年第 10 期。

⑦ 詹姆斯·G. 弗雷泽：《金枝》，徐育新、汪培基、张泽石译，大众文艺出版社 1998 年版，第 19—20 页。

因此，具有通灵之能、掌握巫术要义的巫觋，成为殷商国家政治生活中不可或缺的角色，而且随着国家形态的发展与完善，其地位日益重要。其原因在于，与上帝对话意味着具有解读天地运转法则、转述天意的特权，进而对书写社会道德准则、制定社会秩序产生决定性影响，这种影响在阶级社会中与统治者身份、权力的合法性有着直接的因果关系。《尚书·吕刑》云："乃命重黎，绝地天通，罔有降格。"孔传云："尧命羲和世掌天地四时之官，使人神不扰，各得其序，是谓绝地天通。言天神无有降地，地民不至于天，明不相干。"① 即阻绝寻常个体与天神交流的路径，唯有专主祀神者方有此特权。此为远古之事，而这种情况在殷商时期被进一步极端化、制度化，与天对话的特权为统治者所专有。陈梦家称："由巫而史，而为王者的行政官吏；王者自己虽为政治领袖，同时仍为群巫之长。"② 在把持巫觋这一人神交流的必备居间者身份后，统治者直接垄断了与天对话的特权，其身份与权力的合法性和合理性得到更为充分的保障，并借此为自身赋予了神性色彩。如弗雷泽所说，"在那些年代里，笼罩在国王身上的神性决非是空洞的言词，而是一种坚定的信仰。在很多情况下，国王不只是被当成祭司，即作为人与神之间的联系人而受到尊崇，而是被当作神灵。"③ 正是借助于巫术理论体系，商王对上帝意志的转述和阐释，具有无穷的号召力，殷商时期阐释话语公共性正是以此为基础建构而成。

强调至高神的统治，以巫术为基础和媒介构建的公共阐释话语体系，对文明社会早期秩序的确立与稳定产生了重要作用。不过值得注意的是，这一公共话语体系的建构和确立是以时人对自然世界较低水平的认知理解为基本前提，而这一前提又必将随着人类社会的不断进步而有所改变，阐释话语的公共性亦将随之经历新旧体系的崩溃与重构。

---

① 《十三经注疏》整理委员会：《十三经注疏 尚书正义》，北京大学出版社 1999 年版，第 539 页。

② 陈梦家：《商代的神话与巫术》，《燕京学报》1936 年第 20 期。

③ 詹姆斯·G. 弗雷泽：《金枝》，徐育新、汪培基、张泽石译，大众文艺出版社 1998 年版，第 17 页。

（二）礼乐文明：天命论范畴下公共话语体系的改造与重塑

王国维称："中国政治与文化之变革，莫剧于殷、周之际。"[①] 王氏持此论的原因在于，殷周之变，非徒一姓一家之兴亡，而是涉及新旧制度与新旧文化之革易。在殷周易代的大背景下，更为深刻的改变在于政治模式由神学政治向王道政治的演进，这种剧变又与公共阐释话语体系的消解和重构相始终。

武王克商，成为"天下共主"，但周以蕞尔小邦而统御大国，凭借周人既有的治理经验和战略资源难以真正实现在文化范式上取而代之。因此，对殷商文化的高度包容与接纳，成为周初文化策略的重要选择。尽管周人大行分封之策，把殷商故地分封给宗室功臣，但是对于殷商遗民的管理仍多沿袭商时旧制，商人的社会组织并未完全解体，生活习俗与文化特质亦在很大程度上得以保留，且对周初的文化整合与转型产生了深刻影响。

作为殷商时代公共阐释语话体系的核心观念，商人的天命观念亦为周人所继承和改良，并完成了由神鬼观念一元决定论向神道与王道多元并行的机制转换。在殷商传统的天命观理论体系中，殷商为天命所钟，故周人代商实为对天命的否定，有悖于传统的天命理论。在天命论的巨大影响无法迅速消散的现实下，周人欲证明自身克商伐纣的正义性，亦必以天命为辞。

《尚书·康诰》称："天乃大命文王，殪戎殷，诞受厥命，越厥邦厥民，惟时叙。"[②] 亦即是说此时天命已改，武王伐纣之举，实为代行天命。天命由一成不变到可以改易，这种人格化特征是周人对传统天命论理论体系的重大突破，超越了殷商时期对于天的定义和解读，这种超越成为周人重新构建阐释公共性的重要依据。

与周人相比，殷商之人对于统一世界力量的宗教性思索，仍处于相对初级的阶段，上帝与祖先神、自然神诸神之间的统属关系亦无最

---

① 王国维：《观堂集林（外二种）》，河北教育出版社 2003 年版，第 28 页。

② 《十三经注疏》整理委员会：《十三经注疏·尚书正义》，北京大学出版社 1999 年版，第 360 页。

终的确论。商人眼中的上帝毫无理性可言，按自己的意志行事，天意渺茫，难测其意；但是周人眼中的上帝则可明辨是非、惩恶扬善，具有鲜明的人格化特征。[①] 周武王于伐纣前观兵盟津，大会诸侯，称“惟天地万物父母，惟人万物之灵。亶聪明，作元后，元后做民父母”[②]，对商王弗敬上天而致天谴之举大加批判。武王称周人之所以取代殷商，原因就在于迎合了“天命靡常”“惟德是辅”的天地运行规律，以德治世，故得享天佑。与周人相比，殷商有违天德，故为天所弃。《尚书·牧誓》曰：“今商王受惟妇言是用，昏弃厥肆祀弗答，昏弃厥遗王父母弟不迪，乃惟四方之多罪逋逃，是崇是长，是信是使，是以为大夫卿士。俾暴虐于百姓，以奸宄于商邑。”[③]《尚书·多士》曰：“在今后嗣王，诞罔显于天，矧曰其有听念于先王勤家？诞淫厥泆，罔顾于天显民祇，惟时上帝不保，降若兹大丧。”[④] 可见周人对殷商的批判，正是基于上天好德这一基本原则。上天伦理品格的生成发生于殷周嬗代之际，深刻地反映并影响着时人宇宙观念、思考范式的转换与确立。

殷周易代，尽管天命论的影响力犹存，但是由于社会与科技的不断进步，巫术已经不足以如殷商时代一样作为解读宇宙的最高原则，以此为基础建构的公共阐释话语体系的崩解已经无可避免。

最终，周代的礼乐文明成为取代巫术的文化载体，阐释公共性的重构亦因此告竣。《逸周书·明堂解》：“周公摄政君天下，弭乱六年而天下大治。乃会方国诸侯于宗周，大朝诸侯明堂之位。……制礼作乐，颁度量，而天下大服，万国各致其方贿。”[⑤]《礼记·明堂位》：“周公践天子之位，以治天下。六年，朝诸侯于明堂，制礼作乐，颁

① 朱凤瀚：《商周时期的天神崇拜》，《中国社会科学》1993 年第 4 期。

② 《十三经注疏》整理委员会：《十三经注疏·尚书正义》，北京大学出版社 1999 年版，第 270—271 页。

③ 《十二经注疏》整理委员会：《十三经注疏·尚书正义》，北京大学出版社 1999 年版，第 285—286 页。

④ 《十三经注疏》整理委员会：《十三经注疏·尚书正义》，北京大学出版社 1999 年版，第 424 页。

⑤ 黄怀信等：《逸周书汇校集注》，上海古籍出版社 1995 年版，第 759—765 页。

度量，而天下大服。”① 正是在周公的主导下，周代成为先秦礼乐文明的集大成者，承殷商之余，创建起一套系统化的行为规范和典章制度。

据《仪礼》，周初之礼共十七项，通过一套极其繁琐复杂的礼仪制度，实现了以尊尊、亲亲、贤贤、男女有别为主要脉络的社会道德秩序构建。《礼记·乐记》：“乐也者，情之不可变者也。礼也者，理之不可易者也。乐统同，礼辨异。礼乐之说，管乎人情矣。”孔颖达疏称：“乐主和同，则远近皆合。礼主恭敬，则贵贱有序。”② 又《礼记·礼器》：“礼也者，合于天时，设于地财，顺于鬼神，合于人心，理万事者也。”③ 可见礼乐之兴，非独创建了为公众所认可的社会道德秩序，且有协和鬼神人心之效。

综而言之，周代礼乐文化的实质，就是在继承殷商天命论这一旧有传统的基础上，以礼乐制度为支撑，在巫术影响力逐渐式微的社会现实下，重新确立了政治权力和道德秩序的基本原则，实现了阐释公共性的体系重构。周王室与天下诸侯确立君臣名分，垂拱而治，统治天下近三百年，礼乐之功不容磨灭。

（三）礼崩乐坏：神性光辉的消逝与公共阐释的崩解

《礼记·表记》载孔子之语：“夏道尊命，事鬼敬神而远之，近人而忠焉。……殷人尊神，率民以事神，先鬼而后礼，先罚而后赏，尊而不亲。……周人尊礼尚施，事鬼敬神而远之，近人而忠焉。”④ 可见自商周以来，鬼神之道的影响力日渐衰微，此亦为社会发展的必然趋势。如前所述，尽管富有浓重神学色彩的天命论依然是西周公共阐释话语的立足根本，但从鬼神之道向人文精神的转变已经成为一种不可更改的时

---

① 《十三经注疏》整理委员会：《十三经注疏·礼记正义》，北京大学出版社 1999 年版，第 934 页。

② 《十三经注疏》整理委员会：《十三经注疏·礼记正义》，北京大学出版社 1999 年版，第 1116 页。

③ 《十三经注疏》整理委员会：《十三经注疏·礼记正义》，北京大学出版社 1999 年版，第 717 页。

④ 《十三经注疏》整理委员会：《十三经注疏·礼记正义》，北京大学出版社 1999 年版，第 1484—1486 页。

代趋势，西周以礼乐取代巫术，不过是这种大趋势的缩影而已。

成康之际为西周王朝的统治巅峰，其时王室强盛，君临万国。不过易世之后，周昭王南征不返，卒崩于汉水之滨，成为西周王朝前所未有的大事件。昭王之殁，非独说明以荆楚之强已经足以与王室抗衡，更重要的象征意义则是，天子崩于外，意味着姬姓王室神学色彩的黯淡，西周王朝的盛衰转折也就此埋下伏笔。

肆后，周穆王励精图治，远征戎狄，疆土外扩，但此举其实正是对礼乐制度旧传统的破坏，故其国势强盛是以周王室天命权威的磨灭为代价。[①] 自周穆王起，西周王室的威仪日渐衰落，终至积重难返。据《史记·周本纪》："懿王之时，王室遂衰，诗人作刺。"《索隐》宋忠曰："懿王自镐徙都犬丘，……时王室衰，始作诗也。"[②] 周厉王时爆发了著名的国人暴动，厉王被迫出走，客死他乡。可以说，从周昭王至周厉王，周王室的神学色彩日渐退却，由周公极力构建的以天命论为精神内涵、以礼乐文明为实施媒介的公共阐释话语体系亦被逐渐破坏。根据周公的礼乐思想，周天子以德配天，代行天意，故得克商而御大邦，但是从昭王、厉王等人的作为及遭遇来看，王室的神学色彩磨灭殆尽，这自然会触及以天命论为基础的周代公共阐释话语体系的合理性问题。

周宣王中兴，大兴征伐之师，据《诗·小雅·鹿鸣之什·天保》："天保定尔，以莫不兴。如山如阜，如冈如陵。如川之方至，以莫不增。"[③] 似乎上天复有属意于周之意，然而这不过是大厦倾倒之前的

---

① 据《国语·周语上》：周穆王将征犬戎，祭公谋父谏以为不可，称："夫先王之制：邦内甸服，邦外侯服。侯卫宾服，蛮夷要服，戎狄荒服。甸服者祭，侯服者祀，宾服者享，要服者贡，荒服者王。日祭，月祀，时享，岁贡，终王。先王之训也，有不祭则修意，有不祀则修言，有不享则修文，有不贡则修名，有不王则修德。序成而有不至则修刑，于是乎有刑不祭，伐不祀，征不享，让不贡，告不王。于是乎有刑罚之辟，有攻伐之兵，有征讨之备，有威让之令，有文告之辞。布令陈辞而又不至，则增修于德，而无勤民于远。是以近无不听，远无不服。"可知征讨荒服戎狄与传统观念有悖，周王室亦向无先例。不过穆王不从其言，卒征之，这一惯例始被打破，华夏与戎狄之间的战火由此而起。

② 司马迁：《史记》，中华书局1959年版，第140—141页。

③ 《十三经注疏》整理委员会：《十三经注疏·毛诗正义上》，北京大学出版社1999年版，第584—585页。

回光返照而已。事实上，正是在周宣王时期，传统的礼乐秩序进入了迅速崩溃的轨道，而周宣王本人则是破坏传统的重要推手。《国语·周语上》称："宣王即位，不籍千亩。"韦昭注曰："籍，借也，借民力以为之。天子田千亩，诸侯百亩，自厉王之流，籍田礼废，宣王即位，不复遵古也。"[①] 除此之外，周宣王屡有废长立幼、破坏礼法之举[②]，史称"自是后，诸侯多畔王命"[③]。

周幽王之世是天命理论完全崩溃的时代。《诗·大雅》中《瞻卬》《召旻》等多篇诗句均表现出时人对于上天的不满甚至愤怒，如"瞻卬昊天，则不我惠。孔填不宁，降此大厉"[④]。又称"旻天疾威，天笃降丧。瘨我饥馑，民卒流亡。我居圉卒荒"[⑤]。以及"昔先王受命，有如召公，日辟国百里；今也日蹙国百里，于乎哀哉！维今之人，不尚有旧"[⑥]？诗以言志，民风如此，可见当时上天与王室的神圣性早已不复存在，此亦为"礼崩乐坏"的先声。

西周的统治崩溃，与上天的神圣性被破坏相始终，周室东迁，意味着周公在天命论神学权威下构建的公共阐释话语体系的崩塌。中国古代的神权政治就此衰落，东周以后，追求王道精神的世俗政治思想

① 徐元诰：《国语集解》，中华书局2002年版，第15页。

② 据《史记·鲁周公世家》："武公九年春，武公与长子括，少子戏，西朝周宣王。宣王爱戏，欲立戏为鲁太子。周之樊仲山父谏宣王曰：'废长立少，不顺；不顺，必犯王命；犯王命，必诛之：故出令不可不顺也。令之不行，政之不立；行而不顺，民将弃上。夫下事上，少事长，所以为顺。今天子建诸侯，立其少，是教民逆也。若鲁从之，诸侯效之，王命将有所壅；若弗从而诛之，是自诛王命也。诛之亦失，不诛亦失，王其图之。'宣王弗听，卒立戏为鲁太子。夏，武公归而卒，戏立，是为懿公。懿公九年，懿公兄括之子伯御与鲁人攻弑懿公，而立伯御为君。伯御即位十一年，周宣王伐鲁，杀其君伯御，而问鲁公子能道顺诸侯者，以为鲁后。樊穆仲曰：'鲁懿公弟称，肃恭明神，敬事耆老；赋事行刑，必问于遗训而咨于固实；不干所问，不犯所咨。'宣王曰："然，能训治其民矣。'乃立称于夷宫，是为孝公。'"此后至东周时期，嫡庶之争几不绝于王室，屡生祸乱。《左传·桓公十八年》载辛伯语称："并后，匹嫡，两政，耦国，乱之本也。"

③ 司马迁：《史记》，中华书局1959年版，第1528页。

④ 《十三经注疏》整理委员会：《十三经注疏·毛诗正义上》，北京大学出版社1999年版，第1256页。

⑤ 《十三经注疏》整理委员会：《十三经注疏·毛诗正义上》，北京大学出版社1999年版，第1264页。

⑥ 《十三经注疏》整理委员会：《十三经注疏·毛诗正义上》，北京大学出版社1999年版，第1270页。

开始走进舞台中央。

进入春秋以后，“礼崩乐坏”成为这一时期最显著的时代特征，反映在现实世界中就是世人对传统秩序和道德观念的破坏与践踏。整个春秋时期，臣弑君、子弑父，贵族篡位窃国，公族乱伦偷情，皆成习以为常之事。西周“礼乐征伐自天子出”，东周“礼乐征伐自诸侯出”，“天下无道”即谓此也。

总的来说，两周时期，阐释的公共性经历了一次重建与再崩溃的轮回周期，周公制礼，并传承了殷商时期的天命理论，重建了神学政治特征鲜明的公共阐释话语体系。不过西周之世，社会科技的发展进步不断动摇着神学政治的根基，礼乐制度的约束力也随着神学色彩的黯淡而日渐削弱，主宰时代规则的公共阐释话语体系再度崩溃，即将于春秋时期迎来再一次重构。

二　春秋以降重构公共阐释话语体系的尝试及收获

（一）个体阐释的兴起：春秋诸子的个人话语

春秋时期，传统的社会秩序和道德标准随同礼乐制度一同陷入日渐沉沦的泥淖，整个社会因此空前动荡。而随着神学政治的破灭，春秋以降的政治思想明显地表现出由重鬼神之道向重人事嬗变的趋势，神权政治逐渐让位于世俗政治，造成这种嬗变趋势的一个重要原因、就是前者已经无法带来现实世界的回报，其神性权威失去了立足之基。据《国语·周语下》，周景王铸大钱，搜刮民财，单穆公谏阻之云：

“且绝民用以实王府，犹塞川原而为潢汙也，其竭也无日矣。若民离而财匮，灾至而备亡，王其若之何?”① 楚沈尹戌谈梁之灭云：“民弃其上，不亡，何待?”② 可见，此时已把人心向背而非天命好恶视作决定王权存亡的关键性因素。此种观念的转向，无疑会在很大程

① 徐元诰:《国语集解》，中华书局 2002 年版，第 107 页。

②《十三经注疏》整理委员会:《十三经注疏·春秋左传正义》，北京大学出版社 1999 年版，第 1438 页。

度上影响公共阐释话语体系重构时的取向与选择。

作为超越于个体阐释之上的公共阐释，其实现构建必然以无数个体阐释的不断尝试为前提，最终被公共理性和视域所接受的个体阐释方可上升为公共阐释。[①] 春秋时期正值传统公共阐释话语体系破坏崩溃之余，当时的政治家和思想家们，大多心怀对周代礼乐的眷恋之情，希望可以找寻一种新的力量来取代殷周时的天命论，为崩坏的礼乐制度注入活力，重新支撑起公共性阐释的理论框架。正是在这样带有普遍意义的时代诉求下，个体阐释大兴于世，思想的争鸣与碰撞成为这一时代的显著特征。

如管仲主张尊王攘夷，从某种意义上来说，即是以恢复西周时期的旧秩序为口号。为实现这一目的，他提出："修旧法，择其善者而业用之，遂滋民，与无财，而敬百姓，则国安矣。"[②] 表现出鲜明的重人事特征。此外，子产认为礼为统领天地万物之纲："夫礼，天之经也，地之义，民之行也。"[③] 也在强调礼在社会结构中的核心地位，不过，由于神学政治的崩溃，原本作为公共信仰的神学权威不复存在，礼乐的施行也因此失去保障。对此，子产欲借助法的力量来取代神学。他以为，人皆好生而恶死，因此要立法使民"畏君之威，听其政，尊其贵，事其长，养其亲，五者所以为国也"[④]。子产主张宽猛相济、以猛为主的执政方针，后复铸刑书，首创成文法，推动了法家思想的发展。不过，在当时的现实条件下，法家思想的广泛实施缺乏现实的动力支撑，因此子产的影响力仅限于郑国，未能在当时产生普遍性的影响。

管仲、子产等人代表着礼崩乐坏以后，春秋时期诸多学人为重建公共阐释话语体系而做出的不懈努力，尽管他们的努力均以失败告终，却引领了战国时代诸子争鸣的空前盛况。春秋战国诸家流派，儒

---

① 张江：《公共阐释论纲》，《学术研究》2017 年第 6 期。

② 徐元诰：《国语集解》，中华书局 2002 年版，第 223 页。

③ 《十三经注疏》整理委员会：《十三经注疏·春秋左传正义》，北京大学出版社 1999 年版，第 1447 页。

④ 《十三经注疏》整理委员会：《十三经注疏·春秋左传正义》，北京大学出版社 1999 年版，第 1153 页。

家之后，犹有道家、阴阳家、法家、名家、墨家、纵横家、杂家、农家、小说家等，司马迁于《史记·太史公自序》中称："夫阴阳、儒、墨、名、法、道德，此务为治者也，直所从言之异路，有省不省耳。"① 班固称："诸子十家，其可观者九家而已。皆起于王道既微，诸侯力政，时君世主，好恶殊方，是以九家之说蜂出并作，各引一端，崇其所善，以此驰说，取合诸侯。"② 此后一时期的个体阐释，逐渐出现了否定传统的倾向，这无疑与社会进步和思想解放有着直接关系。

冯友兰指出："在一社会之旧制度日即崩坏之过程中，自然有倾向于守旧之人，目睹'世风不古，人心日下'，起而为旧制度之拥护者，孔子即此等人也。……继孔子而起之士，有批评或反对旧制度者，有欲修正旧制度者，有欲另立新制度以替代旧制度者，有反对一切制度者。此皆过渡时代，旧制度失其权威，新制度尚未确定，人皆徘徊歧路之时，应有之事也。"③ 具体来说，老子认为"道"为天地之母、万物之根，为宇宙内万事万物的最高范畴。而社会的进步实为"道"之式微，他据此提出道家的政治主张：无为而治。"是以圣人处无为之事，行不言之教，万物作焉而不辞，生而不有，为而不恃，功成而弗居。"④ 即以"无为"作为世界运行的最高法则。墨家提出兼爱、非攻、尚贤、尊天等主张，"兼爱"为其社会伦理思想的核心，这一主张无疑与传统的礼乐秩序理论存在不可调和的冲突。舍道、墨之外，如阴阳、名等诸子学说各具所长，风云一时，百家争鸣之势，蔚为壮观。诚如近人胡适所言："吾意以为诸子自老聃、孔丘至于韩非，皆忧世之乱而思有以拯济之，故其学皆应时而生，与王官无涉。"⑤

总的来说，春秋时期的思想家以及战国诸子的主张皆是为重建公共阐释话语体系而做出的努力，不过由于他们未能在天命论的神学光

① 司马迁：《史记》，中华书局1959年版，第3288—3289页。
② 班固：《汉书》，中华书局1962年版，1746页。
③ 冯友兰：《中国哲学史》（上册），商务印书馆2011年版，第28页。
④ 王弼、楼宇烈：《老子道德经注校释》，中华书局2008年版，第6页。
⑤ 胡适：《中国哲学史大纲（卷上）》，东方出版社1996年版，第359页。

辉逝去后找到与之相似的强大支撑力量，故前述诸子的个体话语虽可引领一时风骚，但最终未能上升为公共阐释，遑论体系重建！这一伟大功业最终经孔子对儒学的改造之后始告达成。

（二）述而不作：重建公共阐释话语的新范式

春秋战国之际，对后世影响最著者，自当首推孔子，而孔子最为敬仰的先贤，则为周公。《论语》载孔子语："甚矣吾衰也！久矣吾不复梦见周公。"[①] 对周公所制之礼，孔子也充满向往之情，他称："周监于二代，郁郁乎文哉！吾从周。"[②] 身处礼崩乐坏的春秋时代，孔子对传统礼乐的崩溃备感痛心，故其一生勤勉不懈、孜孜以求欲恢复周时的礼乐文明。其一生所为，最大的贡献并非理论的创新，而是对周礼的整理与恢复。孔子自谓："述而不作，信而好古，窃比我于老彭。"对此，朱熹称："述，传旧而已。作，则创始也。故作非圣人不能，而述则贤者可及。……孔子删《诗》《书》，定礼乐，赞《周易》，修《春秋》，皆传先王之旧，而未尝有所作也，故其自言如此。盖不惟不敢当作者之圣，而亦不敢显然自附于古人；盖其德愈盛而心愈下，不自知其辞之谦也。然当是时，作者略备，夫子盖集群圣之大成而折衷之。其事虽述，而功则倍于作矣，此又不可不知也。"[③] 可见在朱熹眼中，孔子的"述而不作"有其时代背景，而其"述"之功，又数倍于"作"。孔子对"述"与"作"的选择，决定了春秋以后公共阐释话语体系的重建仍然以礼乐文明为基础媒介。

冯友兰认为孔子及其后学并非"述而不作"，而是"以述为作"，这种精神被后世儒者传之永久，并据此完成了对经典文本的解释[④]。吕思勉以为："六经皆古籍，而孔子取以立教，则又自有其义。孔子之义，不必尽与古义合，而不能谓其物不本之于古。其物虽本之于古，而孔子自别有其义。儒家所重者，孔子之义，非自古相传之典籍

---

① 朱熹：《四书章句集注》，中华书局1983年版，第94页。

② 朱熹：《四书章句集注》，中华书局1983年版，第65页。

③ 朱熹：《四书章句集注》，中华书局1983年版，第93页。

④ 冯友兰：《中国哲学简史》，北京大学出版社1985年版，第51页。

也。此两义各不相妨。”① 由冯、吕二人所述可见，孔子之“述”并非单一的整理、解释经典，而且在充分理解的基础上，在不违背原意的前提下，对其进行了全新的阐释与发掘。也正是这种以述为作、寓作于述的指导思想，为于礼崩乐坏的文化氛围中重建公共阐释话语体系奠定了坚实的理论基础。

在重建阐释公共性的道路上，孔子与其他人遇到同样的问题，即如何寻找一种足以取代天命的强大力量，支撑起礼乐制度的整体框架。对此，徐复观指出，“孔子把他对人类的要求，不诉之于‘概念性’的‘空言’，而诉之于历史实践的事实，在人类历史实践事实中去启发人类的理性及人类所应遵循的最根源的‘义法’”②，此说得其要矣。

换言之，孔子把商周时代唯有虚无的神学方能提供的强大支撑力改易为人性，即从人性的角度出发，使人于内心之中焕发出强大力量，来支撑传统的礼乐文明，这种改革大获成功，秦汉以后儒学昌盛的长久生命力就此奠定。

据《论语·阳货》:“宰我问:‘三年之丧，期已久矣。君子三年不为礼，礼必坏；三年不为乐，乐必崩。旧谷既没，新谷既升，钻燧改火，期可已矣。’子曰:‘食夫稻，衣夫锦，于女安乎?’曰:‘安。’‘女安则为之！夫君子之居丧，食旨不甘，闻乐不乐，居处不安，故不为也。今女安，则为之！’宰我出。子曰:‘予之不仁也！子生三年，然后免于父母之怀。夫三年之丧，天下之通丧也。予也有三年之爱于其父母乎?’”③ 孔子把这一问题归结为“身安”与“心安”之别，其中蕴含着丰富的哲学内涵，表现出对于人内在力量的思考与探寻。孔子认为，宰我如果在父母三年之丧期间，可以食稻衣锦而心安理得，那么便可以无视三年之丧的规制。这一段文字，形象而准确地表明孔子的观念与主张：在对传统秩序的维护中，不是借助神学的震慑力量，而是从人的内心出发，把包含丧礼在内的礼乐制度视为人的

① 吕思勉:《先秦学术概论》，岳麓书社 2010 年版，第 62 页。

② 徐复观:《两汉思想史:第三卷》，华东师范大学出版社 2001 年版，第 157 页。

③ 朱熹:《四书章句集注》，中华书局 1983 年版，第 180—181 页。

内在需求。

孔子称："弟子入则孝，出则悌，谨而信，泛爱众，而亲仁。行有余力，则以学文。"[①] 又称："人而不仁，如礼何？人而不仁，如乐何？"[②] 关于"三年之丧"的探讨，自然亦属于"仁"的范畴。而以人性作为内生的动力，来推动礼乐文化的复兴，进而重新建构公共阐释话语体系，成为孔子一生中最重要的贡献。《孟子·滕文公下》解说孔子作《春秋》的动机时称："世衰道微，邪说暴行有作，臣弑其君者有之，子弑其父者有之。孔子惧，作《春秋》。《春秋》，天子之事也。"[③] 乱臣贼子之所惧，非惧天惩，而是惧其所为被书之《春秋》，传诸后世，令其内心不安。《史记》载董仲舒之语，称孔子作《春秋》的原因为："周道衰废，孔子为鲁司寇，诸侯害之，大夫雍之。孔子知言之不用，道之不行也，是非二百四十二年之中，以为天下仪表，贬天子，退诸侯，讨大夫，以达王事而已矣。"[④] 由此可见，孔子正是借助人性的力量，使人自内而外产生对礼乐的敬畏之感，原本没落的礼乐精神因此重新焕发生机。孔子以莫大的智慧，在天命论崩溃消解的时代视野下，仍以礼乐为工具，实以人性的内在力量，完成了公共阐释话语体系的重构。以人性作为原动力自然比之蒙昧时代的神学力量更为强大，也更为持久，这次重构因此具有不可取代的重大意义。

（三）儒者对公共阐释话语的重构

孔子为以礼乐制度为工具重建公共阐释话语体系提供了理论可能，不过现实世界中礼崩乐坏的趋势却在春秋以后愈演愈烈。《史记·太史公自序》称："《春秋》之中，弑君三十六，亡国五十二，诸侯奔走不得保其社稷者不可胜数。察其所以，皆失其本已。"[⑤] 孔子周游列国，想把自己的理论付诸实践，不过终其一生也未能如愿。

---

① 朱熹：《四书章句集注》，中华书局1983年版，第49页。

② 朱熹：《四书章句集注》，中华书局1983年版，第61页。

③ 朱熹：《四书章句集注》，中华书局1983年版，第272页。

④ 司马迁：《史记》，中华书局1959年版，第3297页。

⑤ 司马迁：《史记》，中华书局1959年版，第3297页。

孔子去世之后，传统的礼乐制度进一步被摧毁，而其主张之所以未能在当时大行于世，与春秋战国的时代特征存在直接关系。孔子以“仁”为核心，把人性作为支撑社会道德准则的原动力，把原本作为行止约束的礼乐，改造为发自人性的内在需求，即内“修己”以求外“安人”，亦即后世所谓的“内圣外王”之道。然而，如韩非子所说“上古竞于道德，中世逐于智谋，当今争于气力”①，在诸国争雄、“争于气力”的当今之世，依孔子之说，虽修“内圣”而难成“外王”之业，无法带来现实的回报，其为诸侯所轻也便不足为奇了。

不过，由孔子开创的阐释公共性的重构方式和指导理念，成为后世公共阐释语话体系的主要表达方式，并贯穿于中国整个封建时代。孟子继承并发展了孔子“仁”的思想，他认为“夫仁，天之尊爵也，人之安宅也”②，“人之所以异于禽兽者几希”③，人有“不忍人之心”为人与禽兽的主要区别，这种“不忍人之心”为施行王道的先决条件。王道即仁政，孟子认为“仁者无敌”，唯行仁政始能无敌于天下。与孔子相比，孟子把伦理范畴与人性善连结在一起，人伦关系出自人的本性，这一点在儒家伦理观念史上具有划时代的意义。④ 为以人性力量保证礼乐施行提供了更有力的理论保障。

如果说孔孟二圣的学说依然表现出理想化色彩，那么自荀子开始，儒家则日益表现出强烈的现实主义倾向。荀子为先秦时期最后一位儒学大师，他依然追求礼治精神，强调“修身”，《荀子·君道》：“请问为国？曰：闻修身，未尝闻为国也。”⑤ 则“修身”已成为有国者的义务与职责，而非单纯的个体追求。因此他主张礼法结合，为礼制思想的复兴提供了现实可能。事实上，正是从荀子开始，现实主义特征日益鲜明的儒家思想开始逐渐与现实政治相结合。

秦统一之后，二世而亡，后经秦末战乱，天下复归于汉。汉初百废待兴，大行黄老之术，休养生息，不过儒学思想一直藏器待时，蓄

① 王先慎：《韩非子集解》，中华书局1998年版，第445页。
② 朱熹：《四书章句集注》，中华书局1983年版，第238页。
③ 朱熹：《四书章句集注》，中华书局1983年版，第293页。
④ 刘泽华：《中国政治思想史先秦卷》，浙江人民出版社1996年版，第181页。
⑤ 王先谦：《荀子集解》，中华书局1988年版，第234页。

势待发。文景之后，随着社会形势的根本性转变，原有的“无为”思想已经无法适应时代的需求，“有为”思想复振的需求日益强烈，成为儒学走上文化中心的历史契机。

汉武帝刘彻以舞象之年登基为帝，有“大有为”之志。当时西汉王朝经数十年休养生息，国力达于巅峰。而遍观宇内，除匈奴虎踞于长城之外的现实威胁外，另一个腹心之疾是，西汉以布衣将相建国，汉高帝以市井之徒君临天下，为旷古未有之事，刘汉宗室王权的合理性与合法性问题一直未得到根本性解决。随着国内社会经济的恢复，学术思想的繁荣，对这一问题的解决显得日益迫切。换言之，西汉建国于秦末战火的废墟之上，彼时公共阐释话语体系的急迫性让位于巩固统治与恢复民力，而一旦国力恢复，这一问题便又成为刘汉王室无法回避的时代课题。

这一问题，最终经董仲舒之手得到完美的解决。董仲舒为当时大儒，他以“天人三策”面见武帝，为汉武帝独尊儒术开启先声。董仲舒提出的思想极其庞杂，其核心为“君权神授”，即天子受命于天，代天理政。不过不同于殷周时期的天命论，董仲舒传承并发展了孔子的理论，他认为“仁，天心也”，认为皇帝当以“仁”为治国主旨，并提出“天人感应”的理论以制约皇权。董氏之说，有力推动了儒家定于一尊思想格局的形成。事实上，汉武帝之尊儒，亦非真正的罢黜百家，而是开建了外儒内法的儒法并用格局，汉宣帝所谓“霸王道杂之”，可谓一语得其要领。

董仲舒创建的这套政治哲学在此后保持了漫长的生命力，历朝历代，均采用这一套理论来自证其合理性。中国封建王朝的统治者通过强调“君权神授”的核心理念，运用儒法并举的方式，借助于“天人感应”的阴阳学理论，重新掌握了公共阐释话语权。自周代礼崩乐坏以来，历代学人不懈找寻的重建阐释公共性的原生动力，终于得到真正的答案，公共阐释话语体系首度获得强大的支撑力量。只不过不同于原有的神学观念会随着人们对世界认知水平的提升而有所削弱，儒者提供的这套阐释体系以“仁”为原始出发点，追寻人性的内在力量，考虑到现实世界的实际可操作性，具有更加稳定的理论框架和旺盛的生命力。

生活的进行方式。人类社会生活的最终形态是语言共同体，任何东西都不能离开这种共同体”①。在此意义上，解释就变成了借助共同体化的语言，对世界之本质的一种实践参与和辩证把握，换言之，这种意义的解释学已经是一种实践阐释学，在兼具理论和实践双重任务的基础上，它指向的是人类的生活世界以及对生活之善的意义探寻。正因为如此，伽达默尔反对施莱尔马赫将解释学视作一种理解的能力和技艺，而要对这种能力和技艺进行反思，如他所言，“哲学解释学不会把一种能力提升为规则意识。……它是对这种能力以及作为这种能力基础的知识作的反思。因此，它并不是用于克服特定的理解困难，有如在阅读文本和与别人谈话时所发生的那样，它所从事的工作，正如哈贝马斯所称，乃是一种‘批判的反思知识’”②。

问题是，在西方解释学的谱系中，马克思主义解释学所谓何事？我们认为，当年轻的马克思开始批判形而上学并表达“问题在于改变世界”的新哲学宣言时，其实已经隐含着对“社会化的人类”之生产和交往本质的阐释学建构。在此前提下，马克思主义阐释学表达的是一种对人的感性活动的主体性、实践性和历史性的理解，而当马克思把人的活动理解为感性的对象性活动时，其与当代解释学的对话已经变得可能，尤其在“历史的剧作者”与“历史的剧中人”相综合的意义上理解人的历史性的做法，其实已经与伽达默尔的辩证解释学实现了某种“视域融合”。在此维度，伽达默尔和马克思都力求跳出知性科学的束缚，以揭示普遍人类生活经验的基本性质。如伽达默尔所言，解释学“展示为受到历史影响的意识，并为我们所有的认识可能性提供了一种最初的系统阐述。”③ 这里的区别只在于，伽达默尔所谓的普遍经验更多是一种可被理解和解释的东西，只不过这种普遍性依然停留在思想实践层面，而马克思将问题推进到了社会实践层面（尤其是生产实践层面）。所以，尽管伽达默尔不断申明“效果历史”

① 洪汉鼎主编：《理解与诠释：诠释学经典文选》，第 13 页。

② 转引自让·格朗丹《哲学解释学导论》，“解释学译丛序”，何卫平译，商务印书馆 2009 年版，第 3 页。

③ 伽达默尔：《哲学解释学》，夏镇平等译，上海译文出版社 2004 年版，第 13 页。

针对的是存在而不是意识，但他同时声称，“存在永远不可能完全地展示出来”[①]。在伽达默尔看来，解释往往比历史本身更重要，而在马克思这里，“解释世界”与“改变世界”并不是二元对立关系，而是人的实践活动的两个本质方面。当然，此处的“人”可不是单数，而是一种绝大多数人的、为绝大多数人谋利益的独立的运动。这意味着，在超越当代西方解释学的意义上，以伽达默尔为代表的当代解释学并未将问题提升至存在论的根基处，而马克思实现了这一目标，这为我们进一步开显唯物史观的理论性质提供了问题背景。

二　马克思：从公共阐释到历史阐释

按照一些学者的看法，阐释本身就是一种公共行为，这种公共性源于人们之间共同的交往需求和共通的理性精神。[②] 笔者认为，从一般意义讲，这种说法能够很好地阐明西方解释学发生发展的历史，从根本上看，马克思所关注的问题的性质及其解决问题的方式也都具有公共性，但是，这里需要进一步辨析的是，当人们的理解和解释活动摆脱了神的羽翼进而转向自己的生活世界之后，公共理性的建构和公共阐释的构建就变得困难，也正是在此维度，马克思对康德等启蒙哲学家的批判才变得可能与必要。

在笔者看来，马克思之所以反对抽象地讨论公共阐释，原因无非是：第一，人都处在特定的、具体的社会生产和交往关系中，“社会存在决定社会意识”的基本状况决定了人必须基于具体的社会分工状况去理解公共性问题；第二，不同时代的社会现实尽管有所区别，但它们具有历史的联系性，即“历史不外是各个世代的依次交替。每一代都利用以前各代遗留下来的材料、资金和生产力；由于这个缘故，每一代一方面在完全改变了的环境下继续从事所继承的活动，另一方面又通过完全改变了的活动来变更旧的环境”[③]。正是在此意义上，

① 伽达默尔：《哲学解释学》，夏镇平等译，上海译文出版社 2004 年版，第 40 页。

② 参见张江《公共阐释论纲》，《学术研究》2017 年第 6 期。

③ 《马克思恩格斯文集》第 1 卷，人民出版社 2009 年版，第 540 页。

马克思对费尔巴哈那种将“唯物主义”和“历史”割裂开来的做法进行了批判。基于这两点，马克思将现实的公共性问题提升到了历史的公共性维度，换言之，马克思主义阐释学是在一种大尺度的生活空间和长纵深的文化时间中展开的。[①] 在这种阐释模式中，马克思不仅超越了对解释学问题的神义性、技艺性、修辞性和语义学探讨，而且在自然史与人类史、生产与交往、历史与逻辑相统一的高度完成了对历史阐释学的基本建构，因而，马克思主义阐释学表征的是一种历史的公共性。

首先，马克思主义历史阐释学指向的是自然史和人类史的统一。

在马克思哲学革命的起点处，对自然问题、自然科学以及自然知识的讨论是一个重要环节。这一点，我们可以从马克思对费尔巴哈人本主义思想资源的批判性继承，以及恩格斯在马克思逝世之后借助自然科学的成就对唯物辩证法科学性质的论证中得到有效验证。

在马克思看来，自然固然是人的无机身体，人是自然界的一部分，“没有自然界，没有感性的外部世界，工人什么也不能创造。自然界是工人的劳动得以实现、工人的劳动在其中活动、工人的劳动从中生产出和借以生产出自己的产品的材料”[②]。但是，作为类存在物以及“有意识的生命活动”，人和自然之间不是简单的适应与被适应关系，而是改造与被改造关系：“正是在改造对象世界的过程中，人才真正地证明自己是类存在物。这种生产是人的能动的类生活。通过这种生产，自然界才表现为他的作品和他的现实。”[③] 这意味着，在马克思这里，没有纯粹的自然，只有人化的自然。只有在人化的自然中，我们才能领会到人作为类存在物的动机和意义，实际上，这个“人化的自然”已经蕴含着对人的社会属性的存在论承认，马克思直言道：“主观主义和客观主义，唯灵主义和唯物主义，活动和受动，只是在社会状态中才失去它们彼此间的对立，从而失去它们作为这样

---

① 参见张政文《历史虚无主义阐释观的迷失与阐释的知识图谱重建》，《中国社会科学》2019 年第 9 期。

② 《马克思恩格斯文集》第 1 卷，人民出版社 2009 年版，第 158 页。

③ 《马克思恩格斯文集》第 1 卷，人民出版社 2009 年版，第 163 页。

的对立面的存在。”[1] 与此同时，马克思进一步指明，“工业是自然界对人，因而也是自然科学对人的现实的历史关系。因此，如果把工业看成人的本质力量的公开的展示，那么自然界的人的本质，或者人的自然的本质，也就可以理解了；因此，自然科学将抛弃它的抽象物质的方向，或者更确切地说，是抛弃唯心主义方向，从而成为人的科学的基础，……通过工业——尽管以异化的形式——形成的自然界，是真正的、人本学的自然界”[2]。正是因为通过工业来理解自然和人本身，马克思才认为，历史就是自然界生成为人的过程的现实部分，人的科学和自然科学是同一门科学，人类史和自然史是同一部历史，这便是马克思所谓的“历史科学”的能指与所指。

马克思逝世之后，恩格斯从自然科学史的角度对马克思主义哲学的世界观与方法论进行了补充与辩护。在世界观层面，以“哲学基本问题”为抓手，恩格斯强调，马克思的世界观是唯物主义世界观，它同时意味着世界的可知性。在这个维度，自然、历史和人的思维是其哲学世界观的基本对象；在此维度，推动哲学家前进的是实验和工业，而非什么形而上学想象。在方法论层面，以自然科学的发展——尤其是 19 世纪自然科学的“三大发现”——为抓手，恩格斯强调，从 18 世纪末开始，自然科学已经实现了由“搜集材料”向“整理材料”的转变，这意味着对事物的发生发展过程、事物之间以及事物内部联系的整体性、结构性和系统性的研究成为可能，以研究动植物机体过程为要旨的生理学、以研究单个有机体从胚胎到成熟发育过程为要旨的胚胎学和以研究地壳形成过程为要旨的地质学代表了“从事实中发现联系”的自然辩证法的基本成型，在此维度，康德的“自在之物”以及以往自然哲学那种用观念和幻想的联系来代替尚未知道的联系的做法已经相当多余。十分关键的是，站在与马克思同样的立场，恩格斯强调：“适用于自然界的，同样适用于社会历史的一切部门和研究人类的（和神的）事物的一切科学。”[3] 质言之，自然和历史都

---

① 《马克思恩格斯文集》第 1 卷，人民出版社 2009 年版，第 192 页。
② 《马克思恩格斯文集》第 1 卷，人民出版社 2009 年版，第 193 页。
③ 《马克思恩格斯文集》第 4 卷，人民出版社 2009 年版，第 301 页。

存在某种内在的可被发现和验证的物质联系，问题只在于发现并阐释这种联系，这意味着旧唯物主义和形而上学的终结。

问题是，使自然史和人类史得以统一的那个物质联系又是什么呢？很显然，它就是基于人的现实需要而可能的各种生产实践。我们注意到，在批判旧唯物主义和形而上学的过程中，马克思早年所用的实践概念实际上发生了一个同义置换，也即是说，在唯物史观创立之后，马克思已经开始有意识地用劳动、生产、生产方式、生产关系等概念来置换其早年哲学变革环节的实践概念。实际上，这是马克思从哲学批判转向政治经济学批判的必然要求和有力象征，也正是基于这些概念族群的置换，作为多样性需求的现实的人、作为多样性生产的社会有机体、作为多样性发展的世界历史才得到了渐次呈现和有效巩固。正是因为有这样的工作，马克思才使公共性问题摆脱了观念论哲学的束缚，从而使这一问题获得了真正的历史地基。毋宁说，此乃马克思在历史的具体中解释历史以及人的生存和社会演进的存在论机制。

其次，马克思主义历史阐释学以人的生产和交往活动的统一为实质性内涵。

如果说基于社会去理解自然意味着马克思主义创始人对公共性论域之地基的清理，那么，从生产和交往的角度去定义社会形态和历史变革则意味着其对公共性问题的本质界定。与近代西方政治哲学的若干前辈（如霍布斯、卢梭、孟德斯鸠等）不同，马克思并不是一般地承认市民社会，更不是一般地揭露市民社会的恶，而是要从生产和交往的张力中去解析人类社会演进变化的存在论机制。质言之，以生产和交往之间的辩证关系为牵引的社会基本矛盾运动理论，代表了马克思对公共性问题的科学内涵及其性质的根本把握。

在《德意志意识形态》中，马克思和恩格斯对使人类公共生活得以可能的唯物主义前提进行了基本解释。在他们看来，人类的公共生活乃至人类历史之所以可能，主要基于四种生产类型和四种关系，即物质生活资料生产和物质生活关系、生产方式生产和生产关系、生命生产和家庭关系、精神生产和观念关系。我们注意到，在解释生产力概念时，马克思和恩格斯专门强调，生产力是人们在一定生产方式和生产阶段下的“共同活动方式”，那么，这种共同活动方式又如何可能呢？实际上，这是社会分工的自然结果，反过来说，正是因为社会分工（或所有制）才使得自然生产和社会生产、物质生产和精神生产、统治阶级和被统治阶级得以分化。在此基础上，尽管人类的公共生活以共同体的形式得以组织和维持，但问题在于，在分工、私有制、国家与阶级的制约下，真正的共同体只能是幻想，或者说，人们都不同程度地生活在虚幻的共同体之中。更为关键的是，马克思和恩格斯不仅发现了虚假共同体和真正共同体之间的矛盾，而且指明了作为真正共同体之实现力量的无产阶级对于消除虚假共同体的实质性和历史性意义。也正是在此意义上，共产主义不是一种现实应当与之相适应的理想，而是一种消灭现存状况的现实运动，并且，这项运动只能由历史带来，而不是一种人工创造，这便是“无产阶级是一种世界历史意义的存在”的根据。

在《〈政治经济学批判〉序言》中，马克思对唯物史观基本原理进行了系统阐述，这便是综合社会生产和生产关系、经济基础和上层建筑两组范畴所阐述的社会基本矛盾理论。笔者认为，这一理论科学地阐释了人类的社会生活和历史发展的公共性本质，原因是：（1）作为不同社会和不同时代之标志的社会化生产首先具有公共性。在马克思看来，凡是能够代表时代并促成历史变革的生产一定是社会化生产，或者说，生产的社会化程度越高、分工越细致，人类公共生活的范围就越广、程度越深，这同时意味着科学技术及其实践应用的广泛效用。在此意义上，“物质生活的生产方式制约着整个社会生活、政治生活和精神生活的过程”①。（2）生产关系（或财产关系）是公共利益的凝结。马克思认为，财产关系是生产关系的法律用语，换言之，法律确保并维护的是特定的生产和分配关系，以及由此而形成可能的权利和义务关系。（3）上层建筑领域的活动规划着公共利益的实现。在马克思看来，没有抽象或纯粹的意识形态和精神生产，经济基础的变更必然意味着庞大的上层建筑或慢或快地变革，因此，我们必须从物质生活的矛盾中，从社会生产力和生产关系的矛盾中去解释时

---

① 《马克思恩格斯文集》第 2 卷，人民出版社 2009 年版，第 591 页。

代变革的根据。反过来说，没有抽象的上层建筑：那种抛开具体的社会生活关系去谋划上层建筑，以求得永久和平的做法只是一种空想。

由此可见，马克思并未从学科和概念层面去谈论公共性及进行公共阐释，而是从人的社会属性、社会生产、社会交往和社会意识中直面公共性问题的实践生存论结构，也正是因此，马克思在“两个绝不会”中所强调的内容其实是对公共性问题之历史性的又一次补充。在此意义上，他实现了对伽达默尔解释学的一种深化。

最后，马克思主义历史阐释学以历史与逻辑的统一为方法论蕴含。

恩格斯曾说：“历史从哪里开始，思想进程也应当从哪里开始，而思想进程的进一步发展不过是历史过程在抽象的、理论上前后一贯的形式上的反映。”① 这句话其实道出了经典马克思主义阐释公共性问题的基本方法。原因是，在马克思主义这里，人类的公共生活其实是历史生存和当下生存的内在融通，而绝非一种对当下生活的片段式理解，更不是康德那种借助先验的纯粹理性对社会生活的形而上学把握。所以，在对德国古典哲学进行严格而彻底批判的基础上，马克思主义阐释学走向了一种历史阐释学，这种历史阐释蕴含着公共性维度，其直指政治经济学批判本身，它意味着政治经济学批判方法对于公共性问题本身的适用性。

马克思曾说：“我们越往前追溯历史，个人，从而也是进行生产的个人，就越表现为不独立，从属于一个较大的整体；……人是最名副其实的政治动物，不仅是一种合群的动物，而是只有在社会中才能独立的动物。”② 此处，马克思用“政治动物”给人下定义的方法颇具深意。我们理解，马克思所谓的政治性具有中性意味，而非一种狭隘的意识形态界定。这种政治性首先意味着人与人在共在性的社会生活中结成的基本交往关系，这种关系在本质上定义着人的社会属性、规范着人的社会生产、表征着人的历史联系。正是在此意义上，马克思主义政治经济学所谓的具体其实是“现实的空间”与“历史的时

① 《马克思恩格斯文集》第2卷，人民出版社2009年版，第603页。
② 《马克思恩格斯文集》第8卷，人民出版社2009年版，第6页。

间”的统一。因而，当我们以公共性视野观察历史时，我们既要看到历史的短时段，也要看到历史的长时段。短时段的历史是狭义的历史，长时段的历史则意味着历史背后的逻辑，这种理解似乎更符合马克思的原意，它意味着阿斯特意义上的历史的理解、语法的理解和精神的理解的有机统一。[①]

在马克思这里，具体与整体、历史和逻辑的内在辩证机制是：一方面，历史的具体不是散乱随意的具体，而是诸多历史条件综合作用的具体，这种综合性及其背后的系统性和复杂性表现的是历史自身运行的逻辑，所以，与黑格尔那种用思维规定存在的“强制阐释”不同，马克思主义解释学是用存在来说明存在，用历史来说明历史。在其看来，包括语言活动在内的思维活动本质上也是存在。另一方面，整体也不是抽象纯粹的整体，而是不同的生产方式和交往方式相互联系、有机组合的结果。值得一提的是，生产方式越复杂、交往方式越多样，公共性问题的深度和烈度越大。马克思提醒我们，“比较简单的范畴，虽然在历史上可以在比较具体的范畴之前存在，但是，它在深度和广度上的充分发展恰恰只能属于一个复杂的社会形式，而比较具体的范畴在一个比较不发展的社会形式中有过比较充分的发展”[②]。因此，“人体解剖对于猴体解剖是一把钥匙。反过来说，低等动物身上表露的高等动物的征兆，只有在高等动物本身已被认识之后才能理解”[③]。这里，“猴体”和“人体”体现的是同一事物不同的发展阶段和形式，两者有差异更有统一，这种统一是共时和历时的统一。这足以说明，马克思主义公共性是一种历史的公共性，马克思主义阐释学是一种历史的阐释学，它实现了“观念的历史叙述”和“现实的历史叙述”的有机统一。

三　中国的革命道路与马克思主义历史阐释学

在唯物史观的意义上，阐释已经不再意味着基于某种固定阐释对

① 洪汉鼎主编：《理解与诠释：诠释学经典文选》，第 6 页。
② 《马克思恩格斯文集》第 8 卷，人民出版社 2009 年版，第 27 页。
③ 《马克思恩格斯文集》第 8 卷，人民出版社 2009 年版，第 29 页。

象或普遍理性而可能的意义理解与阐释活动，毋宁说，这种颇具认识论意味的阐释活动只是人的全部实践活动的一个部分。进一步说，与“改变世界”的活动相比，这种“解释世界”的活动是一种蕴生、依附并反映人的物质生产实践的活动，只具有相对的独立性。由是观之，在西方解释学的谱系中，那种将神义、语言、文本、意义乃至自我理解视作阐释之本体的做法其实早都在马克思的批判之列。那种单纯地以为“历史上始终是思想占统治地位”的做法始终被马克思视作理性的形而上学，只有摆脱了这一束缚，我们才能理解唯物史观中国化的必然逻辑及其解释学效应。

马克思主义中国化的过程天然包含着马克思主义历史观的中国化，这一过程实际上包含着“解释中国”与“改变中国”两个至关重要的方面，这两个方面已经内在地统一于毛泽东同志的思想方法和政治实践中，它意味着，借助唯物史观来解释中国社会并进而推动中国民众从思想、政治与社会层面对唯物史观科学性的认同。众所周知，马克思主义传入中国之时恰逢中华民族遭遇整体性生存危机之时，在这样一个历史节点，唯物史观所针对的主要问题就是如何解释中国所处的历史方位并重新安顿中国人的精神和生活世界，所以，中国革命的理论合法性问题其实也是一个唯物史观基本原理对中国社会的性质、形态、阶段、方向如何产生解释力的问题，这一问题大致展开为以下几个方面。

首先，依照社会基本矛盾理论界定中国社会的性质。

唯物史观中国化的首要问题一定是中国社会的性质问题，其实质是回应“中国从何处来”的问题，这也是马克思主义历史阐释学的中国话语之源，此问题所具有的历史公共性十分明显。历史地看，近代国人对半殖民地半封建社会性质的认识直接源于共产国际的认定，中共“六大”纲领接受了此认定，只不过，在公共阐释的意义上，以毛泽东为代表的共产党人对这一问题进行了细化。在《中国革命和中国共产党》中，毛泽东表明：中国社会之所以是半封建社会，主要是因为帝国主义的侵入使中国产生了资本主义因素，使完整的封建经济遭到了破坏，变成了一个半封建的社会；中国社会之所以是半殖民地社会，主要是因为中国还不是完全的殖民地社会，封建地主阶级对农民阶级的剥削依然占据优势。与此相应，中国社会的矛盾呈现为“帝国主义和中华民族”以及“封建主义和人民大众”两类矛盾，这两类矛盾决定了中国发生革命的必然性。中国革命的任务必然是民族革命和民主革命同时并存，中国革命的对象必然是反帝与反封建并存，这两件事情互相区别又互相统一，它是中国革命问题的两个方面，也是中国革命艰难复杂的理由。

其次，依照阶级分析方法铆定中国社会的阶级结构和矛盾态势。

在唯物史观的解释框架下，阶级分析方法是一个十分重要的解释原则，这一原则在唯物史观中国化的过程中得到了显著应用。从中国革命的性质和任务出发，毛泽东指出，地主阶级和资产阶级是中国革命的敌人，工人阶级和农民阶级是中国革命的朋友，小资产阶级和民族资产阶级是中国革命团结的对象，与之相应，中国革命的领导阶级只能是代表广大无产阶级利益的中国共产党。但是，在中国社会的性质没有根本改变之前，中国必须先进行新式的特殊的资产阶级民主主义革命，一方面是为资本主义扫清道路，另一方面又替社会主义创造条件。因而，结束半殖民地半封建社会的过程是向社会主义过渡的必要前提，所以，作为新民主主义革命的领导力量，中国共产党必须利用一切条件尽可能地扩大民主统一战线，在革命阶级有效联合的前提下实现最广泛、最坚决、最彻底的革命。当然，毛泽东也看到，由于革命对象的强大性和顽固性，中国革命必然要经历一个艰难困苦的斗争过程才能走向胜利。在此前提下，任何形式的“速胜论”和“亡国论”都必须予以反对，为此，中国共产党必须担负起领导中国革命的艰巨任务，以使中国革命在正确的道路上前进并最终取胜。

再次，依照人民立场阐明变革历史的主体力量。

马克思主义生产力观点的背后是对人的生存能力的尊重，换言之，不解放人，就无法解放生产力，更无法推动社会的彻底变革。在经历了早期革命失败之后，毛泽东明确意识到，中国革命的真正问题在农村和农民身上。原因是，尽管工人阶级代表着先进的生产力方向和领导力量，但是，彼时的中国工人阶级和民族资产阶级力量不够强大，这种弱小的力量无法与广泛的中国革命态势相匹配，因而，在将“农村包围城市”“武装夺取政权”作为革命方针的前提下，我们要放手发动农民，放手发动一切愿意投身革命的爱国力量，中国共产党不断建构并维护的国际国内统一战线其实不仅源于对中国革命的特点深刻认识，而且源于对马克思主义关于历史变革的主体力量的敬重。毛泽东指出，“人民，只有人民，才是创造世界历史的动力”①。透过历史，他看到，“历史本来不是帝王将相创造的，而是劳动人民创造的”②。纵览世界，他发现，中国的革命战争是世界反法西斯战争的一个重要组成部分。但是，毛泽东也意识到，人民不会自动成为历史的创造者，只有受到先进思想教育并觉悟的民众才会成为历史变革发生的巨大推动力。换言之，历史合力的发挥也需要一定的政治动员和组织，这体现的是主观能动性与客观规律性的有机统一，所以，在波澜壮阔的革命大潮的洗涤下，中国共产党人使自己的党性和人民性实现了具体的历史的统一，并且，这种统一是在历史和现实相贯通的时间维度以及国内与国际相贯通的空间维度中得到巩固和提升的。

最后，依照社会形态理论确定中国社会的发展方向。

早在马克思主义传入中国之前，西方的进化史观就已经在中国社会得到传播，实际上，社会达尔文主义根本无助于对中国社会矛盾的把握与解决。但是，只有在历经了“左”和“右”的错误和彻底的整风之后，毛泽东才意识到中国社会乃至人类社会形态更替变换的原因只能从社会的生产力和生产关系、经济基础和上层建筑的矛盾运动中去理解，也只有在这个意义上，他才认为，中国革命是发达资本主义国家之间的矛盾在落后中国的集中反映，是世界范围内先进生产方式和落后生产方式之间的东方博弈。与之相应，中国必须走出持续千年的自然经济和农耕文明，代之以政治上人民当家作主与经济上生产力快速发展兼备的社会主义社会。从宏观上看，毛泽东同志对马克思社会形态理论的理解非常到位，但是，由于主观层面的急躁冒进和对阶级斗争形式的误判，我们走了“文革”的弯路。1978 年之后，中国重新回到了社会发展的正常轨道，而自此所开启的中国特色社会主义道路其实并未脱离经典马克思主义关于经济的社会形态演进的基本判

① 《毛泽东选集》第 3 卷，人民出版社 1991 年版，第 1031 页。

② 《毛泽东文集》第 4 卷，人民出版社 1996 年版，第 325 页。

断。从这个历史的长时段来看，唯物史观实际上保持了对近当代中国历史的解释力。

当然，我们也要承认，中国的革命道路的确与马克思所理解的西欧社会发展道路有所不同，但是，从人类走出农业文明转向工业文明的总体进程来看，这种不同只是条件、阶段和进程的不同。就大的经济社会形态和技术社会形态演进趋势而言，中国道路并未脱离人类历史发展的大道，这无不说明唯物史观所揭示的人类社会发展规律及其指导下的中国道路的科学性。

结　语

经由对西方解释学谱系和公共阐释问题的探讨，笔者认为，马克思主义阐释学是一种历史的阐释学，深掘这一思想资源的基本意义在于：其一，在当代西方解释学转向生活世界时，马克思主义解释学保持了某种在场性，只不过，与西方解释学那种过于注重主观解释的路数不同，马克思不仅真正切入社会现实，而且将这一度推进到了历史维度，这一点海德格尔已经说得十分清楚。其二，马克思那里存在着一种解释学的辩证法，只不过，与黑格尔和伽达默尔不同，马克思是以批判性的姿态对待以往基于观念架构才可能的概念的辩证法，因而，他科学地阐明了语言与文本、历史、社会存在之间的本质关联。其三，近当代中国社会的革命实践和中国道路的形成是马克思主义历史阐释学的现实样本，换言之，马克思主义在推动中国社会由传统向现代转型时既未割断古老的中华文明，也未割断中国与世界的联系，反而站在一种重构传统与现代之关系的高度对中国道路产生了奠基性、指导性乃至建设性意义。凡此种种，无不显示了马克思主义历史阐释学的实践性与历史性。

从个体阐释到公共阐释*

——以“国初三家”的确立为中心

葛　馨　杜广学**

自2014年以来，张江教授推出的有关“强制阐释论”的系列论文，在学界引发了持续广泛的对话和争鸣。学界一致认为，“强制阐释论”一针见血地揭橥了当代西方文论的诸多弊病，消解了当代西方文论对当下文论的宰制，对激活当代理论界的理性思维和创新活力具有重大意义。当然，一些相关问题仍有待继续澄清和深入辨析。

继“强制阐释”之后，张江教授又提出了“公共阐释”的概念，发表了《公共阐释论纲》①，并对其内涵进行翔实阐述，为构建中国阐释学基本构架确立理论内核。当前，“公共阐释”尚处于初步的理论论证阶段，仍需要进行多维度的辨析和细致的梳理。本文拟以清初宋荦（1634—1713）建构的“国初三家”为例，描述“国初三家”由开始提出“个体阐释”到最终确立“公共阐释”的轨迹，探究与此相关的阐释学现象，为“公共阐释”提供一个具体鲜活的文论案例。

一　个体阐释：“国初三家”的提出

汪琬（1624—1691）和魏禧（1624—1680）、侯方域（1618—1655），清初著名古文家，并称“国初三家”。这记载在《清史稿·文

* 本文原刊于《北方论丛》2019年第5期。

** 作者单位：哈尔滨理工大学国际学院；人民文学出版社。

① 张江：《公共阐释论纲》，《学术研究》2017年第6期。

苑传》之中，“方域健于文，与魏禧、汪琬齐名，号国初三家”[①]。事实上，此说法真正渊源于宋荦、许汝霖（？—1720）编选的《国朝三家文钞》（以下简称《文钞》）。“国朝三家”即侯、魏、汪等三人。《文钞》于康熙三十三年六月刻成，即1694年，全书总计32卷。包括侯方域文8卷107篇；魏禧文12卷229篇；汪琬文12卷230篇。

《文钞》编选者为宋荦和许汝霖，其中，宋荦起主导作用。宋荦《凡例》指出：“发凡起例，予窃谬抒鄙见。参互论订，以至剞劂鸠工，则学史许公之功居多，予仅藉手观成而已。”[②] 两人的分工也很明确，编撰此书的宗旨和体例由宋公提出；文本的校订和刊刻由许公负责。本书《序》中说：“蘅谬辱校雠。”[③] 其中，“蘅”为邵长蘅，校订工作邵公也有参与。

《文钞》编成之际，宋荦作有《国朝三家文钞序》《国朝三家文钞凡例》，对“国初三家”这一命题进行了集中阐释。

一是对“三家”文坛地位的论定。宋荦《文钞序》云：“三君际其时，尤为杰出。”“若谓以三君概本朝文章之盛，予则奚敢？”[④] 认为侯方域、魏禧、汪琬是清初最为杰出的古文家，可以用“三家”涵盖清初文章之盛景。若用当今文学史视角审视，“国初三家”即是对清初古文格局具体而微的认知与阐释。

二是对“三家”古文体貌的揭示。宋荦《文钞序》说：“大较奋迅驰骤，如雷电雨雹之至，飒然交下，可怖可愕，霅然而止，千里空碧者，侯氏之文也；文必有为而作，踔厉森峭，而指事精切，凿凿乎如药石可以伐病者，魏氏之文也；温粹雅驯，无钩唇棘吻之态，而不尽之意含吐言表，譬之澄湖不波、风开日丽而帆樯之容与者，汪氏之文也。”[⑤] 若用现代话语表达，侯文劲健纵横，魏文精悍切实，汪文雅洁醇厚。“三家”古文体貌，可谓迥然各异。

三是对“三家”古文高下的判断。对于《文钞》去取篇目之原

① 赵尔巽等撰：《清史稿（44册）》，中华书局1977年版，第13320页。
② 宋荦：《国朝三家文钞凡例》，《国朝三家文钞》，清康熙三十三年刻本，卷首。
③ 邵长蘅：《国朝三家文钞序》，《国朝三家文钞》，清康熙三十三年刻本，卷首。
④ 宋荦：《国朝三家文钞凡例》，《国朝三家文钞》，清康熙三十三年刻本，卷首。
⑤ 宋荦：《国朝三家文钞凡例》，《国朝三家文钞》，清康熙三十三年刻本，卷首。

则，宋荦在《凡例》中有所交代："文有为流辈传诵已熟而不录者，如侯朝宗之《马伶传》《李姬传》，以近唐人小说也；魏叔子《地狱论》为儒者所不道也。有切于经济而不录者，叔子《救荒策》大类公移吏赎也；《兵谋》《兵法》乃其一家言，不可以文论也。亦有一二佳文，全集偶遗，间得之别本者，今仍录入。"又说"汪氏《家传集》有拟《明史列传》十二卷，颇为浩繁，予仅录其序事古雅或议论有关系者如干首，厘为二卷，如开国徐、常诸大传俱不入选。"① 侯方域文有"近唐人小说"的不选，魏禧文有"为儒者所不道""大类公移吏赎"的不录，即使汪琬《明史列传》"颇为浩繁"，也要选入31首。虽然此处是宋荦对《文钞》去取篇目原则的说明，但对"三家"古文颇有轩轾，间接透露出批评侯、魏，尊崇汪琬的态度。

以上是宋荦对"国初三家"这一命题所进行的阐释。这一命题的核心是对"三家"在清初文坛地位的论定，亦即对清初古文格局的认知与阐释。对"三家"古文体貌的揭示，是此命题的基础；对"三家"古文高下的判断，是此命题的衍生。

张江教授认为："在公共阐释被承认及流行以前，有创造性意义的个体阐释是公共阐释的原生动力。"② 具有创造性意义的个体阐释，方有可能升华为公共阐释，从而进入历史，为更广大公众所理解和接受。宋荦提出的"国初三家"无疑是具有创造性意义的个体阐释。首先，它具有原创性。许汝霖虽然提到了"三家"，"至本朝作者虽多，概乎未之讨论，独于侯朝宗、汪钝翁、魏叔子三先生文有笃好焉"③，但他也只是停留于一己之喜好，还未上升到自觉的理论建构层面。要论对"国初三家"的自觉建构，就笔者目及，宋荦是第一位。其次，它具有合理性。对清初文坛格局恰当的认知与阐释，一定要立足于清初这个时段，符合当时文坛实况，入选作家当具代表性。从共时的视角看，"三家"之文风格各异，特色明显，毫不雷同。这与当代权威学者对清初古文格局的认知——"各家各派，主张不同，文风不同，

① 宋荦：《国朝三家文钞凡例》，《国朝三家文钞》，清康熙三十三年刻本，卷首。

② 张江：《公共阐释论纲》，《学术研究》2017年第6期。

③ 许汝霖：《国朝三家文钞序》，《国朝三家文钞》，清康熙三十三年刻本，卷首。

各行其是，没有正宗"[①]——完全一致。从历时的视角看，"三家"所生活的时期基本涵盖明末至清初文坛的嬗变过程。侯方域生于 1618 年，年长于其他俩人，明末便蜚声文坛，因此侯方域可以作为明末文风的代表。魏禧和汪琬是同龄人，前者在翠微峰隐居至 1662 年，即 40 岁才出山，逐渐为人所知，他坚守民族气节，并将其融入作品，所以魏禧是遗民群代表作家之一；后者未选择归隐，于 1655 年（清顺治十二年）中进士，能诗能文，尤以文盛，代表清初散文的潮流和走向。因此，"国初三家"代表了清初散文的整体风貌，彰显清初古文的多元化特征。这是对清初古文格局合理的认知和阐释。

当然，由于阐释者处于特定的时代环境，有着自己独特的历史文化传统和现实际遇，对阐释对象的理解难免会打上时代的烙印。身为儒家士人，位居江苏巡抚，宋荦编选《文钞》的主要动机是歌颂康熙的"文治"政策。文中说道："世祖章皇帝甫定中原，即隆文治，一时元夫钜公，以雄文大册黼黻治具者类不乏人。迨今上躬天纵之圣，奎章宸藻，炳耀区寓。风声所被，文学蔚兴。上之卿大夫、侍从之臣，下之韦布、逢掖，争作为古文、诗歌以鸣于世。绘绣错采，韶濩以间。此本朝之盛所以跨宋轶唐、敻乎其不可及也。三君际其时，尤为杰出，后先相望，四五十年间，卓然各以古文鸣其家。"[②] 文中对清初两任皇帝推行的以文治国政策，极尽溢美之词，强调"文治"是清朝文学蔚然兴盛之源，其成就远超历史上其他时期，甚至宋唐。其中"三家"为同时期的杰出代表，完全可以彰显清初文坛盛况。基于此，选编三家之《文钞》，表彰三家古文之成就，即是对清初文治成果的赞颂。

在此语境下，宋荦选文定篇，反映清初"文治"，故而流露出批评侯、魏，尊崇汪琬的倾向。可以说，《文钞》的编选与清朝"文治"政策是同质的，然而对清初古文格局合理的认知与阐释作为"国初三家"这一命题的核心，却是能够超越时代语境和意识形态的有效阐释。

---

① 郭预衡：《中国散文史》下册，上海古籍出版社 1999 年版，第 337 页。

② 宋荦：《国朝三家文钞凡例》，《国朝三家文钞》，清康熙三十三年刻本，卷首。

在清初，对清初文坛格局的认知与阐释不止宋荦一人。如魏禧《答计甫草书》说："侯（侯方域）肆而不醇，某公（汪琬）醇而未肆，姜（姜宸英）醇、肆之间。"此评价颇富启发性，论者认为："盖实录也。"[①] 清初学者胡介祉《侯朝宗公子传》有言："侯公子《壮悔堂集》，其必传者也。与公子后先接踵者，豫章王于一猷定之《四照堂集》、宁都魏冰叔禧之《易堂集》、吴江计甫草东之《改亭集》，皆在伯仲之间。"[②] 胡介祉认为侯方域成就最高，王猷定、魏禧、计东等三人不相上下。应该说，魏禧、胡介祉所论，均是原创，且具有相当的合理性，尤其是魏禧所言。由此可见，个体阐释具有创造性意义，只是具备了升华为公共阐释的基本条件，而能够成为公共阐释，则缘于社会多方面的因缘聚合。

二　公共阐释：不同阐释共同体的助力

一般而言，公共阐释的达成需要经历两个环节：一是提出具有创造性意义的个体阐释；二是此个体阐释进入理解和交流的场域，通过他人的理解和接受，最终升华为公共阐释。就第二个环节而言，公共阐释就是在传播、接受过程中建构起来的。

个体阐释首先应为个体当下所在的阐释共同体理解和接受。诚如张江教授谈到个性理解和私人理解的辩证关系，一个人就是一个理解个体，其对某一文本的理解即为个性理解或个性阐释，如果他的阐释不被群体或社会理解接受，那么他的个性理解可视为私人理解。之于"国初三家"，则有许汝霖、邵长蘅的理解和接受。许汝霖说："至本朝作者虽多，概乎未之讨论，独于侯朝宗、汪钝翁、魏叔子三先生文有笃好焉……年来视学江左，适会商丘宋公奉命自西江移节来吴，间从镇抚之暇，剧论古文辞，谬许知言，约取三家文共订之。"[③] 宋荦和许汝霖对古代散文的认知存在差异，但两个人能够达成共识的是

① 魏禧著，胡守仁等校点：《魏叔子文集卷五》，中华书局2003年版，第247页。

② 李桓：《国朝耆献类征初编》，清同治六年（1867年）。

③ 许汝霖：《国朝三家文钞序》，《国朝三家文钞》，清康熙三十三年刻本，卷首。

“三家”古文，所以许汝霖对“三家”古文体貌的阐释与宋荦如出一辙：“侯之文如天潢屈注，沧海浮槎，飘梗灭没涛澜；汪之文如名将署师，行阵之余，营垒井灶，动合古兵法；魏则奇力变化，而矩矱森严，鸿洞踔厉，笼盖诸家。虽旨趣不同，气体亦别，要皆一代文豪也。”[①] 卷首邵长蘅概括得更为简洁：“侯氏以气胜，魏氏以力胜，汪氏以法胜。”[②] 对“三家”历史地位的论定，邵长蘅说：“后世称本朝之文，吾知其无能遗三家也，三家足以传矣。”[③] 可见，邵长蘅也是接受宋荦的阐释的。许、邵二人的理解和接受，为“国初三家”提升为公共阐释走出了坚实的一步。

到乾隆时期，四库馆臣在清代官方最权威的《四库全书总目提要》中对“国初三家”进行了这样的评价：“古文一脉，自明代肤滥于七子……国初风气还醇，一时学者始复讲唐宋以来之矩矱，而琬与宁都魏禧、商丘侯方域称为最工，宋荦尝合刻其文以行世。然禧才杂纵横，未归于纯粹。方域体兼华藻，稍涉于浮夸。惟琬学术既深，轨辙复正，其言大抵原本六经，与二家迥别。其气体浩瀚，疏通畅达，颇近南宋诸家，蹊径亦略不同。”[④]《四库提要》肯定了“三家”在荡涤明末“肤滥”“纤佻”文风、接续唐宋古文传统上的重要作用，同时，对魏、侯提出了明确的批评，对汪琬则完全肯定，认为汪琬古文可接迹明代唐顺之、归有光，是清初古文的正宗。由此可见，四库馆臣的言说，肯定了“国初三家”的提法，而对“三家”古文的优劣则做出了明确的价值判断。《四库提要》是一部中国古代思想、学术和文学批评的巨著，在当下具有极高的权威性，能够进入它的视域，对“国初三家”的流传与接受具有至关重要的作用。

此后，《清史列传》《清史稿》等重要史书均认可“国初三家”之称。《清史列传》卷七十《侯方域传》：

---

① 许汝霖：《国朝三家文钞序》，《国朝三家文钞》，清康熙三十三年刻本，卷首。

② 邵长蘅：《国朝三家文钞序》，《国朝三家文钞》，清康熙三十三年刻本，卷首。

③ 邵长蘅：《国朝三家文钞序》，《国朝三家文钞》，清康熙三十三年刻本，卷首。

④ 纪昀总纂：《四库全书总目提要·尧峰文钞提要》，河北人民出版社 2000 年版，第 4528 页。

方域健于文，与宁都魏禧、长洲汪琬，并以古文擅名。禧，策士之文；琬，儒者之文；而方域，则才人之文。①

显然，此段文字的前半部分提法来自《文钞》，后半文字是对邵长蘅“侯氏以气胜，魏氏以力胜，汪氏以法胜”② 观点的提升与发展。而到了《清史稿》，则径直称他们为“国初三家”③。至此，“国初三家”之说正式确立。“国初三家”，作为个体阐释，最终上升为公共阐释。

在这一传播过程中，上述对“国初三家”的理解和接受非常重要。它们扩大了个体阐释的影响，使个体阐释进入更广的公众视野，为个体阐释向公共阐释的成功晋级提供了最大可能。许汝霖、邵长蘅、四库馆臣等，他们均是儒士，代表官方意志，可称为一个阐释共同体。阐释共同体（interpretive community，也译作“阐释社会”“阐释群体”“阐释团体”）是美国著名文论家斯坦利·费什（Stanley Fish，1936—　）提出的概念，被公认为是“读者反应批评”理论中最具影响力的概念之一。其论文中道：“我们所能进行的思维行为（mental operation）是受我们已经牢固养成的规范和习惯所制约的，这些规范习惯先于我们的思维行为，浸润在规范与习惯之中，才能找到由它们所确立起来的为公众普遍认可的路径，从而获得合于习惯的意义。”“公众的理解系统是解释策略的根源，而不是我们自身。”④ 这些“规范和习惯”，使构成阐释共同体的个体享有共同的价值观和阐释策略，他们对特定文本的阐释往往趋于一致，所以，阐释共同体“有助于批评家们免除主观主义”⑤。正是在这个意义上，与宋荦同属于一个阐释共同体的许、邵、四库馆臣等，才能理解和接受“国初三家”。

如同文学经典一样，公共阐释的确立也不是一成不变的，昨天的

① 《清史列传卷七十·文苑传》，中华书局 1987 年版，第 5720—5721 页。

② 邵长蘅：《国朝三家文钞序》，《国朝三家文钞》，清康熙三十三年刻本，卷首。

③ 赵尔巽等撰：《清史稿》（44 册），中华书局 1977 年版，第 13320 页。

④ ［美］斯坦利·费什：《看到一首诗时，怎样确认它是诗》，《读者反应批评：理论与实践》，文楚安译，中国社会科学出版社 1998 年版，第 57 页。

⑤ 张隆溪：《道与逻各斯》，四川人民出版社 1998 年版，第 287 页。

公共阐释有可能禁不住时间的考验而在今天沦为私人理解；昨天被埋没的个体阐释也许在今天的时代语境中被“重新发现”而跻身公共阐释之列。要想保持公共阐释的稳定性，至少应该经历两个文化阶段，不同历史时期的读者，在传播和接受过程中，要克服阅读的时尚性，才能真正实现对某一公共阐释的历史共识。即是说，一个个体阐释为相同语境下的阐释共同体所接受，并不足以保证其公共阐释的稳定性，还需要为不同语境下的阐释共同体所接受。梳理“国初三家”的接受史，我们发现，现当代学者在书写清初古文史时，均以“国初三家”为基本框架。

首先，以文学通史为例。如刘大杰《中国文学发展史》（复旦大学出版社 2006 年版）第二十八章第三节《清初散文》中，论述了六位作家及作品，评价黄宗羲、顾炎武与王夫之时，阐述了他们在学术方面的成就，与此同时，强调三个人因为在诗文领域的评论在当时文坛影响很大，这是把三个人作为批评家看待的。对侯方域、魏禧与汪琬，书中说：“清初散文都是列举侯、魏、汪三家，论其艺术成就，侯方域略高。”① 然后举例论述三家散文的创作情况。袁行霈主编的《中国文学史》（1999）专门为清初“三家”的古文设置一个章节，最后写道“近世论者提出廖燕可与‘清初三大家’比肩。”② 接着又说：“清初散文家还有王猷定、冒襄、姜宸英、邵长蘅、王弘撰、宋起凤等，各以不同的表现方法和风格特点抒发感情，反映现实，笔墨灵活，取材广泛，而歌颂抗清斗争及其殉难的英雄志士，形成这一时期重要的写作题材。”③ 章培恒、骆玉明主编《中国文学史新著》（复旦大学出版社 2007 年版）第八编第二章第二节“散文”，分三部分论述，一是“张岱”，二是“廖燕”，三是“清初三大家”。上述三部著名的中国古代文学通史，在论述清初古文时，均以“国初三家”为框架和重点，虽有一定的补充与修正，但无论是内容还是篇幅，都没有实质的改变。

---

① 刘大杰：《中国文学发展史：下》，复旦大学出版社 2006 年版，第 241 页。

② 袁行霈：《中国文学史：第 4 卷》，高等教育出版社 1999 年版，第 255 页。

③ 袁行霈：《中国文学史：第 4 卷》，高等教育出版社 1999 年版，第 255 页。

其次，以古文史籍为例。郭预衡撰写的《中国散文史》(1999)，将清初散文做了结构化处理，据各自的文风特征分为学人之文和文人之文两大类，侯方域、魏禧、汪琬等的作品为文人之文。对“国初三家”给予极高评价，“其以文章著称者，有侯方域、汪琬、魏禧者。宋荦刻此三家文，影响颇大，后世称清文者，无不称此三家。”[①]《清初散文论稿》(张修龄 2010)，全书共分十一章，有七人获得了专人专章，享此殊荣的有黄宗羲、王夫之、钱谦益、顾炎武、侯方域、魏禧和汪琬。特别介绍了三位文人共同的由明入清经历，其作品为世人所关注是从宋荦、许汝霖共同编撰的《国朝三家文钞》开始的。据此可知，具有代表性的古文史籍在论述清初文坛格局时，也是以“国初三家”为重点的。

由上可见，公共阐释同时具有共时性和历时性特征，既可以为相同语境下的阐释共同体所接受，也可以为不同语境下的阐释共同体所认同。“国初三家”由个体阐释上升为公共阐释的历程就证明了这一点。

三　复调的景观：公共阐释与阐释的多元共存

“国初三家”由个体阐释上升为公共阐释，使它获得合法性、权威性，但并不代表唯一性。因为在清初文坛格局这一复杂场域中，尚有诸多个体阐释，呈现“众声喧哗”的态势，甚至与“国朝三家”展开对话、争鸣。

对于清初古文的代表人物，施闰章（1619—1683）《寄魏凝叔》有言：“窃闻当世之论文者，多举汪户部钝庵、魏叔子凝叔为二家。”[②]可见当时文人学者对汪琬和魏禧文章的看重。秦瀛（1743—1821）在《答陈上舍纯书》中则认为：“以汪尧峰、魏勺庭、姜西溟、邵青门四家为长。”[③]

---

① 郭预衡：《中国散文史》下，上海古籍出版社 1999 年版，第 349 页。

② 施闰章：《学余堂文集》卷二十八，文渊阁四库全书本。

③ 王运熙：《清代文论选》下，人民文学出版社 1999 年版，第 645 页。

夏之蓉（1697—1784）则在“国初三家”基础上加上姜宸英。在其文中论述：“本朝古文以侯、魏、姜、汪称最。侯有奇气，魏善谈史事，纵横自恣，姜与汪粹然儒者，言皆有物，此四君子者称绝盛矣。其视韩、苏诸公，相去亦未知何如也。四家而外，或取径于幽曲，或过骋其粗豪之气。黄藜洲、万充宗诸公邃于经学，文采不足。朱竹垞笺疏之作，极有可观，而无洋洋大篇。其余若王于一、傅平叔、孙宇台辈仅等诸自郐以下耳。施愚山有逶逸之致，王昆绳长于论辨，邵青门记叙似柳州，储同人格高，方望溪解经有足采者。鄙意欲以此接侯、魏诸君子之后，孰弃孰取，幸足下一折衷焉。”① 此论述把姜宸英加了进来，变成“国初四家”，其排名顺序不是按年龄排名，应该是按文学成就排名，因为魏禧与汪琬同岁，均比姜宸英大四岁。把姜宸英排在汪琬之前，显然认为姜宸英古文成就高于汪琬。

晚清著名学人李慈铭（1830—1894）对清初文坛格局又有着自己的理解：“国朝古文推方望溪（方苞）、魏叔子（为禧）为最，彭恭庵（彭士望）、姜湛园（姜宸英）、邵青门（邵长蘅）、毛西河（毛奇龄）次之，此皆卓卓成家者也。魏根柢笔力俱胜，而气稍霸。彭笔力相等，而稍稍秩于法度。方最醇正有风度，顾未免平淡太甚。姜、邵皆讲求蕴蓄，极自爱好，顾所就不大。毛文名不及诸家，而所作俱兀傲俊悍，法度井然，不在姜、邵之下，其殆以博学掩者也。与朝宗辈流者，若王于一（王猷定）、储同人（储欣）、李穆堂（李绂），亦间有佳篇。王太近小说；储多有时文气；李多泛然酬应之作，佳者尠矣。汪钝翁自命正宗，文亦稍有风神，顾迂冗芜拙，不知剪裁。汤潜庵（汤斌）儒者之文，喜尚无语录气，叙事固非所长。自王以下，皆不能成家者尔。”② 李慈铭把清初古文家分为三个层次，最高的是方苞、魏禧，第二层次的是彭士望、姜宸英、邵长蘅、毛奇龄，第三层次的是王猷定、储欣、李绂、汤斌。如此分层次列举，突出了清初古文的丰富性与多样性。

---

① 夏之蓉：《半舫斋古文》卷四，《清代诗文集汇编》第 287 册，第 486 页。

② 李慈铭：《越缦堂读书记·集部·别集类·壮悔堂集》，上海书店出版社 2000 年版，第 992—993 页。

《清稗类钞》写道："国初，散体文以宋荦所选侯方域、魏禧、汪琬三家为最著……同时布衣以文名者，有邵青门长蘅，枕葄经史，力追归唐，可与雪苑、冰叔抗衡。至遗民之以文名者，则推顾炎武、黄宗羲、陈宏绪、彭士望、王猷定诸人。士大夫以文名者，则推李光地、潘耒、孙枝蔚、朱彝尊、严虞惇、姜宸英诸人。中惟虞惇文陶铸群言，体近庐陵、南丰，彝尊、宸英文善学北宋，余多不入格。自方苞、刘大櫆继起，而古文之道乃大明，桐城、阳湖两派，亦由此起矣。"[①] 徐珂（1869—1928）认可"国初三家"的重要地位，但对清初古文格局的论述却要丰富得多。清初古文家"三分法"是他首先提出来的，即以古文作者的身份为依据，将其分为布衣之文、遗民之文和士大夫之文等三大类。此划分方法，有利于后人整体把握清初古文全貌。在此基础上，尤其肯定了严虞惇、朱彝尊、姜宸英的古文。

刘师培（1884—1919）在《论近代文学之变迁》中从派别的角度将清初文坛分为以易堂诸子为首的纵横派，以黄宗羲为首的浙东派，以万斯同、全祖望为首的史臣派，以朱彝尊、潘耒为主的博雅派[②]。

这些不同的个体阐释与"国初三家"这一公共阐释构成互文或复调，共同诠释着清初文坛格局的丰富性和多元化。诚如张江教授所言："阐释的公共性本身，隐含了公共场域中各类阐释的多元共存。"[③] 那么，我们应该如何对待这诸多的个体阐释？理查德·麦基翁（Richard McKeon）有一个很好的见解："是去读种种不同于自己的阐释，并期望它们能使自己注意到某些忽略了的事实、某些借用于他人的思想，期望它们暗示出超越了某种诠释、某种方法的原则。批评上的多元论开辟了一条道路，它通向历史上持续不断的阐释，这一持续不断的阐释能够丰富我们对作品的理解，而作品在持续不断的阅读中则有了无数未定的潜在意义和潜在价值。"[④] 公共阐释并不排斥阐释的多元，而是与多元的个体阐释进行对话或争鸣，在反思、增补自身中，

---

① 徐珂：《清稗类钞》第八册，中华书局 1984 年版，第 3884 页。

② 章太炎、刘师培：《中国近三百年学术史论》，上海古籍出版社 2006 年版，第 170—171 页。

③ 张江：《公共阐释论纲》，《学术研究》2017 年第 6 期。

④ 张隆溪：《道与逻各斯》，四川人民出版社 1998 年版，第 293 页。

生成新的公共阐释。

四　结语

“国初三家”是个体阐释升华为公共阐释的一个鲜活个案，这为我们思考个体阐释走向公共阐释的路径提供了丰富的解读资源。首先，个体阐释需要有创造性意义。个体阐释的创造性既是达成公共阐释的原动力，也是避免个体阐释沦为私人阐释的基本前提。“国初三家”为宋荦所提出，是对清初古文格局合理的认知与阐释。其次，公共阐释的达成需要有不同阐释共同体的助力。正是共时和历时不同的阐释共同体的共同推动，“国初三家”最终升华为稳固的公共阐释，但必须强调的是，阐释的多元性与公共阐释并不矛盾，在与若干个体阐释的碰撞中，生成新的公共阐释，如此生生不息。

第三编

公共阐释视野下的社会科学

公共阐释的范例：多数公认的法律正义观研究*

张文喜**

最近关于阐释问题的论争凸显出所谓的“阐释的公共性”问题：从语言就是社会而非私人的角度看，在解释人性、文化、社会和历史等相关问题的话题中，我们领会到整个话语体系乃是建立于有公共意义的阐释概念之上的。譬如，我们能否准确地说出我们希望说的话，我们能否准确地表达我们要表达的意思，等等，全都是关于阐释能否有公共意义的考量。因此，有些学者沉湎于将公共阐释的核心概念与学科建构结合起来的念头。① 它吁求“中国学派的阐释学”的特点和风格。我认为，它有重要的学术意义。但是，阐释学被区分为中西两套语言，不过是约定俗成的区分。此种区分不是基于思想而是基于分类的需要。我的论点是，蔚为大观的人类文明传统好比是体积，而不是面积，更不是线和点。如果公共阐释论不是关注中西文明传统资源汇通，不是寻求公分母和他者的生活，那么阐释的“公共性”又如何想象呢？别的不说，被西方文教系统界定为“学科”的那些东西的“身份”与地位的问题，就是我们同时代人的共同问题。这意味着，

---

* 基金项目：中国人民大学科学研究基金预研及委托项目“社会正义下的马克思财产理论研究”。本文原刊于《现代哲学》2019 年第 3 期。

** 作者单位：中国人民大学哲学院。

① 尤其是张江为代表的文学批评理论，重申了文学在阐释学研究中的重要地位。（参见张江《公共阐释论纲》，《学术研究》2017 年第 6 期；《“阐”“诠”辩——阐释公共性讨论之一》，《哲学研究》2017 年第 12 期；《关于公共阐释的对话》，《学术月刊》2018 年第 5 期；《“理”“性”辩》，《中国社会科学》2018 年第 9 期；《“解”“释”辩》，《社会科学战线》2019 年第 1 期，等等。）

若各个民族的生活可以按照其参差不齐的阐释形式分类思考，那么特定的阐释思想类型的优势，应超越民族的羁绊，同时，应将阐释学理论的实践与单门学科比如经济、政治、法律等解释相结合。

一　正义：公共阐释的“诠释性”规定

公共阐释与人类生活密不可分。公共性内涵是人文社会科学学科的核心本质中不可或缺的，因为人文社会科学学科在二三百年前作为各自独立的学科出自道德科学，[①] 为的是更好地增进人类的共同理解和改进社会状况。反之，这种关联于社会改进和人类进步的目的，产生于人文社会科学学科本性中的好的东西，是符合人类生活之社会的、公共的要求的东西。

但是，直到今天，关于人文社会科学学科的公共性内涵是什么的争议不仅没有终结，反而呈现出一幅各种学说自相矛盾的冲突的镜像。我们看到，将这幅矛盾镜像看作“解释的”，有助于避免各个学科彼此纠缠纷扰的局面。进一步，按照一般的解释学“主题”的规定，公共性的内涵是从“人类言谈的统一性”这一设定出发的，它意味着若定位在话语即逻各斯所建之层面，人类只能用语言进行思考。但人类因为拥有符号逻辑、解释学、人类学、心理分析等互不一致的学科历程，与此相随，就可能给人文社会科学学科研究带来疑似无客观精神、无目的关联的境地。另一方面，假如我们业已承认人文社会科学学科的公共性，那么它们的公共性是什么？我们的回答是：我们穷尽一切解释的努力在于解决作为自由共同体的人的生活的现实实践问题。但如此规定公共性不是基于注重逻辑和语法的哲学传统，而是基于阐释学的理论实践。也就是说，我们需要创造出让这些公共性价值具体地被阐明的路径。

---

① “道德科学”（the moral science）被理解得十分广泛，可以说，它是“人文科学”“社会科学”的总称。德文所谓的“精神科学”（die Geisteswissenschaften），在消解了“从前作为‘美的艺术’的一个组成部分的那个状态上”，它将成为英语世界中所说的“社会科学”“人文科学”。现代科学在其起源中呈现了技术风格。（参见［德］马丁·海德格尔《尼采》上卷，孙周兴译，商务印书馆2002年版，第259页。）

目前的紧要态势已然逼迫我们加强各学科体系自身的公共性内涵的阐释学理论实践，因为不同学科的公共性内涵的阐释是不完全相同的。学科分际之间阐释所力图实现的具体目标也是不完全相同的。我们首先发现，我们今天拥有诸如符号逻辑、解经学、人类学和心理分析等等，我们很可能把公共阐释问题仅仅领会为人类话语的统一性问题。可是，即使我们能把人类话语的归并领会为人文社会科学的规范公共价值的唯一路径，也只有在它们之间形成互相竞争的阐释所力图实现的目标中，才能发现它们之中有公共阐释这样的东西存在。而且在具体情势下，在诸学科互不一致的阐释目标中，我们所寻找的“真理”（统一），绝不是事先被给定的，而是源自我们思想解放的一项阐释任务。

承认了这点后，推动着阐释公共性运动的，就是对诸如“作为解释的法律”“作为解释的政治”等的吁求。其中，任何阐释都企图克服存在于主观阐释与客观阐释、一般阐释与个别化阐释之间的疏远和距离。通过克服这些距离，使我们作为社会存在认识到彼此，通过理解、解释、分析和改善根本的社会问题，力图促进对人类未来具有公信力的理论把握。就此而言，公共阐释不能压缩或归并为某种人类话语的（或某个共同语言圈子的）那种统一性活动。如果能给予公共阐释一个合适的意义，它实际上就是以多数人客观理解的可能性为前提的。或者是对这些理解的可能性进行符合正义原则的权衡而展开的活动。换言之，在某种承认社会伦理及实践合法性的意义上，阐释公共性绝非是作为一种“应该如此”的意愿存在，而是包含一种极强（即不容有歧义）的效力规定。因此，阐释公共性是一种当为的要求。无论是对知识可能性还是对道德可能性而言，没有实践指向的阐释，其公共价值都是值得怀疑的。尤为重要的是，阐释公共性必定在指向某个行动的实施之后才存在、并得以持续存在的可能。如果阐释的具体化、客观化的观点不能抵达某个共同体比如种族共同体（甚至更小的共同体，比如“同城人”）而发生效力，那么它一旦遇到任何一点不协调都必定会瓦解。就此而言，在“诠释性”的意识中，公共性阐释不是基于恣意和偶然而发生，而是根据“解释群体所共同认可的规则”而发生的。这些规则可能会对每一种人类意识发生效力，即便这些规则不能被简单等同于表面上的多数人的意见，它也必然遵循着一种有关人类共同生活的目的论解释而发生效力。如果我们不把人看作被欲望和冲动所支配的动物，也就不会忽视解释的任务以及解释的这个目的论特征。在对解释实践的要求上，不仅某个纯粹“假定的意思”必须让“现实的意思”先行，而且恰当的、适合行为特质的规则的尺度亦当取代个人主观的尺度。这也意味着，我们称之为公共阐释的趋向，就是那种得到客观领会的、相对多数人可以理解的趋向。

自阐释学开端起，诸学科在其发展中便要求融合社会和共同体不同方面的因素而作合乎事实的、与目的相符的解释。这无异于说，对于人间生活来说，正义被当作“解释的真理”来规定的，某个解释群体所共同认可的规则被确定为正义的规则。海德格尔评论尼采时指出，正义规定并非是从评价（比如善恶、是非）出发产生的，其本身就是尺规之效力①，因此，“尼采对善恶嗤之以鼻，但是他却一直对正义敬重有加”。而“彻底提升正义在尼采哲学中的位置”有助于领会那些有关人世善恶之形形色色的学说纷争。②

在此，海德格尔让我们看到，我们想知道什么是正义，在没有可靠依据（比如神、历史）的情况下，决定的作出只能以类似于正义即合法性那样的感受（譬如哲学家的感受）为基础。但显然，从哲学解释学上看，现实中的法之为法，不一定是正义的。若像尼采那样提升正义有利于废黜存在的罪与罚，那么，一般说来，这种提升就不是为了通过阐释学理论的实践价值来促进一套道德规范的证成。恰恰相反，它不受“价值”拘束。极而言之，在海德格尔式生存主义背景下，人类生活实际上在法伦理解释上是无计可施的。因此，对此情形，做出任何决定都只能是一种法伦理上的冒险（失序）：若有正义，正义就不是被发现，而是被尝试，被以一种试验性的方式加以实现。这听起来颇有后现代诸公的讽刺意味：哲学已处于边缘和崩塌的悬崖，而解释不妨大胆一些！解释不出来，就添加点什么。这当然是一

① 参见［德］马丁·海德格尔《尼采》下卷，孙周兴译，商务印书馆2002年版，第952页。

② 韩潮：《海德格尔与伦理学问题》，同济大学出版社2007年版，第181页。

个直接可能滑向虚无主义深渊的倡议。面对这个倡议，若我们无力正视解释的不确定性，或者从“不受拘限的冒险”中拒绝阐释学理论的实践，尤其是对于任何不充分理解的事，不作什么判断和决定，那我们必将走到历史屠宰刀之下。

而为了回应其中的虚无主义之克服的要求，这里隐藏在哲学中的另一个观点就冒出来了。这个观点认为，将哲学家的私人的“意见”看作“解释”是有助于克服虚无主义的，不仅如此，这种观点还与黑格尔客观精神之所谓的“世界历史是世界法庭的判决”意见勾连。但在此我们看到的却是，世界法庭这个东西，我们连一次都没有见过。若说历史本身就是世界法庭，我们一定说它是一种虚假的理性抽象。根据这个抽象，“祖先的罪过会报应在末代子孙身上”。对于革命的思想家来说，这个黑格尔著名的要求理所当然是不合逻辑的。实际上隐藏在黑格尔主义中的套话是：“如果这思想家没有在思想中深刻地意识到这一历史发展，他便无法正确思考，而且会自相矛盾。”[①] 因此，对于革命思想家来说，世界法庭，不是现实地克服历史虚无主义的解释方案。看来，要辨析正义观念，先须澄清某种哲学观点，这种观点认为，能够落实阐释之公共范围的首先是由哲学来确定的，并说正是哲学认识了多数人接受的“正义”。我们认为，这种观点首先意味着两种相互冲突的观点——一种客观的观点和一种主观的观点——之间的对立，它未顾及用某种更全面的观点来扬弃这种对立的立场。

我们认为，在公共阐释的“主题”下，以“合法性”翻译“正义”是能方便地被用来批判虚无主义的一把尺子。对于法律阐释主义学者（比如德沃金）而言，公共阐释也是对具有多数公认力的正义观的阐释学理论的实践。公共阐释是在涉及法—伦理背景上以“解释群体所共同认可的规则”作为基础的。因此，“法律解释作为文学评论中的学术实践能够得到更好的理解”[②]。此外，如果我们思考某个具

① 参见［德］卡尔·施米特《政治的浪漫派》，冯克利、刘锋译，上海人民出版社2004年版，第207页。

② 参见［英］伊恩·沃德《法律与文学——可能性及研究视角》，刘星等译，中国政法大学出版社2017年版，第55—57页。

体的法律解释行为，比如说像法官判案，这里的关键问题是，所谓“公平”乃是“使每一个法律案件的个体化的东西凸显出来”，所谓“正义”则是“使每一个法律案件的普遍适用的东西昭示天下”。这两个方面作为公正地解决社会冲突的法律实践是“合二为一”[①] 的。我们认为，这已经远远超出了对法律文本的考量范围。拎出法律，并非仅指法律。那形式的东西并非仅仅在法律中。它在一切秩序思维中。所以，我们有理由赋予“正义法”的理念作为公共阐释视角中的范例论分析的地位。

二　阐释学之“公共的”含义澄明

上述归基于阐释是社会的、公共的阐释的观点，应当说是由各门学科之各种视角所引起的。目前来看，学者们的主要兴趣是从事文学评论范围内的文法解释和逻辑解释。比如，从某种想象中的通情达理之人的理解入手，探讨其中的公共规范以及与之相互纠缠的社会、政治问题的关系；或者从语言的结构总体性及意思和意思表示之间关系的争论入手，分析其中语义学之开放性、丰富性的意义理论。所谓的“解释学的兴起”或者说所谓的“日益增长的历史意识”，对康德式先验论者来说，其实可以看作解答如下问题：作为解释的基础，究竟应当以对表意人而言具有决定性的含义，还是以对另一个相对正在理解的人而言具有决定性的含义？如果两个人中的一个人知道，另一个人说话所指的意义与自己所理解的不一致，那应如何处理？在这里，是否也只应当以康德所谓的“普遍有效性的理性”和“无利害关系的愉悦”的要求——人们将此作为对“通情达理之人”标识——所赋予给语词的那个含义为标准？关于这些问题的讨论是无法穷尽的，就像对某些作品的解释是无法穷尽的那样。我们认为，“通情达理之人”也只能用某种一方当事人熟悉或者另一方当事人陌生的语言习惯而通情达理。正如加达默尔对“通情”和“达理”所作的更敏锐的反思

① 参见［德］卡尔·拉伦茨《法律行为解释之方法——兼论意思表示理论》，范雪飞等译，法律出版社2018年版，第102页。

时，他领略了有关一般解释学的局限。因为“自从解释学产生以来”，“我们所处理的是一种语言事件，是把一种语言翻译成另一种语言，因而也就是处理两种语言之间的关系”[①]。据此看来，要想在此研究领域取得成功，其首要条件是必须承认存在着某个无所不知的“前语言主体”，但这种观念已经受到普遍怀疑。所有的专家都在抱怨我们自古以来巴别塔式的语言混乱，抱怨各种流行的概念对公共领域理论的腐蚀和毒害。正因为如此，我们选择作为阐释公共性之解释范例即正义之法的规则，就发生了疑问。

首先应当注意的是，阐释学理论实践起初是从单门的学科，特别是神学和法律学中发展出来。[②] 加达默尔认为，具有现实主义哲学立场的法律解释需要我们抛开对法律文本的文字关注。对此，我们注意到法的概念和功能：法律，也就是准则，[③] 在这里显示出人与自然、人与神、人与人沟通时的秩序方式。就人而论，要以理性来辨明什么东西按照人的目的本然是正确的。当我们再次回到“法”一词的原初意义时，并非为祭起过时的宇宙论的目的观念。不仅如此，“法”这个词之所以能为我们所用，因为它能显现出具体场域之空间结构的规章。如果人们考虑到其中的空间意义，这个词也会变得具体化且有向公共敞开之意。换言之，公共之为公共，它的词义本身在不同的语境中可以有多种理解，但它更与空间或场所关联；实际上，“公共”的反面，即“私独”。但是，应该立刻补充说，“私独”的观念特殊地曾经与历史上被冠以“公社”的含义挂搭。诸如此类。“公共”一词也可能被以便利于从与诸如“普世”“整齐划一”“共同”“共有”“共用”这些词的区别角度去理解。这些概念在使用中不断“跑起来”后，它才开始逐步明晰起来。当然，问题并不能通过

① 参见［德］汉斯－格奥尔格·加达默尔《哲学解释学》，夏镇平等译，上海译文出版社 1994 年版，第 97—99 页。

② 参见严平编选《伽达默尔集》，邓安庆等译，上海远东出版社 2003 年版，第 49 页。

③ “法”这个字眼是指存在于人类思维和行为所有的部门，如物理自然法则、伦理法则、道德法则、荣誉法则、国际交往法则、游戏规则等。立足于法的领地，法律是人类社会生活之良序和公正的艺术。从古希腊文中可见，“法”广义地说，秩序即为法的一种表现形式。

诉诸术语的解释获得解决。对公共阐释概念之空间的强调存在着一种风险，即如果将此做非空间的异质要素即时间要素加以“纯化”的话，便会导向空间与时间对立的老套。正如我们在加达默尔等人那里所看到的，无论如何，伴随解释学的发展是更加强烈的历史意识的上升。在古老解释学传统那里，解释学本质上是时间意义上的神与有死者之间的交流。无疑，在最深层次上，这种交流从古典时代到现代更多是私人性而不是公共性的。但是，这种交流之于公共领域象征了公开性和毫不隐瞒。这就意味着严格说来，每个个人自诩其所得是神圣启示并没有任何意义，当然更不必说，让其公之于众，就有死亡的可能，它在什么地方维持不下去呢？如果概言之，“理想的或绝对的‘固有’主体性的孤独还曾需要过指号以构成它与自我的固有关系的话”，那么所谓“内心话语”“自我对自我的交流”是不能发生的。①

其次，与“法律或立法”“命令与禁令”“公意或众意”以及其他近义概念相区分，我们所谓的“法”概念，从属于“具有多数人公认力的正义”概念，不仅对于我们的阐释公共性定义来说是纲领性的，而且对于经验社会领域规范研究所达致对法律事实的理解也有很大意义。或者更确切地说，对在社会生活中真正具有根本意义的正义问题的理解来说，情况更是如此。因为法律解释不允许对实质上相同的事物作不同对待，或对实质上不同的事物作相同对待。此处所说的“正义”，是指“形式正义”概念上的对称、无破缺的状态，就像人们谈论“普遍正义”时一样。就法律实践就是法律解释而言，“法”总是属于“边界意识”。所谓“法律面前人人平等”。这是处理公共生活却不能直接地公然采取人类差别主义的根本原因。从元法学的视角切近观之，边界解释之外无所谓正义与否。对我们今天这个无神的世俗思想界来说，这一法律解释状况无疑不是陈词滥调，而是令许多思想者震惊的基本事实。如果说“上帝的正义都是由他自己自由支配的”，那么正义并不像那些“假的追求者”所相信的那样是“靠性急

① 参见［法］雅克·德里达《声音与现象》，杜小真译，商务印书馆1999年版，第52—62页。

得来的"[①]。

然而，事情的复杂之处在于，大多数把公共生活作为危机来思考的人显然都应该考虑到，"具有多数公认力的正义观念"是如何被整合进现代国家之正义论体系，以致今天所谓民意合法性被沦落为一种政治斗争工具。这里，公共秩序成为新问题的新时代迹象已然显而易见。在虚假的民主政体中，若按照黑格尔的"理性的狡计"概念来看，所谓公开的"不断协商"不过是单纯追随公共舆论的任意波动而被蒙上公共性的幕布。更有甚者，在司法及政治决定方面，"不断协商"脱离不了利益政治或党派政治的干系。而代议制民主也许被唤作"不能没有秘密的政治"反倒更易于理解。这个问题换个角度来看，等于是说，这些方面也暴露出，整个解释学传统从属于对语义学和语文学的流行把握，完全陷落于历史的琐事了。

实际上，马克思也遇到过这样的情况：马克思认为，旧哲学只是停留在解释世界的学说当中。而我们只要像马克思那样承认旧哲学是"唯心主义"的狂妄。它已然"走火入魔"。一旦它以为可以将整个世界视为须按"自由的普遍哲学原则"（比如黑格尔所谓的"民族精神""客观精神"）来改造的对象存在，在司法解释方面所需要的精细化的文学分析，就显得无关紧要了。从真正严格的权力批判的角度看，整个问题假如允许彻底理解的话，可作如下类比：哲学唯心主义者类似于一个能动的人，没有其他关切，只以绝对精神的把握来把握当前历史及时代征象。最终，我们可以发现，黑格尔主义者们对历史这个屠宰场便可以毫无顾忌地发哲学之癫狂。照法律批判的观点，黑格尔主义者的错误在于他们所称之为"公共的"东西，其实意思就是指仰仗文化霸权而得以推广的"国家的"东西。对此，近年来许多关于正义论研究的学者（例如霍耐特）已经认识到，社会分析的正义论应有其独特的发展路径和历史。不仅如此，这种思路的多个例证现在

① 参见［意］安贝托·艾柯等《诠释与过度诠释》，王宇根译，生活·读书·新知三联书店1997年版，第90页。

应当要以“大地的法”[①] 的眼光来进一步重审。

三　公正决定的标准：多数人公认的法正义观批判

法与习俗和道德一样，都是对人的行为的协调。而行为协调必然与一个命令和禁令的体系密切联系。这一点在新康德主义法哲学那里尤其明显地得到论证。这里，我想说的是，在法的背后，有个决定什么是法以及谁下达这个决定是正义的问题。追随霍布斯所谓的“决断论”，施米特曾指出，法秩序的终极根源在于一个主权者（权威或最高权力）的决定。在他看来，不管什么法律，而不仅仅成文法，只是一个无生命的字眼。因为一切具体案例都离不开“一个由个人性意志所支持的决定”[②]。问题是，如果有人读过施米特上述关于作为个人命令的法的论著，那么他就会问，究竟曾经有多少用最高之手在最高处一手强力实施的决定是完全正义的决定。还有，方法论上的思考必定还会提出这样的疑问，在普遍通过立法来调整社会关系的今天，有哪一种权力从头到尾完全是正义的，又有哪一主权者不认为自己的理由（比如出于个人的良知）是正当的呢？因此，毫不奇怪，具有怀疑观念的法学思考者也许早已不再关心正义的规范性内涵及实质内容，而是只专注于形式、程序，等等。

细而论之，公认的正义观念依然是停留在“可能的语义”的界定上进行的，即从尽可能多的人的法权感基础上进行的。即使与尽可能多的人的法权感相联系，法权感在本质上也是私人的、抽象的。它无法证明适用于为多数人所接受的决定也恰好在多数人的法权感中存在。反过来看，法权感中所体现的那种联合性意志不是出于单个人意

---

① 在某种神学性格的法概念里，大地是绝对公正的。“在这里，人类共同生活的规则和场域得以彰显。无论是家庭、血缘、出身、地位、财产的种类和邻人的类型，还是人类权力和统治的形式，都变得公开且明显。”然而施米特倡言“大地的法”的意义当时还是远不充分的。它的实际功效似乎到 21 世纪才凸显，直到“生态文明”“人类命运共同体”“天下体系”等概念出场才完全铺展开来。（参见［德］卡尔·施米特《大地的法》，刘毅等译，上海人民出版社 2017 年版，第 7 页。）

② 参见［德］卡尔·施米特《论法学思维的三种模式》，苏慧婕译，中国法制出版社 2012 年版，第 3 页。

志的总汇，而是出于非常现实的“合法性压力”。“据此自然一开始就给人造成了内心的矛盾，在一个心室给予了自私自利，在另一个心室给予了道德……这儿它倾向于自私自利，那儿它倾向于道德！”耶林称这种观点为“心理上的两院制”[①]。当然，我们同时还可以认为，如今，对将法视为个人命令的论点的一切尝试进行挑战，已经不是问题，我们很少听说过读者或法官可以任意解释法律的。而且，从遵从合法性的民主要求似乎可以得出结论：只有人民才有能力将正义权力的本质变为现实。诚然，问题仍然在于能否磨砺一种关乎具有多数公认力的正义观念的解释学锋芒。因为按照把“公共”理解为“尽可能向多数人公开”的观点来看，当我们主张正义问题应当奠基于尽可能广泛的民意时，同时也是指公正决定的标准应当以“解释群体所共同认可的规则”为基础。

在这里，我们就不难理解人们提出多数人合意的正义观念对于法律来说所具有的重要的实践意义。而且，有理由认为，是马克思首先指明了在“唯意志论”层面给出“由谁决定”的答案是错误的。马克思认为，它是造成某种法律解释纯粹从法理幻想出发的原因。如果我们要完全撇开各种不同法律行为之间的差别而只给它们确定一个公正决定的标准之解释，那么法律批判者不能忘记，“只有当法律是人民意志的自觉表现，因而是同人民的意志一起产生并由人民的意志所创立的时候，才会有确实的把握，正确而毫无成见地确定某种伦理关系的存在已不再符合其本质的那些条件，做到既符合科学所达到的水平，又符合社会上已形成的观点”[②]。这段话出自马克思的《论离婚法草案》一文。这是马克思为批驳莱茵法学家和坚持普鲁士邦法的普鲁士法学家而写的。其意图不是要如同实证性法学那样以所谓公正、无偏私的对普鲁士邦法进行科学的解释，而是要从法律—政治批判的角度对那种统治者乐于向其臣民或公民发号施令的东西进行揭露。这种

---

① 参见［德］鲁道夫·冯·耶林《法权感的产生》，王洪亮译，商务印书馆 2016 年版，第 16 页。

② 亦即所谓“符合社会上已形成的观点”。（参见《马克思恩格斯全集》第 1 卷，人民出版社 1995 年版，第 349 页。）

揭露的关键意义在于，当时大部分法学家不关心正义性方面的启蒙。实证性，其实是不反抗立法者的奴隶般意识的同义词。其中的关于对与正义或错与非正义的观念只能是从属于法学本身所演绎的“分别的”律法的结果。

基于此，历史法学派虽然承认法是人民精神的产物，但在对法律上的对与错、法律上的正义与非正义的研究中，它将法律解释的任务仅仅局限在纠正某个具体法律规则中的错误，或者纠正某个具体案件裁决中的错误。马克思认为，它的论据“是实证的，也就是说，是非批判的”[①]。这种方法对法律解释来说，法律最终成了抽象范畴运动的牺牲品。对于历史法学派来说，法学问题的使命似乎即在于探究例如意思与意思表示的关系、主观解释与客观解释的关系等问题。此外，这些努力的唯一成熟结果是教学上的，亦即从“语法”“逻辑”“历史”和“体系”等角度来探究具有公认力的法观念。在这种特殊意义上，马克思认为，法学仍然一如既往地缺乏“人民精神”。甚至连这种拘束于教学体系的意义也始终是有疑问的。此外，马克思把他们的著作看作是“奴才夏洛克”凭他所持的借据“来索要从人民胸口割下的每一磅肉”[②]。当时，马克思就已经看到，即使“像小学生一般地”学了流行于法学领域的权威著作，也没有使他“大大充实起来，不仅如此”他“还忽视了自然、艺术、整个世界”。从马克思法律激进批判的角度看，整个当时流行的法学思想将法本身合意过程引上理性的正义考量的轨道是充满矛盾的。而矛盾展开的方法，即法学的方法。[③]

所以，按照我们对马克思法哲学思想的这种解读，我们相信，马克思在早期思想中说的“表面的意思”是：法律应以“公认的”法理和公平原则调整互相对立的利益、应受处罚的行为受到公正的处罚、应对社会当中出现的各种法律问题予以公正的解决。[④] 而与此相对的

① 《马克思恩格斯全集》第 1 卷，第 231 页。

② 参见《马克思恩格斯选集》第 1 卷，人民出版社 2012 年版，第 3 页。

③ 参见《马克思恩格斯全集》第 47 卷，人民出版社 2004 年版，第 7—12 页。

④ 这些观点是《关于林木盗窃法的辩论》一文的言外之意。马克思自己倒没有这么明确地将它们说出来，但是我们把它们总结出来了。（参见《马克思恩格斯全集》第 1 卷，第 240—290 页。）

“真实的意思”却是：对于现代国家而言，具有决定意义的事实是，关于公认的正义的传统式学术定义，总是认为我们能够以系统的肯定性来确定特定法律规则的内容正义。但马克思认为，这是一种没有约束力的假设。如果我们将法学家和立法者视为代表人民的声音的人，那么他们就应当承担起探查法自身是否“依法”或“违法”的批判性任务。他们就不能只是对处在作为一个法学家关心之外，特别是身份与行帮的关心之外的东西加以抵制。所以，顺便说一句，我们不能将马克思对“人民的自觉意志表现者成为立法者”的讨论与那些同时代赞成解放的人所主张的“具有公认力的正义论”之传统论断混为一谈。

值得注意的是，这种混淆之所以成为问题，“首先出现的严重障碍同样是现有之物和应有之物的对立，这种对立是理想主义所固有的，是随后产生的无可救药的错误的划分的根源”①。在此，马克思的批判原则是：只有事物的本质才能决定一切伦理关系的存在。从法律行为解释的方法方面来说，这种存在与本质符合的原则是法律实践中产生的。重要的是要看到，比如，婚姻关系事实上是反映德国人民之间的关系。因此，“既不是立法者的任性，也不是私人的任性，而是只有事物的本质才能决定，某一婚姻是否已经死亡；因为大家知道，宣告死亡取决于事实，而不取决于当事人的愿望。既然你们要求在确定肉体死亡时要有确凿的、无可辩驳的证据，那么，难道立法者不应该只是根据最无可怀疑的征象来确定伦理的死亡吗?”② 由此可以了解马克思不仅用怀疑论摧毁了法的形而上学，从而为在德国接受唯物主义和合乎正义本质的哲学作了准备，而且他还证明正义不能从存在中衍生。他宣告了不久将来要开始存在的无神论社会的来临。这里真正本质重要的是，马克思对当时科学化的“学术规则”（法律文本）进行批判。那时，人们除了从中要对永恒正义这样的东西进行否定之外，还需要从中寻找一个肯定性的法之形而上学体系——一种古怪的只有法律专业人士才能明白而置普通人于千里之外的行话。在其

① 《马克思恩格斯全集》第 47 卷，第 7 页。

② 《马克思恩格斯全集》第 1 卷，第 348 页。

“公认力的正义”的理想化的社会制度和政治制度中，马克思看到了文明规则的力量在法的源泉处如何消耗掉一切本质性的东西。

直接受教于马克思的恩格斯认为，公理的过度乐观的“胜利”“竟是一幅令人极度失望的讽刺画”①。只要国家存在着，这幅画就将持续地存在着。因此，人类的全部发展取决于对政治、宗教和国家的异化的扬弃。有鉴于此，我把马克思主义称为基于国家（或政治）消亡的正义论。但就当时著述的上下文来看，马克思究竟是赞成公认力的正义决定还是反对公认力的正义决定，这个问题似乎具有根本意义上的不确定性。马克思作为共产主义者而否定神的正义，是自然而然的。尽管如此，怎样读懂上述马克思所谓的“人民意志自觉的表现”之正义决定，仍然是困难的。因为他对“公共的人”“政治人”“公民”的态度与他对“私人的人”、“市民社会的独立个体”、私人化的“人”的态度的区别，给人留下他是以异化批判作为其法律批判（尽管不是全部）的重心的印象。② 当然那种小写的、被国家统治的、私人化的“人”与“巨人”或“自由、平等”的“公共的人”是分裂的。作为人格化的结果，虽然两种人之间精神政治斗争是通过法制表现出来，但他们交战双方却不能通过法律正义来约束自己。实际上，群体解释把特定的解释群体（比如“犹太人”）从多数公认的法律正义中排挤出去了。“犹太人”是人类生存状况的组成部分，却不是国家确定的正义决定的决定性因素。因此，马克思得出结论说：“这个世界在它这些法律的范围内的运动，必然是法律的不断废除。”③

① 参见《马克思恩格斯选集》第3卷，人民出版社2012年版，第779页。
② 参见《马克思恩格斯文集》第1卷，人民出版社2009年版，第45—46页。
③ 参见《马克思恩格斯文集》第1卷，第46—53页。

阐释学与政治哲学的公共阐释[*]

孙国东[**]

如众所见，政治哲学俨然已经成为当下中国哲学界和政治学界共同关注的一门“显学”。然而，无论是以哲学为背景的政治哲学思辨，还是以政治学为背景的政治哲学建构，诸多论者仍念兹于“观念争夺”式的研究，预先皈依某种（特别是西方的）政治观念乃至政治意识形态，然后基于此进行学理考辨和观念争辩。于是乎，中国的政治哲学研究几乎成了各种（西方）政治哲学思潮争芳斗艳的“观念角斗场”：那些以西学为背景的政治哲学论者，要么是成为罗尔斯式（或哈耶克式）自由主义的信徒，要么成为施特劳斯式保守主义的拥趸，要么成为哈贝马斯式批判理论或福柯、齐泽克等左翼思想的辩护士……毋庸讳言，这种意识形态性的研究是一种严重缺乏中国情境自觉的论说。事实上，这也是像中国这样的“尾随着国度”（韦伯语）学术自主性——特别是基于本国情境的思想创造能力缺失的一个表征。日本 20 世纪最伟大的政治学家之一丸山真男，就曾尖锐地批评过二战后日本政治学者“不从本国的现实提出问题，而是一味地追随欧洲学界的潮流和方法”的研究取向。其实，“欧洲政治学概念看起来描述得很抽象，实则背后蕴含有欧洲数百年来的政治历史脉络，哪怕是其中的某个命题，也是在其现实的变化波动中孕育而成的”。①

---

* 本文系复旦大学社会科学高等研究院 2018 年度主题“转型中国的社会科学理论、范式和方法”的研究成果。本文原刊于《探索与争鸣》2019 年第 12 期。

** 作者单位：复旦大学社会科学高等研究院。

① ［日］丸山真男：《现代政治的思想与行动》，陈力卫译，商务印书馆 2018 年版，第 383—384、387—388 页。

借用丸山真男的话来说，真正具有创造性的政治哲学研究，应当像“过去亚里士多德直面古代城邦国家一般；马基雅维利研究文艺复兴的意大利一般；托马斯·霍布斯与约翰·洛克研究17世纪的英国一般；马克思研究二月革命和法国巴黎公社一般”。要通过研究本国政治发展的趋向，“来洞察各种各样的政治活动的规律，并要把这种确切获得的命题与范畴不断地在现实政治中加以验证，使之发展下去”。①

为了纠偏这种罔顾中国情境的政治哲学研究取向，本文主张对政治哲学进行公共阐释。此处的“公共阐释”（public hermeneutics），是借自于张江的一个概念，不过笔者的旨趣在于关涉类文本（文化传统）的政治哲学理论阐释，因此更多地借鉴了韦伯、伽达默尔、哈贝马斯、查尔斯·泰勒、保罗·利科等将阐释学引入社会科学和实践哲学（政治哲学）的理论尝试。不同于“观念争夺”式的政治哲学研究，政治哲学的公共阐释旨在建设性地回应与中国现代政治秩序建构紧密相关的一个历史课题：如何对中国现代政治秩序所承诺的政治价值观进行学理阐释？具体来说，如何结合中国现代政治秩序建构（国家治理现代化）的政治理想与实践约束条件（结构化情境），推进中国现代政治价值观的学理阐释？特别是，如何确保这种学理阐释具有获得公共证成、形成集体共识的前景，进而使中国现代政治价值观在政治共同体内具有充分的合法性基础？

社会科学的意义解释与当代政治哲学的“阐释学转向”

在哲学阐释学的主流传统中，阐释学的主要适用对象是文本（text）。那么，政治哲学的理论阐释是否适用于阐释学？这是首先需要从学理上厘清的问题。从根本上看，阐释学源于人类就主体间共同关心的有意义事物（meaningful things）进行对话以达至相互理解和共识的需要。因此，阐释意味着对话，它内在地蕴含着以语言为互动媒

---

① ［日］丸山真男：《现代政治的思想与行动》，第390页。

介的主体间性维度：它不是通过唯我论的“强制阐释”垄断对文本或类文本的阐释权，而是将自己的理解和阐释提交给他人，并通过持续的沟通和商谈达致主体间的相互理解。因此，只要是人的阐释活动，就一定是在复数主体的互动和对话中进行的，而不是单个主体的自言自语。

然而，人们共同关心的有意义事物，既可能是有意义的文本，也可能是有意义的社会行动。换言之，如果说阐释学的认识旨趣源于人类就共同关注的“意义”达致相互理解的兴趣，那么这种“意义”既可以是文本在语义学上的“意义”，也可以是社会行动在语用学上的“意义”，即人们遵循或调用类文本的历史文化传统，在社会世界的语言运用中所表征的意义（社会科学）或所建构的“意义”（实践哲学）。

（一）社会科学与阐释学：韦伯式的“解释社会学”

作为现代哲学阐释学的奠基人，伽达默尔本人并不否认将阐释学用于社会科学领域。在他看来，包括社会科学理论阐释在内的科学理解，同样是人们以语言为媒介进行的阐释活动，因此，也可纳入阐释学的范围之内。如果说阐释学是一门探讨理解和解释如何可能的学问，那么，只要我们对于社会世界的理解和解释存在障碍，阐释学就可以在这方面做出贡献。正如伽达默尔在《阐释学与社会科学》一文中指出的，“社会科学意识到它们将其主题化的事实，在很大程度上是以言说为中介的。因此，诸多研究性工作的基础恰恰是不间断的沟通。……由科学组织和控制起来的社会，并没有排除我们对社会研究中存在着阐释学维度的承认：沟通的过程，即探究观点的过程、语言影响的过程”①。

由于有韦伯著名的“解释社会学”（interpretative sociology）作为典范，将阐释学运用于狭义的社会科学（即对社会世界的经验研究科学）领域，似乎是不言而喻的。韦伯的“解释社会学”在“行为”（behavior）与“行动”（action）、“说明”（explanation）与“解释”

① Hans-Georg Gadamer, “Hermeneutics and Social Sciences”, in David M. Rasmussen and James Swindal eds., *Jürgen Haberams VolumI*, London: Sage Publications, 2002, p. 115.

(interpretation) 的基础上，将社会学研究定位为“对社会行动的解释性理解”，而他所谓的“行动”是指具有主观意义的行为，而不仅仅是身体的动作。正因为凸显了对社会行动（行为的主观意义）的解释性理解，韦伯的社会科学研究超越了那种聚焦于对行为的描述性说明的行为主义—实证主义传统。

不过，韦伯视野中的社会科学是针对社会世界的经验研究科学，它区别于实践哲学这类独断性／教义性学科（the dogmatic disciplines)。在界定“意义”的含义时，韦伯将经验科学中的意义与实践哲学中的意义明确区分了开来：“‘意义’可分为两类。这一术语首先指涉的是某个特定行动者在某种给定的具体情形中实际存在的意义，或者可归属于给定的多个行动者的平均或相类似的意义。其次，它指涉的是从理论上构想、可归属于在给定行动类型的一个或多个假定行动者的纯粹类型的主观意义。在任何情形下，它都不牵涉某种客观上‘正确’的意义，或在某种形而上学的意义上‘真实’的意义。正是它将诸如社会学和历史学这样的行动的经验科学，同像法理学、逻辑学、伦理学和美学这些领域的独断性／教义性学科区分了开来——后者试图确定出与它们的研究目标相联系的‘真实’或‘有效’的意义。”[①] 可见，像法哲学、政治哲学这样的实践哲学会被韦伯视为“独断性／教义性学科”，它们对“意义”的哲学建构落在了韦伯解释社会学的视野之外。

（二）当代政治哲学的“阐释学转向”

政治哲学对政治秩序之“意义”的哲学建构，是否具有阐释学的维度？当代政治哲学的发展，已对此做出了肯定的回答。从学理上看，政治哲学对政治秩序之“意义”的哲学建构，预设了一种黑格尔式的情境主义立场：政治秩序并没有普适性的“意义”，只存在与特定伦理性共同体（家庭、族群乃至国家）相关联的“意义”。当代政治哲学的发展，不仅充分肯定了政治哲学的阐释学维度，甚至还出

① Max Weber, *Economy and Society: An Outline of Inter Pretive Sociology*, Guenther Roth and Claus Wittich eds., Berkeley: California University Press, 1978, p. 4

现了一种乔治娅·沃恩克（Georgia Warnke）所谓的“阐释学转向”。正如她指出的，政治哲学的晚近发展可以以“阐释学转向”予以评价：“所谓阐释学转向或解释转向，是指诸多重要的政治理论家不再基于（可称之为）康德式的理据来证成正义原则或行动规范，即不再诉诸形式理性、人类行动的特征或合理选择的中立程序。毋宁说，这些哲学家认为，如果某个社会想证成其社会和政治原则，它所能做的只能是表明这些原则相对于该社会的适宜性，即通过显示这些原则表达了该社会之善目（goods）、习惯、历史和传统的意义。”①

在沃恩克看来，这种“阐释学转向”不仅是沃尔泽、麦金泰尔这样的共同体主义者乐于采取的立场，像哈贝马斯、罗尔斯这样的康德主义者亦未能幸免。对哈贝马斯来说，他那里与“道德性商谈”“实用性商谈”相并列的“伦理性商谈”，便充分容纳了政治共同体对自身（与文化传统相联系的）伦理生活的本真性想象。对罗尔斯来说，他的正义理论尽管是以普遍主义的面目出现，但实质上“仍反映了对道德人之平等和自由的盎格鲁-美利坚式或西方式理解”②。这种学术转向，之所以具有阐释学的意义，乃因为“它把具有一套自身历史传统、习惯和规范的某种文化视为类文本。其目标不再是为政治原则的无条件选择建构程序；相反，它力图发现和阐明已然嵌含在某个共同体或者为该共同体所隐含的习惯、制度和行动规范”③。因此，在经过“阐释学转向”的政治哲学看来，“正义理论就变成了对某个社会的行动、习惯和规范意味着什么进行理解的尝试，也就是要阐明某种文化的共享理解是什么，从而使其可以就那些对自身有道理且有意义的正义原则达成一致”④。

在一篇题为《解释与人的科学》（Interpretation and the Sciences of Man）的文章中，查尔斯·泰勒从方法论角度对人文社会科学（特别是政治哲学）的阐释学维度，进行了较为深入的分析。在他看来，所

① Georgia Warnke, *Justice and Interpretation*, Cambridge: Polity Press, 1992, p. vii.
② Georgia Warnke, *Justice and Interpretation*, Cambridge: Polity Press, 1992, p. vii.
③ Georgia Warnke, *Justice and Interpretation*, Cambridge: Polity Press, 1992, p. 5,
④ Georgia Warnke, *Justice and Interpretation*, Cambridge: Polity Press, 1992, p. 5.

谓“阐释”意味着要使文本或类文本中存在的某些相互联系但又令人困惑的意义变得更清晰。因此，阐释学的适用对象一般需满足以下三个条件：（1）我们可以谈及可被解释的意义（sense）或融贯性（coherence）；（2）这种意义可以用另一种方式来表达，从而使我们在为待解释对象的隐含意义提供更清晰的表达时，能够谈及解释；（3）这种意义是对于主体的意义。[①] 在泰勒看来，社会世界亦存在着类似于文本意义的意义，即“主体间性的意义”和“共同意义”，正是此类意义使一个社会得以凝聚为一个共同体。对这种“主体间性的意义”和“共同意义”的把握，采用经验主义、实证主义的客观主义方式是行不通的，唯有诉诸对传统的阐释和解释，并通过持续的“阐释学循环”使社会成员以语言为媒介对某种阐释和解释达成相互理解，始能奏效。他进一步指出：不同于自然科学和经验科学的真理评判适用于可验证性（verifiability）原则，阐释科学命题的真理性依赖于其洞见能否为阐释共同体成员所接受。这种阐释洞见“不能通过收集原始数据、启动形式推理或把两者相结合而获得传播。它是无法形式化的”[②]。它只能依赖于人们的敏感性和洞察力。

政治哲学的公共阐释：取向与共享视域

如果说，当代西方政治哲学中出现的“阐释学转向”否弃了关于正义原则的普遍主义想象，转而“阐述适合于某个特定文化和社会的正义原则”[③]，那么对现代政治秩序仍待建构和收束的转型中国来说，其政治哲学的“阐释学转向”更显必要。事实上，从邓正来对“根据中国的政治哲学”的提倡，到慈继伟对“中国政治哲学需要自己的‘议事日程’”的呼吁；从蒋庆、秋风、贝淡宁、郭齐勇等对儒家政治哲学的重建，到刘清平和白彤东、陈来等墨家、法家政治哲学的

---

① Charles Taylor, “Interpretation and The Science of Man”, *Philoso phical Pa per s Vol* 2: *Philosophy and The Human Sciences*, Cambridge: Cambridge University Press, 1985, p. 27.

② Charles Taylor, “Interpretation and The Science of Man”, *Philoso phical Pa per s Vol* 2: *Philosophy and The Human Sciences*, Cambridge: Cambridge University Press, 1985, p. 53.

③ Georgia Warnke, *Justice and Interpretation*, p. 158.

发掘，尽管这些论说仍有待进一步分辨，但它们却共同推动着当下中国政治哲学的“阐释学转向”——因为它们都反对直接舶取西方现代政治秩序的建构模式，主张把当下中国的政治发展与其特有的实践约束条件（历史／文化条件、社会条件乃至政治条件）深度结合起来。

（一）政治哲学公共阐释的情境－普遍主义取向

如果说上述具有中国情境自觉的政治哲学论说体现了一种“阐释学转向”，那么其“有待进一步分辨”之处则在于，我们需把这种“阐释学转向”进一步提升为具有公共证成前景的“公共阐释转向”。

此处的“公共阐释”，借用了张江近年来为促进阐释学的本土化和国际化而提出的一个理论概念。根据张江的论述，公共阐释具有以下六个特征：第一，公共阐释是理性阐释；第二，公共阐释是澄明性阐释；第三，公共阐释是公度性阐释；第四，公共阐释是建构性阐释；第五，公共阐释是超越性阐释；第六，公共阐释是反思性阐释。[①]不过，张江的公共阐释论，主要限于文本，并且它所预设的阐释共同体是否与具有特定历史／文化传统的政治共同体相对应，也是晦而不明的。本文所理解的“公共阐释”，其阐释的对象是类文本，或者赵汀阳所说的“综合文本”（syntext）[②]，即特定时空的政治共同体所共享的历史／文化传统。因此，此种意义上的“公共阐释”是以政治共同体为边界的，不具有世界主义－普遍主义内涵。换言之，政治哲学的公共阐释预设了一种情境—普遍主义的阐释取向：就其凸显与特定政治共同体政治发展的实践约束条件相契合来说，它是情境主义的（阐释学取向）；就其强调阐释洞见在整个政治共同体内具有公共证成前景来说，它是普遍主义的（公共取向）。

（二）中国现代政治秩序的建构作为政治哲学公共阐释的共享视域

将阐释学引入政治哲学的理论阐释，预设了这样一种政治观：政

---

① 参见张江《公共阐释论纲》，《学术研究》2017 年第 5 期。

② 参见赵汀阳《长话短说》，东方出版社 2001 年版，第 64—79 页。

治秩序不仅仅是一套基于“命令－服从”逻辑的统治／支配体系，它还追求统治／支配在政治共同体内外的合法性，因此必须把自己表征为一种关涉正当的道德承担和本真的伦理生活的价值秩序。换言之，政治秩序还是一套关涉政治“意义世界”的价值秩序。那么，我们该如何推进政治哲学的公共阐释？

为了确保政治哲学的公共阐释具有公共证成的前景，我们首先需限定我们的共享视域。正是某种共享视域的存在，使得不同的阐释者以及阐释者与受众之间具有了“视域融合”的可能性，从而使得某种具有道德或伦理内容的阐释洞见具备了获得公共证成的潜力。我们甚至可以把这种共享视域理解为另一种意义上的“前理解”，即制约着我们据以对某种阐释洞见达致相互理解的认识前提。依笔者拙见，中国现代政治秩序的建构，正是这样一种可在中国情境中为政治哲学的公共阐释提供共享视域的“前理解”。

中国现代政治秩序的建构，既是中国自晚清以降政治现代化的历史使命之所系，也是当下中国亟待推进和收束的历史课题。将政治哲学公共阐释的共享视域限定于此，既是对这种历史使命和历史课题的积极回应，也有助于引导社会成员以公民身份不断践习公共商谈、积攒公共理性，从而为我们以公共证成形成关于中国现代政治价值观的规范性共识提供认知前提。

将中国现代政治秩序的建构作为政治哲学公共阐释的共享视域，既是为了正本清源地直面当下中国的根本政治问题，也是为了建设性地回应我们当下关于中国政治问题的争论。不过，要想使这种共享视域起着消除分歧、积攒共识的积极作用，我们仍需以自己的实体性理论建构（而不只是口号或论纲性的研究），切实推进政治哲学的公共阐释。

1. 意识形态批判与沟通旨趣相结合

我们应如何切实推进政治哲学的公共阐释？保罗·利科对于伽达默尔与哈贝马斯之间争论的评析，启示我们要把意识形态批判与沟通旨趣紧密结合起来——这种结合堪称使政治哲学的公共阐释起到消除分歧、积攒共识作用的认知前提。

如众所知，哈贝马斯对伽达默尔哲学阐释学的一个批评意见为，伽达默尔对构成我们“前理解”的传统让步过多，忽视了这些传统中的意识形态性因素：正是这些意识形态性因素，扭曲了我们的沟通，从而使我们无法达致相互理解和共识。因此，哈贝马斯主张的“批判阐释学”，一个核心命题就是进行意识形态批判。在哈贝马斯关于人类认识旨趣的三分法中，他区分了经验科学的“技术性旨趣”、历史－阐释科学的“实践旨趣”（沟通的旨趣）和社会批判理论的“解放旨趣”，并认为解放旨趣体现了认识和旨趣的统一，它所内在要求的意识形态批判，可以确保沟通没有边界且不受限制地进行下去。但正如伽达默尔指出的，“由于它力图穿透那些使舆论受到不良影响的被掩盖的旨趣，它隐含地认为自己具有免受意识形态影响的自由；而这意味着它把自己的规范和理想拥立为自明的和绝对的”①。

在 1973 年完成的一篇论文中，保罗·利科曾对哈贝马斯和伽达默尔之间的争论进行了评析。保罗·利科的立场大致位于哈贝马斯和伽达默尔之间。他批评哈贝马斯说，将历史－阐释科学的实践旨趣与批判理论的解放旨趣分立，使得批判理论无法就社会世界的“意义”给出建设性的具体内容。他认为：“唯有将解放旨趣所推动的意识形态批判与沟通旨趣所推动的对过去遗产的再解释结合起来，始能为这种努力提供具体内容。单纯对扭曲的批判只是一个方面，另一半的努力是重新生成具有充分能力的沟通行动。”②

由此可见，为了切实推进政治哲学的公共阐释，我们需同时做两个方面的工作：一方面，需对扭曲沟通的各种意识形态性言说进行反思和批判。在中国情境中，自由主义、新左派和新儒家是应予反思的三种主要意识形态性论说。这三种论说分别排他性地立基于政治理想主义的道德直觉、政治现实主义的政治直觉和政治温情主义的伦理直觉。它们都具有直觉主义的阐释取向，不具有公共证成的前景。③ 另

① Hans-Georg Gadamer, “Hermeneutics and Social Sciences”, in David M. Rasmussen and James Swindal eds. , *Jürgen Haberams Volum I*, p. 119.

② Paul Ricoeur, “Ethics and Culture: Habermas and Gadamer in Dialogue”, in David M. Rasmussen & James Swindal eds. , *Jürgen Haberams Volum I*, p. 141.

③ 参见孙国东《公共法哲学：转型中国的法治与正义》，中国法制出版社 2018 年版，第 37—38 页。

一方面，我们还需要对那些与中国现代政治价值观相适应的具体规范性要求，进行实体性的理论建构。正如保罗·利科指出的，“如果不能从我们沟通中的实践旨趣获得具体内容，解放的旨趣就是空洞和贫乏的”[①]。正是经由这种“破立并举”的公共阐释，我们始能将解放旨趣的社会批判与实践旨趣的沟通行动结合起来，从而为我们通过公共商谈积攒关于中国现代政治价值观的规范性共识提供认知前提。

2. “政治价值观” vs. “政治价值”

要想切实推进政治哲学的公共阐释，我们还须把“政治价值观”（political conceptions of values）与“政治价值”（political values）区分开来——这一区分堪称使政治哲学的公共阐释起到消除分歧、积攒共识作用的逻辑起点。

所谓“政治价值”，是指自由、平等、民主、正义、法治等现代性价值本身；所谓“政治价值观”，是指特定时空的政治共同体关于这些价值的观点，即关于政治价值的具体规范性要求的某种观点及与之相适应的制度和实践模式。“政治价值”与“政治价值观”的区别，在很大程度上指向了“政治文明”与“政治文化”的区分：政治价值属于具有跨文化普适性的政治文明范畴，政治价值观则属于具有情境依赖性的政治文化范畴。

对中国这样非西方的后发国家来说，区分“政治价值”与“政治价值观”至关重要：它可以使我们在有效抵御西方政治价值观的同时，积极探索适合自己的政治价值的制度化方式。进而言之，它可以有效避免“现代化 = 西化”的文化本质主义取向，从而在抵御西方文化殖民主义的同时，避免落入文化民族主义的窠臼之中，进而为非西方国家的“他种现代性”（alternative modernity）保留想象和探索空间。近年来，知识界关于一些问题的意识形态性争论，其实就是因为未能区分“政治价值”和“政治价值观”所致：一方用西方化的价值观绑架了现代性价值；另一方一味地拒斥这种价值观，但却忘了解救被对方绑架的现代性价值。打一个可能不太恰当的比方，后者的反

① Paul Ricoeur, “Ethics and Culture: Habermas and Gadamer in Dialogue”, in David M. Rasmussen & James Swindal eds., *Jürgen Haberams Volum I*, pp. 140 – 141.

应就像警察把绑匪和人质一起击毙一样，过于仓促和草率而失之审慎和理性了。显然，唯有区分了政治价值与政治价值观，我们始能在有效抵御西方政治价值观的同时，积极探索适合自己的现代政治价值观。①

将“政治价值观”与“政治价值”区分开来意味着，我们需围绕适合于中国情境的“政治价值观”进行政治哲学的公共阐释。更确切地说，我们需基于中国现代政治秩序建构的政治理想与实践约束条件之间的反思性平衡，围绕政治价值在中国情境中的具体规范性要求及相应的制度和实践模式，进行实体性的理论建构，从而切实推进政治哲学的公共阐释。

政治哲学的公共阐释：认知性原则与认识论要求

要想使政治哲学的公共阐释进入实际操作层面，须进一步探讨其认知性原则和认识论要求。

（一）政治哲学公共阐释的认知性原则

所谓“认知性”（cognitive），是指可以在乔治·米德意义上“不断扩大的共同体”（ever wider community）内按照知识的逻辑予以争辩、修正和分享的。唯有秉持认知性原则，某种阐释洞见始能为阐释共同体成员在非强制的条件下认同和接受。

在实践哲学和社会科学的研究中，非认知性的态度主要表现为两种形态：一是由言说立场上的非自主性带来的非认知性，即以其他场域的运行逻辑代替学术场域的学理逻辑。这种非学术逻辑主要表现为三种形式：（1）以强调自上而下的服从为旨趣的权力逻辑；（2）以服务于委托人的利益为旨趣的市场逻辑；（3）以迎合于社会风尚为旨趣的传媒逻辑。二是由言说内容上的不可分享性带来的非认知性，即基于个人价值偏好的学术言说。与此相适应，政治哲学公共阐释的

① 参见孙国东《公共法哲学：转型中国的法治与正义》，中国法制出版社 2018 年版，第 4—5、512—513 页。

认知性原则至少包括两方面的内容：

1. 确保阐释立场具有公共性的公道性原则

关涉阐释立场的公道性（impartiality）原则意味着：我们需采用独立于权力逻辑、市场逻辑、传媒逻辑等的自主学术立场，基于政治共同体的公共善，对适合于中国情境的政治价值的具体规范性要求进行公共阐释。

之所以强调公共阐释要具有独立于权力逻辑、市场逻辑、传媒逻辑的自主立场，乃因为这些非学术逻辑常常具有更为内在但却难以通过公共检验的目标。一般来说，政治场域的权力逻辑对政治秩序稳定性的重视，要远胜于对政治秩序正义性的守护；经济场域的市场逻辑对委托人（包括市场主体或市场化的行政主体）利益最大化的重视，要远胜过对委托人利益与社会利益或公共利益的平衡；社会场域的传媒逻辑更容易张扬的是（部分）社会成员的“众意”乃至“私意”，而不是政治共同体的“公意”。唯有秉持独立于权力逻辑、市场逻辑和传媒逻辑的公道性原则，我们始能守护学术立场的公共性，从而在捍卫政治秩序的正义性、确保各种宗派性利益与社会利益或公共利益的平衡、促进政治共同体“公意”的聚合等基础上，推进对适合中国情境的政治价值观的公共阐释。

2. 确保阐释内容具有公共性的可证成性原则

关涉阐释内容的可证成性（justifiability）原则意味着：我们要以那种超越个人价值偏好且具有公共证成前景的实体性内容，对中国情境中政治价值的具体规范性要求进行公共阐释。对政治哲学的公共阐释来说，其阐释的内容之所以要求具有可证成性，根源于其所关涉的政治共同体层面的伦理性认同，在现代条件下唯有通过公共商谈始能获得道德上的证成。此论题并非自明，请容笔者稍加展开。

自康德与休谟开启了道德认知主义与非认知主义（情感主义、直觉主义等）之争以来，道德哲学中关于道德问题（特别是伦理问题，即价值问题）是否具有可认知性历来众说纷纭。面对这种二元对立，如果我们只是选择其中一种立场，难免会面临着另一种相对立场的诘难。据笔者个人体会，一种可促进相互理解的思考路向，不是仅仅从道德哲学的概念层面去分析这两种取向的优劣，而是将其置于政治社会的实践需要和运行逻辑中进行分辨。沿着这样的思路，我们就不能把政治共同体层面的集体认同完全还原为个体层面的自我认同。事实上，诸多关于道德认知主义与道德非认知主义的争论，恰恰是把两者等同起来，进而以自我认同的不可通约性来解构集体认同的可能性，其推理的逻辑是：由于个体间的价值取向是不可通约的，因此政治共同体的集体认同是不可能的。这是规范性政治哲学论者惯于采用的论说取向，即以道德哲学冒充政治哲学，把针对道德世界的道德哲学理论径直挪用为针对政治社会的政治哲学论说。①

与自我认同相比，政治共同体层面的集体认同更具有政治性，因而更有可能也更有必要达成主体间的相互理解或共识。自我认同内在地依赖于主体中心视角，它是从主体中心的第一人称单数（即“我”）视角追问：“我应当追求怎样的善好生活?”集体认同则是从第一人称复数（即“我们”）视角追问：“我们应当追求怎样的善好生活?”正因其复数性，集体认同内在地蕴含着主体间性的维度。正是在这个意义上，哈贝马斯分别将自我认同和集体认同分别称为“伦理—存在”问题和“伦理—政治”问题，其言外之意是：自我认同更具有无需向他人负责的存在性，集体认同更具有向批判开放的政治性。举例来说，如果单从个体层面来看，一个信奉儒家的人与一个藏传佛教的信徒，他们在伦理—存在层面可能是不可通约的；但政治共同体层面所倡导的集体认同并不是要两者居其一，而是通过确立两者“各美其美、美人之美”的正当性界限，以确保它们“美美与共”。质言之，它更追求程序上的正当性，而非实体内容的可欲性。因此，伦理—政治意义上的集体认同所追求的伦理生活，不是仅仅对“我们”中的某些人来说是可欲的，而意味着“对我们所有人来说同等地善好”（equally good for all of us），其证成的方式仍需诉诸程序性的道德普遍主义原则，即公共商谈原则。② 在现代条件下，要在政治

① 关于“道德世界”与“政治社会”的区分，参见孙国东《公共法哲学：转型中国的法治与正义》，第402—403页。

② J. Habermas, *Between Facts and Norms: Contributions to a Discourse Theory of Law and Democracy*, trans. Williiam Rehg, Cambridge, Mass.: MIT Press, 1996, p. 161.

共同体内部解决价值分歧、寻求价值共识、形成集体认同，公共商谈是唯一合乎道德的方式。舍此，我们均需诉诸某种程度的强制，如武力强制或国家强制力威慑下的软性强制。

（二）政治哲学公共阐释的认识论要求

与前述两个认知性原则相一致，政治哲学公共阐释至少包括两方面的认识论要求：

1. 采取“反思性的情境主义”立场

“反思性情境主义”（reflective contextualism）的思想立场，既反对当下中国新左派、新儒家乐于秉持的“封闭的中国特殊论”，亦反对自由主义惯于采用的“去情境化的普遍主义”。从这个意义上说，它试图超越中国知识界的“左”“右”之争。这种“反思性的情境主义”主张：中国特有的某些迥异于西方的结构化情境，如具有轴心文明遗产的文明型国家、具有大一统传统的超大规模型国家（中华民族多元一体格局）、社会主义政党—国家等，是我们反思西方现代性模式的依据，但就现代转型的政治理想来说，它们本身亦不能豁免被反思。

从现代化理论的角度看，这种反思性的情境主义预设了一种艾森斯塔特—吉登斯式的“反思性现代性”立场：现代性是以反思性和能动性的态度创造理想社会政治秩序的谋划。从社会理论的角度看，它蕴含了一种非结构主义的社会立场：在社会变迁中，行动者（actors）作为“施动者”（agents）与结构形成了互动的关系，而不仅仅受结构的支配。唯有采取反思性的情境主义立场，我们始能在政治理想与实践约束条件之间，进而在政治谋划的正当性、可欲性与可行性之间保持反思性平衡。可以说，正是这种反思性的情境主义立场，可以使我们摆脱经济场域的市场逻辑、社会场域的传媒逻辑特别是政治场域的权力逻辑的支配，进而以自主的公道性立场推进中国情境中政治哲学的公共阐释。

政治理想与结构化情境之间的“反思性平衡”，使得由“反思性情境主义”所引导的公共阐释与知识界两种常见的论说取向明显区分开来。不同于（历史学界盛行的）历史实证主义对历史真相的执着，政治哲学的公共阐释对中国特有的结构化情境的识别和洞察，其实是对具有不同时间性的“传统”的阐释。这种阐释是基于对未来的想象而对我们共享传统和共同历史记忆的建构，就是说，是对未来的想象决定了我们对过去的阐释，而不是对过去的因循决定了对未来的想象（正是现代性的出现，扭转了过去与未来的线性关系）。借用E.霍布斯鲍姆和T.兰格的说法，这是基于未来而对传统的“发明”：“‘被发明的’传统之独特性在于它们与过去的这种连续性大多是人为的（factitious）。总之，它们采取参照旧形势的方式来回应新形势，或是通过近乎强制性的重复来建立它们自己的过去。”[①] 不同于（部分公共知识分子或政治哲学论者）对中国现代政治秩序的乌托邦想象，政治哲学的公共阐释对于中国现代政治秩序的建构，充分观照了中国特有的结构化情境，并注重政治理想与实践约束条件之间的反思性平衡，因此它对政治理想的建构是罗尔斯意义上的“现实主义的乌托邦”（realistic utopia）想象，它对实践约束条件的把握是吉登斯意义上的“乌托邦现实主义”（utopian realism）把握。

反思性的情境主义意味着：我们需在促进中国现代法律秩序建构的政治理想与实践约束条件之间反思性平衡的基础上，建构关于这些实践约束条件及其未来改易更化路向的学理“叙事”（narratives），正是这种学理叙事既塑造了我们关于共享传统的历史记忆，亦建构了我们关于未来的政治哲学想象。因此，它对传统的态度，不是保守主义乃至守旧主义的因循态度，而是一种面向未来的反思性调用态度。借用哈贝马斯的说法，它意味着“对传统的批判性调用（a critical appropriation of traditions）”[②]。

2. 践习“理性的公共运用”

为了充分凸显学术论说的公共性，康德曾把学术研究视为“理性之公共运用”（the public use of reason）的典型方式。不同于“理性之

---

① E.霍布斯鲍姆、T.兰格：《传统的发明》，顾杭、庞冠群译，译林出版社2004年版，第2页。

② J. Habermas, *The Inclusion of the Other: Studies in Political Theory*, Ciaran Cronin and Pablo De Greiff eds., Cambridge, Mass.: MIT Press, 1998, p. 97.

私人运用”，学术研究作为“理性之公共运用”的典型方式，意味着学者“作为整个共同体的乃至作为世界公民社会的成员”面向无限时空的读者言说，其理性之运用是“任何人作为学者在全部听众面前所能做出的那种运用”。[①] 在康德看来，“学者”身份具有内在的公共性；它并不专属于特定职业，任何公民只要是在践习“理性的公共运用”，他/她就是在以“学者”身份言说。因此，“学者”与其说是一种职业，不如说是一种态度，即“通过自己的著作而向真正的公众亦即向全世界讲话”[②] 的态度。

“理性的公共运用”并不是人类与生俱来的禀赋，相反，它是现代性对于人类（特别是学者）的一种期待，是人类（特别是学者）应当努力习得、自觉践履的一种能力。对于大多数人来说，从自己信奉的某种宗教、哲学、道德整全性学说（comprehensive doctrines）出发进行言说，是更符合其本性的言说取向。然而，在现代条件下，随着政教分离带来的社会世俗化运行，任何宗教、哲学、道德整全性学说都已丧失了相对于所有社会成员的认知性，即可分享性。正是为了确保言说内容的认知性，“理性的公共运用”要求学者自觉抵御宗教、哲学、道德整全性学说的影响，以那些可分享的价值、理论和知识进行学术言说，而不是去兜售包含任何价值独断主义色彩的价值、理论和知识。

政治哲学公共阐释的方法论：以中国情境的正义为例

与政治哲学公共阐释的认知性原则和方法论要求相适应，政治哲学公共阐释的一个方法论出路是：采取“政治哲学建构与社会—历史分析相结合”的研究取径，通过中国现代转型的政治理想与实践约束条件之间的反思性平衡，对适合于中国情境的政治价值的具体规范性要求，进行实体性的理论建构。

---

① 康德：《历史理性批判文集》，何兆武译，商务印书馆2005年版，第26页。

② 康德：《历史理性批判文集》，何兆武译，商务印书馆2005年版，第27页。

采取政治哲学建构与社会—历史分析相结合的研究取径，可以通过问题导向的跨学科研究，同时把握中国现代政治发展的政治哲学承诺与社会—历史制约性，从而对中国情境中政治价值的具体规范性要求进行公共阐释。采取政治哲学建构与社会—历史分析相结合的研究取径，可以通过政治哲学建构把握中国政治发展的政治哲学承诺（政治价值的理念形态），同时通过社会—历史分析把握中国现代政治秩序建构的实践约束条件（政治价值实现的社会—历史制约条件），进而通过政治哲学承诺与实践约束条件交互比勘所达至的反思性平衡，对中国情境中的政治价值观（政治价值的具体规范性要求）进行公共阐释。接下来，让我们以中国情境的正义为例，说明如何推进政治哲学的公共阐释。

政治哲学中关于正义的争论，与其说是关于正义价值之地位的争辩，不如说是关于"正义观"即正义价值的规范性要求的争论。在关于正义观的讨论中，诸多中国论者将罗尔斯版本的正义理论奉为圭臬，认为它（特别是其中蕴含的"自由优先性"原则）具有跨文化的普适性，但却忽视了罗尔斯本人的论说中所蕴含的情境主义预设——正是因为洞察到了罗尔斯正义理论对西方特别是美国文化情境的依赖，前文提到的乔治娅·沃恩克将其视为当代西方政治哲学"阐释学转向"的一个表征。在《正义论》的初版中，罗尔斯论证自由优先性原则的根本理由是：在文明发展的特定阶段，人们对收入和财富的需要有边际递减效应，对自由的需要则有边际递增效应。"随着文明状况的改善，相对自由的利益（兴趣）而言，进一步的经济和社会收益对于我们的善的边际意义在递减，而随着平等自由的践习条件更充分的实现，自由的利益（兴趣）变得更加强烈。从原初状态的观点来看，在超越某个临界点以后，为了更多的物质财富和更好的办公设施而只承认某种较少的自由，就开始变得、进而始终是不理性的。"①

借用加尔布雷思的说法，罗尔斯其实隐含地指出：唯有在"丰裕

① J. Rawls, *A Theory of Justice*, Cambridge, Mass.: Harvard University Press, 1971, p. 542.

社会”，始能推演出自由优先性的正义原则。尽管主要为了回应哈特的批评，罗尔斯后来重新阐述了自由优先性的理由，但他的重新阐述主要是通过把自由的优先性专断地确立为处于原初状态的人们一致认可的“最高阶的利益”而实现的，在很大程度上陷入了“套套逻辑”（tautology）：因为自由是“最高阶的利益”，所以自由具有优先性。即使在重新阐述的文本中，罗尔斯亦承认：“尽管关于自由的基本利益具有明确的目标，即有效确立各种基本自由权项，但这些利益并不总是具有主导性。这些利益的实现，会使得特定的社会条件及对需要和物质需求的特定程度满足成为必要，而这解释了为什么特定自由权项有时会被限制。”① 如果沿着罗尔斯的逻辑，那么，对“特定的社会条件及对需要和物质需求的特定程度满足”还没有充分实现的国家（比如当下中国）来说，这意味着什么？显然，我们更应自主地建构适合中国情境的正义原则及其规范性要求，而不是径直挪用罗尔斯的正义观。这里的关键，便是识别和洞察制约转型中国正义实现的结构化情境。

正是沿着罗尔斯的学理逻辑，笔者在其他场合曾采用政治哲学建构与社会—历史分析相结合的研究取径，探索性地建构了适合于中国情境的“底线正义”原则。前文提到，政治哲学公共阐释的一个关键在于：我们需在促进中国政治发展的政治理想与实践约束条件之间反思性平衡的基础上，建构我们关于这些实践约束条件及其未来改易更化路向的学理“叙事”。笔者的阐释，是从制约当下中国社会正义实现的一种结构化情境，即社会成员普遍具有的“反正义的公平”观念出发的。通过分析“反正义的公平”观念的思想渊源（中国文化中的机会公平传统）、意识结构（20 世纪人民共和革命所形成的“后习俗的”道德意识结构）、话语基础（当代中国实践哲学中的权利话语），特别是更具有结构性和塑造性的“背景制度”（当下中国缺失正义的社会基本结构），我们可以洞察到三种可从社会基本结构层面超越“反正义的公平”观念的正义议程：（1）保障经济正义／分配正义（落实“实质性的机会公平”和“差别原则”）；（2）建构

---

① J. Rawls, *Politica l Liberalism*, New York: Columbia University Press, 1996, p. 476.

公共商谈（公共自主）的政治机制；（3）厉行法治。沿着罗尔斯本人的学理逻辑，我们很容易经由一个三段论式的推理，证成在中国情境中确立经济／分配正义优先原则的正当性：在“非丰裕社会”，即人们未普遍享有必要甚至体面生活条件的社会，财产是大多数人（普罗大众）自尊或人格的基础→在“非丰裕社会”，为了确保实质性的人格平等，国家和社会有义务保障经济正义，既要充分保障公民以平等人格获取教育和培训机会、参与职务和地位公平竞争的必要物质条件，也要充分保障“最少受惠者”人格独立所必备的生活条件→作为“非丰裕社会”，转型中国应当坚持经济正义（分配正义）的优先性。沿着这样的逻辑，同时参照转型中国的其他结构化情境（政党—国家的政治架构；转型中国不存在罗尔斯式“差别原则”的适用前提，即基于市场经济、全民教育和社会保障的“公平的社会合作体系”，不仅正在形成或有待突破，而且社会中大量“最少受惠者”的贫困恰恰与这种社会合作体系形成过程的不正义紧密相关；等等），我们可以把有助于促进“反正义的公平”观念正向调适性变迁的“底线正义”诸原则及其具体规范性要求表述如下：

经济正义（分配正义）原则：

国家和社会应当保障：（1）拥有同等资质和才能且对自身资质和才能有同等利用意愿的社会成员，以实质性的平等人格获取教育和培训机会、参与职位和地位公平竞争的必要物质条件（实质性的机会公平原则）；（2）具有奋斗志向的“最少受惠者”人格独立所必备的生活条件，而不论其自然禀赋如何（差别原则）。

政治正义原则：

经济、政治与文化的不平等安排以及基于“共同善”对权利的限制，应同时满足如下两个条件：（1）在政治共同体内得到充分的民主商谈（商谈民主原则）；（2）以法律的形式确立下来，并在法律适用中平等地适用于所有人（法治原则）。①

以上关于中国情境中正义的规范性要求的阐释，是一种探索性的研究。但这种探索却是沿着具有公共证成前景的方向进行的，因此，

① 参见孙国东《公共法哲学：转型中国的法治与正义》，第304—385页。

它旨在推进政治哲学的公共阐释。这种公共阐释，旨在通过政治哲学建构与社会—历史分析的深度结合，以认知性的态度（以公道性原则确保言说立场的公共性、以可证成性原则确保言说内容的公共性）和反思性情境主义的立场，自觉践习康德 －哈贝马斯意义上的“理性之公共运用”，并基于此形成中国现代政治价值观（现代政治价值在中国情境中的具体规范性要求），从而为政治共同体成员最终通过公共商谈和公共证成形成我们关于现代政治价值观的集体性自我理解，提供学理基础和认知前提。

解释学的重建：由前见依赖性形态向非前见依赖性形态拓展*

肖士英**

海德格尔存在论解释学特别是伽达默尔哲学解释学判定，任何解释都普遍必然地既受解释者前见约束，也依赖这种前见而得以可能。这一判断构成了哲学解释学的经典命题，使得哲学解释学呈现为一种存在着下文显示的、有诸多缺陷的前见依赖性解释学。然而，学界对其的研究迄今仍处于膜拜、追随状态，难以见到对其批判、改进的研究。这势必使得前见依赖性解释学的观念被无条件地内化为哲学解释学进一步发展的原则和根据，从而把哲学解释学的发展引入歧途而不为人们所自觉。因此，有必要对前见依赖性解释学进行分析批判，在肯定其科学性的同时，探寻哲学解释学正确发展路向，重建哲学解释学，为人们在这个脆弱而具有高度不确定性的世界中有希望地前行，提供哲学解释学层面的可靠导航。

前见依赖性解释学的出场及前见与一般观念的关系

（一）前见依赖性解释学的出场

所谓前见依赖性解释学，即主张前见是解释中普遍必然在场的约

* 基金项目：国家社科基金资助项目“马克思恩格斯意识形态概念多重内涵及其统一性研究”（18BZX002）。本文原刊于《探索与争鸣》2020 年第 11 期。

** 作者单位：陕西师范大学哲学与政府管理学院。

束项，前见使解释得以可能，从而要求始终着眼“前见”来解释文本的解释学。这一本质，使得“前见”呈现为其理论起点和根本支撑点。在其看来，诠释学“将意识到自己的那些指导理解的前见，以致流传物作为另一种意见被分离出来并发挥作用”[①]。因此，理解总是展开于解释者由前见构成的视域，与被解释文本内蕴视域融合的过程：“理解其实就是这样一些被误认为是独自存在的视域的融合过程。”[②] 其结果即生成作为由“历史实在以及历史理解的实在”构成的“统一体”的所谓效果历史，而“理解按其本性乃是一种效果历史事件”[③]。这种由解释者的前见与历史实在相互作用构成的效果历史，会随着解释者与被解释文本间时间距离的演替，呈现“一种无限的过程……促成这种过滤过程的时间距离，本身并没有一种封闭的界限，而是在一种不断运动和扩展的过程中被把握”[④]。可见，“前见”既是“视域融合”“效果历史”“时间距离”的共同基质，又通过后者得以具体展开，并与后者结合在一起，共同塑造着前见依赖性解释学。

作为区别于力求还原文本本义的古典解释学和启蒙运动时期力求消除前见的解释学，这种前见依赖性解释学是随着对前见在解释中恒常在场地位的张扬而出场的。“自柏拉图‘美诺悖论’提起”，人们“都曾广泛涉及前见或前理解方面的研究，但直到近代，无论施莱尔马赫的一般阐释学，还是狄尔泰的认识论阐释学，都没有就此问题作出决定性的论断。正是海德格尔从哲学阐释学的意义充分注意这个问题，并在其存在论和本体论框架内作出了重要判断，前见问题才作为当代阐释学的基本问题凸显出来，并对后世产生深刻影响”[⑤]。“在当

---

① 汉斯-格奥尔格·加达默尔：《真理与方法》上卷，洪汉鼎译，上海译文出版社2004年版，第423页。

② 汉斯-格奥尔格·加达默尔：《真理与方法》上卷，洪汉鼎译，上海译文出版社2004年版，第433页。

③ 汉斯-格奥尔格·加达默尔：《真理与方法》上卷，洪汉鼎译，上海译文出版社2004年版，第424页。

④ 汉斯-格奥尔格·加达默尔：《真理与方法》上卷，洪汉鼎译，上海译文出版社2004年版，第422页。

⑤ 张江：《前见是不是立场》，《学术月刊》2016年第11期。

代阐释学理论中，前见作为理解和阐释的前提，被提到重要位置予以观照。”[①] 这就是说，当代解释学把前见在解释中普遍有效在场，视作解释得以可能的前提。

海德格尔对前见在解释中前提性地位做了深入阐发：“解释向来奠基于前见之中，它瞄准某种可解释状态，拿在前有中摄取到的东西开刀。被理解的东西保持在前有中，并且前见地被瞄准。”[②] 伽达默尔进一步强化了解释学的前见依赖属性：“前见就是一种判断，它是在一切对于事情具有决定性作用的要素被最后考察之前被给予的。”[③]“一切诠释学条件中最首要的条件总是前理解，这种前理解来自与同一事情相关联的存在，正是这种前理解规定了什么可以作为统一的意义被实现，并规定了对完全性的先把握的应用。”[④] 他认为：“一切理解都必然包含某种前见。”[⑤] 可见，海德格尔、伽达默尔的阐发，揭示和固化了解释对前见的从属地位，使前见依赖性解释学呈现为解释学当下仍广为推崇的经典形态。

（二）前见依赖性解释学中“前见”的基本属性

上述前见依赖性解释学中的前见，具有多重属性：其一，“前见就是一种判断”[⑥]。由于判断总是通过知识观念进行的，故前见即解释的知识性、观念性约束项。其二，“一切理解都必然包含某种前见”[⑦]，前见是解释中普遍必然的固有观念性内在约束项。其三，“这

---

① 张江：《前见是不是立场》，《学术月刊》2016 年第 11 期。

② 海德格尔：《存在与时间》，陈嘉映、王庆节译，生活·读书·新知三联书店 1987 年版，第 150 页。

③ 汉斯－格奥尔格·加达默尔：《真理与方法》上卷，洪汉鼎译，上海译文出版社 2004 年版，第 347 页。

④ 汉斯－格奥尔格·加达默尔：《真理与方法》上卷，洪汉鼎译，上海译文出版社 2004 年版，第 378 页。

⑤ 汉斯－格奥尔格·加达默尔：《真理与方法》上卷，洪汉鼎译，上海译文出版社 2004 年版，第 347 页。

⑥ 汉斯－格奥尔格·加达默尔：《真理与方法》上卷，洪汉鼎译，上海译文出版社 2004 年版，第 347 页。

⑦ 汉斯－格奥尔格·伽达默尔：《诠释学 Ⅰ：真理与方法》，洪汉鼎译，商务印书馆 2010 年版，第 383 页。

种前理解来自与同一事情相关联的存在，正是这种前理解规定了什么可以作为统一的意义被实现”①。这就是说，前见与文本有内在关联，保障着与被理解的文本意义的统一性。其四，“前见构成了某个现在的视域，因为它们表现了那种我们不能超出其去观看的东西”②。其五，前见对应、依赖和从属于具体文本而生成存在。其六，前见是存量性的有限约束项，基于实践生成的待解释文本则是无限扩张的。

因此，前见相对于待解释文本总是短缺的，不足以约束全部文本。

（三）前见依赖性解释学中的“前见”与一般观念的关系

受前述属性约束，前见与一般性知识观念的区别在于：其一，前者由后者转化而来，但后者不必然呈现为前者。其二，前者指向特定具体文本，与其形成特定约束关系；后者则不与特定具体文本形成约束关系。其三，前者与特定文本有具体相关性；后者与特定文本无具体相关性。其四，前者是具体文本解释活动的内在环节；后者则不构成具体文本解释活动的内在环节。其五，前者不必然存在；后者则必然存在。上述差异，决定了不能把两者简单等同起来。

世界连续性状况对前见普遍有效在场状况的基础地位

前见依赖性解释学是否普遍有效、是否是解释学唯一可能形态，在它之外是否还存在解释学的其他形态，进而它是否有必要向解释学其他形态拓展提升，在根本上取决于它张扬的前见是否在解释中普遍有效在场，是否是解释普遍有效的内在约束项。而这些在根本上取决于世界的连续性状况。

---

① 汉斯-格奥尔格·加达默尔：《真理与方法》上卷，洪汉鼎译，上海译文出版社2004年版，第378页。

② 汉斯-格奥尔格·伽达默尔：《诠释学Ⅰ：真理与方法》，洪汉鼎译，商务印书馆2010年版，第432—433页。

前见依赖性解释学要具有普遍有效性，要呈现为解释学唯一可能形态，它所张扬的前见就须在解释中普遍有效在场。而这一点的前提条件则在于前见与被解释文本有内在同一性。这是因为，该解释学张扬的前见，终究是关于世界的认识。而被解释的文本则是内在于世界、被世界生成且关于世界的文本。因此，前见和被解释的文本两者属于同一世界。这意味着只有前见和被解释文本具有内在同一性的前提下，两者才能相通，前见才可能理解文本，文本也才可能被前见解释，文本被解释的结果才受前见约束，前见也才能因此而被证明在解释中有效在场。

由于前见与被解释文本两者都内在内生于同一世界，因此，两者要具有同一性，生成前见的那部分世界和生成被解释文本的那部分世界之间在属性上就要具有某种连续性。而其要具有连续性，整体世界在本体论上就须具有连续性。量的存在就是世界连续性的存在形式。当然，海德格尔、伽达默尔为了确证前见对解释普遍有效的约束地位，已对世界的连续性进行了确证阐发。鉴于此，这里对世界具有连续性属性不做进一步论证。既然世界具有连续性，那么，按照上述分析，在基于世界连续性的解释中，前见就势必普遍有效在场。这就是说，世界的连续性根本地保障着前见在解释中普遍有效在场，从而构成了前见在解释中普遍有效在场的基础。

然而，世界还有非连续性的一面。《共产党宣言》中指出，“资产阶级时代”，“一切固定的僵化的关系以及与之相适应的素被尊崇的观念和见解都被消除了，一切新形成的关系等不到固定下来就陈旧了”①。齐美尔判定：“我们外在生活的飞逝的、碎片化的和矛盾的时刻，全部都融入我们的内在生活中。”② 后现代主义断言，“对于今天的世界，决定论、稳定性、有序、均衡性、渐进性和线性关系等范畴愈来愈失去效用，相反，各种各样不稳定、不确定、非连续、无序、

① 马克思、恩格斯：《共产党宣言》，人民出版社 1997 年版，第 30—31 页。

② 戴维·弗里斯比：《现代性的碎片》，卢晖临等译，商务印书馆 2003 年版，第 83 页。

断裂和突变现象的重要作用越来越为人们所认识，所重视”[①]。福柯明示：“考古学并不把连续性看作应该说明其他一切的首要的和最终的材料”[②]，因为“历史会把间断性引入我们的真正存在之中”[③]。利奥塔认为，“后现代科学将自身的发展变为一种关于不连续性、不可精确性、灾变和悖论的理论”[④]。加斯东·巴什拉肯定，“即使在某一个别问题的历史演变过程中，我们也不能掩盖那些真实的决裂和突然的变化。这足以推翻所谓认知发展是连续的观点”[⑤]。因此，他主张基于科学认知中的断裂性来重构科学史。世界既然存在非连续性的一面，那就意味着对解释者而言，其既有认识与那些与其既有认知具有断裂性的被解释文本之间，就不具有相关性、相通性，按照前述前见的属性，其既有认知对这样的被解释文本就不具有前见属性，从而也就意味着对如此文本的解释不存在前见。这就是说，正是被解释文本与解释者既有认知间的断裂性这一客观因素，使前见在这种解释活动中的存在失去可能，从而也就使得这种解释活动不以前见为其内在构成变量。这表明，解释者既有认知与被解释文本间的断裂性，作为世界非连续性的具体形式，摧毁了前见在解释中普遍有效在场的可能性，从而以否定前见在解释中普遍有效在场的形式，构成了前见在解释中普遍有效在场状况的重要基础。

世界既存在连续性，也存在非连续性，但“只有两者的统一才是真的”[⑥]。这就是说，世界终究是连续性和非连续性的统一体。世界连续性的一面，保障着前见在解释中普遍有效在场；世界非连续性的一面，否定着前见在解释中普遍有效在场的可能性。这两个方面结合在一起，共同构成约束前见在解释中普遍有效在场状况的矛盾统一体

---

① 让-弗朗索瓦·利奥塔尔：《后现代主义》，赵一凡译，社会科学文献出版社2001年版，第46—47页。

② Michel Foucault, *L'archéologie du savoir*, Paris: ditions Gallimard, 1969, p. 227.

③ Michel Foucault, *Dits et écrits* Ⅱ *1970—1975*, Paris: ditions Gallimard, 1994; "Nietzsche, la généalogie, l'histoire", 1971, p. 147.

④ 让-弗朗索瓦·利奥塔尔：《后现代状态》，车槿山译，生活·读书·新知三联书店1997年版，第125—126页。

⑤ Gaston Bachelard, *Essai Sur la Connaissance Approchée*, Vrin, 1928, p. 270.

⑥ 列宁：《哲学笔记》，人民出版社1977年版，第119页。

形态的综合基础。

前见依赖性解释学的局限性与前见普遍有效在场命题的证伪及其解释学效应

（一）前见依赖性解释学的局限性

前见依赖性解释学的内在属性，使其具有多重局限性：其一，仅着眼于作为观念的前见来解释文本，把作为观念的前见在解释中的地位至上化，忽视“意识在任何时候都只能是被意识到了的存在，而人们的存在就是他们的现实生活过程”[①]，从而忽视了前见的从属性、可错性，忽视了前见本身就是有待被解释被说明的，而不能无条件地作为解释的依据、着眼点和出发点。其结果，势必使解释失去彻底性，难免陷入肤浅化、庸俗化、狭隘化状态。其二，完全依赖前见视域，仅强调解释的历时性约束而忽视其共时性约束。然而，后一约束是不可避免的，“科学研究的成果是由特定的活动者在特定的实践和空间里构造和商谈出来的”[②]。因此，对文本的解释需“将自我知识、自我觉知、自我理解的过程与他人的知识、他人的感知和他人的理解焊接起来”[③]。这意味着前见依赖性解释学势必因遮蔽解释的共时性约束，而把解释和解释学狭隘化、片面化。其三，仅着眼于前见来解释历史，意味着仅承认历史的连续性而否定其非连续性，从而势必陷入荒谬的历史观。其四，把解释锁定于对前见的依赖状态，势必忽视约束解释的其他变量，从而把解释框架简单化、狭隘化、封闭化、僵滞化，使文本与前见无关的涵义无法绽现。其五，忽视前见的有限性、凝固性与待解释文本的无限性、常新性的矛盾，使解释学既陷入以有限限定无限、以既成性和已知性解释未成性和未知性的逻辑谬境，也陷入无视事物相关性的有条件性，把事物间相关性绝对化、无

① 马克思、恩格斯：《费尔巴哈》，人民出版社 1988 年版，第 15 页。

② 卡林·诺尔－塞蒂娜：《制造知识：建构主义与科学的与境性》，王善博等译，东方出版社 2001 年版，第 64 页。

③ 克利福德·格尔茨：《地方知识》，杨德睿译，商务印书馆 2016 年版，第 84—85 页。

条件化的独断论泥沼。其六，忽视前见与被解释文本间相关、统一的有条件性，既存在着把既有知识观念无条件地视为前见、把两者简单混同起来的风险，也存在着陷入人为地虚构并不存在的前见及其对解释的约束的错误中的危机。其七，势必因遮蔽人运用其反思批判能力阻遏、区隔、清除前见在解释中的存在状态，从而使解释一定程度上独立于前见约束的可能性。其八，被解释文本是特定情境中解决特定问题由特定缘由塑造而生成的文本，因而与如此确定的问题、情境、缘由相对应，被解释文本本然属性与意义势必是确定的、有限的。这决定了只能开发那些与被解释文本客观关联的前见对解释的约束作用。否则，势必扭曲遮蔽文本的本然属性，使解释及前见依赖性解释学失去科学性、严肃性和尊严。然而，前见依赖性解释学恰恰是抽象肯定一切前见对解释的必要性和意义的。伽达默尔指出："历史任务的真正实现仍总是重新规定被研究东西的意义。但是这种意义既存在于这种研究的结尾，也同样存在于这种研究的开端。"[①] 他认为，"被研究东西的意义"之所以能被"重新规定"，完全是前见依赖性解释学内在逻辑的产物："时间距离"会使解释者的"前见"不断更新，更新了的"前见"作为解释者新"视域"，与被解释文本"视域融合"，就会对被解释文本或唤起新的研究兴趣，或获得新的研究课题。既然对被研究东西的一切新规定，都是由"前见"随着"时间距离"的更新而实现的，而如此不断涌现的"前见"却不必然与文本本然属性相关，这样，解释本质上就成了解释者不断翻新的"前见"裁剪被解释文本属性的过程，而非解释者的理解统一于被解释文本本然属性的过程。于是，解释的确定性、客观性和事物间固有差别就消失了，相对主义成为解释的必然归宿。

（二）前见在解释中普遍有效在场命题证伪

前见依赖性解释学得以普遍有效成立的前提，在于前见在解释中普遍有效在场。海德格尔"对文本的理解永远都被前理解的先把握活

---

① 汉斯－格奥尔格·伽达默尔：《诠释学Ⅰ：真理与方法》，洪汉鼎译，商务印书馆 2010 年版，第 400 页。

动所规定”[①] 的判断、伽达默尔“一切理解都必然包含某种前见”[②]的判断，都坚称前见在解释中普遍有效在场。因此，要确证前见依赖性解释学前述局限性及超越该解释学的必要性、可能性，就须证伪前见在解释中普遍有效在场命题。

其一，非连续性与连续性是历史有本质区别的两种属性，不能相互替代归结。历史非连续性使得解释者既有知识观念与被解释文本间客观存在的断裂性、非连续性，必然塑造出无前见的解释形态。伽达默尔认为，“历史的连续性不再被看作流逝的时间事件再现的连续性，而是对非连续性经验提出疑问，提问非连续性如何包括连续性，在何种意义上包括连续性”[③]。“我们本身不仅就是这种环环相扣的长链中的一环，而且我们每时每刻都可能从这种源自过去，迎面走来并传承给我们的东西中理解自己。”[④] 显然，其如此论述难以否定历史的非连续性，从而前见就不可能在解释中普遍有效在场。其二，既有知识观念传统是存量，无限生成的待解释文本是增量。无限生成的待解释文本，难免超出与既有知识观念传统的相关性范围，从而对无限生成的文本的解释，就难免出现无前见在场的情形。其三，从已知与未知的关系看，前见是已知世界，无限生成的待解释文本是未知世界。已知世界总小于未知世界。这决定了前见不可能与未知世界全部内容相关。然而，前见普遍有效在场命题恰以已知世界与未知世界全部内容相关为前提。该前提的这种荒谬性，反证了前见不可能普遍有效在场。其四，知识观念的意识形态属性决定的异质知识观念的排斥性，使得既有知识观念未必与待解释文本相关。有论者指出：“持派别观点的人顽固地拒绝考虑或者认真地考虑对手的理论，原因不过是他们

---

① 汉斯－格奥尔格·伽达默尔：《诠释学Ⅰ：真理与方法》，洪汉鼎译，商务印书馆2010年版，第415页。

② 汉斯－格奥尔格·伽达默尔：《诠释学Ⅰ：真理与方法》，洪汉鼎译，商务印书馆2010年版，第383页。

③ 汉斯－格奥尔格·伽达默尔：《诠释学Ⅰ：真理与方法》，洪汉鼎译，商务印书馆2010年版，第177页。

④ 汉斯－格奥尔格·伽达默尔：《诠释学Ⅰ：真理与方法》，洪汉鼎译，商务印书馆2010年版，第177—178页。

属于另一个知识营垒或政治营垒。”① 知识观念间的这种相互区隔，使得解释未必有前见约束。② 因此，解释者对异质范式、知识型构成的文本的解释，就不必然有其前见。其五，反思性、批判性等能动性，使人有可能阻隔前见介入解释。前见是知识观念，对前见的反思批判是主体性能力的运行，故前见和对前见的反思批判并非同一领域的事物。不过，这种反思批判的实质，并非某种主观性的前见在起作用，而是历史本身具有的非连续性客观属性和客观要求的绽现与满足形式。所以，伽达默尔关于“启蒙运动反对前见本身就是一种前见”③ 的命题，既偷换了论题，也只是就事论事地仅在观念限度内理解前见。因此，主体性能力对前见普遍有效在场可能的排除，并不因伽达默尔如此判断而失去有效性。其六，“人的思维是否具有客观的真理性”④ 问题的实践性，使得文本的解释终究是为实践决定的，从而前见在解释中就未必在场。对此可能的异议是：实践包含着前见。对此异议的反驳是：（1）初始实践不存在前见。（2）实践可能遭遇的暂时无法解释和解决的难题的根源，在于该难题具有“不可辨识之物”的属性。⑤ 而实践遭遇该“不可辨识之物”，就意味着既有知识观念与该物无相关性，以至于对其无法辨识。可见，实践不必然内蕴前见。（3）颠覆性实践往往通过清除前见来完成。一论者指出，与规则一致的事实“不能告诉我们任何新东西。于是，正是例外变得重要起来，我们不去寻求相似；我们尤其要全力找出差别”⑥。这就是说，颠覆性实践正是在异于前见的逻辑中实现的。其七，生活可能“突然出现的较大的且又令人忧虑的中断了连续生活进程的事件”⑦，及其“对全新的更高级的生活向往的突然唤醒、号召，使人摆脱无所

---

① 路易斯·沃斯：《序言》，卡尔·曼海姆：《意识形态与乌托邦》，商务印书馆 2000 年版，第 17 页。

② 刘北成：《福柯思想肖像》，上海人民出版社 2001 年版，第 145 页。

③ 洪汉鼎：《伽达默尔的前理解学说（上）》，《河北学刊》2008 年第 1 期。

④ 马克思：《关于费尔巴哈的提纲》，《费尔巴哈》，人民出版社 1988 年版，第 84 页。

⑤ 阿兰·巴迪欧：《存在与事件》，蓝江译，南京大学出版社 2018 年版，第 361 页。

⑥ 昂利·彭加勒：《科学与方法》，李醒民译，商务印书馆 2006 年版，第 9 页。

⑦ 博尔诺夫：《教育人类学》，李其龙译，华东师范大学出版社 1999 年版，第 62 页。

事事状态的告诫和对今后生活举足轻重的遭遇等”① 非连续性事件，难免不瓦解人既有知识观念，从而使前见在解释中普遍有效在场就此失去可能。其八，前见作为观念对存在的根本依赖性，决定了解释的根本依据与着眼点，进而在解释中普遍有效在场的是存在的客观要求而非前见。前见在解释中的地位始终是相对的、有条件的、从属性的，终究要被存在所替代和置换，从而在解释中不可能普遍有效在场。

（三）前见在解释中普遍有效在场命题证伪的解释学效应

其一，该证伪表明，前见并非解释普遍必然的构成环节，前见依赖性解释学仅对前见在场的解释有效，仅在一定范围成立，前见依赖性解释学以前见为恒常在场要件，建构的解释学基本框架相应地就坍塌了。其二，该证伪意味着受前见约束仅是解释活动可能形态之一，前见依赖性解释学仅是解释学可能的形态之一，这就使得解释和解释学进一步形态的绽现成为可能。其三，该证伪使对解释的理解得以摆脱历时性取向的桎梏，解释学由历时性形态向共时性形态拓展的必要性、可能性就得以绽现。这就既丰富了解释学的具体形态，也使得其不同形态的综合成为可能，从而有助于解释学层级的提升和实现解释学的重建。其四，该证伪对解释学多样性的上述彰显，使得解释学循环除施莱尔马赫主张的总体与部分间的循环、海德格尔阐发的前见与文本间的循环外，呈现出诸如文本与环境间的循环，以及文本自身逻辑、文本影响与文本所承受的影响间的循环等多样形态。其五，该证伪着眼于待解释文本的生成所依赖的社会存在来解释文本，从而为构筑非前见依赖性解释学提供了契机。

非前见依赖性解释学在场的可能性

前见在解释中普遍有效在场命题的证伪，使得以前见在解释中普遍有效在场为前提和基础的前见依赖性解释学的普遍有效性随之被证

① 博尔诺夫：《教育人类学》，李其龙译，华东师范大学出版社1999年版，第58页。

伪。这种证伪意味着没有理由把前见依赖性解释学视为解释学的唯一、全部或仅有形态。因此，探讨非前见依赖性解释学在场的可能性，就是解释学发展和重建的必然选择。

所谓非前见依赖性解释学，即以无前见约束的解释活动或以不着眼于前见约束进行的解释为研究对象的解释学。其在场的可能性具体呈现为：其一，如前述，前见以历史连续性为前提。因此，基于历史非连续性生成的待解释文本，势必超出传统视野和逻辑，无与之关联的前见，也是前见无法解释的文本。所以，对这种文本的解释就必然无前见在场，从而非前见依赖性解释学的在场就因此得以可能。其二，既有知识观念的有限性与待解释文本无限性的矛盾，决定了前者未必都与后者相关。其三，卡尔·海森堡以揭示世界不确定性为主题的“测不准原理”显示，不确定性世界无确定联系。因此，对该世界的解释就难以生成前见。“哥德尔明确指出，算术系统中存在着一种在系统内既无法证明也无法证伪的命题，这意味着算术系统不能满足完备性条件”①，从而势必存在缺环、非连续性。上述定理既然彰示文本不必然有其前见，那么，非前见依赖性解释学的在场就成为可能。其四，托马斯·库恩揭示的“范式”不可通约性的实质，即不同范式是相互封闭隔绝的。不同理论范式间这种相互封闭、相互隔绝、不可通约性的关系，决定了与待解释文本不享有相同范式的解释者，与待解释文本就不可能共享在逻辑上具有连续性的传统，从而也就不可能基于此生成关于待解释文本的前见，进而也就使得非前见依赖性解释学的在场成为可能。其五，世界的无限性呈现时空两个维度。一事物之所以是新的，可能仅由于它是空间性而非时间性维度中完全异质的事物。德里达关于“一般见识并没有绝对的源泉”②，从而反对任何事物都有其起源的命题，正是对把历时性作为解释世界的霸权性原则的逆动。这就意味着并不存在与由历史横向裂变拓展生成

---

① 让-弗朗索瓦·利奥塔尔：《后现代状态》，车槿山译，生活·读书·新知三联书店1997年版，第125—126页。

② Jacques Derrida, *Of Grammatology*, Baltimore and London: The Johns Hopkins UP, 1976, p. 65.

的文本相对应的前见。这一事实，就使得非前见依赖性解释学的在场得以可能。其六，实践对认识前述终极基础地位[①]，决定了支配解释的根本力量是实践而非前见。实践未必存在与化解其遭遇的全新挑战相关的前见，从而挑战的化解就需通过实践探索来完成。实践文本的解释超离前见的这种可能性，使得非前见依赖性解释学的在场成为可能。其七，海德格尔强调“上手状态和现成在手状态的区分，并主张上手状态的优先性”[②]，认为“只是对物作‘理论上的’观看的那种眼光缺乏对上手状态的领会”[③]。这就是说，事物当下显现的现实属性，是通过人与事物现实互动显现的。人无法预知未与人互动的事物未向人显现的潜在属性。显然，这种“上手状态”使得对事物的解释成为可能的机理，瓦解了解释对前见的依赖，使得非前见依赖性解释学在场成为可能。

解释学的重建：由前见依赖性形态向非前见依赖性形态拓展

前述分析显示：其一，前见在解释中不可能普遍有效在场，前见依赖性的解释活动并非解释活动的全部形态，前见依赖性解释学并不具有普遍有效性，也不可能是解释学的全部形态或唯一可能的形态。其二，前见依赖性解释活动，进而前见依赖性解释学的有效性范围，仅限于对基于历史连续性生成的待解释文本的解释和研究。其三，对于前见依赖性解释活动、前见依赖性解释学而言，其所依赖的前见本来就是一种依赖性、从属性变量，需被解释和被说明，无独立性和自足性可言，从而不足以作为解释文本的根本性依据、着眼点和出发点，进而其关于文本的解释势必是不彻底的。其四，前见依赖性解释活动、前见依赖性解释学只有奠基于作为前见、作为待解释文本由以

---

① 马克思：《关于费尔巴哈的提纲》，《费尔巴哈》，人民出版社 1988 年版，第 84 页。

② Richard Bernstein, *The Pragmatic Turn*, Cambridge: Polity Press, 2010, p. 20.

③ 海德格尔：《存在与时间》，陈嘉映、王庆节译，生活·读书·新知三联书店 1987 年版，第 86 页。

生成的终极基础之上，并基于该终极基础内在的属性和要求，来解释文本、来引领解释活动，才具有相对科学性、有效性、可靠性。而该终极基础只能是前见与被解释文本由以生成的社会存在基础。其五，“一切历史的第一个前提”是“人们为了能够‘创造历史’，必须能够生活。但是为了生活，首先需要吃喝住穿以及其他一些东西。因此第一个历史活动就是生产满足这些需要的资料，即生产物质生活本身”① 的活动。“因此，道德、宗教、形而上学和其他意识形态，以及与它们相适应的意识形式便不再保留独立性的外观了。它们没有历史，没有发展，而发展着自己的物质生产和物质交往的人们，在改变自己的这个现实的同时也改变着自己的思维和思维的产物。不是意识决定生活，而是生活决定意识。”② 这意味着作为意识、观念的前见，只能依赖“生产物质生活本身”这一基本前提条件而生成，为其所决定并随其演化而演化。这决定了前见依赖性解释活动、前见依赖性解释学不足以独立自主、根本有效地解释文本，不足以透彻、完整地诠释规范并引领整个解释活动。其六，生存作为人一切思想和行动的终极前提，有其客观规律和现实法则，那么，作为人生存具体内容的被解释文本的生产和对被解释文本的解释，就势必是自觉不自觉地按照生存客观规律现实法则，而非按照前见进行的。前见本身在终极意义上不过是生存客观规律现实法则的凝聚与表达，在根本上统一于生存客观规律和现实法则，而不是独立的、自足的。就此而言，对文本的解释在终极意义上是受生存客观规律和现实法则规范的，从而就呈现为零前见或无前见的解释。这表明，解释活动本质上是非前见依赖性解释活动，从而是前见依赖性解释学所不能涵盖和解释的。其七，无前见约束、不依赖前见的解释既是可能的，也是以多样性形式存在的，从而非前见依赖性解释学的在场也是可能的。

基于上述内容可判定：一方面，前见依赖性解释学因其局限性，有待被矫正和提升；另一方面，基于历史非连续性和前见的从属性、次生性对客观存在的依赖性等缘由，而势必合法出场在场的非前见依

① 马克思、恩格斯：《费尔巴哈》，人民出版社1988年版，第23页。

② 马克思、恩格斯：《费尔巴哈》，人民出版社1988年版，第16页。

赖性解释活动，与前见依赖性解释活动完全异质，从而是前见依赖性解释学无法说明的解释活动。这两个方面结合在一起，就客观地期待和要求重建解释学，实现解释学由前见依赖性形态向非前见依赖性形态拓展提升。

那么，非前见依赖性解释学具体规定性究竟是怎样的？作为其研究对象的非前见依赖性解释活动，不依赖前见究竟如何来解释文本？对此，不难从唯物史观中找到有效解答的基本思路。从唯物史观视角来看，任何待解释文本，都是基于物质生活的生产这一历史得以可能的根本基础生成的社会结构的内在环节，其属性势必为该社会结构约束，所以，物质生活的生产及其支撑的社会结构，就构成理解任何待解释文本的根本依据。唯物史观这一基本判断，在逻辑上势必使得非前见依赖性解释活动，无可争辩地呈现为不存在前见，从而不依赖前见的非前见依赖性解释活动，和存在前见、但前见不构成解释文本的根本依据、在解释中仅居于从属性地位的非前见依赖性解释活动这样两种类型。也就是说，前一类型之所以是非前见依赖性的，是因为其中不存在前见，后一类型之所以是非前见依赖性的，是因为其在根本上依赖于待解释文本由以生成的物质生活的生产及其支撑的社会结构，而非其中尽管存在、但却依附于待解释文本由以生成的物质生活的生产及其支撑的社会结构而存在，且其有效性限度也为其所依附对象限定的前见。进一步看，唯物史观的逻辑之所以使非前见依赖性解释活动绽现为无前见的非前见依赖性解释活动，和不为前见主导的非前见依赖性解释活动，根本理据在于：其一，生产方式革命导致的历史纵向断裂、地理环境横向差异导致的历史横向区隔，使得对基于此生成的文本的解释活动不存在前见；其二，解释活动中即使存在前见，前见也终究是观念性约束项，因此，其在解释活动中的地位在根本上是从属性、依赖性的，解释活动由以展开的根本性、主导性、基础性依据，只能是待解释文本由以生成的生产方式基础及其支撑的社会结构。

唯物史观对解释活动根本依据的上述彰示、对非前见依赖性解释活动基本类型的上述绽现，使得非前见依赖性解释学也相应地呈现为两种基本形态：基于世界非连续性，主张解释活动无前见存在，从而着眼于待解释文本由以生成的社会存在基础及其支撑的社会结构，来解释文本的解释学形态。该形态本质上是无前见约束的非前见依赖性解释学；基于世界连续性，以待解释文本由以生成的社会存在基础及其支撑的社会结构为主导性、支配性依据，以前见为从属性、参考性依据，来解释文本的解释学形态。因此，该形态本质上是一种非前见主导性的非前见依赖性解释学。

从前述分析看，前一形态的非前见依赖性解释学所要求的解释文本的逻辑呈现为：首先，揭示待解释文本由以生成的生产方式基础的性质、时代合法性及其内在要求；其次，判定其在基于该基础而生成的社会结构中所处环节所归属的层次，进而判定其与该社会结构的生产方式基础内在要求间的关系，并据此判定其属性和意义；最后，着眼于其由以生成的具体环境、由以被生产的具体动机、其对生产者的意义和实际作用，来理解其属性与意义，最终完成对其的解释。当然，“全部社会生活在本质上是实践的。凡是把理论引向神秘主义的神秘东西，都能在人的实践中以及对这个实践的理解中得到合理的解决”①。所以，基于上述着眼点的解释，最终都须呈现为基于具体实践状态的解释。从前述分析来看，后一形态的非前见依赖性解释学所要求的解释文本的逻辑呈现为：首先，揭示待解释文本由以生成的生产方式基础的性质、时代合法性及其内在要求；其次，判定待解释文本在该基础支撑的社会结构中所归属的具体环节，从而据此判定其社会历史属性和意义；再次，基于待解释文本的生产方式基础及其支撑的社会存在结构的性质、时代合法性与内在要求，对作为解释活动中介的解释者前见的性质及其合法性限度予以分析评判，以去伪存真；接下来，着眼于经由上述环节评判和矫正了的前见，与待解释文本由以生成的生产方式基础及其支撑的社会结构的性质、时代合法性与内在要求的结合，来理解待解释文本的属性与意义；最后，着眼于待解释文本由以生成的具体环境与具体动机、对生产者的意义和实际作用，来理解其在由以生成的具体环境中的属性与意义，以完成对其的解释。

显然，上述两种形态分别服从的不同解释逻辑，都以文本由以生

---

① 马克思：《关于费尔巴哈的提纲》，《费尔巴哈》，人民出版社1988年版，第85页。

成的社会存在基础及其支撑的社会结构为解释文本的根本依据。这既使其统一了起来，也使其与前见依赖性解释学根本地区别了开来。而是否有前见介入，并把前见作为解释文本的从属性参考依据，则彰显了非前见依赖性解释学的内在差异及其完整性、彻底性。当然，非前见依赖性解释活动的具体类型是多样的，因此，上述解释逻辑在非前见依赖性解释活动不同类型中的具体作用形式势必是不同的。

结　语

其一，前见的观念本质使得前见依赖性解释学实为一种意识依赖论的解释学。“意识在任何时候都只能是被意识到了的存在，而人们的存在就是他们的现实生活过程。”[①] 因此，该解释学主张的依赖前见进行的解释就不具有彻底性，解释的结论终究只是一种半成品而非完整的成品。

其二，前见依赖性解释学是着眼于前见而非从文本出发解释文本，因此，文本属性是怎样的不取决于文本，而取决于外在于文本的前见。可见，它本质上是一种外在规定论的解释学，因此它主张的解释难免不具有外在强制性地赋予文本所不具有属性的风险。

其三，在以多元性、断裂性、差异性为根本规定性的现代性条件下，对前见依赖性解释学的膜拜和盲从，既存在着与多元性、非连续性、多频度性的现代性生活相隔膜、相脱节的可能，也存在着陷入把现代性生活简单化、模式化的逆现代性冲动的危机。就此而言，前见依赖性解释学的极端发育，不但锈蚀着解释学理论生态的健康，而且可能孵化出现实社会生活病态格局。所以，对前见有依赖性解释学的反思、批判和矫正，不仅是一个承载着学理性意蕴的过程，而且是一个浸润着现实介入性关怀效能的过程。

其四，待解释文本终究生成并根本地依赖于其社会存在基础，从而呈现为该基础的间接存在形式；相应地，该基础的客观属性也就以内化于待解释文本中的形式，塑造和规定该待解释文本。就此而言，

① 马克思：《关于费尔巴哈的提纲》，《费尔巴哈》，人民出版社 1988 年版，第 15 页。

上述非前见依赖性解释学基于待解释文本由以生成的社会存在基础来解释文本，就是基于文本本身来解释文本，从而是一种内在规定论的解释学。这就与前见依赖性解释学前述外在规定论的本质区别了开来。

其五，对非前见依赖性解释学和前见依赖性解释学而言，社会存在对社会意识的终极基础地位，决定了前者构成后者科学性的前提和基础，决定了后者科学性状况取决于其对前者统一性状况，决定了后者只有与前者相融通，并为后者所规范，其科学性才能得到保障。

其六，从既有观念出发理解文本，在当下实践和理论研究中仍是人们不自觉的常态性选择。例如，“企业在转型中难免遇到来自自身的阻力，太习惯于过去的模式，而不根据时代环境去改变。学界也有类似问题，过度依赖熟悉的思维定式，为了捍卫价值主张而排斥事实，思想上变得钝化保守”①。“学界通过现有的范式来尝试解释中国的经济崛起，忽视了其特殊的发展道路，以至于对中国模式缺少理解与包容，无法公平理智地进行研究。”②实践和理论研究中对前见的这种不自觉依赖，势必阻滞创新发现。因此，正视和开发非前见依赖性解释学内蕴的超越传统追求创新的功能，在当下尤为重要和迫切，而促使和驱动该解释学在实践和理论研究中普遍有效在场，就构成学界的迫切使命。

其七，非前见依赖性解释学的出场，彰示着文本的历史视域和解释者的当下视域存在着隔膜、脱节、疏离的可能，从而意味着解释不只存在着视域融合的可能性、必要性，也存在着视域阻断、隔绝、脱节、独立、反思、批判的必要性与可能性。这就使得前见依赖性解释学主张的基于“视域融合”的“效果历史”不必然出现，从而使得前见依赖性解释学建构的“前见”“视域融合”“效果历史”等核心概念一统天下的解释学理论景观，一定程度上被改写和扩展。

---

① 刘俏：《中企须创造价值而非一味追求规模》，《联合早报》2019 年 7 月 29 日。

② 刘俏：《中企须创造价值而非一味追求规模》，《联合早报》2019 年 7 月 29 日。

公共阐释下的马克思主义美学中国化实践[*]

何光顺[**]

马克思主义美学在中国、马克思主义美学中国化、中国马克思主义美学，是三个不同层次的问题，涉及公共阐释的可公度性也即公共视域的转换问题。马克思主义美学在中国，其公共视域更多是一种普遍主义的。马克思主义美学中国化，是认识到马克思主义美学的概念、理论和方法必须与中国社会和艺术实践相结合，而实现以中国民族认同为基础的公共视域转换。中国马克思主义美学，就是在中华美学的公共视域下，实现马克思主义美学的内在性生长，为解决中国问题和建构华夏民族公共意识形态服务。在这三个层次的转换中，阐释的视域和可公度性及其具体实践，将是本文考察的重点。

一 “马克思主义美学在中国”与“中国马克思主义美学”

高建平先生在《关于中华美学精神建设的思考》中指出，自 20 世纪 50 年代以来，中国美学出现了三次热潮：第一次是从 20 世纪 50 年代到 60 年代初的“美学大讨论”，其目的是在中国建立与新生社会主义制度相适应的马克思主义美学，是将“美”和“美感”问题放在辩证唯物主义和历史唯物主义的哲学体系中来研究；第二次是从

---

* 本文原刊于《探索与争鸣》2020 年第 11 期。

** 作者单位：广东外语外贸大学中文学院、外国文学文化研究中心。

1978 到 1980 年代中后期，是引导中国走出“文化大革命”的文艺理论体系，引进国外美学成果，并开始关注中国传统美学；第三次是 20 世纪 90 年代末发端，在新世纪逐渐升温的“美学的复兴”，是经历 20 世纪 90 年代经济大潮冲击导致美学学科消沉后美学学科的重新兴盛，涉及学科内容的全面更新。①

在高建平先生看来，一百来年的中国美学发展史，就经历过从“美学在中国”到“中国美学”的发展过程。“美学在中国”（Aesthetics in China），确切说来，就是“西方美学在中国”（Western Aesthetics in China），是强调译介西方美学著作和引进最新美学艺术理论，以运用于中国文学艺术实践，朱光潜是其最突出代表。但同时，也有不少美学家认识到建立“现代中国美学”的需要，这种“中国美学”不是历史上的“中国美学”，也不是“美学在中国”，这可以宗白华为开端，以 20 世纪 80 年代后期中国美学史研究热潮为其典型体现，其代表有李泽厚《华夏美学》、叶朗《中国美学史大纲》、李泽厚、刘纲纪《中国美学史》等，该时期学者们致力于寻找现代美学的对应物，体现出一种寻找美学的中国特性的真诚努力。②

从“美学在中国”到“中国美学”的历史转变，涉及一个 20 世纪影响中国最大的西方美学流派，那就是马克思主义美学，它同样经历了“马克思主义美学在中国”到“中国马克思主义美学”的变迁。在 21 世纪初叶，当中华美学适逢华夏民族复兴之际，就有必要回顾一个世纪以来西方美学特别是马克思主义美学与中国美学的相遇、碰撞、融合，即从西方思想语境中产生的马克思主义美学如何适应中国文化语境，并成为中华美学内在组成部分的问题，就是如何使其成为中国马克思主义美学，而不再是德国的马克思主义美学，也不是苏联时期的马克思主义美学，而只是中华美学历史发展的一个当下阶段，具有言说中国民族的话语方式和精神意蕴，此也即丁国旗所提出的马克思主义美学或文艺理论的“中国化”方向，就是要培养后备力量，

---

① 高建平：《关于中华美学精神建设的思考》，《社会科学战线》2017 年第 2 期。

② 高建平：《全球化背景下的中国美学》，《民族艺术研究》2004 年第 1 期。

强调理论阐释和加强问题意识。[①]

至于如何实现马克思主义美学中国化的实践，也有学者提出不同思路和方法，如朱立元、王建疆等分析了从生成而非现成的角度来实现马克思主义美学的中国化[②]；杨向荣讨论了以左翼理论家对俄苏美学的接受以及毛泽东和蔡仪等人为代表的马克思主义美学中国化路径[③]；张弓讨论了马克思主义美学中国化与后现代主义思潮的同步关系[④]。这些学者都涉及到了马克思主义美学与中国的实践相结合的问题，但都未曾明确这个中国化过程中所产生的从“马克思主义美学在中国”到“中国马克思主义美学”的视域转换问题，前者的视域是马克思主义的，后者的视域是中国的，这个发生转换的视域，都有其本身所处的可公度性问题，有其身份认同的转换。这里我们借用张江教授提出的“公共阐释”命题来略作诠释。

何谓公共阐释？张江认为：“公共阐释是公度性阐释。……阐释的公度性立足于公共理性建构的公共视域。”[⑤] 对于公共视域的问题，张江未曾做出明确区分，他主要强调了“公共视域是民族共同体基于历史传统和存在诉求的基本共识，是公共意见的协同与提升”[⑥]。实际上，张江忽略了全球性公共视域和民族公共视域的差异。但这种忽略全球公共视域而强调民族公共视域，正预示着“中国化”问题的凸显。因为，传统的“马克思主义美学在中国”，其出发点即为全球公共视域，就是为全世界的无产阶级服务，就是要打破民族和国家界限；“中国化马克思主义”，其出发点却在华夏民族的公共视域，是借马克思主义美学以实现民族的真正复兴，就是构建华夏民族的共同体。

---

① 丁国旗：《马克思主义文艺理论在中国》，中国社会科学出版社 2017 年版，第 236—243 页。

② 王建疆、徐大威：《马克思主义美学的本质特征及其中国化》，《西北师大学报》（社会科学版）2010 年第 1 期。

③ 杨向荣：《现代中国美学的论争与建构——20 世纪上半期中国美学史的理论建构》，《社会科学战线》2015 年第 8 期。

④ 张弓：《后现代主义与马克思主义美学中国化》，《文学评论》2018 年第 1 期。

⑤ 张江：《公共阐释论纲》，《学术研究》2017 年第 6 期。

⑥ 张江：《公共阐释论纲》，《学术研究》2017 年第 6 期。

显然，当我们提出“马克思主义美学中国化”之时，应该认识到任何从其他区域、民族产生的美学理论，都需要经过中国民族的自我选择、吸纳和转化，以凸显其作为一个民族共同体话语的可公度性。在我们看来，没有中国民族精神贯注其中的马克思主义美学，就无法建构出独立的中国美学话语。下面我们将详细论述。

二 马克思主义美学公共视域下的中华美学问题

马克思主义美学的起点是与《1844 年经济学—哲学手稿》中确立的关于“劳动”“人的本质力量的对象化”“异化”等问题关联在一起的。马克思主义美学的发展则始终处于一个从马克思唯物辩证史观与科学社会主义理论视域出发的运动建构过程之中。在马克思主义美学公共视域下观照中华美学，实际常常形成只有马克思主义美学，而无中华美学的问题。学者们热心建构的是马克思主义美学的体系，讨论的是什么才是真正的马克思主义美学，尝试的是以中国美学为材料来充实和组装马克思主义美学。

首先，是马克思主义美学体系的建设问题。20 世纪五六十年代，在蔡仪、李泽厚、朱光潜、吕荧、高尔泰等人充分利用马克思《手稿》中的劳动实践理论克服了主客对立的机械唯物主义美学观，初步建立了在中国的马克思主义实践美学体系。20 世纪 90 年代，杨春时连续发文呼吁超越实践美学以走向“后实践美学”，认为实践美学是古典主义和理性主义的，而“后实践美学”是不受理性支配的超理性美学。此后，潘知常提出的生命美学、张弘提出的存在论美学、王一川提出的体验美学等等，也都打出超越实践美学的旗号。① 王杰也选择“乌托邦”与“人文悲剧精神”以从审美人类学角度建立马克思主义美学的审美标准。② 朱立元有建构实践存在论美学体系并有诸

---

① 周维山:《中国化马克思主义美学传统的形成与突破——兼论〈1844 年经济学哲学手稿〉的当代美学价值》,《湖北大学学报》(哲社版) 2015 年第 3 期。

② 王杰:《文化经济时代的马克思主义美学》,《中山大学学报》(社会科学版) 2018 年第 2 期。

多创见。[①] 这种以马克思主义美学为公共视域的所谓中华美学的理论体系建设，都只是在起点处谈问题，都难以摆脱西方各家美学流派的束缚，其体系建构仍然停留于被预设为普遍主义的马克思主义的实践论和海德格尔的存在论，而未曾明确以中华美学为公共视域，未曾明确提出民族视角。这个民族视角不是简单的民族主义的美学表达，而是真正突破普遍主义和理性主义美学的有效途径。

其次，正是因为未曾明确提出以民族公共视域为出发点的民族美学，故各种试图超越实践论或深化实践论美学的体系建构，都会引发另外一批学者对于其是否是马克思主义美学的质疑。于是，就有董学文批评朱立元的实践唯物主义和实践存在论是不成立的，认为这种实践存在论过于强调了实践的“能动性”，就可能走向主体性的“精神实践”的危险。[②] 虽然，刘旭光等学者又回应反驳了董学文的质疑，并清理了实践存在论美学的知识谱系与理论支点，认为实践存在论美学从马克思实践哲学和现象学方法对德国古典美学的超越中获取资源，[③] 而董学文也有对这个问题的再批评和回应，但都是停留于马克思主义美学的起点处，都处于西方美学从古典到现代的知识谱系之中，中华美学的民族公共视域是仍未出场的。在这些争论中，很多学者并未认识到，马克思主义美学的实践论，只是我们进入民族美学或中华美学的一个起点而非最高标准，是我们建构中华美学的一个基石，而中华美学的更多的基石、支柱却需要我们自己来搭建。

第三，有不少学者的学术理路着力在为马克思美学原理体系填充中华美学的材料。马正平特别强调马克思主义美学原理体系的建设，但其着眼点仍在于补充材料，这也是我们的美学教科书所做的工作，就是将上古神话、西周礼乐、诸子美学、汉赋、唐诗、宋词、元曲、明清小说，以及各代书法、绘画艺术等放置入马克思主义美学的原理

① 朱立元：《走向实践存在论美学——实践美学突破之途初探》，《湖南师范大学社会科学学报》2004 年第 4 期。

② 董学文、陈诚：《“实践存在论”美学、文艺学本体观辨析——以“实践”与“存在论”关系为中心》，《上海大学学报》2009 年第 3 期。

③ 刘旭光：《实践存在论美学的知识谱系与理论支点》，《厦门大学学报》（哲社版）2011 年第 5 期。

框架，塑造成西方美学的孪生兄弟，中国美学也由此成为马克思主义在中国社会和思想发展中的分支，这既促进了中国美学学科的现代化，也造成中国美学成为马克思主义的注脚。以这种马克思主义美学的标准框架来剪裁中华美学，就造成了王杰所说的“悲剧人文主义在红色乌托邦和乡愁乌托邦组成的双螺旋结构中得以重建”[①] 这样一个革命叙事，而这也就是中华美学的现代化历程看似在马克思主义实践美学指引下，而实际却成为由苏联转手而来的红色乌托邦与以中国小农经济为基础的乡愁乌托邦的双螺旋式结合的夹生叙事。

第四，我们就进入了这样一个环节，中华美学的现代建构过程看似受到马克思主义美学的经典文本指导，但实际上，以 1935 年中国工农红军长征为界，在长征以前，马克思主义在中国的公共阐释权被掌握在苏联手中，这种中国革命话语以及延伸出的美学话语是外在主导型的。在遵义会议确认毛泽东的军事领导权，以及其后在延安确立毛泽东的政治思想领导权中，马克思主义从政治、军事和思想上开始了中国化的进程，即根据当时中国与世界形势所做出的马克思主义的本土化诠释，阐释权从苏联政治家之手，转向中国无产阶级革命领袖之手，这暂时解决了意识形态公共阐释权力的主导者问题，但更深层的中国古典思想话语及其美学精神却遭到了贬斥。这种贬斥甚至形成为一种集体无意识，它可以追溯到胡适《白话中国文学史》写作对中国古典士大夫文学的否定性评价，它们共同形成了以大众的“感觉共同体”为主导的学科自觉，也就是大众或平民审美意识的自觉，它为马克思主义的人民美学在中国的发展和兴盛创造了条件。

第五，这种从苏联革命美学到中国共产党人的无产阶级美学，就建立了一个切入中华美学的基本视角，即以世界范围的无产阶级为其公共视域来叙述和建构中国平民的或工农联盟的革命意识形态话语。因此，当毛泽东讲“劳动者最聪明，高贵者最愚蠢”时，就既是属于世界性的无产阶级意识形态，也是站在中国范围内反对帝王和士大夫阶级的平民意识形态的公共话语重述。这种关于劳动者的感觉共同

---

① 王杰：《文化经济时代的马克思主义美学》，《中山大学学报》（社会科学版）2018 年第 2 期。

体的美学表达，在胡适、鲁迅那里，都具有会通中西古今的性质。胡适本来也可以成为马克思主义美学和无产阶级话语的诠释者，但他远游欧美的贵族化经历和身份，以及置身国民党所代表的传统士大夫与欧美精英阶层代言人身份，让他的平民白话文学及其审美意识形态只能是一种从高处看低处的俯就，而非真正成为卑微劳苦大众的代言人。因此，胡适只能简化和美化底层，却并不能真正理解底层也无法进入底层。相反，鲁迅因其家道中落，而趋近于平民身份，这使他既能进入底层，又能对底层并不抱那种过于美化的幻想，他对如阿 Q 这样的底层革命者就始终是怀疑的，这也使其不同于那些浪漫主义的革命者。这体现在《花边文学》事件与廖沫沙的争论中，鲁迅讽刺华人因被洋人惩罚而心生不平中所渴望获得优待的特权意识，而廖沫沙却将这种批评华人的写作看作是一种买办的行为，[①] 这看似两种革命话语的不同表达，而也实际是廖沫沙的外在型植入公共视域与鲁迅的内在型自省公共视域的分歧。

最后，我们就看到，从中华美学公共视域出发的民族美学建设就呈现危机，这种危机的形成主要有两个阶段：一是 1978—1989 年，马克思主义作为西方政治思想的一支在中国仍受重视，但非马克思主义的各家美学理论全面涌入，这也是一个表面的启蒙期，即在对中国美学公共阐释的过程中，不少人成为当时西方思想的跟随者；20 世纪 90 年代以后，中国进入以经济发展为中心的时代，功利主义话语成为该时期的有影响力的话语形态，并主导着公共阐释空间，崇尚武力霸道、抛弃仁义王道，就成为该时期文学写作和历史评价的主要尺度。如易中天讲三国，采取了功利主义的表达方式，不再提倡中国儒家强调的程序正义，而是在大一统（霸道而非王道）和功利主义至上言说中，将曹操评为三国第一英雄。在文学领域的反思则相对深刻，如《活着》展现生存的痛苦挣扎，莫言的《檀香刑》展现权力的精致的残酷，《废都》描写知识分子的堕落，这些作品都在挖掘着传统信仰何以失落的根源。进入市场经济时代，由于中华美学的传统地基不被重视，马克思主义美学虽然还被部分学者阐释，但因为缺乏

① 张宁：《“花边文学”事件与两种民族主义》，《郑州大学学报》2005 年第 6 期。

深厚的本土滋养，仍难以主导公共阐释空间。

三　中华美学公共视域下的马克思主义美学问题

中华美学公共视域的确立，实际就是民族美学建构过程的开始，是在世界各民族美学多元竞放的时代去创造和取得华夏民族的文化权力，而这也是中华民族伟大复兴的必然步骤，是伴随着实际冲突的话语冲突。在这个维度上，我们就认同汤普森所指出的："阐释不仅是公共的，也是冲突性的。阐释是多样性的，而且它们彼此之间存在冲突、冲撞"，"阐释与资源、权力、利益相关联，因此也就有了冲突的空间。"① 从以马克思主义美学作为公共视域来审视中国美学，到以中国美学作为公共视域来审视马克思主义美学，便涉及一种利益或观念的冲突。我们知道，十月革命成立苏维埃政府，一方面是为了对抗西方帝国主义武力干涉，需要有不同于沙俄东正教意识形态的新型苏维埃意识形态，另一方面又要以新型苏维埃意识形态来联合或控制加盟共和国，并向第三世界输出革命。这其中既有共产国际精神，但也不可避免地裹挟着苏联的沙文主义。而列宁、普列汉诺夫等人的马克思主义阐释及其美学建构，就成为苏俄新生政权抵抗协约国和控制加盟共和国乃至广大第三世界国家的意识形态武器。显然，十月革命后的马克思义美学，在传入中国之际，既带动了中国作为第三世界国家对于欧美列强的反抗，但也隐藏着苏维埃革命输出的意识形态控制。

因此，在汤普森看来，"所有的阐释都有一定的接受度，问题是接受度有多高"②，经过苏联转手的马克思主义美学在最初传入中国共产党人手中时接受度最高，但随着王明、李德、博古等所代表的共产国际对于苏联革命经验的盲从及其在中国革命实践中的失败，苏式

---

① 张江、［英］约翰·汤普森：《公共阐释还是社会阐释——张江与约翰·汤普森的对话》，《学术研究》2017 年第 11 期。

② 张江、［英］约翰·汤普森：《公共阐释还是社会阐释——张江与约翰·汤普森的对话》，《学术研究》2017 年第 11 期。

马克思主义教条理论也在中国被以毛泽东为代表的中国本土马克思主义理论取代，其中《实践论》《矛盾论》就是毛泽东既接受马克思主义，又根据中国革命实际所形成的中国马克思主义理论。毛泽东指出："通过实践而发现真理，又通过实践而证实真理和发展真理。"[①]这已与后来有些学者提出的中国美学的实践理性原则相通，蕴含着从中国视域出发的马克思主义美学思想。在延安时期，毛泽东对中国共产党内教条主义和经验主义的批判就是对一种强制阐释的纠偏，即避免"让文本和生活成为证明其理论正确性的佐料或下脚料"[②]，这种纠偏又是另一种本土性的权力话语的强行介入阐释。这也就是我所强调的阐释必然内含着强制，问题只在强制的有效性和合理性边界在哪里。

正是从中国革命实践出发，马克思主义美学在中国，就逐渐向中国马克思主义美学演进，走上独立的发展道路。这样，我们就看到，只有从中国革命实际和中国美学的当下生成去接受理解马克思主义基本原理和美学思想，才真正契合马克思主义的辩证唯物主义与科学发展观，契合只有在具体实践中才有人的本质力量的对象化的问题。这也正如栾栋教授所论述的，马克思主义美学思想的核心，就是劳动创造了美，劳动揭示了美的规律。[③] 这里的劳动就是具体的，是属于中国民族的具体的社会实践或革命实践，是属于现代中国美学的创造，也是属于中国的马克思主义美学。这样，从他者视域转向自我视域，中华美学公共视域就成为华夏民族的共有的感知域和理论域，成为确立自我传统、赢得其独立地位的中国话语表达，而这也将有助于凝聚中华文化的共同体认同，适应中国构建统一民族国家的历史趋势。

于是，马克思主义美学的民族化，或者说中华美学选择以何种方式消化吸收马克思主义美学，就成为一个迫在眉睫的政治问题，也是一个严肃的学术问题。这也表明学术不只是一种个体话语，而是必须

---

① 《毛泽东选集》第一卷，人民出版社 1991 年版，第 296 页。

② 张江、［英］约翰·汤普森：《公共阐释还是社会阐释——张江与约翰·汤普森的对话》，《学术研究》2017 年第 11 期。

③ 栾栋：《美学的钥匙——论马克思劳动学说的美学意义》，陕西人民出版社 1983 年版。

为着共同体服务的公共阐释话语，诚如张江所言："公共阐释超越并升华个体理解与视域，申明和构建公共理解，界定和扩大公共视域。"① 这里的"界定"和"扩大"就互为约束，即这视域扩大不能完全消解在历史中形成的区域文化和国家文化等共同体，不能扩大到整个人类或宇宙以造成同质化和平均化，而是要界定公共视域，即基于特定地区、国家的历史条件以展开建构，既向整个人类的普遍性扩展，又向特定的民族和国家的具体性聚集，而这也可能是汤普森希望以"社会阐释"来代替"公共阐释"的因缘。这也就是所有阐释都内含着强制性的内在欲望和动机的冲突，而其平衡则只在于动态中的博弈。

因此，当我们谈"公共阐释"中隐藏的立场期待与权力博弈时，我们在某种程度上也就消解了张江的强制阐释论的非强制阐释的可能，消解了公共阐释中纯理性建构的完美秩序。但有一点却终得以保留，那就是正因为有冲突和博弈，才有了从民族立场建构中华美学的需要，这其中既如实地呈现出属于我们这个民族和个体在面对纯粹美的形式中的审美趣味和思维方式，同时也表达着我们这个民族和个体在遭遇来自内部冲突和外部入侵与压迫时的审美心理与艺术表达。这样，我们这片土地上的极具审美意境的乡愁、闺怨、伤春、悲秋、离愁、别恨、孤旅、塞客、浮云、胡马、衣冠、礼乐、明月、春江、节士、烈女、忠臣、壮士、秋草、大漠、长烟、竹菊梅兰，才是我们民族偏爱的意象，这些意象的共同交织组合就隐藏着我们民族的个体的故事和他们的血泪与苦难。我们读这些具有民族性的古典诗词，看那些书法绘画，听那些歌曲，就会唤起我们情感的巨大共鸣。在这里，那种马克思主义美学的普遍主义从劳动展开的实践，才从华夏民族的共同体身份角度得到真正诠释。没有华夏民族的历史和文化体认，要想进入这个民族的美学和艺术，那就无异于南辕北辄。

这样，一个中华美学的马克思主义化向马克思主义美学的中国化转向，就成为新时代必须解决的理论和实践问题。马克思主义美学就要成为中华美学的内在元素，而中华美学就将在吸纳马克思主义美学

① 张江：《公共阐释论纲》，《学术研究》2017 年第 6 期。

的思想方法中实现其继承中的超越。二者就需要寻找内在和外在的契合点。从内在来说，马克思主义需要举起的道，也离不开爱人和对生命的尊重，这和中华美学从先秦儒家以来所强调的仁道相通，那就是仁者爱人，而这就让马克思主义美学完成一个内在化引入，就是"儒—马"可相互嫁接的着眼于个体和人类的爱。这种"爱"既是马克思主义美学也是中华美学的内在要义，是"公共阐释的超越性阐释"维度。至于马克思主义美学所强调的矛盾和斗争则是属于万事万物在其不同阶段的异质因素运动中的冲突，它看似不可调和，但又在矛盾对反运动中构成生命本身，而与中华美学所推崇的易学太极阴阳鱼图形实现了呼应，那就是矛盾和冲突不但没有构成毁灭，反而形成万事万物生生不息的循环运动，契合了儒家所讲的"和而不同"的美学思想。这样，从仁道贯通和矛盾互补角度，我们就找到了中华美学和马克思主义美学相互诠释的契合点，于是，马克思主义美学本身是世界性的，但放在中华美学的视野来看，它又成为中华美学发展中的一个阶段和具体化实践。

四　马克思主义美学中国化实践的方向

在当前，马克思主义美学应当成为服务于中华文化共同体构建的内在理论和方法。在马克思主义美学的胚胎《手稿》中，马克思主要是从哲学人类学的思维范式出发，从自我意识、审美和共同体这三个方面来阐发消除异化以达到人的本质回归的真正的创造和交往①，也就是人的社会性的实现，但这其中也存在着一个严重问题，那就是以无国家无民族无地域差异的纯自由创造来取消审美所应当禀有的实践的具体性。然而，至少在共产主义社会实现以前，我们还得身处具体的阶层、民族、国家之中，那种因着各种利益和权力博弈的冲突确实让人的劳动创造成为人的异己力量，但因着这种异化而产生的艺术却也是一种拯救性力量。当异化不存在时，人类或许已经不需要艺

① 王巍、刘怀玉：《马克思交往理论的哲学人类学内涵》，《河海大学学报》（哲社版）2015 年第 6 期。

术，因为艺术更多的是在本能欲望和社会力量的具有弹性的张力之间得到创造。华夏民族的美学，是介于个体的自然和人类的社会之间的历史性生成的产物，它不但不会在马克思主义美学这里趋于消解，而且反倒应当被强化。这种强化的必要就是华夏民族的个体在面对着来自于异己性民族或强势民族的侵入和压迫的危险之时，他更愿意和具有共同居住区域与历史传统的民族个体实现集结，以抗御那自己无法独立抵抗的压迫。这种以民族认同为界限和规约的民族美学，始终处于动态的发展与平衡中，并契合了马克思主义美学反对异化以实现自我的要义。

中华民族正值其伟大复兴的关键时刻，从历史经验来看，一个民族国家的崛起，必然伴随着具有影响力的文化形态的传播，中华美学界必然身处此历史和时代使命之中，而这也是笔者将过去的马克思主义美学公共视域转向现在的中华美学公共视域的根源所在。这种转向具有一种现实的急迫性，这正如学者所指出的，当前建构中华文化共同体的任务是 1840 年以来中华文明应对西方工业文明挑战的纵深拓展，是面对文化分离主义的不得已和主动应对，也是中华民族软实力的体现。① 马克思主义美学中国化，就是为中华文化共同体认同服务，它无疑隐藏着内在的权力政治属性，是汤普森所说的经济权力、军事权力、政治权力及象征性权力②中的第四种权力，也是笔者在生命权力、政治权力和文化权力区分中所重视的象征性文化权力。③ 美学的内在政治权力属性，正表明了亚里士多德所说的“人是政治的动物”的深层含义，揭示了人是在历史性和社会性中生成这样一个存在论本质。也是从美学话语的内属权力和利益博弈性质来看，我们认识到当前马克思主义美学中国化实践中所可能出现的偏误，从而理解中华美学所具有的人文精神属性首先是中国的，而后才是世界的，知道中国民族的权益、中国公民的个体利益、喜怒哀乐及其美学表达是我们首

---

① 傅才武、严星柔：《论建设 21 世纪中华民族文化共同体》，《华中师范大学学报》（社科版）2016 年第 5 期。

② 张江、［英］约翰·汤普森：《公共阐释还是社会阐释——张江与约翰·汤普森的对话》，《学术研究》2017 年第 11 期。

③ 何光顺：《玄响寻踪——魏晋玄言诗研究》，暨南大学出版社 2011 年版。

先要关注的。因此，提倡马克思主义美学中国化，就要建构一种立足于本民族公共视域的民族美学话语，警惕一种无限扩展公共视域的普世主义美学话语。

如果从国内的政治和社会实践来看，马克思主义美学融入中华美学的公共视域，也契合了当代中国美学发展的现实和构建国家话语发展的需要。自 2012 年以后，伴随着中国官方所认识到的革命历史虚无主义和中国文化虚无主义的严重危害，认识到中国已经渡过了奔小康的纯经济功利主义诉求，这时就需要提供一种能够占领公共阐释空间的得到官方、知识分子和民间三方确认的美学话语，这种来自官方的自觉，同样得到了知识阶层和民间的呼应，构建一种突破纯学术话语和纯官方话语的公共意识形态便成为可能。具有社会主义政治合法性的马克思主义及其美学话语，具有民族历史合法性的中国传统儒家话语、诸子话语及其美学表达，便具有了结合发展的需要，而一百年来具有启蒙意义的自由、民主、平等、法治等理念也被吸纳入社会主义核心价值观中。马克思主义的政治思想就在这种具体实践和理论发展中不断丰富其内涵，扩大其外延。同样，中国传统文化及其美学思想就在马克思主义的扩展中不断取得其位置，不再是被抽空了具体历史和文化的民族自豪感与国家概念，而是逐渐实体化起来，是烙印着有血有肉的儒家、道家、墨家等精神印记并共同造就着中国文化和艺术的生命。

这样，矛盾对反运动中的相生相克就发生作用了。当马克思主义以其唯物辩证史观与科学社会主义来重新诠释中华美学的丰富话语形态之时，中华美学也同样在其历史运动中将马克思主义理论看作自己往前推进的某种合适养料。在中华传统美学中，以儒家为主线，如果说经历了儒道互补、儒法互补、儒墨互补、儒侠互补、儒佛互补、儒耶互补等，那么，在新的时代，儒马互补就可以作为中华美学的一种扩展形式。当然，中华美学还可梳理出道家主线，也将同样扩展出各种思想与美学互补的形式。于是，一条主线，多条分枝，就有助于将中华民族实体化为文化共同体，而非仅仅是散沙式的国籍共同体。于是，儒家复兴、孔子祭典、黄帝祭典、国学大规模进教材、汉服复兴，便不仅仅是政府行为或个体行为，而成为中国最具影响力的公共阐释话语形态及其有效实践方式。整个社会就不会因为毫无原则的多元主义而丧失其应当有着主干和归宿的中国化方向。

于是，在新时代的马克思主义美学中国化实践中，整个社会就需要被提供一种与民族感情、个体感情和国家感情相适应的最大公约数话语，而小众话语同样需要在尊重差异中得到适当保证，但不能以保护差异为借口谋求小众话语特权，更不能以牺牲凝聚文化共同体认同的中国美学主干和基础为前提。因此，在中国共产党第十九届全国代表大会会议章程和公报中，就特别强调了中华民族共同体认同，这是因为公共阐释空间和宏大话语领域宜提同而不提异，个人空间小群领域则多异而无碍，区域竞争和内部文化竞争中则需同异平衡。中华美学的继承与发展，其实质是响应中国构建公共话语阐释及其宏大意识形态话语的时代需要，虽然内部有着个人化小群化的文化诉求，但从总体上被中华美学的公共阐释维度所制约，从而不至于“异”彻底消解“同”。也只有如此，中华美学和而不同，在差异中平衡和谐，又求同存异，不否定差异，则其追求建立民族文化共同体的美学和艺术方向才成为可能。综言之，我们提倡马克思主义美学的中国化实践，就是期望建构一种能够被广泛接受的公共阐释话语。这样，只有马克思主义美学中国化，而后形成“中国马克思主义美学”，让其成为中华美学的有机组成部分，形成最具民族性的公共阐释话语，也就是中国话语或中华美学，这应当是中国美学人的学术态度和政治关怀。

社群真知与公共阐释*

——符号学、阐释学交叉视阈下的“真理”问题探讨

颜小芳**

卡西尔说人是符号的动物，无异于说人是追求意义的动物，因为符号是意义表达与接收的工具。没有符号，意义既无法显现其自身，亦无法传达给受众，而符号又是人类意义活动的结果。意义问题，关乎人类精神生存，对意义的追寻是人类区别于动物的根本性标志之一。正因为意义如此重要，故而意义问题也成为现代各思想学派处理的核心问题之一。

根据福柯的话语理论，意义是符号建构出来的，且随历史语境变化而变化，故而“意义总是面向未来的诠释”①。在此意义上，福柯的话语理论为我们审视意义活动提供了有力武器。张跣说阐释学是关于理解和意义的学问。② 对此，潘德荣说得更加清楚：“诠释学是关于理解与解释的理论，而所有的理解与解释都是指向‘意义’的。就此而言，‘意义’乃诠释学的核心概念，追寻‘意义’的理解是诠释学理论各种体系的共同出发点。”③ 而目前中国文艺理论界就是一个意义纷繁、众说纷纭的“场域”，缺乏有力的中心，使得中国文艺

---

* 基金项目：国家社科基金一般项目“艺术符号学的本土化与自主创新研究”（18BZX143）；广西高等学校千名中青年骨干教师培育计划人文社会科学科研项目“存在符号学研究”（2019）。本文原刊于《南宁师范大学学报》2020 年第 1 期。

** 作者单位：南宁师范大学文学院。

① 王峰：《意义诠释与未来时间维度：探索一种意义诠释学》，上海世纪出版集团 2007 年版，第 21 页。

② 这句话引自中国社会科学院大学人文学院张跣教授在 2019 年 7 月 7 日“阐释学高级研修班”开幕式上的发言。

③ 潘德荣：《西方诠释学史》，北京大学出版社 2013 年版，第 4 页。

理论话语在世界舞台上无法有力表述自身，这与中国崛起的现实并不相配，所以，建构中国自己的文艺理论话语体系，有必要在众多纷繁的意义中，找到最有说服力也最有力量的那一个，这不仅有利于规范当下泛滥无边的意义活动，而且还能凝聚一股集中代表中国话语的力量，实现“走出去”的愿望。诠释学理论近期出现的“黑马”是张江。他自2014年提出“强制阐释”概念之后，又先后提出“公共阐释”“阐释的逻辑”等重要问题。其中，“公共阐释”是张江为建构当代中国阐释学而确立的一个核心范畴，它是在反思和批判强制阐释过程中提炼和标识的，是中国学者在阐释学领域作出中国表达的努力。公共阐释的内涵是：“阐释者以普遍的历史前提为基点，以文本为意义对象，以公共理性生产有边界约束，且可公度的有效阐释。”① 在张江看来，公共阐释是一个新的复合概念。“马克思关于人的本质的理论，海德格尔关于存在与时间的学说，伽达默尔关于世界和言说的观点，费什关于阐释群体的设计等等，从正反两个方面为公共阐释的形成与贯彻提供了文献参考与准备。”② 而除了上述理论储备之外，“公共阐释”理论其实与符号学思想更具对话性。例如张江在谈到“本体阐释”时就说：“必须以文本为中心，对单个文本的阐释作出分析，对大批量文本的阐释作出统计，由个别推向一般，上升飞跃为理论。”③ 并强烈呼吁创立“文本统计学”④。张江的倡导，已经越来越向符号学科学方法靠近。而符号学正好是人文社会科学中的“数学”（或“公分母”），因此，阐释学要想成为科学的方法论，“需借助符号学的力量，来完成它的科学论转变”⑤。然而，这种静态的符号学分析方法，与只注重文本分析的英美新批评的实在论框架是一致

---

① 张江：《公共阐释论纲》，《学术研究》2017年第6期。

② 张江：《公共阐释论纲》，《学术研究》2017年第6期。

③ 张江：《阐释的张力：强制阐释论的“对话”》，中国社会科学出版社2017年版，第469页。

④ 张江：《阐释的张力：强制阐释论的“对话”》，中国社会科学出版社2017年版，第470页。

⑤ 张雨楠：《打造当代中国的阐释学学派：2019年“中国阐释学理论与实践”高级研修班侧记》，2019－07－19，http：//lit. cssn. cn/wx/wx/_ bwyc/201907/t20190719_ 4936483. shtml，访问时间：2019年10月19日。

的，已受到现象学的激烈批评。符号学目前也出现了现象学、存在论的转向，例如芬兰符号学家埃罗·塔拉斯蒂提出了“存在符号学”①，实乃对传统静态符号学分析方法的超越。也就是说，未来将出现多理论、多流派融合发展的局面，因为任何一种单一的理论视角可能都无法把握日益纷乱、复杂的对象事实，不仅符号学与阐释学会融合起来，其他各个流派也都有对话的必要。

一 意义世界的公共性，导致阐释的公共性

符号学对个体的意义活动如何变成人的社群公共活动有着浓厚兴趣。例如，生物符号学家雅各布·冯·于克斯库尔在其著作《动物的周围世界与内心世界》中就认为，我们生活的周围世界是主观世界与客观世界在意义活动中相互融合的产物。“主体之间的关系不只是两个孤立主体抵达对方的努力，主体之间发生联系，是以他们共有世界为前提的，因此，意义世界的同一性是有条件的，取决于不同主体之间意义的可交流性。”② 因为主体间存在“共有世界”，所以在意义活动中，也就能够分享符号共同的解释元语言，而人与人之间的理解，指的就是符号的解释元语言的分享，而这正是公共理解与交流的基础。张江认为，阐释意义上的“交流”是指“通过对话和倾听，在自我与他人之间开辟可共享的精神场域，阐释由此而实现价值”③；而“在理解和交流过程中，理解的主体、被理解的对象，以及阐释者的存在，构成一个相互融合的多方共同体，多元丰富的公共理性活动由此而展开，阐释成为中心和枢纽”④。张江的公共阐释从“阐”的古义入手，认为“阐”就是打开门交流，“‘阐’就是‘开门’‘闻’‘问’于他人，‘开门’于己来讲是‘开放’自己于人，‘开门’于

① TARASTI E，*Sein und Schein*：*Exploration in Exis-tential Semiotics*，Berlin：De Gruyter mouton，2015.

② 赵毅衡：《哲学符号学：意义世界的形成》，四川大学出版社 2017 年版，第 3—4 页。

③ 张江：《公共阐释论纲》，《学术研究》2017 年第 6 期。

④ 张江：《公共阐释论纲》，《学术研究》2017 年第 6 期。

'人'来说是实现沟通，结果是在'开门''闻''问'的活动中构建起'人'与'己'的对话，协商彼此的意见，寻求共享共识"①。人的社群交流，是人性之必然，交流创造意义共享世界。这是成为公共阐释的第一步；而要成为真正的公共阐释，就必须获得公共认可。很明显，这个公共不是没有边际的，从符号学角度看，这个边际就是意义社群。文化意义社群如何形成？赵毅衡认为，对符号的解释元语言的分享，使得文化社群得以形成，也即共同意义世界的形成。意义共享构成社群，而"如果这样的意义社群很大，意义很稳固，此种意义就常被称为'客观真理'"②。这样一来，并不存在本质意义上的真理，真理只不过是建构与集体认可的意义解释。换句话说，真理是稳固的意义社群所承认的意义。这与皮尔斯的真知观——"真知融合理论"一致。皮尔斯称之为"社群真知"（community truth）。皮尔斯说的 com-munity 是享有共同价值规范与身份认同的社会单位。他的意思是真知是"社群一致同意"③ 的结果。科学探究共同体一致同意的最后观点就是科学真知，或者说，真知就是科学探究者的共识。正是在这个意义上，皮尔斯说，社群"统一的赞同构建了真理——在普遍同意占统治地位的任何地方，实在论者不会通过无用和虚构的怀疑去搅扰普遍信念"④。这样，当我们说存在真理，其含义无非是有普遍同意必然会达成的看法。接受科学思维的现代社群所共同认可的方法就是"社群标准"，这是追求真知的正确途径。

与"社群真知"意义较为接近的另一个表述是"人类共相"。符号哲学认为"人类共相"是人类意义方式的先验基础："共相研究将使我们对'人类意识'有更清楚的了解，能对意义世界的基础有一定的把握。"⑤ 这就进一步解释了公共阐释存在的合法性。赵毅衡说："对于中国各民族，古人几千年关心'其心必异'多于关心'其心略

---

① 张江、陈勋武、丁子江等：《阐释的世界视野："公共阐释论"的对谈》，《社会科学战线》2018 年第 6 期。

② 赵毅衡：《哲学符号学：意义世界的形成》，四川大学出版社 2017 年版，第 12 页。

③ 赵毅衡：《哲学符号学：意义世界的形成》，四川大学出版社 2017 年版，第 238 页。

④ 赵毅衡：《哲学符号学：意义世界的形成》，四川大学出版社 2017 年版，第 246 页。

⑤ 赵毅衡：《哲学符号学：意义世界的形成》，四川大学出版社 2017 年版，第 178 页。

同’，从未好好在中华民族中讨论共相。”① 而“人类共相是人类本身所具有的，既然它们不源自任何一个特殊文化，也就理直气壮地属于中国各民族文化”②。符号学不厌其烦地反复重提“人类共相”和“社群真知”的意义就在这里，它也在自觉响应时代号召，即建构属于中国自己的文化理论，与张江所倡导的中国阐释学精神不谋而合，用张江的话说，这就是“历史性的觉醒”，个人是渺小的，而这种民族的“历史性的觉醒”是永恒的。

但是意义社群的稳定是相对的；水能载舟，亦能覆舟。如何才能使意义社群更稳定，不断发展壮大，符号学并没能提供答案。对此我们必须再次回到马克思的观点：只有走人民的道路，广泛联系人民群众，才能获得最稳定的意义社群、文化社群。意义真知，才能够发展壮大。所以张江说，公共阐释最终要能成为真理，写入人类知识手册，还需经过实践检验。符号学所说的“社群真知”，结合马克思的“实践”理论，就是张江的“公共阐释”。在此意义上，张江再次强调，个人主义的道路在中国永远行不通。中国人的价值观，就是集体主义。

二　意义交流与公共阐释中的主体间性特征

从哲学上看，意义的对象，是三种范畴，即物、符号文本与意识。值得注意的是，这里的意识，指的是别的意识，即其他人（或其他生物或人工智能）的意识，也包括对象化的自我意识。这点与胡塞尔的意识理论不同，因为胡塞尔之前乃至胡塞尔本人，他们都将意识看成“自我的意识”，例如笛卡尔的经典论述“我思故我在”，因此，“我的意识”是众多意识中最确定性的事物。张江曾经指出，中国文化中的“我”，其古文是象形字，一只手拿着武器，对着他人，然后才产生了“我”这个主体（自我）。从“我”的对立面——他人，来寻找自我或意识，这显然是中国文化的特色，也即中国文化不强调单

① 赵毅衡：《哲学符号学：意义世界的形成》，四川大学出版社2017年版，第187页。
② 赵毅衡：《哲学符号学：意义世界的形成》，四川大学出版社2017年版，第187页。

独自我，自我在与他人的战争或对抗中产生。胡塞尔直到晚年才提出“生活世界现象学”，走出“唯我论”的困境。而“唯我论”思想，更是西方“非理性主义”思想的哲学根基。

而中国文化中的“自我”，或曰“主体”，从一开始就不存在西方“唯我论”的“绝对孤独”状态，从“我”字诞生之初，它就是面向他者、具有主体间性特征的，这就导致意义交流的活动，不是自说自话，也不是自言自语，它必然是主体间的活动，以公众、开放、协商、对话为旨归，于是就顺理成章地走向了“公共阐释”。张江说：“阐释是在文本和话语不能被理解和交流时居间说话的。”① 所以阐释是为了能够与他人更好地交流，也即意义共享。李幼蒸说，符号学研究的是意旨关系欠明确的事物，② 而阐释学就是要将“不明确”的事物表达得明确、清晰，于不确定性中把握其确定性：“阐释本身是人类理性行为，超越于表层的感性、印象以及各种各样的非理性范畴，它必须以确定性、真理性追求为己任，为对自然、社会、人类精神现象的确当理解和认识开辟广阔道路。”③

从主体间性角度来看理解和阐释的区别，可以得知，理解是人的意识面对事物（对象）或文本符号时对其意义进行认知的过程；而阐释是人的意识面对他人时用语言或其他符号来表达他已经拥有的认知并传播给他人的过程。因此，解释更具有人际传播特征。赵毅衡说，我们必须依靠其他人，某种解释才得以传承。故而阐释绝不可能是唯我的，它是一种以主体为核心的理论，却力图在主体与世界的关联之中，寻找对社群意识阐释有效的客观性。这也是我们研究意义问题的基础：我们虽然不可能完全了解他人之心，但是人类的生存经验告诉我们，必须以人类共同的意义方式来讨论个人的意义方式，这样才能反过来保证，我们用个人的意义方式来观察人类的意义方式是行得通的做法。这是社群对于个人的意义。而一个有意义的世界，就是

---

① 张江：《公共阐释论纲》，《学术研究》2017 年第 6 期。

② 这是李幼蒸在《理论符号学导论》（中国人民出版社 2007 年版）中给符号学下定义时提出的观点。

③ 张江：《不确定关系的确定性：阐释的边界讨论之二》，《学术月刊》2017 年第 6 期。

我们“用第一人称方式生活”的世界。

理解是阐释学所关注的第一大焦点问题。从根本上看，理解是一种关联性的活动。阐释学循环用其空间性的意象显示一种共享理解的领域。帕尔默说：“既然交流是一种对话关系，这便从一开始就假设了一种言说者和聆听者共享的意义共同体。”① 由此，阐释学循环不仅在语言交流层面发挥作用，也在被讨论的内容层面发挥作用。言说者和聆听者必须分享他们交谈的语言和主题。这样，所谓主体间性必须建立在意义共同体之上才可能。

三　公共阐释与个体阐释间的关系

张江认为，在公共阐释被承认及流行以前，有创造性意义的个体阐释是公共阐释的原生动力，但个体阐释要受到公共约束，且只有公共语言，没有私人语言。在张江的表述中，更强调公共阐释对个体阐释的约束。

符号学也有关于个体意义世界与社群意义世界的表述：“说意义世界应当理解为社群意义世界，并不是完全否认个人获取意义的意愿与能力。无论如何，每个个人意识中，有一部分意义是与众不同的，属于个人独特的意义不可否认地大量存在。只是，我们经常把这部分个人意义的重要性夸大了，忘记了个人是社会文化的产物。”② 而意义世界必定是社会化、经验化的，所以人类意义世界本质上具有历史性。“社群化的筹划在我们的生活中扮演了重要角色，个人必须把自己的经验储备与社群经验融合，才能证明他的筹划冒了多少风险。他的尽心筹划，大部分情况下只是与社群习俗之间的微调，他甚至对自己在遵从社会习俗并不自觉。只有当他身处某种全新的环境（例如到异国生活），他才会非常自觉地明白，他必须在自己的筹划与异社群

① 帕尔默：《诠释学》，潘德荣译，商务印书馆2012年版，第88页。

② 赵毅衡：《哲学符号学：意义世界的形成》，四川大学出版社2017年版，第14页。

的习俗之间找到一种平衡，从而设计出适当的实践方案。”① 很显然，张江的阐释学理论与赵毅衡的哲学符号学思想，大方向都一致。只是赵毅衡的论述更突出了个体遵从社群习俗的自觉性，尤其是个体在经历新的环境之后会对自身与社群的关系有更切身的体会；而这样的经验，会使得个体更加能够领会社群习俗存在的必要性与合法性，从而积极主动地调整个体与群体之间的关系。而斯坦利·费什在这个问题上，表达更极端：“不是一群个人共享某种观点，而是某种观点或组织经验的方式共享了一批人——因此这些社群的成员不再是个人，而是因为他们参与了社群的事业，他们的意识是社群财产。”② 不是解释社群选择成员，而是成员选择某种解释。个体属于某个解释社群，是因为个体使用某种解释方式的结果。因此，阐释的主体必然是公共的了。对此，张江进一步论述道：“个体阐释经过争取，被人们承认，上升为小范围的‘公共’、大范围的‘公共’、再大范围的‘公共’，然后成为知识进入人类共享的知识体系。所以说，公共阐释是从个体阐释来的。个体阐释无论怎样具有特征、无论怎样怪诞、无论怎样具有创造性，一开始总是‘自己’的，一旦把它作为公共行为阐释出来，然后征得公众的理解和同意，就使得此‘个人阐释’在公共的范围上不断变大，最终成为为公众‘承认’的‘公共阐释’。”③ 可见，“个体阐释”要想成为“公共阐释”，必须有一个“争取”的过程，张江说得很委婉，他用的是“争取”。而个体阐释如果不被承认的话，那么很多虽是极有特征、极富创造性与个性的个体阐释，其结果只能最终被淹没掉。

四　阐释的路线与方法

根据胡塞尔的理论，文本意义是创作者主体意向所赋予的，而读

---

① 赵毅衡：《哲学符号学：意义世界的形成》，四川大学出版社 2017 年版，第 34—35 页。

② 赵毅衡：《哲学符号学：意义世界的形成》，四川大学出版社 2017 年版，第 56 页。

③ 张江、陈勋武、丁子江等：《阐释的世界视野：“公共阐释论”的对谈》，《社会科学战线》2018 年第 6 期。

者必须回溯这种意向。胡塞尔关于意义理论的这个关键点，在赫施那则进一步成了意义解释的根本原则。也就是说，意义产生的路线是由作者意向出发，然后投射到文本，再经过接收者，最后通过文本回溯作者意向。张江也曾反复提及，阐释的起点是感性的，要以文本为基础，最后的落脚点，无论是接收还是批评，都要再次回到文本中来，从文本中回溯作者意图。

潘德荣曾提出阐释学的三个向度，分别是探求作者原意、分析文本原义和强调读者所悟之意。也即“可将作者原意、文本意义与读者接受之义理解为诠释的三大要素”①。潘德荣精准地看到：“现代诠释学真正研究的是诠释学三要素之间的关系，并从中找到一个支撑点，这个支撑点规定了某一诠释体系的特色。”② 然而这个任务对于学术界确是一个不小的挑战：“最为理想的情况，是我们能建构一种新型的诠释学，它能打通上述三类诠释学，使诠释学的三要素都得到应有的重视与合理的安顿。这是一项艰巨的任务，也许我们现在还无力完成这项工作，但却可以为此而提供一些建设性的思考。”③ 潘德荣实际上已经作出了关键性的尝试与理论建构，他提出了“实践—文本诠释学”，即以实践与文本的互动关系为基本线索来建构马克思主义的广义诠释学。

“人类的理解与解释的历史表明，由于理解过程中三个要素的相互作用，意义本身呈现为此三要素的综合整体。”④ 这“三个要素”之间的关系，也是符号学处理“意义问题”的一大难题：“符号发出者的意向意义，符号文本的意义，解释者得出的意义——三意义本身不难理解，难的是如何理解三者之间的关系：三者是否必须对应？如果不能，那么以何者为准？”⑤ 这三种要素，到底谁能决定解释的有效性和合法性？支持作者意图决定论的是传统阐释学，例如中国古代孟子所说的“以意逆志”。周裕锴评价说，这种以回到作者原意为理想目标的“以意逆志”阐释方法“实际上希望把握住永远不变的、

① 潘德荣：《西方诠释学史》，北京大学出版社 2013 年版，第 7 页。
② 潘德荣：《西方诠释学史》，北京大学出版社 2013 年版，第 7 页。
③ 潘德荣：《西方诠释学史》，北京大学出版社 2013 年版，第 8 页。
④ 潘德荣：《西方诠释学史》，北京大学出版社 2013 年版，第 9 页。
⑤ 赵毅衡：《哲学符号学：意义世界的形成》，四川大学出版社 2017 年版，第 53 页。

准确而有绝对权威的意义”[①]。这与赫施的观点比较接近，后者强调作者的意图必须成为衡量任何“诠释”之有效性的标准。赫施采用的办法就是区分“意义（meaning）”与“意蕴（significant）”[②]，前者是字面意思，后者是从字面意思引申出来的含义。诠释学的任务并非找到“意蕴”，而是要澄清它的字面意义。而以文本意义为阐释标准的，其代表性立场是英美新批评。这一在实在论框架内进行运作的文学阐释认为，一个人对作品的理解与作品自身是各自独立的；一个典型的现代阐释者往往会为文学作品的“存在的自主性”[③] 进行辩护，并且将通过文本分析来洞察这种存在视为自己的任务。然而这种分析框架遭遇了现象学的激烈批判，后者认为文学阐释在新批评的分析框架中已经降到了科学家的思维方式程度，故而在现象学看来，“所需要的就不是某些伪装的科学方法，也不是一种具备卓越的、精致的类型学和分类法的‘批判的剖析’，而是对诠释一部作品时所牵涉的东西作出人文学的理解”[④]。以读者意义为阐释标准的代表学派有接受美学以及海德格尔—伽达默尔式的阐释学。对意义确定标准的追求与意义本身的不确定性特征之间，存在着永恒的矛盾。而这一矛盾在文学艺术中表现得尤为突出。

仅仅只考虑作者意图、文本意图和读者意图这三者的关系，似乎还远远不够。对此，童庆炳还特别强调指出：“任何意义只有在具体的文化语境中才是可以确定的。”[⑤] 这正是以童庆炳为代表的学者们主张的“文化诗学”所倡导的历史关怀。对此，帕尔默早就指出过，意义是一个语境的问题，“唯有在一种特殊的语境中，一个事件才具有意义”[⑥]。文化诗学的另一位主将李春青认为，文化诗学也是一种阐释学。文本是具有历史性的，而历史又具有文本性，研究者应加以双向关注。因此童庆炳认为，对意义的解释，要打破形式主义内设的语言牢笼，主张在文

---

① 周裕锴：《中国古代阐释学研究》，上海人民出版社 2003 年版，第 250 页。

② HIRSCHE D.，*Validity in Interpretation*，New Haven Yale University Press，1967，p. 8.

③ 帕尔默：《诠释学》，潘德荣译，商务印书馆 2012 年版，第 18 页。

④ 帕尔默：《诠释学》，潘德荣译，商务印书馆 2012 年版，第 40 页。

⑤ 童庆炳：《文化诗学：理论与实践》，北京大学出版社 2018 年版，第 116 页。

⑥ 帕尔默：《诠释学》，潘德荣译，商务印书馆 2012 年版，第 40 页。

本与社会间双向往来的“新历史主义学派”以及强调重建历史语境；主张文学与文化间互动、互构研究的中国文化诗学，目的是“要恢复语言与意义、话语与文化、结构与历史本来的同在一个‘文学场’的相互关系，给予它们一种互动、互构的研究”①。

而张江认为，正确的阐释路线应该以文本为出发点和落脚点。他提出“本体阐释”这个概念，目的是让文学理论回归文学本身。他所说的“本体阐释”包含三个层次，分别是核心阐释、本源阐释和效应阐释：“核心阐释是根本，本源阐释和效应阐释不可或缺。作为批评对象个体，可以只研究树木或森林，但作为系统的文学批评理论，必须以‘树木’为基点考察‘森林’，在‘森林’的总体视阈下定义‘树木’。”②“本体阐释”是张江基于文学理论建构基础上提出的具有示范意义的阐释路线，他认为，它至少有两个方面的重要意义：第一，以文本为依托的个案考察是建构当代文学理论体系最切实有效的抓手，也是最具操作性的突破点；第二，由个别到一般、由特殊到普遍、由具体到抽象的归纳上升，是中国诗学及中国文学理论正确的生成路径。不过也应该看到，文学现象是复杂、多样且处于不断变化之中的，很多具体问题仍需具体分析和讨论。也正如张江所说：“我只想提供一个理论建构的基本路线。阐释应该从哪出发，落脚点在哪里，这是我想讨论的问题。”③ 但在具体阐释过程中，还有着丰富的阐释实践，这并不是有了路线和大纲就能够解决得了的。因为经验的开放性与方法、路线截然相反。帕尔默说：“方法实际上是教条主义的一种形式，它分离诠释者与作品，横亘于作品和诠释者之间，阻碍诠释者去体验作品的丰富意义。”④ 因此，我们在总结文学方法、路线、规律的时候，要更多地重视文学经验本身。同时，帕尔默也认为，文学阐释的出发点并不是文本，而“必须是经验作品本身的语言

① 童庆炳：《文化诗学：理论与实践》，北京大学出版社2018年版，第125页。

② 张江：《阐释的张力：强制阐释论的“对话”》，中国社会科学出版社2017年版，第466页。

③ 张江：《阐释的张力：强制阐释论的“对话”》，中国社会科学出版社2017年版，第463页。

④ 帕尔默：《诠释学》，潘德荣译，商务印书馆2012年版，第247页。

事件——即作品‘言说’的东西。是文学作品的言说力量，而非它的形式，才是我们富有意义地与它相遇的基础，而这种言说力量并不是某种与形式相分离的东西，而是在形式中并通过形式在言谈。形式与被言说东西的内在统一，是真理和审美经验之内在统一的基础”①。帕尔默深受现象学理论影响，他肯定了新批评关于文学艺术作品自主性的论述，但并不同意其将创作主体与作品对象割裂开来的分析模式，所以他不认为文学阐释的出发点就是文本，如赵毅衡、张江所说那样。他的这一观点倒是接近童庆炳的“文化诗学”。

结　语

张政文说，一门学科如何发展壮大，除了组织好、动员起来之外，各个相关学科之间还要能够认同，国际上也要承认，这门学科才算是真正成立。那么，阐释学与符号学之间的对话、互动正是基于此方面的考虑。符号学、阐释学与社会科学和人文学科的很多领域都有交叉、兼容和适应性，体现出强劲的生命力。除了在“真理标准”等问题上的默契之外，两者还有很多方面能够相互阐发和促进，正如马里奥·J. 瓦尔德斯指出的那样：“诠释学与符号学之间存在着严格的互补性。”② 除了在上述所说的意义建构方面的共同点之外，符号学与阐释学也有关于意义解构方面的共性：“诠释学是一个从明显的内容和意义出发，抵达潜在或隐含的意义之解读过程。”③ 在帕尔默看来，诠释学的真正焦点是具有多重意义的符号，而不是单义的符号逻辑中的符号。因为“诠释学是一种体系，凭借它，解释出隐于明显内容之下的更深层次的意蕴”④。然而，寻找更深层次的意义活动，恰恰表明的是对表面的、明显的、实在的不信任。这样一来，在保罗·利科看来，现代诠释学就具有了两种区别

① 帕尔默：《诠释学》，潘德荣译，商务印书馆 2012 年版，第 319 页。

② 瓦尔德斯：《诗意的诠释学：文学、电影与文化史研究》，中国人民大学出版社 2011 年版，第 19 页。

③ 帕尔默：《诠释学》，潘德荣译，商务印书馆 2012 年版，第 63 页。

④ 帕尔默：《诠释学》，潘德荣译，商务印书馆 2012 年版，第 64 页。

很大的特征：一种是尝试恢复隐藏于符号中的意义，这是一种比较温和的处理符号的态度，例如布尔曼特重新提出的消解神话；另一种是“祛神秘化”的理论，意图摧毁作为虚假表象的符号。在保罗·利科看来，马克思、尼采和弗洛伊德都属于第二种类型。因此，符号学诠释学路径具有正、反相对的两个方向。赵毅衡的符号学思想实乃从他所从事的“新批评”研究经历发展而来，包括他对皮尔斯的选择，都是在帕尔默所说的一种实在论框架之内进行的；张江的“本体阐释”所坚持的严格的“统计学”方法，在某种程度上是对“新批评”似的“科学”与“客观”甚至“理性”态度的认可，而这恰恰是胡塞尔在《欧洲科学的危机与超越轮的现象学》中所坚决反对的。利科曾断言，对于解释《圣经》而言，诠释不可能有普遍的标准，“唯有与诠释规则相关的各自独立与对立的理论”①。但利科试图在一种反思哲学中兼顾二者，即一方面对合理性表示怀疑，另一方面又试图建立对诠释所带来的意义的信仰。这样的矛盾，张江在《阐释逻辑的正当意义》一文中也有所察觉，他解释为：“阐释的可接受性，实现于多种阐释的相互博弈”②；“阐释是收敛的，但并非唯一”③；“阐释的有效性由公共理性的接受程度所决定，但非阐释的完成”④。可以发现，从强制阐释到本体阐释再到公共阐释与阐释的逻辑，张江所思考的问题越来越深入，也越来越注意到阐释对象与阐释行为本身的复杂，因此他所得出的结论也慢慢变得开放：“亦此亦彼是主体间阐释之常态。”⑤ 正如帕尔默所说：“尽管诠释学于当代有此冲突，它必然仍是作为一个研究领域，并且，它仍然继续保持其作为这样一个问题领域：向着诸多不同、且又时而相互冲突的传统所作的贡献而开放。”⑥

---

① PAUL, RICOEUR, *De l'interprétation: Essai sur Freud*, Paris: Editions du Seuil, 1965, p. 35.

② 张江：《阐释逻辑的正当意义》，《学术研究》2019 年第 6 期。

③ 张江：《阐释逻辑的正当意义》，《学术研究》2019 年第 6 期。

④ 张江：《阐释逻辑的正当意义》，《学术研究》2019 年第 6 期。

⑤ 张江：《阐释逻辑的正当意义》，《学术研究》2019 年第 6 期。

⑥ 帕尔默：《诠释学》，潘德荣译，商务印书馆 2012 年版，第 94 页。

赵毅衡的符号学与张江的阐释学的着眼点都是为整个人类文化寻找规律，因此它们更适合文学艺术之外的大部分社会表意活动的解读和阐发。伽达默尔认为艺术不存在真理，艺术是审美，所以应该有美的规律。因此，在一般阐释学之外，还得格外尊重文学与艺术表意活动的特殊性。赵毅衡也表示过，为整个人类寻找规律的符号学，在以大多数人的正常标准为“社群真知”的情况下，对文学和艺术而言，的确有失公平。对此，周宪的观点更鲜明：“在适用于所有学科的普适规则之下，还有一些专属于不同学科类型的阐释规则。”[①] 而其中“一个最基本科学与人文的阐释规则差异，准确地说，就是自然科学与人文学科的阐释规则差异”[②]。因此，“在人文学科中，阐释的规则相当程度上不同于自然科学的规则，简单套用后者的规则于前者将是破坏性的；同理，不加区分地看待自然科学和人文科学的阐释规则，也隐含着相当的危险。就人文学科研究来说，重要的是既注意到超越一切学科和知识的普适规则，更要注意到人文学科所独有的软理论特征，由此维护人文学科健康的生态环境”[③]。周宪在人文学科专业上的高素养，使他保持了比一般人更高的警惕，在维护人文学科尊严方面，他作出了应有的努力。“公共阐释”的形成和稳定，并不来自某种预定协议，也不来自某种对权威的钦佩。每个个体都应该有所努力，为公共阐释的正义和纯洁发挥力量，并有所担当。刘成纪通过研究中国古典文论的经典化过程得出非理性的强制阐释，也能形成公共阐释，因此，“公共阐释”这么一个看似简单的问题，其实包含的问题很多、很复杂，需要好好琢磨和推敲。

---

① 这是周宪在《阐释规则的分层与分殊——关于人文学科方法论的几点思考》中的原话，这篇文章发表在《学术研究》2019 第 10 期，本文作者写作时参考的是“学术研究”公众号的推文。

② 这是周宪在《阐释规则的分层与分殊——关于人文学科方法论的几点思考》中的原话，这篇文章发表在《学术研究》2019 第 10 期，本文作者写作时参考的是“学术研究”公众号的推文。

③ 这是周宪在《阐释规则的分层与分殊——关于人文学科方法论的几点思考》中的原话，这篇文章发表在《学术研究》2019 第 10 期，本文作者写作时参考的是“学术研究”公众号的推文。